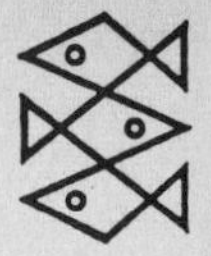

W0024002

Über dieses Buch Gewöhnlich gehen politische Betrachtungen über die Bundesrepublik nicht von der Frage aus, wo die 200000–300000 Personen geblieben sind, welche die Endlösung der Judenfrage, die Beseitigung der unnützen Esser (Euthanasie), den Tod von drei Millionen Kriegsgefangenen und den Justizmord an 30000 Deutschen ins Werk gesetzt haben. Die Tätergemeinde hat sich spurlos in die Nachkriegsgesellschaft verflüchtigt, ist dort nicht weiter auffällig geworden und stirbt gegenwärtig friedlich aus. Den Aufbau von Demokratie und Rechtsstaat hat der NS-Täter nicht behindert. Das größte geschichtsbekannte Verbrechen wurde mit dem größten Resozialisationswerk abgeschlossen.
Dieses Buch weist nach, daß das Klischee »Verdrängung der Vergangenheit« für keine Phase der Nachkriegsgeschichte zutrifft. Man hat nicht vergessen, die Verbrechen zu sühnen. Es wurde vielmehr jede Anstrengung getroffen, Täter und Sympathisanten zu integrieren: Zunächst mußte das weitgesteckte Säuberungskonzept der Siegermächte, insbesondere das der USA, abgewehrt und unterlaufen werden. Sodann war das Heer der politischen Repräsentanten des Nationalsozialismus von einer persönlichen Haftung zu entlasten. Die Idee einer kriminellen Schuld kam auf mit der Folge, daß die blutigen Vollstrecker der verbrecherischen Politik der Verletzung einschlägiger Straftatbestände angeklagt wurden. Schließlich oblag es der Justiz, dem Kreis dieser Alibi-Täter zu bescheinigen, daß sie harmlose Befehlsempfänger, desinteressierte Roboter ohne Unrechtsbewußtsein gewesen seien. Ein Resultat des als »Kalte Amnestie« bezeichneten Vorgangs besteht aus zwei Dutzend für die Vernichtungsindustrie in den Lagern als Mörder vollverantwortlich haftenden Personen.
Die Geschichte des Verbrechens und die Amnestierung der Verbrecher beschreibt dieses Buch als zusammengehörigen Akt, der die Bundesrepublik und das III. Reich unselig miteinander verbindet.

Der Autor Jörg Friedrich, geboren 1944, lebt als Rundfunkautor in Berlin. Seit 1979 widmet er sich in zahlreichen Zeitungsaufsätzen und Sendungen dem Thema der Verarbeitung des Nationalsozialismus in der Bundesrepublik.
Buchveröffentlichungen: *Freispruch für die Nazijustiz,* Reinbek 1983
Mitarbeit an *Ankläger einer Epoche. Die Lebenserinnerungen Robert M. Kempners,* Berlin 1983. Friedrich arbeitet gegenwärtig an der bisher ersten Darstellung der Nürnberger Nachfolgeprozesse.

Jörg Friedrich

Die kalte Amnestie

NS-Täter in der Bundesrepublik

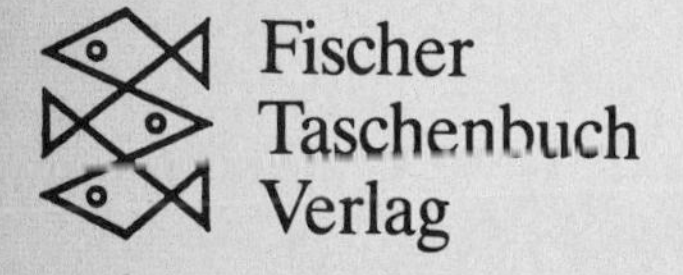

Lektorat: Walter H. Pehle

8.–10. Tausend: April 1985

Originalausgabe
Veröffentlicht im Fischer Taschenbuch Verlag GmbH,
Frankfurt am Main, Dezember 1984

Redaktion: Klaus Schulz
Umschlaggestaltung: Jan Buchholz/Reni Hinsch
Gesamtherstellung: Clausen & Bosse, Leck
Printed in Germany
1680-ISBN-3-596-24308-4

Inhalt

I. Das Leben nach dem Ruin

Morgenthaus Plan der nationalen Haftung

Am 25. Januar 1943 saß Hans Frank, der Gouverneur des deutsch besetzten Polen, mit seinen Leuten zu Tisch. *»Wir wollen uns daran erinnern«*, sagte er, *»daß wir alle miteinander, die wir hier versammelt sind, in der Kriegsverbrecherliste des Herrn Roosevelt figurieren. Ich habe die Ehre, Nummer 1 zu sein. Wir sind also sozusagen Komplizen im welthistorischen Sinne geworden.«* Die Komplizen waren nicht lange zuvor in einer gleichzeitig in Moskau, Washington und London veröffentlichten Erklärung verwarnt worden: *»Die Verantwortlichen für diese Verbrechen werden der Vergeltung nicht entkommen.«* Carl Goerdeler, der Kopf der deutschen Widerstandsbewegung, schrieb angesichts des Abtransportes der Leipziger Juden, er könne sich nicht denken, daß irgendein fühlender Mensch annehme, *»daß solche Ungeheuerlichkeiten sich nicht an unserem Volke rächen müssen«*.

Unterdessen gingen die Ungeheuerlichkeiten, die Tötung der europäischen Juden, von Geisteskranken, Kriegsgefangenen und Geiseln desto intensiver vonstatten. Goebbels empfahl, um jeden Preis durchzuhalten, denn die angedrohte Haftung der Nation für die in ihrem Namen vollbrachten Taten werde niemanden verschonen. Rechneten die Täter überhaupt auf Schonung? Waren sie nicht angesteckt vom Führer, alles Überlebende und zuletzt sich selbst ins Jenseits zu befördern? Rudolf Diels, der erste preußische Gestapochef, bekannte, daß der Ausdruck ›durch den Schornstein gehen‹ bei Kriegsende sprichwörtlich in Deutschland gewesen sei. Unter den Wachmannschaften der Konzentrationslager zirkulierte ein Gerücht, daß sie als letzte von den Nazis unschädlich gemacht würden. Auf ein Schiff getrieben, werde man sie auf hoher See ertränken. Das Seltsame ist, daß die Vernichtungswut in dem Maße wuchs, wie die Hoffnungen auf einen Erfolg zerschmolzen. Nach anfänglicher Unlust war die Kriegsbegeisterung im Gefolge der gelungenen Überfälle auf Polen, Holland, Belgien, Frankreich und Norwegen hellwach.

Als 1940 das Gerücht eines Verständigungsfriedens mit England entstand, pochte die Volksstimme auf eine radikale Zerschlagung der Britischen Inseln.

Im Winter 1942/43 aber, als die 6. Armee im Kessel von Stalingrad verkam, breiteten sich Skepsis und Verdruß aus. Dem Defätismus traten die

Richter mit einem eigenen Ausrottungsprogramm entgegen. Die Anzahl der Todesurteile vor dem Volksgerichtshof schnellte von 102 im Jahr 1941 auf mehr als das Zehnfache 1942: 1192 Personen – jeder zweite Angeklagte – wurden gehenkt. Damit war das Rachebedürfnis der Zulieferer, der Denunzianten bei weitem nicht gestillt. Sie hatten die vierfache Anzahl, 4727 Verdächtige, zur Anzeige gebracht.Meistens waren nicht nur die Denunzierten harmlose, unpolitische Leute; auch die Denunzianten benutzten den Justizmord vorwiegend aus unpolitischen Motiven: Rache, Mißgunst, Konkurrenz und Bosheit. Anfang 1944 erhielt der Polizeipräsident in Essen die Anzeige eines Pensionärs, der sich über die Lieblosigkeit seiner 37jährigen Tochter Klara beschwert und hinzufügt: *»In letzter Zeit erschreckte uns unsere Tochter sogar durch staatsfeindliche Äußerungen, wir könnten den Krieg niemals gewinnen, meine Frau und ich wären Idioten, wenn wir die Wehrmachtsberichte glaubten.«* Solche Bemerkungen kosteten in der Regel den Kopf, weil die Richter in freier Rechtsauslegung entschieden, daß sie öffentlich verlautbart und darum geeignet seien, den Wehrwillen zu zersetzen. Am 1. September 1943 lauschte ein der NSDAP angehöriger märkischer Dorfbürgermeister dem Londoner Rundfunk und forderte seine Ehefrau auf, sich anzuschließen. Statt dessen zeigte sie ihn an, und er wurde vom Volksgerichtshof zum Tode verurteilt. Die Denunziation, eine weibliche Domäne, ermöglichte auch der sonst tatenlosen Volksgenossin, der grassierenden Verfolgungssucht nachzugehen. So trieb der Destruktionswille der nationalsozialistischen Gesellschaft, nach innen wie nach außen gerichtet, dem Gipfel zu, als die Alliierten längst eine Untersuchungskommission für NS-Verbrechen auf die Beine gestellt hatten und Material zusammentrugen für den Tag X.

Am 23. Dezember 1943 meldete Radio Moskau den ersten Kriegsverbrecherprozeß gegen drei deutsche Einsatzgruppenmitglieder. Nach dreitägiger Verhandlung in Charkow wurden sie öffentlich gehenkt. Zur gleichen Zeit stand die umfangreichste Deportation innerhalb der ›Endlösung der Judenfrage‹, die der ungarischen Gemeinde, noch in der Vorbereitung. Einen Monat bevor die Alliierten in der Normandie landeten, traf Adolf Eichmann im März 1944 in Budapest ein. Die deutsche Diplomatie hatte schon zwei Jahre vorgebohrt, der ungarischen Regierung eine Judengesetzgebung nach deutschem Muster aufzunötigen. Als Eichmann zum Abtransport schreiten wollte, blickte die Welt erschrocken auf Ungarn. Der Kontinent war von den Endlösern von Westen nach Osten durchkämmt. Eine Dreiviertelmillion Juden lebte noch in Ungarn, nicht wenige davon Flüchtlinge, die bis hierhin dem deutschen Zugriff entronnen waren. Den Reichsverweser Horthy bedrängten der päpstliche Nuntius, der König von Schweden und Franklin D. Roosevelt, die Deportation zu stoppen. Nach langem Zögern hatten die westlichen Regierungen die ständigen Nachrichten über den industriellen Völkermord geglaubt.

Niemand zweifelte mehr, daß die Züge nach Osten in die Tötungsfabriken rollten.
Die allgemeine Sorge um das Schicksal der ungarischen Juden ermöglichte Himmler einen willkommenen Auftritt als Verständigungspolitiker. Der Chef des Vernichtungswesens wandte sich dem Leben nach dem III. Reich zu. Auschwitz war entbehrlich bei Lieferung gewisser Bedarfsartikel. Die SS bot ungarische Juden zum Tausch gegen 200 t Tee und Kaffee, 2 Millionen Schachteln Seife und 10000 LKW. Doch fast alle in Waren und bar zu verrechnenden Rettungsaktionen scheiterten – nicht zuletzt am Widerstand des Reichsaußenministeriums. Eine Abschiebung ausgelöster Juden nach Palästina hielten die Strategen der Wilhelmstraße mit Rücksicht auf das *»edle Volk der Araber«* für schädlich. Die Bürokratie, unbeweglicher als die wurzellose SS, ließ sich vom eingeschlagenen Weg nicht abbringen.
Der widerspenstigen Regierung Ungarns, das seine Juden nicht dem Fanal der Endlösung ausliefern wollte, wurde ein Kommandotrupp unter Standartenführer Edmund Veesenmayer entgegengeschickt. Er wechselte die Regierung zugunsten einer deutschhörigen Marionette namens Sztojai aus, setzte Admiral Horthy, den Reichsverweser, fest und machte Eichmann die Bahn frei. 437000 Menschen traten die Reise in den Gastod an. Vergebens hatte am 24. März der bestgehaßte gegnerische Staatsmann, Präsident Roosevelt, vor der Vernichtung der ungarischen Juden gewarnt; die BBC kündigte den Teilnehmern der Mordaktion Bestrafung an. Dadurch waren die Deutschen nicht zu beeindrucken. Sie hatten genug unter den Bombenangriffen auf ihre Städte zu leiden. Goebbels stellte der Bevölkerung anheim, abgestürzte alliierte ›Terrorflieger‹ zu lynchen; ein Vorschlag, der bereitwillig befolgt wurde. Die Vergeltungsschläge des Gegners bewirkten eine tiefe Kriegsmüdigkeit; das Prestige der NSDAP schmolz dahin, nur der Urheber aller Leiden und Verbrechen, der Führer, genoß ungetrübte Sympathie. Mit Abscheu hörte die große Mehrheit der Volksgenossen die Nachricht vom Attentat Stauffenbergs am 20. Juli 1944. Es bestätigte sich die alte Vermutung, daß Hitler von Verrätern umzingelt sei, was alles Unglück hinreichend erklärte. Die Offiziersfronde erblickte nicht ihr kleinstes Problem darin, dem Volk einen Umsturz nachträglich schmackhaft zu machen. Eine Aburteilung Hitlers vor Gericht war früh verworfen worden, weil man meinte, die Selbstverteidigung dieses Mannes nicht riskieren zu dürfen. Man traute seiner Rede mehr Effekt zu als der Aufdeckung sämtlicher Missetaten. So ersuchten die Verschwörer die Kriegsgegner diskret um Anerkennung, so daß man mit einem Friedensangebot vor das deutsche Volk hätte treten können. Die Kriegsgegner hatten allerdings schon im Januar 1943 in Casablanca die stolze Formel *»unconditional surrender«* ausgegeben – bedingungslose Kapitulation.
Dem englischen Kabinett lag am 10. November 1943 ein Papier Premier Churchills vor, überschrieben: *›Die Bestrafung der Kriegsverbrecher‹*.

Dem Plan zufolge sollten sie international für vogelfrei erklärt werden. Wer auf einer entsprechenden Liste stand, hätte von jedem alliierten Soldaten arrestiert und nach der Identifikation exekutiert werden können. Roosevelt und Stalin gefiel die Idee einer summarischen Hinrichtung der NS-Führer. Angesichts der unzweifelhaften Taten und Verantwortlichkeiten hielt man gerichtliche Überprüfungen für blanke Pseudoverfahren. Zur NS-Führung rechneten alsbald fünfzig- bis hunderttausend Leute, die man auf einen Schlag zu greifen und im Morgengrauen vor Erschießungspeletons zu stellen gedachte. Indessen löste sich so nicht die Deutschlandfrage. Henry Morgenthau, Roosevelts langjähriger Freund und Finanzminister, dem die Finanzierung der amerikanischen Kriegsmaschine oblag, widersetzte sich den *»soft-peace-ideas«* im Außen- und Kriegsministerium. Die Welt könne Deutschland nicht unberührt fortfahren lassen, wo es 1933 aufgehört habe. War der Nationalsozialismus die voraussetzungslose Ausgeburt der Wirtschaftskrise? Hatten nur die eingefleischten Nazis das Kriegs- und Völkermordprogramm bestritten? Wurde der NS-Terror hinter dem Rücken der Bevölkerung verübt?

Hitlers Machtergreifung am 30. Januar 1933 stützte sich auf keine parlamentarische Mehrheit. Die sollte er erst sieben Wochen später in den neuerlichen Wahlen am 5. März gewinnen. *»Vor diesem Datum«*, erklärte Morgenthau, *»hatte das deutsche Volk genügend Beweise, daß der österreichische Gefreite all die fürchterlichen Sachen, die er ihm seit Jahren zubrüllte, auch wirklich so gemeint hatte. Innerhalb von fünf Tagen nach der Machtgewinnung waren die Presse- und Versammlungsfreiheit aufgehoben. Ende Februar war jedes Recht, das die theoretisch immer noch als Landesgesetz gültige Weimarer Reichsverfassung garantierte, abgeschafft worden. Ein Regiment des Schreckens überzog das Land. Der Reichstag wurde angesteckt, und genug Leute wußten, daß die Nazis die Brandstifter gewesen waren. Feinde des Systems wurden zusammengeschlagen, Kommunisten eingesperrt, Antinaziversammlungen auseinandergejagt. Nun erträgt ein Volk, das in seine eigene Herrschaft vertraut, derlei Dinge nicht. Es ist ein unentschuldbar zynisches Bild vom Menschen, wenn man meint, irgendeine Nation, selbst die deutsche, sei von einer Bande Rowdies derart einzuschüchtern, daß sie ergeben zu 10 Millionen gegen ihre ehrliche Überzeugung votiert. Am 5. März 1933 sah man hingegen eine ganz andere Antwort der deutschen Wählerschaft: Ein schlagender Vertrauensbeweis für Intoleranz, Terror und Diktatur wurde an den Urnen abgegeben.«* Selbst die harten Prüfungen der Kriegszeit machten die Nation nicht grundsätzlich an ihrem Bekenntnis irre. *»Gibt es das: Deutschland«* hielt der Kalifornier Thomas Mann seinen früheren Landsleuten zum zwölften Jahrestag der Machtergreifung über die BBC entgegen, *»gibt es das Volk als geschichtliche Gestalt, als eine kollektive Persönlichkeit mit Charakter und Schicksal, dann ist der Nationalsozialismus nichts anderes als die Form, in die ein Volk, das deutsche, sich vor zwölf Jahren gebracht hat, um den*

verwegensten, mit den umfassendsten, grausamsten und tückischsten Mitteln ins Werk gesetzten Versuch der Weltunterjochung und -versklavung zu unternehmen, den die Geschichte kennt, – ein Versuch, der um ein Haar geglückt wäre.« *»They will do it again«*, argwöhnte Morgenthau in seiner Schrift ›Germany is our Problem‹. Der Sohn badischer Einwanderer, überzeugt davon, daß das psychologische Fundament für die Gaskammern von Maidanek und das Massaker von Lidice in mindestens 200 Jahren geschaffen worden sei, vertraute nicht auf eine Umerziehung der Deutschen. *»In der Geschichte existiert kein Nachweis, daß irgendein zivilisiertes Volk zugelassen hat, sich von fremden Herren eine neue Lebensweise anerziehen zu lassen.«* Viel wahrscheinlicher sei, daß die Bevölkerung die erlittenen Verwüstungen und künftigen Entbehrungen den Besatzern und ihrer demokratischen Philosophie ankreiden würde. Je düsterer die materielle Perspektive, desto verklärter ziehe der Führer in die Erinnerung ein. Von Grund auf zu verändern seien die Deutschen nur durch eine Revolution ihrer Lebensverhältnisse. Morgenthau war ursprünglich Apfelzüchter gewesen, und das Landleben schien ihm die beste Gewähr für die Ausbildung menschlicher und demokratischer Züge zu bieten. Darum schlug er vor, Deutschland zu re-agrarisieren. Die deutsche Industrie mit ihrem Hunger nach neuen Märkten und billiger Arbeitskraft sei die Grundlage von Raub, Aggression und Versklavung gewesen. *»Hitler hätte eine Witzfigur bleiben müssen, wenn Krupp und Thyssen und Hugenberg nicht gewesen wären. Allein die Schwerindustrie erlaubte einem Mann, der für die Slapstickkomödie geboren schien, in Wagnersche Tragödien einzuziehen.«* Behielte das Land seine Industrie, so verfüge es jederzeit über die Mittel, den dritten Anlauf zur Welteroberung zu nehmen. Deutschland werde auch zukünftig die erste Wirtschaftsmacht Europas in einer Umgebung von Habenichtsen bleiben. Weil nichts einfacher sei, als eine Lokomotivfabrik auf Panzerbau umzurüsten und statt Haartrocknern Maschinengewehre vom Band rollen zu lassen, müsse jegliche Industrie abmontiert werden, ausgenommen Kleinkram wie die Produktion von Möbeln, Spielwaren und Lederzeug. Die rund 15 Millionen überzähliger Bevölkerung könnten gut die von ihr in Europa angerichteten Kriegsschäden reparieren.
Kern der Morgenthauschen Planung war die Demontage des Ruhrgebiets. *»Ich würde jedes Bergwerk und jede Fabrik zerstören«*, verriet der Finanzminister seinem Staatssekretär Harry Dexter White. *»Ich bin dafür, daß das alles erst einmal vernichtet wird. Dann können wir uns über die Bevölkerung den Kopf zerbrechen. Ich weiß nicht, wie es mit der Saar steht. Wenn nötig, legen wir sie auch still oder geben sie Frankreich. Wenn im Ruhrgebiet die Maschinen demontiert, die Bergwerke überflutet, gesprengt, zerstört werden, dann können sie keine Kriege mehr führen. Sobald ich nachgebe, hier streiche und da hinzufüge, dieses Gebiet oder jene Bevölkerung weiter arbeiten lasse, werden die Deutschen das gleiche ma-*

chen. Sie werden illegal Kohle fördern. Irgendeiner wird ein Bergwerk im Keller haben. Diese Burschen sind ja so schlau und solche Teufel. Bevor man sich's versieht, haben sie wieder ein Heer, das marschiert. Warum zum Teufel soll ich mir den Kopf zerbrechen, was mit ihnen passiert. Die Lösung scheint schrecklich, unmenschlich, grausam zu sein. Wir haben den Krieg nicht gewollt. Wir haben nicht Millionen Menschen in die Gaskammern gejagt. Sie haben es so gewollt. Ich denke an die Zukunft meiner Kinder und Enkel und will nicht, daß diese Bestien wieder Krieg führen. Pioniere sollen in jedes Stahlwerk, jede Zeche, jede chemische Fabrik, in jede Raffinerie gehen, Dynamit legen, die Hydranten öffnen, alles unter Wasser setzen und sprengen.«

»Das wird einen harten Kampf mit Churchill geben«, meinte Roosevelt, als er Morgenthaus Plan in seiner Tragweite begriffen hatte. Die Verwüstung der Ruhr machte ihm Eindruck. *»Bringen Sie die Ruhrfrage unter Dach und Fach«,* beschied er den alten Mitstreiter und New-Dealer, *»machen Sie eine Gespensterlandschaft daraus!«* Im August 1944 hatte Morgenthau seine Ideen für die Behandlung Deutschlands formuliert; den Monat darauf reiste er in Begleitung Präsident Roosevelts, ein vierseitiges Papier im Gepäck, ins kanadische Quebec. Dort suchten der Präsident und Winston Churchill nach einem gemeinsamen Nenner für die Besatzungspolitik. Morgenthau trug die Grundzüge seines Plans vor: Deutschland solle in zwei autonome Staaten im Norden und Süden zerteilt, das Ruhrgebiet internationalisiert werden. Binnen 6 Monaten nach Waffenstillstand seien dort alle industriellen Anlagen abzubauen und als Reparationen in die alliierten Länder zu verbringen, begleitet von deutschen Zwangsarbeitern. Deutsches Auslandsvermögen sei zu konfiszieren. Schulen, Universitäten, Radiostationen und Zeitungen sollten geschlossen werden, bis alliierte Kommissionen eine geeignete Betriebsmethode entwickelt hätten. Kein Deutscher dürfe ein Flugzeug fliegen; die Vereinten Nationen sollten eine auf wenigstens dreißig Jahre bemessene Kontrolle zur Verhinderung einer neuerlichen industriellen Entwicklung ausüben.

»Der Plan des Finanzministers«, knurrte Churchill, *»würde England an einen Leichnam ketten.«* Kaum daß er geendet habe, erinnerte sich Morgenthau später, sei er vom Premier mit einer Flut von Sarkasmen überschüttet worden: *»Er lag ausgestreckt in seinem Stuhl. Seine Worte waren beißend, sein Redefluß unaufhörlich, seine Art erbarmungslos. Nie in meinem Leben hat man mich mit Worten so fertiggemacht.«* Dennoch unterschrieb Churchill, der von den Amerikanern dringlich Kriegszuschüsse erhoffte, ein Konferenzprotokoll, das die Verwandlung Deutschlands in ein Land beschloß, *»das in erster Linie einen landwirtschaftlichen und ländlichen Charakter hat«.* Anthony Eden, der Außenminister, war schockiert und erklärte Churchill: *»So geht das nicht. Schließlich haben Sie und ich in der Öffentlichkeit genau das Gegenteil erzählt. Außerdem*

arbeiten wir in London an verschiedenen Plänen, die von anderen Voraussetzungen ausgehen.« Als der Quebec-Text in London eintraf, wurde er von den Wirtschaftsplanungsstellen zerpflückt: Die Ruhr und die Saar erwirtschafteten 60% der deutschen Ausfuhren. Ihre Zerstörung ruinierte infolgedessen die Aussicht auf Reparationen. Dafür sei Deutschland langfristig auf Einfuhren angewiesen, ohne sie bezahlen zu können. Unglücklicherweise liege die Ruhr in der britischen Zone. Zwar könne England einen Teil der deutschen Ausfuhrmärkte an sich reißen, doch springe ein Nettogewinn von nicht mehr als 30 Millionen dabei heraus. Anthony Eden bemerkte, diesen Plan könne man vergessen.
In Amerika zweifelten die Regierungsbeamten ebenfalls an der Vernunft der Morgenthauschen Ideen. Kriegsminister Henry Stimson, gleich Morgenthau ein versierter, im Amt ergrauter Politiker, unterstellte seinem Kabinettskollegen ein bitteres persönliches Ressentiment gegen das ganze deutsche Volk. *»Ich befürchte, daß wir kollektive Rache in Form von unüberlegten ökonomischen Maßregeln nehmen. Das ist sinnlos und wird unweigerlich eine gefährliche Reaktion in Deutschland hervorrufen und möglicherweise zu einem neuen Krieg führen.«* Morgenthau wiederum argwöhnte, daß Stimson, von irrationaler Angst vor den Sowjets besessen, Deutschland zum stabilen Pufferstaat zwischen Ost und West rüsten wollte. Stimson rechnete vor, daß die Agrarkonzepte 30 Millionen Menschen dem Hungertod überantworteten. Hopkins, der engste Präsidentenberater, war hingegen überzeugt: *»Es tut Stimson nun mal weh, wenn Kapital brachliegt. Er ist in der Anschauung groß geworden, Kapital und Besitz seien heilig.«* Doch verfügte Stimson noch über ein paar zusätzliche Argumente: *»In den letzten achtzig Jahren der europäischen Geschichte lieferten Ruhr und Saargebiet die wichtigsten Rohstoffe, auf denen die industrielle und wirtschaftliche Existenz Europas basiert. Der europäische Handel stützt sich in großem Maße auf die Verarbeitung der Rohstoffe dieser Gebiete. Deutschland wurde dadurch der Hauptlieferant für zehn europäische Länder. Die Zerstörung und Beseitigung dieses riesigen Produktionsraumes würden den ganzen europäischen Handel durcheinanderbringen. Bei der gegenwärtigen Weltwirtschaftslage kann ich den Vorschlag, Ruhr und Saar in ›ein Gespensterland‹ zu verwandeln, nur als unrealistisch ansehen. Ich verstehe, daß man dem Mißbrauch, den Deutschland mit seiner Industrie getrieben hat, durch kluge Kontrollsysteme, durch Treuhänderschaft, ja sogar durch Übertragung der Eigentumsrechte an andere Nationen, in Zukunft vorbeugen will. Ich kann aber nicht verstehen, wenn man ein solches Geschenk der Natur in einen Schutthaufen verwandelt.«*
Das ›Geschenk der Natur‹ suchten bereits die alliierten Bomberpiloten zu schonen. In Schutthaufen verwandelten sie vorwiegend die städtischen Wohnbezirke. Bis auf kriegsentscheidende Branchen wie Treibstofferzeugung, Kugellagerfabriken usw. blieb die Industriekapazität intakt. Mit der Massenvernichtung von Menschen und Wohnungen sollte die

Moral zermürbt, die Treue zum Nationalsozialismus bestraft und die Vergeblichkeit eines Kampfes gegen die Welt eingetrichtert werden. Von unten sah diese Politik etwas anders aus: *»Es war vormittags, man sah die Bomben fallen. Kleine glänzende Dinger fielen aus den Flugzeugen heraus. Es war der 24. Februar 1945. Die ganze City von Berlin wurde zusammengedonnert. Stäbe mit Phosphor gefüllt, durchschlugen massenhaft die Dächer. Der Phosphor fließt in die Ritzen, trocknet und fängt an zu brennen. Wir haben uns im dunklen Keller aneinander gedrückt und festgehalten. In den Straßen lagen kleinverbrannte Menschen. Es war so heiß. Man konnte kaum atmen. Toten haben wir die Gasmasken abgemacht und uns übergezogen. Da standen lichterloh brennende Straßenbahnwagen, noch voller Menschen, die nicht mehr rausgekommen sind. Vor dem Waisenheim in der Alten Jakobstraße lagen haufenweise die verbrannten Babyleichen auf der Straße. Es hatte ein paar Stunden gedauert, bis wir draußen waren. Sie haben alle um uns gestanden als wir hochkrabbelten: ›Was, ihr lebt noch?‹«* So erinnern sich die Überlebenden.
Oben in den Bombern machten sich die Sendboten der Zivilisation tiefere Gedanken. Margaret Bourke-White, Korrespondentin der Illustrierten LIFE berichtete: *»Während der letzten Tage, ehe der Sieg offiziell verkündet wurde, flog ich nach Norden über die zerstörten Städte von Schleswig-Holstein in Richtung der baltischen Häfen. Die endlose Kette von zernarbten ausgebrannten Städten, in vernichtender Folge aus der Luft gesehen, war ein schrecklicher Kommentar zu der Strafe, die ein böses Volk auf sich gezogen hatte. Beim Flug über diese endlose Prozession von Städte-Leichen fragte ich mich, welche Beziehung die Deutschen zwischen der Kriegstreiberei ihres Vaterlandes und dem Schicksal, das über sie gekommen war, herstellen würden. Als ich später mehr Zeit auf dem Boden zubrachte und mit einzelnen Deutschen sprechen konnte, ergab sich, daß nur einige überhaupt einen Zusammenhang sahen.«* So war die Gespensterlandschaft, um die das amerikanische Kabinett stritt, bereits zur Hälfte verwirklicht, die Zusammenhänge aber wurden dadurch auch nicht deutlicher. Vielmehr fixierten sich die Köpfe auf die materielle Genesung des Landes, die vom Nationalsozialismus so vielversprechend begonnen worden, nun aber zwangsläufig ohne ihn fortzuführen war.
Den Segen einer ökonomischen Rekonstruktion des zerschmetterten Landes, wie sie amerikanische Planer dem Präsidenten anrieten, hatte auch die deutsche Reichsgruppe Industrie schon ins Auge gefaßt. Ein von ihr beauftragter ›Kleiner Arbeitskreis‹ entwarf Konzepte für die Nachkriegsproduktion. Mit einer Denkschrift empfahl sich der junge Ökonom Ludwig Erhard dem hochkarätigen Zirkel von Führungsmanagern. Und während noch Hitlerjungen und Volkssturmgreise auf amerikanische Panzer losgingen, spann ein weiterer Ausschuß der Reichsgruppe Industrie, der ›Arbeitskreis für außenwirtschaftliche Fragen‹, bereits Kontakte zu den späteren Handelspartnern. Leiter dieser Gruppe war der

nachmalige Bundesbankpräsident und seinerzeitige Angehörige des Freundeskreises Heinrich Himmler, Karl Blessing. Himmler selbst hielt die Zeit der deutsch-jüdischen Aussöhnung für gekommen und bot Funktionären internationaler jüdischer Verbände an, *»das Kriegsbeil zwischen Deutschen und Juden zu begraben«*. Otto Ohlendorf, 1941/42 Leiter der auf der Krim und im Kaukasus stationierten Einsatzgruppe D, die dort 90000 Morde ausgeführt hatte, studierte im heimatlichen Reichswirtschaftsministerium aufmerksam die Erhardsche Denkschrift zur *»Aufrechterhaltung der sozialwirtschaftlichen Ordnung«*.

Doch ganz so leidenschaftslos, wie hier die politische und wirtschaftliche Betriebssanierung eingeleitet wurde, wollten die Amerikaner Deutschland nicht genesen lassen, auch wenn ihm die Strapazen der Morgenthauschen Kur erspart werden sollten. *»Es gibt für die Aussöhnung mit der Welt* eine *Vorbedingung«*, verkündete Thomas Mann über Londoner Rundfunk, *»an deren Erfüllung jede moralische Verständigung mit anderen Völkern geknüpft ist und ohne deren Erfüllung ihr Deutschen nie begreifen werdet, was euch geschieht. Das ist die klare Einsicht in die Unsühnbarkeit dessen, was ein von schändlichen Lehrmeistern zur Bestialität geschultes Deutschland der Menschheit angetan hat, es ist die volle und rückhaltlose Kenntnisnahme entsetzlicher Verbrechen, von denen ihr tatsächlich heute noch das Wenigste wißt, teils weil man euch absperrte, euch gewaltsam in Dummheit und Dumpfheit bannte, teils weil ihr aus dem Instinkt der Selbstschonung das Wissen um dieses Grauen von euren Gewissen fernhieltet. Es muß aber in euer Gewissen eindringen, wenn ihr verstehen und leben wollt, und ein gewaltiges Aufklärungswerk, das ihr nicht als Propaganda mißachten dürft, wird nötig sein, um euch zu Wissenden zu machen ... Deutsche, ihr sollt es wissen. Entsetzen, Scham und Reue ist das Erste, was not tut. Und nur* ein *Haß tut not: der auf die Schurken, die den deutschen Namen vor Gott und der ganzen Welt zum Greuel gemacht haben.«*

Die zwei konkurrierenden Ansätze der US-Regierung verbanden sich zu der Absicht, die Nazis aus der Bevölkerung auszusortieren und zur Rechenschaft zu ziehen. Den übrigen sollte die Demokratie beigebracht werden, als auch materiell einzig lohnende Alternative. *»Ich bin nicht dafür, Salz in die Zechen zu schütten und dergleichen«*, beschloß Roosevelt im Frühjahr 1945. *»Die deutsche Industrie soll soweit erhalten bleiben, wie es zur Versorgung der Deutschen nötig ist, damit sie nicht uns zur Last fallen. Sie müssen nur ihren kriegerischen Charakter ändern.«* Im Anschluß an ihr Treffen auf Jalta erklärten am 12. Februar 1945 Roosevelt, Stalin und Churchill, es sei *»nicht unsere Absicht, das deutsche Volk auszurotten«*. Ihr Konzept war vielmehr, *»Militarismus und Nazismus«* aus dem sozialen Gewebe säuberlich herauszutrennen. *»Wir sind entschlossen, die deutschen Streitkräfte zu entwaffnen und aufzulösen, die Macht des deutschen Generalstabs für alle Zeiten zu brechen, das Waffenarsenal* *zu beschlagnahmen oder zu vernichten, jegliche Industrie, die für Rüstungszwecke eingesetzt werden kann, zu zerstören oder zu überwachen. Alle Kriegsverbrecher sind einer gerechten und schnellen Bestrafung zuzuführen. Wir wollen die NSDAP, ihre Einrichtungen und Gesetze auflösen, nazistische und militaristische Einflüsse aus dem Behörden- und dem Kultur- und Wirtschaftsleben beseitigen.«* In Roosevelts Gepäck in Jalta lag ferner ein ›Memorandum an den Präsidenten‹, unterzeichnet von seinen Justiz-, Kriegs- und Außenministern und überschrieben: *»Anklage und Bestrafung der Naziverbrecher«.*

Beschäftigt damit, den Globus in Einflußsphären aufzuteilen, kamen die drei Staatschefs nicht dazu, sich Einzelheiten der Behandlung von Naziverbrechern zu widmen. Massenhinrichtungen im Morgengrauen wurden indessen nicht mehr befürwortet. Ausgerechnet Stalin, der auf der Teheran-Konferenz (1943) kaltschnäuzig verlangt hatte, *»50000 müssen erschossen werden«,* waren Bedenken gekommen. Premier Churchill, der seinerzeit erwidert hatte, ehe er seines Volkes Ehre durch solche Niedertracht beschmutzen lasse, ziehe er es vor, sich *»lieber hier an Ort und Stelle in den Garten hinausführen und erschießen zu lassen«,* hatte nach dem Quebec-Treffen mit Roosevelt und Morgenthau den Auftrag erhalten, beim Generalissimus vorzufühlen, wie es um die Hinrichtungen stünde. Der Präsident, der den Teheraner Stalin-Churchill-Wortwechsel lakonisch mit dem Vorschlag abgebrochen hatte, dann möge man nicht 50–, sondern 49000 Mann erschießen, befürchtete, wie der Finanzminister, von Gerichtsverfahren nur quälende Haarspaltereien um ›Handeln auf Befehl‹ und andere Schutzbehauptungen. Am 22. Oktober 1944 telegrafierte Churchill nach Washington: *»Uncle Joe hat unerwartet eine ultrarespektable Linie eingeschlagen. Es dürfe keine Hinrichtungen ohne Verfahren geben, weil die Welt andernfalls sagen würde, daß wir Angst davor hätten, sie anzuklagen. Ich wies auf die Schwierigkeiten hin im internationalen Recht. Er erwiderte jedoch, es müsse keine Todesurteile geben.«* Der Entschluß zur Umerziehung der Deutschen, der in den Planungsstäben der Sieger um die Jahreswende 1944/45 den Wunsch nach Vergeltung gezähmt hatte, vertrug sich schlecht mit Hinrichtungskommandos. Diese hatte man zur Genüge erlebt. Das gerichtliche Verfahren aber würde in das demoralisierte Volk die Kostbarkeit des Rechtsstaats tragen. Die Schuldigen am nationalen Elend würde ein Tribunal lückenlos der Schandtaten überführen, vor deren Anblick das Publikum durch Scham und Schauder zur Besinnung kommen müsse.

Städte im Feuersturm

Innerhalb der fünf Wochen vom 20. Februar bis Ende März 1945 verbrannten die Leichen von 7000 bei Luftangriffen der Royal Air Force umgekommenen Bewohnern Dresdens auf dem Altmarkt der Stadt. Aus den Trümmern eines Kaufhauses waren Stahlträger gezogen und mit Sandsteinblöcken zu acht Meter langen Rosten aufgebaut worden. Darauf wurden jeweils vier- bis fünfhundert Körper mit Zwischenlagen aus Stroh geschichtet. Unter den Rosten lag Brennholz. Beaufsichtigt von deutschen Polizeioffizieren wirkten auch fremdvölkische Hilfsfreiwillige bei der Arbeit mit, darunter ein Kommando Streibel. SS-Sturmbannführer Karl Streibel war Führer der nach ihrem Ausbildungslager Trawniki benannten Trawniki-Einheiten – Ukrainer, Letten und Litauer –, die, in schwarze Uniformen gekleidet, auch als KZ-Personal Verwendung fanden. Das Dresdener Verbrennungsverfahren kannten Streibels Leute aus den Vernichtungslagern, wo es seit zwei Jahren verwendet wurde. *»Im Frühjahr 1943 änderte sich die Bestattungsart grundlegend«,* heißt es 1965 im Urteil des Düsseldorfer Treblinka-Prozesses. *»Nachdem man zu diesem Zwecke die verschiedensten Verbrennungsversuche angestellt hatte, wurde schließlich eine große Verbrennungsanlage errichtet. Sie bestand aus etwa 70 cm hohen Betonsockeln, auf denen in geringen Abständen fünf bis sechs Eisenbahnschienen von etwa 25 bis 30 m Länge lagen. Unter den Schienen brannte das Feuer, während die Leichen der in den Gaskammern getöteten Juden in einer Anzahl von 2000 bis 3000 auf den Rost gepackt und dann verbrannt wurden.«* Als Tötungsmittel diente in Treblinka durch Dieselmotoren erzeugtes Kohlenmonoxyd, ein Gas, an dem auch ein Großteil der Opfer des Bombenkriegs zugrunde ging. Dieser Tod ereignete sich während des Feuersturms, ein Phänomen, das, von seinen Urhebern nicht vorausgeplant, durch spontanes Wirken der Elemente entstand.

»1943 fielen 112 000 000 kg Bomben auf Deutschland«, lasen die Soldaten des Rußlandfeldzugs auf sowjetischen Frontflugblättern. *»1943 wurde Deine Heimat Stadt um Stadt zerbombt und zertrümmert. 1944 wird es auch Dein Heim, Deine Familie treffen, wenn Du nicht mit dem Kriege Schluß machst ...«* Auf die Frontsoldaten hinterließ die Wehrlosigkeit ihrer Familien in den mittleren und großen Städten tiefen Eindruck. Während die deutschen Truppen noch zwischen Leningrad und Rom stehen, sind ihre eigenen Wohnsitze die Beute der alliierten Bomber. *»Die Luftangriffe der Engländer machen uns am meisten Sorge«* – zitiert ein Stimmungsbericht des SD vom September 1943 die Überlegungen der Landser. *»Denn was hat es für einen Sinn, die Heimat an der Front zu verteidigen, wenn zu Hause alles kaputtgeschmissen wird, und nachher nichts mehr da ist, wenn wir heimkommen.«* Der Oberbefehlshaber der Luftwaffe, Göring, persönlich gestand bei seinem Besuch im zerstörten

Hamburg am 6. August 1943, daß seine Flugabwehr auch in Zukunft die verheerenden Bombardements der RAF nicht werde verhindern können. Die Städte saßen in der Falle. *»Die deutsche Regierung hat es in verbrecherischer Weise unterlassen, hinlängliche Vorkehrungen zur Evakuierung der Bevölkerung aus diesen Gebieten zu treffen«*, ließ die englische Regierung auf Flugblättern über dem Ruhrgebiet wissen. *»Dieses Gebiet ist ein Schlachtfeld und wird es bis zur vollständigen Vernichtung seiner Kriegsindustrien bleiben. Was die Frauen und Kinder betrifft, so haben sie auf einem Schlachtfeld nichts zu suchen.«*

Die Bevölkerung harrte auf dem Schlachtfeld aus, hütete ihren Kleinbesitz so gut es ging und konnte sich im übrigen gute Überlebenschancen ausrechnen. In der 1,75-Millionen-Stadt Hamburg, die im Juli 1943 dem bis dahin schwersten Luftangriff der Geschichte ausgesetzt war, starben 45000 Personen. Kassel, das im Oktober 1943 durch den Feuersturm ging, verlor die gleiche Quote von 2,5 % seiner Bevölkerung. Auch wenn in Hamburg 5400 Kinder umkamen und 56 % der Wohnungen zerstört waren, kollabierte die Moral anders, als die englische Strategie es kalkuliert hatte. Während sich 1943 die Bombenabwürfe nahezu vervierfachten, war die Stimmung den wachsam beobachtenden SD-Berichten zufolge ruhig, aber gedrückt. *»Die Tatsache, daß weiterhin eine große Stadt nach der anderen angegriffen und dem Erdboden gleichgemacht wurde, liege wie ein Alpdruck auf den Volksgenossen.«* Das Gefühl der *»Unsicherheit und Auswegslosigkeit«* berührte jedoch nicht den politischen Nerv und vermischte sich mit den Kümmernissen des Alltags. Die Soldatenfrauen waren um den Zusammenhalt ihrer Ehen besorgt, denn die Fronturlaube verliefen beiderseitig nervös und gereizt. Der weibliche Kriegsüberdruß mündete in Selbstbetäubung, *»bestrebt, allem aus dem Wege zu gehen, was die Gedanken zum Kriegsgeschehen hinlenke«*.

In der atmosphärischen Depression warteten alle Volksgenossen innigst auf ein klärendes Wort Adolf Hitlers. Nach der Vernichtung Hamburgs war er stumm geblieben, erst im September fand er sich widerstrebend bereit, über den Rundfunk Trost zu sprechen. Die Ankündigung weckte höchste Spannung, weil man sich vor allem Rückschlüsse auf *»die Konstitution und die Stimmung des Führers«* versprach. Solange er die Nerven behalte, sei *»alles bei uns in Butter«*. Hitler zeigte sich in guter Verfassung, redete aber seinen Zuhörern bei weitem nicht lange genug. Er versprach, in drei Jahren alles Zerstörte schöner aufzubauen, als es je zuvor gewesen war, die Engländer aber durch fürchterliche Vergeltungswaffen zu züchtigen. Fortan stellten die SD-Berichte intensives Raten über die Natur der angekündigten Vergeltung fest, die wahrscheinlich darum so lange auf sich warten lasse, damit die Zerstörungswirkung auch komplett gerate. In Arbeiter- und Bauernkreisen fragte man sich: *»Warum räuchern wir die Hunde nicht mit Gas aus, damit endlich Ruhe ist.«* Von Gas oder *»einem ungeheuren Verbrennungsprozeß«* war häufig die Rede, auch eine *»Ge-*

frierbombe« wurde erörtert, die im Umkreis von fünf Kilometern eine Mindesttemperatur von 100 Grad erzeuge. Der SD konstatierte stirnrunzelnd eine wahre *»Vergeltungspsychose«*, offenkundig *»überbieten sich die Volksgenossen in Phantasien über die mutmaßliche Technik der Vergeltungswaffen«*. Während der überwiegende Teil der Bevölkerung fest verlangte, *»der Führer müsse England unnachgiebig ausrotten«*, bezweifelten manche, namentlich christliche Kreise, ob man zur Ausrottung eines Volkes überhaupt ein Recht habe. Die Haltung England gegenüber war zwiespältig und fand widersprüchlichen Ausdruck. Man gab die Schuld am Kriegszustand Churchill und seinen Oligarchen, gestand jedoch auch, daß der Mann *»etwas könne und ernstzunehmen sei«*. Gelegentlich machte sich der Eindruck der Sinnlosigkeit eines Kampfes zwischen zwei *»rassisch gleichwertigen Völkern«* Luft. Im ersten Halbjahr 1944 vertieften sich die Depressionen. Man beklagte im März das naßkalte Wetter, es wolle einfach nicht Frühling werden, die Kinder seien dauernd erkältet, ein Drang nach persönlicher Sicherheit gehe um, meldete der SD, eine Art von *»Stollenpsychose«*. Man rechne mit dem Gaskrieg. Im Mai 1944 zirkulierte das Gerücht, daß die Anglo-Amerikaner mit Tausenden von Flugzeugen kommen und Deutschland in einem 100-Stunden-Angriff *»erledigen«* würden.

Angesichts der handlungsgelähmten Untergangsbereitschaft in den deutschen Städten, des fortgesetzten Hitlerkults, schien der militärische Erfolg zweijähriger Intensivbombardierung durch die RAF nicht bestechend. Kriegsentscheidend wurde vielmehr die von der amerikanischen Luftwaffe selektiv durchgeführte Zerstörung des Rückgrats der deutschen Rüstungsindustrie: Treibstoff, Kugellager, Gummi-Ersatz. England bezeichnete seine Strategie der Wohnflächenverbrennung gleichfalls als Angriff auf das Rüstungspotential in Form der Zermürbung der Arbeiterschaft. Diese Wirkung erzielten die nächtlich vorgetragenen Attakken des Bomber Command auf grob umrissenen Zielflächen aber nicht. 1944 war das Ergebnis wohl nicht vorhersehbar, ein Zusammenbruch des Regimes mochte den Krieg abkürzen und die Invasionstruppen schonen. Vom Standpunkt der Bombardierten jedenfalls, die sich die Siegeszuversicht, nicht aber die Verbundenheit mit ihrem Führer abspenstig machen ließen, erschien die Luftkriegführung der RAF als nackte Vergeltung. ›Operation Gomorrha‹, der militärische Deckname für die Zerstörung Hamburgs, neun Wochen nach dem Flammentod des Warschauer Ghettos bezeugt, daß die vom Himmel regnenden Brände auch als Antwort auf eine dem Staatsverbrechertum hörige Gesellschaft gemeint waren. *»Zweitausend Lufthunnen täglich über diesen Lügensumpf«*, rief Thomas Mann seinen *»deutschen Hörern«* zu, *»es gibt nichts anderes. Diese unmäßige Niedertracht, dieser revoltierende, den Magen umkehrende Betrug, diese schmutzige Schändung des Wortes und der Idee, dieses überdimensionierte Lustmördertum an der Wahrheit muß vernichtet, muß ausgelöscht*

werden um jeden Preis und mit allen Mitteln; der Krieg dagegen ist ein Verzweiflungskampf der Menschheit, bei dem diese nicht fragen darf, ob sie selbst etwa im Kampf Schaden erleide.«
Das Verlangen nach der Nemesis stellte sich nicht allein im fernen Kalifornien ein, wo der Dichter monatlich eine Schallplatte besprach, die von der BBC London über Langwellen ins Reich gestrahlt wurde. *»Wir haben uns alle mit dem Gedanken einer Sintflut beschäftigt«*, schrieb der zwangsverstummte Schriftsteller Hans-Erich Nossack in seinem Bericht vom Untergang Hamburgs. *»Ich habe bei allen früheren Angriffen den eindeutigen Wunsch gehabt: Möge es recht schlimm werden! So eindeutig, daß ich beinahe sagen möchte, ich habe diesen Wunsch laut gegen den Himmel ausgerufen. Nicht Mut, sondern Neugier, ob mein Wunsch in Erfüllung gehe, ist es gewesen, was mich niemals in den Keller gehen ließ, sondern auf dem Balkon der Wohnung gebannt hielt. Ich erwähne dies nicht, um mich durch seltsame Gespräche wichtig zu machen. Ich glaube, etwas aussprechen zu müssen, von dem ich vermute, daß es unzählige Männer ähnlich empfunden haben ...«.*
Der Haß, der nach Zerstörung verlangte, um Neuem die Bahn freizulegen, erstarb in dem Dichter, als er das ferne Summen, das Geräusch von 1800 Flugzeugen wahrnahm, die in fünf Kilometer Höhe von Süden her Hamburg anflogen. *»Es war das, worauf jeder gewartet hatte, das wie ein Schatten seit Monaten über all unserem Tun lag und uns müde machte, es war das Ende.«* In dem unweit der Stadt gelegenen Dorf Horst, inmitten der blühenden Heide, fragte sich Nossack – *»und es stöhnte durch mich hindurch«* –, welche Zukunftsverheißungen er bei sich führe, die eine solche Sintflut rechtfertigen könnten. *»Dies alles ist sinnlos, und wenn man daran denkt, erfaßt einen unendliches Mitleid mit jeglicher Kreatur und man verstummt ...«* Der Moment der bevorstehenden Vernichtung egalisiert Freund und Feind. Auf ihren Gesichtern ruft die Erkenntnis, *»daß wir nackt und hilflos einer Macht ausgesetzt sind, die uns vernichten will«*, ziemlich die gleiche Miene hervor.
Die Besatzung der viermotorigen RAF-Bomber bestand aus Freiwilligen im Alter zwischen 19 und 25 Jahren, Briten, Kanadiern, Australiern, Norwegern und Polen. Ihre normale Einsatzzeit betrug 30 Feindflüge. Von zehn Bomberbesatzungen hatten drei die Chance, ihren Auftrag zu überleben. 25000 der Piloten fielen im Luftkrieg über Deutschland. In den Lancaster- und Halifax-Maschinen fanden sechs Tonnen Spreng-und Brandbomben Platz. Mit der Zeit hatte sich folgende Angriffstaktik entwickelt: Das Bombergeschwader wurde von einem Spezialverband begleitet, der ›Pfadfindergruppe‹, mit der Aufgabe, das Abwurfziel aufzuspüren, es zu identifizieren und auszuleuchten. Rote und grüne Zielmarkierscheiben teilten das gewählte Viertel ab, Leuchtbomben, von den Deutschen ›Christbäume‹ genannt, tauchten es in gleißendes Magnesiumlicht. *»Als mein Mann und ich aus dem Haus kamen«*, erzählt eine Ham-

burgerin, *»konnten wir schon die Tannenbäume fast über unserem Kopf sehen; sie waren weißlich-gelb. Sie erleuchteten die Straße so hell, daß wir ein Buch dabei hätten lesen können. Wir liefen zum öffentlichen Luftschutzraum, nicht mitten auf der Straße, sondern schön dicht an der Wand entlang. Wir konnten das laute Brummen der Motoren hören, und wir wollten nicht, daß die Männer in den Bombern uns sahen. Wir kamen heil und gesund im Bunker an und zeigten dem Bunkerwart unsere Platzkarte, auf der für jede Person Raum und Platznummer vermerkt waren.«*
Sprengbomben und Minen deckten die Dächer ab, ließen die Fenster zerplatzen und drückten Türen ein. Vierpfündige Brandbomben zündeten sodann das Gebälk an, und dreißigpfündige Phosphorbomben durchschlugen die Zwischendecken und setzten Brände im ganzen Haus. Der Phosphor, ein so gut wie nicht löschbarer Stoff, wuchs zum Gespenst des Bombenkriegs; man sah ihn vom Himmel träufeln, auf die Haut spritzen, ohne daß dies der Fall war. Man verwechselte ihn mit den Leucht- und Zielmarkierungsbomben, gleichwohl ließ sich die Panik nicht bannen. Trotz geringer Verwendung und aller Aufklärung wurde der ›Phosphorregen‹ das Symbol des unabwendbaren, ausweglosen Verhängnisses. *»Die Bevölkerung erblickt in der Anwendung flüssigen Phosphors mehr und mehr bereits den Übergang zum Krieg mit chemischen Kampfmitteln«*, berichtete der SD, *»so daß bis zur Anwendung von Gas kein allzuweiter Schritt sei ...«* Das mit diesen Stoffen traktierte Opfer war gefangen, im Raum ihres Einsatzes gab es kein Entrinnen mehr. Chemische Vergiftung sollte in der Tat das Schicksal von Hunderttausenden besiegeln, doch anders, als sie befürchteten. Sie täuschten sich und gingen ahnungslos in ihr Verderben.
Vor den Druckwellen der einschlagenden Luftminen und Sprengbomben, den einstürzenden Fassaden und den herunterprasselnden Balken, Ziegeln und Steinen flüchtete die Bevölkerung in ihre verbunkerten Keller und die öffentlichen Luftschutzräume. *»Während des Angriffs kamen mehr Menschen in den Bunker und bald war er überfüllt«*, heißt es in einem Erlebnisbericht aus Hamburg. *»Die Neuankömmlinge waren ganz verdreckt, und einige hatten große Blutflecken. Der Bunkerwart wußte, daß mein Mann Polizist war, und er durfte hinaus. Er konnte dann sehen, wie brennende Trümmerstücke durch die Decke in unsere Wohnung stürzten, auf unsere Möbel fielen und die auch an zu brennen fingen. Er war entsetzt, weil wir alles verloren, was wir besaßen. Er kam zurück in den Bunker, um den Familien, die da hockten zu berichten, daß die ganze Straße in Flammen stand. Sein Gesicht war ganz schwarz, und er zitterte am ganzen Leibe. Er sagte: ›Es ist alles aus.‹«* Durch den massierten Abwurf von Brandbomben erreichten die Bombengeschwader, daß binnen kurzem jedes Haus in Flammen stand und im Handumdrehen Flächenbrände entfacht wurden. *»Im Keller herrschte immer noch lähmendes Entsetzen bei allen Bewohnern«*, berichtet ein Fabrikant von der Zerstörung Kassels im Oktober 1943. *»Die Hitze der gewaltigen Brände ringsum*

machte den Aufenthalt im Schutzraum unerträglich. Es wurde uns nun klar, daß wir diesen Aufenthalt verlassen mußten. Im Keller hätten wir unweigerlich verschmoren müssen. Auch meine Frau sagte: ›Wir müssen hier raus, die Brandmauer kommt auf uns zu.‹ Da haben wir erst einmal Anlauf genommen mit Koffern und Kleidern bewaffnet. Da sahen wir zu unserem Entsetzen, daß sämtliche Straßen brannten. Und dann haben wir es nochmal ohne Sachen versucht und sind wieder umgekehrt. Und dann haben wir unsere Decken naß gemacht, den Hut ins Wasser getaucht und dann voran, eine patschnasse Decke überm Kopf. Der erste Blick auf die Straße war ein Blick in die Hölle, aus den Häusern schlugen links und rechts die Flammen wie mit Sauerstoffgebläsen angetrieben. In der Not habe ich den Regenumhang weggeworfen und habe ein nasses Tuch vor den Mund gehalten. So kamen wir auf den Unterstadtbahnhof, wo schon viele Menschen waren. Wir glaubten jetzt erstmal Luft schnappen zu können, Luft, Luft, Luft. Der Funkenflug aber war hier noch größer. Von dem eigentlichen Brand der Stadt Kassel konnte man kaum etwas sehen, weil alles in Brand und Rauch gehüllt war. Um uns ein Bild des Entsetzens. Mütter mit ihren kleinen Kindern hockten auf der nackten Erde und sanken um vor Erschöpfung. Eine Frau rief nach ihrem Mann: ›Habt ihr nicht meinen Mann gesehen?‹
›Liebe Frau, wie soll ich Ihren Mann kennen.‹
›Ja, so'nen einzelnen Mann.‹
Eine andere Frau rief immer ›Heinrich, wo bist du? Heinrich, du bist gestorben heute. Heinrich, du bist im Himmel. Siehst du mich? Ich habe deine Schuhe an! Deine Schuhe sind vorne abgebrannt.‹
Eine andere Frau schrie immerzu: ›Ich habe alles verloren, ich habe alles verloren!‹
›Ach, machen Sie uns nicht auch noch verrückt, seien Sie still, wir haben auch alles verloren!‹ Wir hatten die Taschen voll Äpfel gesteckt. Ich hatte einen Apfel in der Hand, da kam eine Frau, ›Ach, lassen Sie mich doch nur mal beißen!‹ Da hat sie mir den Apfel fast weggerissen. Der Durst war unerträglich.«
Der Entschluß, den Bunker zu verlassen, erwies sich im nachhinein als die Weggabel von Leben und Tod. Oft aber wurde der richtige Zeitpunkt versäumt, andere wagten den Ausbruch und scheiterten. Die Sekunde, die den Feuersturm auslöste, machte Überlebensversuche gegenstandslos. Das Ghetto, in dem er umherraste, war abgeriegelt.
»Die ganze Besatzung hielt den Atem an«, berichteten später Angehörige des Bomber Command, *»einer sagte, so müsse es sein, wenn man den Hades sieht.«* Die Hitze stieg bis in die 4000-Meter-Region, und der Schein der Riesenfackel beleuchtete die Anzeigeinstrumente. *»Ich hob meine Sauerstoffmaske an und roch eine brennende Stadt. Es muß furchtbar gewesen sein für das ›Herrenvolk‹ von Hamburg.«* Im Hauptquartier des Bomber Command wurden die Nachrichten über den Feuersturm, der

sich zum ersten Mal in der Nacht vom 27. zum 28. April 1943 auf einer Fläche von 2,5 × 5 km im östlichen Hamburg erhob, *»mit einigem Entsetzen«* aufgenommen. *»Uns wurde klar«*, berichtete Air Vice-Marshal Donald Bennett, *» daß es sich um den größten Angriff des Krieges handelte, verheerender als alles, was jemals zuvor in den Kriegen geschehen war. Ich vertrat die Ansicht, daß die Gestapo ihre ganze Gewalt über die Bevölkerung verloren haben müsse, daß in den deutschen Städten im Norden Panik herrschen müsse ...«*

Der Feuersturm ist ein physikalischer Vorgang einfacher Art. Die von den zahllosen Brandherden erhitzte Atmosphäre schießt wie in einem gigantischen Kamin in die Höhe, so daß sich am Erdboden ein sauerstoffarmes Vakuum bildet. Dadurch entsteht eine extreme Sogwirkung, die Frischluft in das Zentrum des Brandes zieht. Diese Luftbewegung besitzt eine den Orkan übertreffende Gewalt. Sie reißt flammende Partikel in ihren Strudel, die entzünden, was zuvor verschont geblieben war, derselbe Prozeß wiederholt sich in verschiedenen Zentren bis zur sekundenschnellen Vereinigung der Feuer zu einem brüllenden Ofen. Die Temperatur erreicht in ihm 800 Grad, in seinem Kern schmilzt organisches Leben augenblicklich, an seinen sich ausdehnenden Rändern saugt der Luftstrom Menschen wie Puppen in seine Bahn, um sie ins Innere des Brands zu katapultieren. Ein Bremer Luftschutzoffizier machte nach der Zerstörung der Stadt im August 1944 die Beobachtung, daß die Leichen sich an den Straßenecken häuften, auf dem Schutt der ausgebrannten Häuser. *»Daraus ist zu schließen, daß die Volksgenossen, die in den Häusern geblieben waren, versucht haben, durch den Feuersturm zu entkommen. An den Straßenecken sind sie dann von den Böen erfaßt und zur Seite und in die Häuser geschleudert worden.«* In den Windkanälen jagten Brandflocken wie ein rotes Schneegestöber und verwandelten die vom Sog gepackten Menschen in Fackeln. Wenige Meter vom Kanal entfernt blieben andere unberührt. Der Sturm verursachte einen Pfeif- und Heulton, den ein Dabeigewesener mit einer alten Orgel verglich, die alle Töne gleichzeitig spielt. Die Opfer starben nicht gottergeben, sie schrien, wimmerten, röchelten. Sie zählten zu den Kräftigen, Lebenswilligen, die bereit waren, draußen gegen die Elemente anzukämpfen. Die allgemeine Gluthitze weichte Straßen mit Asphaltdecken auf, so daß sie den Flüchtenden festhielten. *»Es waren Menschen auf der Fahrbahn«*, berichtete eine damals neunzehnjährige Hamburgerin, *»einige schon tot, andere lebten noch, aber sie waren in dem Asphalt steckengeblieben und konnten sich nicht befreien. Sie müssen wohl ohne nachzudenken auf die Straße hinausgerannt sein. Sie waren mit den Füßen eingesunken, und dann hatten sie versucht, sich mit den Händen loszustemmen. Nun lagen sie da auf Händen und Knien und schrien.«*

Die von den Überlebenden wiedergegebenen Szenen variieren eine

Schlüsselsituation, die tödliche Falle. Der Kontakt nach außen ist abgeschnitten, die alltäglichsten Orte der Stadt entpuppen sich nun als das Ende der Welt. Sie beheimaten und bergen ihre früheren Bewohner nicht mehr, sondern sind fatale Nester unvorhersehbaren Verderbens. Eine Gruppe von Hamburgern hatte sich an der Peripherie des Feuersturms in einer öffentlichen Bedürfnisanstalt verschanzt. Aus dem Tank mit dem Spülwasser feuchtete der Mann der Erzählerin Kleidungsstücke und Dekken. Vor der Toilette schlug eine Phosphorbombe ein: *»Die inneren Toilettentüren wurden herausgerissen und als Schutzschilde gegen die Bombe benutzt. Schon nach ein paar Minuten brannten auch diese Türen lichterloh. Der einzige Weg nach draußen war ein Flammenmeer. Mittlerweile war auch das letzte Wasser im Tank verbraucht. Mein Mann war total erschöpft, und wir kauerten uns neben dem Toilettenbecken nieder. Auch die anderen Menschen hier setzten sich hin; einige sanken in sich zusammen und wachten nie wieder auf. Drei Soldaten begingen Selbstmord. Was nun? Uns schlug das Herz wie rasend, unsere Gesichter schwollen, vielleicht noch fünf oder acht Minuten und auch mit uns würde es aus sein. Als ich fragte: ›Willi, ist das das Ende?‹, beschloß mein Mann, alles auf eine Karte zu setzen und zu versuchen, ins Freie zu gelangen. Ich nahm die Decke und er den kleinen Koffer. Schnell, aber zugleich auch vorsichtig, damit wir nicht über die Leichen stolperten, kamen wir nach draußen. Eins! Zwei! Drei! Wir hatten die Feuerwand hinter uns. Nur unsere Schuhe waren versengt.«*

Am 30. Oktober 1943 öffnete der beratende Pathologe beim Wehrkreisarzt Kassel fünf vom Polizeiarzt ausgesuchte Leichen, die Tage nach dem Feuersturm in Kassel aus Luftschutzkellern geborgen worden waren. An ihrer Haut fiel eine teilweise Grünfärbung auf, so daß der Verdacht entstand, der Gegner habe vielleicht chemische Gifte eingesetzt. Die Grünfärbung stellte sich bei der Sezierung als normales Wirken von Fäulnisbakterien heraus. Auf die tatsächliche Todesursache verwies eine ursprüngliche, typische Rotfärbung der Haut. Die Häuserbrände hatten Kohlenmonoxyd erzeugt, das unaufhaltsam und geruchlos in die undichten Bunker eingeströmt war und sie in Gaskammern verwandelt hatte. In den mit Kohlenmonoxydgas arbeitenden Vernichtungslagern Treblinka, Belzec, Sobibor wie auch in Hadamar zeigten die Opfer dieselbe Rotverfärbung. Die heimtückische, unbemerkte Vergasung durch Kohlenmonoxyd war der häufigste Tod, den der Feuersturm hervorgerufen hat. In einigen Fällen muß den Kellerinsassen die Gefahr bewußt geworden sein, denn man fand hinter verklemmten und verschmorten Ausgangstüren die Leichen der Menschen gedrängt, die verzweifelt ein Entrinnen gesucht hatten. Meistens jedoch saßen die Toten wie eingeschlafen an die Wand gelehnt, sofern sie nicht von der Hitze aufgelöst waren. »Die meisten dieser Gefallenen haben sich im Schutzraum sicher gefühlt«, heißt es im Abschlußbericht des Kasseler Polizeipräsidenten, *»entsprechend*

dem 5 Jahre lang eingehämmerten Grundsatz: ›Im Schutzraum bist Du am sichersten aufgehoben‹, auch dann noch, als das eigene Haus und dessen gesamte Umgebung bereits in hellen Flammen stand. Die seit einem halben Jahr gelehrte Pflicht zum rechtzeitigen Verlassen der Luftschutzräume war der Bevölkerung noch nicht in Fleisch und Blut übergegangen.« Die unterirdisch gelegenen Räume waren länger kühl geblieben als die gewagten und gefährdeten Fluchtwege, so daß sich die Insassen durch diese trügerische Annehmlichkeit von ihrer Rettung abhalten ließen. Als sie den Entschluß dazu gefaßt hatten, versperrte der Feuersturm ihnen den Weg. *»Diese Menschen hätten ihre Schutzräume zu einem früheren Zeitpunkt verlassen müssen«*, bemerkte der Polizeipräsident, *»nämlich dann, als die Brände noch nicht die ganzen Häuser erfaßt hatten, die Straßen und Gassen der Altstadt also noch passierbar waren.«*
Die rasende Entwicklung des Feuersturms ließ einen passenden Fluchtweg oft genug auch für die Entschlossenen nicht mehr übrig. Man hatte die angrenzenden Keller mit leicht verschlossenen Durchbruchstellen versehen, damit im Notfalle Stollen unter den Wohnblöcken her zu schlagen waren, bis sich ein geeigneter Ausstieg fände. Nach Feststellung des Polizeipräsidenten *»sind geradezu Wanderungen unter den Häusern auf der Suche nach einem besseren Luftschutzraum oder besseren Ausgang angetreten worden. Dabei ist es zu Ansammlungen bis zu Hunderten von Menschen gekommen. Nur so erklärt sich die Tatsache, daß Gefallene nicht in ihren eigenen, sondern in ganz fremden Schutzräumen des betreffenden Häuserblocks geborgen wurden.«* Das verzweifelte Kreisen in den unterirdischen Stollensystemen wird auch aus Dresden berichtet, wo die Bergungsarbeiter auf entlebte Szenerien panischen Kampfes stießen. *»Einmal hatten sich gegenseitig über 50 Personen in einem Fluchtkanal samt Gepäck derartig verklemmt und verkrallt«*, schreibt der Luftschutzingenieur Feydt, *»daß selbst die Leichen gewaltsam voneinander gelöst werden mußten. In einem anderen Fall war die Belegschaft eines öffentlichen Luftschutzraumes mit weit über 200 Personen daran zugrunde gegangen, daß derjenige, der versucht hatte, eine Stahltür im Querschnitt von 60 mal 80 zu öffnen, um der Belegschaft die Flucht zu ermöglichen, von drei bis vier Personen offensichtlich in den Ausstiegsschacht heruntergerissen worden war und diesen versperrte. Die nachdrängenden Menschenmassen gestatteten kein Zurückziehen des leblosen Körpers, und die Flucht in anderer Richtung war durch vordringendes Feuer in den Kellerräumen abgeschnitten. Die gesamte Belegschaft wurde als Kellerbrandleichen geborgen ... Im dritten Falle war eine Luftschutztür an der Ecke zweier zusammenstoßender Wohnblocks durch von beiden Seiten kommende Schutzraumbelegschaften nicht zu öffnen gewesen, so daß rechts und links dieser Tür etwa 30 Personen zusammengebrochen und durch Hyperthermie getötet aufgefunden worden sind.«*
Die Dresdener gingen ungeübter und ahnungsloser in den Luftangriff als

andere. Sie rechneten nicht mit ihm, weil sie bisher verschont geblieben waren. Das aber bildete eines der Hauptmotive der gegnerischen Entscheidung, die einen ungekannten Schock auslösen sollte. So wirkte sie mit Sicherheit auf die 100000 geflüchteten Schlesier in der Stadt. Am 27. Januar war Befehl gegeben worden, das oberschlesische Industriegebiet zu räumen; während des gleichen Tages befreite die Rote Armee Auschwitz. Zehn Tage zuvor waren seine Insassen und die anderer oberschlesischer Zwangsarbeiterlager auf den Weg nach Westen gebracht worden – die Juden zu Fuß. Die Schlesier langten in Dresden zumeist mit der Eisenbahn an. Zur Zeit des Angriffs lagerten sie zu Tausenden auf dem Bahnhof. In der Nacht zum Aschermittwoch, dem 14. Februar, lag der Hauptbahnhof im Bombenhagel. Das Glasdach war zersprengt, Brandstäbe fielen auf die Bahnsteige und entzündeten die Gepäckstapel. Über Lautsprecher wurden die Flüchtlinge aufgefordert, sich in die Kellerräume des Bahnhofs zurückzuziehen. Sie waren nicht als Luftschutzräume eingerichtet, besaßen keine Ventilation, eigneten sich jedoch zur Aufnahme mehrerer tausend Menschen. Die Keller des Dresdener Hauptbahnhofs wurden so zur größten Vernichtungsstätte des Luftangriffs. An Rauchgas- und Kohlenmonoxydvergiftung starben dort über 750 Personen. *»Ich wußte, daß der Bahnhofskeller, der einem Irrgarten glich, erhalten war«*, berichtete eine Schlesierin, *»die Menschen waren dort unten nur erstickt. Es war aber dort alles von der SS abgesperrt, denn es herrschte Typhus. Ich erreichte es dann aber doch, daß ich in den Keller durfte, begleitet von einem Bahnbeamten mit einem Arm, der mich warnte und meinte: ›Das halten Sie nicht aus; es liegen da unten noch Tausende Tote, und ich kann Ihnen nicht helfen!‹ Was ich dort unten gesehen habe, ist wahrhaft ein Greuelmärchen, dazu schemenhaft beleuchtet von der Laterne des Bahnmannes. Die Menschen dort unten glichen ledernen Gestalten.«*
Die Zerstörung Dresdens kostete 35000 Menschen das Leben. Sie starben in den Straßenbahnwaggons, in der Oper, in Kinos und Varietés, mehrere Hundert ertranken in einem zweieinhalb Meter tiefen Löschwasserbassin auf dem Altmarkt. Dieses Bassin hatte senkrechte Betonwände; diejenigen, die sich vor dem Feuersturm fliehend hineinstürzten, kamen nicht mehr heraus. Am Seidnitzer Platz saßen 200 Menschen auf dem Rande des Wasserbassins, erstickt an der glutheißen Luft. Die Erstickten auf den Straßen lagen auf dem Bauch, unbekleidet, das Gesicht in den Boden gedrückt, als wollten sie den Sauerstoff aus ihm heraussaugen. Die Bergungstrupps begegneten Leibesüberresten in jedem erdenklichen Auflösungszustand: zerrissen, geschmolzen, gekocht, verschmort, verkohlt. An Hand von Eheringen, Stoffresten und signifikanten Gegenständen bemühte sich in Dresden und anderswo ein aufwendiger Apparat, die bürgerliche Identität der Menschenrückstände festzustellen. Geldscheine, Schmuck und Wertgegenstände wurden in desinfizierende Lösungen getaucht und der Weiterverwendung zugeführt.

Ein Großteil der Bergungsmannschaften bestand aus Kriegsgefangenen, Zuchthäuslern, Zwangsarbeitern und Fremdvölkischen. In Dresden scheint es zu Übergriffen gegen englische Kriegsgefangene gekommen zu sein. Nossack hingegen berichtet aus Hamburg: *»Ich habe nicht einen einzigen Menschen auf die Feinde schimpfen oder ihnen die Schuld für die Zerstörung geben hören. Wenn in den Zeitungen Ausdrücke wie ›Luftpiraten‹ oder ›Mordbrenner‹ standen, so hatten wir kein Ohr dafür. Eine viel tiefere Einsicht in die Dinge verbot uns, an einen Feind zu denken, der dies alles verursacht haben sollte; auch er war uns höchstens ein Werkzeug unkennbarer Mächte, die uns zu vernichten wünschten.«* Doch vernichtet wurde wiederum nur eine verschwindende Minderheit, ungefähr die gleiche Anzahl, wie Juden, Geisteskranke, Zigeuner und Oppositionelle aus dem Reich starben – 500000 Personen. Sie wurden widerstandslos preisgegeben, wie jene. Ihnen fiel die tödliche Haftung zu für den Nationalsozialismus – eine im Nazi-Stil, willkürlich und rettungslos. Im Feuersturm fanden sich die Deutschen erneut zur Schicksalsgemeinschaft verwachsen. Für den Staat ihrer Leidenschaft hatten sie auf eine Weise gebüßt, die noch keiner Zivilbevölkerung widerfahren war. Die Motive der Opferung wurden später kaum erörtert. Die Überlebenden verschwiegen eisern, wofür man die Umgekommenen dargebracht hatte. Sie waren der Rache der Alliierten erlegen, die also auch nicht zivilisierter gekämpft hatten als man selbst. Mit ihnen war man quitt. Wann und wie das persönliche Unglück und die ganze Pleite hätte verhindert werden können, unterlag früh schon einem freiwilligen Denkverbot. *»Das Gefährlichste war das Wort ›hätte‹«*, schreibt Nossack 1943. *»Es bedurfte einer schmerzhaften Wachsamkeit, nicht ›hätte‹ zu sagen. Ich ging einmal an zwei Frauen vorbei, die am Straßengraben saßen, mit dem Rücken zu mir. Es war eine Großmutter mit ihrer erwachsenen Tochter, vielleicht spielten auch ein paar Kinder um sie herum. Ich hörte nur die Worte der Alten: ›Ich habe dir doch immer gesagt, du hättest‹, – und da heulte die Tochter auf wie ein todwundes Tier. Und wenn sich heute einer im Gespräch auf das Gebiet des ›hätte‹ zu verirren droht, ermahnt ihn der andere sofort mit scharfen oder bittenden Worten, davon aufzuhören; oder der Redende merkt es selbst und schließt unvermittelt mit den Worten ab: Ach, das ist ja ganz gleichgültig.‹«*

Psychologie der Stunde Null

»Ich weiß nicht, wie ich die Atmosphäre anschwellender Gewalt schildern soll«, schrieb Margaret Bourke-White für LIFE-Magazine, *»die uns begegnete, je tiefer wir nach Deutschland hineinfuhren: Die Selbstmordwellen, die Frauen, die sich zu ihren geliebten Toten in die frischen Gräber warfen, die heftigen Denunziationen von Freunden und Nachbarn, die allgemeine Zügellosigkeit. An jeder Straßenecke spielten sich offene Tragö-*

dien ab, das Leben jedes einzelnen schien von einem besonderen Terror durchwirkt. Während wir in diesem unglaublichen Frühling durch Deutschland fuhren, schien das Leben wie eine Seite aus einem melodramatischen Roman. Waren diese hysterischen Leute mit uns Amerikanern überhaupt noch irgendwie verwandt, fragten wir uns. Wie waren die Deutschen wirklich? Was war das für ein Volk, dessen passive oder auch kriminelle Duldsamkeit solch böse Mächte hatte heranwachsen lassen? Wie tief hatte sich der Gärstoff in den geheimen Tiefen von Hitlers Land in die Seele des Durchschnitts-Deutschen gefressen? Wenn wir unter die Oberfläche des Besiegtseins blicken könnten, was für ein Wesen würden wir entdecken?«

Einen Tag zuvor, am 15. April 1945, war der Führer in den Bunker der Reichskanzlei zurückgekehrt und verteidigte Berlin, besetzten englische Truppen das Konzentrationslager Bergen-Belsen bei Hannover, und wenige Tage später befreiten die Amerikaner Buchenwald bei Weimar. Beide Lager hatten die Marschkolonnen aus Auschwitz aufgefangen. Im Spätsommer 1944 waren die ungarischen Juden in Quoten von täglich 10000 Personen getötet worden; anschließend ordnete Himmler den Abschluß des Vergasungsprozesses an. Auch die Zweigstelle der IG-Farben räumte ihre Produktionsanlage in Auschwitz-Monowitz und vernichtete Akten. Die Krematorien des Tötungszentrums Birkenau wurden gesprengt; zuvor hatten jüdische Kinder die 40 cm starken Ablagerungen menschlichen Fetts in den Schornsteinen zu entfernen. Die Nachweise der Tat sollten verschwinden, ehe die Rote Armee einrückte. Verschlagen und zweideutig wie die Aktion abgewickelt war, sollte auch ihre Aufklärung in den Bruchstücken versacken.

Als die Befreier Bergen-Belsen, Mauthausen und Buchenwald betraten, standen sie vor dem gleichen Bild: Leichenberge in Baracken und im Freien aufgestapelt, weil es an Verbrennungsstoffen fehlte. Die Lebendigen von Typhus, Hunger und Darminfektion aufgezehrt. In Belsen fielen Ratten die Menschen an, und die Menschen ernährten sich von Leichen. Zwei Meilen entfernt stand das Nahrungsmitteldepot der Wehrmacht mit 800 t Inhalt. Überfüllung und Zusammenbruch dieser Auffanglager waren mit der Ankunft der Häftlingskarawanen eingetreten, die nach der Schließung von Auschwitz ins Reich getrieben und dort verwahrt wurden. Die Generäle Patton und Eisenhower, die angewidert den Wirkungskreis des geschlagenen Feinds betraten, ließen die Einwohner der Umgebung in die Lager kommen. Patton, der sich beim Anblick von Buchenwald hatte erbrechen müssen, befahl der Militärpolizei, 1000 Weimarer dorthin zu schaffen. Interessiert musterten die befreiten, noch immer in den blauweiß gestreiften Anzügen steckenden KZ-ler, wie die ekelgeschüttelten Bürger vor den Leichenstapeln standen. Tränen flossen, Frauen fielen in Ohnmacht, Gesichter wandten sich ab. Der stereotype Ausruf: *»Das haben wir nicht gewußt!« »Ihr habt es gewußt«*, schrien die Blauweißgestreiften. *»Wir haben neben Euch in den Fabriken gearbeitet. Wir haben es*

Euch gesagt und dabei unser Leben riskiert. Aber Ihr habt nichts gemacht.« Noch während die Bürger die Hände über dem Kopf zusammenschlugen, dauerten die Tötungen an, denn das Häftlingssterben ließ sich nicht stoppen. Die Organe waren einer Nahrungsaufnahme nicht mehr gewachsen, die Befreiten endeten zu Scharen unter den Händen der amerikanischen Militärärzte.

Die Konfrontation der Deutschen mit dem, was sie nicht gewußt hatten, machten die Amerikaner sich zum ersten Erziehungsziel. Journalisten, Bildreporter, Filmregisseure wurden aus den USA eingeflogen, um die Deutschen mit den Dokumentarbeweisen der jüngst beendeten Zustände in ihrem Land zu versorgen. Ende April hatte die Abteilung ›Psychologische Kriegführung‹ der US-Armee den Plan eines abendfüllenden Films, betitelt ›Todesmühlen‹, gefaßt. *»Durch die Vorführung spezifischer, von den Nazis in seinem Namen begangener Verbrechen«*, heißt es in den Richtlinien, *»soll das deutsche Volk gegen die Nationalsozialistische Partei aufgebracht und veranlaßt werden, deren Versuchen zur Organisierung terroristischer oder Guerilla-Aktivitäten gegen die alliierte Besatzung entgegenzutreten. Indem man das deutsche Volk an seine damalige schweigende Zustimmung zu der Ausführung solcher Verbrechen erinnert und ihm bewußt macht, daß es der Verantwortung dafür nicht entgehen kann, sollen die Deutschen dazu gebracht werden, die alliierten Besatzungsmaßnahmen zu akzeptieren.«* In einer Anweisung an die Kameraleute tauchte ein Gedanke auf, dessen Berechtigung sich erst zwei Generationen später erweisen sollte: *»Es ist damit zu rechnen, daß die Nazis in einigen Jahren entweder versuchen werden, die Beweise zu widerlegen oder aber zu behaupten, es habe sich bei den geschilderten Ereignissen um seltene Ausnahmefälle gehandelt.«* Von vornherein sollten die Lager darum in die Landschaft hinein fotografiert werden. *»Falls die Elektrizität von einer in der Nähe liegenden Stadt bezogen wurde, weisen Sie auf die Tatsache hin, um die Verbindung zwischen Stadt und Lager zu beweisen.«*

›Todesmühlen‹ wurde in umständlicher Prozedur hergestellt, zumal nicht eben ersichtlich war, wie dem Publikum die Notwendigkeit seiner Charakterwandlung nahezubringen sei. Die Armee drängte auf Fertigstellung, weil sie nach einer leicht verständlichen Begründung für ihre Säuberungspolitik suchte. Um wirklich Eindruck zu erzielen, wurde der deutsch-amerikanische Hollywood-Regisseur Billy Wilder hinzugezogen. Den Besuch des schließlich auf 20 Minuten begrenzten Streifens stellten die Amerikaner frei. Da die Kinos um die Jahreswende 1945/46 stets voll waren, hofften sie auf reichlichen Besuch. Billy Wilder erinnert sich an die Testvorführungen des Films. Den Besuchern waren Papier und Bleistift ausgehändigt worden mit der Bitte, ihre Eindrücke niederzuschreiben. Als die Zuschauer die Vorstellung verlassen hatten, stürzten die amerikanischen Offiziere zu den Zetteln. Sie waren leer, aber die Bleistifte waren fort. Anders als die Amerikaner befürchtet hatten, erwies der

Einsatz von ›Todesmühlen‹, daß die Deutschen die dargestellten Greuel für fraglos echt hielten: *»Zuschauer außergewöhnlich gespannt und ernst, gelegentlich Murmeln und Geflüster: ›unmöglich‹, ›solche Bestien‹, ›Schweine‹. Keine Fragen nach Authentizität.«* Das Interesse an ›Todesmühlen‹ war nicht von langer Dauer. Aus dem amerikanischen Sektor Berlins hieß es: *»Nach einem vielversprechenden Beginn mit annähernd 50% Besuch am ersten Tag ist die Besucherzahl fast auf Null gesunken.«* Mehr als alles andere enttäuschte das restlose Scheitern des pädagogischen Zwecks. Die Zuschauer sahen den Greuelfilm mit derselben Distanziertheit wie die Greuel selbst. Sie hielten sich beim besten Willen nicht für verantwortlich. In einer Befragung, die die US-Streitkräfte unter ihren eigenen deutschen Angestellten durchführten, bekannten 87,9%, sie hätten nach dem Besuch des Films keinerlei Gefühle einer persönlichen Verantwortung gehabt. Ähnliche Erfahrungen waren bereits mit der Fotobroschüre ›KZ‹ gesammelt worden, die ab Juli 1945 zirkulierte. Auch sie *»beeinträchtigte nicht die Überzeugung, daß das deutsche Volk für die Handlungen der Naziregierung nicht verantwortlich sei«.* David Davidson Taylor, der Chef der Film-, Theater- und Musikabteilung bei der ›Psychologischen Kriegführung‹, schrieb: *›Die Deutschen scheinen ganz einfach kein politisches Gewissen zu haben.«*
Das stereotype Nicht-gewußt-Haben, das Margaret Bourke-White bald *»wie eine deutsche National-Hymne vorkam«,* scheint auch eine kollektive Abwehrformel gegen das moralische Strafgewitter gewesen zu sein. Man hatte die Armeen der Westmächte voller Zutraulichkeit empfangen. Eine neue Obrigkeit, die alsbald geordnete Verhältnisse wiederherstellen würde. Um so größer das Befremden, als namentlich die Amerikaner ungerührt die Abrechnung mit einer in Ehren unterlegenen Kulturnation vornahmen, Schuld zuwiesen, Umkehr verlangten und alle zusammen, ohne lange zu fragen, politisch entmündigten. Die kollektive Selbstrechtfertigung vor den naiven Amis ließ die Deutschen in Millionen grundanständiger Einzelpersonen zerlaufen, die mit den Schauergeschichten nichts zu tun hatten. Im Gegenteil, im Sommer 1945 fühlte sich das deutsche Volk selber betrogen, mißbraucht, ausgelaugt, das wahre Opfer Hitlers.
Die amerikanische Militärverwaltung, die das Opfer wie zum Hohn der Komplizenschaft mit seinen eigenen Tyrannen bezichtigte, war seit Jahren für diese Rolle trainiert worden. Bereits 1942 war an der Universität von Virginia, Charlottesville, eine Schule für die künftige Militärregierung aufgemacht worden, die Spötter die *»Gauleiter-School«* nannten. In Fort Custer und an verschiedenen amerikanischen Universitäten wurden Interessenten später einmonatige Kurse verabreicht, und Anfang 1944 begaben sich die Absolventen, mittlerweile an die 2000 junge, meist akademisch gebildete Offiziere, über den Atlantik in die neuerbaute Kadettenanstalt von Shrivenham in Süd-England. An der landeskundlichen

Vorbildung hatten deutsche Emigranten maßgeblichen Anteil, die als Mitarbeiter des Geheimdienstes OSS (des Vorläufers der CIA) eine Menge aufklärender Literatur über deutsche Verwaltung und Politik lieferten. Die analytische Durchdringung des Nationalsozialismus war in der Emigration weit gediehen, in der Heimat hingegen nicht existent. Die umfangreiche Schrift des ehemaligen sozialdemokratischen Juristen Franz Neumann, ›Behemoth‹, bis heute eine unübertroffene Deutung des Dritten Reichs, war nachgerade mit dem Ziel angefertigt, als geistiger Leitfaden bei der künftigen Demokratisierung Deutschlands durch amerikanische Militärverwalter zu dienen. (Als subtile Rache des deutschen Geisteslebens hat Neumanns Klassiker über dreißig Jahre schmoren müssen, ehe er einer Übersetzung für würdig befunden wurde.) So wußte das Militärregierungspersonal der Theorie nach mehr vom Nazismus als die, die ihn mitgemacht hatten. Als praktische Übung war alles bis hin zur Verwaltung einer nachgemachten hessischen Kleinstadt in Shrivenham exerziert worden. Auch wenn sich die Verhältnisse hinterdrein anders gestalteten, standen Landeskunde, Organisationstalent und politischer Enthusiasmus bei den US-Besatzungsoffizieren auf seltenem Grad.
Die Deutschen empfanden die Besatzer als überwiegend bürokratisch und ignorant. Vor allem besäßen sie keine Vorstellung davon, wie es wirklich unter dem Nationalsozialismus ausgesehen habe. Daniel Lerner, ein amerikanischer Nachrichtenoffizier, der im April 14 Tage Hessen, das Saarland und Rheinland-Pfalz bereiste, erfuhr von der recht mitteilsamen Bevölkerung, *»man habe Nazi sein müssen, um seine wirtschaftliche Stellung zu verbessern, seine Stelle zu behalten oder um Beziehungen zu haben. Einige ›mußten‹ Nazis werden, da ein örtlicher Parteifunktionär sie zum Beitritt aufgefordert hatte. Es ist wohl kaum jemandem der Glaube gekommen, sich zu weigern und Konsequenzen zu tragen.«* Am meisten irritierte die Deutschen, wie gerade der Kooperationswille der Bevölkerung vor den Kopf gestoßen wurde. Der Schriftsteller Alfred Döblin, der als französischer Kulturbeauftragter nach Baden-Baden zurückkehrte, beschreibt eine Unterhaltung mit einem Fräulein aus guter Familie (*»Anfang Zwanzig, groß, frisch, Haustochter«*).

> *»Sie: Wir waren damals, Anfang 45, in solcher Spannung. Immer die Frage: Wann kommen sie endlich, die Alliierten. Wir wußten doch alle, daß es aus ist. Ich versichere Ihnen: Wir waren damals wirklich und ehrlich froh und begeistert und erleichtert. Die Alliierten hatten bei uns alle Chancen. Wir sind enttäuscht, ich bleibe dabei. Wir hielten die Alliierten für Befreier.*
> *Döblin: Und sie waren es nicht? Und sind es nicht? Auch jetzt nicht, weil die Okkupation Unbequemlichkeiten mit sich bringt? Haben Sie den Nazismus, das ganze System schon vergessen?*
> *Sie: Ich bitte Sie. Sie wissen doch, wie ... (wir machen in der Nähe ihres Hauses halt und blicken in das Tal hinunter).*

Döblin: Also von da kamen die fremden Truppen und da standen Sie hier oben und waren bereit, sie ›mit offenen Armen‹ zu empfangen. Sie waren gewillt und bereit, in diesem Soldaten ihren Befreier – nämlich von Kriegsnot, von der lästigen Rationierung, auch vom Nazismus – zu begrüßen. Ihm – war nicht danach. Daß Sie ihm ›eine Chance bieten‹, hätte er sprachlos zur Kenntnis genommen oder mit einem brüllenden, ja mit Hohngelächter beantwortet. Er dachte an das, was Frankreich in den Jahren der Okkupation erduldet hat, an die Massendeportationen, an die Kämpfe des Maquis, die ungeheuerliche Ausraubung. Sie – wußten von alledem nichts, aber die Soldaten wußten es.«

Die Chancen, die Fräuleins aus guten und anderen Familien den stationierten Soldaten boten, wurden – wenn auch verblüfft ob der außerordentlichen Bereitwilligkeit – durchaus ergriffen. Als in der amerikanischen Truppe das Fraternisierungsverbot gelockert wurde, um die politische Beeinflussung der Bevölkerung zu intensivieren, stieg als einziges Resultat sprunghaft die Zahl der Geschlechtskrankheiten. Doch diese Form der Verbrüderung sah die Bevölkerung mit verhaltenem Ingrimm. Die Deutschen empfanden als schreiendes Unrecht, daß sie (selbst Besatzer der eisernen Faust) nicht als befreites, sondern als besiegtes Volk behandelt wurden. Genau das aber war die von langer Hand vorbereitete US-Politik, kodifiziert in der berüchtigten Direktive 1067 der Joint Chiefs of Staff. Letztmalig hatte Henry Morgenthau hier Pate gestanden, denn sie verordnete ein exklusives Negativprogramm: Die Militärverwaltung sollte keinerlei Verantwortung für die wirtschaftliche Wohlfahrt übernehmen, sondern derlei den Deutschen überlassen. Das wiederum würde ihnen nicht leichtfallen, denn *»alle Mitglieder der Nazi-Partei, die mehr als nominell an ihren Aktivitäten teilgenommen haben«*, seien zu entlassen. ›Indirect rule‹ nannte sich das Grundprinzip der Besatzung, die Aufsicht über eine begrenzte deutsche Selbstverwaltung bei gleichzeitiger Zerschlagung der nationalsozialistischen Führungsschicht. Damit war mehr gemeint als die überschaubare Clique der Parteibonzen. Keine Industriebranche, keine Volksschule, kein Landgericht, kein Krankenhaus, keine Eisenbahndirektion und Wasserversorgungsanstalt, wo nicht verläßliche und begeisterte Unterführer am Ruder saßen. Zwangsläufig bewirkte ein gründliches Säuberungsprogramm eine Lähmung des Gesellschaftsprozesses. Eine Ausschaltung der NS-Kader in dem ohnedies abgewrackten Land schädigte die Gemeinschaft. So tief, wie der Nationalsozialismus in den sozialen Organismus eingedrungen war, so schmerzlich mußte für alle seine Herauslösung sein. Wenn eine gereinigte Gesellschaft funktionsuntüchtig war, hatte der NS-Geist offenbar nicht viele unberührt gelassen. Je beiläufiger aber, fingierter, oberflächlicher man die Nazifizierung der Gesellschaft veranschlagte, sie ignorierte, bestritt, vergaß, ausbügelte, um so rascher ließ sich an normalen, tatkräftigen Wiederaufbau denken.

Beim Einmarsch der englischen und amerikanischen Truppen liefen ihnen gelegentlich Personen oder Abordnungen entgegen, die sich als Widerständler, Antifaschisten und Demokraten vorstellten. Sie rechneten damit, von den Besatzern als Partner angesehen, mit Verwaltungsaufgaben betraut zu werden und an der Entfernung der lokalen Nazifunktionäre mitzuwirken. Diese Gruppe kandidierte als die legitime Reserve-Elite, die die Nazi-Kader hätte ablösen können. Es ist später auch von amerikanischen Autoren häufig kritisiert worden, daß man die Angebote der antifaschistischen Kreise zurückgewiesen hat. Deutsche Autoren, wie Theo Pirker und Lutz Niethammer, haben in der Unterdrückung der Antifaschisten den entscheidenden historischen Irrtum entdeckt. Ob diese verstreute Mannschaft sich als legitime Führungsschicht hätte behaupten können, ist aber fraglich.
Das Oberste Hauptquartier der alliierten Streitkräfte, SHAEF, ordnete die Auflösung aller Gruppen und Organisationen an, die sich zur Bekämpfung des Nationalsozialismus gebildet hatten. Diese Gruppen bestünden aus opportunistischen Einzelpersonen oder Minderheiten, die vorgäben, die Allgemeinheit zu vertreten. Außerdem traute man nicht der Fraktion der Sozialisten und Kommunisten unter den Antifaschisten. Das moralische Mandat zur Vernichtung des Nazismus glaubten die Besatzer bei sich am allerbesten aufgehoben. Da sie an Ort und Stelle aber deutsche Gewährsleute benötigten, die sie mit der Lokalszene vertraut machten, wandten sie sich an den Klerus. In ihren sozialwissenschaftlichen Studien stand nämlich, daß von allen gesellschaftlichen Körperschaften die Kirchen, und besonders die katholische, sich als die resistentesten erwiesen hätten. Wer hinterher von den Offizieren als Bürgermeister, Polizei- oder Landgerichtspräsident eingesetzt wurde – ob auf Rat des Ortspfarrers, durch antinazistische Reputation oder geschickte Tarnung –, verdankte seine Wahl dem Zufall. Die Positionen waren unsicher. Wenn der Stadtkommandant wechselte, kippten in den ersten Besatzungsmonaten häufig auch die deutschen Amtsträger. Durch alle Wechselfälle hindurch schälte sich aber eine neue Politikerkaste heraus, die in den Worten Walter L. Dorns, Berater General Clays, *»die Parteihengste von Weimar«* enthielt. Ältere Herren, in den Parteiapparaten der Sozialdemokratie, des katholischen Zentrums, der Nationalen und Liberalen bewährt, die im Dritten Reich teils verfolgt oder emigriert waren, teils geruhsam überwintert hatten. Ihre Beziehungen zum Gros der Volksgenossen waren distanziert. *»Mißtrauen, Niedergeschlagenheit und bittere Klagen über Elend und Not«*, waren der ganze Empfang, so erinnerte sich Wilhelm Hoegner. Die Demokraten der ersten Stunde besaßen nach Lebensschicksal und Psychologie wenig Ähnlichkeit mit der Basis, die ihnen entgegenreifen sollte. Die Amerikaner hatten richtig erkannt, daß die Demokratisierung Deutschlands von der Entscheidung der mittleren und jungen Generation abhinge, die ihre politischen Bildungserlebnisse nicht

der gescheiterten Weimarer Republik, sondern dem Zusammenbruch des Großdeutschen Reiches entnahmen. Einer Auslese intelligenter ›prisoners of war‹ wurde in Camp Fort Getty auf Rhode Island eine Schulung angeboten, die ihnen die Wege deutscher Geschichte ergründen half. Als gelungene Erziehungsergebnisse wurden sie nachher in mittlere Führungspositionen als Juristen, Gewerkschaftsfunktionäre, Lehrer, Journalisten eingeschleust. Es tat sich ihnen bald eine Diskrepanz zwischen der Gleichberechtigung auf, mit der sie in Fort Getty zu Schöpfern eines neuen Deutschlands präpariert worden waren, und der harten Militärherrschaft ihrer Schutzpatrone in Deutschland. Damit sollten ihre Frustrationen aber erst ihren Anfang nehmen.
Die Abrechnung mit den Ausrottungsexperten schien den Deutschen nicht eben auf den Nägeln zu brennen. Verglichen mit dem, was die SA 1933 ihren Gegnern angetan hatte, geschah so gut wie gar nichts. Die wilhelminischen Offiziere mußten in der Novemberrevolution 1918 mehr Demütigungen ertragen als alle Nationalsozialisten zusammen. Um so heftiger gestaltete sich die Rache am europäischen Faschismus. *»In jeder von den Deutschen geräumten Stadt wiederholt sich die gleiche Szene«*, schreibt der französische Rechtspublizist Paul Sérant: *»Untergrundleute von gestern stürzen sich auf die Gefängnisse und Internierungslager und befreien die Insassen; anschließend ziehen die Faschisten und Kollaborateure von gestern in die verlassenen Zellen ein.«* Standgerichte und Lynchjustiz gehen ans Werk. Nach Angaben des französischen Innenministers sollen nach der Befreiung 10000 Personen spontan exekutiert worden sein. Eine gewiß nicht zu niedrig gegriffene Zahl, denn andere Schätzungen berechnen das Doppelte. Robert Aaron nennt in seiner ›Histoire de la Libération de la France‹ 30000 bis 40000 Hinrichtungen. Diese Aktionen erfolgten automatisch neben den und auch gegen die regulären staatlichen Aburteilungen in fast jeder Stadt oder Dorfgemeinde. *»Die Angehörigen des Maquis«*, erzählt Sérant, *»bildeten ihre eigene Polizei, Gefängnisse und Internierungslager. Niemand wagte zu protestieren.«* Weitaus blutiger noch verlief die spontane Abrechnung mit den italienischen Faschisten. Auch hier schwanken die Zahlenangaben ganz gewaltig zwischen 100000 und 300000 Opfern. Der Mittelwert entspricht Behördenangaben, die für April bis Juli 1945 rund 200000 Hinrichtungen errechnen. Neben Frankreich und Italien kam es relativ häufig in Belgien, selten in Dänemark, und ausnahmsweise in Norwegen und Holland zu spontanen Tötungen. Die politische Gemütslage in Deutschland gründete auf einem ganz anderen Erlebnisboden. Ein Subjekt der Rache war nicht daraus hervorgegangen. Die spielende Vernichtung des Widerstands durch die Gestapo, Furcht und Tod im Bombardement, das Freund und Feind aneinander gedrängt hatte, die tiefe Erschöpfung und Demoralisierung der Bevölkerung durch Verluste von Angehörigen, Besitz, Heimat hatten die politischen Gefühle ausgelaugt. Schließlich saß fast die gesamte junge und mittlere Generation

Männer in Kriegsgefangenschaft, sofern sie noch lebten. Deutschland im Jahre Null war übervölkert von Frauen, Alten, Kindern, Vertriebenen und Fremdarbeitern. Zudem standen drei gegnerische Armeen im Land, die spontane Bewegung nicht schätzten.
So ist die Frage nach der ›Nacht der langen Messer‹ theoretischer Natur geblieben, auch wenn sich mancher schon bald fragte, warum eigentlich. Denn zu allen Unterschieden gegenüber den genannten Ländern tritt ein weiterer. Nirgendwo hatte der Faschismus dermaßen gegen die eigene Zivilbevölkerung gewütet wie in Deutschland. Unter Mussolini hatte es 80 Todesurteile gegeben, unter Hitler 30000, zu denen noch einige Hunderttausend Tote traten, die der Euthanasie und dem Konzentrationslager zum Opfer gefallen waren, 250000 deutsche Juden, 40000 Zigeuner, dazu Sterilisierte, Verkrüppelte. Auch dieser innere Feldzug besitzt keine Parallele in der Geschichte der Verfolgungen. Zwar hatten nicht wenige Leute Listen angelegt und Maßnahmen ersonnen, diejenigen zu beseitigen, die sie gepeinigt hatten, doch nach dem vorherrschenden Urteil wäre es auch ohne die Wachsamkeit der Besatzer zu nicht mehr als einigen harmlosen persönlichen Abrechnungen gekommen. *»Als frühere Nazis in ihre alten Positionen zurückkehrten«*, schreibt John Gimbel, der abwägende amerikanische Chronist im Rückblick, *»und es klar geworden war, daß weder die amerikanische noch die deutsche Entnazifizierung das Zentrum der politischen Macht in Deutschland ändern würde, begann es einigen Leuten einzufallen, daß tote Nazis nicht hätten zurückkehren können.«*

Automatical Arrest und Berufsverbot. Die politische Säuberung

Ökonomische Verzweiflung hat die nationalsozialistische Machtergreifung herbeigeführt, materielle Korruption die Duldung von Krieg und Terror veranlaßt, erneute materielle Bedürftigkeit die Selbstreinigung vom Nationalsozialismus verhindert. Die Versorgungsfrage ließ die Deutschen fortgesetzt nicht zur Besinnung kommen. *»Der Haupteindruck im Lande«*, schrieb Alfred Döblin, *»und er löste Ende 1945 bei dem, der hereinkommt, das größte Staunen aus, ist, daß die Menschen hier wie Ameisen in einem zerstörten Haufen hin und her rennen, erregt und arbeitswütig zwischen den Ruinen, und ihr ehrlicher Kummer ist, daß sie nicht sofort zugreifen können, mangels Material, mangels Direktiven. Die Zerstörung wirkt auf sie nicht deprimierend, sondern als intensiver Reiz zur Arbeit: Ich bin überzeugt, wenn sie die Mittel hätten, die ihnen fehlen, sie würden morgen jubeln, nur jubeln, daß man ihre alten, überalterten, schlecht angelegten Ortschaften niedergelegt hat und ihnen Gelegenheit gab, nun etwas Erstklassiges, ganz und gar Zeitgemäßes hinzustellen. Und wenn einer glaubt oder früher geglaubt hat, das Malheur im eigenen Lande und der Anblick einer* *solchen Verwüstung würde die Menschen zum Denken bringen und würde politisch erzieherisch auf sie wirken, so kann er sich davon überzeugen, er hat sich geirrt. Hier lebt unverändert ein arbeitsames, ein ordentliches Volk. Sie haben, wie immer, einer Regierung, so zuletzt dem Hitler, pariert und verstehen im Großen und Ganzen nicht, warum Gehorchen diesmal schlecht gewesen sein soll. Es wird viel leichter sein, ihre Städte wieder aufzubauen, als sie dahin zu bringen, zu erfahren, was sie erfahren haben, und zu verstehen, wie es kam.«*

Die unverzagte Arbeitswut und der Warenhunger der Deutschen prallte auf den Entnazifizierungsbefehl der Alliierten, die neben den Trümmern der Städte auch die politischen Trümmer beseitigt wissen wollten. Die Entnazifizierung der Jahre 1945–49 hat in der Bundesrepublik den Ruch einer bürokratisch-idealistischen Mohrenwäsche behalten. Halb gekränkt, halb schadenfroh hat man sich über den großen Besen amüsiert, mit dem die Besatzer auch noch den kleinsten Pg fassen wollten, mit dem Resultat, daß alle, einschließlich der Schlimmsten, in der Papierschlacht der Anklagen, Urteile, Revisionen, Neuverhandlungen und Amnestien verschwunden sind. Kritisiert wird, daß 1. Schematismus und Schwerfälligkeit des Verfahrens den Erfolg vereitelt hätten, daß man 2. die Kleinen gehängt und die Großen habe laufen lassen.

Man könnte daraus den Eindruck gewinnen, daß nach dem Scheitern der Besatzer unter Hochdruck die Großen mit unbürokratischen Methoden aufgespürt und zur Strecke gebracht worden seien. Selbst als Posse ist die Entnazifizierung jedoch die einzige politische Haftbarmachung des Nazimilieus. Eine andere ist nicht zu vermelden. Daß viel daraus werden könnte, war schwerlich zu erwarten.

In der Nacht vom 21. auf den 22. Juli 1945 startete in der amerikanischen Zone die Operation ›Tally-ho‹. 80000 Nationalsozialisten wurden innerhalb von zwei Tagen arrestiert. Bis zum 16. Juli hatten sich bereits 70000 Personen in Internierungshaft befunden. In Marburg, einem Städtchen, das von seinen Militärbesatzern als *»eine Brutstätte des Nazismus«* angesehen wurde, hatten sich am 6. Mai 1945 alle NSDAP-Mitglieder auf einem Platz einzufinden. Die neueingesetzte Polizeitruppe, bestehend aus unbelasteten, nicht sehr erfahrenen, dafür aber enthusiastischen Männern, unter Führung des Heilpraktikers und Kommunisten Kroll, sammelte sie vorübergehend ein. *»So«,* schreibt Gimbel lakonisch, *»füllten sich die Gefängnisse.«* In Neustadt wurden die NSDAP-Leute nachts heimgesucht und in Lager gefahren. Tagsüber waren sie zur Schuttbeseitigung auf den Straßen eingesetzt. Im ›automatical arrest handbook‹ der Armee standen die Dienstgrade und Funktionen verzeichnet, die geradewegs zur Internierung führten: Erfaßt waren Gestapo, SS- und SD-Ränge, alte Kämpfer, Ortsgruppenführer, Bürgermeister, Gauleiter – kurz, der Sicherheitsapparat –, Parteileute und Staatsbeamte, vorwiegend der kommunalen und Kreisebene.

Die Lager, oft genug Gehege auf freiem Feld, standen unter Führung eines Majors oder Obersten, assistiert von Nachrichtendienstleuten, welche die Insassen nach verschiedenen Gesichtspunkten durchleuchteten, teils um Belastungsmaterial zu gewinnen und Inkognitos zu lüften, teils um verwendbares Spezialwissen aufzuspüren, beispielsweise von Militär- und Nachrichtenspezialisten der ehemaligen Ostfront. Bewacht wurden die Lager von ehemaligen Fremdarbeitern, Polizisten der Weimarer Republik, zurückgekehrten Emigranten, NS-Opfern verschiedenster Herkunft und Nation, die, wie die Gefangenen, deren Anhang und die Kirchen klagten, *»aus ihrem emotionalen Engagement heraus häufig zur pauschalen Härte und unqualifizierten Umgangsformen und Beleidigungen gegen Inhaftierte neigten«*. Den ärgerlichen SS- und Gestapoleuten winkte die Gelegenheit, sich als Demokraten zu bewähren. Die Lager erfreuten sich weitgehender Selbstverwaltung mit Oberbürgermeister, Gemeinderat und Gemeindeältesten. Ernst von Salomon, Freikorpskämpfer, einer der deutschnationalen Komplizen beim Rathenau-Mord 1923, gibt in seinem 1951 erschienenen Roman »Der Fragebogen« einen beißenden Bericht seiner eigenen Lagererlebnisse in Nürnberg-Langwasser, auf dem Gelände des Reichsparteitages:
»Bald war abends in jeder Baracke zumindest in einer Stube etwas los, Ludin richtete Schachturniere ein, Kurse in Stenografie fanden statt, Fremdsprachenkurse, selbst ein Vortrag über Völkerrecht fand zwei Teilnehmer, welche daraufhin überall als weltfremde Phantasten angesehen wurden. Das Theater aber war Abend für Abend überfüllt. Das Kabarett, welches mit großem Erfolg gestartet war, wurde von einer Bauerntheatergruppe abgelöst, dem zünftigen ›Drei Stunden hinter Dingolfing‹ folgte eine donnernde Revue mit Gesang und Tanz, aufgeführt von befähigten Koryphäen der Gestapo. Musikinstrumente in Form von einigen Geigen und eines Akkordeons, ungemein listig herbeigeschafft durch die unermüdlich angewandten Fertigkeiten des Pfarrers von Michaelsberg, ermöglichten die Aufstellung eines kleinen Orchesters. Otto Dunckelberg machte sich nun an die Aufstellung eines Männerchores, der großen Zulauf an Teilnehmern und Zuhörern fand und in der Tat einen trefflichen Anblick bot, wenn die Männer der SS und der Partei als Tenöre und Bässe hingegebenen Antlitzes dem unsterblichen Genius des deutschen Männergesangs huldigten – Mendelssohn.«
Die Großzügigkeit der SS in Rassefragen kam nicht nur dem toten Mendelssohn, sondern auch von Salomons jüdischer Gefährtin Ille zugute, die mit Gauleitersfrauen, Frauenschaftsführerinnen, SS-Krankenschwestern und KZ-Bewacherinnen zusammengesperrt war. Ille berichtet von Salomon über ihr Verhältnis zu den KZ-Wachen: *»›Sie ist war criminal. Wahrscheinlich wird sie gehängt.‹ ›Was?‹ sagte ich, ›dieses zarte, sanfte junge Ding?‹ Ille sagte: ›Du solltest einmal sehen, wie sie die Amerikaner am Bändel hat, die sind alle wie verrückt hinter ihr her, aber sie behandelt sie*

wie die Hunde. Sie wird jede Nacht vom Kommandanten in die Küche befohlen. Heute nacht, als sie von der Küche zurückkam, warf sie mir eine Büchse mit jungen Erbsen und eine mit Täubchen aufs Bett und sagte: ›zum Geburtstag!‹. Das junge Mädchen, KZ-Bewacherin und ›war criminal‹, nahm Ille fortan den Stubendienst ab, mit den klassischen Worten: ›Ihr Juden sollt sehen, daß wir es gut mit euch meinen.‹ Noch eine KZ-Bewacherin hatte sich um Ille sehr bemüht, ein weißblondes, etwas vierschrötiges Berliner Mädchen, das von allen nur ›Lotteken‹ genannt wurde. Lotteken gab ihre Ansichten über die Welt und das Leben mit unerschütterlicher Berliner Logik preis. ›Wat soll'ck denn machen, wennse mir bei Siemens kündigen und denn wer'ck dienstverpflichtet und det Arbeitsamt steckt mir zu die KZ-Bewacherinnen. Wat kann ick denn dafor, wenn'ck morjens die Tür uffmache und mir kullern die Leichen entgegen!‹«
Die joviale Ironie des Salomonschen Blicks auf die zartgliedrigen oder ulkigen KZ-Bestien gefiel dem Lesepublikum. ›Der Fragebogen‹ wurde einer der ersten deutschen Bestseller nach 1945. Als er geschrieben und von Ernst Rowohlt verlegt worden war, hatten sich die Lagerinsassen schon wieder auf die Gesellschaft verteilt und lasen Romane. Der Autor, der sich entgeistert fragt, warum er, der völkisch-nationale von Salomon, ausgerechnet für den Nationalsozialismus büßen soll, tröstet sich mit der Trotteligkeit der Amerikaner. *»Sie wissen selber nichts!«* läßt Salomon einen Internierten sagen. *»Schlimmer noch: Sie interessieren sich gar nicht dafür, sie sind so ungeheuer verschwiegen, weil ihnen so ziemlich alles völlig wurscht ist – außer ›fucken‹ vielleicht, das ist wahrhaftig so ziemlich das einzige, wovon sie reden. Ich habe einen viel größeren englischen Wortschatz als sie. Sie kommen schätzungsweise mit sechzig Wörtern aus ...«*
Wut, Verachtung und Berechnung vergiften das Respektsverhältnis zur reichen, omnipotenten Besatzungsmacht. Wolfgang Koeppen schildert die um drei Jahre gereifte Beziehung aus Unterwürfigkeit und Ressentiment in seinem Roman ›Tauben im Gras‹ aus dem München der Währungsreform. *»›Das war der Nigger meiner Mutter‹, berichtet der Knabe Heinz seinen Kameraden. ›Meine Mutter geht mit einem Neger.‹ Der dunkle Freund, der schwarze Ernährer der Familie, die gabenspendende und dennoch fremde und störende Erscheinung in der Wohnung beschäftigte ihn unaufhörlich. ›... er geht mit meiner Mutter, er ißt bei uns am Tisch, er schläft in unserem Bett, sie wünschen, daß ich Dad zu ihm sage.‹ Das kam aus Tiefen der Lust und der Pein. Heinz konnte sich an seinen an der Wolga verschollenen Vater nicht erinnern. Eine Photographie, die den Vater in grauer Uniform zeigte, sagte ihm nichts.«* Die Rasse des Amerikaners ließ sich mit der Zeit verschmerzen, angesichts des Heißhungers auf seinen Warenüberfluß. Der Verschollene an der Wolga aber – ein Reflex der Zeiten, da man die Kornkammern noch woanders ver-

mutete, Gefühl und Vorteil, Mutter und Vater noch zusammenpaßten – verkörpert den inneren Vorbehalt, den die lust- und peinvolle Unterwerfung unter den Stärkeren stets benötigt.
Zunächst war die Zuneigung der Unterworfenen in dem rabiaten Diskriminierungsprogramm der sechs Monate nach dem alliierten Einmarsch noch nicht erforderlich. Ein Fraternisierungsverbot begrenzte die Kontakte zwischen Siegern und Besiegten auf das technisch Notwendige. Es entstanden die Genre-Figuren der ›Kraut-haters‹ und ›Morgenthau-Boys‹, die noch ganz aus der Goebbelsschen Phantasie lebten. Doch sind diese Gestalten in der Erinnerung verblaßt; geblieben sind die spendablen Negerfreunde der Soldatenwitwen. Nur in Salomons ›Fragebogen‹ schwillt die Wut über die Bestrafung bis ins Jahr 1951 hoch. Vom März bis Juli fand das Buch monatlich 10000 Käufer. Unter der Kruste der mittlerweile eingetretenen Verbrüderung laboriert die nationale Psyche noch nach 6 Jahren an den Narben ihrer Demütigung. *»Der Offizier brüllte mich an: ›You are Nazi!‹ Ich sagte: ›Nein.‹ Im selben Augenblick knallt er mir eine Ohrfeige auf die rechte Backe, und ich dachte: ›Das ist ein Linkshänder.‹«* Während Salomon von zwei Offizieren verprügelt wird, bemerkt er verwundert, daß ihn die Schläge nicht schmerzen und überlegt die Ursache: *»Das hieß nichts anderes, als daß ich mich in diesem Augenblick in einem hysterischen Zustand befand. Aber es war nicht wahr, ich hatte gar keine Wut, ich hatte gewissermaßen ein wildes Triumphgefühl, einmal, daß es gar nicht weh tat, schlagt ihr nur, halt, wo war Ursache, wo war Wirkung? – nein – ich hatte das Triumphgefühl, weil ich es nicht war, der Unrecht tat, natürlich, das mußte es sein, dieser Offizier hatte eine solche Wut, ich nicht. Die Haare flogen ihm, er hatte rote, blutgefüllte Augäpfel und wirklich und wahrhaftig Schaum vor dem Mund, immer hatte ich das für eine Redensart gehalten, aber das gab es wirklich, dies arme, blödsinnige Schwein hatte Schaum vor dem Mund, offensichtlich befand er sich in einem viel desolateren Zustand als ich.«*
Auf das Triumphgefühl wird nicht verzichtet. Ob man Schläge austeilt oder einsteckt, ist weniger wichtig, Hauptsache das minderwertige Schwein bleibt erhalten, an dem der salomonsche Typus sein Niveau orientiert. Auf dem seelischen Schlachtfeld unbesiegt, kämpft er sich schmerzunempfindlich durch Internierungshaft, Diskriminierung und Berufsverbot. Nichts jedoch wird vergessen. Zwar ist die aktionistische Energie der Freischärler von 1921 aufgebraucht und die Frontgeneration von 1939–45 ist kampfesüberdrüssig. Nationale Franktireurs treten nicht an. Die Schmach der Unterwerfung und politischen Kolonisation aber geht nicht unter. Sie vermacht sich stumm der Generation des Knaben Heinz und folgender.

Internierung und Entrechtung der Kader sind zunächst Polizeimaßnahmen zum Schutz der Besatzung. Daneben wird die Gesellschaft in eine

künstliche, nie dagewesene Lage versetzt: ihr politisches Leben entwikkelt sich ohne rechtsradikalen Druck. Das reaktionäre Spektrum von Salomon bis Eichmann ist für zwei Jahre mit sich selbst beschäftigt. Was nicht hinter Stacheldraht sitzt, kämpft um die materielle Existenz. Die von der Militärregierung betriebene Revolution von oben entfernte die nazistischen Eliten in einem großflächigen Berufsverbotsprogramm aus den angestammten Schlüsselfunktionen der gesellschaftlichen Macht. Ähnlich wie bei den Internierungen war eine Liste automatisch wirksamer Entlassungskategorien aufgestellt worden. Wer in der NSDAP, ihren Massenorganisationen, im Staatsapparat und in öffentlichen Institutionen Führungsaufgaben ›on the policy-making level‹ erfüllt hatte, verlor diese Posten zugunsten einfacher Arbeit. Entlassen wurde nach Auswertung eines Fragebogens von 133 Rubriken zur Erforschung der Funktion. Die Person war Nebensache. Die Auffindung der in einer Münchner Papiermühle eingelagerten NSDAP-Mitgliederkartei mit den Dokumenten von 10 Millionen Parteigenossen gewährleistete eine gewisse Richtigkeit der Angaben.
In den ersten Wochen nach dem Einmarsch hatten sich Spezialabteilungen installiert (special branches), mit Feuereifer Fragebögen eingesammelt und bis August 1945 jede dritte Führungskraft entlassen. Am meisten zur Ader gelassen wurde der Öffentliche Dienst, der in gewissen Bereichen von der Bildfläche verschwand. Am Oberlandesgericht Bamberg waren von 309 Juristen 302 Pgs, beim Amtsgericht Schweinfurt gleich alle; in derselben Stadt waren von 108 Lehrern 88 Nazis, in München war ein Viertel, in Nürnberg ein Drittel, in Bamberg die Hälfte und in Würzburg Dreiviertel der Verwaltung lahmgelegt. Einundzwanzig Finanzämter in Bayern wurden als zusammengebrochen gemeldet. Die Berufsverbote für NS-Beamte trafen eine Kaste, die nichts mit sich anzufangen wußte, als ihre angestammten Ofenplätze mit allen Mitteln der Kunst zurückzuerobern. Solange ein Berufsbeamtentum in Deutschland existierte, würde diese Schar gegen jedes System stänkern, das ihnen die Laufbahn verdarb. Um allen Wiedereinstellungs- und Pensionsansprüchen, wohlerworbenen Rechten usw. vorzubeugen, beschlossen die Amerikaner, dem Beamtenpersonal des Verbrecherstaats die Statusrechte abzuerkennen. Das hergebrachte Berufsbeamtentum stand kurz vor der Abschaffung. *»Wenn General Eisenhower die Beamtenschaft vernichten will«,* schrieb ein Landgerichtspräsident aus Kempten, *»dann kann sein Plan nicht raffinierter ausgedacht sein.«* Zwar seien die nationalsozialistischen Ideen damit nicht zu packen, wohl aber *»eine sublime Fortsetzung des teuflischen Bombenkriegs«* zu führen.
Die deutschen Kritiker beklagten zwei Kardinalfehler: die bodenlose Ineffizienz der Berufsverbote und die mangelhafte Rechtsstaatlichkeit. Eine Reihe praktisch veranlagter US-Offiziere vor Ort mochte sich dem ersten Argument nicht verschließen. *»Dieses Land ist eine lange Zeit von*

Nazis geführt worden«, notierte einer von ihnen, *»praktisch seine ganze administrative und wirtschaftliche Intelligenz war in der Nazipartei. Man kann nicht Eisenbahnen mit Ladengehilfen betreiben und die Fabriken von Schuhputzern leiten lassen.«* Zumindest nicht, solange eine gesellschaftliche Revolution nicht vorgesehen war und die Schuhputzer langfristig Schuhputzer bleiben sollten. Die Disqualifizierung des Bürgertums erweckte darum nicht grundlos den Eindruck, es sollte dem hergebrachten Deutschland der Garaus gemacht werden, ohne daß ein Ersatz vorgesehen sei. Im Chaos aber würde nur der Radikalismus gedeihen, den man seit kurzem scheute. *»Was vor die Hunde geht, ist das Bürgertum«*, klagte ein altgedienter deutscher Diplomat. *»Das Bürgertum stellte die aktiven und die Reserveoffiziere, nur das Beamtentum wird durch die Entnazifizierung praktisch betroffen. Hier herrscht Lebensangst. Noch langen die Spargroschen zum Leben, noch helfen Verwandte aus. Aber in wenigen Wochen oder spätestens Monaten ist das deutsche Bürgertum am Ende, zermürbt durch Arbeitslosigkeit oder körperliche Zwangsarbeit, der die Männer gerade geistiger Berufe, aber auch andere nach sechs Jahren Krieg und Rationierung nicht mehr gewachsen sind. Dann werden sie den Gashahn andrehen oder sich aufhängen oder sie werden als intellektuelles Proletariat politisch und weltanschaulich radikalisiert. Den Gewinn haben die Kommunisten und die Nationalsozialisten. Die Kommunisten machen sich angeblich an entlassene Nationalsozialisten heran und fordern sie auf, der KPD beizutreten.«*
Die klinisch-experimentelle Methode, mit der dem verwirrten Volk in Deutschland eine Demokratie hingesetzt werden sollte, sah sich bald durch andere Notwendigkeiten gestört. Dem Konzept nach war die Demokratie mit demokratischen Mitteln nicht herzustellen. Untersuchungen amerikanischer Statistiker bestätigten es. In den zwei ersten Nachkriegsjahren schaffte es keine Hälfte der Befragten, den Nazismus als eine *»schlechte Sache«* abzulehnen; im Winter 1946 schrumpften die Ablehner auf ein Drittel der Befragten. Das Plebiszit für den Führer sollte nun in einer autoritär verabreichten Therapie gedrosselt werden wie Übertemperatur. Der notorische Druck des reaktionären Blocks auf das deutsche Gemüt war suspendiert. Während ihn die Repression umklammerte, nur gefiltertes, aufgeklärtes Gedankengut die Öffentlichkeit erreichte, mochte sich das ›andere Deutschland‹ entwickeln und im Schutze der Erziehungsdiktatur das Zutrauen der Entmündigten erwerben. Eines fernen Tages würde sich der Mehrheitswille unwiderruflich Menschlichkeit, Rechtsstaat, Republik und Völkerverständigung zugeneigt haben.
Die in der Auftragsverwaltung des Besatzungsregimes tätigen deutschen Demokraten lehnten ein derartiges Programm ab. Sie waren widerrechtlich 12 Jahre zuvor mundtot gemacht worden, hatten in KZs gelitten, in der Emigration auf gepackten Koffern ausgeharrt oder sich im Lande durchgeschlagen, ohne umzufallen. Der Nationalsozialismus war, wie

von ihnen prophezeit, katastrophal gescheitert, ihre jahrelang erwartete Stunde war gekommen. Nicht vom Volk, doch von den Ereignissen bestätigt, rechneten sie damit, endlich ein freiwilliges Einsehen in die 1933 angetretene Irrfahrt in Despotie und Zusammenbruch zu erzielen.
Die Erlebniswelt ihrer Landsleute war auf politisches Raisonieren nicht eingestellt. Sie blickten nicht auf fruchtlose Jahre des Überwinterns zurück, sondern auf einen Film voll unerhörter Eindrücke. Davon waren weniger noch die jetzt Internierten und Diskriminierten verzehrt als die jungen Frontheimkehrer, die das innere Echo der Feldzüge gefangenhielt. »*Wovon unser Herz rast?*« fragt Wolfgang Borchert in seinem ›Manifest‹, »*Von der Flucht. Denn wir sind der Schlacht und den Schlünden erst gestern entkommen in heilloser Flucht. Von der furchtbaren Flucht von einem Granatloch zum anderen – die mütterlichen Mulden – davon rast unser Herz noch – und noch von der Angst. Horch hinein in den Tumult deiner Abgründe. Erschrickst du?*«.
Diese Jahrgänge brachten nicht das Schlachtenfieber der Salomons und Jüngers von 1919–20 mit nach Hause. Sie fühlten sich nicht um die Ehre betrogen, national entmündigt und persönlich malträtiert. Dies waren hauptsächlich Phobien der Elterngeneration. Salomons Züchtigung im ›Fragebogen‹ findet sich mit gleicher Inbrunst in seinem Erstling ›Die Geächteten‹ ausgeführt. Nur sind die Folterknechte dort nicht Sergeants aus Texas, sondern französische Besatzungsoffiziere im Rheinland. Die Rolle des Schwarzen spielen die Tunesier, »*blanke Gesichter, gewölbte, gierige Nüstern, die Neger. Und wir, überrannt, übertrampelt, gebändigt ... Unnennbare Wucht: und wir zerschmettert vor ihr, wir in den Staub getreten.*«
Die Internierten und Diskriminierten von 1946 greifen in dieselben Tasten. Ihr Martyrium ist die Reminiszenz der Schmach von Versailles. Die ewig Schikanierten sind von der Revanchepartie an den Ausgangspunkt zurückgeworfen. Ohne Zaudern stimmen sie die alte Litanei an. Rachelüsterne Besatzer sind eingetroffen, setzen ihre Erfüllungspolitiker ins Amt, Deutschland wird ausradiert. Doch läßt es die Mobilmachung beim Klageruf bewenden. Die Betroffenen sind zwanzig Jahre älter, und die Jugend kann es ihnen nicht nachempfinden. Keine ›Brigade Ehrhardt‹, kein Schlageter, keine Feme.
»*Helm ab, Helm ab: – Wir haben verloren*«, schreibt Borchert, »*wir werden nie wieder zusammen marschieren, denn jeder marschiert von nun an allein.*« Was ihm widerfahren ist, macht er mit sich selber ab, ohne feierlichen Abschied. »*Wir sind die Generation ohne Bindung und Tiefe. Unsere Tiefe ist Abgrund. Nie werden wir die Kraft haben, den Abschied, der neben jedem km an den Straßen steht, zu leben, wie ihr ihn gelebt habt.*«
Die Schocks sind zu elementar geworden, um sie vernünftig aufzulösen. Es gibt daraus keine emotionale, weltanschauliche und politische Folgerung. Das Nervensystem muß abgeschirmt werden. Die existentielle Be-

ruhigung, wie Borchert sie protokolliert, hat kein Gesellschaftskonzept. Sie besteht aus einem Lebensstil. *»Denn der Morgen, der hinter den Grasdeichen und Teerdächern aufsteht, kommt nur aus dir selbst. Und hinter allem? Hinter allem, was du Gott, Strom und Stern, Nacht, Spiegel oder Kosmos und Hilde oder Evelyn nennst – hinter allem stehst du immer selbst. Eisig einsam. Erbärmlich. Groß ... Aber wir wollen keine Tränenozeane beschwören – wir müßten denn alle ersaufen. Wir wollen grob und proletarisch sein, Tabak und Tomaten bauen und lärmende Angst haben bis ins lilane Bett – bis in die lilanen Mädchen hinein. Denn wir lieben die lärmende laute Angabe, die unrilkesche, die uns über die Schlachtträume hinüberrettet und über die lilanen Schlünde der Nächte, der blutübergossenen Äcker, der sehnsüchtigen blutigen Mädchen. Denn der Krieg hat uns nicht hart gemacht, glaubt doch das nicht, und nicht roh und nicht leicht. Denn wir tragen viele weltschwere wächserne Tote auf unseren mageren Schultern. Und unsere Tränen, die saßen noch niemals so lose wie nach diesen Schlachten. Und darum lieben wir das lärmende laute lila Karussell, das jazzmusikene, das über unsere Schlünde rüberorgelt, dröhnend, clownig, lila, bunt und blöde – vielleicht. Und unser Rilke-Herz – ehe der Clown kräht – haben wir es dreimal verleugnet.«*
Dem verbitterten, süchtigen Lebensgefühl scheint alles jenseits des eigenen Wehs und Heils unmodern geworden. Daß der vergangene Staat noch jemandem außer den jungen Wehrmachts-Soldaten ein Leid angetan hätte, läßt sich Borcherts Dichtung schwer entnehmen. Der Hektik des bienenfleißigen Wiederaufbaus hält sie die angeekelte Melancholie des Heimkehrers entgegen, der rätselt, warum es nach dem Ende so vieler Söhne so nonchalant weitergeht. Grundsätzlich will der Selbstverlorene sich dem Konstruktiven nicht verweigern. Er sucht Stütze. *»Denn wir müssen in das Nichts hinein wieder ein Ja bauen. Häuser müssen wir bauen in die freie Luft unseres Neins, über den Schlünden, den Trichtern und Erdlöchern und den offenen Mündern der Toten: Häuser bauen in die reingefegte Luft der Nihilisten, Häuser aus Holz und Gehirn und aus Stein und Gedanken. Denn wir lieben diese gigantische Wüste, die Deutschland heißt. Dies Deutschland lieben wir nun. Und jetzt am meisten.«* Angesichts dieses Heimatverlangens wirkt das Ansinnen einer politischen Wiedertaufe als skurriler Bekehrungseifer älterer Außenstehender, die das einzig Läuternde, etwas wirklich Schlimmes, nicht mitgemacht haben.

»Wir haben die Besetzung gemacht. Wir waren Fachleute in Okkupation und hielten viele Länder besetzt. Wir wissen, wie man es macht, wie gut und wie schlecht .... ›Ja, es sind Bestien unter euch gewesen, und wie Tiere haben sie sich benommen‹, so sagen sie. ›Ich habe davon gehört‹, sage ich. ›Bei uns waren sie nicht. Wenn sie hinten waren – bei uns waren sie nicht.‹ Der Lehrer hat eine Tochter, frisch und neunzehn Jahre, mit einem Freund, der Khaki trägt. Ja, sie hat einen fremden Freund. Der hat nicht einmal gekämpft. Er ist zweite Garnitur. Er hat Rosen im Ge-

sicht und ist gerade herübergekommen. Was wollt ihr? Die Frauen lieben den Besiegten nicht. Auch den Mageren nicht. Niemand in Khaki ist mager. So ist es in dem ganzen Land. Der Schwarzmarkt der Liebe geht gut. ... Ich sah ein Mädchen, schlank wie eine Tanne, mit einem Krummen gehen. Die Zwanzigjährigen nehmen die Flaumbärte in den Wald. Die Angst treibt sie an, die leeren Schlachtfelder – und die Toten winken. Wo sind sie nur alle geblieben? Wo seid ihr alle geblieben, ihr Jungen, ihr Stolzen zwischen Schnee, Sand und Meer? Ich muß mich beeilen. Ich stieg in die Eisenbahn. Die Lokomotive zog uns wie einen Spielwagen, schwankte und schüttelte sich, als wollte sie die Schienen verlassen. Ich kam in eine kleine Stadt, da waren alle Fenster hell. In einem Haus, das ich kannte, standen die Bücher an der Wand, gelb und braun in Leder und Leinen. Die Stühle waren gepolstert. Und in dem Porzellan schwamm der Tee.
›Es werden Gäste von der Kulturvereinigung kommen‹, sagte die Dame. ›Bleiben Sie‹, sagt der Herr, ›es wird interessant. Wir werden über die demokratische Erneuerung sprechen.‹ Die Gäste hatten glänzende Augen und Kleider, die wie dünnes Fahnentuch um ihre Glieder wehten. Es wehte wie falsche Jugend um sie. ›Der Aufbau, der geistige Aufbau‹, sagte ein weißhaariger Herr, ›der tut uns not.‹«

[Werner Hartmann, ›Der Heimkehrer‹]

Aufbaupolitiker

Seit dem 7. August 1945 war auf der Kreisebene die Bildung von Parteiorganisationen zugelassen. General Lucius D. Clay, der amerikanische Militärgouverneur, fand sich zu seinem Mißvergnügen zu diesem Zugeständnis genötigt, nachdem die sowjetische Zonenverwaltung am 10. Juni 1945 mit der Lizenzierung von vier Parteien vorgeprescht war. Die USA konnten sich in der Gewährung demokratischer Rechte schwerlich von Stalin überbieten lassen, auch wenn man sich die Demokratisierung etwas anders ausgemalt hatte. Im September 1945 erläuterte ein Flugblatt für die Bevölkerung der amerikanischen Zone die Idee einer auf Bürgerbeteiligung zugeschnittenen Demokratie von unten: *»Regierung durch das Volk heißt nicht nur Stimmvieh spielen. Arbeite mit in der Gemeinde, mach Vorschläge und hilf sie mit verwirklichen. Es gibt genug zu tun. Kümmerst Du Dich darum, wie Deine Kinder in der Schule erzogen werden? Kümmerst Du Dich darum, ob die Kranken, die Schwachen und die Alten versorgt werden? Kümmerst Du Dich darum, daß die Gemeindefinanzen richtig verwendet werden, daß es Arbeit gibt? Kümmerst Du Dich darum, daß die Lebensmittel gerecht verteilt werden, daß Dein Nächster ein Bett und ein Dach hat? Da fängt es an mit dem Selbstregieren! Da wirst Du gebraucht! Da hilf mit!«*

Solche Ideen dezentraler Selbstverwaltung waren aus dem amerikanischen Gemeindeleben übertragen. Sie widersprachen nicht nur dem von den Nazis an allen Ecken installierten Führerprinzip, sondern auch dem bürokratisch zentralisierten deutschen Traditionsstaat. Eine Demokratie mit ausgeprägter Selbstverwaltung, diskreten Parteien und beschnittener Zentralgewalt war gar nicht so weit hergeholt, wie das unlustige Publikum dachte. Im deutschen Widerstand hatten ähnliche Pläne existiert. Eines konnte unter den ansonsten verschieden gesonnenen Verschwörerzirkeln nie strittig werden: eine Parteiendemokratie weimarischer Prägung kam keinesfalls in Frage. Der *»Prozeß der Verpöbelung in allen Gesellschaftsschichten«* (D. Bonhoeffer) verbat eine sofortige Volkssouveränität. Davon waren nicht allein die eingefleischten Anti-Republikaner durchdrungen. Die *»geradezu grotesken Vorstellungen von Massenherrschaft«* innerhalb seiner Partei kritisierte auch der sozialdemokratische Innenministerprätendent Julius Leber. In den überlieferten Verfassungsentwürfen kommt ein allgemein und direkt gewähltes Parlament nicht vor. Den Vätern dieser Verfassungen erschien das Dritte Reich als eine Zivilisationskatastrophe. Ohne akute Verbildung des gesellschaftlichen Menschen war Hitlers unverwüstliches Charisma nicht erklärlich. Daher der erzieherische Duktus in den Zukunftsprogrammen des Widerstands. Was man dem Nationalsozialismus folgen lassen könne, bewegte die Phantasie weit intensiver als seine Beseitigung. Mit der Bombardierung des Führers war es nicht getan. Dergleichen interessierte einen Yorck und Moltke nur beiläufig. Ihre nationale Berufung suchten sie in einer Lebensreform der Verführten. Der planmäßig um den Verstand gebrachte Massenmensch sollte allmählich eine Individuation durchmachen. Demokratische Rechte erwüchsen ihm entsprechend seiner Urteilskraft, d. h. bis auf weiteres auf den überschaubaren Lokalsektor beschränkt.
Das 1933 aufgegebene Parteiensystem stand zu diesem Programm in keinerlei Verhältnis. Vordergründig, weil die Anti-Hitler-Verschwörung überwiegend aus Personen bestand, die auch die Weimarer Republik befehdet hatten und ihre Restauration für abwegig ansahen. Zudem führte von einem als ebenso despotisch wie populistisch empfundenen Nationalsozialismus keine gedankliche Verbindung zur Rettung durch Massendemokratie. Ein solches System würde sich auch jenem Pöbel anheimgeben, den aufzulösen es antrat.
Solche Überlegungen spiegelten nicht zuletzt die Isolation der Verschwörer unter ihren Landsleuten wider. Keine Volksfront im Untergrund, nur dissentierende Absplitterungen der alten Gesellschaftseliten. Ihr Staatsstreich stellte die Machtfrage auf hauchdünner Basis. Zwei Jahre später waren die Frondeure ausgemerzt, ihre Pläne gegenstandslos, die Machtfrage hatten die Invasionsarmeen gelöst. In diesem militärisch gesicherten Gelände konnte zu guter Letzt per Oktroi das System installiert werden, das ehedem der Widerstand und nun auch die Mehrheit der Deut-

schen (doch aus anderen Gründen) als ihnen wesensfremd, untauglich und unmodern ablehnte: die parlamentarische Mehrparteien-Demokratie. Kein Ziel in sich, hing ihr Kurs ganz davon ab, was sie zu bieten hatte. Die Offerte ging von einer – verglichen mit den hochfahrenden Widerständlern – ernüchterten und bescheidenen Kaste aus, den Repräsentanten von Weimar. Sie waren seitdem nicht groß vermißt worden, genossen aber als einzige das Vertrauen der alliierten Regierungen. Allerdings hatten diese von der Demokratisierung eine erhabenere Idee als jene, die die Verhältnisse endlich richtiggestellt wähnten. Was war damit gewonnen, die von Nazis leergefegte politische Arena mit einer Handvoll demokratisch gestimmter Parteioligarchen auszufüllen und sie in Konkurrenz um ein fortdauernd autoritäres Wählerpublikum zu schicken? Sie hatten Hitler nicht vertrieben, waren nunmehr unschlagbar, brauchten sich mit einer NS-Partei nicht zu messen, alle Stimmen gehörten von vorneherein den Demokraten. Mit dem gewaltigen antidemokratischen Unterstrom mußten sie nie ringen, Demokratie war, wenn sie gewählt wurden. Diese Auffassung vertreten sie bis heute.
Nach der amerikanischen Reihenfolge waren die Parteien das Resultat einer demokratischen Revolution und nicht umgekehrt. Da die Machtfrage geklärt war, bestand der Vollzug der Revolution aus der Selbstbefreiung vom Geist des Nationalsozialismus und der sozialen Ächtung seiner Träger. Die bereits als Verwaltungsorgane im Besatzungsauftrag tätigen Politiker teilten die Bedenken gegen Parteigründungen vor einer Bewußtseinsrevision ganz und gar nicht, trauten sich alles zu und wollten den kleinen Pg schon gewinnen, zumal die Besatzung den Nazismus weiter in Schach hielt. Jenseits der Parteien war der Untergrund.

Konrad Adenauer, ein 69jähriger Zentrums-Politiker, am 26. November 1944 aus dem Gestapogefängnis Brauweiler bei Köln, wo er sechzehn Jahre Oberbürgermeister gewesen war, entlassen, erlebte die Eroberung Kölns durch amerikanische Truppen im Weinkeller seines Rhöndorfer Häuschens. *»Wenige Tage darauf kamen amerikanische Offiziere, die mich aufforderten, nach Köln zu dem dortigen Kommandanten zu kommen und die Verwaltung der Stadt zu übernehmen.«* Der neue alte Oberbürgermeister erzählt in seinen Erinnerungen, wie er nach einer Besprechung mit amerikanischen Offizieren die Stadt durchstreift: *»Alles leer, öde, zerstört. Ich bin zu der Zentrale der Gestapo gegangen. Ich wollte die Räuberhöhle mir jetzt einmal ansehen. Der Mensch ist merkwürdig. Das ganze Haus war doch eine Quelle der Qual gewesen, auch für meine Frau, für mich, für meine Töchter. Aber es kam mir der Gedanke, für mich und meine Angehörigen ein Andenken an dieses Haus mitzunehmen. Auf dem Schreibtisch dieses höheren Gestapobeamten stand ein Tischleuchter aus Bronze, einfach und edel in der Form, so daß ich annahm, die Gestapo habe ihn irgend jemand abgenommen. Ich nahm den Leuchter an mich.*

Ich sehe ihn jeden Morgen in meiner Wohnung, und er mahnt mich an das, was geschehen ist, an das Leid, an das Unrecht – er mahnt mich.«
Der Gestapoleuchter mahnte Adenauer, der schnell von den labour-regierten Engländern als Oberbürgermeister wieder abgesetzt wurde (was er auf Quertreibereien von Sozialdemokraten zurückführte), auch an die vermeintliche Quelle des Unrechts: den Materialismus oder Marxismus. So glaubte er, die Nazis am besten vermittels einer katholisch-protestantischen Einheitspartei überwinden zu können, bewegte die Zentrums-Katholiken zur Gründung der CDU und frondierte fortan gegen den Materialismus. Instinktiv nahmen die ›Parteihengste von Weimar‹ die Witterung ihrer angestammten Gegner auf. Hier und da versuchten amerikanische Offiziere, die Parteien an die Mobilisierung der Demokratie von unten zu erinnern, trafen aber auf große Zurückhaltung. Was diese Politikergeneration von unten her erlebt hatte, war die Mobilisierung des nazistischen Mobs gewesen. Darum versprachen sie sich von einer in stabile Normen gefaßten politischen Macht mehr als von den überall gemiedenen US-Partizipationsprogrammen. Man hatte von der dauernden politischen Gymnastik wohl auch die Nase voll. *»Wissen Sie«*, erinnerte sich ein Wahlbürger wenige Jahre später, *»es ist im Grund ja zum Lachen, wenn's nicht so traurig wäre: Da kommen die Amerikaner in ein fremdes Land und sagen: So, jetzt also erst mal soundsoviel der Bevölkerung – soundsoviel Millionen Deutsche sind jetzt erst mal Verbrecher, und da ist das Volk überhaupt schlecht.«* Die über zwölf Millionen Deutsche, die als mehr oder minder vom Nazismus infiziert galten, behandelte niemand als Kriminelle. Die Idee, NS-Verbrecher auszusondern, kam erst später auf. Nur die Berufsverbotskategorien wurden engmaschiger.
Am 26. September 1945 ordnete das Gesetz Nr. 8 für die amerikanische Zone an: *»Die Beschäftigung eines Mitglieds der NSDAP oder einer der ihr angeschlossenen Organisationen in geschäftlichen Unternehmungen aller Art, in einer beaufsichtigenden oder leitenden Stellung oder in irgendeiner anderen Stellung als der eines gewöhnlichen Arbeiters, ist gesetzwidrig.«* Nun war der Scheitelpunkt erreicht. Die Säuberung bei Postboten, Gerichtsdienern, Studienräten und Finanzamtsleitern war schlimm genug, doch waren sie vorübergehend gegen andere Postboten etc. auszutauschen. Wer aber ersetzte die Unternehmer und Direktoren aus Industrie, Banken, Handel?
War ein Firmenbesitzer betroffen, wurde die Leitung des Unternehmens einem Treuhänder übertragen. Häufig erschienen Betroffene im lokalen Büro der Militärregierung und lieferten die Schlüssel zur Firma ab. Einige Dienststellen schlossen sämtliche Betriebe ihres Bezirks und untersagten die Weiterarbeit, bis alle Nazis identifiziert und entlassen waren. *»Nie zuvor sind Maßnahmen der Militärregierung auf so offene Feindschaft gestoßen«*, meldete der Militärgouverneur von Württemberg-Baden, Dawson. *»Der Glaube an unsere aufrichtige Absicht, in Deutschland*

demokratische Verhältnisse zu schaffen, ist erschüttert und die Angehörigen der Militärregierung werden öffentlich kritisiert.«
Die Kritik galt nicht dem Säuberungsziel, sondern der totalen Unzweckmäßigkeit. Aus der englischen Zone, die sich vor clayschem Radikalismus hütete, berichtete der Korrespondent des ›Observer‹, Isaac Deutscher, am 15. September 1945, daß alle politische Reaktion sich hinter dem Effizienzgedanken verschanze. Der Typus des Managers, der bisher nach jeder politischen Pfeife getanzt habe, wenn sie nur autoritär genug aufspielte, gebärde sich rührend unpolitisch, setze jedoch seine aus der Zerstörung der Kohlengruben, Wasser- und Kanalisationsanlagen entstandene Unentbehrlichkeit wirksam in Szene. *»Inzwischen findet eine stille Konterrevolution statt. Es ist die Konterrevolution des Technikers, des Experten, der unerläßlichen Schlüsselfigur, die weiß, wie Fabriken, Straßenbahnen, Banken, öffentliche Dienste und Verwaltungen betrieben werden. ... Für seine hochgeschätzten Dienste verlangt er ›politische Stabilisierung‹. Er will nichts von der Befreiung, Wiedergeburt der Demokratie, von sozialer Gerechtigkeit hören. Er weiß, daß er im Nützlichkeitsprinzip einen mächtigen Beschützer hat.«*
Das Interesse der Beschützer an schleuniger Rekonvaleszenz der deutschen Güterproduktion wurde maßgeblich von der Reparationsfrage und den Besatzungskosten diktiert. Die Deutschen hatten soviel kaputtgeschlagen, daß ihnen stützend unter die Arme gegriffen werden mußte, anders kam keine Entschädigung zustande. Im Juli/August 1945 beratschlagten die vier Mächte in Potsdam über die Entnahme der Reparationen. Strittiger Punkt war die laufende Produktion. Rußland wünschte eine ungenierte Abschöpfung der hergestellten Waren, die USA waren indifferent, England drang auf die Verwendung des Neuproduktes zur Finanzierung der lebenswichtigen Importe. Die Zonenaufteilung hatte die ökonomische Symmetrie zerstört: der agrarische Osten konnte sich zumindest ernähren, der industrielle Westen und insbesondere das britische Rhein-Ruhr-Gebiet war auf Exportproduktion angewiesen. Wenn die Westmächte ihre Zonen nicht selbst verpflegen wollten, blieb ihnen kaum etwas anderes übrig, als die Industrie anzukurbeln und nur mit äußerster Behutsamkeit zu demontieren. Außerdem war wirtschaftliche Auspowerung schon einmal übel heimgezahlt worden. England erinnerte an den Versailler Vertrag und die Konsequenzen, die entstanden, als man mit dieser empfindlichen Nation zu harsch ins Gericht gegangen war. Er wolle nicht die Verantwortung dafür übernehmen, bemerkte Churchill auf der neunten Sitzung, wenn im kommenden Winter eine Hungersituation entstünde. Drei Wochen später, am 16. August, berichtete Churchill dem Unterhaus, daß die Alliierte Kontrollkommission ein Übergangsregime in Deutschland werde bilden müssen, denn Hitlers Nazipartei habe fast sämtliche unabhängigen Elemente vernichtet. *»Ein Deutschland ohne Kopf fiel den Eroberern in die Hände.«* Auch unter diesen Umstän-

den aber sei eine Rumpfmannschaft vonnöten, die in der Lage sei, Wirtschaftspolitik durchzuführen. *»Die deutschen Massen dürfen uns nicht zur Last fallen und erwarten, jahrelang von den Alliierten ernährt, organisiert und erzogen zu werden.«*

Vierzehn Tage vor der Potsdamer Konferenz hatte Henry Morgenthau seinen Abschied eingereicht. Sein Plan, die Risiken der deutschen Industriemacht zu beseitigen, wurde in Potsdam formell abgelöst. Um sinnlose Kosten, Radikalisierung und Tumult zu vermeiden, gebot es die Vernunft, den furor teutonicus auf ökonomisches Gelände zu leiten: Die deutsche Wirtschaft sollte in ihrer Einheit erhalten bleiben; die Reparationsfrage ließ das Abkommen im entscheidenden Aspekt offen, d.h. jeder Besatzer verfolgte seine eigenen Ziele. Englands und Amerikas Ziel war die unumgängliche Korrektur der deutschen Ökonomie, doch nicht hin zur Landwirtschaft, sondern zur Weltwirtschaft. Im Potsdamer Abkommen (2. August 1945) taucht das erste Morgenrot dieser Erleuchtung auf: *»Die endgültige Umgestaltung des deutschen politischen Lebens auf demokratischer Grundlage und eine eventuelle friedliche Mitarbeit Deutschlands am internationalen Leben sind vorzubereiten.«* Anstelle der von Morgenthau vorgesehenen rigorosen Provinzialisierung würde eine rigorose genthau vorgesehenen rigorosen Provinzialisierung würde Internationalisierung von Kultur und Militär, internationale Orientierung der politischen Kaste und der ökonomischen Struktur.

Warum sollten sich Wehrwirtschaftsführer nicht zu zivilen Geschäftsmännern entwickeln, wenn sie vom Export-Import abhingen und davon bequemer lebten als zuvor von Überfall, Plünderung und Sklavenarbeit? Das alte Machtkartell aus Junkern, Militärs, Bürokraten und Industrie war geschlagen wie noch keines zuvor. Dahingegangen waren auch ihre politischen Trivialmythen, die Erbfeinde, Weltverschwörungen, Einkreisungsängste, Dolchstöße, Blutvergiftungen, Rassenkämpfe. Die einzig übrige Philosophie war, nüchtern und weltoffen, Aufbau und Unternehmerschwung. Die Offiziere saßen noch hinter Stacheldraht, die Bürokraten hatten Berufsverbot, die Politiker antichambrierten bei den Gouverneuren, da knüpften die Industriellen längst egalitäre Kontakte mit den Auslandspartnern. Der politische Nachvollzug war einstweilen umständlicher. Das linke und das liberale Lager begriffen vor Begeisterung, zu Volksvertretern wiedereingesetzt zu sein, nicht ganz die eingetretene Situation und verfaßten nationale Strategien. Anders als die meisten von ihnen erwarteten, konnten die Veteranen von 1932 nicht politisieren wie 1932. Dazu fehlte es an einer souveränen Nation. Die neue bürgerliche Partei war nicht nur darum die modernste, weil sie mit dem Attribut des Christlichen als einzige einen Weg eröffnete, den infernalischen Hitler zu verdauen. Zumindest einer in ihren Reihen erfaßte auch die neuartige Dialektik von nationaler und internationaler Politik, der ehemalige preu-

ßische Staatsratsvorsitzende und Konfident der rheinischen Industrie mit dem mahnenden Gestapoleuchter auf dem Schreibtisch.
Die rein repressiven, negativ gepolten Deutschlandkonzepte schmolzen dahin. Dem Fachleutekorps, dem Unternehmertum, der geschmeidigen Verwaltung – alles Produktionsfaktoren – wurde nicht länger Gewalt angetan. Die Entnazifizierung lief ohnehin Gefahr, wie Clay in seinen Erinnerungen schreibt, eine Klasse von Märtyrern Adolf Hitlers hervorzubringen. Anstelle einer Reinigung wütete eine stumpfsinnige Strafaktion ohne befreiende Wirkung.
Warum sollten die Deutschen die erste Partie ihrer Läuterung, die Ausgliederung der Nazis, nicht nach eigener Einsicht gestalten? Anfang 1946 übergaben die Alliierten die Entnazifizierung einem Verein von Treuhändern, den frischgebackenen Lizenzpolitikern. Diese hatten sich dazu bereits durch wohlgezielte Kritik empfohlen. Reinhold Maier, der liberale Ministerpräsident Baden-Württembergs, war von Anfang an mit dem Ratschlag umhergegangen, das Urteil darüber, wer echter und wer nomineller Nazi gewesen sei, lieber der deutschen Bevölkerung zu überlassen. Als das nicht weiterhalf, zog Maier im Rundfunk gewagte Vergleiche zwischen der Entnazifizierung und dem Nationalsozialismus, der ebenfalls Menschen nach Kategorien einteilt, unterschiedslos diffamiert und ihnen jede individuelle Prüfung verweigert habe. So waren die Täter endlich als Opfer anerkannt.
Die deutschen Demokraten pochten auf eine Individualisierung der jeweiligen Bräunung. Sie fragten, anders als die Amerikaner, nicht nach der politischen Verantwortung. Männer wie Reinhold Maier und sein Parteifreund Theodor Heuss, die beide 1933 dem Ermächtigungsgesetz zugestimmt hatten, konnten daran auch kein Interesse haben. Statt dessen sinnierten sie, wie halb Deutschland, über die persönliche Schuld, die beliebig hin und her zu schieben war. Die deutschen Massen, erklärte General Clay im Oktober, hätten überhaupt keine Ahnung von Verantwortlichkeiten und seien völlig unreif zur Selbstregierung. Dabei lehnten fast 50% der Bevölkerung die Entnazifizierung gar nicht ab, sie lehnten nur ab, davon betroffen zu sein, und forderten, die ›wirklich Verantwortlichen‹ zu belangen. Von nun an war es Sache der Landesregierungen, diese mysteriöse Gruppe aufzuspüren. Hatte Morgenthau die Deutschen national bestrafen, Clay die Nazis von den Nicht-Nazis trennen wollen, landeten die deutschen Entnazifizierer bei der Einteilung in gute und böse Nazis. Ein harmloser, guter Nazi aber war bald weitaus mehr wert im Lande als ein böser Entnazifizierer.

II. Das Nürnberger Tatschema

Chefs einer Verschwörung

Versteckt in den Wäldern des Taunus liegt das Dörfchen Kransberg mit der Burg Kransberg, im Weltkrieg Hauptquartier des Generalfeldmarschalls Göring. Im Winter 1945/46 war die Burg Schauplatz allwöchentlicher Kabarettprogramme vor ausgewähltem Publikum. *»Die Szenen hatten immer wieder unsere Situation zum Gegenstand«*, erinnert sich einer der paar Dutzend Zuschauer, der ehemalige Rüstungsminister Albert Speer, *»und mitunter liefen uns vor Lachen über unseren Sturz die Tränen herunter.«* Zu den Weinenden gehörten noch Hjalmar Schacht, gewesener Reichsfinanzminister, Wernher von Braun, V2-Konstrukteur aus Peenemünde, Professor Porsche, Professor Heinkel, Flugzeugkonstrukteur, und andere, zumeist leitende Technokraten des Ministeriums Speer.
Braun und seine Leute saßen schon auf gepackten Koffern, sie hatten Angebote aus England, Amerika und Rußland erhalten. Speer war aus Mondorf in Luxemburg gekommen, wo Göring und die überlebenden Häuptlinge des Dritten Reichs im Grand Hotel festsaßen und hofften, daß ihr Rüstungsminister nun zum Wiederaufbau Deutschlands geholt werde. Als Speer in Kransberg eines schönen Morgens um 6 Uhr vernahm, daß er im Nürnberger Prozeß angeklagt sei, rang er um Fassung, sah jedoch ein, daß er im Unterschied zu seiner Begleitung als Angehöriger der Führungsgarnitur für die Schuld des Regimes geradestehen müsse.
»Speer schien der Realistischste von allen zu sein«, schrieb Gustav Gilbert, der Nürnberger Gerichtspsychologe, in sein Tagebuch. *»Die Anklageschrift bedeutete keinen besonderen Schock für ihn. Es habe keinen Zweck, über Einzelschicksale zu jammern, obwohl seine eigene Schuld ihm genauso fraglich erscheint wie die der Übrigen.«* Speer verwarf jetzt den Nationalsozialismus, *»damit das Volk ein für allemal die letzten verfaulten Überreste seiner Illusionen über den Nazismus begräbt. Ich will dem Volk klarmachen, daß seine jetzige Notlage und die ganze sinnlose Zerstörung einzig und allein die Schuld von Hitler ist.«*
Diese Einsicht hatte sich das Volk mittlerweile von selbst angeeignet. Seine Illusionen in puncto Speer, den verblendeten, braven Technokraten, und seinesgleichen erwiesen sich dagegen als extrem haltbar.

Von den Nürnberger Angeklagten gelang es später nur ihm und Großadmiral Karl Dönitz, dem Reichspräsidenten vom 20. April bis zum 8. Mai 1945, ein ehrendes Andenken unter ihren Landsleuten zu behalten. Unschwer konnte sich mancher in ihrer Selbstverteidigung wiederfinden. Zwei unpolitische Spezialisten, der harte Meeresadler und Nur-Soldat und der erfinderische Waffenschmied: betrogen in ihrem blinden Vertrauen zum Führer, ungebeugt jedoch im nationalen Überlebenswillen, als jener sich den Revolver in den Hals steckte und aus der Verantwortung davonstahl. Als Speer am 1. September 1981 starb, rühmten die Nekrologen der Tagespresse den *»fraglos genialen Architekten und hochbefähigten Organisator, der binnen zwei Jahren eine Rüstungswende vollbrachte; ohne ihn hätten die Deutschen nicht so lange durchgehalten«*. Dann aber, als es zwecklos war, *»widersetzte er sich zunächst mit Denkschriften, dann mit Gegenbefehlen und schließlich mit Hilfe besonderer Sicherungsgruppen immer offener Hitlers Befehl der ›verbrannten Erde‹«*.
Im März 1945 habe er festgestellt, berichtet Speer in seinem Kreuzverhör, daß Hitler bewußt die Lebensmöglichkeiten des eigenen Volkes habe zerstören wollen. *»Ich habe nicht die Absicht, meine Tätigkeit in dieser Phase in irgendeiner Weise für meinen persönlichen Fall geltend zu machen. Es gibt aber auch hier eine Ehre, die zu verteidigen ist ...«* Die Verteidigung gelang, denn Speers Ehre knüpft sich an seinen Beitrag zum Wiederaufbau noch vor dem Zusammenbruch. Auf einer Kabinettsliste der Aufständischen des 20. Juli war Speer als Minister geführt. Mit dem Aufstand hatte Speer nichts zu tun, doch war er gewissermaßen der einzige erfolgreiche Widerständler. *»Den Gauleitern war befohlen: die Zerstörung aller Industrieanlagen, aller wichtigen Elektrizitäts-, Wasser- und Gaswerke und so weiter, aber auch der Lebensmittel- und Bekleidungslager. (...) Die militärischen Stellen hatten befohlen: die Zerstörung aller Brücken, darüber hinaus auch der gesamten Bahnanlagen, der Postanlagen, der Nachrichtenanlagen in der Reichsbahn; aber auch der Wasserstraßen, aller Schiffe, aller Waggons und aller Lokomotiven. Das Ziel war, wie in einem der Erlasse steht, das Schaffen einer Verkehrswüste.«* Diesen Morgenthau und Roosevelt weit überflügelnden Selbstvernichtungsphantasien traten Speer und seine Leute in den Weg: *»Wir haben Maschinenpistolen an die wichtigsten Werke verteilt, damit sie sich gegen die Zerstörung wehren können. (...) Wenn ein Gauleiter gesagt hätte, im Ruhrgebiet an die Kohlenbergwerke zu gehen, und dort nur eine Maschinenpistole zur Verfügung stand, dann wäre geschossen worden.«* Wiederholt erwähnt Speer im Kreuzverhör den Befehl Hitlers zur Sprengung aller Brücken. Am 18. März 1945 habe Hitler acht Offiziere erschießen lassen, weil sie sich der Zerstörung einer Brücke widersetzt hätten. *»Eine planmäßige Zerstörung der Brücken aber ist in einem modernen Staate mit der Vernichtung des ganzen Lebens gleichzusetzen.«* So rettete Speer die Brücken, auf de-

nen sich das seinen übrigen Anstrengungen entronnene Leben in Deutschland in den Wiederaufbau stürzen konnte.
Eine weitere Brücke baute Speer den Landsleuten mit seiner Deutung Hitlers als Virtuose eines undurchschaubaren technischen Verführungsapparats. *»Durch die Mittel der Technik, wie Rundfunk und Lautsprecher«,* rief Speer im Schlußwort des Angeklagten, *»wurde 80 Millionen Menschen das selbständige Denken genommen; sie konnten dadurch dem Willen eines einzelnen hörig gemacht werden.«* In der fortan von Speer gepflegten Rolle als des Teufels Ingenieur fließen Hochleistung und politische Naivität zu der Zeitfigur des ahnungslosen Profi zusammen, den, verbohrt in seine Fertigkeit, das Ziel seiner Anstrengung nicht interessiert. *»Frühere Diktaturen benötigten auch in der unteren Führung Mitarbeiter mit hohen Qualitäten, Männer, die selbständig denken und handeln konnten. Das autoritäre System in der Zeit der Technik kann hierauf verzichten. Schon allein die Nachrichtenmittel befähigen es, die Arbeit der unteren Führung zu mechanisieren. Als Folge davon entsteht der neue Typ des kritiklosen Befehlsempfängers.«*
Einzige Voraussetzung des neuen Typs ist sein hartnäckiges Unwissen über den Hintergrund der von ihm befolgten Befehle. Die Gesundheitsbedingungen der von Speer in Krupps Fabriken geschleusten Sklavenarbeiter – vier Fünftel der Todesfälle entstanden im Jahre 1943 durch Tuberkulose und Unterernährung – blieben dem Rüstungsminister amtlich verborgen: *»Ich habe ja gestern bereits ausgeführt«,* entgegnete er im Kreuzverhör, *»daß die Zuständigkeiten für die Arbeitsbedingungen aufgeteilt waren in das Ernährungsministerium, in das Gesundheitsamt beim Reichsminister, in die Stelle des Treuhänders der Arbeit beim Generalbevollmächtigten für den Arbeitseinsatz und so weiter und so weiter. (...) Aber ich als der für die Produktion Verantwortliche hatte mit diesen Dingen verantwortlich nichts zu tun.«* Um so besser erlaubte ihm dieses Amt, die Bewaffnung der Kruppschen Sklavenaufseher zu erklären. *»Ich möchte Ihnen nun Beweisstück D-230 zeigen lassen«,* wandte sich Ankläger Jackson an den für die Produktion Verantwortlichen, *»eine interne Aufzeichnung über die Stahlruten, und die Stahlruten, die im Lager gefunden wurden, werden Ihnen gezeigt werden. Nach dem Bericht sind 80 verteilt worden.*
Speer: Soll ich mich dazu äußern?
Jackson: Wenn Sie wollen!
Speer: Ja. Das ist nichts anderes als wie ein Ersatz für einen Gummiknüppel. Wir hatten ja an sich kein Gummi ...«
Verbrecherische Handlungen bestritt Speer so stur wie Streicher und Kaltenbrunner – die Sklavenarbeiter hatten keinen wohlwollenderen Anwalt als ihn im Reich besessen –, jedoch entfaltete er eine Argumentation, die ihn zum Pionier der deutschen Vergangenheitsbewältigung machte: die geteilte Verantwortung. *»Die eine Verantwortung ist für den eigenen Sektor, dafür ist man selbstverständlich voll verantwortlich. Dar-*

über hinaus bin ich persönlich der Meinung, daß es für ganz entscheidende Dinge eine Gesamtverantwortung gibt und geben muß, soweit man einer der Führenden ist ...« Die geteilte Verantwortung hat auch ein geteiltes Resultat: Im persönlichen Sektor ist niemals Schuld zu finden. Die Gesamtverantwortung, weil man dabei oder dafür gewesen war, wird nobel akzeptiert. Wer ohne Schuld ist, werfe den ersten Stein. Das einzige, was hier hilft, ist tätige Reue, Hitlersche Zustände sollen nie wieder einreißen. *»Wertvolle Menschen lassen sich nicht zur Verzweiflung treiben«*, rief Speer im Schlußwort. *»Sie werden neue, bleibende Werke schaffen, und unter dem ungeheuren Druck, der auf allen lastet, werden diese Werke von besonderer Größe sein.«*
Speer, der Erhalter der Brücken und Kohlengruben, der Bekenner mit eingeschränkter Haftung, wird von Dönitz ergänzt, Hitlers Nachfolger zur Abwicklung der Kapitulation. Den Admiral Dönitz konserviert die Erinnerung als Retter der Flüchtlinge des Osten vor den Klauen der Roten Armee. Als er 1980 starb, bestätigten die Nekrologen der Tagespresse die Verschiffung der Ostpreußen und die künstliche Verzögerung der Kapitulation (um den fliehenden Heeren noch den Sprung über die westlichen Demarkationslinien zu ermöglichen) als das *»bleibende Verdienst«* des *»christlichen Mannes, der gewohnt war, zu dienen und sich für andere einzusetzen«*. In Nürnberg verurteilt wurde er, *»weil er in den letzten wirren Tagen der Naziherrschaft Hitlers Nachfolger war«*, und wegen *»Lappalien«*. Im Kreuzverhör hielt der englische Ankläger Sir David Maxwell Fyfe dem Großadmiral eine seiner Lappalien vor, die Rede zum Heldengedenktag am 12. März 1944: *»Sie sagen das Folgende:*

> *›Was wäre aus unserer Heimat heute, wenn der Führer uns nicht im Nationalsozialismus geeint hätte? Zerrissen in Parteien, durchsetzt von dem auflösenden Gift des Judentums und diesem zugänglich, da die Abwehr unserer jetzigen kompromißlosen Weltanschauung fehlte, wären wir längst der Belastung dieses Krieges erlegen und der erbarmungslosen Vernichtung unserer Gegner ausgeliefert worden.‹ Was wollten Sie damals sagen mit ›dem auflösenden Gift des Judentums‹?*
> *Dönitz: Ich wollte sagen, daß wir in einer sehr großen Einheit lebten und daß diese Einheit eine Stärke war und daß alle Momente und alle Kräfte ...*
> *Sir David Maxwell-Fyfe: Nein, das habe ich Sie gar nicht gefragt. Ich fragte Sie, was Sie mit ›dem auflösenden Gift des Judentums‹ meinten? Das ist Ihr Ausspruch – sagen Sie uns, was Sie damit meinten.*
> *Dönitz: Ich konnte mir vorstellen, daß der großen Belastung der Bombenangriffe gegenüber das Durchhalten der Bevölkerung der Städte sehr schwer sei, wenn ein solcher Einfluß ausgeübt würde. Das wollte ich damit ausdrücken.*
> *Sir David Maxwell-Fyfe: Nun, können Sie mir bitte noch einmal sagen, was heißt ›auflösendes Gift des Judentums‹?*

Dönitz: Es bedeutet, daß es die Durchhaltekraft des Volkes, worauf es mir als Soldat im Kriege der Nation auf Leben und Tod besonders ankam, auflösend hätte beeinflussen können.
Sir David Maxwell-Fyfe: Nun, das wollte ich wissen. Sie waren der Oberbefehlshaber und hatten 600000 oder 700000 Mann in Ihrer weltanschaulichen Schulung. Warum brachten Sie ihnen bei, daß die Juden ein auflösendes Gift in der Politik der Partei waren? Warum war dem so? Was hatten Sie gegen die Juden? Was veranlaßte Sie zu glauben, daß sie auf Deutschland einen schlechten Einfluß hatten?
Dönitz: Dieser Ausspruch ist in meiner Gedenkrede am Heldengedenktag gefallen und zeigt eben an, daß ich der Ansicht war, daß das Durchhalten oder die Durchhaltekraft des Volkes, so wie das Volk zusammengesetzt war, besser gewährleistet wäre, als wenn jüdische Volksteile im Volk gewesen wären.
Sir David Maxwell-Fyfe: Diese Redensarten vom ›auflösenden Gift des Judentums‹ schufen die geistige Haltung, die in den letzten Jahren den Tod von fünf oder sechs Millionen Juden verursachte. Wollen Sie sagen, daß Sie nichts über die Aktionen und Pläne zur Vernichtung und Ausrottung der Juden wußten?
Dönitz: Ja, selbstverständlich sage ich das. Ich habe davon nicht das Geringste gewußt. Und wenn ein solcher Ausspruch fällt, so ist ja noch kein Beweis erbracht, daß ich von irgendwelchen Morden gegenüber dem Judentum eine Ahnung hatte. Das ist im Jahre 1943 gewesen.
Sir David Maxwell-Fyfe: Nun, was ich Ihnen hier vorhalte, ist, daß Sie sich an der Jagd auf diesen unglücklichen Teil Ihres Volkes beteiligten und sechs- oder siebenhunderttausend Angehörige der Marine bei dieser Jagd anführten.«
In den Nekrologen fehlen die Verbrechen des *»unpolitischen Nur-Soldaten«*, der *»als U-Boot-Führer ein Stratege von hohem Rang«* gewesen ist. Die alle anderen Waffengattungen übertreffende, selbstmörderische Verlustquote der U-Boote, auf denen fünf von sechs Matrosen ertranken, tut der Genialität der *»von Dönitz entwickelten Rudeltaktik«* keinen Abbruch. Eingedenk der *»ganz dem soldatischen Gehorsam verpflichteten preußischen Denkungsart«* des Strategen steht die Nachwelt andächtig vor der *»Tragik des Großadmirals«*, der als *»Werkzeug«* seines Führers scheitern mußte, den er eigentlich nur verehrte, wegen *»dessen zeitweiliger Bevorzugung der von Dönitz aufgebauten U-Boot-Waffe gegenüber der von Raeder repräsentierten Hochseeflotte«*. Politisch habe er mit Hitler nie etwas zu tun gehabt, erläuterte Dönitz in Nürnberg: *»Adolf Hitler hat immer in mir nur den ersten Soldaten der Kriegsmarine gesehen.«* In politischen Dingen sei er nie um Rat gefragt worden. *»Ich habe mein Gesicht im Seekrieg nach dem Wasser gehabt.«* Dönitz' Kriegsverbrechen (Versenken neutraler Schiffe in Sperrzonen, Auslieferung von Kriegsgefangenen zur Hinrichtung an die Gestapo), um derentwillen er verurteilt wurde,

seine fanatische Grausamkeit gegenüber den Matrosen vermochten sein von *»Dankbarkeit und Respekt«* geprägtes Profil nicht zu trüben. Wie Speer ein Vernichtungsfachmann ersten Grades, schätzten ihn die Überlebenden als beherzten Lotsen während des Schiffbruchs, ganz egal, ob er ihn selbst herbeigeführt hatte.

Das Privileg einer Übergangsfigur wurde keinem weiteren Angeklagten zuteil, obwohl alle bis auf Göring sich als eine solche empfahlen. Wenn nicht durch vorzeigbare Taten, dann zumindest durch nunmehrige Einsicht, die wegweisend der geistigen Verarbeitung der Pleite nützen mochte. Trotzdem gilt der Kommentar der Streicher, Rosenberg, Ribbentrop und Genossen als überflüssig: Sie suchten ihren Kopf zu retten und die Schuld platt auf andere zu schieben. Aus Streichers Munde klingt es unangenehm, daß Hitler als Alleintäter der Endlösung anzusehen sei. Weil die Parole familiär ist, wird sie als Entschuldigung für den ›Stürmer‹ nur kompromittiert. Doch wollte Streicher ebensowenig wie seine Leser auf dem moralischen Fiasko des Hitlerreichs sitzen bleiben. *»Wenn wir vor der Weltgeschichte bestehen wollen«*, verlangte er im Kreuzverhör, *»dann müssen wir immer wieder feststellen, kein deutsches Volk wollte eine Tötung, weder im einzelnen noch im ganzen.«* Es hatte unmißverständlich im ›Stürmer‹ das Gegenteil zu lesen gestanden: *»Die Judenfrage ist noch nicht gelöst, wenn einmal der letzte Jude Deutschland verlassen hat. Sie ist erst dann gelöst, wenn das Weltjudentum vernichtet ist.«* Und ein anderes Mal: *»Dann werden vielleicht ihre Gräber künden, daß dieses Mörder- und Verbrechervolk doch noch sein verdientes Ende fand.«*
»Was meinen Sie mit ›Gräbern‹ hier?« fragte US-Ankläger Griffith-Jones den Redakteur Streicher, der ihm entgegnete, es handele sich um die unverbindliche Meinungsäußerung eines Autors, *»der vielleicht über die Zeit in einem Wortspiel hinausgeschaut hat«*. Das Wort ›Vernichtung‹ sei ebenfalls deutungsfähig im Sinne von *»... wenn die Macht des Weltjudentums vernichtet ist«*. So müssen es auch die Leser verstanden haben, die sich mit Streicher fragen: *»Hat das deutsche Volk wirklich gewußt, was sich in den Jahren während des Krieges zutrug?«* Hätte man ihm, Streicher, die Wahrheit gesagt, er hätte sie nicht geglaubt. So glaubten die Schreiber nicht, was sie selber schrieben, die Leser nicht, was sie lasen; *»diese Forderungen«*, erklärte Streicher, *»zielten auf den Judenstaat«*.
Die Juden hätten seiner Auffassung zufolge nach Kleinasien ausgesiedelt werden sollen, bestätigte Arthur Rosenberg, denn die ganze Judenfrage sei aus der Emanzipation der Nationalitäten im 19. Jahrhundert hervorgegangen. Die antisemitischen Einpeitscher entpuppten sich als Förderer des Zionismus, denen vordringlich die Gründung des Staates Israel am Herzen lag. Eine Klarstellung, die Endlösung und Nachkriegswelt für die Täter recht befriedigend verknüpfte. In der Judenfrage hatten sie etwas erreicht. Ernst Kaltenbrunner, ab Februar 1943 Chef der Vernichtungszentrale

Reichssicherheitshauptamt‹, hatte auf seine Art *»gegen diese Art der Behandlung des Judenproblems angekämpft«*, von dem auch er *»eine total andere Auffassung«* hatte. Nachdem er ein Jahr dafür gebraucht habe, um herauszufinden, was sich in seinem Amte abspielte, beschloß er, sich *»persönlich dafür einzusetzen, ein System zu ändern, an dessen ideellen und gesetzlichen Grundlagen ich nichts ändern konnte, sondern nur versuchen konnte, diese Methoden zu mildern, um sie endgültig beseitigen zu helfen«*. Nach sieben Monaten hatte er bereits durchschlagenden Erfolg, weil die Vernichtungsaktionen im Oktober 1944 eingestellt wurden. *»Ich bin felsenfest überzeugt davon«*, bekannte Kaltenbrunner im Kreuzverhör, *»daß ich hieran den Hauptanteil trage, obgleich verschiedene andere Persönlichkeiten in gleicher Richtung operiert haben. Aber ich glaube nicht, daß jemand bei jeder Begegnung Himmler diesbezüglich in den Ohren gelegen ist, und ich glaube auch nicht, daß jemand anders mit solcher Offenheit und solcher Selbstverleugnung mit Hitler gesprochen hat.«* Je höher die Position, desto enger der Kontakt zu Hitler und Himmler, desto wirksamer der Widerstand.

Hans Frank, in dessen polnischem Generalgouvernement Treblinka, Maidanek, Belzec, Sobibor und das Warschauer Ghetto gelegen hatten, wußte nichts Schlimmes, das er verhindert hätte, und rief darum *»unser Volk von dem Weg zurück, auf dem Hitler und wir mit ihm es geführt haben«*. Als Weg aus der moralischen Krise empfahl Frank die Rückkehr zum Christentum: *»Gott vor allem hat das Urteil über Hitler gesprochen und vollzogen über ihn und das System, dem wir in gottferner Geisteshaltung dienten. (...) Denn Hitlers Weg war der vermessene Weg ohne Gott, der Weg der Abwendung von Christus ...«*

Außenminister Ribbentrop lokalisierte *»die Wurzel unseres Übels in Versailles«*. Das Ausland hat die Bedingungen für Hitler geschaffen, so daß Ribbentrop durch höhere Gewalt *»zu einem der Exponenten dieser Revolution«* gemacht wurde. *»Ich beklage die mir hier bekanntgewordenen scheußlichen Verbrechen, die diese Revolution beschmutzen. Ich vermag sie aber nicht alle an puritanischen Moralmaßstäben zu messen, um so weniger, nachdem ich gesehen habe, daß auch die Gegenseite trotz eines totalen Sieges Scheußlichkeiten größten Ausmaßes weder verhindern konnte noch will.«* Eine Revolution hat (wie das Bundesverfassungsgericht elf Jahre später ebenfalls feststellte) ihr eigenes Verfahren und *»wird nicht verständlicher«*, bemerkte Ribbentrop anzüglich, *»wenn man sie unter dem Gesichtspunkt einer Verschwörung betrachtet«*. Dann, vom Revolutionär zum Abendländer gewendet, spielte er das antisowjetische Blatt: *»Wird Asien Europa beherrschen, oder werden die Westmächte den Einfluß der Sowjets an der Elbe, an der Adriatischen Küste und an den Dardanellen aufhalten oder gar zurückdrängen können? Mit anderen Worten, Großbritannien und die USA stehen heute praktisch vor dem gleichen Dilemma wie Deutschland ...«*

Reichsbankpräsident Schacht spekulierte schon darum nicht auf den Kalten Krieg, weil er unter der Anklage stand, den Hitlerschen finanziert zu haben. Im Kreuzverhör bekannte er deshalb, *»stets ein Gegner jeder militaristischen Überspanntheit«* und *»grundsätzlich durch mein ganzes Leben hindurch Pazifist gewesen«* zu sein. Daß er als Pazifist ausgerechnet Hitler zur Macht verholfen hatte, *»war an sich kein politischer Fehler«,* denn der Führerstaat sei mehr als die Tyrannis Hitlers gewesen. Die populistischen Elemente im Nationalsozialismus hätten dem Volk eine gewisse Entscheidungsvollmacht übriggelassen, ob es *»ihn noch als Führer behalten will oder nicht«.* Dann aber habe sich herausgestellt, daß die Begegnung von Führer und Masse das Übel nicht verhindert, sondern erzeugt habe. Hitler, ursprünglich nicht nur von schlechten Trieben erfüllt, sei durch den Zauber, den er auf die Massen ausübte, *»auf die schlechte Bahn der Masseninstinkte gezogen«* worden.

Ein Mann aus der Masse, Fritz Sauckel, Generalbevollmächtigter für die Sklavenarbeiter, beschrieb Hitler, das Idol des deutschen Arbeiters, welcher den politischen Hitler gar nicht kannte, geschweige denn seinen Instinkten dienstbar machte. Der Hitler des kleinen Mannes resultierte aus der *»einzig möglichen Verbindung zwischen sozialistischer Gesinnung und wahrer Vaterlandsliebe«.* Den Führer, Schutzpatron vor dem proletarischen Lebensrisiko, konnte man schlichtweg als *»gütigen Menschen gegen Arbeiter, Frauen und Kinder und den Förderer der Lebensinteressen Deutschlands kennen«.* Die Millionen von Sklavenarbeitern in Deutschlands Betrieben sollten durch *»korrekte Behandlung innerlich für unsere deutsche Aufgabe gewonnen werden«,* um Europa *»gegen ein drohendes kommunistisches System zu schützen«.* In den besetzten Gebieten mochten unschöne Dinge passiert sein, doch bei sich zu Hause, versicherte Sauckel, hätten *»das deutsche Volk und der deutsche Arbeiter nie sklavenähnliche Zustände geduldet«.*

So wie Sauckels Arbeiter treuherzig zum Führer und brüderlich zu den Sklaven hielten, hatten Fricks Beamte den Beamteneid gehalten und ihre Pflicht getan, wofür sie, wie Frick klagte, nun zu Zehntausenden in Lagern festgehalten würden. Alfred Jodls Soldaten hatten ihre Kriegsverbrechen in Notwehr verübt, denn *»in einem Krieg wie diesem, in dem Hunderttausende von Kindern und Frauen durch Bombenteppiche vernichtet oder durch Tiefflieger getötet wurden, in dem Partisanen jedes, aber auch jedes Gewaltmittel anwandten, das ihnen zweckmäßig erschien, sind harte Maßnahmen, auch wenn sie völkerrechtlich bedenklich erscheinen sollten, kein Verbrechen von Moral und Gewissen«.* Franz von Papen sprach als Steigbügelhalter für alle NSDAP-Wähler von 1933 und fragte die Anklage: *»Will sie wirklich behaupten, daß das deutsche Volk 1933 Hitler gewählt habe, weil es den Krieg wollte? Will sie wirklich behaupten, daß es in seiner überwältigenden Mehrheit die gewaltigen seelischen und materiellen Opfer, bis zum Opfer seiner Jugend auf den Schlachtfeldern* *dieses Krieges, für Hitlers utopische und verbrecherische Ziele gebracht habe?«* Hans Fritzsche, Goebbels' Rundfunkpropagandist, gestand: *»Es mag schwer sein, das deutsche Verbrechen von dem deutschen Idealismus zu trennen. Unmöglich ist es nicht. Wenn eine kollektive Verantwortung auch gutgläubig Mißbrauchte treffen soll, dann meine Herren Richter, dann machen Sie mich bitte haftbar.«* Mord und Unmenschlichkeit habe er nie propagiert, sondern stets *»den Glauben des deutschen Volkes an die Sauberkeit der deutschen Staatsführung verstärkt. (...) Zwischen diesen Verbrechen und mir gibt es nur eine einzige Verbindung. Sie haben mich nur in ähnlicher Weise mißbraucht als diejenigen, die ihnen körperlich zum Opfer fielen.«*

Als die Angeklagten am 31. August 1946 dem Gericht ihr letztes Wort mitgeteilt hatten, konnte der Bedarf der kommenden Jahrzehnte an Vergangenheitsbewältigung als befriedigt angesehen werden. Was an kritischer und Rechtfertigungstheorie zur NS-Zeit in Zukunft vorgetragen werden sollte, hatten die Nazi-Chefs persönlich entwickelt. Das Dritte Reich war durch die Manipulation technischer Medien, die Instinkte des Mobs, die Leugnung Gottes ermöglicht worden, frontaler Widerstand blieb aus auf Grund von strengster Geheimhaltung, Konzentration auf das Kriegshandwerk, der Beamtenpflicht und der Abwehr gegnerischer Unmenschlichkeiten. Wer dennoch von NS-Verbrechen Wind bekam, sabotierte, bremste, hinderte den Umständen gemäß. Einen geschlagenen, entmachteten Nationalsozialismus politisch zu verfechten, kam nicht einmal seinen Anführern in den Sinn. Den Schaden sollten ausschließlich die Opfer tragen. Für Hitler wollte niemand sich krummschlagen lassen. So warfen die Befehlshaber, nicht anders als die Gefolgschaft, ihre Gelübde über Bord und schlossen sich auf ihre Weise dem allgemeinen Trend an, aus dem Schlamassel herauszukommen.
Da der Seitenwechsel eine Gesellschaftskonvention war, beobachteten die Beteiligten teils amüsiert, teils boshaft, teils von sich selber angeekelt ihre Windungen. Als Kaltenbrunner im Kreuzverhör angab, bis März 1944 von den KZ-Morden nichts gewußt und Mauthausen für einen Granitsteinbruch gehalten zu haben, empfanden dies selbst seine Mitangeklagten als skandalös. *»Hören Sie sich das bloß an!«* flüsterte Göring Dönitz zu. *»Er soll sich schämen!«* erwiderte Dönitz, der dann selber auch nicht wußte, was es mit den 12000 KZ-Arbeitern auf sich hatte, die er zum Schiffsbau angefordert hatte. Schacht äußerte erbost, man brauche doch nur die eine Frage zu stellen: *»Waren Sie Vorgesetzter oder waren Sie es nicht? Was hat das für einen Zweck, immer um den heißen Brei herumzugehen, ob er diesen oder jenen Befehl unterzeichnete, oder ob ein Untergebener ihn für ihn unterzeichnete und ihn ihm vorlegte. Es war doch seine Pflicht, zu wissen, was vor sich ging.«*

Schacht seinerseits überraschte mit der Eröffnung, er sei Widerstandskämpfer gewesen und habe ständig auf Gelegenheit gewartet, den Führer umzubringen. Alle Mitangeklagten freuten sich diebisch darauf, Schacht im Kreuzverhör von Jackson zerpflückt zu sehen. Göring prustete vor Lachen, als enthüllt wurde, daß der Widerstandskämpfer nach Erhalt des goldenen Parteiabzeichens tausend Mark jährlich der NSDAP gestiftet hatte. *»Das einzig Saubere an Schacht ist sein weißer Kragen«*, bemerkte sein Nachfolger in der Reichsbank Funk. Ein altes Zitat aus dem Munde Gustav Stresemanns.
Funk wiederum, dem u. a. die Hortung von Brillengestellen, Eheringen und Goldzähnen der KZ-Opfer in den Gewölben der Reichsbank angelastet wurde, jammerte: *»Wie konnte ich aber auch nur ahnen, daß die SS diese Werte im Wege der Leichenschändung erworben hatte!«* Das menschliche Leben bestehe aus Irrtum und Schuld, und seine Schuld gestand Funk unverblümt ein: *»Allzu leicht habe ich mich täuschen lassen und bin in vielem viel zu unbekümmert und zu gutgläubig gewesen!«*
Man merke eben doch, erläuterte Alfred Jodl, Chef des Führungsstabs der Wehrmacht, wie hoch die Militärs über den schmutzigen Politikern stünden, die mit Gold handelten, an dem Blut klebte. *»Irgendeiner, Hitler oder Himmler, muß auf die Idee gekommen sein, es wäre doch eine prima Sache, das Gold aus den Leichen zu verwerten.«* Allerdings hat der Prozeß erwiesen, daß mit dem abgeschnittenen Haar der weiblichen KZ-Opfer die U-Boote abgedichtet und ihren Besatzungen Socken gestrickt worden waren. Das hinderte Dönitz aber auch nicht, den eigentlichen Fehler im politischen Prinzip zu suchen: *»Wenn aber trotz allem Idealismus, trotz aller Anständigkeit und aller Hingabe der großen Massen des deutschen Volkes letzten Endes mit dem Führerprinzip kein anderes Ergebnis erreicht worden ist als das Unglück dieses Volkes, dann muß das Prinzip als solches falsch sein.«* Admiral Raeder fühlte sich ebenfalls von der Politik übertölpelt, und Keitel, Chef des OKW (Oberkommando der Wehrmacht), definierte sich als ohnmächtiges *»Sprachrohr für Hitlers Willen«*. Dergestalt hatte er Befehle weitergegeben, die er als ganz konträr zu der Erziehung bezeichnete, die er als deutscher Offizier 37 Jahre hindurch empfangen hatte. Keitel erwähnte den Kommissar-Befehl, mit dessen Hilfe die gesamte Intelligenz innerhalb der Roten Armee auszumerzen war, den Kommando-Befehl, der die Erschießung von gegnerischen Soldaten gebot, die hinter den Linien aufgegriffen wurden, und den Nacht-und-Nebel-Erlaß, der die heimliche Verschleppung verdächtiger Zivilpersonen aus den besetzten Gebieten nach Deutschland anordnete, wo sie in den KZs endeten. Jodls Verteidiger, Prof. Dr. Exner, prägte für die Taten der Generalität den klassischen Begriff von einem *»Verbrechen, begangen durch Dulden«*. *»Er betrog uns von hinten und vorn«*, schimpfte Keitel in seiner Zelle auf den Führer. *»Für uns war es absolut selbstverständlich, daß man sich auf seinen Oberbefehlshaber ver-*

lassen konnte. Dadurch, daß er Himmler und seine SS gegen uns ausspielte, hat er die ganze Wehrmacht gespalten. Jetzt ist mir auch endlich klar, warum er das tat. Er brauchte die SS zur Durchführung seiner infamen Pläne, und wir müssen es nun mit ihnen büßen.«

Die schurkische SS, die bald zum Alibi-Täter der Nation werden sollte, ließ auch nicht alles auf sich sitzen. Erich von dem Bach-Zelewski, General der Waffen-SS und ab 1943 Leiter der Partisanenbekämpfung im Osten, trat als Zeuge der Anklage auf und erklärte kühl, *»daß der Zweck des Rußlandfeldzugs die Dezimierung der slawischen Bevölkerung um 30 Millionen sein sollte«.* Den Soldaten sei von ihren Vorgesetzten freie Hand zu Greueln gegen die Zivilbevölkerung gegeben worden; die Generäle hätten im übrigen gewußt, daß der Partisanenkampf der Vorwand war, um die slawische und jüdische Bevölkerung auszurotten. Er, Bach-Zelewski, ein Freund der Juden, habe alles getan, den Kampf zu vermenschlichen.

Die Generäle rasten nach dieser Aussage und trieben ihre Verteidiger an, Bach-Zelewski ins Kreuzverhör zu nehmen. *»Fragen Sie ihn«*, schrie Jodl, krebsrot vor Wut, *»ob er weiß, daß ihn Hitler uns als Vorbild eines Partisanenbekämpfers vorgehalten hat? Fragen Sie nur das dreckige Schwein da.«*

Als einziger machte Hermann Göring die Absetzbewegung nicht mit, weil er sah, daß sie nicht lohnte. Einen Gewinn versprach er sich nur noch vom geschichtlichen Umdenken.

»Ihr Amerikaner macht eine große Dummheit mit Eurem Gerede von Demokratie und Moral«, vertraute er Gilbert, dem Gerichtspsychologen, an. *»Ihr glaubt, es genüge, die Nazis alle einzusperren und über Nacht die Demokratie einzuführen. Glaubt Ihr wirklich, die Deutschen wären jetzt auch nur eine Spur weniger nationalbewußt, weil die sogenannten christlichen Parteien heute die Stimmenmehrheit haben? Die Partei ist verboten worden, was bleibt ihnen also übrig? Kommunisten oder Sozialdemokraten können sie nie werden, deshalb verstecken sie sich für eine Weile hinter den Röcken der Priester. In lausigen Zeiten haben wir immer die Demokratie. Das Volk weiß, daß es ihm vor dem Kriege besser gegangen ist, als Hitler an der Macht war. Was es getan hat, war aus nationalen Gründen absolut richtig, abgesehen von den Massenmorden, die auch vom nationalen Standpunkt aus Unfug waren. Ich kann mich jedoch nicht wie ein Strolch hinstellen und sagen, der Führer sei ein millionenfacher Mörder, wie dieser Narr, dieser Schirach, das getan hat. Ich verurteile die Tat, nicht den Täter. Vergessen Sie nicht, daß Hitler uns mehr bedeutete als irgendjemand sonst!«*

Im Kreuzverhör verwirrte Göring den liberalen US-Hauptankläger Jackson mit einer offensiven Parteinahme für den Führerstaat und sein Selbsterhaltungsrecht: *»Das System hatte völlig abgewirtschaftet, und nach meiner persönlichen Überzeugung konnte nur eine Organisation einer starken,*

klaren Führungshierarchie die Dinge wieder in Ordnung bringen.« Soweit Verbrechen einzugestehen sind, wahrt Göring den Grundsatz der Freistellung der Täter und Mitwisser von aller Verantwortung. Sie müssen auch bei wechselnder Staatsführung vor der Haftung sicher sein, sonst verliert die Gefolgsmannschaft ihren Reiz. *»Wenn man also jetzt Einzelpersonen, in erster Linie uns, die Führer, zur Rechenschaft zieht und verurteilt, gut; dann aber darf man nicht gleichzeitig das deutsche Volk bestrafen. Das deutsche Volk vertraute dem Führer, und es hatte bei seiner autoritären Staatsführung keinen Einfluß auf das Geschehen. Ohne Kenntnis über die schweren Verbrechen, die heute bekannt geworden sind, hat das Volk treu, opferwillig und tapfer den ohne seinen Willen entbrannten Existenzkampf auf Leben und Tod durchgekämpft und durchgelitten. Das deutsche Volk ist frei von Schuld.«* Eine Erklärung, die in der Bundesrepublik jederzeit mehrheitsfähig gewesen ist, wie überhaupt die Legendenbildung Görings den nazistischen Instinkt für politische Psychologie verrät. *»Glauben Sie im Ernst«*, fragte er Gilbert, den Gerichtspsychologen, *»die deutsche Jugend kümmert sich auch nur einen Deut darum, was ein heruntergekommener Jugendführer (Schirach) von seiner Zelle aus verzapft? Und glauben Sie wirklich, sie schert sich den Teufel um die Greueltaten, wo sie bei Gott genug eigene Sorgen hat? Nein, die nächste Generation wird von Führern aus ihren Reihen geführt; sie wird merken, daß ihre nationalen Interessen bedroht sind! Und Ihre Moral und Ihre Reue und Ihre Demokratie können Sie sich an den Hut stecken!«*
Das Bedauerliche an den Massenvernichtungsverbrechen war für Göring und so manchen nach ihm weniger, daß sie stattgefunden hatten, sondern auf eine unvorhersehbare Weise dokumentiert, bezeugt und breitgetreten wurden. *»Im Gefängnishof«*, erinnerte sich Speer, *»äußerte er einmal kalt zu der Nachricht von jüdischen Überlebenden in Ungarn: ›So, da gibt es noch welche? Ich dachte, die hätten wir alle um die Ecke gebracht. Da hat einer wieder nicht gespurt.‹ Ich war fassungslos.«*

Das Verbrechen unter staatlicher Hoheit

»Hitler konnte keinen Angriffskrieg allein führen«, heißt es im Urteil des Nürnberger Militärgerichtshofes vom 1. Oktober 1946. *»Er benötigte die Mitarbeit von Staatsmännern, militärischen Führern, Diplomaten und Geschäftsleuten. Daß ihnen ihre Aufgaben von einem Diktator zugewiesen wurden, spricht sie von der Verantwortlichkeit für ihre Handlungen nicht frei.«* Der Gerichtshof betrat mit dieser Entscheidung den Bannkreis eines angelsächsischen Rechtsgrundsatzes, der Acts of State Doctrine. Sie besagt, daß eine Person für die von ihr als Staatsorgan ausgeführten Handlungen nicht haftet. Die Verantwortung für die begangenen Rechtsverletzungen trägt das Kollektiv der Staatsbürger. Es wäre eine merkwür-

dige Gesellschaft, die Personen heute als Staatsorgane respektiert, morgen zu Straftätern stempelt und ansonsten von nichts weiß.
Der Nürnberger Militärgerichtshof hatte jedoch Göring und Genossen nie mit der Staatsmacht betraut und gehörte dem dafür haftenden Nationalkollektiv nicht an. Er vertrat die von eben diesem mit Versklavung und Ausrottung geschädigte Völkergemeinschaft. Ein verbrecherischer Staat, von innen ungehemmt, sollte fortan nach internationalem Recht haften. *»Es ist ja grade der Wesenskern des Statuts«*, so erklärt das Urteil seine revolutionäre Rechtsschöpfung, *»daß Einzelpersonen internationale Pflichten haben, die über die nationalen Verpflichtungen hinausgehen, die ihnen durch den Gehorsam zum Einzelstaat auferlegt sind. Derjenige, der das Kriegsrecht verletzt, kann nicht Straffreiheit deswegen erlangen, weil er auf Grund der Staatshoheit handelte, wenn der Staat Handlungen gutheißt, die sich außerhalb der Schranken des Völkerrechts bewegen.«*
Die vier Anklagepunkte der Nürnberger Prozesse skizzieren einen Verbrecherstaat, der Führung und Gefolge in eine unverwechselbare Art politischer Kriminalität verwickelt. Umgekehrt ist der NS-Staat kein despotischer Moloch, sondern die zweckgebundene Organisation, die sich die maßgeblichen sozialen Gruppen zur Erreichung ihrer Ziele zulegen. Das kriminelle Subjekt umschreibt Punkt 1, ›Die Verschwörung‹: Ihre Mitwirkenden sind die Führer, Organisatoren, Anstifter und Mittäter eines gemeinsamen Plans. Er zielt darauf ab, Menschenrechte und Frieden, die verfassungsmäßige Ordnung im Innern und die vertraglichen Abmachungen nach außen zu zerstören. An ihre Stelle tritt die Herrenvolklehre, die dazu berechtigt, andere Rassen und Völker zu unterjochen und auszurotten. Aus diesem Handlungsschema wachsen drei separate Einzeltaten, die in den Anklagepunkten 2–4 erscheinen: Punkt 2 nennt die ›Verbrechen gegen den Frieden‹, die geheime Aufrüstung ab März 1935, die Brechung internationaler Verträge und den Einmarsch in ein Dutzend Länder. Punkt 3 klagt die ungewöhnliche Art und Weise der nationalsozialistischen Kriegführung an: Plünderung, Mißhandlung und Ermordung der Bevölkerung der besetzten Gebiete, Geiselerschießungen, Deportation zur Sklavenarbeit, Tötung von Kriegsgefangenen.
Anklagepunkt 4 erweitert den vorangegangenen Tatbestand des Kriegsverbrechens um den der Verfolgung und Ausrottung von Bevölkerungsgruppen aus politischen, religiösen und rassischen Motiven: Das ›Crime against Humanity‹ bezeichnet im Englischen Verbrechen gegen die Menschlichkeit sowie gegen die Menschheit.
Die vier Anklagepunkte waren im August 1945 im Londoner Statut fixiert worden. Neben den vier alliierten Signatarstaaten USA, Großbritannien, Frankreich und UdSSR traten ihm noch 19 weitere Staaten bei: Australien, Belgien, Dänemark, Äthiopien, Griechenland, Haiti, Honduras, Holland, Indien, Jugoslawien, Luxemburg, Neuseeland, Norwegen, Panama, Paraguay, Polen, Tschechoslowakei, Uruguay, Venezuela. Das

Statut beschränkte sich auf diejenigen Verbrechen, die nach Ausbruch des Krieges begangen worden waren oder aber mit ihm in Verbindung standen. Ferner waren Verbrechen von Deutschen an Deutschen ausgeklammert, der Gerichtshof verfolgte allein die Verbrechen von Deutschen an den Bürgern der Unterzeichnerstaaten. Als Quelle des Londoner Statuts diente seinen Autoren, einer Gruppe liberaler amerikanischer Juristen, das Völkerrecht. Die Weimarer Reichsverfassung hatte, ähnlich wie das Bonner Grundgesetz, die Gültigkeit des Völkerrechts anerkannt. Doch bisher waren niemals Personen seiner Verletzung wegen zur Rechenschaft gezogen und bestraft worden. Ohne Präzedenz waren auch die in Nürnberg verhandelten Taten. Nie zuvor war das zivilisierte Zusammenleben der Bürgergruppen, Rassen und Völker so radikal attackiert worden wie von der arischen Herrenrasse.

»Wir befinden uns jetzt in einem der seltenen Augenblicke«, erklärte Robert H. Jackson, Richter am Supreme Court der Vereinigten Staaten und geistiger Architekt des Nürnberger Prozesses, *»in dem das Gedankengut die Einrichtungen und Gewohnheiten in der Welt durch die Auswirkungen des Weltkriegs auf das Leben ungezählter Millionen erschüttert worden sind. Solche Gelegenheiten kommen selten und gehen schnell vorüber. Wir haben während dieser unruhigen Zeiten die schwere Verantwortung, die Gedanken der Menschheit darauf hinzulenken, daß sich die internationalen Rechtsgrundsätze stärker durchsetzen. Wir müssen den Krieg weniger attraktiv für diejenigen machen, die in den Regierungen sitzen.«*

Die Verurteilung der Naziführer sollte aber nicht nur allen zukünftig regierenden Kriegstreibern und Völkermördern eine persönliche Warnung sein, sie sollte den Deutschen auch im nachhinein die Wahrheit über ihren verflossenen Staat offenbaren. Die ursprünglich erwogene Hinrichtung der 50000 im Morgengrauen hätte gegebenenfalls den Sühneanspruch der Opfer zufriedengestellt. Das Instrument des Strafprozesses wollte aber höher hinaus: Den Deutschen sollte die Wiederherstellung von Recht und Gesetz vorgeführt werden. Darauf ließen sie sich auch durchaus ein und führten eine bis heute nicht abgebrochene Debatte über die prinzipiellen Rechtsverstöße der Nürnberger Prozesse.

Der weithin geteilte Hauptvorwurf lautet, die Gesetzesgrundlage sei den Tätern nach der Tat auf den Leib geschneidert worden, um sie rückwirkend schuldig sprechen zu können. Zur Tatzeit aber sei das Londoner Statut keine Strafnorm gewesen, mithin der alte Rechtssatz ›nulla poena sine lege‹ (keine Strafverfolgung ohne Gesetzesgrundlage) verletzt. Was nicht zur Tatzeit als verboten gegolten habe, sei nachträglich als erlaubt anzusehen, zumindest aber könne man es nicht bestrafen. Die Antwort des Tribunals, daß Überfall, Kriegsverbrechen und Völkermord noch nie für erlaubt gehalten wurden, gleichgültig, was Verbrecherstaaten dulden und anbefehlen, vermochte die Kritiker nicht umzustimmen. Das Rückwirkungsverbot, das die Unzulässigkeit eines nach der Tat statuierten

Straftatbestandes ausspricht, stilisierten sie hinfort als den Garanten der Gerechtigkeit schlechthin. Eine Entdeckung neueren Datums, denn die Nationalsozialisten hatten sich um Rückwirkungsverbote ebensowenig geschert wie um Gesetze allgemein. Ein Einspruch der juristischen Fachwelt dagegen ist nicht überliefert.

Als die 21 Angeklagten des Hauptkriegsverbrecherprozesses, nach dem Willen der Kläger das Haupt der nazistischen Verschwörung, ihr Urteil entgegennahmen, verkörperten sie nicht den Schatten des düster geharnischten NS-Generalstabs. Sie glichen nicht mehr den 21 Satrapen der Finsternis gleichen Namens. Der panisch lügende Österreicher Kaltenbrunner war nicht mehr der Luzifer der Menschenvernichtung im Reichssicherheitshauptamt, der frömmelnde Hans Frank hatte nichts zu tun mit dem zynischen Belsazar in Krakau, der geschmeidige, zivile Speer ließ den unbarmherzigen Chefingenieur des Endsieges restlos verschwinden, der quengelige Sauckel unterschied sich hundertprozentig von dem rohen Zwingvogt der Millionen Arbeitssklaven, der bissige Spötter Schacht ließ den magischen Finanzalchimisten ebensowenig erkennen wie der Schwadroneur Streicher den judenfressenden Volksvergifter. Der Nationalsozialismus als Ensemble instinktsicher zupackender Tatmenschen war vor der Prozeßeröffnung, ja anscheinend, bevor der Morgen des 8. Mai 1945 graute, entseelt in den Staub gesunken. Was auf der Nürnberger und den nachfolgenden Anklagebänken übrigblieb, war eine Prozession zäh sich windender Einzelgänger, die alles mögliche vorgaben gewollt und angezettelt zu haben, nur nicht das Dritte Reich.
Der Nürnberger Prozeß hatte es wie jeder Strafprozeß nicht nur mit den Taten, sondern auch der Person des Täters zu tun. Der NS-Täter, der düsteren Aura des bestialischen Herrenmenschen entkleidet, wirkt in seiner müden Alltäglichkeit nicht als Vollstrecker seiner Verbrechen. Jene verblassen, und er bleibt zurück als grauer Angestellter eines historischen Dämons, der einmal in Adolf Hitler, ein anderes Mal in den Wirren der Zeit inkarniert scheint. Dem gottverlassenen Sünder sind die Leichengebirge jedoch nicht geradewegs anzulasten, denn seine lächerlichen Ausreden entsprechen viel eher seinem Naturell als die weltgeschichtlichen Verbrechen. Diese Diskrepanz zwischen Tat und Täter ist im individuellen Strafprozeß gegen Staatsverbrecher eine ständige optische Täuschung.
Die Richter des Nürnberger Hauptkriegsverbrecherprozesses erlagen ihr kaum und ohne die Bereitwilligkeit des deutschen Strafrichters. Die Strafmaße schwankten hauptsächlich auf Grund der Beschränkung der Anklage auf im Kriege und an Nicht-Deutschen verübte Taten. Auf Rudolf Heß wirkte sich dies positiv aus, weil seine Beiträge zur Judenverfolgung in Deutschland nicht zählten, für Reichsbankpräsident und Wirtschaftsminister Funk negativ, weil seine Funktion ihm die Verwahrung des jüdischen Besitzes aus ganz Europa abverlangt hatte.

Unstreitig machten die intelligenten antinazistischen Auftritte von Schacht und Speer einen günstigeren Eindruck auf die Richter als die konfusen Ausflüchte von Ribbentrop und Streicher. Fritz Sauckel wurde mit dem Tode bestraft, weil er die Arbeitssklaven heranschaffte, die Speer anforderte. Speer, der gleichen Kriegs- und Menschlichkeitsverbrechen für schuldig befunden wie Sauckel, kam mit zwanzig Jahren davon, obwohl seinem Talent mehr Qualen und Tote zuzuschreiben sind als dem Sauckels, Streichers und des unfähigen Ribbentrop zusammen.

Neben den Naziführern saß noch eine unbestimmte Anzahl Deutscher auf der Anklagebank: die Mitglieder der SA, SS, Gestapo, des SD, des Korps der Politischen Leiter der NSDAP sowie die Angehörigen der Reichsregierung, des Generalstabs und des Oberkommandos der Wehrmacht. Das Statut sah vor, solche Organisationen als verbrecherisch zu erklären und ihr Personal später wegen Zugehörigkeit vor Besatzungs- und Militärgerichten abzuurteilen.
»Die Erschießung von unbewaffneten Kriegsgefangenen«, heißt es im Urteil, *»war in einigen Waffen-SS-Einheiten Brauch. Unter dem Vorwand der Partisanenbekämpfung rotteten SS-Einheiten Juden und politisch unerwünschte Leute aus. Viele Massaker und Grausamkeiten gehen auf Konto der Waffen-SS, so die Blutbäder von Oradour und Lidice. Schlußfolgerung: Die SS wurde zu Zwecken verwendet, die nach dem Statut verbrecherisch sind. In die SS eingeschlossen sind alle Personen, die offiziell als Mitglieder in die SS aufgenommen wurden, einschließlich der Mitglieder der Allgemeinen SS, der Waffen-SS und der verschiedenen Polizeiabteilungen, welche Mitglieder der SS waren. Als verbrecherisch wird die Gruppe von Personen erklärt, die als Mitglieder in die SS aufgenommen wurden, denen der verbrecherische Charakter der Tätigkeit bekannt war und die persönlich bei der Begehung von Verbrechen beteiligt waren.«*
Allein die Waffen-SS umfaßte bei Kriegsende 580000 Leute. 600000 Personen gehörten dem ›Korps der Politischen Leiter der Nazipartei‹ an, die das Urteil für genauso verbrecherisch erklärte: Gauleiter, Kreisleiter, Ortsgruppenleiter, Zellenleiter und Blockleiter. Weit über 30000 Angehörige der Gestapo und des Sicherheitsdienstes (SD), dazu die Beamten der Abteilungen III, IV, VI und VII des Reichssicherheitshauptamtes erklärte der Gerichtshof zu Verbrechern, weil sie die Aufgabe hatten, *»jegliche politische Opposition gegen das Naziregime zu verhindern. Ihre Hauptwaffe war dabei das Konzentrationslager.«*
Die SA wurde im Sinne der Anklage freigesprochen, weil sie zur Kriegszeit bedeutungslos geworden war, die Reichsregierung, der Generalstab und das OKW stellten nach Auffassung des Gerichtshofs keine eigentliche Organisation dar. Die Verurteilung von SS, SD, Gestapo und RSHA traf über eine Million Volksgenossen, die nun dem Zugriff als Angehörige einer kriminellen Vereinigung ausgesetzt waren. Der Nürnberger Ge-

richtshof betonte zur Vorsicht, *»daß strafrechtliche Schuld eine persönliche ist und daß Massenbestrafungen zu vermeiden sind«*. Damit entging er nicht dem Vorwurf, eine widerrechtliche Gruppenkriminalität anerkannt zu haben. Nach jahrelanger, einspruchsloser Kriminalisierung von Gruppen wie Polen, Juden und Zigeunern war das Publikum für diese Methoden sensibel. Da der Gerichtshof aus seinem Schuldspruch diejenigen ausgeschlossen hatte, *»die keine Kenntnis der verbrecherischen Zwecke oder Handlungen der Organisationen hatten, sowie diejenigen, die durch den Staat zur Mitgliedschaft eingezogen worden sind, es sei denn, daß sie sich persönlich an Taten beteiligt haben, die für verbrecherisch erklärt worden sind«*, rechnete die Militärbesatzung mit weniger als einer Million, jedoch einigen hunderttausend Organisationsverbrechern, die unter Berufung auf das Urteil von Nürnberg vor Militärgerichte gestellt und schnurstracks der Bestrafung zugeführt werden könnten.
Darüber hinaus schmerzte Justice Jackson, den amerikanischen Chefankläger, eine Lücke auf der Anklagebank. Die Industriellen fehlten. Gustav Krupp, den man ursprünglich mitangeklagt hatte, war wegen Alters und Gebrechlichkeit für verhandlungsunfähig erklärt worden; auf einen Ersatzmann konnten sich die vier Mächte nicht so schnell einigen. Ferner waren Kernbereiche der NS-Kriminalität durch die Begrenzungen der Nürnberger Anklage arg unterbelichtet geblieben, wie die Pionierarbeit der Juristen bei der Judendiskriminierung oder die Ermordung der Geisteskranken in der Euthanasieaktion. Das internationale Militärtribunal hätte den Irrtum auslösen können, mit der Aburteilung von 21 Supernazis seien die wahren Schuldigen gefaßt worden. Statt dessen lagen, durch die War Crimes-Commission ermittelt, tausend anklagereife Fälle gegen die aufopferungsvolle politische, bürokratische und militärische Schicht knapp unterhalb der Chefs vor, die Staatssekretäre, Bürochefs, Frontgeneräle usw., die oft genug die Maßnahmen ausgearbeitet hatten, die später als Befehl von oben zu ihnen zurückkamen. Dies entsprach auch dem amerikanischen Tatschema des Kartells der bürokratisch-militärisch-industriellen Eliten, verschworen zum gemeinsamen Plan des Rassenkriegs, Überfalls, der Plünderung und Versklavung des Kontinents. Ein Tatschema, das sich heftig gegen die einheimische Version wehren mußte, eine Handvoll nazistischer Strauchritter habe ein Heer unpolitischer Pflichtmenschen vergewaltigt. *»Es erwies sich als ausnehmend schwierig«*, erinnert sich Jacksons Deputy, der Brigadegeneral Telford Taylor, 1949 rückblickend, *»den Deutschen beizubringen (und nicht nur ihnen), daß es nicht der Zweck von Nürnberg war, Nazis anzuklagen, die vielleicht oder vielleicht auch nicht Verbrecher waren, sondern mutmaßliche Verbrecher anzuklagen, die vielleicht oder nicht ebenfalls Nazis gewesen sind.«* Und Robert M. Kempner, Anklagechef gegen die Ministerialbürokraten, berichtet: *»Das waren nicht alle in der Wolle gefärbte Nationalsozialisten. Die ›Endlösung‹ wäre ohne die Bürokratie nie so weit gegan-*

gen; die haben ja das alles unterschrieben. Die Aktenschränke sind voll von solchen Akten von Nicht-Nationalisten, die den gemeinsamen Raubmord mit der Gestapo, diese konzertierte Aktion, unterstützt haben. Leute, die vom nationalsozialistischen Standpunkt ein bißchen angeknackst waren und nicht die guten Noten in Bormanns Organisation hatten – die wurde ja immer bei Beförderungssachen gefragt –, alle diese schrägen Vögel haben denen ja die Knie umfaßt, daß sie nur in die NSDAP aufgenommen werden, um ihre nicht-nationalsoziaistische Erziehung zu verdecken.«

Eine Fortsetzung des Internationalen Tribunals fand bei den vier Mächten keine ausreichende Unterstützung. Ihre Vorstellungen entwickelten sich in jeweils eigenen Bahnen, und unübersehbar hatte sich die Kompromittierung eines Gerichtshofs gezeigt, der die Sowjetunion beteiligte. Der Angriffskrieg auf Polen war auf gemeinsame Verabredung mit Hitler durch Stalin vom Osten aus mitgetragen worden. KZ- und Sklavenarbeitssysteme hätte man den Herren über den Archipel Gulag genausogut vorhalten können, was aber nicht geschah. Da auch Engländer, Franzosen und Amerikaner unterschiedliche Interessen entwickelten, welche Kreise in welchem Umfang zu verfolgen seien, ermächtigte der Alliierte Kontrollrat mit einem dem Londoner Statut nachgebildeten Gesetz Nr. 10 die Befehlshaber der Besatzungszonen, Nachfolgeprozesse durchzuführen. Die Ausgrenzung der vor 1939 und von Deutschen an Deutschen begangenen Taten entfiel.

Die Amerikaner hielten den in Nürnberg aufgebauten Stab beisammen und stellten in zwölf binnen drei Jahren durchgeführten Großprozessen ein Modell wirksamer Judikatur vor. In ihrer Gründlichkeit, strategischen Intelligenz und anteilnehmenden Objektivität haben diese Verfahren keine Nachahmer gefunden. Ihre Urteile wurden zum ersten Zankapfel der im Entstehen begriffenen atlantischen Allianz, wurden schleunigst revidiert, und kaum ein Drittel kam ganz zur Vollstreckung. *»Manche Leute«*, schrieb 1949 der Anklagechef der Nachfolgeprozesse, Telford Taylor, *»bilden sich ein, daß die deutschen Diplomaten dafür bestraft wurden, daß sie Noten entworfen haben, Generäle, daß sie militärische Pläne entworfen oder Armeen in die Schlacht geführt haben, und Industrielle dafür, daß sie für den Krieg produziert haben. Der Inhalt der Nürnberger Prozeßakten wird allmählich diese falschen Vorstellungen beseitigen. Übrig bleibt nur das Problem, wie man der Allgemeinheit seinen wirklichen Inhalt zugänglich machen kann.«*

Das Problem blieb tatsächlich und dauerhaft übrig. Die Liste der 185 Angeklagten erklärt heute leichter als damals, warum.

- Am 20. August 1947 urteilte ein Tribunal unter dem Vorsitz des Obersten Richters des Supreme Court Washington, Walter Deals, über dreiundzwanzig Ärzte und Medizinalbeamte, darunter der Hauptangeklagte Karl Brandt, ehemaliger Reichskommissar für das Sanitäts- und Gesundheitswesen.

– Am 4. Dezember 1947 erging das Urteil gegen 16 Richter, Staatsanwälte und Justizbeamte. Präsident des Militärgerichts war Carrington T. Marshall, Präsident am Obersten Gericht des Staates Ohio. Hauptangeklagter war Franz Schlegelberger, Staatssekretär im Justizministerium.
– Am 3. November 1947 verkündete Präsident Robert M. Toms, Richter des Berufungsgerichts Michigan, den Spruch über achtzehn leitende Beamte des Wirtschafts- und Verwaltungshauptamtes der SS, an ihrer Spitze dessen Chef Oswald Pohl.
Am 22. Dezember 1947 verurteilte der Richter am Berufungsgericht des Staates New York, Charles B. Sears, Friedrich Flick und fünf seiner Direktoren.
– Am 30. Juli 1948 urteilte Curtis Shake, Richter am Obersten Gericht des Staates Indiana, über vierundzwanzig Direktoren und leitende Angestellte der IG-Farben AG.
– Am 19. Februar 1948 fiel das Urteil gegen zehn Generäle der Südostfront (Jugoslawien, Albanien, Griechenland), darunter als Hauptangeklagter Generalfeldmarschall Wilhelm List. Präsident des Tribunals war Charles F. Wennerstrum, Richter am Obersten Gericht von Iowa.
– Am 10. März 1948 verurteilte Lee Wyatt, Richter des Obersten Gerichtes in Georgia, vierzehn Beamte des Rassen- und Siedlungshauptamts der SS. Hauptangeklagter war Ulrich Greifelt, Chef des ›Reichskommissariats zur Festigung des deutschen Volkstums‹.
– Am 10. April 1948 sprach Richter Michael Musmanno das Urteil über zweiundzwanzig Kommandeure der Einsatzgruppen, darunter der Hauptangeklagte und Chef der Einsatzgruppe D, SS-Gruppenführer Otto Ohlendorf.
– Am 31. Juli 1948 erging das Urteil über zwölf Direktoren des Krupp-Konzerns. Vorsitzender des Militärtribunals war H. C. Anderson vom Berufungsgericht des Staates Tennessee; der Hauptangeklagte war Alfried Krupp von Bohlen und Halbach.
– Am 27. Oktober 1948 urteile John C. Young, Präsident am Obersten Gericht von Colorado, über dreizehn Generäle des Oberkommandos der Wehrmacht, darunter der Hauptangeklagte Generalfeldmarschall Wilhelm von Leeb.
– Das letzte Urteil fiel am 11. April 1949 gegen einundzwanzig hohe Ministerialbeamte der Wilhelmstraße, zumeist aus dem Auswärtigen Amt. Gerichtspräsident war William C. Christianson, Hauptangeklagter der Staatssekretär Ernst von Weizsäcker.
– Separat wurde am 17. April 1947 der Generalfeldmarschall der Luftwaffe Erhard Milch durch ein Tribunal unter Vorsitz von Richter Robert M. Toms verurteilt.

Nürnberg, das in der Besatzungszeit einem Staat im Staate glich, sah an die hundert Anklagevertreter, mehr als doppelt so viele Verteidiger, 1800 amerikanische, alliierte und deutsche Angestellte und ungezählte Zeugen und Sachverständige. Im Winter 1947/48 fanden sechs Prozesse mit über hundert Angeklagten gleichzeitig statt. Eine unvergleichliche juristische und zeitgeschichtliche Werkstatt zur Analyse der nationalsozialistischen Verbrechen. Unfreiwilliges Objekt der Analyse war die gesellschaftliche Führungsschicht Deutschlands.

Das Medizinverbrechen

In der Korrespondenz Heinrich Himmlers fand sich das vom 15. Mai 1941 datierte Schreiben eines Dr. Sigmund Rascher, Stabsarzt der Luftwaffe. *»Hochverehrter Reichsführer! Für Ihre herzlichen Glückwünsche und Blumen zur Geburt meines zweiten Sohnes danke ich Ihnen ergebenst! Es ist auch diesmal wieder ein kräftiger Junge, obwohl er drei Wochen zu früh kam. Ein Bildchen von beiden Kindern darf ich Ihnen gelegentlich zusenden. (...) Zur Zeit bin ich nach München zum Luftgaukommando VII kommandiert für einen ärztlichen Auswahlkurs. Während dieses Kurses, bei dem die Höhenflugforschung eine sehr große Rolle spielt – bedingt durch die etwas größere Gipfelhöhe der englischen Jagdflugzeuge –, wurde mit großem Bedauern erwähnt, daß leider noch keinerlei Versuche mit Menschenmaterial bei uns angestellt werden konnten, da die Versuche sehr gefährlich sind und sich freiwillig keiner dazu hergibt ... Daher stelle ich die ernste Frage: ob zwei oder drei Berufsverbrecher für diese Experimente zur Verfügung gestellt werden können? Die Versuche werden angestellt in der ›Bodenständigen Prüfstelle für die Höhenforschung der Luftwaffe‹ in München. Die Versuche, bei denen selbstverständlich die Versuchspersonen sterben können, würden unter meiner Mitarbeit vor sich gehen. Sie sind absolut wichtig für die Höhenflugforschung und lassen sich nicht, wie bisher versucht, an Affen durchführen, da der Affe vollständig andere Versuchsverhältnisse bietet ...«*
Himmler stellte dem jungen Vater das Menschenmaterial *»selbstverständlich gern zur Verfügung«*, hoffte er doch, durch diese Versuche bei der Entwicklung eines neuen Raketenjägers mit 18000 m Flughöhe seine SS zu profilieren. Die Luftwaffenmediziner besaßen eine Unterdruckkabine, in der ein dramatischer Druckabfall wie bei Unfällen in größter Höhe simuliert werden konnte; kein anderer aber als Himmler verfügte über einen Typus von Versuchsperson, die keine moralischen Hemmungen wachrief. In der zweiten Maihälfte 1942 wurden 180–200 Dachauer Häftlinge, Juden, Russen, polnische Priester einer Versuchsreihe ›Rettung aus großen Höhen‹ ausgesetzt. Rascher berichtete Himmler über ein Experiment unter der Fragestellung, ob ein Fallschirmspringer bei Absprung aus 12 km Höhe durch Sauerstoffmangel den Tod riskiere. *»Der dritte Versuch dieser Art verlief derartig außergewöhnlich, daß ich mir einen SS-Arzt des Lagers zum Zeugen holte. Es handelte sich um einen Dauerversuch ohne*

Sauerstoff in 12 km Höhe bei einem 37jährigen Juden in gutem Allgemeinzustand. Die Atmung hielt bis 30 Minuten an. Bei 4 Minuten begann Versuchsperson zu schwitzen und mit dem Kopf zu wackeln. Bei 5 Minuten traten Krämpfe auf, zwischen 6 und 10 Minuten wurde die Atmung schneller, Versuchsperson bewußtlos, von 11 Minuten bis 30 Minuten verlangsamte sich die Atmung bis 3 Atemzüge pro Minute, um dann ganz aufzuhören. (...) Eine Stunde nach Aufhören der Atmung Herausnahme des Gehirns mit völliger Durchtrennung des Rückenmarks. (...) Meines Wissens ist der letztgeschilderte Fall der erste beobachtete dieser Art beim Menschen überhaupt. ...«

Von 100 Häftlingen starben 80 an den Höhenversuchen Raschers, der am 26. April 1945 als gefährlicher Mitwisser auf Befehl Himmlers in Dachau durch Kopfschuß getötet wurde. Seine Mitarbeiter Prof. Dr. Weltz, Dr. Ruff und Dr. Romberg waren im Nürnberger Ärzteprozeß der Verbrechen gegen die Menschlichkeit angeklagt. Im Kreuzverhör der Anklage schilderte Romberg seine Lage während des ›terminalen Versuchs‹:

Anklage: Ich frage Sie, was hätte getan werden können, um das Experiment in diesem kritischen Punkt abzubrechen? ... Ist da ein spezielles Rad vorhanden, das Sie drehen können?

Romberg: Rascher hatte den Hahn in der Hand, mit dem er die Höhe regulieren konnte. Den hätte er drehen müssen, daß der Druck in der Kammer erhöht wurde ...

Anklage: Sie konnten am Elektrokardiogramm feststellen, daß die Versuchsperson in dieser speziellen Unterdruckkammer damals eine Höhe erreichte, die sehr wohl den Tod verursachen konnte, ... nicht wahr?

Romberg: Wann der Tod nun eintritt, das konnte ich natürlich nicht sehen, weil ich ja keine Todesfälle auf dem Höhengebiet kannte ... Ich wußte nur, daß es kritisch ist ...

Anklage: Warum konnten Sie nicht einfach hinüberlangen, diesen Hahn drehen und somit das Leben dieser Versuchsperson retten, Sie hätten es tun können, nicht wahr?

Romberg: Ich habe Rascher gesagt, er soll runtergehen.

Anklage: ... warum konnten Sie das nicht, Sie standen doch am Elektrokardiogramm, Sie waren nicht 10 Meilen davon entfernt; warum konnten Sie nicht hinüberreichen und diesen Hahn drehen und das Leben dieser Versuchsperson retten?

Romberg: ... Ich hätte ja dazu ihn irgendwie niederschlagen oder niederschießen müssen oder dergleichen ...

Anklage: Sie hätten ihn doch nicht anzugreifen brauchen, sondern einfach hinüberzureichen und den Hahn drehen. Sehr einfach ...

Romberg: Das mit dem Mord, das sieht jetzt so aus und läßt sich jetzt entscheiden, nachdem man die ganze Sache kennt. Für mich war damals Rascher ein Stabsarzt der Luftwaffe.

Der Psychoanalytiker Alexander Mitscherlich, Beobachter des Ärztepro-

zesses, erblickte hinter dieser Episode eine doppelte Ohnmacht. Die Unterordnung angesichts des Mörders, der als Luftwaffenarzt eine idealisierte Gruppe vertritt. *»Was schwer zugänglich wird, ist die zweite Ohnmacht, die erst die erste ganz erklärt, und zwar die unbewußte Verführbarkeit der Tötungslust. Aus ihr stammte der machtvollere Gehorsam, der den Griff nach dem rettenden Hahn lähmte. Nur wenn man die scheinbar rationale Begründung: ich konnte nicht erwarten, daß ein Offizier der Luftwaffe mordet, mit der irrationalen, daß uns allen die Lust am Töten von der Kultur nicht ausgetrieben ist und viele wenig dagegen gesichert sind, zusammen sieht, beginnt sich ein Zugang zum Verstehen der sonst unfaßlichen Duldung anzubahnen, die all das erst möglich machte.«*
Ein psychoanalytischer Befund ist etwas anderes als ein juristischer Beweis. Die Luftwaffenexperimentatoren wurden freigesprochen, weil ihnen Rascher und vielleicht sie sich selbst unheimlich geworden waren und darum die Unterdruckkammer aus Dachau fortschaffen ließen.
Die von unbewußter Tötungslust verursachte Lähmung des rettenden Griffs ist überdies nicht allein das Kennzeichen des Täters. Sie schlägt das Publikum genauso in Bann. Die Magie, die den Nazi-Großtötern bis auf den heutigen Tag entströmt, läßt sich gar nicht anders deuten. Sie haben, die Hand frenetisch am Hahn, ein Verbot gelockert, hinter dem sich erheblicher Druck staut. Kaltschnäuzig, rabiat und kurzentschlossen sind Völkerscharen vom Tötungstabu ausgeklammert und einer noch nicht dagewesenen Zahl von Kulturmenschen dichte Morderlebnisse verschafft worden.
Die medizinisch kaschierte Menschenquälerei ist unter der Aufschrift faustischen Forschungsdrangs und schonungsloser Experimentiertwut nicht erklärlich. Das Eintauchen russischer Kriegsgefangener in Eiswasser, die Traktierung von Zigeunern mit Meerwasser, das Sterilisieren von Juden mit Röntgenstrahlen, die Vergiftung durch Lost-Gas, die Infektion mit Malaria-Gelbfieber, Fleckfieber und Tuberkuloseerregern, die Erzeugung von Schlachtfeldwunden mit vergifteten Projektilen, künstlich verschmutzt mit Holzspänen und Glassplittern, die Transplantation von Knochen, Muskeln und Venen titulieren als Auftragsforschungen der Wehrmacht und SS zur Rettung kostbarer Soldatenleben. Man würde diese Erklärung noch glauben, wenn nicht ein Dönitz mit dem Leben seiner Matrosen eigentlich genauso umgegangen wäre wie die Kaltwasserexperimentatoren mit ihren Versuchspersonen. In der Heimat wiederum, die durch das Opfer des Soldaten vor dem Bolschewismus oder Morgenthau gerettet werden soll, dezimieren unterdessen Richter die Volksgenossen, damit sie sich der Front als würdig erweise. Für Lebensbewahrung hat diese todestrunkene Zeit wenig Sympathie aufgebracht.
Die Ärzte geben sich der Betrachtung der von ihnen selbst herbeigerufenen Krankheit hin, entlastet von der Pflicht zu heilen, in freiem Kräftemessen mit dem Infekt: *»Eine Punktion an der Innenseite des linken Ober-*

schenkels ergibt 14 ccm rahmigen Eiter, wovon der Patient sofort 3 ccm am rechten Arm injiziert bekommt ... Der linke Oberschenkel ist in seiner ganzen Circumferenz geschwollen. Im Ätherrausch wird in der Mitte an der Innenseite eine Incision durchgeführt und mit der Kornzange stumpf vorgegangen.« Von ungefähr 90000 damals in Deutschland tätigen Ärzten hätten etwa 350 Medizinverbrechen begangen, konstatiert Mitscherlich, nur ein Bruchteil, etwa ein Dreihundertstel. *»Aber ist das nicht dann doch wieder beunruhigender: jeder dreihundertste Arzt ein Verbrecher? Das war eine Relation, die man nie zuvor in der deutschen Ärzteschaft hätte finden können. Warum jetzt?«*
Das zum morbiden Kult getriebene Tötungsverlangen von Medizinern wies der Ärzteprozeß am Beispiel des Straßburger Anatomen August Hirt nach, Professor der Reichsuniversität Straßburg. *»In den jüdisch-bolschewistischen Kommissaren, die ein widerliches, aber charakteristisches Untermenschentum verkörpern, haben wir die Möglichkeit, ein greifbares wissenschaftliches Dokument zu erwerben, indem wir ihre Schädel sichern.... Der zur Sicherung des Materials Beauftragte (ein der Wehrmacht oder sogar der Feldpolizei angehörender Jungarzt oder Medizinstudent, zugerüstet mit einem PKW nebst Fahrer) hat eine vorher festgelegte Reihe photographischer Aufnahmen und anthropologischer Messungen zu machen und, soweit möglich, Herkunft, Geburtsdaten und andere Personalangaben festzustellen. Nach dem danach herbeigeführten Tode des Juden, dessen Kopf nicht verletzt werden darf, trennt er den Kopf vom Rumpf und sendet ihn, in eine Konservierungsflüssigkeit gebettet, in eigens zu diesem Zweck geschaffenen und gut verschließbaren Blechbehältern zum Bestimmungsort.«*
Der an Himmler gerichtete Vorschlag, Personen zu töten zur Sammlung und Ausstellung ihrer Leichenteile, stammte von einem hochangesehenen Wissenschaftler seiner Zeit. Hirt, dem bahnbrechende Forschungen über das Nervensystem gelungen waren, dehnte sein ursprüngliches Konzept bald aus und beantragte eine *»Mazerationseinrichtung (Entfettungsofen«)*, um sie *»zur Herstellung der Skelette«* einzusetzen. In Straßburg trafen, nach Vermessungsarbeiten Dr. Bruno Begers in Auschwitz, 86 Tote ein, die von Hirts Untergebenen sogleich als durch Gas Ermordete erkennbar waren. *»... die Augen waren weit offen und glänzend. Blutunterlaufen und rot traten sie aus den Augenhöhlen. Außerdem waren Spuren von Blut um Nase und Mund«* (Aussage Henry Henrypierre im Ärzteprozeß). Zur Präsentation der Exponate in der Reichsuniversität ist es nicht gekommen. Die Körper lagen ein Jahr lang in einer Alkohollösung konserviert; beim Herannahen allierter Truppen wurden sie zerstückelt und beseitigt.
Die durch keine medizinischen Zwecke mehr abgelenkte Leidenschaft für die Überführung des Lebendigen in leichenstarre Materie findet in der Straßburger Sammlung ihren Präzedenzfall. Erich Fromm, der in diesem Symptom die Formel für die nationalsozialistische Destruktivität erblickte, erwähnt die Medizin-Verbrecher nicht, die seine Annahme perfekt stützen.

August Hirt mag als abseitiger Fall gelten, die Euthanasieaktion kann es nicht. Der Begriff lebensunwerten Lebens, einer biologischen Ausschußproduktion, die der Todesstrafe unterliegt, folgt der gleichen Obsession wie Hirt. Sie wird nur rückwärts gelesen. Die Nervenklinik ist nämlich in dieser Ideenwelt das Hirtsche Untermenschenkabinett im Lebendzustand. Die Tötung ist der Nachvollzug des Urteils, daß es sich aber um kein Leben im engeren Sinn handelt. Der moribunde Zustand dieses nicht Mensch gewordenen Materials wird durch den Todesstoß nur rückgeführt in das Nirwana, aus dem es sich erst gar nicht richtig zur Existenz aufzurichten wußte.
Es ist kein Wunder, daß sich die Kirchen, die mit den übrigen Mordprogrammen widerstandslos lebten, an der Euthanasieaktion stoßen mußten. Daß Ketzer brennen, kannten sie aus eigener Erfahrung. Der naturwissenschaftliche Materialismus, der dieser Tötung zugrunde lag, widersprach, wie der Abort, dem Glaubenssatz vom göttlichen Ursprung des Lebens. Ein Bild wie das in Nürnberg von dem Euthanasiearzt Dr. Pfannmüller gezeichnete gibt Tötungsvergnügen und Gottesherausforderung in einem kund. Der Zeuge Lehner überlieferte eine Szene aus der Anstalt Eglfing/Haar: *»In etwa 20 Kinderbetten hatten Kinder zwischen einem und fünf Jahren gelegen. Pfannmüller, der sie als Belastung des Volkskörpers kennzeichnete, empfahl die Vernichtung durch allmählichen Nahrungsentzug. Bei diesen Worten zog er unter Beihilfe einer mit der Arbeit in dieser Station scheinbar ständig betrauten Pflegerin ein Kind aus dem Bettchen. Während er das Kind wie einen toten Hasen herumzeigte, konstatierte er mit Kennermiene und zynischem Grinsen so etwas wie: ›Bei diesem wird es noch zwei bis drei Tage dauern.‹ Den Anblick des fetten grinsenden Mannes, in der fleischigen Hand das wimmernde Gerippe, umgeben von den anderen verhungernden Kindern, kann ich nimmer vergessen.«*
Pfannmüller, im Ärzteprozeß als Zeuge im Falle der Euthanasiechefs Brack und Karl Brandt vernommen, verblieb der deutschen Justiz. Brack und Brandt erhielten die Todesstrafe, desgleichen die mit der Straßburger Skelettsammlung belasteten SS-Standartenführer Rudolf Brand und Wolfram Sievers. (Hirt war durch Selbstmord geendet.) Insgesamt enthielt das Urteil sieben Todesstrafen, fünf lebenslängliche Haftstrafen, vier zwischen 10 und 20 Jahren sowie sieben Freisprüche.

Das Justizverbrechen

Während des Juristenprozesses (5. März 1947–4. Dezember 1947) bat der US-Ankläger La Follette den Zeugen der Verteidigung Prof. Jahrreiss, sich in die folgende Situation zu versetzen: Eine Person A, die im Besitze der absoluten Gewalt ist, besorgt sich ein festes Seil, einen Holzblock und

eine Axt. Sodann bindet sie einen von ihr gehaßten Menschen auf den Block, überreicht einem Anwesenden, über den sie volle Befehlsgewalt ausübt, die Axt mit der Aufforderung, den Gefesselten zu köpfen. Wäre der Befehlsabhängige gegebenenfalls des Mordes schuldig?
Jahrreiss gestand, sofern sich diese Szene in Deutschland nach 1933 ereigne, wisse er auf die Frage keine Antwort. Auch über das Unrecht könne man rechtliche Erwägungen nur anstellen, solange das Unrecht innerhalb normaler Grenzen verbleibe. *»Ich bin selbst Strafrichter gewesen. Ein einzelner Mord hat an einem Schwurgericht unsere Zeit für zwei bis drei Wochen in Anspruch genommen und war eine fürchterliche Sache. Zwei Morde von einer Person, das war grauenerregend; wenn jemand acht bis zehn Morde auf dem Gewissen hatte, wurde er in der europäischen Presse als Massenmörder dargestellt, und die Menschen fragten sich, ob so etwas mit strafrechtlichen Mitteln überhaupt zu bewältigen war. Als ich im letzten Jahr im Gerichtssaal beim Hauptkriegsverbrecherprozeß dem Zeugen Höss aus Auschwitz zuhörte, antwortete er auf die Frage, wieviele Menschen er ermordet habe, daß er sich nicht genau erinnern könne, ob es zweieinhalb oder drei Millionen waren. In diesem Augenblick war es mir völlig klar, daß dies weder positiv noch negativ irgend etwas mit legalen Erwägungen zu tun hat.«*
Man kann nicht sagen, Millionen von Morden sind gesetzlich, und ebensowenig, sie sind ungesetzlich. Das Gesetz sieht solche Taten nicht vor. Wenn das Gesetz selbst die Quelle des Verbrechens wird, die Richterschaft in exakter Anwendung geltenden Rechts von 1941 bis 1945 mindestens 30000 Personen tötet, ist die juristische Argumentation zu Ende. Massenmord durch Rechtsprechung ist als Straftatbestand nirgendwo verzeichnet. Ein Richter mit 200 politischen Todesurteilen auf dem Gewissen hat genausowenig 200 Justizmorde begangen, wie ein KZ-Wächter Raubmorde begeht, weil er Goldzähne einsammelt. Beide sind sie Angestellte eines Staatsverbrechens, das mit Justiz, Raub und dem alltäglichen Mord nur oberflächlich zu tun hat.
Die Anklage im Juristenprozeß belastete den Vorsitzenden des früheren Sondergerichts Nürnberg, Oswald Rothaug, mit einem Todesurteil gegen Leo Katzenberger, Vorsteher der jüdischen Gemeinde der Stadt. Der im März 1942 abgehaltene Prozeß gestaltete sich zum Nürnberger Gesellschaftsereignis, Platzkarten wurden vergeben, die obersten Repräsentanten der Justiz, Partei und Wehrmacht lauschten in vorderster Reihe. Gegenstand des Verfahrens war ein Fall angeblicher Rassenschande zwischen dem 65jährigen Angeklagten und seiner 31jährigen Nachbarin. Streicher ließ im ›Stürmer‹ verkünden, das Urteil ehre eine Stadt, deren Name in die Nürnberger Rassengesetze eingegangen sei. Daß die gesetzlich nicht vorgesehene, vom ›Stürmer‹ seit 1938 aber geforderte Todesstrafe verhängt wurde, habe eine weit über den Nürnberger Gerichtssaal hinausreichende Bedeutung. Die Geduld des deutschen Volkes mit den Rassenschändern sei erschöpft.

An sich wäre die Geduld des deutschen Volkes nicht länger strapaziert worden, weil zur Rassenschande nicht länger Gelegenheit bestand. Seit Herbst 1941 deportierte man das deutsche Judentum in die Vernichtungsanstalten. Am 29. November 1941 verließ der erste Transportzug Nürnberg in Richtung Riga. Neun Tage nach dem Katzenbergerurteil, am 24. März 1942, wurde der zweite Transport nach Trawniki bei Lublin geschickt. Am 10. September 1942 fuhr der letzte Transport mit 550 über 65jährigen Juden aus Nürnberg nach Theresienstadt. Ganz Franken war im Oktober 1942 ›judenfrei‹. Wozu mußte die Nürnberger Justiz ein Jahr lang einen Sensationsprozeß vorbereiten, um einen Juden zum Tode zu verurteilen, während 3000 Nürnberger Juden gleichzeitig verfahrenslos dem Tod ausgeliefert wurden?
Die Antwort steht im Todesurteil selbst. Das rassengeschändete Opfer Irene Seiler habe sich *»schützend vor den Juden gestellt«*. Aber die Opfer sollten die Geduld verlieren und sich wehren. Die Nürnberger mußten wissen, daß die Soldatenfrauen daheim von den Juden verführt wurden. Anders hätte sie die unvermittelte Verschleppung ihrer Mitbürger verwundern können. Es hätte ihnen das Gefühl dafür gefehlt, selber die Bedrohten, Verletzten, die Opfer zu sein. Das Todesurteil bewies die Todeswürdigkeit des Aggressors. Der Justiz kommt es zu, ihn zu definieren.
Vom Jahr 1935 an sind zigtausende Personen in Rassenschandeermittlungen verstrickt. Durch das Blutschutzgesetz wird die Gefahr der seelischen und venerischen Verseuchung eingebleut. Das Verflochtensein des Volksgenossen mit dem Schädling, ihr Recht, ihn zu heiraten, zu lieben, zu beschäftigen, zu behausen, hindert den Zugriff. Ohne daß der Feind aus dem Netz der bürgerlichen Rechtsgarantien herausgetrennt wird, kann selbst Hitler ihn nicht beseitigen. Das Todesurteil gegen Leo Katzenberger wertete der Nürnberger Juristenprozeß deshalb nicht als rechtswidrige Tötung eines Unschuldigen, sondern als einen *»Fall im Verfolg des Naziprogrammes, die Juden zu verfolgen und auszurotten. ... Der Angeklagte Rothaug war das wissende und willige Werkzeug in diesem Verfolgungs- und Ausrottungsprogramm.«*
Die juristische Definition des Vernichtungsobjekts und ihre Durchsetzung als Rechtsnorm schildert der Hauptangeklagte des Juristenprozesses, Franz Schlegelberger, Staatssekretär und zeitweilig amtierender Reichsjustizminister. Das erforderliche Zertrennen der Rechtsgarantien berührt geschützte Rechtsgüter wie die Ehe. Die Mischehe und ihr Abkomme, der Mischling, bildeten den ewigen Zankapfel zwischen Partei und Bürokratie. Waren die arischen Partner bereit, ihre Gemahle und Kinder vernichten zu lassen? Eine zwangsweise Annullierung der Mischehe mochte Schlegelberger nicht befürworten, weil sie, zumal von älteren Paaren, nicht zu befolgen war. Den Behörden und Gerichten drohten endlose Scherereien. Die Mischlinge, von der Partei bereits zur Vernichtung ausersehen, wurden von Schlegelberger auf findige Weise prote-

giert. Sie sollten nicht zum Sterben, sondern zum Aussterben gebracht werden. *»Für sie schlug ich vor«*, erklärte Schlegelberger im Kreuzverhör, *»daß sie, wenn sie es vorzögen, sich lieber sterilisieren lassen sollten, als nach Polen deportiert zu werden.«* Urheber eines Massenverstümmelungsplans wollte er jedoch zu keiner Zeit gewesen sein. Er hatte Anregungen betroffener Kreise weitergegeben. *»Ich wußte, daß Personen gemischter Abstammung sich an Ärzte gewandt hatten mit der Bitte, sie von der Anwendung der Nürnberger Gesetze auszunehmen und selbst vorgeschlagen hatten, ihnen die Möglichkeit der Sterilisierung zu geben. Ich hielt es für gerechtfertigt, auf den Vorschlag zurückzugreifen, den diese Menschen ursprünglich selbst gemacht hatten, und ihnen eine Möglichkeit zu bieten, auf diesem Wege der Deportation nach Polen zu entkommen.«* Das Gericht werde verstehen, daß jemandem, der sein ganzes Leben in den Bahnen des Gesetzes gedacht habe, ein solcher Vorschlag schwergefallen sei, doch habe er in Übereinstimmung mit seinen ethischen Gefühlen gehandelt. *»Es gibt schließlich Situationen, in denen man einem größeren Übel nur entgehen kann durch Anwendung eines kleineren Übels.«*
Schlegelbergers Plan wurde am 27. Oktober 1942 von einer Expertenrunde akzeptiert, doch hatten die in Auschwitz mit Röntgenstrahlen experimentierenden Ärzte noch kein geeignetes Schnellverfahren zustande gebracht. So stockte der Vollzug des ›kleineren Übels‹, die Mischlinge und Mischehen waren gerettet. Wie die Rassenschandejudikatur die Grenze zum Schänder und Schädling zieht, grenzt die Mischlingsfrage die Klasse der Lebensberechtigten ein. Sicherheitshalber schneidet man nicht zu tief in das eigene Fleisch. Nur den entfremdeten Paria entläßt die Volksgemeinschaft wehmutslos nach Ausschwitz. Die soziale Entflechtung, der Gewebeschnitt, bedarf des gelassenen juristischen Skalpells.
Das Justizverbrechen ging in der Sicht des Juristenprozesses über den richterlichen Vollzugsbeamten und seine Hinrichtungsbescheide hinaus. Auf der Anklagebank saßen Richter, Staatsanwälte und die Ministerialbürokratie als Berufskonspirateure mit eigenem Programm. Weil das staatliche Menschenvernichtungsverbrechen von Natur aus legal ist, braucht es die fixen Legalisierer. Der Henker muß nach traditioneller Auffassung nicht überprüfen, ob der Verurteilte unter dem Fallbeil den Tod verdient hat. Der Henker verläßt sich völlig auf den Richter, sonst würde er nie zur Arbeit kommen. Für einen Rechtsirrtum ist er nicht verantwortlich. Hunderttausend Henker in allen möglichen SS-, Polizei- und Wehrmachtsuniformen verlangen Deckung von der Justiz. Selbst der Blutrichter im Talar benötigt für sein Ethos einen klarformulierten Paragraphen. Hätte Hitler seiner inneren Überzeugung nachgegeben, der Hilfe der Justiz weitgehend zu entraten, weil die meisten Aufgaben von Polizei und SS schneller und billiger zu erledigen seien, wären den Polizisten, die keine Tataren sind, Skrupel entstanden. Selbst der Führerbefehl genügte sich nicht selbst, sondern war gesalbt mit der obersten Gesetzes-

kraft. Das Hinrichtungskommando ist immer schneller als das Gericht, aber nur solange es dieses hinter sich weiß.
In der Legalausstattung des Staatsverbrechens erblickten die Richter des Juristenprozesses darum dessen gefährlichsten und niederträchtigsten Zug. *»Die Prostituierung eines Rechtssystems zur Erreichung verbrecherischer Ziele«*, heißt es im Urteil, *»bringt ein Element des Bösen in den Staat hinein, das in offenen Greueln nicht enthalten ist, die keine richterlichen Roben besudeln.«* Die Teilhabe der Angeklagten an der Rechtsprostitution bewertete das Urteil härter als ihre separaten Übeltaten. *»Einfacher Mord und Einzelfälle von Greueltaten bildeten nicht den Ausgangspunkt für die Beschuldigung. Die Angeklagten sind solch unermeßlicher Verbrechen beschuldigt, daß bloße Einzelfälle von Verbrechenstatbeständen im Vergleich dazu unbedeutend erscheinen. Die Beschuldigung, kurz gesagt, ist die der bewußten Teilnahme an einem über das ganze Land verbreiteten und von der Regierung organisierten System der Grausamkeit und Ungerechtigkeit, unter Verletzung der Kriegsgesetze und der Gesetze der Menschlichkeit, begangen im Namen des Rechts unter der Autorität des Justizministeriums und mit Hilfe der Gerichte. Der Dolch des Mörders war unter der Robe des Juristen verborgen.«*
Die Angeklagten hatten, wie üblich, gelogen, die von ihnen abgezeichneten Schriftstücke nie gelesen, in ihren rassistischen Urteilstexten nicht ihre Ansicht wiedergegeben, sondern das Denken der Zeit zitiert, usw. Ihre Unschuld stand für sie jedoch aus Prinzip fest, weil sie ausschließlich in gesetzlicher Form tätig waren. Treue zum Gesetz könne logischerweise niemanden zum Kriminellen machen. *»Der Kern der Anklage in diesem Fall«*, erwiderte das Gericht, *»besteht ja gerade darin, daß die Gesetze, die Hitler-Erlasse und das drakonische, korrupte und verderbte nationalsozialistische Rechtssystem als solche, in sich selbst, Kriegsverbrechen und Verbrechen gegen die Menschlichkeit darstellen und daß eine Teilnahme an dem Erlaß und der Durchführung dieser Gesetze verbrecherische Mittäterschaft bedeutet.«*
Schlegelberger, Rothaug und zwei weitere Angeklagte wurden zu lebenslänglicher Haft verurteilt, sechs Angeklagte erhielten Freiheitsstrafen zwischen fünf und zehn Jahren, vier wurden freigesprochen.

Das Kriegsverbrechen

Die Uniform-Täter marschierten in zwei Kolonnen vor das Nürnberger Tribunal. Die erste vertrat den Normalfall von Kriegführung in der deutschen Wehrmacht, die zweite verantwortete den Krieg im Osten, den Weltanschauungs- und Vernichtungskrieg. Die üblichen Kriegsverbrechen wurden im sogenannten ›Hostage-Case‹, dem Geiselmord-Prozeß, verhandelt. Angeklagt waren neben Generalfeldmarschall Wilhelm List,

einem der rangältesten Armee-Offiziere, elf weitere Generäle, die vorwiegend in Griechenland und auf dem Balkan gestanden hatten.
Ähnlich wie an der Westfront, in Frankreich und Italien oder in der Tschechoslowakei, waren im Südosten schwerste Repressalien an der Zivilbevölkerung verübt worden. Teils, daß alle Einwohner von Dörfern, in deren Umgegend Partisanen operierten, ermordet wurden, teils, daß man nach einem Befehl Keitels für jeden von Partisanen getöteten deutschen Soldaten einhundert zu Geiseln genommene Zivilisten erschoß.
Den tödlichen Zugriff auf Nicht-Kombattanten rechnete das Gericht den Neuerungen deutscher Kriegskunst zu. *»Die Anwendung von Repressalien gegen die Zivilbevölkerung durch Tötung einer Anzahl ihrer Angehörigen als Vergeltung für feindliche Haltungen, die gegen Streitkräfte oder militärische Operationen der Besatzungsmacht begangen wurden, scheint in der Neuzeit von Deutschland zuerst eingeführt worden zu sein. Deutschland hat sich darauf im deutsch-französischen Krieg und im Ersten und Zweiten Weltkrieg berufen. Soweit unsere Untersuchungen zeigen, hat keine andere Nation zum Zwecke der Aufrechterhaltung von Ruhe und Ordnung zur Tötung von Angehörigen der Zivilbevölkerung gegriffen.«* Die Anklage legte die Befehle vor, alle in Serbien gegriffenen Partisanen nach kurzer Vernehmung zu erschießen, alle Frauen und männlichen Verwandten von Angehörigen der jugoslawischen Nationalarmee im Alter von 15 Jahren an zu verhaften und in Konzentrationslager zu sperren; in Zasaviza (Serbien) eröffnete die 342. Infanteriedivision ein Konzentrationslager, das 30000 Menschen aufnehmen sollte, weil nach einem Befehl des Generals Böhme vom 6. Oktober 1941 die Bevölkerung einer ganzen Region zu internieren war. In Belgrad unterhielt die Wehrmacht ein weiteres Konzentrationslager für 2200 Juden. Als am 2. Oktober 1941 21 Soldaten eines Nachrichten-Regiments von Partisanen bei Topola getötet wurden, erließ General Böhme den Befehl, in Erfüllung der Quote 1:100 *»2100 Häftlinge in den Konzentrationslagern Sabac und Belgrad (vorwiegend Juden und Kommunisten) zu bestimmen und Ort, Zeit sowie Beerdigungsplätze festzulegen«*.
Der örtliche Chef der Sicherheitspolizei und des SD meldete: *»Die Exekution wird von der deutschen Wehrmacht durchgeführt. Aufgabe der Sicherheitspolizei ist es lediglich, die nötige Zahl zur Verfügung zu stellen. 805 Juden und Zigeuner werden aus dem Lager in Sabac, der Rest aus dem jüdischen Durchgangslager Belgrad entnommen.«*
Am 1. November 1941 verfaßte der Oberleutnant Walther, Kommandeur der 9. Kompanie des 433. Infanterie-Regiments, einen Bericht über Erschießung von Juden und Zigeunern: *»Nach Vereinbarung mit der Dienststelle der SS holte ich die ausgesuchten Juden bzw. Zigeuner vom Gefangenenlager Belgrad ab. Die LKWs der Feldkommandantur 599, die mir hierzu zur Verfügung standen, erwiesen sich als unzweckmäßig aus zwei Gründen: 1. werden sie von Zivilisten gefahren. Die Geheimhaltung ist dadurch nicht sichergestellt. 2. waren sie alle ohne Verdeck oder Plane, so*

daß die Bevölkerung der Stadt sah, wen wir auf den Fahrzeugen hatten und wohin wir dann fuhren. Vor dem Lager waren Frauen der Juden versammelt, die heulten und schrien, als wir abfuhren. Der Platz, an dem die Erschießung vollzogen wurde, ist sehr günstig. Er liegt nördlich von Pancevo unmittelbar an der Straße Pancevo–Jabuka, an der sich eine Böschung befindet, die so hoch ist, daß ein Mann nur mit Mühe hinauf kann. Ebenfalls günstig ist der Sandboden dort, der das Graben der Gruben erleichtert und somit auch die Arbeitszeit verkürzt. Die Richtstätte wurde durch drei leichte Maschinengewehre und 12 Schützen gesichert: 1) gegen Fluchtversuche der Gefangenen, 2) zum Selbstschutz gegen etwaige Überfälle von serbischen Banden. Das Ausheben der Gruben nimmt den größten Teil der Zeit in Anspruch, während das Erschießen selbst sehr schnell geht (100 Mann 40 Minuten), Gepäckstücke und Wertsachen wurden vorher eingesammelt und in meinem LKW mitgenommen, um sie dann der NSV zu übergeben. Das Erschießen der Juden ist einfacher als das der Zigeuner. Man muß zugeben, daß die Juden sehr ruhig sind, während die Zigeuner heulen, schreien und sich dauernd bewegen, wenn sie schon auf dem Erschießungsplatz stehen. Einige sprangen sogar vor der Salve in die Grube, und versuchten sich tot zu stellen. Anfangs waren meine Soldaten nicht beeindruckt. Am 2. Tage jedoch machte sich schon bemerkbar, daß der eine oder andere nicht die Nerven besitzt, auf längere Zeit eine Erschießung durchzuführen. Mein persönlicher Eindruck ist, daß man während der Erschießung keine seelischen Hemmungen bekommt. Diese stellen sich jedoch ein, wenn man nach Tagen abends in Ruhe darüber nachdenkt.«
Dem Bericht ist eine Karte mit dem Beerdigungsplatz der Juden und Zigeuner beigefügt, an der Straße zwischen Pancevo und Jabuka, nahe Belgrad. Nach Angaben der Wehrmacht wurden in Serbien von September bis November 1941 35000 Menschen als Geiseln für 160 getötete und 370 verwundete deutsche Soldaten liquidiert. Für die Gesamtdauer des Krieges nennt der jugoslawische Historiker Pero Morača eine Zahl von 1400000 zivilen Opfern deutscher Kriegsverbrechen, neun Prozent der Bevölkerung.
In seinem für alle Angeklagten gehaltenen Schlußwort erklärte Feldmarschall List, man sei gezwungen gewesen, in einem Bandenkrieg, den jeder deutsche Soldat verachte, seine Pflicht zu tun. *»Die Schuld verbleibt bei denjenigen, die diesen Kampf von Anbeginn grausam und hinterhältig auf Balkan-Art geführt haben. Wir hatten nur das Ziel, das Land zu befrieden.«* Emphatisch weise man die von der Anklage erhobenen Beleidigungen gegen Nation, Berufsstand und Personen zurück. *»Uns gegenüber standen mehr oder weniger die gleichen Kräfte, die heute auf dem Balkan ein Terrorregime etabliert haben und planen, das gleiche in Europa zu tun; Kräfte, die die Welt in Spannung halten und heute von der gesamten westlichen Hemisphäre abgelehnt werden. Möge ein freundliches Geschick die Nationen, die nun über uns zu Gericht sitzen, davor bewahren, einen*

Kampf auszufechten, wie wir ihn zu fechten gezwungen waren. Wir erwarten in Ruhe das Urteil des Gerichts.«
Der Hauptangeklagte List wurde zu lebenslänglichem Gefängnis verurteilt. Als fünfthöchstem Feldmarschall des deutschen Heeres und Wehrmachtsbefehlshaber Südost lud das Gericht ihm die Verantwortung für den ›100:1-Befehl‹ auf. Das Gericht räumte ein, daß die *»barbarische Sitte«* der Geiseltötung völkerrechtlich nicht geächtet sei, jedoch *»das Ausmaß, in dem diese Praxis von den Deutschen angewendet wurde, übersteigt die elementarsten Auffassungen von Menschlichkeit und Gerechtigkeit. Sie berufen sich auf militärische Notwendigkeit, die sie mit Zweckmäßigkeit und strategischem Interesse verwechseln. (...) Militärische Notwendigkeit erlaubt die Gefangennahme bewaffneter Feinde und anderer besonders gefährlicher Personen, sie erlaubt jedoch nicht die Tötung unschuldiger Einwohner zum Zwecke der Rache oder zur Befriedigung der Lust am Töten.«*
List wie auch sein Stellvertreter im Kommando der 12. Armee, Kuntze, gaben vor, von den illegalen Tötungen keine Kenntnis erhalten zu haben. Das Gericht machte sich keine Mühe, das Gegenteil nachzuweisen und erklärte statt dessen: *»Er kann seine Augen nicht vor dem verschließen, was um ihn herum vorgeht, und Straffreiheit in Anspruch nehmen, weil er nicht wußte, was er zu wissen verpflichtet war.«* Die Feststellung, daß List *»ein Offizier der alten Schule war«*, Hitler als militärischen Amateur distanziert betrachtete und die verbrecherischen Befehle innerlich widerstrebend ausführte, schlug sich nicht im Strafmaß nieder. Das Innenleben der Kriegsverbrecher war 1948 für einen Richter aus Jowa nicht so fesselnd, wie es 20 bis 30 Jahre später werden sollte; zumindest nicht, wenn die Riesenzahl der Opfer und die Bestialität der Taten in keinem rechten Maß zu den zaghaften Gewissensbissen der Täter stehen wollten. *»Das Beweismaterial in diesem Falle führt ein Maß an Tod und Zerstörung auf, wie es in der neueren Geschichte selten übertroffen wurde.«* Es sei in der Beweisaufnahme vorgebracht worden, daß der Abwurf von Atombomben auf Hiroshima und Nagasaki und die Luftangriffe auf Dresden als Musterbeispiele für moderne Kriegführung die Angeklagten entlasten könnten. *»Wir sind nicht dazu da, um die Rechtmäßigkeit eines dieser Ereignisse zu diskutieren ... Das bedauerliche im Zweiten Weltkrieg befolgte Vorbild wurde von Deutschland und seinen Verbündeten gesetzt.«*
Neben Feldmarschall List wurden General Kuntze zu lebenslänglichem Gefängnis, fünf Generäle zu Haft zwischen sieben und zwanzig Jahren verurteilt, zwei Stabschefs freigesprochen. Das Gericht werte die Strafen nicht als Maßstab für seine Beurteilung der Schwere der Verbrechen. Die gezeigte Milde habe die *»Natur eines Gnadenerweises«*.

Der ›OKW-Prozeß‹ (Oberkommando der Wehrmacht) verhandelte in der Hauptsache den Verlauf eines Feldzugs, der nach den Worten des bereits gehenkten OKW-Chefs Keitel nie als ›ritterlicher Krieg‹ beabsichtigt war.

Kriegführung und Ausrottung gingen im Polen- und Rußlandfeldzug ein Wechselverhältnis ein, in dem militärische und Völkermordaktionen unterschiedslos ineinander übergingen.
»Die führende Bevölkerungsschicht in Polen soll so gut wie möglich unschädlich gemacht werden«, hatte Heydrich, der Leiter des Reichssicherheitshauptamtes, am 7. September 1939 erklärt. *»Die kleinen Leute wollen wir schonen, der Adel, die Popen und Juden müssen aber umgebracht werden.«* Heinrich Himmler, der mit der Kolonisation und Germanisierung des Ostens Beauftragte, hatte seiner Gefolgschaft im Januar 1941 eröffnet, daß im Osten an die 30 Millionen Menschen überzählig seien. Die Generäle waren durch Hitler am 30. März auf die Vernichtung der ›jüdisch-bolschewistischen Intelligenz‹ eingestimmt worden. Gleichwohl traute der Führer und Oberbefehlshaber der Wehrmacht seinen Generälen die zielstrebige Ausrottung der bezeichneten Volksgruppen mit eigener Hand nicht zu. Darum wurde vereinbart, nicht das Heer, sondern einen Spezialverband in seinem Troß mit diesem Werk zu betrauen. Die Generalität opferte einen Teil ihrer exekutiven Gewalt im eroberten Territorium. Der Einsatzgruppe wurde ein Teil der militärischen Polizei- und Sicherheitsaufgaben übertragen. Die Kriegführung bahnte den Weg für die nachfolgenden Mordkommandos, die Ausrottung des jüdisch-bolschewistischen Feindes wiederum lieferte die Parole für den ganzen Krieg. Der Nürnberger OKW-Prozeß bewies durch stapelweise Vorlage von Dokumenten diesen Zusammenhang. Die den Deutschen unbekannte Endlösung der Judenfrage war an diesem Abschnitt, der etwa 2 Millionen Tote hervorbrachte, ein Ereignis, das unter den Augen vierer Armeen vonstatten ging. Die Einsatzgruppentätigkeit war – im Gegensatz zu den berühmten Gaskammern – ein Thema, das nach den Nürnberger Prozessen buchstäblich einem zehnjährigen Vergessenheitsschlaf anheimfiel. Als 1956 ein Zufall den Ulmer Einsatzgruppenprozeß ins Rollen brachte, staunte ganz Deutschland, daß es so etwas gegeben hatte.
Hauptangeklagter des OKW-Prozesses war der nach Rundstedt rangälteste deutsche Generalfeldmarschall des 2. Weltkriegs, Wilhelm von Leeb, der den nördlichen Flügel der deutschen Armee durch die baltischen Länder nach Leningrad geführt hatte. Neben ihm standen die fünf Generalobersten Hoth, Reinhardt, von Salmuth, Hollidt und Blaskowitz, die Generäle von Roques und Wöhler, Generaladmiral Otto Schniewind, zwei Stabsgeneräle aus Hitlers Umgebung, Warlimont und Reinecke, sowie der Generalstabsrichter Lehmann. Die meisten dieser Militärpersonen waren mit dem seit Kriegsbeginn vereinbarten Ausrottungsprogramm mehr oder minder eng verknüpft.
Reinhard Heydrich hatte in Verhandlungen mit dem später im Widerstand tätigen Generalquartiermeister Wagner unverblümt das Recht verlangt, eine *»Flurbereinigung«* in Polen durchzuführen, die *»Judentum, Intelligenz, Geistlichkeit und Adel«* treffen sollte. Die damit beauftrag-

ten Einsatzgruppenleiter sollten *»wohl den Armeeoberkommandos unterstehen, aber unmittelbare Weisung vom Chef der Sicherheitspolizei erhalten«*, d.h. von Heydrich selbst. Die Heeresleitung, die es lieber gesehen hätte, wenn die von ihr in der Sache nicht beanstandeten Ausrottungsmaßnahmen auf die Kappe einer bald zu errichtenden Zivilverwaltung gegangen wären, informierte die Oberbefehlshaber der Ost-Truppen in der Geheimen Kommandosache Nr. 324 vom 21. September 1939, die Einsatzgruppen hätten *»im Auftrage und nach Weisung des Führers gewisse volkspolitische Aufgaben durchzuführen«. »Die Teilnahme von Angehörigen des Heeres«,* setzte der Oberbefehlshaber des Heeres, v. Brauchitsch, zur Sicherheit hinzu, *»an polizeilichen Exekutionen ist verboten.«*
Rasch zeigte sich, daß eine doppelte Moral bei der Truppe schwieriger durchzusetzen war als in den Köpfen ihrer Befehlshaber. Diese beklagten alsbald *»Landsknechtsmanieren«* bei ihren Leuten, *»sinnlose Schießereien gegen meist nicht vorhandene Freischärler«, »Mißhandlungen Wehrloser, Vergewaltigungen«, »Niederbrennen von Synagogen«.* Helmuth Groscurth, der Leiter zur besonderen Verwendung beim Generalstab, notierte am 22. September 1939: *»Bei Pultusk sind achtzig Juden durch die Truppe niedergeknallt in viehischer Weise. Kriegsgericht ist eingesetzt.«*
Versuche zur Strafverfolgung von Greueln, die Wehrmachtsangehörige, aber auch SS-Einheiten, im Zuge der allgemeinen Terrorisierung der Polen verübt hatten, sind von einer Reihe hoher Offiziere überliefert. Den Turnierreiter Major Sahla verurteilte ein Kriegsgericht sogar zum Tode. Er hatte, im Anschluß an eine Sauferei, als Muster einer Beseitigung biologisch Minderwertiger acht angeblich geschlechtskranke Frauen verhaften lassen und eigenhändig durch Genickschuß getötet. Die Vollstreckung des Todesurteils wurde von Hitler selbst verhindert. Die Generäle aber waren angewidert von den Blutorgien in einem Territorium, dessen exekutive Gewalt in ihren Händen lag.
Johannes Blaskowitz, Oberbefehlshaber der in Polen eingesetzten Wehrmachtsverbände, der sich als Nürnberger Angeklagter durch Sturz in den Lichthof des Gerichtsgebäudes das Leben nahm, erklärte am 15. Februar 1940 in einem Vortrag vor Brauchitsch: *»Die Einstellung der Truppe zu SS und Polizei schwankt zwischen Abscheu und Haß. Jeder Soldat fühlt sich angewidert und abgestoßen durch diese Verbrechen, die in Polen von Angehörigen des Reiches und Vertretern der Staatsgewalt begangen werden. Er versteht nicht, wie derartige Dinge, zumal sie sozusagen unter seinem Schutz geschehen, ungestraft möglich sind.«* Die Abschlachtung einiger zehntausend Juden und Polen, die Blaskowitz mitteilt, erscheint ihm vor allem bedauerlich für die Täter: *»Der schlimmste Schaden jedoch ist die maßlose Verrohung und sittliche Verkommenheit, die sich in kürzester Zeit unter wertvollem deutschen Menschenmaterial wie eine Seuche ausbreiten wird.«* Von Leeb, der spätere Hauptangeklagte, sorgte sich gleichfalls um

die nationale Ehre und eröffnete Generalstabschef Franz Halder, wie sich die Einsatzleiter aufführten, sei *»einer Kulturnation unwürdig«*. Ähnliches hatte Halder im stillen schon seinem Tagebuch anvertraut. *»Hoffnungslose Feldwebel!«*, notierte sich der Verschwörer Ullrich von Hassell am 16. April 1941 über Halder und Brauchitsch.
Das Unbehagen der Generäle veranlaßte sie, die Wut der Einsatzgruppen zu zügeln, bis die Armee weitergezogen war, die Animositäten der unteren Offiziersgrade und Mannschaften gegen die SS-Killer zu dämpfen durch strikten Befehl zur Absenz der Truppe beim Ausrottungsbetrieb, außerdem die Ehre des feldgrauen Rocks sowie ihre Kommandogewalt zu wahren durch behutsame Ahndung von Exzessen. Damit war zugleich der Gipfel des Widerstands, den die Generalität zur Wahrung des Kriegsrechts im Osten aufbrachte, erreicht. Es ereigneten sich in ihrer Kommandozone unterdessen 80000–100000 Morde, die aber verblassen vor den Opfern des Rußlandkriegs, der dieselben skrupulösen Generäle schier verwandelt zeigte.

In der erwähnten Ansprache vom 30. März 1941 vor ca. dreißig Armeekommandeuren der ›Operation Barbarossa‹, des Angriffs auf die Sowjetunion, beauftragte Hitler die Generäle, gemeinsam mit Himmler und seinen Leuten die russische Führungsschicht zu liquidieren. Anders als in Polen sollten sie Teilnehmer, und nicht bloß Zuschauer des Ausrottungsprogramms werden.
Der Mordbefehl an die Wehrmacht richtete sich gegen die politischen Kommissare in der Roten Armee. Die Truppe müsse sich freimachen von der Vorstellung, erläuterte Hitler, daß alle Soldaten Kameraden seien; die Befehlshaber möchten sich zur Überwindung ihrer Gewissensbisse entschließen. Die Kommissare seien vom Heer zu ergreifen, den Einsatzgruppen auszuhändigen oder von der Truppe selber zu erschießen. Im Gefolge der vier Armeen sollten wieder die Einsatzgruppen ausschwärmen, kommandiert vom Reichssicherheitshauptamt, technisch und operativ unterstützt von der Wehrmacht. Losgeschickt waren sie, berichtete Otto Ohlendorf, Chef der Einsatzgruppe D, in Nürnberg, *»den Rücken der Truppe freizuhalten durch Tötung der Juden, Zigeuner, kommunistischen Funktionäre, aktiven Kommunisten und aller Personen, die die Sicherheit gefährden könnten«*. Zur letzteren Gruppe zählten die Geisteskranken, die Krüppel, die Syphilitiker (der Seuchengefahr wegen) und die ›Asiatisch-Minderwertigen‹. Ein übermächtiger Reinlichkeits- und Säuberungsdrang spricht aus der Meldung der Einsatzgruppe C über die Opfer ihrer Schlächtereien: *»Politische Funktionäre, Plünderer, Saboteure, aktive Kommunisten, politische Ideenträger, unerwünschte Elemente, Asoziale, Aufrührer und Hetzer, verwahrloste Jugendliche, Juden allgemein.«* Es irritierte die Deutschen nicht, daß sie anfangs von den russischen Juden ganz zutraulich empfangen wurden und bis zuletzt bei

ihnen auf keine ernstzunehmende Gegenwehr stießen. *»Seltsam ist die Ruhe«*, meldet Einsatzgruppe C, *»mit der die Delinquenten sich erschießen lassen, und das gilt für Juden und Nichtjuden. Ihre Todesfurcht scheint einer Art von Abstumpfung zu unterliegen, die in zwanzig Jahren Sowjetregime geschaffen worden ist.«* Dennoch wurde die Wehrmacht nicht müde, sich von teuflischen Verschwörern in ihrer Sicherheit gefährdet zu sehen.
Die Psychologie dieser Truppe und dieser Generation Deutscher hat der italienische Frontberichterstatter Curzio Malaparte analysiert: *»Im Laufe meiner langen Kriegserfahrung hatte ich mich überzeugen müssen, daß ein Deutscher keine Furcht vor dem starken Mann hat, vor dem bewaffneten Mann, daß er ihm mutig entgegentritt und ihm die Stirn bietet. Der Deutsche hat Angst vor den Schwachen, den Waffenlosen, den Kranken. Das Thema der ›Angst‹, der deutschen Grausamkeit als Auswirkung der Angst, war zum Leitmotiv meiner gesamten Kriegserfahrung geworden. Was den Deutschen zur Grausamkeit verleitet, zu diesen ganz kühl, ganz methodisch, ganz wissenschaftlich grausamen Handlungen, ist die Angst. Die Angst vor den Unterworfenen, vor den Wehrlosen, den Kranken, den Schwachen, die Angst vor Greisen, Frauen, Kindern, die Angst vor den Juden. Das geheimnisvoll Adlige der Unterdrückten – der Deutsche fühlt es, bemerkt es, beneidet es, fürchtet es viel stärker als jedes andere Volk in Europa. Und er rächt sich dafür. Es liegt eine Art herbeigesehnter Demütigung in der Anmaßung und Brutalität des Deutschen, ein tiefes Bedürfnis nach Selbstverleugnung in seiner erbarmungslosen Grausamkeit, eine Leidenschaft der Selbstbezichtigung in seiner geheimnisvollen ›Angst‹.«*
Am 20. Dezember 1941 ging ein Schreiben der Nachrichtenabteilung des XXVIII. Armeekorps an die Nachrichtenabteilung der 18. Armee, kommandiert von Generalfeldmarschall von Küchler. Die 18. Armee wurde von einem Asyl unterrichtet, das 20 km nordwestlich von Ljuban in den Räumen eines früheren Klosters untergebracht war. Seine Insassen waren 240 geisteskranke, epileptische und syphilitische Frauen. Da die Nahrungsmittel zur Neige gingen und auch keine Medikamente vorrätig waren, hatten einige Frauen das Asyl verlassen und streiften durch die umliegenden Dörfer. *»Die Patienten stellen nicht nur eine Gefahr für die Zivilbevölkerung dar«*, schrieb das XXVIII. Armeekorps, *»sondern vor allem für die deutschen Soldaten. Wenn die letzten Vorräte einmal aufgebraucht sind, werden die Patienten sogar ausbrechen. Bei Patienten dieser Art ist es selbst möglich, daß sie möglicherweise andere Menschen angreifen. Abgesehen davon könnten sie andere Menschen mit zusätzlich auftretenden Krankheiten wie Typhus usw. infizieren.«* Das Problem sei bereits mit dem I. Armeekorps diskutiert worden, und man sei übereingekommen, daß eine solche Gefahrenquelle in der Nähe der Truppenquartiere untragbar sei. *»Ein zusätzlicher Faktor ist, daß nach deutschen Begriffen die Insassen des Asyls kein lebenswertes Leben mehr vor sich haben.«* Am 25./26. Sep-

tember vermeldet ein Eintrag in das Kriegstagebuch des XXVIII. Armeekorps, daß ein Einsatzkommando Hubig des SD das Problem des Asyls im früheren Kloster Markarewska lösen werde. *»Der Oberbefehlshaber stimmte der Lösung zu ...«*

Generalfeldmarschall von Küchler, dem dieser Eintrag im OKW-Prozeß vorgehalten wurde, bekannte im Kreuzverhör, der Vorfall berühre sein menschliches Empfinden. Tage und Nächte habe er sein Gedächtnis durchforscht, könne sich den Eintrag jedoch überhaupt nicht vorstellen. Möglicherweise sei seine Dienststellung verwechselt worden. *»Die Eintragungen wurden von jungen Offizieren gemacht, manche von ihnen Reserveoffiziere, und wie ich bereits sagte, tobten schwere Schlachten in der gesamten Gegend ... die Leute waren überlastet ... und so könnte ein Irrtum in dem Eintrag unterlaufen sein.«* Im übrigen hätten die Frauen mit ihren fürchterlichen Krankheiten eine Gefahr für die Truppe dargestellt und hätten *»irgendwie nach Westen transportiert werden müssen«*. Das Gericht glaubte nicht an den überarbeiteten jungen Offizier und betrachtete die Aktion als *»wohlüberlegte Durchsetzung einer Staatspolitik, die dem Angeklagten ebenso wie der ganzen übrigen Welt genau bekannt war«*. Angesichts der Verbrechen gegen Millionen von Zivilisten, deren einzige Schuld darin bestanden habe, daß sie jüdischen Blutes, sowjetische Staatsbürger, Zigeuner oder Polen gewesen seien, heißt es in dem Urteil: *»Kein Volk, keine Armee und kein Heerführer in irgendeiner zivilisierten oder unzivilisierten Epoche tragen eine so schwere Schuldlast wie das Deutschland Hitlers, seine Armee und seine Führer wegen der Behandlung dieser unglücklichen Personen.«*

Die Kooperation von Armee und Einsatzgruppen entwickelte der OKW-Prozeß am Beispiel einer Aktion in Kodyma, einer ukrainischen Stadt südlich von Winniza. Dort lag das XXX. Armeekorps unter Führung des Generals von Salmuth. Am 1. August 1941 lief die Nachricht ein, daß 50 Juden und Bolschewisten am Ort auf einer Versammlung Maßnahmen gegen die Wehrmacht beschlossen hätten. Das Armeekorps rief das SS-Sonderkommando 10a herbei, ordnete ihm 300 Männer aus regulären Truppenteilen zu und ließ das jüdische Viertel von Kodyma abriegeln. Vierhundert Personen wurden verhaftet, neunundneunzig als Mitglieder der Kommunistischen Partei oder sonstwie Verdächtige identifiziert und zur Stadt hinausgeführt. Sonderkommando 10a meldete seiner Einsatzgruppe D: *»... von den Festgenommenen im Einvernehmen mit Kommandierendem General 99 Personen erschossen ... Exekution durch 24 Mann der Wehrmacht und 12 der Sicherheitspolizei.«*

In seinem Kreuzverhör erklärte General Hans von Salmuth, daß sich der ganze Vorfall in seiner Abwesenheit zugetragen habe; *»unglücklicherweise jedoch haben einige Soldaten – nicht auf Befehl ihrer vorgesetzten Offiziere, sondern auf ihre eigene Initiative hin – freiwillig an dieser Exekution teilgenommen.«* Das Gericht betrachtete die Verschwörung einer

Handvoll Juden in Kodyma gegen die deutsche Wehrmacht als *»recht fadenscheinigen Vorwand«* und kennzeichnete die Tötung als Mordaktion, die der Angeklagte stillschweigend gebilligt habe. Zumindest könne er sich nun nicht mehr damit herausreden, er habe nicht gewußt, welche Funktion die Einsatzgruppen ausübten, als er am 7. August 1941 den folgenden Befehl des Oberkommandos des Heeres weiterleitete: *»Verdächtige Elemente, denen zwar eine schwere Straftat nicht nachgewiesen werden kann, die aber hinsichtlich Gesinnung und Haltung gefährlich erscheinen, sind an die Einsatzgruppen bzw. Kommandos der SP (SD) abzugeben ...«*
Die vereinbarte Zusammenarbeit zwischen Heer und Einsatzgruppen beschränkte sich nicht auf ihre Versorgung mit Treibstoff, Transportraum, Verpflegung, Munition. Termine und Operationsgebiete von Einsätzen wurden über ständige Verbindungsleute abgesprochen. Überdies zeigt der Kodyma-Vorfall, daß eine strikte Abgrenzung nicht einzuhalten war. Einen Tag nach der Tötung der jüdischen Verschwörer durch Wehrmachtsangehörige erließ General von Salmuth einen Befehl zur Teilnahme von Soldaten an Aktionen gegen Juden und Kommunisten: *»Der fanatische Wille der Angehörigen der Kommunistischen Partei und der Juden, um jeden Preis die deutsche Wehrmacht aufzuhalten, muß unter allen Umständen gebrochen werden. Mit dieser Aufgabe sind Sonderkommandos beauftragt. Bei Durchführung einer derartigen Aktion haben sich jedoch in einem Orte Truppenangehörige in unerfreulicher Weise beteiligt. Ich befehle für die Zukunft: An derartigen Aktionen dürfen sich nur solche Soldaten beteiligen, die ausdrücklich hierzu befohlen werden. Ich verbiete auch eine Teilnahme als Zuschauer für alle Angehörigen der mir unterstellten Truppen. Soweit Truppenangehörige zu derartigen Aktionen befohlen werden, müssen sie unter Führung von Offizieren stehen. Diese Offiziere sind dafür verantwortlich, daß jede unerfreuliche Ausschreitung seitens der Truppe unterbleibt.«*
Ein ständiger Konflikt schwelte zwischen der Mühe, den Heeresmannschaften das Werk der Einsatzgruppen verständlich zu machen, und der Erfordernis, sie vom Einstieg in die ›unerfreulichen Ausschreitungen‹ fernzuhalten. Bereits während des Polenfeldzugs hatte der Angeklagte Küchler die Soldaten für den *»an der Ostgrenze seit Jahrhunderten tobenden Volkstumskampf«* zu gewinnen versucht, der *»zur endgültigen völkischen Lösung einmaliger, scharf durchgreifender Maßnahmen bedarf«*. Insbesondere Männer, die frisch aus dem Westen einträfen, könnten allzu leicht Gerüchten und falschen Darstellungen aufsitzen. Die von der Truppe erwartete Haltung war passive Loyalität: *»Bestimmte Verbände der Partei und des Staates sind mit der Durchführung dieses Volkstumskampfes im Osten beauftragt worden. Der Soldat hat sich daher aus diesen Aufgaben anderer Verbände herauszuhalten. Er darf sich auch nicht durch Kritik in diese Aufgaben einmischen.«*
Im Rußlandfeldzug gab die Wehrmachtspropaganda das Ziel ohne Um-

schweife bekannt: die Juden als *»Führer der Untermenschen«* und *»Verkörperung des Infernalischen«*. Der in Nürnberg angeklagte Generaloberst Hoth befahl: *»Ihre Ausrottung ist ein Gebot der Selbsterhaltung.«* Infolgedessen lockerte sich zusehends die Zurückhaltung der Truppe, so daß der Angeklagte General der Infanterie Karl von Roques klagte, es seien *»Fälle vorgekommen, daß Soldaten und auch Offiziere selbständig Erschießungen von Juden vorgenommen oder sich daran beteiligt«* hätten. Der Generalfeldmarschall von Reichenau stellte fest, *»daß dienstfreie Soldaten sich freiwillig dem SD zur Mithilfe bei Durchführung von Exekutionen anboten, als Zuschauer derartigen Maßnahmen beiwohnten und dabei fotografische Aufnahmen machten«*. Auch die Einsatzgruppen waren über die mordlustigen Wehrmachtsangehörigen nicht begeistert, denn darunter habe *»die Systematik der Aktion außerordentlich gelitten«*. Darum wurden *»zur Aufrechterhaltung der Manneszucht«* Befehle ausgegeben, mit *»allem sinnlosen und verbrecherischen Treiben restlos Schluß zu machen«*, andernfalls den Vorgesetzten *»die Führung der Truppe entgleiten und diese zur Horde«* werden würde. Befehle, die schon darum nicht besonders wirksam wurden, weil die Vorgesetzten selbst, wann immer es nötig schien, den Einsatzkommandos Wehrmachtsverbände zur Assistenz schickten.
Die Sprengung der berüchtigten Schlucht von Babi Jar bei Kiew, in der am 29. und 30. September 1941 33000 Juden der Stadt von der Einsatzgruppe C ermordet worden waren, erledigte eine Pioniereinheit des Heeres, um die Leichen unter den Gesteinsmassen zu begraben, und zugleich die Spuren der Tat. Vollends normal wurde das Aufgreifen und Zusammentreiben von Juden durch Feldpolizei und andere Wehrmachtsteile. Die Einsatzgruppen erhielten ihre Opfer geordnet ausgehändigt und konnten sich in solchen Fällen auf das Abdrücken der Kugel beschränken. *»In Shitomir«*, heißt es in einer Einsatzgruppenmeldung, *»nahm General Reinhardt an einer Durchkämmung der Stadt teil. Außerhalb der Städte sammelten verschiedene Militärverbände Juden ein, die auf den Straßen oder in die Wälder flohen.«* In Simferopol, der Hauptstadt der Krim, half die 11. Armee bei der Exekution der Juden aus, weil sie Weihnachten in einer Stadt ohne Juden zu feiern wünschte.
Die Einsatzgruppen waren von der Großzügigkeit der Generäle, die in Polen noch so reserviert gewesen waren, komplett überrascht worden. Raul Hilberg, der maßgebliche Historiker der ›Endlösung‹, beurteilt die Haltung des Militärs wie folgt: *»Nach anfänglichem Zögern, am Destruktionsprozeß teilzunehmen, hatten die Generäle eine solche Ungeduld nach Aktionen an den Tag gelegt, daß sie die Einsatzgruppen buchstäblich in Tötungsoperationen hineintrieben. Die deutsche Armee konnte kaum erwarten, die Juden Rußlands tot zu sehen.«*
Der Sinneswandel der Generalität seit dem Kriegsbeginn liegt einerseits in der Euphorie begründet, die ganz Deutschland nach den Blitzsiegen,

namentlich dem über Frankreich, hinriß. Zudem aber war der Judenmord in einer Weise dem antibolschewistischen Kreuzzug einverleibt worden, daß die Offiziere ihn mit anderen Augen sahen. Die Bereitschaft, einen bedingungslosen Vernichtungskrieg zu führen, stumpfte jegliches Interesse dafür ab, was im einzelnen vernichtet wurde. Dem Tode geweiht war alles, was sich in den Weg stellte und alles, was sich nicht in den Weg stellte.
Die Nürnberger Anklage legte einen am 13. Mai 1941 ausgefertigten ›Gerichtsbarkeitserlaß Barbarossa‹ vor, der die Armeeoffiziere ermächtigte, russische Zivilisten unter Ausschluß von Militärgerichten auf ›Tatverdacht‹ hin zu erschießen. Vergehen deutscher Soldaten gegen die russische Bevölkerung wurden straffrei gestellt. Verdächtig war der Besitz von Flugblättern, und verdächtig war es, Zigeuner zu sein, denn Zigeuner waren nach Befehl eines Feldkommandanten *»stets wie Partisanen zu behandeln«*. Nach einem im OKW-Prozeß vorliegenden Dokument wurden im Mai 1942 von der Ortskommandantur Noworshew 128 Zigeuner erschossen, denen Partisanentätigkeit nicht nachzuweisen war, doch es bestanden *»schwerwiegende Verdachtsmomente«* gegen sie.
Vor verfahrensloser Hinrichtung nach ›Gerichtsbarkeitserlaß Barbarossa‹ waren auch die Kriegsgefangenen nicht geschützt. *»Politisch untragbare und verdächtige Elemente, Kommissare und Hetzer«* wurden auf Entscheidung des Lagerkommandanten vom Wachpersonal erschossen. Wer politisch untragbar war, überliefert Curzio Malaparte mit der Beschreibung einer Gefangenenexekution im Befehlsbereich des Generals Ritter von Schobert. Sterben mußten diejenigen, die flüssig eine Zeitung lesen konnten. *»Wir müssen Rußland von all diesem Literatengesindel säubern«*, sagt der Führer des Hinrichtungskommandos, *»Bauern und Arbeiter, die zu gut lesen und schreiben können, sind gefährlich.«*
Obwohl den Generälen flau dabei wurde, weil sie sich der unteilbaren Verantwortung für ihre Kriegsgefangenen wohl bewußt waren, ließen sie nach anfänglichem Sträuben Heydrich gewähren, und die Einsatzkommandos in die Lager schicken, nach jüdischen, teils auch ›asiatischen‹ Gefangenen zu fahnden. Das OKW befahl am 24. Juli 1941 ausdrücklich, daß dies *»in eigener Verantwortlichkeit«* der Sonderkommandos geschehe und *»die Aussonderung ausschließlich deren Aufgabe«* sei. Gemeinsam durchgeführte Aussonderungen waren verboten. Die Einsatzgruppen ermordeten bis Februar 1942 600000 Kriegsgefangene der deutschen Wehrmacht. Das war knapp jeder zehnte. Weitere 1,4 Millionen ließ man verhungern.
In den Kesselschlachten des Herbstes 1941 war eine enorme Menschenmenge in deutsche Gefangenschaft geraten, bis Mitte Dezember 3,35 Millionen Männer. Es bestand die erklärte Absicht, an diese *»bolschewistischen Menschentiere«* keine Nahrung zu verschwenden. In endlosen Kolonnen wurden sie aus dem Operationsgebiet nach Westen geschleppt,

teils in das Generalgouvernement Polen, teils nach Deutschland. Sie nächtigten den Winter über in Erdlöchern, aßen Gras und Laub, es kam auch zu Kanibalismus. *»Alle schlapp machenden Kriegsgefangenen«* waren nach einem in der 6. Armee ausgegebenen Befehl zu erschießen. Dasselbe geschah mit den Versprengten, die sich nach den Kesselschlachten in den Wäldern verbargen, und den schwerverwundeten Gefangenen, denen Glieder fehlten. Es war eine Gruppe von 600 invaliden russischen Kriegsgefangenen, an der am 15. September 1941 in Auschwitz die ersten Vergasungen mit Zyklon B erprobt wurden.

Die Todesrate verhungernder Gefangener erreichte im Oktober 1941 allein im Generalgouvernement Polen 3000 bis 4000 Menschen. Die Lagerkommandanten, denen bis zu 70000 Menschenleben anvertraut waren, sahen – ohne Verpflegung und ohne ausreichende Wachmannschaften – apathisch dabei zu. Den Wachsoldaten, die eine gewaltige Überzahl von Feinden in Schach zu halten hatten, erschien Schießen als das geeignetste Mittel. Sie zielten auf die Renitenten, die Erschöpften und Erkrankten und *»nahmen nur selten«*, wie Chr. Streit, der Historiker dieses Kapitels, schreibt, *»die Hände vom Abzugshahn des Gewehrs«*.

Im OKW-Prozeß berichtete der Lagerarzt Hans Früchte als Zeuge der Anklage von Gefangenenmärschen, deren Wege gesäumt waren von den Leichen der Erschossenen. Jüdische Kriegsgefangene wurden gewohnheitsmäßig getötet. Während seines Kreuzverhörs kam es zu dem folgenden Wortwechsel zwischen Früchte und Dr. Edmund Tipp, dem Verteidiger des Generals der Infanterie Karl von Roques.

»Dr. Tipp: Zeuge, haben Sie einen Bericht bezüglich dieser Erschießungen von Juden angefertigt?

Früchte: Ich?

Dr. Tipp: Ja, Sie.

Früchte: Nein.

Dr. Tipp: Warum nicht?

Früchte: Wem hätte ich berichten sollen? Wem zum Beispiel?

Dr. Tipp: Irgendeiner Stelle, der Sie gewöhnlich berichtet haben.

Früchte: Dem Zweiten Sanitätsoffizier?

Dr. Tipp: Sicher, wenn er derjenige war.

Früchte: Wie konnte ich einen Bericht über etwas machen, das befohlen worden war? Ich konnte auch nicht berichten, daß die Gefangenen gestern ihr Mittagessen bekommen haben.

Dr. Tipp: Die Sache ist zu ernst, um darüber zu scherzen.

Früchte: Ich scherze nicht.

Dr. Tipp: Es schien mir, als ob Sie scherzten.

Früchte: Also, ich kann nichts berichten, was eine Selbstverständlichkeit ist.

Dr. Tipp: Sie denken, daß es eine Selbstverständlichkeit ist, daß Gefangene praktisch vor Ihren Augen erschossen werden?

Früchte: Es war zu dieser Zeit eine Selbstverständlichkeit. Für jeden Offizier und für alle Unteroffiziere und Mannschaften der deutschen Wehrmacht war es zu dieser Zeit eine absolute Selbstverständlichkeit, daß jeder Jude erschossen wurde.«

Das Massensterben der Kriegsgefangenen war den Nationalsozialisten und Militärs schon darum nicht sonderlich unerwünscht, weil es die ohnehin angestrebte Dezimierung der Sowjetbevölkerung vorwegnahm. Während die im Land erzeugten Nahrungsmittel für den Bedarf der Wehrmacht geraubt wurden und ein weiterer Teil der Bevölkerung im Reich zuging, ließ man den Russen ein Quantum übrig, das zwangsläufig Millionen dem Tode auslieferte. Auf einer Generalsbesprechung in Orsa am 13. November 1941 wurde eine Hungerkatastrophe in den Großstädten kühl vorausgesetzt: *»Unlösbar ist die Frage der Ernährung der Großstädte. Es kann keinem Zweifel unterliegen, daß insbesondere Leningrad verhungern muß, denn es ist unmöglich, diese Stadt zu ernähren. Aufgabe der Führung ist es, die Truppe hiervon und von den damit verbundenen Erscheinungen fernzuhalten.«*

Die direkte und indirekte Tötung der russischen Kriegsgefangenen forderte 3,5 Millionen Leben: das sind 57,8 % der gefangengenommenen, mehr als jeder zweite. (Die Todesrate bei den englischen Gefangenen betrug 1,15 %, bei den französischen 1,58 %, bei den Amerikanern 0,3 %. Von den 3155000 deutschen Gefangenen bei der Roten Armee starben zwischen 35 und 37,4 %.)

Alle von der Rußlandarmee verübten Verbrechen lagen, in schriftliche, datierte, gezeichnete und gegengezeichnete Befehle gefaßt, vor und wurden dem Nürnberger Gericht präsentiert. Die Generäle malten im Prozeß ein Bild ihres Wirkens, das die Richter zwar widerlegten, desto begeisterter aber von der deutschen Öffentlichkeit bis in die 60er Jahre hinein geglaubt wurde. Sie seien unpolitische, harte, aber faire Haudegen gewesen, denen ein dilettantischer Hitler fragwürdige Befehle erteilt habe, die bei ihnen auf eisige Ablehnung gestoßen und konsequent ignoriert worden seien. Vollauf beschäftigt, mit allen Mitteln der Kriegskunst einen fanatisch kämpfenden Gegner zu überwinden, hätten sie nicht bemerkt, daß weit in ihrem Rücken die Einsatzgruppen ungesetzliche Dinge getrieben hätten. Diese Burschen seien ihnen von Anbeginn verdächtig vorgekommen, weswegen man sie sich soweit wie möglich vom Leibe gehalten habe. Auf ihre Kooperation habe man verzichtet, bis auf die allerdings wichtige Angelegenheit der Partisanenbekämpfung. Was sie dabei von Fall zu Fall angestellt hätten, sei nicht Aufgabe der Generäle gewesen zu untersuchen. Die ganze Mannschaft habe unter Heydrichs Befehl gestanden, weshalb die Generäle von vornherein nichts damit zu tun gehabt haben könnten.

Das Gegenteil von dem, was sie dem Gericht versicherten, hatten sie zuvor in ihren eigenen Befehlen angeordnet. Die Truppe konnte schwerlich

geschlossen Metzeleien an Wehrlosen und Zivilpersonen gutheißen, noch weniger reibungslos dazu Beistand leisten. Der nicht geringen Zahl von Menschen, die Bestialitäten gerne ausführen, wenn andere ihnen die Verantwortung abnehmen und Straffreiheit garantieren, entsprach ein noch größerer Teil von Männern, die passiv, zögernd, verstört oder angewidert der Barbarei solcher Kriegführung gegenüberstanden. Sie mußten von den Befehlshabern eigens in das Vernichtungswerk eingestimmt, hineingetrieben und in die Gehorsamspflicht genommen werden. Hier dienten die Generäle als Handlanger der Einsatzgruppen, die klagten: *»Lediglich in der Judenfrage war bis in die jüngste Zeit kein restloses Verständnis bei den nachgeordneten Wehrmachtsdienststellen zu finden. Das wirkte sich vor allem bei der Überholung der Gefangenenlager aus.«* Den Vorreiter zur Herstellung der gewünschten Mordlaune spielte der berüchtigte Reichenau-Befehl vom 10. Oktober 1941. Er wies den Soldaten an, *»im Ostraum nicht nur ein Kämpfer nach den Regeln der Kriegskunst, sondern auch Träger einer unerbittlichen völkischen Idee und der Rächer für alle Bestialitäten, die deutschem und artverwandtem Volkstum zugefügt wurden, zu sein. Deshalb muß der Soldat für die Notwendigkeit der harten, aber gerechten Sühne an jüdischem Untermenschentum volles Verständnis haben.«* Auf Veranlassung des Oberkommandos des Heeres wurde der Befehl des betont nazistischen Feldmarschalls Reichenau an der gesamten Ostfront verbreitet oder durch ähnlich lautende ersetzt, wie den des nicht-nazistischen Manstein, des größten Strategen der deutschen Wehrmacht. Für die von ihm geforderte *»harte Sühne am Judentum«* lieferte Manstein noch mannigfaltige Begründungen hinzu. *»Vielleicht deshalb«*, schreibt der britische Historiker Reitlinger, *»weil er in Wirklichkeit Lewinsky hieß.«*
Der Reichenau-Befehl war begleitet von enger werdender Zusammenarbeit mit den Einsatzgruppen. Die Wehrmacht wuchs in die Rolle des Spürhunds und Zutreibers der Opfer: *»Die Zuständigkeit der militärischen Dienststellen beschränkt sich darauf, daß Zigeuner und die Juden dem SD zuzuführen sind, der das Weitere nach den für ihn geltenden Bestimmungen veranlaßt«*, heißt es in einem Schreiben der 281. Sicherungsdivision. Die ›geltenden Bestimmungen‹ waren den Militärs bestens geläufig: *»8000 Juden sind durch den SD exekutiert worden«*, schrieb der Ortskommandant Mariupol dem Kommandanten des rückwärtigen Heeresgebietes. *»Die geräumten jüdischen Wohnungen wurden von der Ortskommandantur übernommen. Die jüdische Kleidung, Wäsche etc. wurde von der Ortskommandantur gesammelt und wird nach Reinigung an das Militärlazarett, das Kriegsgefangenenlager und die Volksdeutschen verteilt.«* So begleitete die Wehrmacht die Massaker bis zur Wiederverwendung der Wäsche.
Oft ist angemerkt worden, daß die Endlösung im Windschatten des Krieges versteckt wurde. Heute ist es umgekehrt. Die Endlösung, phraseolo-

gisch zum Verbrechen erklärt, verdeckt in ihrem Windschatten den Rußlandkrieg. Dies wiederum mit gutem Grund. Die Ausrottungswut, der Rassismus, der Entzug des Daseinsrechts beliebiger Menschengruppen, das Einstecken ihrer Habe – der Herrenmensch als Leichenfabrikant und -fledderer ist in der Operation Barbarossa in großem Stil am Werk. In allen Gestalten lauert der Erzfeind, der jüdisch-bolschewistische Untermensch. Eine Erfindung, die den Erfinder selber narrt, der Untermensch begegnet ihm in jeglicher Gestalt. Im Rußlandfeldzug ist sie universal, alles in diesem Land gehört ausgerottet, Rußland ist menschenleer zu machen. Darum weist diese Kriegführung über das Ende der Endlösung hinaus. Daß der Rußlandfeldzug kein Kreuzzug gegen die Untermenschen war, sondern eine Militäraktion gegen einen militärischen Gegner, ist nach der Beweisführung des OKW-Prozesses eine unsinnige, wenn auch hartnäckige Theorie. Sie diente jedoch weniger dazu, die historische Wahrheit zu finden, als der Selbstfindung des West-Teilstaats im Kalten Krieg.
Die Urteile im OKW-Prozeß waren mild. Zwei Angeklagte, Reinecke und Warlimont, erhielten lebenslange Gefängnisstrafen, von Küchler, Hoth, Reinhardt, von Salmuth und von Roques 15–20 Jahre, Wöhler und Lehmann acht und sieben Jahre, Hollidt und von Leeb fünf und drei Jahre Gefängnis. Sperrle wurde freigesprochen.

Die SS-Intellektuellen

Wesentlich härter als die Generäle wurden 23 Befehlshaber und Führer der Einsatzgruppen vom Nürnberger Tribunal bestraft. Über die Hälfte der Angeklagten erhielt das Todesurteil. Auch in Nürnberg galt die Regel, daß die Chance, gehenkt zu werden, zunimmt mit der Nähe zur Leiche. (Außer den Einsatzgruppenleuten lieferten die Nachfolgeprozesse noch drei Beamte aus der KZ-Verwaltung und sieben Ärzte dem Strang aus.) *»Es ist gewiß«*, sagte Richter Musmanno, *»daß noch niemals 23 Menschen vor Gericht gestellt wurden, um sich wegen der Beschuldigung zu verantworten, über 1 Million ihrer Mitmenschen umgebracht zu haben.«* Die Vernichtung einer solchen Anzahl von Menschenleben könne durch kein Gefühl mehr erfaßt werden, doch blicke man *»auf Mordszenen von solch nie dagewesenem Umfang, daß man von ihrem Anblick zurückwich wie vor einem Strahl brühenden Dampfes. Nichts in Dantes Inferno kann den Schreckenstaten gleichen, die sich in den Jahren 1941, 1942 und 1943 in Weißrußland, der Ukraine, Litauen, Estland, Lettland und der Krim ereigneten.«*
Eine der Mordszenen wurde in Nürnberg durch den Major Rösler berichtet, den Kommandanten des 528. Infanterieregiments in Shitomir: *»Eines Tages sitze ich in meinem Quartier, als ich plötzlich Gewehrsalven höre,*

gefolgt von Pistolenschüssen. Ich beschließe, in Begleitung von zwei Offizieren dieser Erscheinung nachzugehen. Wir kamen nicht allein. Von allen Seiten liefen Soldaten und Zivilisten auf einen Eisenbahndamm zu. Was wir dort sahen, war ein Bild, dessen grausame Abscheulichkeit auf den unvorbereitet Herantretenden erschütternd und abschreckend wirkte. Ich stand vor einem Graben mit einem Erdwall auf einer Seite, und von der Wand des Grabens sprudelt Blut. Polizisten standen mit blutgefärbten Uniformen herum, Soldaten kamen in Gruppen zusammen (einige davon in Badehosen), und Zivilisten sahen mit Frauen und Kindern zu. Ich trat näher heran und sah in das Grab. Neben den Leichen lag in dem Grab ein alter Mann mit einem weißen Vollbart, der über seinem linken Arm noch ein kleines Spazierstöckchen hängen hatte. Da dieser Mann noch durch seine stoßweise Atemtätigkeit Lebenszeichen von sich gab, ersuchte ich einen der Polizisten, ihn endgültig zu töten, worauf dieser mit lachender Miene sagte: ›Dem habe ich schon siebenmal was in den Bauch gejagt, der krepiert schon von alleine.‹«
Neben dieser Szene sind zahllose weitere überliefert, Säuglinge, in die Luft geschleudert und im Flug erschossen, Beerdigung halb Lebendiger – die Erbarmungslosigkeit scheint unübertrefflich. Tatsache aber ist, daß ihre Schilderung und Abbildung nicht nur Erschütterung auslöst. Wehrmacht und Einsatzgruppen bemühten sich vergebens, sensationshungrige Soldaten vom Fotografieren abzuhalten. Trotz strengen Verbots wurden weitere Fotografien hergestellt, mit Gewinn veräußert und nicht selten bei Prostituierten aufgefunden.
Der Mißbrauch der Ausrottung zum privaten Exzeß ist sogleich als Gefahr erkannt worden. *»Durch die planlosen Ausschreitungen gegen die Juden in Uman«*, heißt es in einem Bericht, *»hat die Systematik der Aktion des Einsatzkommandos 5 naturgemäß außerordentlich gelitten. Vor allem wurde nunmehr eine große Anzahl von Juden vorzeitig gewarnt und verließ fluchtartig die Stadt.«* Die ansteckenden Massentötungserlebnisse weckten unweigerlich in den Tätern schlummernde Instinkte, die den Befehlsweg durcheinanderbrachten. Der Zeuge der Anklage Hermann Friedrich Gräbe, Chef einer deutschen Baufirma in der Ukraine, schilderte den Versuch, sieben produktionswichtige Juden aus einem beabsichtigten Pogrom herauszubekommen. Mit sich führte er einen dahin lautenden Befehl des stellvertretenden Gebietskommissars. *»Um die sieben Leute zu retten, ging ich zum Sammelplatz. Auf den Straßen, die ich passieren mußte, sah ich Dutzende von Leichen jeden Alters und beiderlei Geschlechts. Die Türen der Häuser standen offen, Fenster waren eingeschlagen. In den Straßen lagen einzelne Kleidungsstücke, Schuhe, Strümpfe, Jacken, Mützen, Hüte, Mäntel usw. An einer Hausecke lag ein kleines Kind von weniger als einem Jahr mit zertrümmerten Schädel. Blut und Gehirnmasse klebten an der Hauswand und bedeckten die nähere Umgebung des Kindes. Das Kind hatte nur ein Hemdchen an. Der Komman-*

deur, SS-Sturmbannführer Dr. Pütz, ging an etwa 80 bis 100 am Boden hockenden männlichen Juden auf und ab. Er hielt in der Hand eine schwere Hundepeitsche. Ich ging zu ihm, zeigte ihm die schriftliche Genehmigung des Stabsleiters Beck und forderte die sieben Leute, die ich unter den am Boden Hockenden erkannte, zurück. Dr. Pütz war sehr wütend über das Zugeständnis Becks und unter keinen Umständen zu bewegen, die sieben Männer freizugeben. Er machte mit der Hand einen Kreis um den Platz und sagte, wer einmal hier wäre, der käme nicht mehr fort.«

Das Versetzen von Hemmschwellen bei der menschlichen Körperzerstörung übt eine trübselige Faszination aus, die gewisse Täter in einen wahren Allmachtsrausch versetzte, aus dem sie gelegentlich schwer zurückzuholen waren. Hier lag die Führungsaufgabe der Angeklagten, die eine Auflösung der Truppe in *»entweder Nervenkranke oder Rohlinge«* zu verhindern hatten. Otto Ohlendorf, der Hauptangeklagte, Kommandeur der auf der Krim operierenden Einsatzgruppe D, bezeichnete es im Verhör als den eigentlichen Grund für den Einsatz eisern disziplinierter Sonderkommandos, *»daß keine Garantie für die systematische Durchführung dieser Befehle durch Heeresverbände da war; vielmehr erwartete man eine Demoralisierung«*.

Ohlendorf, der die Ermordung von 90000 Menschen organisiert hatte, inszenierte das als standrechtliche Exekution: *»Ich erlaubte nie das Erschießen durch einzelne, sondern befahl, daß einige der Männer gleichzeitig schossen, um eine direkte persönliche Verantwortlichkeit zu vermeiden.«* Zuvor wurde den Opfern zugerufen, daß sie auf Befehl des Führers hingerichtet würden. Anschließend wachte Ohlendorf über den Zustand der Gräber, aus denen gelegentlich Blut austrat und Gliedmaßen ragten, *»daß die Leute besser zugeschaufelt werden!«*

Der Abbau der ›direkten persönlichen Verantwortlichkeit‹ (nach der später deutsche Strafrichter dreißig Jahre angestrengt suchten) und die ›Humanität‹ des Massakers, waren Instrumente psychologischer Führung, um das Umkippen in den Exzeß aufzufangen. Ohnedies bedurften die Schützen des Alkohols, verfielen des Nachts in Schreikrämpfe, klagten über Kopfschmerzen oder wurden depressiv. Die Einsatzleute wurden in Nürnberg nicht müde, die *»ungeheuren seelischen und gesundheitlichen Schäden dieser Arbeit für die Männer«* zu beschwören, als schuldeten die Opfer ihnen Trost für das, was sie ihretwegen hatten durchmachen müssen. Standartenführer Paul Blobel, Chef des Sonderkommandos 4a, beschrieb im Kreuzverhör die Verteilung der psychischen Lasten bei den Exekutionen. Auf die Frage nach der Haltung der Opfer antwortet er:

Blobel: Das war also so bei denen, da galt eben ein Menschenleben nichts gewissermaßen. Entweder hatten die Leute an sich schon irgendwelche Erfahrungen, oder sie erkannten ihren inneren Wert nicht.
Frage: Mit anderen Worten: Sie gingen ganz glücklich in den Tod?
Blobel: Ob sie glücklich waren, das vermag ich nicht zu sagen. Sie wuß-

ten, was ihnen bevorstand, das ist ihnen eröffnet worden, und sie haben sich in ihr Schicksal gefügt. Und das ist die Eigentümlichkeit dieser Menschen da im Osten.
Frage: Und wurde die Aufgabe dadurch, daß sie keinen Widerstand leisteten, für Sie leichter?
Blobel: Ja, auf jeden Fall ... Das ist alles sehr ruhig verlaufen, es nahm nicht viel Zeit in Anspruch. Ich muß sagen, daß unsere Männer, die daran teilgenommen haben, mehr mit ihren Nerven runter waren als diejenigen, die dort erschossen werden mußten.
Frage: Mit anderen Worten, Sie zeigten mehr Mitleid für Ihre Männer, die die Opfer erschießen mußten, als für die Opfer selbst?
Blobel: Ja, also unsere Schützen mußten betreut werden.
Frage: Taten sie Ihnen sehr leid?
Blobel: Manch einer hat da sein Innerstes wohl miterlebt.

Erst in der selbstmitleidigen Pose des Opferganges, des *»Glaubens an Ideale«*, des Versuches, *»meine eigene humane Haltung bis an die letzte Grenze zu behaupten«*, *»auch wenn es eigenen inneren Tendenzen und Interessen entgegengesetzt war, weil die Existenz des Volkes sich in tödlicher Gefahr befand«*, nur als selbstlosen Missionaren einer entsündigten Welt konnte den Schlächtern ihr Auftrag gelingen. *»Wir Männer des neuen Deutschland«*, schrieb einer von ihnen im Juni 1942 nach Hause, *»müssen hart mit uns selbst sein, auch wenn es sich um eine längere Trennung von der Familie handelt. Handelt es sich doch jetzt endlich einmal darum, mit den Kriegsverbrechern ein für allemal abzurechnen, um für unsere Nachkommen ein schöneres und ewiges Deutschland zu bauen. Wir schlafen hier nicht. Wöchentlich drei bis vier Aktionen, einmal Zigeuner, und ein anderes Mal Juden, Partisanen und sonstiges Gesindel.«*

Einige der Angeklagten brachten Zeugen für von ihnen vollbrachte gute Taten mit, die das Urteil kommentierte: *»Diese Zeugnisse glitzern geradezu von solchen Phrasen wie ›ehrlich und wahrheitsliebend‹, ›rechtdenkende und freundliche Art‹, ›fleißig, ehrlich‹.«* Die Freundlichkeiten, die die Killer wie der Durchschnittsdeutsche dem einzelnen Juden zukommen ließen, bewiesen, daß man nicht aus persönlicher Niedertracht handelte, sondern aus Pflichtschuldigkeit. *»Die guten Taten erfüllten eine wichtige psychologische Funktion«*, schreibt der Historiker Hilberg. *»Sie trennten die ›Pflicht‹ von den persönlichen Gefühlen. Sie bewahrten ein Gefühl von ›Anstand‹. Die Vernichter der Juden waren keine ›Anti-Semiten‹.«* Ein Angeklagter gestand in der Voruntersuchung, daß er sogar mit einer jüdischen Frau zusammengelebt habe, und Ohlendorf bezeugte im Kreuzverhör Respekt vor den von ihm Exekutierten, die am Grabesrand die Internationale gesungen und Hochrufe auf Stalin ausgebracht hätten. Gerade das bestätige die besondere Gefährlichkeit dieses Gegners und die Notwehrsituation Deutschlands, doch *»ich haßte niemals einen Gegner und tue es auch heute nicht«*.

Unbeschadet dessen wurde dieser Gegner als Ungeziefer betrachtet, aber nicht auf dem Weg des persönlichen Ressentiments, sondern durch das Urteil der Wissenschaft. Zumal in strittigen Fragen, wer Jude sei und woran man ihn erkenne, wurden objektive Entscheidungen verlangt. Im Vorbereitungslager Pretzsch (Schleswig-Holstein) war zwar viel Ideologie und Sport betrieben worden, das half aber in den asiatischen Teilen Rußlands nicht weiter, die Juden von den Nicht-Juden zu unterscheiden. Ohlendorfs Gruppe D traf in Süd-Rußland auf zwei Stämme, die Karaiten und die Krimtschaken, die große Schwierigkeiten machten. Die Karaiten hingen dem Alten Testament an, besaßen jedoch kein jüdisches Blut; die aus Italien eingewanderten Krimtschaken besaßen jüdisches Blut, teilten aber nicht den jüdischen Glauben. Ohlendorf ließ bei den Rasse-Bürokraten in Berlin anfragen, wen von beiden er in diesem Falle ausrotten solle. Aufgrund des Bescheids, daß das Blut entscheidend sei und der Glaube keine Rolle spiele, ließ Ohlendorf die Karaiten am Leben und schlachtete die Krimtschaken.
»Dieser Verbrecher ganz großen Stils«, berichtete das Nachrichtenmagazin ›Der Spiegel‹ 1948, *»ist ein sympathisch aussehender Mann. Mittelgroß, schlank, mit braunem, rechts gescheiteltem Haar, sitzt er auf dem ersten Platz der Anklagebank. Sein Gesicht ist blaß, Mund und Nase sind scharf geschnitten, die hohe Stirn läßt überdurchschnittliche Intelligenz vermuten. Im Gerichtssaal bleibt er der unumstrittene Führer seiner Untergebenen, die er zu decken sucht. So kommt es, daß dieser Massenmörder sich bei den weiblichen Zuhörern unverhüllter Sympathien erfreut, was sich in Blicken und Gesten kundtut.«* Die gepflegte Bürgerlichkeit der Einsatz-Kommandeure beeindruckte ebenfalls, wenn auch in entgegengesetzter Weise, das Gericht: *»Die Angeklagten sind keine ungebildeten Wilden, unfähig, die höheren Werte des Lebens und der Lebensführung zu schätzen. Jeder der auf der Anklagebank Sitzenden hat den Vorteil einer beträchtlichen Ausbildung genossen. Acht sind Juristen, einer Universitätsprofessor, ein anderer Zahnarzt und wieder ein anderer Kunstsachverständiger. Einer war bis zu seinem Rußlandeinsatz Opernsänger. Ein anderer stammt von Franz Schubert ab. Es war in der Tat eine der vielen bemerkenswerten Seiten dieses Prozesses, daß die Schilderung ungeheurer Greueltaten ständig mit den akademischen Titeln der als ihre Täter genannten Personen durchsetzt war.«* Das Gericht lehnte es allerdings ab, *»diese Möglichkeit einer Doppelnatur zu behandeln«* (die später desto mehr die deutschen Strafrichter verwirren sollte), und erklärte, sein Urteil auf eben diesen Persönlichkeitsteil zu beziehen, der sich zum zigtausendfachen Mörder gemacht hatte.
Dennoch scheint es so, daß nur vermittels der ›Doppelnatur‹ die zwei Millionen Morde der Einsatzgruppen in Rußland überhaupt zu vollstrekken waren. Seltsamerweise hatten die Angeklagten vor ihrer Berufung keinerlei militärische Erfahrung (Ohlendorf wirkte vor und nach seinem

Rußlandeinsatz als Volkswirt). Zumeist waren diese Männer schon in jungen Jahren zum Nationalsozialismus gestoßen und verdankten ihm ihre bisherige Laufbahn, die bei vielen allerdings festgefahren, von Rivalitäten angefressen oder in unerwünschter Richtung verlaufen war. Den Osteinsatz akzeptierten sie als eine Chance zur Bewährung. Ihre mangelnde Eignung machte sie zu Experten der Killer-Kommandos, weil sie zeigen wollten, was in ihnen steckt. Das Fehlen von Routine ersetzten sie durch Sinn für die psychologischen und Organisationsaspekte einer Aufgabe, für die es kein Vorbild, kein Lösungsmuster, nicht einmal eine sinnvolle Prognose gab. Diese Mischung aus nachzuweisender Härte, Improvisationskunst, geschickter Menschenbehandlung, selbstmitleidigem Durchhaltewillen und dem phantasiebegabten Intellektualismus, die Auserwählten der Geschichte zu spielen, brachte den Mordauftrag zum Gelingen.

Der Opernsänger Woldemar Klingelhöfer vom Vorkommando Moskau legte nach den Feststellungen des Gerichts *»größte Vertrautheit mit den grausigen Methoden an den Tag«* und bewies darüber hinaus Sinn für Nuancen. Drei Partisaninnen, die wegen Kontakts mit dreißig Juden mit diesen zusammen erschossen wurden, ließ er eigens die Augen verbinden und legte sie, anders als die Juden, in Einzelgräber. Der frühere Pfarrer Biberstein, Chef des Einsatzkommandos 6 bei der Einsatzgruppe C, besichtigte die von ihm ersonnene Exekutionsmethode persönlich: *»... ich mußte das doch mal sehen, wie das auf mich wirkte.«* Er ließ die Hinrichtungsopfer am Grabenrand niederknien, nach einem Gnadenschuß mit einer Maschinenpistole *»fielen sie so besonders leicht hinab«*. Der Nachfahre Franz Schuberts wiederum kümmerte sich um die denkbar humansten Verfahren, *»da im Falle anderer Tötungsarten die seelische Belastung für das Exekutionskommando zu stark gewesen wäre«*. Die psychologischen Einfälle gewährleisten, daß die Mannschaften nicht selektiv rekrutiert zu werden brauchten; eine sinnvolle Strategie funktioniert mit jedermann. Das niedere Personal der Einsatzgruppen stammte zum überwiegenden Teil aus Polizeikräften, insbesondere zur späteren Zeit, nach Einrichtung von Zivilverwaltungen, als sich rund 300000 Polizisten im besetzten Rußland aufhielten.

Die Verteidiger der Einsatzleute verbohrten sich in den gigantischen Existenzkampf zwischen Nationalsozialismus und Bolschewismus, der die Täter in eine zumindest vermeintliche Notwehrsituation gestürzt habe. Der später in der Bundesrepublik führende Strafrechtler Dr. Reinhard Maurach betätigte sich als Gutachter für Ohlendorf und hielt ihm die Überzeugung zugute, *»daß er ein geringeres Rechtsgut opfert, um ein höheres zu bewahren«*: das Leben der Juden zugunsten der Wohlfahrt des Deutschen Reichs. Zuerst habe Maurach generelle Ausrottungsmaßnahmen als Kriegsakt abgelehnt, verwunderte sich das Gericht, *»aber dann erklärte er, in einer herrlichen Demonstration juristischer Akrobatik, daß,*

falls die Kriegsziele eines der Gegner total seien, der Gegner das Recht habe, sich auf Notwehr oder Notstand zu berufen und deshalb die Massentötungen durchführen könne, die er vorher verurteilt hatte«. Ohnehin sei es eine der erstaunlichsten Erscheinungen dieses Prozesses, wie die Verteidigung den von Deutschland gegen Rußland geführten Angriffskrieg so behandele, als ob es gerade umgekehrt gewesen wäre: Das deutsche Heer erwehrte sich verzweifelt des abgefeimten, rechtswidrigen Partisanenkriegs. Notstandshandlungen jedoch, erklärte Rechtsanwalt Dr. Aschenauer, *»sind unbeschränkt zulässig, wenn sie zur Rettung eines hochwertigen Gutes erforderlich sind ...«* Das Gericht entgegnete: *»Nach dieser Rechtstheorie dürfte jeder Kriegführende, der sich in bedrängter Lage befindet, einseitig die Kriegsrechte aufheben.«* Unter diesen Umständen könne man darauf warten, daß die Kriegsregeln ganz verschwinden würden. *»Die Tatsache, daß dieses erstaunliche Argument allen Ernstes vorgebracht wird, beweist, wie ungeheuer groß die Notwendigkeit ist für eine Neubewertung der Heiligkeit des Lebens und des Unterschieds zwischen Patriotismus und Mord.«* Kopfschüttelnd konstatierte das Gericht die Schizophrenie des deutschen Pflichtmenschen, der einerseits beteuert, er habe den Befehl des Führers für rechtens gehalten, andererseits innerlich dagegen rebelliert haben will. *»Ein Angeklagter nach dem anderen berichtet über seine dramatischen Zusammenstöße mit seinen Vorgesetzten.«* Möchte man dem Glauben schenken, *»könnte man zu dem Schluß kommen, diese Angeklagten seien alle glühende Rebellen gegen den Nationalsozialismus gewesen«.*
Ein Argument, das mehrere Generationen deutscher Strafrichter in den folgenden vierzig Jahren schier den Verstand kosten sollte, der ›höhere Befehl‹ und die Angst für Leib und Leben bei Befehlsverweigerung, fertigte Richter Musmanno in asketischer Kürze ab: *»Der Matrose, der freiwillig auf einem Seeräuberschiff fährt, kann nicht einwenden, er sei sich der Wahrscheinlichkeit nicht bewußt gewesen, daß er bei der Beraubung und Versenkung anderer Schiffe mitzuwirken haben werde. Welcher SS-Mann konnte sagen, daß er sich der Einstellung Hitlers gegenüber den Juden nicht bewußt war?«*

Das entsagungsvolle, großflächige Wirken der Einsatzleute findet sein Gegenstück in der pedantischen Raffgier, mit der Hab und Gut der Erschlagenen durchgezählt und verteilt wurde. Ausgelaugt von der historischen Größe des Verbrechens wendet man, nun ganz unter sich, den Leichen die Taschen, um zu sehen, was die Sache einbringt.
Am 3. November 1947 verhängte der Nürnberger Gerichtshof drei Todesstrafen, drei lebenslängliche und neun zeitige Haftstrafen zwischen zehn und zwanzig Jahren gegen die Beamten des Wirtschafts- und Verwaltungshauptamtes der SS, die Betriebsführer der Konzentrationslager. Das Urteil befaßte sich mit der Beuteseite des Kreuzzugs gegen die Un-

termenschen. *»Die Gründlichkeit des Raubprogramms geht aus den aufgeführten Gegenständen hervor: Federbetten, Kissen, Decken, Wollstoffe, Schals, Regenschirme, Stöcke, Thermosflaschen, Kinderwagen, Kämme, Handtaschen, Gürtel, Pfeifen, Sonnenbrillen, Spiegel, Silberbestecke, Augengläser, Pelze, Uhren, Schmuckstücke. Der Angeklagte Frank vermerkte bis zum 30. April 1943 den Eingang von 94000 Herrenarmbanduhren, 33000 Damenarmbanduhren und 25000 Füllfederhaltern.«*
Die Endlösung war es nicht zufrieden, die Menschen zu vertilgen, sie beschäftigte eine eigene Bürokratie damit, nach dem Begräbnis die Täter und ihre Sippe als freudige Erben der Brillen und Regenschirme einzusetzen. Denn der Gedanke, etwas verkommen zu lassen, verträgt sich nicht mit dem endlich durchgesetzten Ordnungsanspruch. Oswald Pohl, der Hauptangeklagte, hatte sich am 29. Juli 1944 in einem Brief an Himmler persönlich gewandt: *»Unter den Uhren, die aus der ›Aktion Reinhard‹ kommen, sind 16 goldene Präzisionsarmbanduhren mit Stoppvorrichtungen und technischen Anzeigen. Diese sind besonders wertvolle Stücke aus reinem Gold. Der Wert der Uhren beträgt etwa 300 RM pro Stck. nach der Schätzung einer Berliner Pfandleihe. Ich habe diese Uhren durch Amt D II in Oranienburg reparieren lassen und übersende Ihnen 15 Uhren per Kurier. Ich nehme an, daß Sie die Verteilung dieser wertvollen Geschenke für die Uhrenverteilung an die Kampftruppe vorbehalten wollen. Wegen der Spezialanzeigen sind die Uhren am besten für technische Einheiten geeignet. Heil Hitler, Pohl.«*
Weil peinlich aufgepaßt wurde, daß die Mörder anständig blieben, und sich nicht individuell bereicherten, verfiel der jüdische Besitz zuerst dem Staat, der ihn als Gratifikation an die Volksgenossen umverteilte. Damit alles gerecht zugehe, zerbrachen sich die Verteilungsbeamten den Kopf, wem man mit den Füllfederhaltern nützen könne und was mit den Briefmarkensammlungen geschehen möge. Mit solchen Überlegungen wandte sich der angeklagte NS-Gruppenführer Frank an Himmler, der die letzten Orders gab. Die unbestechliche Korrektheit, mit der ein Reichsführer SS den Verbleib jeder Goldbrosche zu entscheiden hatte, verdeutlichte allen Beteiligten die Sauberkeit der Aktion, so daß sie im Geiste gesetzmäßiger Verwaltung einen Katalog bearbeiten konnten, wie den am 6. Februar 1943 aus Auschwitz und Maidanek eingetroffenen: *»99000 Überzieher (männlich), 10000 Kragen, 31000 Schuhe, 270000 kg Bettfedern, 3000 kg Frauenhaar, 89000 St. seidene Unterwäsche (weiblich), 25000 Büstenhalter, 30000 Blusen, 10000 Paar Socken (Kinder), 9000 Mädchenkleider.«*
Einige Angeklagte erprobten die Behauptung, sie hätten nicht gewußt, was den ursprünglichen Besitzern widerfahren sei. Dem konnte das Gericht schon darum keinen Glauben schenken, weil Pohl selbst, der sich verloren glaubte, gestanden hatte. *»Was den Fall der Textilwaren und der Ablieferung von Wertgegenständen anlangt – und auch den Dienstweg hin-*

unter bis zum kleinen Angestellten –, mußten alle gewußt haben, was in den Konzentrationslagern vor sich ging.«
Was die Angestellten mit Gewißheit wußten, war, daß ihr Handeln gesetzlich gedeckt war, und die Nürnberger Verteidiger griffen die Rechtmäßigkeit des Tribunals an, das Leute nach Gesetzen anklagte, die zur Tatzeit nicht gegolten hatten, die dazumal gültigen ihnen aber als Verbrechen ankreidete. Das Gericht entgegnete, der Gedanke, daß derlei Taten verbrecherisch seien, egal, was im Gesetz steht, komme wohl niemandem in den Sinn. *»Die Deutschen haben sich so sehr an Organisationen und Regiertwerden durch Erlasse gewöhnt, daß der Schutz der individuellen Menschenrechte durch das Gesetz vollkommen in Vergessenheit geriet. Die Tatsache, daß die Menschen aus ihren Heimstätten gerissen, daß ihr Eigentum beschlagnahmt wurde und daß man sie in Konzentrationslagern zusammenpferchte, damit sie ohne Bezahlung für diese Verbrecher arbeiteten, all dies wurde gerne als gerechtfertigt angesehen, weil ein aufgeblasener Tyrann in Berlin sein A. H. unter ein Stück Papier gekritzelt hatte. Und dieses sind die Männer, die jetzt ständig wiederholen: ›Keine Strafe ohne Gesetz‹.«* Anscheinend aber hatte das Gericht wenig Vertrauen in die Überzeugungskraft seiner Argumentation, denn es fügte hinzu: *»All das hat an Interesse verloren, weil es so oft erzählt wurde. Es kann zu rasch vergessen werden. Noch einmal jedoch sei es hier berichtet, auf daß die noch ungeborenen Geschlechter es lesen.«*

IG Farben

Im Sommer 1943 bot Rudolf Höß, Kommandant von Auschwitz, der Industriegesellschaft I. G. Farben einen Posten von 5000 Stck. Herrenkleidung und 2000 Stck. Damenkleidung für die Arbeiter ihrer in Berlin ausgebombten Fabriken an. In diesem Fall handelte es sich um einen Transfer innerhalb der gleichen Firma, denn wie Richter Curtis Grover Shake nach einem Jahr Prozeßführung urteilte: *»Auschwitz gehörte der I. G. Farben und wurde von ihr finanziert.«* Bevor der als *»Vater der I. G. Auschwitz«* angeklagte Direktor Carl Krauch seinen Mitangeklagten, den Chemiker Otto Ambros, im Januar 1941 nach Oberschlesien geschickt hatte, um einen Standort für das neue Buna-Gummiwerk zu prüfen, war das seit einem halben Jahr eröffnete KZ Auschwitz eine bescheidene Institution, die 700 Juden aus Krakau gefangenhielt. Als die I. G. Farben indessen überlegte, eine knappe Milliarde Reichsmark, ihre größte Einzelinvestition überhaupt, in Auschwitz zu investieren, garantierte Heinrich Himmler mindestens 10000 preiswerte Arbeitskräfte, und damit war die Entscheidung gefallen.
Himmler konnte seine Zusage ohne Schwierigkeiten halten, weil – wie er wenige Monate später, im Sommer 1941, dem Kommandanten Höß eröff-

nete – Auschwitz das zur Vernichtung der Juden Europas vorgesehene Territorium war. Weil Arbeitskraft sich zum Engpaß Nr. 1 der Kriegswirtschaft entwickelte, erlaubte Hitler den Juden, knapp vor ihrem Gastod noch für die deutsche Rüstungsindustrie zu arbeiten. Die I. G. Farben handelte mit der SS einen Tagespreis von 3 Mark für einen ungelernten, 4 Mark für einen gelernten Arbeiter und 1 Mark 50 für ein Kind aus. Dafür sollte, wie Oswald Pohl dem Lagerkommandanten erklärte, *»dieser Einsatz im wahren Sinn des Wortes erschöpfend sein, um ein Höchstmaß an Leistung zu erreichen«*. Zwei Ärzte hatten errechnet, daß der normal genährte Häftling *»über eine Spanne von drei Monaten Energieverluste aus seinem eigenen Körper decken«* könne. Danach sei sein Körpergewicht verbrannt. *»Wenn diese menschlichen Werkzeuge so ausgelaugt waren«*, erklärte die Nürnberger Anklage, *»daß sie für ›Farben‹ nutzlos wurden, schickte man sie als Abfall ins Hauptlager Auschwitz zurück, um mit dem übrigen menschlichen Abfall in die Gaskammern von Birkenau verbracht zu werden. ›Farben‹ besorgte sogar das Gas, das für diese Zwecke benutzt wurde. Und das Methanol, das nötig war, um die Leichen zu verbrennen, kam von ›Farben‹.«* Oft bedurfte es nicht mehr des Zyklon B, und die Häftlinge starben, wie der SS-Jargon es nannte, an der ›Vernichtung durch Arbeit‹. Dies waren allein in den Buna-Werken zwischen 1942 und 1944 25000 Menschen. Die Disziplinierung ihrer Arbeiter hatte die I. G. mit der SS einvernehmlich geregelt. Neben einem zur Abschreckung mit Gehenkten versehenen Galgen und einem ›Stehzelle‹ genannten Folterinstrument, in dem man weder stehen noch sitzen noch knien konnte, versprach Höß eine spezielle Auswahl von Kapos. Diese Kapos, schrieb der Unterhändler der Firma, Chefingenieur Walter Dürrfeld, an die beiden Leiter der I. G. Auschwitz, Ambros und ter Meer, seien extra auf ihre sadistische Veranlagung hin selektierte Berufskriminelle.

Im Nürnberger Kreuzverhör erteilte der Angeklagte ter Meer dem Angeklagten Dürrfeld die besten Zeugnisse: *»Herr Dürrfeld beeindruckte mich persönlich günstig, da ich das Gefühl hatte, daß er mit persönlichem Enthusiasmus ans Werk ging. Denn es war eine umfangreiche und interessante Arbeit für einen Chefingenieur von hohem Kaliber, solch einen schönen und modernen Betrieb auf einem so ausgedehnten Gelände errichten zu können. Man konnte ihm die Freude an einer solchen Aufgabe ansehen.«* Zusammen mit den übrigen 21 angeklagten Direktoren und leitenden Angestellten verteidigten sich auch Ambros, ter Meer und Dürrfeld, der jahrelang in Auschwitz gelebt hatte, mit der Behauptung, sie hätten von den 2 Millionen Morden an ihrem Arbeitsplatz nichts bemerkt. Die Anklage befragte Dürrfeld im Kreuzverhör:

> *»Haben Sie nicht zu irgendwelchen SS-Leuten gesprochen, die Ihnen etwas darüber hätten erzählen können, oder haben Sie nicht etwas von Ihren eigenen Mitarbeitern über Vernichtungsmaßnahmen gehört, oder Gerüchte darüber?*

Dürrfeld: Nein. Von niemandem. Darum ist es mir unmöglich zu verstehen, wie Leute versichern, daß die Vernichtung von Menschen im allgemeinen wohl bekannt war.
Anklage: Einige Augenzeugen haben argumentiert, daß oft ein seltsamer Geruch in der Nähe von Auschwitz zu bemerken war. Haben Sie den selbst bemerkt?
Dürrfeld: Ja, ich erinnere mich, daß ich 2–3mal, während ich aus der Stadt Auschwitz in Richtung Westen fuhr – daß ich einen besonderen Geruch feststellte, den ich nicht einordnen konnte. Mein Fahrer, das war im Sommer 44, meinte, daß dies vom Krematorium kam, wo Leichen verbrannt würden, wie die Leute sagten. Als ich von der Fahrt zurückkam, traf ich zufällig den SS-Hauptmann Schwarz. Ich fragte ihn, ob diese Dinge richtig waren, und er gab freimütig zu, daß der Geruch von der Leichenverbrennung herrührte. Er erklärte das mit der hohen Sterblichkeitsrate im Lager, wegen der Typhus-Epidemie, die aus dem Osten kam.«

Ihre Unkenntnis der Existenz von Gaskammern hinderte die Farbenleute nicht daran, am Zyklon B überdurchschnittlich gut zu verdienen. An der ›Deutschen Gesellschaft für Schädlingsbekämpfung‹ (Degesch), die das Gas im Alleinvertrieb führte, war der I. G. Konzern mit 42,5 % beteiligt. Außerdem setzten die I. G. Farben aus ihrem Uerdinger Werk dem schnell verderblichen Zyklon noch einen Stabilisator bei. Auch diese Profite machten die Angeklagten, ohne zu wissen, wie. Das Gericht glaubte dem Degesch-Geschäftsführer Dr. Peters, daß die SS die 23t unter dem Siegel des ›Staatsgeheimnisses‹ von ihm bezogen habe. *»Dadurch wird die Annahme ausgeschlossen«*, folgerten die Richter, daß die im Aufsichtsrat der Degesch sitzenden Farben-Vorstände Mann, Hörlein und Wurster *»Kenntnis von der bestimmungswidrigen Verwendung des Zyklons B hatten.«* Sie wurden, wie noch sieben andere I. G.-Farben-Leute, freigesprochen.

»Welche Wirkung dieses Beweismaterial auch immer auf die Geschichtsschreibung haben mag, es machte auf zwei Richter wenig Eindruck«, bemerkte Ankläger Telford Taylor später zu den *»sehr milden Strafen«*: Die für die I. G. Auschwitz direkt verantwortlichen Angeklagten Ambros, Dürrfeld und ter Meer, Krauch und Buetefisch erhielten die höchsten Strafen, zwischen sechs und acht Jahren Gefängnis. Die übrigen acht Farben-Leute wurden unter Anrechnung der Untersuchungshaft zu Gefängnis zwischen fünf Jahren und achtzehn Monaten verurteilt.

Die Anklage traf in den USA, wo die Firmen Dow Chemicals, DuPont und Standard Oil über internationale Kartelle mit I. G. Farben eng verflochten gewesen waren, nicht auf uneingeschränkten Applaus. Der Kongreß-Abgeordnete John E. Rankin aus Mississippi erklärte vor dem Abgeordnetenhaus: *»2½ Jahre nach Ende des Krieges betreibt eine*

rassistische Minderheit in Nürnberg im Namen der Vereinigten Staaten nicht nur die Hinrichtung deutscher Soldaten, sondern auch einen Prozeß gegen deutsche Geschäftsleute.« George A. Dondero, Abgeordneter aus Michigan, griff den sitzungsführenden Ankläger des Farben-Prozesses, Josiah Du Bois, als *»bekannten Linken aus dem Finanzministerium«* an, *»der die kommunistische Parteilehre sehr genau studiert hat«*. Du Bois wurde den Gedanken nicht los, ein Zusammenhang könne bestehen zwischen Donderos absurden Äußerungen und dem Umstand, daß in seinem Wahldistrikt die Dow Chemical Company ansässig war.
An Gründen fehlte es nicht, die Beziehung von ›Farben‹ zu ihren US-Partnern vor Neugier zu verschonen. Bis März 1942 hatte es gedauert, ehe der US-Treuhänder für feindliches Vermögen der Partnerschaft ein Ende setzte. Seit vier Jahren, beginnend mit dem Einmarsch in Österreich, hatte der Konzern damals bereits die europäische Chemie-Industrie ausgeplündert und sich vordringlich der jüdischen Unternehmen bemächtigt: Skoda (Österreich), Aussiger Verein (Tschechoslowakei), Wola (Polen) usw. Im Ausland kannte man die Verstrickungen der I. G. anscheinend besser als in deren Vorstand. Der als Plünderungschef angeklagte Direktor v. Schnitzler hörte auf seinen ausgedehnten Reisen Nachrichten über das Farben-Giftgas, war nach eigenem Bekunden entsetzt und fragte: *»Wissen auch andere Leute davon?«*
Auf alle Fälle wußte man, daß die I. G. Farben, Hitlers größter Spender, faktisch die Kriegswirtschaftsplanung besorgte. Robert M. La Follette, US-Senator aus Wisconsin, griff am 13. April 1942 in einem Hearing die Geschäftspolitik der amerikanischen I. G.-Farben-Lobby an: *»Die Anti-Kartellbehörde des Justizministeriums hat kürzlich offengelegt, daß Standard Oil New Jersey mit der deutschen Firma I. G. Farben konspirierte. Mit ihrem Labyrinth internationaler Kartelle bildet die I. G. Farben die Speerspitze des Wirtschaftskriegs der Nazis. Durch die Kartellverbindungen mit Standard Oil wurden die Vereinigten Staaten daran gehindert, die Entwicklung synthetischen Gummis zu betreiben oder ausreichende Mengen davon herzustellen.«* Standard Oil wurde zu 50000 Dollar Strafe verurteilt. Im August 1946 war es wieder so weit, daß Anti-Kartellbeamte, die nun im Dienste der amerikanischen Militärregierung standen, einen erneuten Appetit amerikanischer Konzerne, wie des Chemieriesen Du-Pont, an Kartellabsprachen mit der blühend im Kurs stehenden I. G. Farben entdeckten.
Die alten Kartell-Jäger der Roosevelt-Administration, die 1942 die Verästelungen der ›Farben‹ im Dickicht des US-Marktes aufgespürt hatten, waren dem Gegner nach Frankfurt nachgereist, um ihn vollends auszuschalten. Dabei machten sie aber die rätselhafte Erfahrung, daß die ›Farben‹-Vorstände durch zäheste Säuberungspolitik nicht vom Sessel zu kippen waren. Die internationalen Kapital- und Bankverbindungen entfalteten wieder ihre verbrüdernde Kraft; eine kritische Denkschrift, wie die

James Martins an General Clay, mutete wie das ferne Echo Morgenthaus an. Die Industriellen, schrieb Anti-Kartellist Martin, seien *»überzeugte Chauvinisten, rassenbewußt, habgierig und rücksichtslos. Alle sind sie monopolistisch orientiert und antidemokratisch. Viele, wenn nicht die meisten, haben Hitler offen unterstützt. Es gibt keine Kraft in Deutschland, sei sie privat oder öffentlich, die fähig ist, den Willen der deutschen Monopolisten zu brechen.«*
In Wirklichkeit klebten die Monopolisten überhaupt nicht an den verflossenen Methoden. In richtiger Einschätzung ihrer wahren Stärke hatte die I. G. Farben den Speisesaal eines Klosters angemietet und 68 Koffer voller Verträge mit französischen, britischen und amerikanischen Firmen versteckt. Die unschätzbaren Blaupausen, Patente und Lizenzen des Konzerns waren eindrucksvoller als alle verhallten Bekenntnisse zum Führerprinzip. Sogar die Geständnisse des Farben-Direktors v. Schnitzler im amerikanischen Verhör, der Konzern habe eine *»substantielle und sogar ausschlaggebende Hilfestellung für Hitlers Außenpolitik geliefert, die zum Kriege und dem Ruin Deutschlands hinführte«*, wurden gegenstandslos. Richter Curtis Shake erklärte v. Schnitzler für *»unzweifelhaft irgendwie geistig verwirrt durch die Nöte, die Deutschland, seine Firma ›Farben‹ und ihn persönlich befallen hatten. Seine Bereitwilligkeit, seinen Verhörern das zu erzählen, was sie hören wollten, ist offenkundig.«*

Krupp

»Die Personalchefs der großen Firmen kamen in das Lager, um Frauen für ihre Betriebe auszusuchen. Es war ein seltenes Erlebnis für uns, Männer in Zivilkleidung zu sehen. Sie schauten etwas verlegen aus. Die Frauen mußten sich aufstellen, möglichst vorteilhaft, um die Herren zu versichern, daß sie starke junge Frauen bekommen und es sah so aus, als ob sie jeden Moment an ihre Bein- und Armmuskeln kneifen wollten, um sie zu testen. Ein Chef bestellte 100 ›Stück‹, ein anderer 500 oder 1000, plus einiger Krankenschwestern oder ein paar Ärztinnen, dann kam der nächste Kunde an die Reihe.« So erinnerte sich Dr. Ella Lingens-Reiner 1948 an ihre Einstellung als KZ-Häftling in die deutsche Industrie. Seit September 1942 war den Fabrikanten erlaubt, Arbeitssklaven außerhalb von Lagern auf eigenem Gelände einzusetzen, vorausgesetzt, man war fähig und willens, dort KZ-Verhältnisse einzurichten. *»Dadurch wurden andere Formen von Arbeit innerhalb der Städte eingeführt«*, bemerkt das Urteil gegen Alfried Krupp und elf seiner Angestellten und Direktoren.
»In seiner Erscheinung hatte Alfried Krupp etwas von aussterbendem Adel an sich«, schrieb Margaret Bourke-White in ihrer Reportage. *»Er war 38 Jahre alt und sah auf eine dünnblütige Weise gut aus. Während ich ihn fotografierte, fragte ich nach den Zwangsarbeitern im Ruhr-Gebiet, die er*

mit dem hübscheren Ausdruck ›Fremdarbeiter‹ bezeichnete. Es schien ihm gleichgültig zu sein, ob er mich überzeugte oder nicht, als er behauptete, die meisten von ihnen seien freiwillig gekommen, und es sei ihnen recht gut gegangen, da sie mehr zu essen bekommen hätten als die deutschen Arbeiter.« Diese Auffassung vermochte sich im Nürnberger Krupp-Prozeß nicht durchzusetzen; die Erinnerungen der Betroffenen an Kruppsche Mahlzeiten waren zu verschieden. Der belgische Pater Come sagte aus: *»Wir gebrauchten damals nie das deutsche Wort für menschliches Essen. Sie benutzten immer das Wort ›fressen‹, das sich auf Tiere bezieht, Tiere füttern, und die ersten Worte, die ich im Deutschen hörte, waren ›keine Arbeit, kein Fressen‹.«*
Für einen zwölfstündigen Arbeitstag an sieben Tagen in der Woche wurden eine Schale wäßriger Suppe und ein Marmeladenbrot ausgegeben. Die Anklage beschuldigte Krupp, neben 5000 KZ-Insassen weitere 18000 Kriegsgefangene und 55000 Fremdarbeiter versklavt zu haben, gequält von einem kasernierten, halb-militärischen Werkschutz, dessen Mitglieder bekundeten, zur Aufrechterhaltung der Disziplin von der Firmenleitung förmlich zur Mißhandlung veranlaßt worden zu sein. Eigens konstruierte Folterinstrumente wie der ›Käfig‹ unterstrichen den offiziellen Charakter der Quälereien, die laufend in Exzesse des Wachpersonals mündeten, wie das ›Wecken‹ weiblicher Ostarbeiter durch Überschütten mit kaltem Wasser oder das Totprügeln: Das weltbekannte nazistische KZ, hier Zweigstelle einer deutschen Familienfirma, die nach Ansicht des Gerichtes *»Arbeit und Tod zu beinahe gleichlautenden Begriffen machte«*. Das Schlagen von Ostarbeitern und russischen Kriegsgefangenen wurde *»ein Teil der täglichen Routine von Lagerleitern, Hilfswachen, Werkschutz und gewöhnlichen Arbeitern. Die Waffen, mit denen geschlagen wurde, verteilte die Firma Krupp.«*
Den Kindern der Sklavinnen hatte Krupp eine eigene Bleibe 60 km von Essen entfernt eingerichtet, das Kinderlager Voerde bei Wesel. Der Zeuge Ernst Wirtz berichtete im Kreuzverhör: *»Die Kinder waren unterernährt. Es gab kein Kind, dessen Arme oder Hände dicker waren als mein Daumen.«*

Frage: Wie alt waren diese Kinder?
Antwort: Von Säuglingen bis zum Alter von zwei Jahren.
Frage: Waren das die Kinder von Ostarbeitern?
Antwort: Ja, sie waren im Lager geboren.
Frage: Wie waren diese Babys im Lager Voerde untergebracht, als Sie sie gesehen haben?
Antwort: In einer Art Gefängnisbunker. Sie hatten Strohmatten mit Gummitüchern, und die Kinder waren dort ganz nackt.
Frage: Konnten Sie deutliche Zeichen von Unterernährung an diesen Kindern feststellen?
Antwort: Ja, viele von ihnen hatten angeschwollene Köpfe.

Wirtz bezeugte, daß tageweise bis zu 60 Kinder gestorben seien. Laut Buchführung waren von den 132 Kindern, die im Januar 1943 nach Voerde kamen, im März 1945 88 tot.
Im Frühsommer 1944 bot die SS der deutschen Waffenindustrie über das Ministerium Speer 50000–60000 ungarische Jüdinnen an, die, kürzlich in Ungarn eingefangen, in Auschwitz die Selektionen durchlaufen, dabei ihre Familien verloren, selbst aber noch eine Frist zur Sklavenarbeit erhalten hatten. Krupp griff zu. Nach Besichtigung durch Werkmeister wurden 520 Mädchen im Alter zwischen 15 und 25 Jahren ausgewählt. Die Lieferung erfolgte unter der Voraussetzung, daß Krupp ein von 45 deutschen Arbeiterinnen bewachtes Extra-KZ errichtete. Die freiwillig angetretenen Kruppianerinnen wurden zum ›Außenkommando Buchenwald‹ ernannt und bewachten hinfort, von der SS mit Knüppeln und Uniformen ausgerüstet, das Lager Humboldtstraße. Eine dieser Wachen, Karoline Geulen, vernahm die Nürnberger Anklage im Kreuzverhör:

»Ich frage Sie nun, ob der Leiter des Walzwerks II sagte, daß er Krupp-Angestellte zusammenstelle, die als SS-Wachen für Krupp-Arbeiter dienen sollten. Ist das richtig?
Antwort: Ja.
Frage: Und dann schickte er Sie mit anderen Krupp-Angestellten zur Ausbildung in das Konzentrationslager Ravensbrück. Ist das richtig?
Antwort: Ja.
Frage: Welche Art von Ausbildung bekamen Sie?
Antwort: Es wurde uns nur gesagt, daß wir die Frauen nicht schlagen dürften.
Frage: Also hat man Ihnen zwei Wochen lang acht Stunden am Tag beigebracht, keine Frauen zu schlagen.
Antwort: Ich war nicht ganz zwei Wochen da.
Frage: Und nach zwei Wochen verlangte Krupp Ihre Rückkehr, und nun sahen Sie diese Mädchen im Lager Humboldtstraße. Erinnern Sie sich, daß die sanitären Anlagen so ungenügend waren, daß die Mädchen sich im Freien Erleichterung schafften?
Antwort: Nicht von Anfang, gegen Ende trifft es zu.
Frage: Erinnern Sie sich, daß diese Mädchen in Kellern schlafen mußten und es so kalt und feucht war, daß die Betten, auf denen die Mädchen schliefen, gefroren waren?
Antwort: Ja.
Frage: Erinnern Sie sich, daß der Lagerkommandant einen Gummischlauch und eine lange Lederpeitsche trug?
Antwort: Ja.
Frage: Und erinnern Sie sich, daß dieser Mann besonders brutal zu diesen jüdischen Mädchen war?
Antwort: Ja.«

Die Mehrzahl der alten Krupp-Arbeiter verhielt sich, wie die Nürnberger

Verhandlungen ergaben, ›vernünftig‹, fürchtete indessen die Gestapo, blieb ruhig; gelegentlich erhielt ein ungarisches Mädchen eine Brotration zugeschoben und einige Entlaufene wurden von Kruppianern versteckt, bis die Amerikaner und Briten in Essen einrückten.
Der Moment der Befreiung sollte infolge der Entscheidung Krupps die endgültige Reise in die Vernichtung auslösen. Er und die Direktoren Janssen, Lehmann und Houdremont beschlossen, die Frauen der SS zurückzuerstatten, mit der Auflage, sie aus Essen zu entfernen. Sie konnten sicher sein, daß keine wiederkehren würde. Am 17. März 1945 wurde der Rücktransport über Buchenwald nach Bergen-Belsen arrangiert, und dort verlor sich die Spur der ungarischen Jüdinnen der Firma Krupp.
Wie alle Industriellen verteidigten sich auch die Krupp-Leute damit, das Sklavenprogramm im Notstande durchgeführt zu haben, sonst wären ihnen die Fabriken abgenommen worden. Das Gericht erwiderte scharf, das sei kein Grund, Tausende von Leuten Tod und Leid auszusetzen, und verurteilte Alfried Krupp zu zwölf Jahren, seine Direktoren zu Strafen zwischen zwölf und sechs Jahren Gefängnis.

Flick

Als Friedrich Flick, der größte Privatunternehmer des Dritten Reiches, den Nürnberger Richtern erklären sollte, warum er Mitglied des Freundeskreises Heinrich Himmler gewesen sei, und der SS 100000 RM jährlich spendiert habe, antwortete er trocken: *»Um mit den Wölfen zu heulen.«*
Der Siegerländer Bauernsohn, der anders als Alfried Krupp sein Kapital eigenhändig zusammengebracht hatte, war als Sklavenhalter und Arisierungsgewinnler angeklagt. Punkt drei der Anklageschrift belastete Flick und seine Mitangeklagten Kaletsch und Steinbrinck, die Arisierung von Braunkohlegruben in Mittel- und Südostdeutschland angestiftet und daran profitiert zu haben. Eigentümer waren tschechoslowakische Juden – die Familie Petschek. *»Diese Gebiete stellen wahrscheinlich den wertvollsten Besitz dar, der im Dritten Reich arisiert worden ist.«* Ein Ankauf des jüdischen Besitzes zu Schleuderpreisen sei der staatlichen Konfiskation vorgezogen worden, um deutschen Kapitalbesitz im Ausland nicht Gegenmaßnahmen auszusetzen. Die deutschen Fabrikanten hätten darauf vertraut, daß Beleidigungen, Grausamkeiten und diskriminierende Gesetze den Juden das Leben in Deutschland genügend sauer machen würden, ihren Besitz preiszugeben. Flick jedoch wurde beschuldigt, über die Nutznießung des antisemitischen Klimas hinaus noch an speziellen Zwangsmaßnahmen gegenüber zögernden Eigentümern beteiligt gewesen zu sein. Die Petscheks waren Anfang 1938 noch immer nicht bereit, gegen einen kraß unangemessenen Betrag zu verkaufen. *»Da nach den neuesten Informationen mit einer freiwilligen Abgabe der Anteile aus dem Besitz*

der P.-Gruppen nicht zu rechnen ist«, notierte Steinbrinck in einem Aktenvermerk, *»muß man gegebenenfalls Gewaltmaßnahmen oder staatliche Eingriffe ins Auge fassen.«* Flick überlegte: *»Ein Gesetzentwurf ist sofort auszuarbeiten, der zuerst als Druckmittel benutzt werden soll.«* Als unwiderstehliches Druckmittel erwiesen sich alsbald Hitlers Einfall in Österreich und in die Tschechoslowakei. *»In Österreich soll eine neue Fluchtwelle des jüdischen Elements einsetzen«*, schrieb Steinbrinck am 17. Februar, 22 Tage vor dem Anschluß. *»Es gibt Persönlichkeiten, die der Meinung sind, daß ein Erwerb der P.-Werke gar nicht mehr erforderlich wäre, weil die politische Entwicklung in verhältnismäßig kurzer Zeit vollendete Tatsachen schaffen werde.«*

Am 21. Mai kapitulierte ein Flügel der Petschek-Familie und verkaufte an ein aus der Wintershall-AG der I. G.-Farben und Flick gebildetes Konsortium Aktien im Wert von 24 Millionen Reichsmark für die knappe Hälfte. Die im Sudetenland ansässige Ignaz-Petschek-Gruppe widersetzte sich der Erpressung und wurde Ende 1939 staatlich enteignet. Das gesetzliche Instrument, eine ›Verordnung über den Einsatz jüdischen Vermögens‹ vom 3. Dezember 1938, war im Hause Flick konzipiert worden. *»Diese Beteiligung Flicks, Steinbrincks und Kaletschs an dem Entwurf eines allgemeinen Arisierungs-Gesetzes«*, erklärte der Nürnberger Ankläger, *»beweist mit aller wünschenswerten Klarheit ihre Teilnahme an dem allgemeinen Vorgang, den Juden das Leben in Deutschland unerträglich zu machen. Sie haben am Erlaß allgemeingültiger, judenfeindlicher Gesetze mitgewirkt und haben hierzu Beihilfe geleistet, um ganz bestimmte Vermögenswerte von bestimmten Juden zu erwerben und an sich zu bringen, eine Handlungsweise, die an Zynismus ihresgleichen sucht.«*

Flick, der aus dem Braunkohle-Imperium der entschädigungslos enteigneten Ignaz-Petschek-Gruppe im März 1940 von den Reichswerken Hermann Göring ein gutes Beutestück zu fabelhaften Bedingungen erworben hatte, wurde seines Fischzugs dennoch nicht recht froh. Die abenteuerliche Talfahrt des Dritten Reiches zerstörte solide geschäftliche Dispositionen. Im Oktober 1944 suchte er, über Steinbrinck ein Arrangement mit den Petscheks zu treffen, *»da man erwartet, daß diese Persönlichkeiten nach der Niederlage des Dritten Reiches die Ansprüche gegenüber den jetzigen Machthabern der Vereinigten Stahlwerke und des Flick-Konzerns geltend machen werden«* (Notiz des SS-Gruppenführers und Himmler-Freundes Steinbrinck). Überdies war Flick ein alter Freund der Familie. Der im Jahre 1943 verstorbene Ignatz Petschek hatte sich, wie Flick selbst, vom Prokuristen emporgearbeitet. *»Als er starb«*, berichtete Flick im Kreuzverhör, *»hinterließ er eines der größten Besitztümer in Europa ...; vielleicht kommt Erfolg wie dieser nur einmal vor.«* Beide hatten sich 1923 im Aufsichtsrat der Alpinen Bergwerksgesellschaft kennen- und schätzen gelernt, später eine ganze Anzahl gemeinsamer Aufsichtsratspositionen innegehabt, Geschäfte miteinander getrieben, *»und zu allen*

Zeiten betrachtete ich ihn als einen außergewöhnlich fähigen Mann und ich möchte sogar sagen, daß ich ihn als solchen bewunderte«.
Mit seinen – nach Angaben des Flick-Biographen Ogger – 350 Millionen RM arisierten Besitzes sowie den jüdischen KZ-Arbeitern im Maschinenbauwerk Gröditz war Flick mitnichten zum nazistischen Anti-Semiten geworden. Otto Ohlendorf, der ihn im Freundeskreis Heinrich Himmler beobachtet hatte, versicherte dem Gericht, daß er einfach nicht verstehen konnte, warum Flick beim Reichsführer SS eine so bedeutende Rolle spielte. *»Ich erinnere mich sehr gut an die Zeit von 1931–32, als er vom Völkischen Beobachter heftig attackiert wurde wegen seiner zweifelhaften Geschäftstransaktionen. Er wurde als das typische Beispiel eines Mannes angesehen, der danach strebt, sein Geschäft zu erweitern. So hatte ich nie einen Zweifel daran, daß er seine Position als Individuum festigen wollte und dies im Freundeskreis gefunden hat ...«*
Arisierung, Krieg, Vernichtungslager gestalteten sich für das Genie der Geschäftserweiterung zu Konstellationen, seine Position als Individuum zu festigen. Individuum im Sinne von Aktienmajorität. Die verehrte Familie Petschek, verwandelt sie sich durch höhere Gewalt in ein Ungeziefer, ist ein billiger Fang angesichts saisonaler jüdischer Flaute. Taumelt das Dritte Reich mit ganzer Mannschaft ins frühe Grab, besteht immer noch die Möglichkeit einer dem Aktienanstieg entsprechenden Nachzahlung. Was andere in Tod und Verderben oder in Verblendung und Blutrausch stürzt, geleitet den Friedrich Flick zu richtiger Investition und verdientem Unternehmerglück. Mit Nationalsozialismus hat dies nichts zu tun. Hat Flick überhaupt von ihm profitiert?
Er hat vor, während und nach dem Nationalsozialismus profitiert. Sein Erfolg war indifferent gegen Staatsverfassungen. Dies widerspricht nicht der Feststellung der Anklage, daß Flick und sein Stab nicht Gegner des Dritten Reichs, sondern ein Teil desselben waren. Ihre konstitutionelle Amoralität befähigte sie zur Teilhabe an allem. Sind sie Teil des Dritten Reichs, sind sie keine Nazis, sind sie Teil der späteren Bundesrepublik, sind sie nicht notwendig Republikaner. Ihre Chamäleongestalt, die Assimilation und Distanzierung gleichzeitig erlaubt, bewährt sich erst recht vor Gericht, weil sie den juristischen Maßstab aufweicht. Alle Handlungen werden bedauerliche Konzessionen an den Zwang des Zeitgeistes; der noble Charakter erweist sich am inneren Vorbehalt. Der Mensch ist nicht an seinen Taten, sondern den Nebengedanken zu erkennen. Die Diktatur, in der nichts offen ist, wird zum bombensicheren Versteck lauter kreuzbraver Naturen. Blühende Geschäfte, steile Karrieren und schauderhafte Untaten sind unter Hitler kein Anhaltspunkt für die menschliche Seele. Im Nationalsozialismus sieht alles anders aus, als es ist.
»Die Angeklagten gestehen, zunächst nicht gewußt zu haben«, summierte General Taylor für die Flick-Anklage, *»daß Tausende ihrer Angestellten*

aus fernen Ländern gegen ihren Willen umgebracht wurden ... Von miserablen und gefährlichen Arbeitsbedingungen, von Mißhandlungen hätten sie nichts gewußt. Die Fabriken und Werke, die sie in den besetzten Gebieten erworben hätten, seien ursprünglich von der Regierung beschlagnahmt worden, und wenn sie, die Angeklagten, nicht die Verantwortung auf sich genommen hätten, sie zu führen, hätte es irgendein anderer deutscher Konzern getan. Was die Beschlagnahme jüdischen Eigentums in Deutschland anbelange, so sei dies in Wirklichkeit ebenfalls eine Handlung der Regierung gewesen, und andere hätten mit den jüdischen Eignern vielleicht noch einen härteren Handel abgeschlossen. Was die SS betrifft, war Himmler ein gefährlicher Mann und wenn er um Geld gebeten habe, hielten die Angeklagten es für das Klügste, ihm welches zu geben. Doch hätten sie nur über kulturelle Dinge mit ihm und den anderen Herren der SS gesprochen, die alle entwaffnend höflich gewesen seien; die Angeklagten seien nie auf den Gedanken gekommen, daß die SS die fürchterlichen Verbrechen beging, die seither bewiesen worden sind. Auf jeden Fall, sagen die Angeklagten, waren wir nur Geschäftsleute. Das Leben unter Hitler war eine schwierige und gefährliche Angelegenheit, besonders für einen prominenten Geschäftsmann. Was immer wir getan haben, das heute vorwerfbar erscheint, haben wir aus Furcht getan.« Man habe in den langen Monaten der Verhandlung in einer verkehrten Welt gelebt, meinte Taylor, in der alle moralischen Maßstäbe und menschlichen Werte auf dem Kopf stünden. Das Ohr gewöhne sich an die falschen Töne, wenn man nicht einen gelegentlichen Seitenblick auf die normale Welt werfe. Das Strafrecht sei aber dazu da, die allgemeinen Maßstäbe menschlichen Verhaltens anzulegen und zu bestätigen.

»Im Grunde haben die Angeklagten in diesem Fall ihre Zuflucht darin gesucht, daß sie die pervertierte Welt des Dritten Reichs in ›wir‹ und ›sie‹ geteilt haben. ›Sie‹ sind die Bösewichter, eine Truppe von Charaktergestalten, die ständig fluktuiert, je nach dem Gegenstand der Anklage ... Wer ›sie‹ auch sein mögen, ›sie‹ sind die Wurzel und die Ursache des ganzen Übels im Dritten Reich. ›Wir‹ hingegen waren völlig frei von bösen Absichten, doch ›wir‹ haben ›sie‹ gefürchtet. Um ›sie‹ zu besänftigen, mußten ›wir‹ uns in das beste Einvernehmen mit ›ihnen‹ setzen. ›Wir‹ gaben Göring erhebliche Geldsummen und handelten als seine Vertreter; ›wir‹ beherbergten Himmler, gaben ihm Taschengeld und maskierten uns als Mitglieder seines ›Freundeskreises‹. ›Wir‹ erwarben mit Bedauern Besitztümer, die Göring und Pleiger von unglücklichen Juden und Franzosen konfisziert hatten. ›Wir‹ waren entsetzt, als wir merkten, daß ›wir‹ gezwungen worden waren, Tausende von Ausländern zu beschäftigen, die ›sie‹ versklavt hatten, um unsere Geschäfte in Gang zu halten. Es war höchst bedauerlich, doch was konnten ›wir‹ dagegen tun? Nach Ansicht der Anklagebehörde ist diese Darstellung als Verteidigung rechtlich unzureichend.«

Der Gerichtshof verurteilte Flick am 22. Dezember 1947 zu 7 Jahren Haft wegen der Ausbeutung von Sklavenarbeit, der Plünderung besetzter Gebiete und der Unterstützung Heinrich Himmlers. Für den Komplex der Arisierung erklärte sich das Gericht als unzuständig. Steinbrinck wurde zu 5 Jahren, sein Nachfolger Weiss zu 2½ Jahren verurteilt, drei Angeklagte erhielten Freisprüche. Dreißig Jahre später überdachte Ankläger Taylor noch einmal die Prozeßstrategie seiner zu neuem Ruhm und Vermögen gelangten Kontrahenten. *»Deren Verteidiger leugneten nicht die Tatsachen, auf denen die Anklage beruhte«,* schilderte General Taylor seinen alten Prozeßgegner. *»Auch strapazierten sie nicht die Ausrede, daß die Angeklagten ihr Bestes getan hätten, um das Los der Arbeiter zu lindern. Obgleich einige der angeklagten Industriemagnaten stark auf die Begründung bauten, daß sie unter dem Zwang der Regierung handelten, bildete dieses Argument nicht das Kernstück der Verteidigung. Ihre Verteidigung lief in kurzen Worten darauf hinaus, daß das Zwangsarbeitsprogramm nicht ungesetzlich war.«*

Otto Kranzbühler und Rudolf Dix, die zwei geschicktesten Verteidiger in den Nürnberger Prozessen, lobten den aufrechten Willen ihrer Klienten zur Vaterlandsverteidigung in der Schlacht gegen ›die Rote Flut‹. Hier seien die anachronistischen Kriegsregeln außer Kurs gesetzt, maßgeblich seien die sachlich-militärischen Notwendigkeiten und die diktatorisch gesetzten Produktionsziele des NS-Staats gewesen. Diese doppelgesichtige Argumentation hatten die Nürnberger Anwälte allen späteren NS-Verteidigern zur Nachahmung entwickelt. Der Erfolg blieb nicht aus. Halb werden die Handlungen des NS-Staats als zeit- und kriegsbedingt, als mit und ohne Nazis notwendig und normal gezeichnet. Halb wird derselbe Staat zum steten Kopfabhacker verdüstert, der seine eigenen Mäzene Krupp und Flick liquidiert, wenn sie nicht jedes Schurkenstück mitmachen.

»Das Nürnberger Gericht akzeptierte Kranzbühlers These nicht«, schreibt Taylor. *»Es darf auch bezweifelt werden, daß sich Kranzbühler etwas von ihr versprach oder daß er sie sogar einsetzte, um die Richter zu überzeugen. Rückblickend wird klar, daß er sich an seine Klienten, an die vielen deutschen Geschäftsleute, die sich in derselben Situation befanden und deren Schuld aus der Schuld seiner Klienten hätte gefolgert werden müssen, und an die deutsche Öffentlichkeit gewandt hat. Er hatte gewiß Erfolg damit, die Angeklagten von Krupp, Flick und der I. G. Farben von jedem Schuldgefühl zu befreien. Am Schluß der Verhandlungen akzeptierten Flick, Krupp und die meisten der Angeklagten der I. G. Farben nicht einmal die geringste Verantwortung für die schrecklichen Folgen des Zwangsarbeiterprogramms. Flick selbst behauptete: ›Niemand aus dem großen Kreis derer, die meine Mitangeklagten und mich kennen, glaubt, daß wir Verbrechen gegen die Menschlichkeit begangen haben, und nichts wird uns davon überzeugen, daß wir Kriegsverbrecher sind.‹«*

Die Diplomaten

»Im Interesse des Widerstands behielt ich mein Amt, und indem ich im Amt blieb, konnte ich nicht vermeiden, daß solche Dokumente über meinen Schreibtisch gingen, bei so einer Art von Regierung. Ich meine Dokumente, die Deportationen, Arbeitslager, Festnahmen usw. beinhalteten. Ich mußte das hinnehmen und trage es, weil ich vorgeschlagen habe, diesen Maßnahmen ein Ende zu machen, und weil es nur mit diesen Mitteln zu erreichen war, diesen Maßnahmen ein Ende zu machen. Die wirkliche Frage ist, wer sein Gewissen mehr belastet: Derjenige, der sich bemüht, das Böse zu beseitigen, oder derjenige, der sich ins Privatleben zurückzieht und diese Dinge nun im Familienkreise diskutiert, in der Hoffnung, daß dieses Phantom von Diktatur, dieses Phantom von Rassenverfolgung vielleicht von selber verschwindet, ganz spontan. Wie konnte ich mein Ziel erreichen: indem ich meine Position aufgab oder sie behielt?«

Geschmeidig und logisch, wie er es gewohnt war, verfocht Ernst von Weizsäcker, Staatssekretär im Reichsaußenministerium, seine Sache im Wilhelmstraßen-Prozeß, dem letzten der Nürnberger Militärtribunale. Auf der Anklagebank sah sich die Ministerialbürokratie wieder, Diplomaten der alten Schule wie v. Weizsäcker, Wörmann, Ritter, v. Erdmannsdorf, und NS-Karrieristen wie Veesenmayer, Keppler, Bohle, Steengracht. Daneben graue Eminenzen wie Hans-Heinrich Lammers, der Chef der Reichskanzlei, und der zähe Otto Leberecht Meißner, Chef der Präsidialkanzlei unter Ebert, Hindenburg und Hitler. An Reichsministern waren ferner geladen: Lutz Graf Schwerin von Krosigk, der letzte der deutschnationalen Wächter, die 1933 im ersten Kabinett Hitler die Nazis zähmen wollten; Walter Darré, der Reichsernährungsminister, und, als industrieller Nachzügler, der Vorstandsvorsitzende der Dresdner Bank, Karl Rasche.

Wie die Generäle und Industriellen waren die Ministerialbürokraten der Vorbereitung eines Angriffskriegs beschuldigt, eine Anklage, die im Laufe der Zeit verblaßt war, während die im Gewand des Krieges verübten ›crimes against humanity‹ sich als das Zentralverbrechen herausschälten. Der Inhalt ihres Krieges, das sechs Jahre unermüdlich und erfindungsreich exerzierte Versklavungs-, Plünderungs- und Ausrottungsprogramm, belastete die Angeklagten viel mehr als das intrigante Einfädeln militärischer Überfälle. Mit Recht konnte die Verteidigung einwenden, daß Angriffs- und Präventivkriege seit alters her übliche Methoden gewesen waren. Zu den jeglichem historischen Vergleich spottenden Vernichtungstechniken vermochten die Strategen jedoch nichts Gescheites auszuführen.

Mit jeder Abteilung der deutschen Funktionseliten, die vor Gericht stand, wurde deutlicher, daß die Ausrottungspolitik keine Nacht-und-Nebel-Verschwörung einer blutdurstigen Eingreiftruppe war, sondern das tägliche Geschäft einer ordentlichen Verwaltung.

Während des Wilhelmstraßen-Prozesses stieß der Ankläger Robert M. Kempner auf das Protokoll einer Zusammenkunft *»mit anschließendem Frühstück«*, zu der Reinhard Heydrich eine Schar Staatssekretäre geladen hatte. Damit die *»gemeinsame Aussprache«* eine zwanglose Note gewinne, war sie von Heydrich nicht in seinem Amtssitz, dem Reichssicherheitshauptamt, anberaumt, sondern in einer Villa am Wannsee. Heydrich hatte zwei Untergebene mitgebracht, den Gestapochef Heinrich Müller und einen weiter nicht bekannten Leiter des Referats IVb4 im Reichssicherheitshauptamt, den SS-Obersturmbannführer Eichmann. Aus dem in dreißig Kopien angefertigten Sitzungsprotokoll gewann die Nürnberger Anklage den Nachweis der Beteiligung der Ministerialbürokraten an einer beispiellos heiklen und komplexen Verwaltungsaufgabe, unter dem Stichwort ›Endlösung der Judenfrage‹.

»Die politisch grundlegende Sitzung am 20. Januar 1942«, heißt es im Wilhelmstraßen-Urteil, *»vereinte die Staatssekretäre oder Vertreter der betroffenen Ministerien und Stellen. An der Konferenz nahm der Angeklagte Stuckart teil, der Angeklagte Lammers war durch seinen Ministerialdirektor Kitzinger vertreten und das Auswärtige Amt durch den Unterstaatssekretär Luther, der die Ergebnisse der Konferenz seinem Staatssekretär, dem Angeklagten von Weizsäcker, unmittelbar nach der Konferenz berichtete. Das bisherige Programm der Vertreibung der Juden als besitzlose Emigranten wurde nun durch ein Evakuierungsprogramm für 11 Millionen europäische Juden in osteuropäische Lager ersetzt, zum Zwecke ihrer endgültigen Vernichtung. Zwischen den Abteilungen, deren leitende Beamte die Angeklagten gewesen sind, war engste Zusammenarbeit vorgesehen. Die Angeklagten Lammers und Stuckart waren hauptsächlich verbunden mit der Formulierung der Völkermordpolitik, und der Angeklagte Dietrich formte die öffentliche Meinung, daß sie das Programm akzeptierte. Insofern der weitaus größte Teil der Opfer dieses Völkermordprogramms Angehörige der Marionetten- und Satellitenstaaten waren, die vom Dritten Reich dominiert wurden, zwang das Deutsche Auswärtige Amt über die Angeklagten v. Weizsäcker, Steengracht von Moyland, Keppler, Bohle, Woermann, Ritter, von Erdmannsdorf, Veesenmayer und Berger diese Regierungen, Personen jüdischer Abstammung innerhalb ihrer Länder in deutsche Vernichtungslager zu deportieren, und sie leiteten und kontrollierten die Ausführung dieser Maßnahmen.«*

Der Erfolg der Wannseekonferenz, den Heydrich und Eichmann anschließend mit Kognak begossen, lag nicht nur darin, daß die Amtschefs der Ministerien eine auf 11 Millionen veranschlagte Mordidee der SS billigten, sie machten im Lichte ihrer Diensterfahrung sofort Verbesserungsvorschläge. Der Angeklagte Stuckart sah in den für Mischlinge vorgesehenen Sterilisierungsbestimmungen, die bei halbjüdischen Ehepartnern von Ariern Ausnahmeklauseln vorsahen, nur heillosen Verwaltungsaufwand und befürwortete generelle Zwangssterilisierung. Im Verhör der

Anklage bestritt Stuckart seine Kenntnis der Endlösung. An die Sterilisierung vermochte er sich schwach zu entsinnen. *»Als eine Art mildere Maßnahme?«* fragte Kempner. Stuckart: *»Als mildere Maßnahme.«* Kempner: *»Sterilisieren ist besser als ganz tot, ist das die Idee?«*
Kaum hatten die Ministerialbürokraten ihre Teilnahme an der Endlösung zugesagt, fing Eichmann vom Reichssicherheitshauptamt aus mit dem Deportieren an, während die Fachbehörden in der Wilhelmstraße die Wege ebneten und Weichen stellten. Sechs Wochen nach der Wannseekonferenz, am 9. März 1942, schickte Eichmann einen Schnellbrief an das Auswärtige Amt. *»Betrifft: Evakuierung von 1000 Juden aus Frankreich. Es handelt sich durchwegs um Juden französischer Staatsangehörigkeit bzw. staatenlose Juden. Der Abtransport dieser 1000 Juden, die z. Zt. in einem Lager in Compiègne zusammengefaßt sind, soll am 23. 3. 42 mit einem Sonderzug erfolgen. Ich wäre für eine Mitteilung dankbar.«* Das Auswärtige Amt kabelte eine Anfrage an die deutsche Botschaft in Paris, daß die Absicht bestehe, 1000 Juden nach Auschwitz abzuschieben: *»Ich wäre für eine Mitteilung, daß dort keine Bedenken gegen die Durchführung der Aktion bestehen, dankbar. Es wird um beeilte Stellungnahme gebeten.«*
Das postwendend gegebene Einverständnis war in Berlin noch nicht eingetroffen, als dort schon ein zweiter Brief Eichmanns, dieses Mal betreffs Abschiebung von 5000 Juden aus Frankreich, vorlag. *»Ich darf bitten, auch hierzu die dortige Zustimmung auszusprechen.«* Die Zustimmung für alle 6000 traf am 20. März, rechtzeitig vor Abgang des ersten Sonderzugs, bei Eichmann ein, ordentlich abgezeichnet von Staatssekretär Weizsäcker und den Unterstaatssekretären Woermann und Luther. Drei Monate später, am 22. Juni 1942, wünschte Eichmann die Zustimmung für 90 000 Deportationen aus Frankreich, den Niederlanden und Belgien *»in täglich verkehrenden Sonderzügen«*.
Das Auswärtige Amt nahm sich für seine Antwort fünf Wochen Zeit und sondierte in den drei Staaten die Lage. Am 30. Juli erhielt Eichmann Bescheid, daß *»gegen die geplante Verschickung zum Arbeitseinsatz in das Lager Auschwitz«* keine Bedenken bestünden, allerdings waren taktische Anweisungen beigefügt. *»Im Hinblick auf die psychologischen Rückwirkungen darf ich aber bitten, zunächst die staatenlosen Juden zu verschicken, um dadurch schon in weitgehendem Maße das Kontingent der in die Westgebiete zugewanderten fremdländischen Juden zu erfassen, das in den Niederlanden allein gegen 25 000 Juden beträgt.«* Den Routine-Trick, unter Ausnutzung der Fremdenfeindlichkeit die jüdischen Asylanten als erste wegzuschaffen, um die Franzosen an die bevorstehende Deportation ihrer eigenen Juden zu gewöhnen, verdankte das Auswärtige Amt seinem Botschafter in Paris, Abetz, der seine Berliner Chefs beruhigte: *»Mit einem solchen Vorgehen würde keineswegs dem französischen Juden eine privilegierte Stellung eingeräumt, da er im Zuge der Freima-*

chung der europäischen Länder vom Judentum auf alle Fälle ebenfalls verschwinden muß.«
Das diplomatische Aushebeln der jüdischen Gemeinden aus ihren Heimatländern wollten die Staatssekretäre nicht als Mordbeitrag gewertet wissen. Die Aktionen seien durch ihre Stellungnahmen ohnedies nicht aufzuhalten gewesen. Die Verteidigung bot einen emigrierten jüdischen Rechtsprofessor auf, der bezeugte, das corpus delicti, die Paraphe der Angeklagten auf den Dokumenten, habe nichts zu bedeuten. Sie zeige nicht den Vollzug einer Entscheidung, sondern nur den vorgeschriebenen Amtsweg an. Die Nürnberger Richter waren durch Spitzfindigkeiten gewöhnlich nicht zu beeindrucken und entschieden, daß die Abzeichnung eines Plans durch Beamte im Auswärtigen Amt bedeutet habe, daß sie ihn nach außen hin genehmigten, selbst wenn sie innere Bedenken gegen seine Zulässigkeit hegten. *»Nirgendwo steht in den Akten, daß sie Zweifel gehegt, Einwendungen dagegen erhoben oder Proteste eingelegt hätten, oder daß sie die Gelegenheit genutzt hätten, Ribbentrop klarzumachen, daß, selbst vom Standpunkt der deutschen Außenpolitik gesehen, die Ausführung dieses Planes ein katastrophaler Fehler sein würde, da er nicht nur die öffentliche Meinung in Frankreich vor den Kopf stoßen, sondern auch eine Welle von Entsetzen und Mißbilligung in der ganzen Welt hervorrufen würde. Als die SS anfragte, ob das Auswärtige Amt irgendwelche Bedenken habe, war es die Pflicht des Angeklagten, auf diese Bedenken hinzuweisen. Das ist die Funktion einer politischen Abteilung und eines Staatssekretärs im Auswärtigen Amt. Diese Pflicht wird nicht dadurch erfüllt, daß man nichts sagt und nichts tut.«*
Ernst von Weizsäcker, der Hauptangeklagte, nannte jedoch einen triftigen Grund, warum er nichts gesagt und getan hatte. Er sei auf einem *»wichtigen Horchposten«* gewesen und habe als Partisan im Apparat die Widerstandsbewegung auf dem laufenden gehalten. Zu seiner Entlastung trat Fabian von Schlabrendorff in den Zeugenstand, der Offizier, der im März 1943 eine mit Sprengstoff gefüllte Kognakflasche in Hitlers Flugzeug geschmuggelt hatte, wo sie durch technischen Defekt nicht explodierte. Schlabrendorff erklärte dem Gericht: *»Baron Weizsäcker, in der Stellung des Staatssekretärs für Auswärtige Angelegenheiten, war eine wichtige Unterstützung für die deutsche Widerstandsbewegung. Weil für eine Widerstandsbewegung in einer Diktatur Erfolg nur durch Zusammenarbeit zwischen denen möglich ist, die die Diktatur von außen bekämpfen, und denen, die heimlich in wichtigen Stellungen innerhalb der Diktatur arbeiten.«* Im Kreuzverhör der Anklage fragte Robert M. Kempner:

»Sie haben vorhin gesagt, daß es nötig wäre, bei der Vorbereitung von Attentaten gegen Hitler die Dinge miteinander abzustimmen, sonst ist ein Attentat ganz sinnlos.
Schlabrendorff: Jawohl.

Kempner: Militärische Schlußfolgerung, ja?
Schlabrendorff: Jawohl.
Kempner: Als Sie am 13. März 1943 ein Attentat auf Hitler unternahmen, – ist das Datum richtig?
Schlabrendorff: Das Datum ist richtig.
Kempner: Wie haben Sie dieses Attentat mit Herrn von Weizsäcker abgestimmt, der Ihr Vertrauter war?
Schlabrendorff: Dieses Attentat ist nicht mit dem Baron Weizsäcker abgestimmt worden.
Kempner: Haben Sie ihm überhaupt etwas über dieses Attentat erzählt, das Sie vorhatten?
Schlabrendorff: Niemals. Das hatte seinen Grund darin, daß wir solche ernsthaften Dinge nur solchen Persönlichkeiten vorher bekanntgaben, die unmittelbar von diesen Dingen mit ergriffen wurden.
Kempner: Nun war doch das aber der außenpolitische Stützpunkt, nicht wahr? Wie wollten Sie Hitler umbringen? Und Sie haben uns vorhin gesagt, ohne eine solche Koordination wäre die Staatsmaschine nicht weitergelaufen ... Wie viele Dokumente haben Sie gelesen über Herrn von Weizsäckers Beteiligung an der Deportation der Juden nach dem Osten, die er, wie ihm die Anklage vorwirft, unterschrieben hat? Ich spreche nicht von Kenntnisnehmen.
Schlabrendorff: Ich habe eine ganze Anzahl solcher Dokumente, wie Sie sie beschrieben haben, gelesen.
Kempner: Wie viele Widerstandskämpfer hatten Sie in Ihrer Bewegung, die solche Dokumente unterschrieben haben?
Schlabrendorff: Wir hatten z. B. SS-Obergruppenführer Nebe. Er hat auch mit einer ganzen Reihe solcher Sachen zu tun gehabt.
Kempner: Wissen Sie nicht das mindestens, daß Nebe mit den Massenmorden der Juden im Osten zu tun hatte?
Schlabrendorff: Im Gegenteil. Ich kenne Obergruppenführer Nebe aus seiner Tätigkeit als SS- und Polizeiführer der Polizeigruppe Kitto. Ich habe während des Krieges mit ihm mehrfach verhandelt. Ich weiß, daß er während dieser Zeit alles versucht hat, um die Ermordung von Juden und Russen zu verhindern.
Kempner: Ja.
Schlabrendorff: – oder auf ein Mindestmaß herabzudrücken.
Kempner: Ja.
Schlabrendorff: Aber er stand in einem furchtbaren Konflikt, wegzugehen und es anderen zu überlassen, die nicht 10, sondern 100% töten würden, oder es auf ein Minimum herabzudrücken.
Kempner: Als Sachverständiger der Widerstandsbewegung frage ich Sie dann als Schlußfrage: Wie viele Juden darf man denn ermorden, wenn man das Endziel hat, Hitler zu beseitigen – wie viele Millionen?
Schlabrendorff: Ich würde sagen, niemanden.«

Weizsäcker beharrte darauf, daß eine Rückkehr ins Privatleben bedeutet hätte, *»den Widerstand in einer Schlüsselposition aus eigensüchtigen Motiven aufzugeben. Damit hätte das alte Auswärtige Amt kapituliert. Die Annahme des Postens hieß: mit in Kauf nehmen, was immer damit verbunden sein würde. Verfolgung und Unmenschlichkeit waren vom Auswärtigen Amt aus frontal nicht zu bekämpfen. Man konnte nur von Fall zu Fall dagegen angehen.«* Einen Fall präsentierte Weizsäckers Verteidigung: Ein Schutzbrief des Angeklagten hinderte das Eindringen von SS und Polizei in ein römisches Kloster, in dem sich 185 Juden versteckt hielten. Dies war im Jahr 1943, als Weizsäcker Botschafter beim Vatikan geworden war und 1007 Juden aus Rom deportiert wurden. *»Nur derjenige, der Tausende hinaustrieb«*, argumentiert die Anklage, *»konnte einige retten. Ein anderer hatte gar keine Gelegenheit dazu.«*
Das Gericht glaubte Weizsäcker seine Widerstandshaltung, stellte sie strafmildernd in Rechnung, wies seine Logik jedoch energisch zurück: *»Der Angeklagte von Weizsäcker verteidigt sich damit, daß er zwar scheinbar mitgemacht, jedoch ständig Sabotage betrieben habe und ein aktives Mitglied der Widerstandsbewegung gewesen sei. Sich auf den Unterschied zwischen Sein und Schein zu berufen, zu behaupten, daß man Lippendienst geleistet, jedoch insgeheim Sabotage betrieben, daß man ›ja‹ gesagt und ›nein‹ gemeint habe, eine solche Verteidigungsmethode steht auch dem größten Verbrecher zu Gebote und ist weder in den Nürnberger Prozessen noch in anderen Verfahren etwas Neues. Wir weisen die Auffassung zurück, daß eine gute Absicht eine sonst strafbare Handlung rechtfertige und daß jemand straflos schwere Verbrechen begehen könne, wenn er dadurch andere Verbrechen verhindern zu können hofft; oder daß ein im Allgemeinen wohlwollendes Verhalten gegenüber Einzelpersonen ein Deckmantel oder eine Rechtfertigung sei für die an der anonymen Masse begangenen Verbrechen.«* Weizsäcker wurde zu fünf Jahren Gefängnis verurteilt, die niedrigste Strafe erhielt mit drei Jahren und 10 Monaten Wilhelm Stukkart.
Mit zwanzig Jahren bzw. fünf Jahren Gefängnis wurde die schwerste im Wilhelmstraßen-Prozeß verhandelte Tat bestraft: der Abtransport von 437000 Juden aus Ungarn von April bis August 1944. Dirigent der Aktion war SS-Brigadeführer Edmund Veesenmayer gewesen, assistiert von Staatssekretär Steengracht im Auswärtigen Amt. Veesenmayer, den die Prozeßbeobachterin Margret Boveri als »schmal, straff, gebräunt wie ein Arlberger Skilehrer« schilderte, war Experte für subversive Kommandoaufträge. Die üblichen, unter Weizsäcker und seinem Nachfolger Steengracht angesetzten diplomatischen Daumenschrauben hatten Ungarn zum Erlaß von Diskriminierungsgesetzen gepreßt, doch zögerte der Diktator Admiral Horthy, ähnlich wie Mussolini, seine Juden umbringen zu lassen. So griff das Auswärtige Amt zu kräftigeren Mitteln und ließ sich von Veesenmayer nach Lokalbesichtigung einen Putschplan ausarbeiten,

der dann unter dem Titel ›Unternehmen Margarete‹ ins Werk gesetzt wurde: Sturz des Ministerpräsidenten Kallay, Besetzung Ungarns, Verhaftung und Entführung Horthys. Alles um den *»Feind Nr. 1«*, wie Veesenmayer schrieb, die 1,1 Millionen Juden in Ungarn, durch *»die Ernennung geeigneter Kommissare, die Bluthunde sein müssen«*, nach Auschwitz schicken zu können. Reichsbevollmächtigter Veesenmayer räumte für den Kommandanten der Bluthunde, den im Budapester Hotel Majestic logierenden Eichmann, die politischen Hindernisse aus dem Weg und gab dem Auswärtigen Amt die Erfolgsquoten durch: *»20. April 1944, 150000 Juden bereits erfaßt. Bis Ende nächster Woche voraussichtlich Aktion abgeschlossen. Schätzungsweise 300000 Juden. Daran anschließend gleiche Arbeit in Siebenbürgen ...«*
Als erprobter Realpolitiker hatte Veesenmayer sich am 14. Mai 1945 vertrauensvoll den amerikanischen Truppen gestellt, um, wie er im Kreuzverhör erklärte, *»fair play«* zu üben. Er habe *»auch früher schon mit amerikanischen Geschäftsleuten zu tun«* gehabt und den Eindruck behalten, *»bei diesen Männern wenigstens unter dem Gesichtspunkt – weil ich mir persönlich bewußt war, einen sauberen, fairen, klaren und konsequenten Kampf geführt zu haben –, daß ich einen Kampf geführt habe, das leugne ich nicht ab, im Gegenteil.«* Ankläger Kempner fragte sarkastisch: *»Sie waren auch in keiner Widerstandsbewegung, nicht wahr?«* Veesenmayer erwiderte, das lehne er ab. *»Für das, was ich getan habe, stehe ich ein, das ist klar.«*
Sein Vertrauen in das ›Fair play‹ sollte den Todbringer einer halben Million ungarischer Juden nicht reuen. Ein amerikanischer Gnadenausschuß halbierte seine Strafe. Nach ihrer Verbüßung brachte es der Freund der ›amerikanischen Geschäftsleute‹ noch zu einem Millionen-Vermögen. Sein Antagonist, der verkannte Widerständler von Weizsäcker, starb 1951 verbittert an seiner Krankheit.

Das Tribunal von Nürnberg steht am Anfang einer jahrzehntelangen Kette von Prozessen, die den nationalsozialistischen Verbrecherstaat durch strafrechtliche Verfolgung von Privatpersonen büßen lassen wollten. Die Versuche, individuelle Schuldanteile zu präparieren und gegeneinander abzuwägen, deuteten bereits in Nürnberg in die Richtung, den Täter mit der blutigen Manschette hart anzufassen und den Herrn aus dem Ministerium und der Konzernspitze für halb so wild zu halten. Aber das Urteil erschöpft sich nicht im Strafmaß, es klärt auch den Tathergang auf und sagt, wer die Täter waren. Das Unerhörte der Nürnberger Nachfolgeprozesse war die Parade der Täter, die niemand dafür hielt, sie selbst sich am wenigsten. Daß mit Göring abgerechnet werden mußte, war verständlich, doch nicht mit Krupp. Ersteres war ein politischer Schauprozeß, gepaart mit der Schadenfreude des Publikums am Sturz des verderbten Tyrannen. Vae victis! Wehe den Besiegten. Die Überführung der

Krupps, Schlegelbergers und von Weizsäckers erschien jedoch so absurd, daß niemand darin eine juristische Handlung und alle Welt eine Vergeltungsmaßnahme sah. Die Deutschen ignorierten standhaft ein Tatschema, das ihre Eliten als Herz der Verschwörung bei hellichtem Tag hinstellte. Gewünscht waren Schaudergeschichten der Totenkopf-SS aus abgeschiedenen Lagern hinten in Polen. Die in Nürnberg aufgerollte Frage: ›Wie macht man eine Endlösung?‹ wollte keiner im einzelnen verfolgen.

Wie durchkämmt man einen Kontinent, stopft 2 Millionen Bürger aus zehn Staaten in Waggons, rollt mit ihnen nach Osten, wo schon 3 Millionen mit der Waffe erschlagen wurden oder eingefangen sind, verbraucht 23 t Giftgas, erstickt und verbrennt die Gefangenen aller Länder dreißig Monate im Hochbetrieb, läßt die ungläubige Welt zusehen, und alles funktioniert reibungslos. Die Juristen tippen Verordnungen, die Diplomaten sondieren, die Generäle reichen Munition, die Industriellen stellen sich KZs auf den Hof, die Familienväter im Einsatz schießen Säuglinge entzwei und die Kirchen verdrehen die Augen zum Himmel. Dem bundesrepublikanischen Gemeinverständnis nach wurde die Endlösung aber gemacht vermittels Gestapo, Kapos und Zyklon B. Die Planungsstäbe, Schaltzentralen und Agenturen dieser gesammelten Kraftanstrengung des Verwaltungsapparats, deren Arbeit die einzelnen Tribunale rekonstruierten, wurden nie mehr Gegenstand juristischen Interesses. Der exakte Funktionsmodus der Vernichtungsämter, ihrer Personalpolitik und Befehlsketten erregten allenfalls noch die Neugierde stillen Forscherfleißes. NS-Täter war hinfort das kleine Würstchen, das unversehens in das Räderwerk dieses Apparats postiert wurde und vor Schreck tat, was man ihm abverlangte.

III. Die Haftpflicht des Kleinen Mannes

Vollstreckungspersonal vor dem Militärgericht

»Ich, Irma Greese, arbeitete in Belsen als Aufseherin. In dieser Stellung war es meine Pflicht, für die allgemeine Sauberkeit des Lagers zu sorgen. Als ich in Auschwitz war, schlug ich weibliche Häftlinge auf ihr Gesicht mit einer Hand, wenn Töpfe als Toiletteneimer gebraucht wurden. Obwohl ich niemals Häftlinge in Belsen schlug, und auch niemand es tun sah, erinnere ich mich, daß eine Rapportführerin Häftlinge schlug. Das habe ich gesehen. (...) Ich habe wiederholt darüber nachgedacht und wünsche hinzuzufügen, daß ich tatsächlich Häftlinge geschlagen habe in einer anderen Weise als mit meiner Hand, wie schon beschrieben. Das war in Auschwitz, als mehrere unserer SS-Frauen kurze Peitschen hatten, welche im Lager gemacht wurden. Waffen wurden niemals getragen. (...) Nach weiteren Überlegungen möchte ich erklären, daß ich in Wirklichkeit eine Waffe trug. Eine Aufseherin in Auschwitz trug eine Pistole, auch ich. Meine Pistole war jedoch nie geladen, und ich wußte nicht, wie ich sie gebrauchen müßte und habe sie auch niemals gebraucht. Drittens gebe ich zu, daß auch ein Spazierstock da war, den wir im Zimmer der Lagerältesten aufbewahrten und den wir, obgleich es nicht erlaubt war, häufig gebrauchten, um die Häftlinge zu schlagen. Die Zustände in den Konzentrationslagern waren für alle schlecht, einschließlich die SS. Das einzige Mal, daß es mir erlaubt wurde, nach Hause zu gehen für fünf Tage, war, nachdem ich meine Ausbildung in Ravensbrück beendet hatte. Da habe ich meinem Vater über das KZ erzählt und er hat mir eine Tracht Prügel gegeben und sagte mir, ich dürfte das Haus niemals mehr betreten.«

Das Vernehmungsprotokoll der 22jährigen Irma Greese, einer der blutrünstigsten Schinderinnen, die der KZ-Betrieb sah, entstand während des Bergen-Belsen-Prozesses vor einem britischen Militärgericht in Lüneburg. In einer alten Turnhalle unter herabhängenden Ringen und Klettertauen begann am 17. November 1945 der erste NS-Prozeß nach dem Kriege, gegen 21 weibliche und 24 männliche Wachpersonen des Lagers Bergen-Belsen.

»Unser Irmchen«, erzählte Greeses Schwester der Presse, *»war eine fanatische Nationalsozialistin geworden, weil sie eben mit 17 oder 18 Jahren in Hohenlüchen in die ganze SS-Hierarchie hereingekommen war. Als sie in dieser Frauen-SS-Uniform bei meinem Vater erschien, hat er gesagt, ich will dich nicht mehr sehen. Ich verstehe überhaupt nicht, was aus der ge-*

worden ist.« Das Fußvolk der Endlösung, die pausbäckigen Backfische, die von Papa die Maulschelle einstecken und in Bergen-Belsen als SS-Megären Häftlinge in Stücke reißen, bekam in Nürnberg, wo die Befehlshaber standen, keine Auftritte. Für die nazistische Massenkriminalität war der Gerichtsalltag vorgesehen, sei es vor alliierten, sei es vor deutschen Gerichten. Mochten diese den armen Teufeln gerecht werden, die gedankenlos ihre Wut an dem menschlichen Vernichtungsgut ausgetobt hatten. Der Typus Irma Greese war 1945 eine Sensation. *»Das typische Mecklenburger Mädchen«,* berichtet der Prozeßbeobachter Axel Eggebrecht, *»aufgewachsen in Fürstenberg in der Mark, eine harte Kommandostimme, die hatte sie sich inzwischen angewöhnt, um über Tausende von wehrlosen Menschen zu herrschen. Vater Sozialdemokrat, es beginnt das Dritte Reich. Kinder sind ja nun häufig in Opposition gegen ihre Eltern, und sie war plötzlich begeistert von den ganzen Sachen, überwarf sich völlig mit den Eltern und ging in einer dienenden Funktion nach Hohenlüchen, das war eine SS-Schule. Und so kam sie mit sehr jungen Jahren schon in die Kreise, die die Vernichtungslager organisierten. Es grenzt an Horrorfilme, was ich in Lüneburg erlebte, wenn man sie im Verhör fragte: ›Sie haben also die Gefangenen auch geschlagen?‹*
›Selbstverständlich, wie soll ich denn sonst Ordnung halten.‹
›Sie haben die Gefangenen selbst doch aus Zellophanbändern Peitschen flechten lassen?‹
›Ja, die wirkten besonders gut.‹
Und dann sagte einer der Staatsanwälte: ›Sie haben im Gefängnis offenbar Ihre Frisur geändert, damit man Sie nicht erkennen konnte?‹
›Nein, ich konnte im Gefängnis meinen deutschen Knoten nicht pflegen.‹«
Die Chefin der SS-Frauen in Belsen war eine schlesische Friseuse.
»Ich, Elisabeth Volkenrath, war SS-Oberaufseherin. Ich bin 26 Jahre alt. Mein Mann ist auch in der SS. Ich weiß, daß es sehr schlimm war in diesen Lagern, aber es war auch schlimm für uns, und wir konnten nichts daran machen. Wir wurden genauso wie die Häftlinge bestraft, damit uns das Geld vorenthalten wurde, bis zu 5 RM vom Kommandanten Kramer, und erhielten auch Lagerhaft auf Befehl Berlins, und wir wurden überhaupt fast genauso behandelt, als ob wir Gefangene wären.«
Auf eine absurde Weise standen diese Leute den Gefangenen tatsächlich näher als dem Baron von Weizsäcker oder Alfried Krupp von Bohlen und Halbach, der die 500 ungarischen Jüdinnen in Richtung Belsen schaffen ließ. Außerdem überlebten Volkenrath und Greese ihre Opfer nicht lange. Sie zählten zu den 11 der zum Tode verurteilten und im Zuchthaus Hameln am Strang geendeten Angeklagten. Weitere 19 erhielten Freiheitsstrafen zwischen fünfzehn Jahren und einem Jahr, 15 wurden freigesprochen.
Das Urteil stieß in den alliierten Ländern auf ein wütendes Echo. Die französische Regierung ersuchte um die Auslieferung der Freigesproche-

nen, um ihnen einen zweiten Prozeß mit neuem Beweismaterial zu bereiten. Die erfolgreiche Verteidigung, bestehend aus englischen Offizieren, hatte man fairerweise aus Anhängern des britischen Faschistenführers Mosley rekrutiert, und sie entdeckten in den Aussagen der Häftlinge laufend Widersprüchlichkeiten in Orts- und Zeitangaben, Ungenauigkeiten der Beschreibung und Erinnerung usw. *»Bedenken Sie«,* wandte diese Verteidigung sich an den Richter, *»daß diese Menschen es mit dem Abschaum der Ghettos von Ost-Europa zu tun hatten.«* Man habe es wohl zunächst einmal mit dem Abschaum der SS zu tun, erwiderte der als Richter amtierende Generalmajor. In der Lüneburger Turnhalle zeichnete sich bereits das Muster des NS-Prozesses ab, einer Veranstaltung, zu der mehr oder minder kleine Leute geschleppt werden, die sich unterdessen flugs in Opfer verwandelt haben – Opfer der Zeit, Opfer ihrer Befehlsgeber und, wie jedermann ersichtlich, die Opfer ihrer weit überforderten Moral. Die den Tätern auf den Leib geschneiderte Opferrolle wurde im Handumdrehen zu einem nationalen Motiv, das Deutschland tiefer aufwühlte als alle Enthüllungen über Gaskammern, Einsatzschützen und Sklavenhalter zusammen.
Sämtliche Massenvernichtungsverbrechen in Lagern waren Militärgerichten zur Verhandlung vorbehalten sowie Gerichten in Polen, der Tschechoslowakei, Ungarn, Holland, Belgien, Frankreich und weiteren Ländern, auf deren Territorium und gegen deren Bürger die Täter aktiv gewesen waren. Amerikanische Militärgerichte klagten seit dem Winter 1945 u. a. 549 Täter aus Dachau an, 298 aus Mauthausen, 87 aus Flossenbürg, 25 aus Nordhausen und 62 aus Buchenwald. 1517 Personen wurden verurteilt, davon 324 zum Tode. Die ersten Todeskandidaten, in rote Jakken gekleidet, bestiegen am 15. Oktober 1948 auf Geheiß General Clays das Schafott, die weiteren jede Woche freitags, bis zum 2. Februar 1949. In der östlichen Zone Deutschlands verhafteten die Russen ausgiebig die dort verbliebenen Nazis, schickten einen Teil zur Zwangsarbeit nach Rußland und verurteilten einen anderen Teil rasch und hart. Da die KPD-Leute zu Polizisten geworden waren, bestand auch kein Problem bei der Suche. Die Täter machten wenig Ausflüchte, berichteten sogar freimütig von ihren Foltermethoden an wehrlosen Gefangenen, wie die 14 Angeklagten des Sachsenhausen-Prozesses im Oktober/November 1947. Alle waren mit dem Tode bedroht. Sie bekannten sich wie ein Mann schuldig und erhielten lebenslange Freiheitsstrafen. Britische und französische Gerichte fällten 344 Todesurteile.
Die Polen verurteilten das ihnen in die Hände gefallene Auschwitz- und Maidanek-Personal sowie weitere 1100 Personen, die ihnen bis 1950 die Amerikaner auslieferten. Bis zum Jahre 1977 sind 5358 deutsche NS-Täter in Polen verurteilt worden. Am 3. Dezember 1944 wurden neben dem Krematorium von Maidanek die ersten sechs Schuldiggesprochenen, zwei Verwaltungsangestellte, zwei Wachleute und zwei Kapos, gehenkt.

Am 16. April 1947 büßte neben seinem früheren Kommandanturgebäude der Auschwitz-Kommandant Höß die Todesstrafe. Der 14 Tage währende Prozeß wurde vor einem analog zum Nürnberger Militärgerichtshof gebildeten Tribunal, dem Obersten Nationalgerichtshof, verhandelt. Ihm lag ein in 21 Bänden gesammeltes Dokumentarmaterial der im Herbst 1945 gegründeten und bis heute bestehenden ›Hauptkommission zur Untersuchung von Naziverbrechen in Polen‹ vor. Auf dieser Grundlage konnten acht Monate nach Höß vierzig weitere Auschwitz-Angestellte angeklagt werden.
Höß rechnete vor Prozeßbeginn bereits mit dem Todesurteil: *»Ich war unbewußt ein Rad in der großen Vernichtungsmaschine des Dritten Reiches geworden«*, heißt es in seinen Aufzeichnungen. *»Die Maschine ist zerschlagen, der Motor untergegangen und ich muß mit. Die Welt verlangt es.«* Er verteidigte sich schmucklos und machte auf polnische Prozeßbeobachter *»manchmal den Eindruck eines Fabrikdirektors, der sich dafür entschuldigt, daß in seinem Betrieb Unzulänglichkeiten vorgekommen waren, die er durch objektive Schwierigkeiten zu erklären versuchte: zu große Transporte, geringe Kapazitäten der Krematorien, Betriebsunterbrechungen durch Beschädigung der Anlagen ... Wenn man ihm zuhörte, hatte man den Eindruck, daß er bemüht war, während des Ablaufs der Aktion den Gedanken an menschliches Leben vollkommen aus seinem Bewußtsein zu verdrängen.«* Aber der Eindruck des desinteressierten Vernichtungsbeauftragten trog. Bei aller Todesergebenheit bestand Höß auf seiner natürlichen Empfindungstiefe, die der Nachwelt nicht verborgen bleiben sollte: *»Ich mußte mich sehr zusammenreißen, um nicht einmal in der Erregung über eben Erlebtes meine inneren Zweifel und Bedrückungen erkennen zu lassen. Kalt und herzlos mußte ich scheinen, bei Vorgängen, die jedem noch menschlich Empfindenden das Herz im Leibe umdrehen ließen. Ich durfte mich noch nicht einmal abwenden, wenn allzumenschliche Regungen in mir hochstiegen. Mußte kalt zusehen, wie die Mütter mit den lachenden oder weinenden Kindern in die Gaskammern gingen ... Ich wäre am liebsten vor Mitleid von der Bildfläche verschwunden – aber ich durfte nicht die geringste Rührung zeigen. Ich mußte alle Vorgänge mitansehen. Ich mußte, ob Tag oder Nacht, beim Heranschaffen, beim Verbrennen der Leichen zusehen, mußte das Zahnausbrechen, das Haarabschneiden, all das Grausige stundenlang mitansehen. Ich mußte selbst bei der grausigen, unheimlichen Gestank verbreitenden Ausgrabung der Massengräber und dem Verbrennen stundenlang dabeistehen. Ich mußte auch durch das Guckloch des Gasraumes den Tod selbst ansehen, weil die Ärzte mich darauf aufmerksam machten. Ich mußte dies alles tun, weil ich derjenige war, auf den alle sahen ...«*
Seine inneren Verletzungen heilte Höß des Nachts in den Pferdeställen, *»und fand dort bei meinen Lieblingen Beruhigung«*. Dann trieb es ihn wieder hinaus, und *»wenn ich so nachts draußen bei den Transporten, bei*

den Gaskammern, an den Feuern stand, mußte ich oft an meine Frau und die Kinder denken ...« Höß war mit sich und Auschwitz unzufrieden. Die nie abreißende Arbeit, die Unzuverlässigkeit der Mitarbeiter, das Unverständnis der Vorgesetzten: *»wirklich kein erfreulicher und wünschenswerter Zustand ... Heute bereue ich es schwer, daß ich nicht mehr Zeit für meine Familie nahm. Ich glaubte ja immer, ich müsse ständig im Dienst sein.«*

Höß' Psychogramm – der melancholisch im Feuerschein des Krematoriums wie in die Eichendorffsche Mondnacht träumende Familienvater – hatte die deutsch-jüdische Philosophin Hannah Arendt schon im November 1944 beschäftigt. Wahrhaft graueneinflößend seien weder die populären Hauptkriegsverbrecher noch die ihnen opfernden Gesellschaftseliten. Diese Allianz von Gangstertum und ahnungslosen Tröpfen verursache keine eigentlichen Begriffsschwierigkeiten. Der Verstand stockt bei der Massenkriminalität im Heer der Subalternen. Der Überfluß an Gefolgsleuten für den Verwaltungsmassenmord, die prompte Eignung der wahllos Eingezogenen durchkreuzt alle späteren strafrechtlichen und volkspädagogischen Konzepte. *»Auch die ernsteren Diskussionen zwischen den Advokaten der ›guten‹ und den Anklägern der ›bösen‹ Deutschen reden nicht nur an dem Kern der Sache vorbei, sondern haben offenbar von dem Ausmaße des Verhängnisses kaum eine Vorstellung. Sie werden entweder in die Trivialität einer allgemeinen Feststellung über gute und böse Menschen und in eine phantastische Überschätzung der ›Erziehung‹ gedrängt, oder sie nehmen ohne weitere Besinnung die Rassentheorie der Nazis an und kehren sie um ... Inzwischen geht es weder darum, das Selbstverständliche zu beweisen, nämlich daß Deutsche nicht seit Tacitus' Zeiten bereits latente Nazis waren, noch das Unmögliche zu demonstrieren, daß alle Deutschen eine nazistische Gesinnung haben; sondern darum, sich zu überlegen, welche Haltung man einnehmen kann, wie man es ertragen kann, sich mit einem Volke konfrontiert zu finden, in welchem die Linie, die Verbrecher von normalen Menschen, Schuldige von Unschuldigen trennt, so effektiv verwischt worden ist, daß morgen niemand in Deutschland wissen wird, ob er es mit einem heimlichen Helden oder einem ehemaligen Massenmörder zu tun hat.«*

Als den großen Verbrecher des 20. Jahrhunderts entdeckte H. Arendt den abenteuernden Familienvater. *»Es ist der gleiche Durchschnittsdeutsche, den die Nazis trotz wahnsinnigster Propaganda durch Jahre hindurch nicht dazu haben bringen können, einen Juden auf eigene Faust totzuschlagen (selbst nicht, als sie klarmachten, daß solch ein Mord straffrei ausgehen würde), der heute widerspruchslos die Vernichtungsmaschinen bedient ... Die einzige Bedingung, die er von sich aus stellte, ist, daß man ihn von der Verantwortung für seine Taten radikal freisprach.«* Wenn die Verantwortung dem auf Treu und Glauben immungesetzten Fußvolk rückwirkend trotzdem aufgehalst wird, kann es unmöglich an Recht und Gerechtigkeit glauben. *»Solange die Strafe das Recht des Verbrechers ist – und auf diesem Satz beruht seit mehr als zweitausend Jahren das Gerechtigkeits- und das Rechtsempfinden der abendländischen Menschheit –, gehört zur Schuld ein Bewußtsein, schuldig zu sein, gehört zum Strafen eine Überzeugung von der Verantwortungsfähigkeit des Menschen.«* Das Tätermerkmal des bösen Gewissens ließe allerdings von der nazistischen Massenkriminalität nur einen Bodensatz triebhafter Rohlinge übrig. Alle Teilhaber des guten Gewissens, ob Täter oder nicht, legten auf saubere juristische Unterscheidung von Trieb- und Pflichtmensch den höchsten Wert. Ausländische Rechtsordnungen, die auf diese Kunst verzichteten, weil sie dem angeklagten Plebs das Privileg des Ausrottens nie gewährt hatten, wurden kreischend der Ungesetzlichkeit bezichtigt. Die 23 vom polnischen Obersten Nationalgericht zum Tode verurteilten Auschwitzangestellten wähnten infolgedessen, den *»Sühnetod für Deutschland«* zu erleiden. Das Urteil hatte ihre Dienststelle, das System der Vernichtungslager, als eine *»Organisation«* bezeichnet, *»deren Ziel es war, Verbrechen gegen die Menschlichkeit zu verüben«*. Als Vernichtungspersonal hatten sie einer *»verbrecherischen Gruppe«* angehört, deren Mitglieder sich den Taterfolg in Gänze zuzurechnen hatten.

Über das Gewissen der Gewissenlosen und den Blutrausch der Teilnahmslosen stellt eine Opfernation weniger Recherchen an. Hannah Arendt kannte die Familienväter im Einsatz auch nur theoretisch und vom Hörensagen. Das Opfer, das dem Quälgeist ins Auge blickte, hat darin noch nie etwas von der Banalität des Nazi-Bösen festgestellt. Die Gequälten sahen nur, wie die Tat von dem Täter Besitz ergreift, seine Belanglosigkeit absorbiert und ihn Grade der Infamie auskosten läßt, die seiner Antriebsarmut gewöhnlich versagt bleiben. Für einen jüdischen Oberregierungsrat, der die Hundepeitsche eines Bäckerburschen im Gesicht verspürte, existieren keine kleinen Bösewichter. Der Peitschenträger präsentierte sich auch nicht als Rädchen im Getriebe. Diesem Dasein wähnte er sich als Prügelchef glücklich entronnen. Der Verletzte kennt nichts Allmächtigeres als den schäumenden Gernegroß, und alle Kraft des Getriebes übersetzt sich auf dieses Rädchen. Dem Peiniger war dies immer gegenwärtig. Erst als das Abenteuer geplatzt war, hausierte er mit seiner Winzigkeit. Nichts plagte ihn ärger als die Vorstellung einer Wiederbegegnung vor dem Gerichtshof der Geschädigten. Kein anderer kannte den Subalternen in der Stunde der Selbstüberhebung. Von der Auslieferung in die östlichen und südöstlichen Schauplätze seines Wirkens versprach er sich den sicheren Tod. Nach allgemeiner Auffassung war etwas Anstößigeres als die Teilnahme der Geschundenen an der Verurteilung der Schinder überhaupt nicht vorstellbar. Einer solchen Farce fehlte ja die geringste Neutralität.

Die gewöhnlichen Massenkriminellen machten von 1945 an die alte Erfahrung, daß die Nürnberger keinen hängen, sie hätten ihn denn. Eine Sache war es, alle Blockwarte und Gestapoleute in Internierungslager zu werfen, eine andere, 100000 Täter auszusieben und ihnen verhandlungsreife Klagen anzuhängen. Das in Nürnberg geschaffene ›Organisationsdelikt‹, die strafbare Zugehörigkeit zu einer verbrecherischen Organisation, verfehlte das Berufsethos der objektiven Richter, die individuelle Schuld prüfen wollen, und dies besonders, wenn sie so gottverlassenen Existenzen begegnen wie den nazistischen Schlagetots des letzten Glieds. Bereits das Bergen-Belsen-Gericht hatte die Verurteilung auf Basis blanker Teilnahme am KZ-Betrieb verworfen. Die Anklage mußte persönliche Greuel nachweisen oder scheitern. Nachweise für das persönliche Wüten einer derartigen Täterzahl beizubringen, verlangte den Aufbau starker Fahndungs- und Anklagebehörden. Dazu kam es nicht. Spätestens 1947 war scharfen Augen ersichtlich, daß Strafverfolgung auf kleiner Flamme das gleiche Resultat zeitigte wie gar keine Verfolgung, abgesehen davon, daß ein Schein der Bemühung über allem glänzt. Desto empörender aber mußte das Schicksal der paar hundert erscheinen, die für Taten geköpft werden sollten, die Hunderttausend auf dem Gewissen hatten. Da Recht zu sprechen war, wußten die Rechtsgenossen ein öffentliches Klima herzustellen, das keine Justiz zu ignorieren imstande ist, nicht einmal eine Militärjustiz.

Der am 11. April 1947 begonnene Buchenwald-Prozeß lieferte dem Publikum eine KZ-Diva nach seinem Geschmack, die blonde Sadistin Ilse Koch, Gemahlin des Lagerkommandanten. Ihre phantasieanregende Tätigkeit reichte angeblich von der Anfertigung von Lampenschirmen aus tätowierter Häftlingshaut bis zu sexuellen Exzessen. Als Gruselkabinett war die Endlösung in Deutschland jederzeit interessant. Ilse Koch hatte freiwillig im Lager gelebt und konnte sich weder auf Befehl noch auf Angst für Leib und Leben berufen. Sie war aus schierem Vergnügen in Buchenwald gewesen. Seltsamerweise kam ihr gerade das zugute. Sie hatte nicht als professioneller Scherge, sondern als privater Voyeur teilgenommen. Gerüchte über höllische Grausamkeit füllten die Gazetten, waren aber von der Anklage nicht gründlich genug erhärtet worden, man hatte sich auf dubiose Hautfunde an Lampenschirmen und Handschuhen verlassen. Den Amerikanern schien der Fall technisch wacklig, und Clay stufte die ursprünglich auf Tod lautende Strafe von Mal zu Mal herunter. Die Blätter freuten sich über den schlampig geführten Beweis. Nachdem sie das Publikum monatelang mit Schlüpfrigkeiten aus den Nächten der Buchenwald-Kommandeuse unterhalten hatten, konnten sie zum Katerfrühstück melden, daß es so schlimm nicht gewesen sein könne, weil selbst die Amerikaner nicht riskierten, die Strafe zu vollstrecken.

Die Scheu der amerikanischen Militärregierung, mit den Lemuren der Konzentrationslager kurzen Prozeß zu machen, hatte inneramerikani-

sche Ursachen, die die deutschen Interessenten zu nutzen verstanden. Die Dachauer Verfahren besaßen nicht die juristische Qualität der Nürnberger. Wie es in Polizeiverhören gelegentlich geschieht, waren Geständnisse mit hemdsärmeligen Methoden erzielt worden, angeblich um die befohlene Mauer des Schweigens unter den Angeklagten zu durchbrechen. Schläge haben allem Anschein nach keine Rolle gespielt, wohl aber psychische Einschüchterungen. Dies wurde der Hebel einer rabiaten Kampagne gegen die Folterung politischer Gefangener durch die Sieger-Justiz. Ausgangspunkt waren die in Schwäbisch-Hall einsitzenden Gefangenen selbst, die schwere Mißhandlungen reklamierten, und prompt echoten die Sympathisanten draußen, daß die Vernichtung der nationalen Helden in der Haft bezweckt werde: Kugeleinschläge seien an den Gefängniswänden zu sehen, einige mit Hautfetzen behaftet. Alle Häftlinge seien beim Zahnarzt in Behandlung, weil sie keine Gebisse mehr hätten, und außerdem seien ihnen die Hoden zerquetscht worden. Diese Vorwürfe zentrierten sich auf das Verfahren ›Malmedy‹, ein Wort, das zur Parole gegen die alliierte Rachejustiz wurde. Daran änderte auch die Tatsache nichts, daß kein Malmedy-Urteil ganz vollstreckt wurde, aber die siebzig bei Malmedy von der SS-Kampfgruppe Peiper massakrierten US-Kriegsgefangenen nicht von den Toten auferstanden sind.
Als die wahren Opfer hatten sich wieder die Täter selbst auserkoren, unter Flankenschutz ausgewählter Kreise, allen voran das Episkopat beider Kirchen. Seine klägliche Rolle angesichts der nationalsozialistischen Verbrechen hatte es bußfertig eingestanden, und um sich Gleichgültigkeit gegenüber Verfolgung nicht ein zweites Mal vorwerfen zu lassen, appellierten die Bischöfe zugunsten der nationalsozialistischen Verbrecher, so oft sie konnten. Die wenigen, die im Dritten Reich behutsam kritisch geworden waren, trugen diese Appelle mit einer unangreifbaren Autorität vor. Zu Weihnachten 1948 beschwerte sich Bischof Johannes Neuhäusler bei Clay, daß 68 zum Tode Verurteilten in Landsberg vom Gefängnisdirektor der Adventskranz verwehrt worden sei. Ein derartig brutales Vorgehen habe er nicht einmal im Konzentrationslager erlebt. Während der vier Jahre, die er dort zugebracht habe, sei *»weder ein Adventskranz noch ein Weihnachtsbaum verboten gewesen«*. Die Verwechslung der verurteilten Killer mit ihren schuldlosen Opfern und der Amerikaner mit den NS-Lageristen dünkte in kirchlichen Kreisen unerschrocken und überzeugungskräftig. Theophil Wurm, Bischof von Württemberg, verglich die Nürnberger Prozesse gar mit dem Volksgerichtshof, weil dort wie hier Offiziere von zivilen Richtern verurteilt worden waren. Clay erwiderte höflich, es sei schwierig zu verstehen, wie ein Blick auf das gegen die Angeklagten vorliegende Beweismaterial *»als Basis von sentimentalen Sympathien dienen könnte für Leute, die ungezählten Millionen Leid und Pein bereitet haben«*. Die sentimentalen Sympathien waren jedoch durch kein Beweismaterial mehr abzuschrecken. Die Lobbyisten

der Täter beunruhigten amerikanische Kongreßabgeordnete mit den zertretenen Hoden im Malmedy-Verfahren und hinterließen gelegentlich ernste Zweifel bei diesen Männern, ob die Besatzungsarmee mit fairen Mitteln operiere. Die hin- und herpendelnden Untersuchungskomitees fanden nie eine Bestätigung für die Wehklagen der Lobby, kamen aber stets zu einer Empfehlung an General Clay, weitere Verurteilte vom Vollzug der Todesstrafe auszunehmen.
Im Malmedy-Verfahren, dem größten der Serie, ergingen im Juli 1946 43 Todesurteile und 22 lebenslängliche Freiheitsstrafen. Fast drei Jahre später waren noch keine Todesurteile vollstreckt und nur noch sechs davon akut. Am 18. April 1949 trat ein amerikanischer Senatsausschuß zur Prüfung der Dachauer Justiz zusammen. Unter seinen Mitgliedern saß Senator McCarthy, auf den die deutsche Interessenvertretung ganz besonders setzte. In der Tat war die Kriegsverbrecherfrage ins Vorfeld des Machtwechsels von den Demokraten auf die Republikaner in den USA geraten. Die Militärjustiz, einschließlich der Nürnberger Verfahren, war ein Projekt der Demokraten aus Roosevelts Tagen gewesen. Seine Protagonisten, liberale Intellektuelle, europäische Emigranten und Juden, gehörten zu eben der Schicht, die die republikanische Opposition der nationalen Unzuverlässigkeit, wenn nicht kommunistischer Helfershelferschaft verdächtigte. Clays Klagen, daß der kaltblütige Malmedy-Mord an amerikanischen Soldaten, die sich als Kriegsgefangene ergeben hatten, im politischen Tageskampf ausgeschlachtet werde, halfen nicht im mindesten darüber hinweg, daß Amerika sein Feindbild vom Nationalsozialismus auf den Kommunismus verlagerte und infolgedessen auf die Ohrenbläsereien der Landsberger Lobbyisten leichter hereinfiel, die antibolschewistischen Kreuzritter in den Todeszellen seien in Wahrheit Opfer Moskaus und seiner nützlichen Idioten. McCarthy aus Wisconsin kolportierte im Ausschuß die Hoden-Geschichte, griff die eingewanderten Juden an, die die Traditionen amerikanischer Justiz aushöhlten, hielt das Thema aber bald für so wenig publikumswirksam, daß er aus dem Komitee ausstieg, um lieber Spione zu enttarnen. In seinem Schlußbericht stempelte der Senatsausschuß die Vorwürfe gegen die Dachauer Verfahren zum Bestandteil einer organisierten Kampagne von Nazis und amerikanischen Sympathisanten und bedauerte den Dilettantismus der Verhörführer, die allerdings *»früher Lebensmittelhändler, Handelsvertreter und Angehörige anderer unspezifischer Berufe gewesen sind«*. Zudem wäre ein höherer Anteil geborener Amerikaner wünschenswert gewesen. Geborene Amerikaner entschieden dann das endgültige Los der Malmedy-Angeklagten im Zuge des großen Gnadenprogramms der kommenden Jahre. Todesurteile wurden nicht vollstreckt. (Jochen Peiper erlag in den 70er Jahren in Frankreich einem Überfall ehemaliger Partisanen.)
Das Malmedy-Tauziehen, ausgelöst durch grobe Schnitzer des Ermittlungspersonals, offenbarte die Empfindlichkeit politischer Strafprozesse

für öffentlichen Druck. Wenn starke Rechtsüberzeugungen in der Bevölkerung wirken, benutzt der Richter seine Unabhängigkeit auf die Dauer nicht dazu, ihnen offen ins Gesicht zu schlagen.
Ein Unlustgefühl angesichts von NS-Prozessen verspürte nicht nur die Täterlobby. Ihre flagrante Parteilichkeit eignete sich bei allem Radau am wenigsten zur Einflußnahme. Der Verfolger selbst und seine Sphäre muß den Geschmack daran verlieren. George Orwell registrierte schon 1946 auf seiner Deutschlandreise an sich, daß Rache sauer sei. Der Wunsch nach Vergeltung gedeihe im Zustand des Unvermögens mächtigen Feinden gegenüber. Verlieren sie restlos ihre verbrecherische Kapazität, stirbt die Bedrohung und ermüdet alsbald der Vergeltungsbedarf. Ähnlich wie Hamlet hat keiner Lust, den Täter niederzustrecken, während er die Hände reuig zum Gebet faltet. *»Die Bestrafung dieser Unmenschen«,* schreibt Orwell, *»scheint irgendwie nicht mehr attraktiv zu sein, sobald sie möglich geworden ist: in der Tat hören sie fast auf, Ungeheuer zu sein, wenn sie erst einmal hinter Schloß und Riegel sitzen.«* Politische Konsequenzen mögen längerfristig und kühlen Blutes aufzuerlegen sein, die Waffe des Strafrechts stumpft rasch ab. Die Emotion, die sie schärft, ertrinkt ohne akute Bedrohung durch die Täterwelt in Versöhnungswillen. Das Vergnügen, den Unterlegenen zu quälen, war hauptsächlich denen zu eigen, die nun die Ritterlichkeit des Siegers forderten. In ihre Gunst kamen schließlich auch solche Täter, die nicht die Harmlosigkeit der verrohten Bergen-Belsener Friseusen ausströmten.
Der Druck zur Amnestie erprobte sich nunmehr an sehr respekteinflößenden Unmenschen Nürnberger Formats. Erbittert, wie das Publikum die Haftbarkeit der zahllosen kriminellen Trabanten abwehrte, schloß es automatisch auch deren Unterführer ins Herz, die am Tatort das Kommando innegehalten hatten. Das Unschuldsgefühl war unteilbar, und ein routinierter Schmerzensschrei erscholl, egal wo Anklage erhoben wurde. Als die englische Krone dem Feldmarschall von Manstein den Prozeß machte, stellte er sich als genau so ein Alltagsgemüt vor wie die Einsatzschützen in seinem Troß. Er hatte seine Befehle, war gar nicht im Bilde über Umfang und Sinn der Menschenschlächterei, die als kriegsübliche Repressalie ihn seine Pflicht zur Eindämmung des Banditenwesens dünkte. Wie ›unser Irmchen‹ Greese ins KZ, war er irgendwie in die Ostfront geschlittert, wo die Hölle los war und sein einziges Interesse darin bestand, etwas Ordnung zu schaffen. Diese Bescheidenheit wurde Manstein bis nach England geglaubt. Die Besatzungsarmee hielt noch ein paar Generäle in Gewahrsam, die sich ihr ergeben hatten und nach ursprünglicher Überzeugung vor ein Kriegsverbrechertribunal gehörten: neben Manstein noch von Brauchitsch, Rundstedt und Strauss. Obwohl die Russen eine Auslieferung verlangten, weil die Taten auf ihrem Territorium geschehen waren, verwahrten die Angelsachsen die Generäle lieber für sich und mußten sie infolgedessen auch aburteilen. Englische Kriegsge-

richte in Italien hatten bereits gegen Feldmarschall Albert Kesselring und die Generäle v. Mackensen und Mälzer verhandelt, unter der Anklage der Erschießung jeweils Hunderter von Geiseln, einschließlich Frauen und Kindern, als Repressalie gegen Partisanenaktionen. Die ursprünglichen Todesurteile wurden in lebenslange Freiheitsstrafen umgewandelt, sehr zum Ärger der italienischen Öffentlichkeit. Zufriedener war der britische Oppositionsführer Churchill, der an Premier Clement Attlee schrieb: *»Das Verfahren der Tötung der Führer des geschlagenen Feindes hat nun sämtliche Vorteile ausgeschöpft, die einmal dabei gewesen sein mögen.«* Falls Kesselrings Todesurteil nicht gemildert würde, stünde er, Churchill, öffentlich dagegen auf. Kesselring wurde 1952 haftverschont, angeblich litt er an Krebs, was ihn aber nicht hinderte, zum Führer des wiedererstandenen Stahlhelms aufzurücken. Churchill formulierte ein weit in der englischen Armee verbreitetes Unbehagen und Mitleid mit den unterlegenen Kollegen. *»Ich weiß, was sie getan haben«*, äußerte der General Sir Alec Bishop, *»aber ich fühlte, daß sie nur Befehlen gehorcht hatten. Gewöhnlich nahm ich Zeitschriften ins Gefängnis von Werl mit, wo viele von ihnen eingesperrt waren. Ich dachte: ›Angenommen, wir hätten den Krieg verloren ...‹«.*

Indessen läßt sich die Haltung der Fairness von der blanken Sympathie wohl unterscheiden. Vier Jahre nach Niederwerfung des Nationalsozialismus waren vernünftige Zweifel daran, ob die Aburteilung deutscher Generäle unbedingt Sache englischer Militärgerichte sei, nicht ganz unangebracht. Die Briten hatten das Sicherheitsinteresse stets dem amerikanischen Umerziehungsgedanken vorgezogen. Angesichts ihrer eigenen Probleme bei der Dekolonisierung und in Palästina bestand der dringende Wunsch nach Konsolidierung der deutschen Verhältnisse, auch um die ökonomische Bezuschussung abzubauen. Die verbreitete Müdigkeit, sich ewig deutschen Angelegenheiten zu widmen, bot den deutsch-englischen Sympathisanten das Operationsfeld ihrer Amnestie- und Rehabilitationsziele. Der am 24. August 1949 im Hamburger Curio-Haus eröffnete Prozeß gegen den Generalfeldmarschall v. Manstein brachte in England eine von der Verteidigung geschickt entfaltete Sympathiebewegung auf die Beine, die beispiellos in allen Kriegsverbrecherprozessen war. Die gar nicht knappe Strafe von 18 Jahren Gefängnis, die Manstein für seine Praktiken in Rußland davontrug, wurde nachgerade der Anlaß für seine Verklärung zum Märtyrer. Dieser Kampagne glückte es, zum ersten Mal international das Prinzip zu verwirklichen, daß die Lobby nicht vom Geheul der nazistischen Spießgesellen geprägt sein darf. Wirklich entlastend wirkt allein der hochherzige Einsatz des politischen Gegners. Die Geste des Verzeihens ist das unwiderstehlich Überwältigende. Verzeihen kann jedoch einzig das überlebende Opfer.

Mansteins deutsche Anwälte gewannen zwei britische Co-Verteidiger, beide Unterhausabgeordnete der Labour-Fraktion, einer, Sam Silkin,

Jude. Ein weiterer campaigner war der jüdische Verleger und Philanthrop Victor Gollancz. Das Judentum hielt noch immer, wie Manstein in seinem berüchtigten Befehl vom 20. November 1941 ausgeführt hatte, die *»Schlüsselpunkte der politischen Führung, Verwaltung und des Handels besetzt«,* bildete indessen nicht mehr *»den Mittelsmann zwischen dem Feind im Rücken und den noch kämpfenden Resten der Roten Armee«.* Dieses Mal bildete es den Mittelsmann zwischen dem angelsächsischen Feind vorn und den noch kämpfenden Resten Mansteins im Rücken. Der *»Träger einer völkischen Idee und Rächer«* ließ sich von seinen Juden dankbar schützen vor der Militärjustiz seiner Überwinder. Reginald Paget, der zweite Labour-Verteidiger, bezeichnete den genannten Befehl als Gegenstück zum Nicht-Fraternisierungsgebot der alliierten Truppen in Deutschland. Ansonsten, versicherte Paget dem Gericht, *»benahm sich die deutsche Truppe in Polen gut ... Einige Synagogen wurden verbrannt, und die jüdische Bevölkerung bekam gelegentlich Demütigungen auferlegt.« »Machen Sie Scherze?«* fragte der Gerichtsvorsitzende, Generalleutnant Sir Frank Simpson. *»Ganz und gar nicht«,* erwiderte Paget. Er erreichte auch allen Ernstes, daß Manstein mit Familie und Sekretär in komfortabler Festungshaft saß, um seine Memoiren abzufassen, und nach drei Jahren rechtzeitig entlassen wurde, um bei dem Aufbau der Bundeswehr beraten zu können.

Entnazifizierung in deutscher Regie

»Die Entnazifizierung wird von nahezu allen Befragten abgelehnt. Die wenigen Befürwortungen fallen kaum ins Gewicht.« Mit diesen Sätzen leitete der katholische Soziologe Walter Dirks im Jahre 1953 eine Untersuchung jener Massensäuberung ein, die – wenn man die Familien der von ihr Betroffenen einbezieht – über die Hälfte aller Deutschen erfaßte. Sechs Jahre durchlebten sie das ›Nürnberg des kleinen Mannes‹. Den letzten wurde noch auf den Zahn gefühlt, da traf Dirks schon auf generelle Abneigung, über die Angelegenheit zu reden. Bald aber freuten sich die Entnazifizierten, ihrem Herzen Luft machen zu können, *»noch einmal über das in Worten zu rechten, was sie als Unrecht empfinden, das man ihnen zugefügt hat«.* Ein Unrecht seelischer Natur, denn materiellen Schaden hatte kaum jemand ernstlich davongetragen. *»Und was heißt überhaupt entnazifiziert«,* bekannte einer, der tiefer blickte, *»das ist doch etwas Äußerliches. Innerlich kann man es doch gar nicht.«* Ebenfalls nicht verkehrt war das Urteil, *»die Menschen wurden durch die Entnazifizierung zur Heuchelei erzogen«.* Und *»wer ein überzeugter Nationalsozialist war, der ist durch diese lächerliche Kategorisierung auch nicht bekehrt worden«.* Andererseits klebten die Parteigenossen nicht an Solidarität und Gesinnungstreue, sondern denunzierten sich untereinander nach Strich und Fa-

den. *»Man könnte zu der Vermutung neigen«*, folgerte Dirks, *»daß unter den ehemaligen Pgs Menschen besonders häufig seien, die zu einer besonders schnellen Anpassung an die jeweiligen Herrschaftsverhältnisse disponiert sind.«* Doch scheint als Ventil der Anpassung der innere Vorbehalt gedient zu haben. *»Und das soll Demokratie sein?«* war der klassische Ausruf derer, denen zunächst ihre nazistischen Sünden vorgerechnet wurden. Die Betroffenen hatten sich nichts vorzuwerfen. Die Schutzbehauptungen aber gingen mit der Zeit. *»Während man früher kaum einen fand, der nicht im Inneren ›schon immer‹ dagegen gewesen war und nach seinem Vermögen Widerstand geleistet haben wollte, spricht man jetzt (1953) viel unumwundener von der eigenen NS-Vergangenheit und legt die Betonung mehr darauf, daß man selber ganz harmlos gewesen sei oder aber, daß der Nationalsozialismus im großen und ganzen nicht so schlimm gewesen sei. Man habe doch als kleiner Nazi nur Gutes getan, sagen viele, und man könne doch nicht Taten ahnden, die im besten Glauben geschehen seien.«*
Die Säuberung, deren Sinnlosigkeit in der Bundesrepublik sprichwörtlich wurde, gründete sich auf ein Ländergesetz der Ministerpräsidenten vom März 1946 ›zur Befreiung vom Nationalsozialismus und Militarismus‹. Das Entlassungs- und Berufsverbotsprogramm der Amerikaner während der ersten sechs Monate nach der Besetzung war auf die Ablehnung der deutschen Demokraten gestoßen, die unisono die Selbstreinigung zu ihrem Geschäft erklärten, aus Gründen der Selbstachtung und weil sich sonst niemand darauf verstünde.
Anfang 1946 mußte Clay erkennen, daß die Säuberung von außen gescheitert war. Die Nazis waren kaltgestellt, aber das machte die Deutschen nicht zu Demokraten. Weihnachten 1945 waren die amerikanischen Entnazifizierungsbehörden von 13 Millionen Fragebögen verstopft. Ohne deutsches Büropersonal war das Gebirge nicht abzutragen. Die deutschen Parteipolitiker wünschten jeden einzelnen Fall untersucht und beklagten sich über den Schematismus, mit dem die Amerikaner die Nazis kollektiv und je nach innegehabtem Posten aus den Amtssesseln gejagt hatten. Die kürzlich ernannten Ministerpräsidenten der amerikanischen Zone, denen Clay einschärfte, daß ihre wichtigste Aufgabe in der Ausmerzung des Nazismus bestünde, lenkten die Debatte vorsichtig auf die Unterscheidung zwischen Nazis und Nazis. Die Motive der Parteigenossen müßten erforscht werden, das blinde Knüppeln auf das Heer der Opportunisten provoziere nur Verstocktheit. Allen voran müßten die Aktivisten bestraft werden. In einer von Theodor Heuss inspirierten Denkschrift aus Württemberg wird auf die fürchterliche Wirkung der amerikanischen Berufsverbote an den Schulen hingewiesen, 70 bis 90% der Lehrer seien entlassen: *»Wie hatten die meisten dieser Unglücklichen auf den Sturz der Naziherrschaft gewartet. Sie erhofften sich endlich wieder Freiheit und Recht. Nun sind sie entlassen und stehen vor dem Nichts.«* Landauf, landab sei zu hören, daß es jetzt *»noch schlimmer sei als bei den*

Nazis«. Das von Hitlers Versprechungen verführte und *»von einer kleinen verbrecherischen Minderheit tyrannisierte«* deutsche Volk werde nun in die *»Tragödie des Fragebogens«* gestürzt, was *»die innere Ruhe«*, aber auch die Sicherheit der US-Truppe gefährde.
David Robinson, einer der Clayschen Unterhändler zwecks Übergabe der Entnazifizierung an die Ministerpräsidenten, berichtete, daß deren Vorstellungen *»das komplette Fehlen jeglicher Absicht zeigten, ein energisches Entnazifizierungsprogramm durchzuführen«*. Die Gründe dafür mochten gar nicht im mangelnden Antinazismus bestehen, im Gegenteil: Diese Politiker-Generation war schon einmal davongejagt worden und dachte in sehr praktischen Bahnen. Die amerikanischen Vorstellungen für ein ›Befreiungsgesetz‹ dünkten sie bodenlos irreal. *»Das wird einen Widerstand hervorrufen«,* prophezeite der liberale württembergische Ministerpräsident Reinhold Maier, *»und wir wissen, was uns dann rein persönlich bevorstehen kann.«* Robinson notierte: *»Deutsche Führungspolitiker geben zu, daß eine heute in Deutschland abgehaltene ›freie‹ Wahl eine modifizierte Naziregierung an die Macht bringen würde.«*
Diese Befürchtung schien durch das Ergebnis eines statistischen Serientests bestätigt. *»Der Nationalsozialismus war eine gute Sache, die schlecht durchgeführt wurde.«* Diese Aussage bejahten 1946 40 % und 1948 55 % der Befragten. Eine Quote, die leicht in die Irre führt. Der übereinstimmend berichtete Geisteszustand dieser Jahre war nicht von Sehnsucht nach Hitler, sondern durch einen Überdruß an Politik überhaupt geprägt, der auch die von den Siegern lizenzierten Parteipolitiker traf. Es blieb ihnen nicht viel anderes übrig, als den Gedanken der Bestrafung durch den der Erziehung abzulösen, wie Theodor Heuss formulierte. Oder es wurde *»die denkbar härteste Bestrafung aller schuldig Gewordenen«* gefordert, wie Kurt Schumacher es tat, *»aber die Möglichkeit, Erklärlichkeit und Entschuldbarkeit des Hineinrutschens in diese Bewegung ist ein Punkt, der von vornherein zu berücksichtigen war. Die Sozialdemokraten wünschen nicht die Verfolgung der kleinen Mitläufer und Parteigenossen. Ihr Ziel war die ganz persönliche Umkehr und Einkehr in jedem Menschen, der einmal in dieser Bewegung mitgemacht hat.«*
Da alle ›die wahren Schuldigen‹ bestraft, den gutgläubigen Nazi aber in Gnaden entlassen sehen wollten, begann eine ungenierte Rangelei um die Klassifizierung. Ein allgemeinverbindlicher Begriff davon, was ein ›wahrer Schuldiger‹ war, existierte nicht. Die Ministerpräsidenten versuchten, die Kriterien des von Clay geforderten Befreiungsgesetzes so vieldeutig wie möglich zu halten und eine Beurteilung der ›Gesamthaltung‹ durchzusetzen. In Hessen wünschte man eine Einstufung, aber keine Bestrafung der Entnazifizierungskandidaten, und in Württemberg legte die Regierung erst gar keinen Gesetzentwurf vor, um von ihren Bürgern nicht in die Verantwortung genommen zu werden. Letztendlich wurden die Länderregierungen unsanft genötigt, den amerikanischen Vorstellungen nachzu-

geben. Sie verabschiedeten mit der fahlen Geste ermatteten Widerstands ein ›Befreiungsgesetz‹, ernannten ›Befreiungsminister‹ und schickten sich daran, ihre Wähler durchzusieben, zu klassifizieren und gegebenenfalls zu bestrafen.
Den bürgerlichen Parteien erschien ihre Situation doppelt unangenehm, weil sie den Ausführungen des amerikanischen Unterhändlers entnehmen mußten, daß es vor allem ihrer Klientel an den Kragen gehen sollte. *»In jedem Fall ist General Clay entschlossen«*, erklärte der Harvard-Professor Robert Bowie, *»aus dem politischen, kulturellen und wirtschaftlichen Leben die führende Schicht auszuschließen. Und wenn dieses Ziel wirklich etwas politische Unruhe auf kurze Zeit verursachen sollte, so ist das ein geringer Preis, der für die endgültige Gesundung Deutschlands bezahlt wird.«*
Die endgültige Gesundung Deutschlands sollte so vonstatten gehen, daß alle erwachsenen Bürger der amerikanischen Zone (durch Kontrollratsdirektive 38 mit gewissen Unterschieden auch die der britischen und französischen Zone) einen Meldebogen auszufüllen hatten und aufgrund ihrer Angaben vom Befreiungsminister in eine von fünf Kategorien gestuft wurden: Hauptschuldiger, Belasteter, Minderbelasteter, Mitläufer, Entlasteter. Die letzte Kategorie war die seltenste, wer in die anderen vier hineinpaßte, wurde zu einem im Sinne des Befreiungsgesetzes ›Betroffenen‹. Der Betroffene mußte vor eine aus Laienrichtern zusammengesetzte Spruchkammer treten, der er Zeugnisse seiner überschätzten Verantwortlichkeit unterbreiten konnte. Sein Widersacher war der Öffentliche Ankläger, der die aus dem Fragebogen und Behördenunterlagen ermittelte Kategorisierung verfocht.
Das Spruchkammerverfahren unterschied sich vom Strafprozeß hauptsächlich durch den Verzicht auf die Unschuldsvermutung. Das Gericht muß dem Verdächtigen die Straftat nachweisen. Im Spruchkammerverfahren hatte der Angeklagte den Beweis seiner Unschuld anzutreten. Wenn er NSDAP-Ortsgruppenleiter gewesen war, lag es an ihm nachzuweisen, daß damit in seinem Falle keine Unterstützung des Nationalsozialismus vorlag. Das Spruchkammerwesen ließ den Vergleich mit der Strafjustiz nicht gelten, obgleich es Sühneleistungen, von Geldstrafen über Berufs- und Funktionsverbote bis zur Strafarbeit und Lagerinternierung verhängte. In der Tat handelte es sich um eine Verbindung von Strafjustiz und politischer Reinigung, die das unterschiedliche Interesse von Amerikanern und Deutschen kombinierte. Die Amerikaner wollten die Ausschaltung der Träger des Nationalsozialismus. Die Deutschen wollten Gerechtigkeit bei der Verteilung der Schuld.
Eine politische Reinigung kümmert sich nicht um die Motive und die Schuldhaftigkeit ihrer Opfer. Sie zielt nicht auf Personen, sondern diskriminiert eine politische Gruppe, die damit die Konsequenzen für ihr Fiasko erleidet. Daß die Konsequenzen die verschiedenen Personen ver-

schieden treffen, versteht sich. Gerechtigkeit gegenüber Hunderttausenden von Tätern und Millionen von Pgs ist eine ganz andere Angelegenheit. Sie zerkleinert den Handlungszusammenhang der Tatgemeinschaft in winzige Elemente persönlicher Verantwortlichkeit. Die ›Rädchen im Getriebe‹ aber haben die merkwürdige Eigenschaft der Schuldlosigkeit für das Tatganze. Austauschbar, bewußtlos, furchtsam, verführt, verroht, verzweifelt, ist ihnen aus dem geschichtlichen Unrecht kein Strick zu drehen. Dafür können sie nichts. Dementsprechend zersetzt sich mit der Zersetzung des Täterkollektivs in an und für sich harmlose Elendsgestalten zunächst die Tat. Sie kann von den fraglichen Termiten nicht begangen worden sein, die gar nichts davon wußten oder gezwungenermaßen, und eigentlich um sie zu verhindern, beteiligt gewesen sind.
Die Entnazifizierung liefert die gleichzeitig völlig verständliche und völlig unverständliche Erfahrungstatsache, daß selbst ein Menschheitsverbrechen wie die Vernichtung der europäischen Juden ohne große Bestürzung, ungerührt, ohne Sühnebedürfnis, ohne Bußwillen vom Volk der politischen Täter als sein Werk rundweg dementiert wird. Die Sache ist geschehen, die Schuldigen sind auf und davon, es lohnt keine Hexenjagd, die Toten werden nicht mehr wach, es soll nie wieder vorkommen. Die Endlösung verfremdet, kaum vollbracht, sogleich zum historischen Ereignis. Ein Erdbeben von Syrakus, die Katastrophenopfer werden gezählt und bedauert, Täter sind nicht vorhanden. Nach genügend langer Zeit kommen folgerichtig Leute und bestreiten, daß es so etwas je gegeben hat, weil es ganz unvorstellbar sei. Eine Tat, die niemand begangen hat, existiert auch nicht.

Als die amerikanische Militärregierung nach einem halben Jahr die Zwischenbilanz der ›Befreiung vom Nationalsozialismus‹ zog, kam sie zu dem Ergebnis: *»distinct white-washing«*. Der kolossale bürokratische Apparat, eingerichtet, um die Schuldigen festzustellen und auszugliedern, hatte sich träge in Gang gesetzt, um sie zu rehabilitieren. Anstatt zu ermitteln, wer Nazi gewesen war, bescheinigte die Laienbürokratie der Entnazifizierer massenhaft den Klienten, daß sie es nicht gewesen waren. In Hessen waren 70,4% und in Bayern 93,1% der Bevölkerung zu Nicht-Betroffenen erklärt worden. Von den Betroffenen hatten die Bayern 80% als Mitläufer und Entlastete eingestuft. Hauptschuldige waren 1%. *»Die Mehrheit der Entscheidungen«*, erklärte der amerikanische Untersuchungsbericht, *»ist ein direkter Angriff auf das Gesetz und den Direktiven der Militärregierung direkt entgegengesetzt. Es ist ganz offensichtlich, daß die Kammern auf jede mögliche Weise versuchen, Löcher im Befreiungsgesetz zu finden, um die großen Nazis reinzuwaschen, und wenn sie die Löcher im Gesetz nicht finden, so schaffen sie neue.«*
Auf der 14. Zusammenkunft des Länderrats schlug Clay mit der Faust auf den Tisch. Er habe den Eindruck gewonnen, das Gesetz werde eher be-

nutzt, um so viele Leute wie möglich in frühere Stellungen zurückzubringen, als die Schuldigen zu bestrafen. *»Ich muß Ihnen jedoch sagen, daß die Militärregierung nicht guten Gewissens dem deutschen Volk die Selbstverantwortung für seine Regierung zurückgeben kann, wenn es nicht gezeigt hat, daß es bereit ist, sein öffentliches Leben zu entnazifizieren.«* Clay erklärte kurz und bündig, er werde sich die Sache noch 60 Tage ansehen. Die Herabstufung verantwortlicher Nazis zu Mitläufern werde nicht geduldet. Wenn darin keine Änderung eintrete, müsse er daraus schließen, daß die deutsche Regierung nicht willens sei, Verantwortung auf sich zu nehmen. Sodann werde er selbst Maßnahmen ergreifen, *»ungeachtet ihrer Wirkung auf die deutsche Wirtschaft, ungeachtet der zusätzlich erforderlichen Zeit. Let us have no misunderstanding, denazification is a ›must‹«.*
Ein ›Muß‹ erster Güte war sie auch für die Ministerpräsidenten. Sie mußten eine Flut von Leuten geschwind durch das Spruchkammerverfahren pauken. Ganz gegen die Überzeugung des deutschen Partners hatten die Amerikaner den Artikel 58 des Befreiungsgesetzes diktiert, der allen Betroffenen bis zum Abschluß ihres Falles Berufsverbot erteilte. Auf einfache Arbeit angewiesen, fühlte der Entnazifizierungskandidat sich bereits bestraft, ehe ein Spruch vorlag. Ein Stau kreidebleicher Beamter, in lebenslange Sicherheit gewiegt, unfähig jeder sozialen Mobilität, zum ersten Mal im Leben einem Existenzrisiko ausgesetzt, gemahnte die Ministerpräsidenten an ihre eigenen ungewissen Geschicke. Es blieb ihnen nicht viel anderes übrig, als in kürzester Zeit ein Maximum an Betroffenen über die Hürden zu bringen. Da eine Rehabilitierung nur für die Kategorien IV und V, Mitläufer und Entlastete, in Frage kam, mußten die leichten Fälle als erste verhandelt werden. Die schweren aber hob man sich für später auf. Die Demokraten stellten, um sich ihre Legitimation nicht zu verderben, die Entnazifizierung zunächst auf den Kopf, als gelte es nicht, die Nazis auszusieben, sondern die größtmögliche Anzahl kleiner Pgs wieder einzugliedern.
Die Parteien bestückten die Spruchkammern mit ihren Leuten, hätten aber lieber einen Berufsrichter als Vorsitzenden gesehen und sich selbst in einer Schöffenrolle. Die Amerikaner verhinderten das, denn sie hatten den Parteien und der ganzen Prozedur eine etwas glanzvollere Note zugedacht. Als Ankläger und Richter zugleich, sollten die Parteien die lebendigen Agenten der demokratischen Revolution darstellen, vor die das Volk hintritt, um Zeugnis abzuliefern von den Schandtaten der Betroffenen, die dergestalt durch einen öffentlichen Akt aus ihren angemaßten Positionen vertrieben würden. Da die Spruchkammern je am Ort tagten, wo Kläger und Beklagte wohlbekannt waren, hätten sie zu Foren der reinigenden Auseinandersetzung der Bevölkerung mit sich und ihren Verführern werden können. Eine bewegende Idee, die die Realitäten im Land total verfehlte.
Die Parteien sahen anstelle der Nazis sich selber isoliert. Es war ein

Kunststück, gegen jemanden einen Belastungszeugen aufzutreiben. An Entlastungszeugen herrschte nie ein Mangel. *»Es hat uns doch im Laufe der Zeit stutzig gemacht«*, bekümmerte sich ein Entnazifizierer aus der britischen Zone, *»daß die am stärksten Belasteten stets die größte Anzahl geradezu glänzender Entlastungszeugnisse beibringen. Sie dürfen überzeugt sein, daß ich von den ungeheuren Opfern, die die Juden gebracht haben, tief beeindruckt bin. Dennoch muß ich registrieren, daß gerade bei den Starkbelasteten die Entlastung durch Juden am häufigsten vorkommt.«*
Unglücklicherweise hatten die Nazis nicht genug Juden und Widerstandskämpfer übriggelassen, wie sie jetzt zur Entlastung brauchten. Darum begannen sie sich gegenseitig Leumundszeugnisse auszustellen und bescheinigten sich Inaktivität und unpolitisches Wesen. Der Historiker der Entnazifizierung, Lutz Niethammer, beschreibt: *»Da war er ein guter Kamerad, ein ehrlicher Partner, ein freundlicher Nachbar, treuer Freund, ein fürsorglicher Vorgesetzter, ein fleißiger Beamter, ein braver Arbeiter; da hat er nur seine Pflicht getan, nie etwas für den Nationalsozialismus übrig gehabt – allenfalls am Anfang, vor dem Röhm-Putsch –; sich aber schon gar nicht ›hervorgetan‹ oder ›politisch betätigt‹, sondern stand dem 3. Reich innerlich fern; hat sich sogar kritisch darüber geäußert, besonders im Krieg; gemeinsam mit ihm hat man Witze über Hitler gerissen und Feindsender gehört, und er hat niemanden angezeigt.«* Neun Zehntel dieser Erklärungen, die bald ›Persilscheine‹ hießen, kamen aus privaten Bekanntenkreisen. Pro Fall wurden rund zehn Stück eingereicht, in der US-Zone zusammen 2,5 Millionen. Auf die Einwohnerzahl umgerechnet, hätte jeder zweite Erwachsene einen Persilschein vergeben. Diese Methode wurde bevorzugt in den besseren Kreisen geübt; in München hatten ein Zahnarzt und ein Bäckermeister regelrechte Unterschriftslisten ausgelegt. Die Betroffenen untereinander attestierten Unbedenklichkeit im Ringtausch: *»SA-Kameraden bestätigten sich wechselseitig, daß ihr Sturm ein reiner Sportklub gewesen sei. Gestapo-Kollegen versicherten sich ihrer Höflichkeit bei Vernehmungen politischer Gegner, Parteigenossen schoben die Schuld an ihrem Parteibeitritt gemeinsam auf ihren Chef. Waffen-SS-Soldaten bekräftigten ihre Kameradschaftlichkeit im Krieg. Ortsgruppenleiter bescheinigten ihren Gefolgsleuten, daß sie sich um die Parteiversammlungen gedrückt hätten. Ja, zwei Internierungshäftlinge, die beide dringend des Mordes verdächtig waren, tauschten Versicherungen, daß es in ihrer Gestapo-Dienststelle so etwas nicht gegeben habe.«* (Niethammer) Ein einstiger SA-Oberscharführer präsentierte ein Schreiben seines einstigen Chefs, der geschrieben hatte, jener sei *»ein alter bornierter Mann«*, der in der Inflation alles verloren habe und dessen Herumgeschimpfe *»nicht ernst genommen worden«* sei.
Einen Entlastungsbetrieb großen Stils machten die Kirchen auf. Der Ortspfarrer wußte fast immer etwas Gutes auszusagen. Im August 1946 schickte der Rat der evangelischen Kirche eine Delegation zur US-Mili-

tärregierung und verlangte, die noch amtierenden Nazi-Geistlichen vom Befreiungsgesetz auszunehmen. Es läge ein unberechtigter Eingriff in Kirchenangelegenheiten vor, wollte man diese Amtsbrüder an der Ausübung ihrer geistlichen Pflichten hindern. Die tiefe Verstrickung der Kirchen, die durch die Öffnung von Taufregistern zur Beibringung des Ariernachweises zu Gehilfen der Judenpolitik geworden waren, hatte sie in natürliche Gegnerschaft zum Befreiungsgesetz gebracht. Während die Katholiken den Nazi-Klerus diskret abberiefen, publizierten die Protestanten Denkschriften und bestritten dem Befreiungsgesetz frontal die Rechtsstaatlichkeit. *»Als Kirche können wir nicht schweigen, wenn in breiter Öffentlichkeit der Glaube an Kirche und Gerechtigkeit, der Sinn für Ordnung und der Wille zum Rechtsstaat derart gefährdet werden.«* Hauptsächlich störte die Kirche, daß ehedem gesetzliches Betragen auf einmal Strafen nach sich zöge, zumal viele guten Gewissens und gar nicht im Bewußtsein eines Unrechts gehandelt hatten und obendrein der Betroffene auch noch die Beweislast trüge. Weil die Kirche inzwischen wußte, daß devotes Briefeschreiben Machthabern nicht imponiert, winkte sie sofort mit Konsequenzen. Wenn es so weiterginge, werde *»christlich denkenden Männern die Mitarbeit an der politischen Reinigung außerordentlich erschwert«.*

Dem bischöflichen Hieb entgegnete der führende SPD-Jurist Adolf Arndt: *»Es gibt ewiges Recht, das durch kein Gesetz zunichte gemacht, und bleibendes Unrecht, das durch keine Besatzung zu Recht gemacht werden kann.«* Arndt belustigte sich über die *»absolut säkularisierte Meinung«* der Kirchenmänner, als hätten *»gesetzliche Spezialparagraphen es in allen Einzelheiten verbieten müssen, Nationalsozialist zu sein ...«* Außerdem kenne jeder Laie den Begriff der Fahrlässigkeit, *»die Kirche wollte ihn nicht kennen? Durch Fahrlässigkeit schuldig wird der Mensch, der zwar sein Unrecht nicht erkannte, insbesondere weil er irrte, der aber die Unrechtsfolge seines Tuns hätte vorhersehen können und müssen.«* Habe es je politische Fahrlässigkeit gegeben, dann bei den Edel-Nazis, die *»eben mitgemacht haben«*, womöglich mit *»idealen Motiven«*. Die umgekehrte Beweislast schließlich, gegen die sich das ganze Rechtsgefühl des Landes aufbäumte, gründete nach Arndt schlicht darin *»daß das Verbrecherische des Nationalsozialismus heute offenkundig ist; es bedarf deshalb nach allgemeinen Rechtsgrundsätzen ebensowenig des Beweises, wie etwa die Tatsache, daß die Kapitulation am 8. Mai 1945 stattfand. Mithin spricht gegen den Nationalsozialismus das, was man seit alters her den Primafacie-Beweis nennt. Wer sich durch den Anschein seines eigenen äußeren Verhaltens (z. B. durch eine Tätigkeit innerhalb der NSDAP) selbst in die Reihe der Verbrecher stellte, hat in klarer und überzeugender Weise darzutun, daß die Wahrscheinlichkeitsannahme in seinem persönlichen Falle nicht zutrifft.«* Die herrschende Wahrscheinlichkeitsannahme war allerdings in Deutschland immer die, daß niemand Nazi gewesen ist, so-

lange ihm nicht hieb- und stichfest das Gegenteil nachgewiesen sei. Die Unschuldsvermutung für Nazis war endlich ein Rechtsstaatsgebot, das uneingeschränkt empfohlen werden konnte.
Die Kontrollorgane der Militärverwaltungen sahen mit Grausen, wie der in vielen Anklägern lebendige Säuberungswille von den örtlichen Verhältnissen verschlissen wurde. *»Das Lächerlichste, seitdem die letzte Hexe in Massachusetts verbrannt wurde«,* kommentierte eine US-Gruppe Sprüche wie den über einen berüchtigten Bürgermeister und antisemitischen Einpeitscher aus Oberschwaben: 1000 Mark Geldstrafe wegen Fragebogen-Fälschung. In der damaligen Zigaretten-Währung der Gegenwert von nicht drei Schachteln Camel. Zum rundum favorisierten Zeittypus wurde der Mitläufer. 95 % aller in der US-Zone ergangenen Sprüche produzierten einen Mitläufer oder Entlasteten. Mitläufer hatten minimale Geldstrafen zu befürchten, und bis 1953 Einschränkungen des passiven Wahlrechts. Höher Eingruppierte marschierten regelmäßig in das Berufungsverfahren und erreichten in zwei Dritteln aller Fälle dort eine Herabstufung.
Ein Polizeibeamter des Gehobenen Dienstes z. B., Mitglied verschiedener Freikorps und der Schwarzen Reichswehr, SS-Mitglied seit 1933, aufgestiegen zum Obersturmbannführer, Träger des SS-Totenkopfrings, wurde angezeigt wegen Verwüstung zweier Wohnungen von Juden in der ›Reichskristallnacht‹. Der Vorfall war doppelt bezeugt. Bürgermeister und SPD-Ortsverband seiner Heimatstadt qualifizierten ihn als Aktivisten, der ohne seine SS-Mitgliedschaft nie in den Polizeidienst gelangt wäre, weil er mehrere Eignungsprüfungen entweder gar nicht oder miserabel bestanden habe. Mit einem Dutzend Zeugen, darunter vier Juden und drei katholischen Geistlichen, suchte der Beklagte nachzuweisen, er habe sich stets anständig verhalten, sei ein Idealist gewesen, in die Reiter-SS der Kameraden wegen eingetreten und in die NSDAP aus beamtenrechtlichen Gründen. Mit seinen Nazi-Vorgesetzten habe er nichts als Streit gehabt und sich sogar zweimal ein Uniformverbot eingehandelt. Er sei der klassische Mitläufer. Nach einem Jahr entschied die Spruchkammer, der Vorwurf der Sachbeschädigung bestehe zu Recht, hingegen habe er den SS-Organisationen rein formal angehört, sei darum, anders als der Ankläger es vorschlage, nicht als Hauptschuldiger, sondern nur als Belasteter einzustufen, er werde mit 20 %iger Vermögenseinziehung, Berufsverbot und 4jähriger Einweisung in ein Arbeitslager bestraft. Da er sich bereits in amerikanischer Internierung befunden habe, könne ihm diese Zeit abgezogen werden – Rest: ½ Jahr Arbeitslager. In die Berufungskammer zog der Beklagte vertreten durch zwei Rechtsanwälte ein. Sie zeichneten ihn als *»absolut unpolitische Persönlichkeit und Inhaber der Exekutivgewalt«*. Die Ausschreitungen in der ›Reichskristallnacht‹ wurden inzwischen weder bestritten noch zugegeben, dafür aber fachgerecht die Belastungszeugen zerpflückt. Zusätzlich regnete es Persilscheine auf

die Berufungskammer. Sieben Vorgesetzte, zehn Untergebene, drei Kriegskameraden, acht Mitinternierte, seine Nachbarn und ein Familienmitglied verbürgten sich für den Mann. Die Kammer entschied, daß seine Belastung durch Organisationszugehörigkeit seit dem ersten Spruch überall mit anderen Maßstäben gemessen werde und seine Beteiligung an der Reichskristallnacht *»offensichtlich zweifelhaft«* sei. Infolgedessen betrachte man ihn als Mitläufer und verzichte auf eine Sühne.
In den Berufungskammern saßen zumeist Juristen, die die Anschuldigungen auf ihren strafrechtlichen Gehalt abklopften. Nur dem Juristenverstand konnte der dem Tatbestand des Befreiungsgesetzes innewohnende Doppelsinn aufgehen, der entsteht, wenn man die ›Unterstützung der nationalsozialistischen Gewaltherrschaft‹ mit Betonung der dritt- und viertletzten Silbe des letzten Wortes liest. Fortan gab es nur noch Unterstützer der nationalsozialistischen Herrschaft, abzüglich der Gewalt. Ein Arbeiter, der ebenfalls der Teilnahme an der ›Reichskristallnacht‹ angeklagt war, überzeugte die Kammer, daß er keine Gewaltsamkeiten mitgemacht, sondern nur Schmiere gestanden habe. Dies wurde von allen Mitgliedern seines Trupps bezeugt. Einen Schulrat, Pg seit 1933, ernannte man zum Mitläufer, weil er vollkommen gewaltfrei nazistische Schul- und Kinderbücher verfaßt hatte. *»Die Crux ist und bleibt, daß die deutschen Funktionäre keine Konzeption davon haben, was einen Nazi, wie er in den amerikanischen Direktiven interpretiert wird, ausmacht«*, heißt es im ›Historical Report‹ der US-Militärverwaltung. *»Jeder, der nicht Mitglied der Totenkopf-SS war, der nicht unmittelbaren Anteil an der Vergasung und Ermordung von KZ-Häftlingen hatte, der keine Kriegsgefangenen erschossen oder mißbraucht hat, wird als ›politisch sauber‹ betrachtet, allenfalls als ›pragmatisch‹ oder als Opfer der Umstände.«*
Schritt für Schritt setzte sich ein Nazi-Begriff durch, der auf Rabauken und Sadisten paßte, aber die partei-organisatorisch nicht recht greifbaren Unterstützer in herausragenden Positionen – Wirtschaftsmanager, Richter, Bürokraten, Professoren – ausfilterte. Dieses Milieu hatte sich nicht mit den kleinen Pöstchen abgegeben, welche die Nazis für den mittelständischen Gernegroß bereithielten: Kassenverwalter, Zellenleiter, Blockwart, Unterführer des NS-Kraftfahrerkorps usw. Die Oberschicht besaß teilweise Hemmungen, den plebejischen NS-Verbänden überhaupt, bzw. mehr als nominell, beizutreten. Sie hatte ihren Einsatz auf viel effizientere Weise bewiesen, nur blieb davon im formalen Raster der Entnazifizierung nicht viel hängen. Einfach zu belangen waren hingegen Raufbolde, Krachschläger, Querulanten, Miesepeter, die unter ihresgleichen randaliert, Kollegen und Nachbarn denunziert, bestohlen, verprügelt und totgeschlagen hatten, die aus Gemeinheit, einer bescheidenen Karriere zuliebe und um kleinlicher Vorteile willen tätig geworden und innerlich geblieben waren und nun aus teils ähnlichen Motiven die Quittung erhielten. Die so Betroffenen, Arbeiter, kleine Beamte, Angestellte,

Hausfrauen und verkrachte Zwischenexistenzen kamen jedoch bald in den Genuß der ›Weihnachtsamnestie‹.
Die Amerikaner, nach Interventionen sinnend, die Spruchkammern endlich auf die Hauptschuldigen anzusetzen, nötigten die Deutschen zunächst zu ›Schnellverfahren‹ gegen die mutmaßlichen Mitläufer. Als das auch nichts half, beschloß man, Ballast abzuwerfen und die Bagatellfälle zu amnestieren. Zu Weihnachten 1947 wurden zwei starke Gruppen aus dem Verfahren gezogen: 1. Die Empfänger kleiner Einkommen (alle Sozialversicherungsteilnehmer). Unter ihnen suchte man die Schuldigen ohnehin nicht. 2. Die Jugendamnestie für die nach 1919 geborenen Jahrgänge. (Jüngere Betroffene waren zuvor schon milder behandelt worden; nicht nur, weil man ihre geringe Lebenserfahrung berücksichtigte, sondern auch in Erwartung ihrer Aufbauenergie.) 1½ Millionen oder 85 % der zur Entscheidung anstehenden Fälle waren damit niedergeschlagen.
Die Befreiungsministerien, denen die Hände freigemacht waren zur Ergreifung der Hauptschuldigen, warfen sich voller Energie auf die Ausfertigung der Amnestiebescheide für die 1½ Millionen Befreiten. Damit waren drei Viertel ihrer Zeit absorbiert, doch brachte die Amnestie einen großen Publikumserfolg, den die Parteien auskosten wollten. Aus den Spruchkammern hatten sie sich inzwischen weitgehend zurückgezogen und das Feld Parteilosen überlassen. Allen voran machten sich die Kommunisten aus dem Staub, sobald sie entdeckten, daß ihnen die Abrechnung mit dem Kapital nicht vergönnt sein würde. Als nächste resignierte, gestoppt von der Haltung der Kirche, die CDU. Die Liberalen gründeten ihre ganze Existenz auf die Inschutznahme der hart bedrängten bürgerlichen Schichten vor der *»Diffamierung und Diskriminierung von Millionen nicht persönlich schuldigen Staatsbürgern«*. Die FDP (vorher LDP und DVP) war in den Spruchkammern von vornherein minimal vertreten. Allmählich sahen sich Gewerkschafter und Sozialdemokraten in die Rolle der Partei der Entnazifizierer manövriert. Die SPD, eingeklemmt in ihre Konkurrenzsituation zu den bürgerlichen Parteien, die wachsendes Verständnis für das Elend der Entnazifizierten ausdrückten, und andererseits dem Anspruch ihrer oft genug nazi-verfolgten Mitglieder auf Abrechnung konfrontiert, stellte zuletzt das meiste parteigebundene Kammer-Personal. Eine Situation, die auch nicht zum Draufgängertum ermutigte.
»Die Entnazifizierung ist in die Hände von Minderwertigen geraten, weil sie die einzigen Unbelasteten sind«, klagte Clays Entnazifizierungsberater Dorn, dem der *»ärmliche, übermüde und primitive«* Charakter des Personals auffiel. *»Wir müssen Leute finden, die den dicken Nazis intellektuell und sozial die Waage halten können.«* Die amerikanischen Kontrollorgane fanden unter Zigtausenden nicht ein Dutzend deutscher Angestellter ›to clear the nazis‹. *»Ich und meine Familie, wir wären moralisch für alle Zeiten tot gewesen«*, hieß die übliche Antwort. Der Druck der

Lokalnachbarschaft lähmte selbst die Willigen. Nicht, daß der Führer noch Macht über die Geister ausübte, es existierte *»ein gewisses Solidaritätsgefühl zwischen Nazis und Nicht-Nazis«,* berichtet Dorn. *»In vielen Gemeinden gibt es klar ersichtlich eine tiefere Sympathie für den verteufelten Nazi als für die Opfer des Faschismus.«*
Alle Versuche, die anständigen Deutschen von den Nazis, die anständigen Nazis von den schlimmen Nazis, und die schlimmen Nazis von den anständigen Deutschen zu trennen, waren den Besatzern erbärmlich mißglückt. Nachdem sie eingesehen hatten, daß Säuberung von außen nicht funktioniert, sahen sie ein, daß Säuberung von innen erst recht nicht funktioniert. Als Berater ihnen klargemacht hatten, daß der Zirkel der Betroffenen überdehnt sei und die Bürokratie in Bagatellsachen ertrinke, wurden die Bagatellsachen über Bord geworfen. Die Bürokratie sprang hinterher, denn sie hing an den Bagatellsachen. Sie erlaubten ihr den schönen Schwindel, im Gestus des Großreinemachens die Großrehabilitation zu organisieren. Die Militärgerichtsverfahren gegen die Hauptverbrecher hatten ihr wesentliches, das erzieherische Ziel, verfehlt, weil sie als Sanktion der Sieger wirkten. Als die Besiegten sanktionierten, fanden sie die Verbrecher nicht. Was immer jedoch unternommen wurde, von Amerikanern wie von Deutschen, eine ernstliche Haftung für den Nationalsozialismus durchzusetzen, diente dem Bolschewismus, traf genau den Falschen, verprellte die Gutwilligen, diskreditierte die Demokratie, förderte den Antisemitismus, war Wasser auf die Mühlen der Nazis, ruinierte den Mittelstand, trieb die Führungsschicht in Depression und Selbstmord, reizte zu Denunziation und Mißtrauen, zerrüttete die Familien, zerrüttete die Wirtschaft, zerstörte Gottesglauben und Barmherzigkeit, verhinderte jegliche Einsicht und führte zu Verstocktheit, höhlte die Rechtsstaatlichkeit aus, bedrohte die Völkerverständigung, trieb die Richtigen in die Arme der Falschen, reizte die Falschen zu Aufstand und Rebellion, verhinderte einen echten Neubeginn. Wann in der Geschichte lagen äußerste Brutalität und äußerste Wehleidigkeit so dicht nebeneinander?
Die Grausamkeit als Ausfluß der Angst, die Malaparte an der Ostfront beobachtete, zieht sich vielleicht zurück in die hysterische Angst vor Selbsthaftung und Sühne. Denn die aus Furchtsamkeit begangenen Abwehrhandlungen an den ränkevollen Untermenschen wollen nicht nach allem Pech noch bestraft werden. Die ökonomische Muskulatur und der intellektuelle Wasserkopf gebieten nur über ein kindlich-zartes, verletzlich-kränkelndes Gemüt. *»Ihre Angst hat stets ein tiefes Mitleid in mir erweckt«,* fügt Malaparte seiner Diagnose hinzu. *»Wenn Europa Mitleid mit ihnen hätte, dann würden sie vielleicht von ihrem schrecklichen Übel genesen.«* Da Mitleid das Letzte war, was den Besatzern in den Sinn gekommen wäre, wiewohl die Deutschen nichts mehr wünschten, als für ihre Niederlage getröstet zu werden, retteten sie sich in das grenzenlose

Selbstmitleid, das alle Nazis und Schinder in sich einschloß und erst von den prachtvollen Leistungen des Wiederaufbaus betäubt wurde, der alle, die mit angepackt hatten, doppelt amnestierte.

Der Abbruch der politischen Säuberung

Die Außenseiter, Einzelgänger und Verkrachten, die in den Spruchkammern übriggeblieben waren, den Abschluß und Höhepunkt der Entnazifizierung vorzunehmen, die Überführung der Hauptschuldigen, prallten erst recht gegen eine Mauer des Schweigens in den Gemeinden, denen sie fremd, suspekt und lästig waren. *»Wir gehen davon aus«,* klagten im Februar 1948 45 Vorsitzende und Kläger aus dem Bezirk Würzburg, *»daß 98 % der Bevölkerung gegen uns sind.«* Der Ausdruck ›Zeugenstreik‹ kam auf. Allerdings waren damit nur die Belastungszeugen gemeint. *»In Nordbayern zirkuliert ein richtiggehender Führer für Geistliche, mit Hinweisen, wie sie vor den Spruchkammern zugunsten ihrer Gemeindemitglieder aussagen können«,* schreibt Dorn und setzt hinzu, dieser Führer lese sich wie die *»Abhandlung eines Jesuiten aus dem 17. Jahrhundert über moralische Kasuistik«.* Pastor Martin Niemöller, der tapfere Kämpfer der Bekennenden Kirche, nun Kirchenpräsident in Hessen, rief – unjesuitisch wie immer – die Gläubigen von der Kanzel aus auf, die Zeugenaussage vor Spruchkammern zu verweigern.

Die Atmosphäre genereller Sabotage hatte die Befreiungsminister und Längerregierungen, die mit der Sinnverdrehung begonnen hatten, längst überholt. Sie probierten, den Verfall durch die Berufung von Juristen in die Spruchkammern aufzuhalten, aber die Juristen dachten nicht daran, den schlechtbezahlten, verrufenen Job zu übernehmen. An der Verteidigung hochkarätiger Nazis ließ sich erheblich mehr verdienen. Dienstverpflichtungsgesetze, die die Ministerpräsidenten der amerikanischen und französischen Zone für freiberufliche Juristen erließen, wußten diese souverän mit Hinweis auf Krankheit, Gewissen und Religion zu umgehen. In Hessen winkten auf die Weise 93 % der Juristen ab. Dorn notierte, sie *»schrecken nun vor den Spruchkammern zurück, als wären sie etwas Schmutziges«.* Der bayerische Ministerpräsident Ehard (CSU), der seine Richter heranzuziehen versuchte, blitzte nicht minder ab, ausgerechnet unter Berufung auf die richterliche Unabhängigkeit. Solange die Nazis dagewesen seien, bemerkte Ehard, habe man von gewissen Richtern auf Wunsch serienweise Todesurteile bekommen. Jetzt, wo sie in eine gesetzlich vorgeschriebene Aufgabe geschickt werden sollten, versteckten sie sich hinter der Verfassung.

Am 27. Februar 1948 wurde durch Befehl Nr. 35 der Militärregierung in der sowjetisch besetzten Zone die Entnazifizierung abgeschlossen. In Washington, wo anscheinend nicht jeder wußte, daß die Entnazifizierung

deutsches Länderrecht war, drängten Wirtschaftskreise ebenfalls auf rasche Erledigung. Nach Deutschland gereiste Kommissionen hatten von Kirchenmännern erfahren, daß eine Verfolgung aufgrund bloßer Gesinnung im Gange sei. Außerdem seien viel zu viele Leute betroffen. Clay schlug in der amerikanischen Zone den Abschluß zum 8. Mai 1948 vor. Er hatte sich in Amerika persönlich nicht durchzusetzen vermocht und konnte schwerlich hoffen, den Dissens mit seinen deutschen Nazi-Jägern zu überbrücken. Die Ministerpräsidenten und Befreiungsminister waren tief bestürzt. Was sollten die kleinen Pgs, die man unermüdlich zu Mitläufern befördert hatte, sagen, wenn sich herausstellte, daß sie den Kopf in die Schlinge gelegt hatten, um den Hauptschuldigen zu Verschleppung und Amnestie zu verhelfen? Darüber hinaus machten die deutschen Demokraten sich über die Nationalsozialisten nicht die leisesten Illusionen. Sie kannten sie viel genauer als Clay. Einige Tausend erfahrener, ehrgeiziger, qualifizierter Führungskader, die ungehindert zu ihren Ämtern, Aufsichtsräten, Redaktionssesseln und Kathedern zurückkehrten, konnten den republikanischen Blütenträumen schnell den Garaus machen. Um die Lizenzpolitiker kreiste der Argwohn, die Quislinge der Alliierten zu sein. Und in der Tat waren sie das Fleisch gewordene demokratische Angebot der Besatzer. Als Unterhändler zwischen Besiegern und Besiegten hatten sie ihr Amt angetreten. Den Nazis erklärten sie den Verfolgungszwang der Besatzer, den Besatzern die Empfindlichkeit der Nazis. Allein trauten sie sich weder, die Säuberung fortzusetzen, noch sie abzubrechen. Als Ende Oktober die Amerikaner ihre Aufsicht über die Entnazifizierung einstellten und ihren Apparat nach Hause schickten, setzte sogleich der Druck der Lobbyisten ein, die leidige Geschichte endlich zu begraben. *»In der Presse heißt es nur noch«,* klagte der ehemalige bayrische Ministerpräsident Wilhelm Hoegner: *»Die armen Nazis.«*
Die *»Bitterkeit der kleinen Nazis«* war es auch, die die Befreiungsminister kümmerte und davor warnen ließ, ihr *»dadurch neue Nahrung zu geben, daß die großen Nazis ohne Spruchkammerverfahren davonkommen sollen«*. Die Entnazifizierung mußte den Nazis zuliebe noch eine Weile fortgesetzt werden, die erstaunt von noch unerledigten Fällen, wie dem gegen die 55jährige Emmy Göring, hörten, der die Spruchkammer Garmisch dann einen 30%igen Vermögensentzug wegen *›ungewöhnlichen Repräsentationsaufwands‹* auferlegte. In München lief ein Verfahren gegen den Gewerbeschulrat Otto Friedrich Braun, das den Nachlaß seiner Tochter Eva und seines Schwiegersohnes Adolf klärte. Um Vermögensvorteile einzubeziehen, konnten auch Tote entnazifiziert werden, was in diesem Falle auch besser so war. Der Verteidiger Eva Brauns und ihres Gatten rechnete seine Klientin zu den Entlasteten. Den Führer allerdings schätzte er auf 10 Jahre Arbeitslager.

IV. Der Einsatz des Strafrechts

Denunziation, politischer Mord, Folterung

Am 11. Mai 1948 stellte das Landgericht Hamburg in der Hauptverhandlung gegen den 66jährigen Kaufmann Paasch und seine bei ihm lebende Schwester, die verwitwete Kempfer, den folgenden Sachverhalt fest: *»Beide Angeklagte haben der Gestapo Anfang März 1944 ein Schriftstück gegen die ›Jüdin‹ Paasch eingereicht, das von beiden unterzeichnet worden ist und als Anzeige, Denunziation, zu bezeichnen ist. In diesem Schriftstück steht u. a., daß Frau Paasch, die Jüdin sei, gesagt habe, daß der Tag der Rache der Juden bald bevorstehe, der Krieg nicht gewonnen werden könne, die Soldaten Mörder seien, Hitler selbst der Mörder der Kinder sei, die durch die Luftangriffe getötet worden seien.«*
Amalie Paasch hatte mit dem 60jährigen Fabrikanten Paasch in einer Mischehe gelebt, die sie vor der Deportation schützte. Die ursprünglich glückliche Verbindung geriet 1928 in eine Krise, *»was offenbar auf die Wechseljahre der Ehefrau zurückzuführen ist«*, meinte das Gericht. *»Sie wurde nervös, stritt sich wiederholt mit ihrem Ehemann, war, ohne daß ein Anlaß hierzu vorlag, stark eifersüchtig. Im Jahre 1929 oder 1930 zeigte sie ihren Ehemann beim Gesundheitsamt in Altona wegen Geschlechtskrankheit an. Eine aufgrund der Anzeige vorgenommene Untersuchung fiel für Paasch günstig aus.«* So zogen sich die Kämpfe der Eheleute hin. Ende 1943 sagte Amalie Paasch ihrem Ehemann und seiner Schwester wiederholt, der Tag der Rache der Juden stehe bevor. Listen würden vorbereitet, mit den Namen der Personen, an denen Rache genommen werden solle. Nach einer erneuten harten Auseinandersetzung mit Amalie hinterbrachten Paasch und seine Schwester ihre Äußerungen dem Blockleiter, der zu der Ansicht kam, daß hier eine reine Familienangelegenheit auf das politische Gleis geschoben werden sollte. Er beriet sich auch mit dem Ortsgruppenleiter und beide entschieden, daß von seiten der NSDAP nichts gegen Frau Paasch unternommen werde.
Daraufhin begaben sich die Geschwister zur Rothenbaumchaussee 38, dem Sitz der Gestapo, Abteilung Judenreferat, und erkundigten sich, ob eine Anzeige gegen Amalie vorliege. Die Gestapobeamten verneinten dies und wiesen darauf hin, daß falsche Anschuldigungen gegen Juden strafbar seien. Die Besucher fühlten sich ziemlich kurz und brüsk abgefertigt, wodurch beide in heftige Erregung gerieten. Sie wollten Amalie, mit der immer schlechter auszukommen war, baldigst loswerden. Sie fertigten

ein längeres Schriftstück, legten es der Gestapo vor, bestätigten auf eindringliches Befragen den Inhalt und unterschrieben es mit ihren Namen. *»Kurze Zeit darauf«*, heißt es im Urteil des Hamburger Landgerichts, *»wurde Frau Paasch zur Gestapo vorgeladen. Auf der Dienststelle wurde sie in Haft genommen. Sie kam nach Fuhlsbüttel ins Polizeigefängnis. Zwei Tage vor der Verhaftung, am 20. März 1944, reichte Paasch gegen seine Ehefrau die Ehescheidungsklage ein. Durch Urteil vom 5. April 1944 wurde die Ehe rechtskräftig geschieden. Der letzte eheliche Verkehr zwischen den Eheleuten Paasch war am 17.2.1944. Im Juli 1944 wurde Frau Paasch ... nach dem Konzentrationslager Auschwitz gebracht, wo sie Ende Oktober 1944 an den Folgen der dortigen Ernährung verstarb.«*
Die Denunziation und Auslieferung der Ehefrau, *»mit der er recht und schlecht 35 Jahre ausgekommen war«*, nach Auschwitz, werteten das Tatgericht in Hamburg und das Revisionsgericht in Köln als ›Verbrechen gegen die Menschlichkeit‹ (Kontrollratsgesetz Nr. 10), denn die Tat *»gliederte sich von Anfang an erkennbar in den planvollen, von der gesamten nicht-nationalsozialistisch interessierten Menschheit als Angriff empfundenen Verfolgungsfeldzug gegen das ganze Judentum in Deutschland ein, trat so, obwohl es nur dieses eine Opfer treffen wollte, in engste Beziehung zu den im Zuge dieser Judenverfolgung begangenen Massenverbrechen, die mit Kontrollratsgesetz Nr. 10 in jeder Form der Beteiligung getroffen werden sollte.«* In obiger Form brachte der ›Verfolgungsfeldzug‹ dem Ehegatten 6 Monate Gefängnis ein. Er war kein NSDAP-Mitglied gewesen und rechnet zur erdrückenden Zahl der Denunzianten, die den NS-Terror zur Kühlung ihrer privaten Rachegelüste ausnützten. In der britischen und französischen Zone konnte die Denunziation durch das im Kontrollratsgesetz Nr. 10 enthaltene Unmenschlichkeitsverbrechen verfolgt werden, das dem Richter keinen bindenden Strafrahmen vorschrieb, so daß einige Denunzianten herbe Urteile einstekken mußten.
Das Schwurgericht Düsseldorf verurteilte am 23. April 1949 den Getränkekaufmann Hans Wienhusen zu lebenslänglichem Zuchthaus. Als nebenberuflicher Gestapospitzel (Decknummer 7006) hatte er seinen Chef und Duzfreund Leo S. ans Messer geliefert. Am 22. Juli 1943 teilte Nr. 7006 der Trierer Gestapo mit: *»Seit längerer Zeit fällt mir auf, daß der Direktor Leo S. vom Birresborner Mineralbrunnen (geb. 1897, im Weltkrieg Offizier) ein ausgesprochener Staatsfeind ist. Ich treffe mich heute mit ihm in der Kantine der Goeben-Kaserne. Es wäre zweckmäßig, wenn Sie an einem Nebentisch Platz nehmen würden. Unter Umständen werden Sie mancherlei hören können.«* Zwei Kriminalkommissare folgten diesem Tip und notierten auf einem Zeitungsrand, was 7006 dem soeben zum dritten Mal ausgebombten Leo S. aus der Nase zog:

»7006: Ich bin überzeugt, daß wir den Krieg gewinnen.

S.: Ich will Ihnen Ihren Glauben nicht rauben. Es wird aber die Zeit kommen, wo Sie mir recht geben müssen.

7006: Der Führer wird den Laden schon schmeißen.

S.: Ihr seid alle so fanatisch, daß ihr die Propaganda von der Wirklichkeit nicht mehr unterscheiden könnt.

7006: Wir werden das Kind schon schaukeln.

S.: In Sizilien geht die Sache auch schief, das können Sie mir glauben.«

»Um 17.30 Uhr«, schreibt der Kriminalkommissar Schütz in sein Protokoll, *»nahm die Frau des Kantinenpächters am Tisch des 7006 und des Direktors S. Platz. Ich hörte, daß sie nach einiger Zeit zu den beiden sagte: ›Die sind bestimmt von der Stapo, die hören, was hier gesprochen wird.‹ Direktor S. und 7006 erklärten daraufhin: ›Ach, das ist doch Quatsch.‹ Die Frau des Kantinenpächters ging dann mit den Worten vom Tisch: ›Da habe ich doch ein besseres Fingerspitzengefühl als ihr.‹«* Die Gestapoleute verschwanden, und Wienhusen berichtete vom Fortgang der Unterhaltung: *»Als Direktor S. diese Reden führte, nahmen zwei Feldwebel (einer davon hatte das linke Bein verloren) bei uns Platz. Auch in deren Anwesenheit sprach er vom Führer nur als dem ›kümmerlichen Gefreiten‹. Den beiden Feldwebeln sagte er dann: ›Ihr Arschlöcher laßt euch draußen die Knochen wegschießen und wißt überhaupt nicht wofür.‹ Ein Feldwebel erwiderte: ›Für Deutschland.‹ Direktor S. aber sagte: ›Sie sind beinlos nicht für Deutschland, für Adolf Hitler.‹ Als der Feldwebel antwortete: ›Ich werde schon durchkommen‹, erwiderte S.: ›Sie sind aber ein fröhlicher Optimist.‹ Auch auf dem Heimweg kannte er kein anderes Thema, als gegen den Nationalsozialismus zu hetzen. Er scheint es auch in Düsseldorf so getrieben zu haben, denn seine Sekretärin Frl. Elli D. sagte mir vor einiger Zeit: ›Daß man den Leo noch nicht eingesperrt hat, verstehe ich nicht. Das nimmt kein gutes Ende mit ihm.‹ Ich bitte bei der Aufrollung der Angelegenheit unter allen Umständen zu vermeiden, daß ich als der Anzeigende bekannt werde, da S. letzten Endes mein Chef ist und ich dann letzten Endes aus der Stellung fliege.«*

Leo S. wurde aufgrund dieses Berichtes am 27. September 1943 vom Präsidenten des Volksgerichtshofs Roland Freisler zum Tode verurteilt und am 1. November 1943 hingerichtet. Freisler fragte den Hauptbelastungszeugen Wienhusen, ob Leo S. in der Kantine vielleicht betrunken gewesen sei. Immerhin lag eine Rechnung über 69 Schnäpse vor. Leo S. sei im Vollbesitz seiner Geisteskräfte gewesen und habe noch viel schlimmere Sachen gesagt, antwortete Wienhusen.

Als er drei Jahre später selbst verurteilt wurde, beschied das Gericht, der Angeklagte habe zugegeben, niemals Nationalsozialist gewesen zu sein, was die Tat erschwere, denn nun bestünde gar keine Möglichkeit mehr, *»sein Verhalten aus der damaligen Zeit heraus wenigstens bis zu einem gewissen Grade zu verstehen«*. Wienhusen legte Revision beim Obersten Gerichtshof der Britischen Zone ein, weil in anderen, ebenso gelagerten

Fällen niedrigere Strafen verhängt worden seien. *»Damit will er die Behauptung begründen«*, erwiderte der Oberste Gerichtshof lakonisch, *»daß die gegen ihn erkannte Strafe zu hoch sei. Darin kann ihm nicht gefolgt werden. Die Strafzumessung steht im freien Ermessen des Tatrichters. Das Revisionsgericht hat gemäß Paragraph 337 StPO nur nachzuprüfen, ob ihm bei der Ausübung dieses Ermessens Rechtsfehler unterlaufen sind. Diese Nachprüfung darf es ausschließlich auf der Grundlage des angefochtenen Urteils vornehmen. So weit sich aus ihm kein Rechtsfehler ergibt, ist die Strafzumessung irreversibel.«*
Die freie Beweglichkeit der Richter im verfügbaren Strafrahmen erlaubt direkte Rückschlüsse vom verhängten Strafmaß auf die Gewichtung des Unrechtsgehalts einer Tat. Bei allen Tötungsdelikten bestand bis zur Geltung des Grundgesetzes (ab 24. Mai 1949) die Möglichkeit der Todesstrafe, bis 1968 der lebenslänglichen Freiheitsstrafe. (Ausgenommen der seit 1960 verjährte Totschlag.) Die Höchststrafe für die gebräuchliche ›Beihilfe zum Mord‹ beträgt seit dem 1. Januar 1975 fünfzehn Jahre.

Bereits im Laufe des Jahres 1945 wurde den zunächst geschlossenen deutschen Gerichten von den zonalen Militärverwaltungen eine Wiederaufnahme ihrer Tätigkeit gestattet. Bei NS-Verbrechen behielten sich die Alliierten allerdings die Aburteilung der an ausländischen Staatsbürgern begangenen Taten für ihre eigenen Militärgerichte oder die Gerichte der betreffenden Heimatländer vor. Damit war fürs erste der Bereich der Vernichtungslager, Einsatzgruppen und Kriegsverbrechen deutschen Gerichten entzogen. Ihr Betätigungsfeld war Denunziation, Tötungen und Körperverletzungen an Deutschen durch Deutsche, Justizmord, Euthanasieaktionen, Deportation. Die gesetzliche Grundlage war das alte Strafgesetzbuch und in der britischen und französischen Zone das Kontrollratsgesetz Nr. 10.
Das ›Verbrechen gegen die Menschlichkeit‹ schmerzte die deutschen Juristen bei der kompromißlosen Verteidigung des Rückwirkungsverbots. Zur Tatzeit war ein solches Delikt unbekannt. Die im Kontrollratsgesetz genannten Taten *»Mord, Ausrottung, Versklavung, Zwangsverschleppung, Freiheitsberaubung, Folterung, Vergewaltigung, Verfolgung aus politischen, rassischen oder religiösen Gründen«* waren zwar nicht neu erfunden und auch die Teilnehmer waren die altbekannten Figuren, Täter, Beihelfer, Anstifter. Der Strafrahmen, vom Vermögensentzug bis zum Tode reichend, ließ ebenfalls allen Temperamenten Spielraum. Das Störende am Kontrollratsgesetz Nr. 10 war seine nackte, lapidare Soloexistenz jenseits des Strafrechts. Den Juristen fehlte die geliebte Klaviatur der Milderungsgrundsätze, der Motivforschung, des Unrechtsbewußtseins, kurz, die tatabgewandte Seite des Täters, wo es ins Dickicht seines Innenlebens führt. Das Kontrollratsgesetz 10 ging von der einfältigen Annahme aus, daß die Vollzieher eines Verbrechens die Verbrecher seien.

Wie unangenehm sich solche Vereinfachungen auswirken, erfuhr 1949 die Verkäuferin Marianne Koll aus Remscheid, die für ein monatliches Handgeld von 80, später 60 RM, eine größere Anzahl Personen, mindestens aber fünf, der Gestapo denunzierte, darunter auch ihren Verlobten. *»Die Verteidigung trägt zwar vor, ihr habe das Bewußtsein des Unrechts gefehlt«,* bemerkt das Urteil des Landgerichts Wuppertal. *»Das wäre rechtlich unerheblich, weil es vom Gesetz nicht verlangt wird.«* Marianne kam 6 Jahre ins Gefängnis.
Die in der amerikanischen Zone operierenden Gerichte besaßen keine Vollmacht, das Kontrollratsgesetz 10 anzuwenden. Anscheinend wollte man den deutschen Juristen ersparen, nach einem ungeliebten Gesetz zu verhandeln, so daß sie sich sogleich den Feinheiten der Rechtsprechung widmen konnten. Eine Flut von Prozessen befaßte sich in den ersten vier Jahren mit den amoklaufenden Ortsgruppenleitern, Standgerichtsvorsitzenden und Kampfkommandanten in der Kapitulationsphase. Vom Feind vernichtet, kehrten die lokalen NSDAP-Chefs sich in einem letzten Aufbäumen gegen die eigene Bevölkerung. Zum Abschied trachteten sie, zu Hause unbesiegt, so viele Nachbarn, Gefährten und Gegner wie möglich mit in ihren Untergang zu reißen. Wer nicht auf Anrede ›Heil Hitler‹ sagte, wer eine halbe Stunde vor dem Einmarsch alliierter Panzerverbände die Waffe aus der Hand legte, wer das Führerbild von der Wand hängte, gar eine weiße Fahne hißte, wer überhaupt unangenehm auffiel und im Wege stand, wurde von den Berserkern umgelegt.
Der Münchener Schneidermeister Albin Übelacker, Ortsgruppenleiter der NSDAP im Bezirk Berg am Laim, erfuhr in den Morgenstunden des 28. April 1945 von einer ›Freiheitsaktion Bayern‹, die zur Einstellung des sinnlosen Widerstandes gegen die vor München stehenden Amerikaner aufrief. Übelacker, der die Namen der Hochverräter kannte, fuhr mit fünf Volkssturmleuten in einem Dreirad-Lieferwagen, mit Karabinern bewaffnet, zu den Wohnungen, ohne jedoch die Gesuchten anzutreffen. Die letzte Adresse war die des jungen Ni. *»Der Angeklagte Übelacker läutete«,* stellte das Urteil des Landgerichts München vom 2. Juli 1948 fest, *»worauf ihm die alte Frau Ni. öffnete. Übelacker fragte mit vorgehaltener Pistole nach Herrn Ni. Die Frau sagte, ihr Mann sei im Garten. Inzwischen kam gerade der alte Mann vom Garten herein, worauf ihm Übelacker eröffnete, er müßte sofort zur Kreisleitung zur Vernehmung mitkommen. Der Mann erklärte, er habe ja gar nichts gemacht. Auf der Fahrt fiel die Äußerung, daß der alte Mann als Geisel verhaftet sei, weil man den jungen nicht angetroffen habe.«* In der Kreisleitung angekommen, stiegen alle aus. Der Kreisleiter erklärte laut, daß es alle vernehmen konnten: *»Der Mann wird erschossen.«* Übelacker vollbrachte die Tat, gebot den Komplizen Schweigen, fuhr in dem Dreirad-Lieferwagen mit der Leiche zum Perlacher Forst und verscharrte sie dort in einem Bombentrichter.
Dem Gericht blieb die Qualifizierung des Täters als Mörder oder Tot-

schläger zur Wahl. Der Mörder handelt aus niedrigem Beweggrund, der Totschläger handelt aus welchen Beweggründen auch immer, nicht aber aus niedrigen.
In seiner Motivanalyse des Inneren Übelackers erwägt das Urteil, es ließe sich *»die bedenkenlose Exekution eines unschuldigen Mannes von 76 Jahren, vor der selbst fanatische Überzeugungstäter zurückgeschreckt wären, mit einem lange ungestillten Cäsarenwahn erklären, dem die Macht, einen Menschen vom Leben zum Tode zu bringen, endlich in die Hand gegeben war«*. Vordringlich hätten Übelacker *»generalpräventive Erwägungen«* geleitet, d. h. die Abschreckung der Allgemeinheit und *»das Bestreben, die Herrschaft der NSDAP in Berg am Laim zu erhalten«*. Eine solche Bestrebung zählt strafrechtlich nicht zu den niedrigen. Der Täter sei ein Mensch von einer *»beschränkten Subalternität«*, der *»nicht den gesunden Instinkt einfacher Menschen, nicht die nüchterne Betrachtung eines Unbeteiligten, und erst recht nicht den souveränen Überblick des kühlen Strategen hatte, sondern der jahrelang dazu präpariert worden war, durch die Parteibrille zu sehen. Es kann ihm nicht nachgewiesen werden, daß er, was auch vielen Klügeren nicht gelang, die vollkommene Aussichtslosigkeit der Lage erkannt hatte und daher nur als wutschnaubender Rächer einer verlorenen Sache handelte.«*
Je aussichtsreicher er die Lage ansah, desto besser, weil *»Übelacker das Schicksal Deutschlands mit dem der NSDAP identifizierte«*. Nun klären sich seine Motive auf: *»Er mußte unter allen Umständen so hart wie möglich zuschlagen, um Berg am Laim sauber zu halten. In dieser Zwangsvorstellung ist es nur der Ausdruck für die ganze Hilflosigkeit und kopflose Hysterie, die hinter Übelackers Brutalität stand, daß er sich, nachdem ihm die eigentlichen vier Täter entgangen waren, an den alten Ni. hielt. Gerade dieser Ursprung seiner Brutalität als hysterische Überkompensation einer inneren Unsicherheit ließ den Angeklagten, nachdem sein Rauschzustand mit der Erschießung des alten Mannes in jäher Ernüchterung geendet hatte, nicht mehr die Kraft finden, gleich einem Überzeugungstäter sich zu seiner Tat zu bekennen und ihre generalpräventive Wirkung für sein Ziel auszunutzen.«*
Die Errettung Deutschlands in letzter Sekunde durch Abschreckung, die das Landgericht als *»eigentlichen Beweggrund«* des Täters erkannt hatte, vertrug sich nur schwer mit der Feststellung, daß er den Spießgesellen Schweigen geboten hatte. Niemand konnte infolgedessen abgeschreckt werden. Wenn auch der Augenschein ganz und gar gegen die richterliche Abschreckungstheorie sprach, ließ sie sich durch psychologische Prothesen wieder hinbiegen. Übelacker hatte nämlich *»weit über seine innere Tragkraft hinaus«* abzuschrecken versucht. Trotz Parteibrille fiel es ihm auf einmal wie Schuppen von den Augen, Brutalität und Hysterie waren wie weggeblasen, als er seiner eigenen Tat gegenüberstand, *»vor deren nackter Wirklichkeit der Wahn zerrann und einen schwachen, vor der Ver-*

antwortung zurückschreckenden Menschen zurückließ. In dem mit jeder Stunde fortschreitenden Zusammenbruch konnte niemand mehr den entschlossenen Parteiführer in Übelacker aufrichten, er blieb seinem armseligen Menschentum überlassen und verließ in der Erkenntnis, den Dingen nicht mehr gewachsen zu sein, das sinkende Schiff.«
Übelacker, der als Mörder zumindest mit lebenslänglichem Zuchthaus, wenn nicht mit dem Tode zu bestrafen gewesen wäre, erhielt ein für Totschlag relativ hartes Urteil von 15 Jahren Zuchthaus. Abgesehen von der eigentümlichen Konstruktion der durch sich selbst verhinderten Abschreckung liefert das Landgericht München den klassischen Bau des deutschen NS-Urteils: Den Nationalsozialismus, der die Täter zu aberwitzigen Handlungen veranlaßt, rechnet ihnen das Gericht zum Vorteil an. Hätte Übelacker den Greis erschlagen, um die Brieftasche zu erlangen, wäre er unweigerlich zum Mörder erklärt worden. Vor dem Galgen hat ihn nur die NSDAP gerettet.
Im KRG 10, dem ›Verbrechen gegen die Menschlichkeit‹, war die ›politische Verfolgung‹, die Übelackers Verbrechen milderte, als eben das Verbrechen definiert. Weil aber die Nazis *»politische, rassische und religiöse Verfolgung«* (KRG 10) nicht bestraft, sondern befohlen hatten, wollte die deutsche Rechtsgelehrtheit ihnen dies nicht nachträglich zum Vorwurf machen. Vorgeworfen wurden Mord und Totschlag. Die Tat war genau dieselbe, besaß aber eine andere Definition. Der Münchener Richter hätte dem Übelacker spielend niedrige Beweggründe zuerkennen können. Er mußte es aber nicht. Der Düsseldorfer Richter, der den Denunzianten Wienhusen nach KRG 10 lebenslänglich einsperrte, mußte dies ebensowenig. Er konnte es aber. Der zunächst im Gebrauch der zwei konkurrierenden Rechtssysteme – des aus Nürnberg abgeleiteten KRG 10 und des deutschen Strafrechts – auftretende Unterschied war leicht zu greifen: Einem Richter, der hart strafen wollte, boten beide Methoden dazu Handhabe; ein Richter, der milder strafen wollte, war besser mit dem Strafgesetzbuch bedient. Erst als später die KZ- und Einsatzgruppenverbrechen verhandelt wurden, tat sich der entscheidende Vorteil des Strafrechts auf: die konstitutionelle Beweisschwierigkeit. Daß sich die deutsche Justiz einmal werde damit befassen müssen, fiel ihr 1948 aber im Traum nicht ein.
Die Motivsuche bei den nationalsozialistischen Amokschützen stieß immer wieder auf Männer, die nicht *»aus sittlich verachtenswerten Triebkräften heraus, sondern aus einem, wenn auch falsch verstandenen, Treue- und Pflichtgefühl heraus gehandelt«* hatten, denen *»ihr uneigennütziger politischer Irrglaube«* zum Verhängnis wurde, die, weil sie *»den von ihnen aus innerer Überzeugung vertretenen Staat und mit ihm die bisherigen Anschauungen zusammenbrechen sahen, sich in einem Zustand außerordentlicher Erregung und Verzweiflung befunden haben«*, die *»zwar Organ, aber nicht Urheber der Erschießung und damit nicht Mörder aus niedrigen*

Beweggründen« gewesen sind, die *»den Häftling nicht aus selbstsüchtigen, aus seiner Persönlichkeit sich ergebenden, besonders verwerflichen Beweggründen erschossen, sondern aufgrund einer falschen ideologischen Einstellung zum Wert jedes Menschen«*. Ein Werkmeister aus Neuss, der einen Juden tödlich mißhandelt hatte, tat dies weder aus einem niedrigen noch einem überhaupt persönlichen Beweggrund, es war vielmehr der *»von der NSDAP gepredigte Rassenhaß, deren Propaganda der brutale und hemmungslose Angeklagte bereitwilligst zum Opfer gefallen ist«*. Das andere Opfer, der tote Jude, wurde gesühnt mit drei Jahren, zwei Monaten Freiheitsstrafe. Zugunsten des Zahnarztes Rudolf Hübner aus München, Vorsitzender des ›Standgerichts West‹, sprach *»sein männliches Verhalten vor Gericht«*. Außerhalb des Gerichts hatte er sich weniger eindrucksvoll aufgeführt, doch *»wenn der Angeklagte mehrfach Äußerungen wie ›Schwein‹, ›Hund‹ zur Charakterisierung der auf seinen Befehl erschossenen Offiziere gebrauchte, wenn er weiter damit drohte, es werde keine Ruhe eintreten, solange nicht an jeder Laterne der Ludwigstraße einer hänge, und von ›Umlegen‹ sprach, so ergeben diese Äußerungen zusammen ein Verhalten, das auf charakterliche Mängel zurückzuführen ist. Diese blutrünstigen und widerwärtigen Ausdrücke und Drohungen allein reichen jedoch nicht aus, bei dem Angeklagten von Mordlust, d. h. einem besonderen Hang zur rücksichtslosen Vernichtung menschlichen Lebens zu sprechen.«* Selten nur lenkten ›diese Ausdrücke‹ einen Richter auf tiefere Charakterschichten, wie es 1948 am Landgericht Freiburg geschah, das den Ingenieur Heinrich Perner, Anführer des ›SS-Jagdkommandos Süd‹, wegen der Ermordung des Pfarrers Strohmeyer aus dem Kloster St. Trudpert im Untermünstertal verurteilte. Perner hatte gleichfalls viel geplaudert – *»die Pfaffen sind an allem schuld«* – und stets vom *»Umlegen«* phantasiert. *»So war er innerlich tief vorbereitet auf die Stunde«*, erklärte das Gericht, *»in der er sich – gewiß auch unter dem Einfluß unwägbarer, tief in die Wurzelgründe der Persönlichkeit hinabreichender Antipathien, Verzweiflungen und Haßgefühle – entschloß, das in frevelhafter Rede so oft gebrauchte Wort, nun in Gestalt eines Vorgesetztenbefehls auszusprechen.«* Für den Vorgesetztenbefehl büßte Perner als Mörder mit dem Tode.

Im Durchschnitt haben die Urteile gegen die Amokschützen, kaum daß die Leichen kalt waren, die Ansprüche an den politischen Mord so hoch geschraubt, daß kaum ein Nazi-Killer noch befürchten mußte anzuekken. Dabei ging es hier um Blutbäder unter deutscher Zivilbevölkerung, die in den betreffenden Städten und Gemeinden helle Empörung und ein Sühnebegehren ausgelöst hatten, wie etwa bei einem Vorfall in Heilbronn. *»Am Vormittag des 6. April 1945«*, berichtet ein Urteil des Oberlandgerichts Stuttgart, *»als die amerikanischen Truppen schon teilweise in die Stadt Heilbronn eingedrungen waren und vom linken Neckarufer aus die Stadt beschossen, verließen Reste der zur Verteidigung eingesetz-*

ten deutschen Truppen die Stadt, die offensichtlich nicht mehr zu halten war. Aus einigen Häusern der Schweinsberg- und Clausewitzstraße wurden bereits weiße Tücher herausgehängt.« Drautz, der NSDAP-Kreisleiter von Heilbronn, patrouillierte nun mit drei Volkssturmmännern, darunter dem 29jährigen angeklagten Schreiner Oskar Bordt, die Stadt. Vor den Häusern der Schweinsbergstraße 60 und 62, aus denen weiße Tücher heraushingen, stoppte die Patrouille auf den Befehl Drautzens: *»Raus, erschießen, alles erschießen.«* Darauf stiegen alle Insassen aus dem Wagen, stürmten zunächst zur Nr. 56, holten dort eine weiße Fahne ein und stiegen durch den Garten zu dem einem 73jährigen Pfarrer i. R. gehörenden Haus Nr. 54, in dem sich gerade auch dessen Schwager, der 63jährige Stadtamtmann Kü., und seine 61jährige Ehefrau aufhielten. *»Auf das Klopfen an der Haustüre erschien der Stadtamtmann, den der Angeklagte Schwarzkopf fragte, warum er eine weiße Fahne heraushänge. Kü. erwiderte, ein Offizier habe es befohlen. Darauf schrie Drautz: ›Erschießen, die Feiglinge erschießen.‹ Als inzwischen auch Frau Kü. an der Haustür erschien und entsetzt rief: ›Aber meinen Mann erschießt ihr nicht!‹, fielen von den Angeklagten her aus kurzer Entfernung ein oder zwei Schüsse. Darauf eilten Kü. und Frau ins Haus. Alle drei Angeklagten, an ihrer Spitze der Angeklagte Bordt, folgten ihnen. Binnen weniger Minuten fielen in den Erdgeschoßräumen mindestens sechs Schüsse. Getötet am Boden lagen alsdann Frau Kü. im vorderen Zimmer, mit Schußverletzungen an Hals und Nacken, im nächsten Zimmer der Ehemann Kü., in einer Blutlache, mit einer Einschußwunde am Unterkiefer und einer Ausschußwunde am Hinterkopf, aus der das Gehirn austrat, und Streifschüssen an rechter Hand und rechtem Unterarm. Pfarrer B., der vom Hausflur in den Keller flüchten wollte, stürzte, ins Herz getroffen, seiner ihm entgegeneilenden Frau tot in die Arme.«*

Das Landgericht hielt für erwiesen, daß Bordt den Kü. erschossen hatte, da er vor dem in einer Ecke kauernden Kü. gestanden und hinterher sich den andern gegenüber gerühmt habe, den Stadtamtmann Kü. *»fertiggemacht«* zu haben.

Wenig später nun, nachdem die Gruppe im Zickzack durch die Schweinsbergstraße gerast war, auf alles geschossen, was sich bewegte, aber niemanden getroffen hatte, klopfte Bordt an die Haustüre der Nr. 46. Sie wurde von der Telefonisten-Ehefrau Else Dr. geöffnet. Bordt schrie: *»›Wer hat die weiße Fahne herausgehängt, wo ist der Mann?‹ Die Ehefrau Dr. antwortete, ›Ich, der Mann ist nicht da‹. Daraufhin zog der Mann eine Pistole, richtete sie auf die Brust der Ehefrau Dr. und gab einen Schuß auf sie ab, von dem getroffen sie sofort tot zusammenbrach.«*

Drautz, den Anführer des Trupps, hatten die Amerikaner wegen Ermordung amerikanischer Flieger am 4. Dezember 1946 hingerichtet, Bordt, dem zweiten Haupttäter, bescheinigte das Gericht, er habe *»geradezu mit Wollust«* den Amtmann erschossen und *»ohne jedes Erbarmen«* aus näch-

ster Nähe die Ehefrau Dr. niedergestreckt, ja, *»das kann wohl gesagt werden, sich in einen wahren Blutrausch hineingesteigert, hat sich jedenfalls wie ein Unmensch gebärdet«*. Dem Unmenschen wurde zugute gehalten, daß er dazu geworden war, *»daß durch seine jahrelange Erziehung im nationalsozialistischen Geist«* seine ethischen Begriffe ganz offenbar verwirrt waren und es sich genaugenommen um eine *»durch anerzogenen Fanatismus hervorgerufene Verwilderung der Moral«* handele. Routiniert wurde strafmildernd angerechnet, *»daß ihn gerichtliche Strafen noch nicht belasten«*, ein Bonus, den die Justiz für ihre eigene Befangenheit ausstellte. Seine verwirrten ethischen Begriffe konnte er bis dato schließlich ohne richterliches Eingreifen austoben. Allen Angeklagten erkannte das Gericht Mordlust, Heimtücke, Grausamkeit und Überlegung ab: *»Es kann also in der vorliegenden Sache Paragraph 211 StGB (Mord) nicht zur Anwendung kommen.«* Dem Bordt, der *»bis zum Schluß der Hauptverhandlung keinerlei Einsicht und Reue gezeigt, mit seinem Auftreten vor Gericht vielmehr eine befremdliche Kaltblütigkeit an den Tag gelegt hat«*, wurden als Totschläger 15 Jahre Zuchthaus auferlegt und für acht Jahre die bürgerlichen Ehrenrechte entzogen, *»weil seine Einstellung zu den Taten eine völlige Nichtachtung der Unantastbarkeit menschlichen Lebens zeigt«*.
Die Exzesse der Zusammenbruchsphase waren durch den ›Himmler-Keitel-Erlaß‹ ausgelöst, die Kapitulanten zu töten. Doch handelten die Täter ohne Befehl und Notwendigkeit aus freien Stücken. Die Gerichte billigten ihnen zu, daß der Untergang der Nazi-Herrlichkeit zuviel für ihr Gemüt war. Der Staat brach zusammen und die Moral mit ihm. Die Verblendeten, Irrenden und falsch Erzogenen wurden ausfallend, benutzten unerhörte Ausdrücke und handelten entsprechend; nicht aber für sich, sondern um zu retten, was nicht zu retten war, den Nationalsozialismus. Ein untauglicher Versuch am untauglichen Objekt. Die schlimmsten Wüteriche erhielten zwischen fünf und fünfzehn Jahren Zuchthaus, die Begleiter und Heckenschützen, die irgendwann im Getümmel blindlings abdrückten, bis endlich jemand auf dem Pflaster lag, kamen mit ein bis zwei Jahren davon.
Anders lag der Fall bei der Gruppe der Gestapo-Leute, die als stabile Ordnungskräfte die Kommunisten, Sozialdemokraten, Katholiken, Freimaurer, Zeugen Jehovas je nach Ressortverteilung unter der Folter verhört, erpreßt und auf Nimmerwiedersehen ins KZ eingeliefert hatten.
»Als er beim Öffnen der Zellentüre Gelegenheit hatte, B. zu sprechen«, heißt es im Urteil des Landgerichts Nürnberg-Fürth vom November 1948 über zwei Prozeßzeugen der alten KPD, *»sagte er, ›sag bloß aus, wenn dich der Ohler in die Hände kriegt, der Ohler, der Ohler, der Ohler!‹ Dabei sah B., daß Fraas grün und blau geschlagen war. Im August 1934 beging Fraas in Dachau Selbstmord.«*
Der *»erfahrene, tüchtige Kriminalbeamte«* Paul Ohler, seit 1923 im Dezer-

nat der Politischen Polizei Nürnberg beheimatet, war der Körperverletzung sowie des Verbrechens der ›Vollstreckung gegen Unschuldige‹ nach Paragraph 345 StGB in Tateinheit mit Beihilfe zum Mord angeklagt. Es war ihm nämlich nachgewiesen, drei russische Sklavenarbeiter im Straflager Langenzenn aufgehängt zu haben. *»Das ist ein legaler Vorgang gewesen«,* erklärte Ohler den Richtern. Denn es habe ein Erlaß Hitlers bestanden, daß die Ostarbeiter der Rechtsprechung der Gerichte und der Justizverwaltung nicht unterlägen. Das Reichsjustizministerium habe diesen Erlaß allen Justizbehörden bekanntgegeben, und diese hätten demgemäß der Gestapo Ostarbeiter, die ihnen unterstellt worden seien, zur zuständigen Behandlung übergeben. Das Gericht befand, *»lediglich der Umstand, daß die Hinrichtung der drei Russen nicht durch ein gerichtliches Urteil angeordnet wurde, sondern durch einen Befehl des Reichssicherheitshauptamts«,* könne dem Angeklagten nicht zur Last gelegt werden. Denn die drei Russen seien *»aufgrund der seinerzeit bestehenden Gesetze auch von einem Gericht zum Tode verurteilt worden«.* Die feinen Unterschiede zwischen einem Todesurteil durch ein NS-Gericht oder durch die Gestapo wollte die Nürnberg-Fürther-Strafkammer aber gar nicht erörtern, denn Ohler könne *»nicht das Bewußtsein gehabt haben, gegen die vom Staate aufgestellte Ordnung zu handeln«.* Da Ohler nicht gegen, sondern für die Nazi-Ordnung handelte, ergab sich auch kein Vorwurf: *»Er sah, daß nach diesem Erlaß sowohl von der Justiz als auch von den Polizeibehörden verfahren wurde.«*
Wenige Monate vor dem Ohler-Verfahren wurde im Nürnberger Justizpalast der OKW-Prozeß abgehalten. Als Zeuge der Anklage trat am 13. Februar 1948 Paul Ohler auf und berichtete anschaulich von seiner Tätigkeit als Leiter einer Einsatzgruppe der Gestapo, die das russische Offizierslager Hammelburg nach Kommissaren durchkämmt hatte. Fünfhundert Offiziere wurden selektiert, nach Dachau transportiert und erschossen. Generaloberst Reinecke, von Ohler schwer belastet, erhielt lebenslänglich, weil er entsprechend der ›vom Staate aufgestellten Ordnung‹ Kriegsgefangene getötet hatte. Vier Wochen nach Reineckes Urteil wurde Ohler vom Nürnberger Landgericht vom Mordvorwurf freigesprochen, weil nach dieser Ordnung von allen, warum nicht auch von ihm, *»verfahren wurde«.* Wie sollte ein *»erfahrener Kriminalbeamter«*, zudem noch seit 22 Jahren Mitarbeiter der politischen Abteilung der Polizei, wissen, daß Strafen vom Gericht verhängt werden? *»Weder seiner Vorbildung noch seiner Dienststellung nach konnte von dem Angeklagten verlangt werden, daß er damals hätte Überlegungen anstellen müssen, ob nicht die Herausnahme der Strafverfolgung dieses Personenkreises aus der ordentlichen Gerichtsbarkeit gegen das Naturrecht oder gegen die Rechtsgrundlage einer modernen Kulturnation verstieß oder aus einem anderen Grunde rechtswidrig sei.«* Für das Foltern der Gestapo-Häftlinge, welches er nicht aus politischem Fanatismus begangen habe, sondern kraft eines

»Spannungsfelds«, denn *»veranlagungsgemäß hat er einen Zug ins Brutale«*, mußte Paul Ohler allerdings *»die volle Schwere des Gesetzes treffen«*. Er bekam sieben Jahre Zuchthaus.

Das Verfahren, das im Mai und Juni 1949 gegen 12 Beamte und Mitarbeiter der Gestapo-Leitstelle Hamburg vor dem örtlichen Landgericht durchgeführt wurde, konnte nicht auf das gute Gewissen der Gestapo bauen, weil nach KRG 10 verhandelt werden mußte, dem zufolge Unwissenheit nicht vor Strafe schützt. Die Angeklagten hatten das Sachgebiet II a 2, ›Linksopposition‹, zu bearbeiten gehabt. Die ihnen angelasteten Handlungen kreisten um die Bekämpfung von Widerstandsgruppen im Krieg (darunter die bekannte Bästlein-Gruppe), wozu sogenannte ›verschärfte Vernehmung‹ erforderlich war: *»Der Beamte Haedke befestigte dem Kr. nunmehr je eine Holzplatte an der Innen- und Außenseite des Unterschenkels, indem er sie mit drei Tischlerzwingen in der Höhe des Knöchels, der Wade und am Knie zusammenschraubte. Der Angeklagte Helms las dem Zeugen aus dem Schriftstück vor, was er zugeben sollte. Als er das nicht tat, schraubte Haedke die Zwingen mehr und mehr zusammen. Die Holzplatten übten dabei einen schmerzhaften Druck auf Knie- und Knöchelgelenke sowie Wade aus. Der Druck wurde so stark, daß dem Kr. eine Krampfader an der Wade platzte. Als er trotz unerträglicher Schmerzen auch weiterhin nichts zugab, wurden die Wadenklammern gelöst. Helms ergriff nun drei vierkantige Buntstifte, die er dem Zeugen gleichzeitig einzeln zwischen je zwei Finger der Hand steckte, sie zwischen die Grundphalangen der Finger im rechten Winkel zur Handfläche an diese preßte und alsdann die Fingerspitzen zusammendrückte. Als Kr. bei dieser Methode, der sog. ›Fingerquetschung‹, aufstöhnte, sagte er: ›Wenn du Aas nur schreien wolltest.‹ Da Kr. auch jetzt noch keine Aussage machte, verlangte Haedke von ihm, daß er sich bücke. Der Zeuge weigerte sich, worauf ein dritter Beamter seinen Kopf zwischen die Beine nahm und Haedke mit einem Stock auf ihn einschlug.«*

Ferner war den Angeklagten zur Last gelegt, daß sie Einweisungen von Häftlingen in KZs ausgeschrieben hatten, samt Aufstellung einer ›Liste gefährlicher Personen‹, die dort zu erschießen waren. Das Gericht erteilte Strafen ab einem Jahr, drei Monaten. Der Kriminalkommissar Bokelmann war einer der sehr seltenen Fälle, wo ein NS-Täter nicht wegen Angst vor dem Vorgesetzten, sondern wegen Angst vor den Untergebenen Milde erfuhr. *»An sich der Typ eines pflichtgetreuen Beamten«*, befand sich der 62jährige Bockelmann *»in einer unglücklichen Lage, weil er nicht die Kraft aufbrachte, sich den Forderungen seiner Untergebenen nachdrücklich zu widersetzen. Er galt unter seinen Mitarbeitern als ›Weihnachtsmann‹, woraus sich bereits ergibt, daß er innerhalb dieses Kreises als nicht dazugehörig angesehen wurde.«* Um dessen Anerkennung zu erringen, unterzeichnete der unglückliche Gestapo-Weihnachtsmann einen Antrag auf ›Sonderbehandlung‹ des Juden Alfred Cohn und fertigte die

›Liquidationsliste‹ mit 71 Todeskandidaten für das Konzentrationslager Neuengamme. Bokelmann, der davon abgesehen *»ein einwandfreies Leben geführt und sich nicht das geringste zuschulden kommen lassen«* hatte, erhielt vier Jahre Gefängnis.
Der Chef der Bekämpfung der ›Linksopposition‹, Henry Helms, gleichfalls *»bisher unbescholten«* und dazu jemand, der *»die Foltermethoden nicht von sich aus anwandte, sondern aufgrund der Anleitung eines vom Reichssicherheitshauptamt geschickten Beamten«*, bekam die zweithöchste Strafe von neun Jahren Zuchthaus.
Das härteste Urteil empfing der Gestapo-Spitzel Alfons Pannek, ein Mann von *»erheblicher Charakterlosigkeit«*. Sein Treiben hatte *»für die Geschädigten außerordentlich schwere Folgen. Insgesamt 23 Menschen kamen für lange Zeit in Haft und waren grausamen Verfolgungshandlungen ausgesetzt.«* Der Spitzel sei anlehnungsbedürftig, weichlich, reagiere gefühlsbetont. *»Auf der anderen Seite überragt er jedoch geistig und intellektuell den Durchschnitt erheblich.«* Im Unterschied zum ›Weihnachtsmann‹, Chef Helms und den anderen, denen das Gericht *»bis zum Eintritt in die Gestapo untadelige Lebensführung«* bestätigte, die *»ohne eigenes Zutun in die Lage gerieten, hoheitliche Funktionen bei Verhaftungen und Vernehmungen durchzuführen«*, die ihnen überdies *»wesensfremd und nach innerer Überzeugung zuwider waren«*, und die sie überhaupt nur anwendeten, als man *»unter dem Eindruck der Kriegsverhältnisse die Betätigung der Gegner als besonders gefährlich ansah«* – der linksoppositionellen Gegner, die kämpften *»ohne Rücksicht auf die Gefährdung Unschuldiger«* –, im Unterschied zu dieser skrupulösen Rechtschaffenheit der Hamburger Gestapo lag der Fall des Alfons Pannek, der wegen seiner überdurchschnittlichen Intelligenz auch keine Probleme hatte, *»das Unerlaubte der Tat einzusehen oder nach dieser Einsicht zu handeln«*, auf einer ganz anderen Ebene: *»Das Verhalten des Angeklagten ist Ausdruck seiner sittlichen Minderwertigkeit.«* Aufgrund dieser Minderwertigkeit war er überhaupt erst mit der Gestapo in Berührung gekommen, wenn auch vom anderen Ende des Polizeiknüppels her. Alfons Pannek war altgedienter Funktionär der hamburgischen KPD. Die Gestapo hatte ihn nach dem Einrücken deutscher Truppen im März 1939 in Prag in die Finger gekriegt, zurück nach Hamburg gebracht, gefoltert und umgedreht. Dazwischen lag ein nach den Mißhandlungen verübter Selbstmordversuch, mit mehreren Monaten Aufenthalt in der Krankenanstalt Langenhorn. Anschließend war *»nach der glaubwürdigen Aussage der damaligen Ehefrau des Angeklagten eine gewisse Persönlichkeitsveränderung bei ihm festzustellen«*. Aus Langenhorn entlassen, war Alfons Pannek in einem Hochverratsprozeß zu sechs Jahren Zuchthaus verurteilt worden, deren Verbüßung er angetreten hatte.
»Der Angeklagte beruft sich darauf«, so heißt es in seinem 1948er Urteil im Hamburger Gestapo-Prozeß, *»daß bei ihm die Voraussetzungen des*

übergesetzlichen Notstandes bzw. des Nötigungsstandes vorlägen.« Fehlendes Unrechtsbewußtsein und Notstand, sei es durch höheren Befehl, sei es aus Angst für Freiheit, Leib und Leben, sind die klassischen Schutzbehauptungen aller NS-Täter unterhalb Adolf Hitlers gewesen. Die Gerichte sahen lauter Zweifelsfälle vor sich und entschieden nach altem Brauch zugunsten des Angeklagten. Den Notstand behaupten kann jeder und das Gegenteil nachzuweisen ist schwer. Dennoch machte sich das Hamburger Schwurgericht mit Alfons Pannek die größte Mühe. Es betrachtete eingehend *»die ganze Art der Durchführung der ihm übertragenen Aufgabe und den von dem Angeklagten zu diesem Zweck geschaffenen Apparat«* und kam zu dem Ergebnis, sie zeigten *»so viel gedanklichen Aufbau und interessierte Mitarbeit, daß sie es als unmöglich erscheinen lassen, daß Alfons Pannek unter dem Druck einer Zwangslage gestanden hat«*. Seine körperliche Mißhandlung durch die Gestapo aber stünde einzig und allein im Zusammenhang *»mit seiner Tätigkeit als kommunistischer Funktionär im In- und Ausland«*. Da die KPD, *»in der er schon vor 1933 an hervorragender Stelle arbeitete, bereits damals teilweise illegal, gegen gesetzliche Verbote«*, operierte, hätte Alfons Pannek wissen müssen, was ihm dafür blühte. Und er wußte es auch, denn umsonst sei er ja nicht emigriert. Eine Nötigung, mit der Gestapo zu kollaborieren, sei aus seiner Folterung wegen KPD-Mitgliedschaft nicht erwachsen. *»Seine Tätigkeit im Rahmen dieser Kampfgemeinschaft hatte er freiwillig und bewußt aufgenommen. Es war ihm klar, welche Folgen dieser Kampf für ihn haben könnte. Alsdann war es ihm zuzumuten, diese Folgen auch zu tragen ...«* Mit dieser an und für sich nicht unlogischen Argumentation hätte man bequem ein paar hunderttausend freiwilliger Mitglieder einer anderen Kampfgemeinschaft hinter Gitter bringen können. Insofern sich darunter aber auch einige hundert Richter befunden hätten, fragt sich, ob denen ›zuzumuten war, diese Folgen auch zu tragen‹.

Richter vor Gericht

Nach der Wiedereröffnung der deutschen Gerichte war allein in der sowjetischen Zone eine Unvereinbarkeit von NSDAP-Zugehörigkeit und Richteramt statuiert worden. Die schlagartige Schrumpfung des dortigen Justizapparats wurde durch Laien kompensiert, die in Schnellkursen die Rechtsprechung erlernten. In den West-Zonen wurde der Rückfluß der Richter des Nazi-Reichs durch die Entnazifizierung gesteuert. Die Briten hatten auf deutsche Empfehlung eine 50%-Quote nomineller Nazis unter den Richtern zugelassen. Als die 50% Zugelassener routinemäßig durch den Entnazifizierungs-Wolf gedreht werden sollten, erhoben sie Protest. Die Unabhängigkeit der Rechtspflege sei bedroht, die Fehler, die sich die Nazis im Umgang mit ihnen geleistet hätten, dürften sich nicht wiederholen. Wie alle Parteigenossen mußten sie den Marsch durch die Kammern antreten, doch wirkten dort Juristen-Fachausschüsse, die sich ihrer erbarmten. Ein schlichter Parteigenosse fand uneingeschränkte Wiederverwendung; ein Mitläufer mußte einige Beschneidungen erdulden. Gestuft wurde so, daß die Kollegen nicht brotlos wurden. Die Briten, großzügigere Kontrolleure als die Amerikaner, taten ein übriges und entzogen gelegentlich Betroffene solchen Ausschüssen, die Reinigungsehrgeiz entfalteten. Auch hielt sich die 50%-Quote nicht lange aufrecht. Wer durch den Entnazifizierungsausschuß die Unbedenklichkeit bescheinigt erhielt, zählte nicht länger als Parteigenosse. Seine Mitgliedschaft war rückwirkend getilgt. Allein in den Schlüsselstellen der Oberlandesgerichtspräsidenten, Generalstaatsanwälte und, ab Februar 1948, im Obersten Gerichtshof der Britischen Zone, der manche ungewöhnliche Entscheidung zustande brachte, waren verläßliche Anti-Nazisten untergebracht. Kein Wunder, daß diesen Männern ihre Umgebung bald unheimlich wurde. *»Die Oberlandesgerichtspräsidenten und Generalstaatsanwälte sind über die Lage beunruhigt«,* schrieben britische Inspekteure nach einer Tour durch Nordrhein-Westfalen, *»die sich aus der überaus liberalen Einstellung der Entnazifizierungsausschüsse ergeben hat. Richter und Staatsanwälte, die Mitglieder von Sondergerichten waren oder in der SA oder ähnlichen Verbänden eine führende Stellung bekleidet haben, sind in die Kategorien IV und V eingestuft worden und melden sich nunmehr bei den Oberlandesgerichtspräsidenten und Generalstaatsanwälten und verlangen ihre Wiedereinstellung in die Planstellen, die sie unter Hitlers Herrschaft innegehabt haben.«*

Die Formalbelastung durch Organisationszugehörigkeit und Ämter war ein Indiz für die wahre Belastung eines Richters, aber ein schwaches. Seine Urteile konnten verheerend gewesen sein, wenn er pedantisch die bestehenden Gesetze angewandt hatte, weil er sich dazu verpflichtet fühlte, ohne weitere Zuneigung zum Nationalsozialismus zu verspüren. Hitler hielt die Richter ohnehin für hoffnungslos reaktionäre Trottel, die in juristischer Begriffsklauberei verdummten und nicht einsahen, daß *»Recht nur das ist, was dem Volke nützt«*. Eine Rechtsreform lag bereits in der Schublade: *»Kampf gegen die Justiz an sich.« »Ich werde dafür sorgen«,* verkündete der Führer seiner Tischgesellschaft, *»daß aus der Justizverwaltung bis auf 10% wirklicher Auslese an Richtern alles entfernt wird.«* Die Richter konnten also von Glück sagen, daß ihre Sklaventreue zum Obersten Gerichtsherrn jählings unterbrochen wurde und sie NS-Täter aburteilen mußten. Ihre flagrante Befangenheit fiel ihnen gar nicht auf, denn das innerliche Widerstreben bei äußerer Pflichtschuldigkeit, der heimliche Anstand, den sie dem letzten Gestapo-Schergen attestierten, entsprach aufs Haar ihrer Selbsteinschätzung. Die *»perversen und unmenschlichen Typen«,* schreibt Herrmann Weinkauf, seinerzeit Mitglied des Reichsgerichts, seien die Ausnahme gewesen. Die unheilvolle

Mehrheit sei einer ganz anderen Pathologie anheimgefallen: *»Die Vorstellung, Recht sei nur, was der tatsächliche Inhaber der Staatsmacht setze.«* Ein Zeugnis, das den allgemeinen Befund des Staatsverbrechens stützt, das mit einer Minderzahl von Charakterbösewichtern und einer erdrükkenden Mehrheit lammfrommer Staatsbürger auskommt. Nie zuvor und danach haben sie sich das geringste zuschulden kommen lassen, vermerkt so gut wie jedes Urteil, um zu folgern, daß die Tat ihnen zweifellos wesensfremd sei. Daß gerade dies das Wesen der Tat ausmacht, unterschlägt die Richterschaft. Es erinnert sie zu sehr an die 30000 Justizleichen in ihren Aktenmagazinen. Die Idee, daß die Erlasse der verflossenen Staatsmacht verbindliches Gesetz gewesen seien, darum nachträglich schlecht zu Makulatur erklärt, keinesfalls aber den Vollzugsorganen zum strafbaren Vorwurf gemacht werden könnten, entwickelte sich in der Nachkriegsjustiz zur eisernen Rechtsüberzeugung, sobald justitielle Handlungen des Dritten Reichs mit Todesfolge zu verhandeln waren.
Die Ergänzung der Amokschützen bildeten in der Zusammenbruchsphase die Standgerichte. Erstere hatten sich auf den Himmler-Keitel-Erlaß berufen, demzufolge alle Männer über 14 Jahren, die in Häusern mit weißen Tüchern angetroffen wurden, zu erschießen seien. Dies buchten die Richter als ›gesetzliches Unrecht‹ ab, das keinen Täter deckt. Schwieriger stand der Fall, wenn die gleiche Handlung noch mit einem Standgerichtsverfahren ausgeschmückt worden war. Laut Verordnung des Reichsjustizministers Thierack vom 15. Februar 1945 konnte in feindbedrohten Reichsverteidigungsbezirken der Gauleiter einen jeden, durch den *»die deutsche Kampfkraft oder Kampfentschlossenheit gefährdet wird«*, vor ein Standgericht bringen. Dieses stand unter dem Vorsitz eines Strafrichters, mit Parteileitern, Offizieren, SS-Leuten und Polizisten als Beisitzern, erlaubte gewöhnlich keine Verteidigung und urteilte auf Tod, Freispruch oder Überweisung an die ordentliche Gerichtsbarkeit. Der Tod drohte nach Paragraph 5 der Kriegssonderstrafrechtsverordnung (KSSVO) demjenigen, der *»öffentlich den Willen des deutschen Volkes zur wehrhaften Selbstbehauptung zu lähmen oder zu zersetzen sucht«*.
Am 19. Dezember 1948 verhandelte das Landgericht Weiden gegen den am 10. Juni 1894 in Oberviechtach geborenen ehemaligen Landgerichtsdirektor von Regensburg, Johann Josef Schwarz wegen Mordes. Als Vorsitzender eines Standgerichts hatte Schwarz den Domprediger von Regensburg, Dr. Maier, zum Tode verurteilt, weil er bei einem Volksauflauf das Wort ergriffen und die kampflose Übergabe der Stadt an die in 20 km Abstand nordwestlich von Regensburg stehenden Amerikaner befürwortet hatte. Im Verlauf der Kundgebung waren weiße Fahnen geschwenkt und Flüche auf die Gau- und Kreisleitung der NSDAP ausgestoßen worden. In der Stadt befanden sich zahlreiche Lazarette, und seit Monaten bestand keine Absicht mehr, sie zu verteidigen. Als sich im Laufe der spontanen Kundgebung Tätlichkeiten zwischen einzelnen Demonstran-

ten und Volkssturmleuten entwickelten, und einem von diesen ein Auge ausgestochen wurde, redete der Domprediger zur Beschwichtigung der Menge: *»Jede Obrigkeit ist von Gott, wir sind daher jeder Obrigkeit untertan, wir dürfen daher keinen Aufruhr machen.«* Man möge *»mit Ruhe und sittlichem Ernst vor die Obrigkeit hintreten und die kampflose Übergabe erbeten«*. Daraufhin wurde der Domprediger von einem zivilen Polizeibeamten verhaftet. Das geschah während der Morgenstunden. Am Nachmittag erreichte die Nachricht den Gauleiter der bayerischen Ostmark, Ludwig Ruckdeschel, der dem Regensburger Kreisleiter die sofortige Erhängung Maiers auf dem Moltkeplatz befahl, dem Ort des Auflaufs. Der örtliche Gestapochef jedoch entschied, den Befehl erst bei Vorlage eines gerichtlichen Todesurteils zu vollziehen. Daraufhin wurde Landgerichtsdirektor Schwarz in die Kreisleitung bestellt, wo er alsbald auf dem Fahrrad, die Richterrobe im Gepäck, eintraf. Der Kreisleiter organisierte zwei Beisitzer aus der Partei, und fertig war das Standgericht.
Kurze Zeit danach gesellte sich ein Abgesandter Ruckdeschels hinzu, brüllte den Richter an: *»Warum hängen die noch nicht?«*, und schärfte den Beisitzern ein, daß er Auftrag habe, dem Gauleiter den Vollzug des Urteils zu melden: *»Sie verstehen mich, meine Herren. Wie Sie das machen, ist Ihre Sache!«*
Um 20 Uhr tagte bereits das Gericht. Der Beisitzer Gebert, *»der trotz seiner Bitte nicht mehr zum Abendessen entlassen worden war«*, wie das Landgericht Weiden im Februar 1948 feststellte, *»fragte den Angeklagten Schwarz, welche Rolle den Beisitzern bei der Standgerichtsverhandlung zufalle. Schwarz erwiderte, daß sie nur nach der Verhandlung ›beim Schuldspruch‹ mitzuwirken hätten. Schon vorher hatte Schwarz ihm auf eine ähnliche Frage einen Zeitungsausschnitt mit dem Wortlaut der Standgerichtsverordnung gegeben, von dem aber Gebert nur wenige Sätze gelesen hatte.«* Der Staatsanwalt Then, der nun mit den Ermittlungsakten herbeigeeilt kam, war auch nicht ganz auf der Höhe der Zeit, denn er erklärte dem Schwarz, er, Then, werde wohl mit seiner Anklage *»nicht durchkommen«*, weil sich eine Rädelsführerschaft des Angeklagten nicht nachweisen lasse. Darauf hörte man, wie Schwarz, ohne noch die Akten gelesen zu haben, zu Then sagte: *»Aber Herr Kollege, es ist doch viel einfacher: ›Wehrkraftzersetzung‹! Then machte eine Geste des Erstaunens darüber, daß er nicht selbst auf diesen Gedanken gekommen sei.«*
Im Verhör sagte der Domprediger, er habe auf der Kundgebung dahin gewirkt, daß kein Druck auf die Obrigkeit ausgeübt werde; sie müsse frei in ihren Entscheidungen bleiben. Schwarz fragte ihn: *»Warum haben Sie diesen Dreh gemacht?«*

Antwort: Ich weiß nicht, was ein Dreh ist.

Darauf Schwarz: Haben Sie noch nichts von einem jüdischen Dreh gehört?

Antwort: Nein!

Schwarz: Nun sagen Sie mir halt, warum haben Sie dies Jesuitenstücklein gemacht?
Antwort: Jawohl, ich bin Jesuit.
Schwarz: Damit geben Sie mir keine Antwort auf meine Frage. Ich muß aber Aufklärung verlangen.
Dr. Maier: Ich wollte den Leuten helfen.

Staatsanwalt Then beantragte gegen Dr. Maier die Todesstrafe, weil er die Versammlungsteilnehmer im Willen bestärkt habe, die Stadt kampflos zu übergeben. In der Beratung erklärte Schwarz den Beisitzern, sie brauchten dem Antrage des Staatsanwaltes nicht zu folgen, es gäbe aber nur die Wahl zwischen Todesstrafe und Freispruch. Während der Beratung riß der Abgesandte des Gauleiters die Tür auf und rief in barschem Ton: *»Wie lange soll ich noch warten? Ich muß dem Gauleiter den Vollzug melden!«*

Pünktlich um ein Uhr nachts erhielt der Gauleiter die Nachricht von dem verlangten Todesurteil und ordnete an, den Domprediger, wie ursprünglich geplant, auf dem Moltkeplatz zu erhängen, keinesfalls jedoch in dessen Amtstracht. Die mit der Hinrichtung beauftragten Gestapo-Leute veranlaßten Dr. Maier, in seiner Zelle die schwarze Priesterkleidung abzulegen und einen Zivilanzug anzulegen, der ihm sichtlich zu klein war. Als Zeitpunkt der Hinrichtung vermerkte die Akte den 24. April 1945, 3 Uhr 25 Minuten. Die Hinrichtung wurde vollzogen, indem man den Domprediger an einer eigens hierzu angebrachten Querstange erhängte, welche die zwei damals auf dem Moltkeplatz stehenden Fahnenmasten miteinander verband. Der Erhängte wurde mit einem Schild versehen, auf dem stand: *»Hier starb ein Saboteur.«*

Das Landgericht Weiden, das gegen Schwarz, den Staatsanwalt Then, die Beisitzer und Gauleiter Ruckdeschel verhandelte, hatte zu entscheiden, ob der vom Gauleiter veranstaltete Justizzirkus als Rechtsprechung interpretiert werden sollte. Zunächst bekräftigten die Richter die Gültigkeit der Thierackschen Standgerichtsordnung vom 15. Februar 1945 und die benutzte Kriegssonderstrafrechtsverordnung. *»Das vorgesehene Verfahren bietet die Möglichkeit einer sachgemäßen Rechtsverwirklichung. Die Rechtsgültigkeit der Verordnung läßt sich nur dann leugnen, wenn man schlechthin dem Hitler-Staat jede Fähigkeit absprechen will, Recht zu setzen.«* Da dieses niemandem einfallen würde, brauchte das Gericht nur noch zu prüfen, ob Johann Josef Schwarz auf der Grundlage des vom Hitler-Staat gesetzten Rechtes auch alles richtig gemacht hatte.

In verfahrensrechtlicher Hinsicht hielt man für bedenklich, daß dem Domprediger kein Verteidiger gestellt worden war, und weiterhin, daß man ihm keinen Stuhl angeboten hatte. *»Hinsichtlich der dem Angeklagten verwehrten Sitzgelegenheit«* konnte das Gericht nicht endgültig klären, *»ob eine Rechtsverletzung oder nur eine grobe Unfreundlichkeit bzw. Taktlosigkeit vorliegt«*. Die Bestellung eines Anwalts war nach der Standge-

richtsordnung ohnehin nur in ›schwierigen Fällen‹ geboten; entscheidend jedoch für das Landgericht war der *»nicht widerlegte Umstand, daß am Abend des 23. April 1945 jedenfalls kein Rechtsanwalt mehr erreichbar gewesen sei«*. Und der Gauleiter hatte es eilig mit der Hinrichtung.
Alsdann war das Todesurteil selbst zu prüfen. Mit Überzeugung führte das Landgericht aus, daß eine Verurteilung wegen Zersetzung des ›Willens zur wehrhaften Selbstbehauptung‹ unterstellt, *»daß die große Mehrzahl der deutschen Bevölkerung überhaupt gewillt ist, sich kriegerisch zu behaupten«*. In der zweiten Aprilhälfte 1945 jedoch war *»der Wehrwille des deutschen Volkes insgesamt nicht mehr vorhanden«*. Der Tatbestand seiner Zersetzung sei infolgedessen überhaupt nicht zu verwirklichen gewesen. Aus dieser Einsicht des Gerichts folgt der blanke Mordauftrag der Standgerichte, die eine nicht existente ›Kampfentschlossenheit‹ mit Todesurteilen sichern sollten. Doch das Denken der Juristen ist gelegentlich seltsam gestört, wie das Gericht an Hand eines *»so intelligenten Juristen«* wie Schwarz aufdeckte, der *»in einem seelischen Ausnahmezustand«* handelte, *»überwiegend von Angst und Haltlosigkeit beherrscht«*. Ein typisches *»Motivbündel für die Situation der deutschen Beamtenschaft in den letzten Kriegsmonaten«*. Schwarz, dem der *»so überwältigend und offensichtlich«* abhanden gekommene Wehrwille nicht habe verborgen bleiben können, brauche dennoch nicht *»die notwendige Rechtsfolge bewußt geworden zu sein«*. Die Rechtsfolge nämlich, daß ohne Wehrwillen niemand wegen dessen Zersetzung zum Tode verurteilt werden kann. Der Mann war eben nur 40 Jahre Jurist und hatte es *»in langjähriger, ehrenvoller Berufsausübung«* zum Landgerichts-Direktor gebracht.
Dennoch war das Landgericht Weiden mit Schwarzens Standgerichtspraxis nicht gänzlich einverstanden und entdeckte einen Schnitzer: Schwarz hatte im Beratungszimmer seine Beisitzer falsch belehrt. Die Kriegssonderstrafrechtsverordnung ließ nicht, wie von ihm suggeriert, nur Tod oder Freispruch übrig, sondern in minder schweren Fällen auch die Überstellung an ein ordentliches Gericht. Indem der Berufsrichter Schwarz den Laienrichtern damit *»die Entscheidung weitgehend in den Mund legte«*, beugte er das ihm vom Hitlerstaat gesetzte Recht. Das konnte aber einem versierten Juristen nicht aus Fahrlässigkeit unterlaufen. Schwarz beugte die Kriegssonderstrafrechtsverordnung, die er sichtlich genauestens kannte, mit Vorsatz. Er wollte den Domprediger *»dem Tode des Erhängens preisgeben«*, handelte also in Tötungsabsicht. Im Grunde seines Herzens wußte Schwarz, daß der Domprediger die Todesstrafe nicht verdiente und auf Wehrkraftzersetzung im *»minder schweren Fall«* zu erkennen war. Zwar erreichte Schwarz genau das, was die Standgerichte und Gauleiter Ruckdeschel erreichen wollten, jedoch in mißbräuchlicher Art und Weise. Hätte er, in welcher Absicht auch immer, die KSSVO korrekt angewendet, wäre ihm nichts anzulasten gewesen. Zwar wäre die Erhängung des Dr. Maier dann immer noch eine Rechtsbeugung gewesen, aber

keine vorsätzliche. Denn Schwarz war der festen Rechtsüberzeugung gewesen, daß Wehrkraftzersetzung ohne Wehrkraft möglich war. Die Rechtsbeugung des Richters ist aber nach dem Paragraphen 336 nur dann strafbar, wenn sie mit Absicht getrieben wird. Nach der Rechtsauffassung des Landgerichts Weiden, die sich festigte und bis auf den heutigen Tag gilt, bleibt es zwar für den Richter folgenlos, wenn er unschuldige Menschen in einer aller Gerechtigkeit spottenden Art aufs Schafott bringt. Wenn er hingegen die Beisitzer falsch belehrt, ist er dran. Daß so was nicht geht, hat man als Jurist zu wissen.
Schwarz erhielt für seinen Kunstfehler fünf Jahre Zuchthaus, der Staatsanwalt, der keinen gemacht hatte, wurde in zweiter Instanz freigesprochen, desgleichen die übertölpelten Beisitzer. Ruckdeschel, der Drahtzieher der Aktion und Gauleiter, wurde mit acht Jahren Zuchthaus bestraft. Mörder war auch er nicht, weil er *»der propagandistischen Einwirkung erlegen war«*, es könne *»eine diplomatische Rettung im letzten Augenblick«* eintreten, weshalb er *»wenigstens der Erhaltung der deutschen Bündnisfähigkeit zu dienen glaubte«*.
Die vom Oberlandesgericht Nürnberg bestätigte Rechtsauffassung des Landgerichts Weiden fand einige nicht minder absurde Fortsetzungen. Das Landgericht Aschaffenburg verurteilte am 6. Dezember 1948 den Amtsgerichtsrat Dr. Koob in Lohr. Die gesetzlichen Grundlagen der Standgerichtsbarkeit wurden auch in Aschaffenburg akzeptiert. *»Sie dienten zwar mittelbar der Aufrechterhaltung des NS-Regimes, ihr hauptsächliches Schutzobjekt ist jedoch die Souveränität des Staates als solchem.«* Der Staat als solcher wurde geschützt durch die Hinrichtung des Arztes Dr. Brand, der entgegen der Parole, das Städtchen Lohr am Main *»bis zur letzten Patrone«* zu verteidigen, den einen Tag entfernt stehenden Amerikanern mit der weißen Fahne entgegengehen wollte, um Lohr zu *»übergeben«*.
Wieder waren bei dem Standgerichtsverfahren Pannen mit den Beisitzern geschehen. Sie waren falsch bestimmt und nicht vereidigt; der als Zeuge auftretende NSDAP-Kreisleiter Röß war möglicherweise betrunken gewesen, wenngleich es das Landgericht Aschaffenburg nicht für erwiesen hielt, *»daß er so betrunken war, daß seine Aussage deshalb unbrauchbar war, und schließlich ist nicht erwiesen, daß den Richtern des Standgerichts die Betrunkenheit des Röß bekannt war«*. Auf alle Fälle wäre es *»für die Schuldfrage«* – das lediglich beabsichtigte Schwenken der weißen Fahne – *»von entscheidender Bedeutung gewesen«*, einen zweiten Zeugen zu befragen.
Die Pannen und *»Auslegungsfehler«* waren indessen leicht erklärlich, durch die *»aus den Personalakten Koobs ersichtlichen und in der Hauptverhandlung wiederholt zutage getretenen mäßigen juristischen Fähigkeiten Koobs, der rechtliche Schwierigkeiten, auch wo sie vorhanden waren, nicht sah, weil er sie nicht erkannte«*. Dr. Koob konnte der vorsätzlichen

Rechtsbeugung nicht überführt werden, weil er zu dumm war, das Recht zu begreifen. Diese *»ihm bewußte Unzulänglichkeit«* allerdings hätte ihn veranlassen müssen, die Führung der Verhandlung abzulehnen. *»Dr. Koob war somit mittelbar seiner Beschränktheit, unmittelbar seiner Fahrlässigkeit, sie zuzugeben, schuldig. Dadurch wurde die Tötung des Dr. Brand in unvorschriftsmäßiger Weise, fahrlässig, und damit strafbar, veranlaßt.«* Dr. Koob wurde in fünfter Instanz durch das Landgericht Würzburg am 10. August 1950 zu einem Jahr und vier Monaten Gefängnis verurteilt, die durch die Untersuchungshaft verbüßt waren.
Die Richter konnten sich selbst nicht rechtfertigen, ohne die Toten im Grabe noch zu Verbrechern, Aufrührern und Hochverrätern zu stempeln. Sie verurteilten die von der NS-Justiz ermordeten tapferen Menschen und Patrioten unter rechtsstaatlichen Verhältnissen ein zweites Mal; nicht immer gleich zum Tode, aber gelegentlich, wenn es nötig schien, auch das.
Am 16. April 1945, einen Tag vor der Einnahme Düsseldorfs durch amerikanische Truppen, beschloß eine Gruppe von Bürgern, mit dem Oberstleutnant der Schutzpolizei Jürgens Kontakt aufzunehmen, um eine kampflose Übergabe der Stadt zu erreichen. Das linke Rheinufer war seit sechs Wochen von Amerikanern besetzt, Wuppertal vor zwei Tagen gefallen und der Kessel um Düsseldorf geschlossen. Die Nachrichtenlinien waren zusammengebrochen, Luftabwehr mangels Munition ausgeschlossen und Streitkräfte so gut wie verschwunden. In der Stadt standen noch zwei Polizeibataillone, ein Arbeitsdienstbataillon und die Ordnungspolizei. Jürgens sah als wesentliches Hindernis einer Übergabe ohne sinnloses Blutvergießen den Polizeipräsidenten und SS-General Korreng an. Jürgens, drei Polizisten und die Bürgergruppe nahmen Korreng gefangen und sperrten ihn in eine Zelle des Polizeigefängnisses. Nicht lange danach wurde er befreit, Jürgens zusammen mit vier Bürgern verhaftet, vor ein Standgericht gestellt, zum Tode verurteilt und noch in der Nacht auf den 17. April erschossen.
Das Landgericht Düsseldorf verhandelte in der Sitzung vom 5. März 1949 über den nunmehrigen Glaser-Umschüler und früheren Oberstleutnant der Schutzpolizei Brumshagen, der in angetrunkenem, wenn auch nicht verwerfbarem Zustand der Trunkenheit, dem militärischen Standgericht vorgesessen hatte. Zum Vorsitzenden war er vom Düsseldorfer Gauleiter Florian bestellt worden. Das Düsseldorfer Landgericht beschloß zunächst, daß der angetrunkene Polizist *»als Spruchrichter im Sinne des Gesetzes gilt«* und grundsätzlich nur *»dem Gesetz und seinem Gewissen gegenüber verantwortlich«* gewesen sei. Weil der mittlerweile zum Glaserlehrling umgesattelte Brumshagen in der Nacht vom 16. auf den 17. April 1947 Spruchrichter gewesen war, mußte in ihm *»die Unabhängigkeit des Richters und die Unantastbarkeit seiner Person hinsichtlich ordnungsmäßiger Richtersprüche«* verteidigt werden. Es ging dabei nicht nur um

Brumshagen, sondern um *»eines der wesentlichsten Fundamente eines Rechtsstaats«*. Der Rechtsstaat war im Fundament bedroht durch die Anklage des Standrichters unter Kontrollratsgesetz Nr. 10 wegen Verbrechens gegen die Menschlichkeit in Tateinheit mit Mord, heimtückisch und aus niedrigen Beweggründen. Es habe sich nicht um ein Gerichtsverfahren, sondern ein Scheinverfahren gehandelt, *»um die Flucht der Parteiführer zu decken«*. Der Initiator des Verfahrens, der Gauleiter und Kampfkommandant Florian, hatte sich nämlich noch in der Nacht aus dem Staube gemacht und war morgens zwischen sechs und sieben Uhr als Soldat verkleidet bei Hubbelrath von den Amerikanern aufgegriffen worden. Angeblich bei dem Versuch, sich *»zu anderen Fronten durchzuschlagen«*.

Das Landgericht schloß sich einer zehn Monate zuvor von Hamburger Richtern verkündeten Rechtsauffassung an, derzufolge im Kontrollratsgesetz Nr. 10 überhaupt nichts davon stünde, *»daß auch der Richter für seinen Richterspruch bestraft werden könne. Tatsächlich würde eine solche Auslegung des Kontrollratsgesetzes das Ende jeder unabhängigen Rechtspflege bedeuten.«* Der unabhängige Rechtspfleger Brumshagen konnte infolgedessen nur dahingehend überprüft werden, ob ihm in nicht mehr ganz nüchterner Verfassung gegebenenfalls eine Beugung des Rechts unterlaufen war.

Grundsätzlich habe der Oberstleutnant Jürgens *»durch seine Handlungsweise zweifellos den Tatbestand des militärischen Aufruhrs erfüllt«*. Denn dem Vorgesetzten und SS-General Korreng sei der Befehl verweigert, ja sogar mit Widersetzlichkeit begegnet worden. *»Die Tat war ›im Felde begangen‹, da Düsseldorf damals zum Operationsgebiet gehörte. Für diese Tat schreibt Paragraph 107 Militärstrafgesetzbuch zwingend die Todesstrafe vor. Im übrigen wäre auch für die Übergabe der Stadt als im Felde begangenem Landesverrat, genannt Kriegsverrat, nach den Paragraphen 91 b StGB und 57 Militärstrafgesetzbuch die Todesstrafe vorgesehen gewesen.«* Einige kleine Nachlässigkeiten im Verfahren konnten gegen diese erdrückende Beweislage nicht ins Gewicht fallen.

Dem Oberstleutnant Jürgens war – was nicht zwingend erforderlich, aber vielleicht empfehlenswert gewesen wäre –, kein Verteidiger gewährt worden. Allerdings habe Jürgens *»offenbar selbst eine Verteidigung nicht verlangt«*, und *»auch die Nichtvereidigung der Protokollführerin kann die Ordnungsmäßigkeit des Verfahrens nicht in Frage stellen«*. Die Härte der Entscheidung wirke *»selbst wenn sie im Gesetz ihre Begründung findet, in ruhiger gewordenen Zeiten immer befremdend«*, gestanden die Düsseldorfer Richter, doch wie die Dinge im April 1945 nun einmal lagen, *»drohte die öffentliche Ordnung durch die Tat von Jürgens erschüttert zu werden«*. Der Einmarsch der Alliierten am nächsten Tag habe noch nicht festgestanden, ganz davon abgesehen, daß diese auf eine Übergabe im disziplinierten Zustande Wert legten. *»Findet aber so die Verurteilung ihre*

Rechtfertigung, so muß das gleiche auch von dem Vollzug der Urteile gelten.« Die Anklage ging zwar davon aus, daß in der Vollstreckung bei Nacht eine Unmenschlichkeit liege, und es sei festgestellt, daß die Gewehrläufe bloß mit einer Taschenlampe angestrahlt worden seien, so daß *»die Schützen Kimme und Korn nicht erkennen konnten«*. Jedoch *»die Personen waren deutlich erkennbar«*, und daß sie Qualen erlitten hätten, sei nicht erwiesen.
Gegen dieses Urteil des Landgerichts Düsseldorf erhob die Staatsanwaltschaft Einspruch vor dem Obersten Gerichtshof der Britischen Zone, namentlich wegen der Umgehung des Kontrollratsgesetzes Nr. 10. Das Düsseldorfer Gericht hatte dem Obersten Gerichtshof der Britischen Zone unumwunden seine Renitenz offenbart. Der hemmungslose Zugriff des Unmenschlichkeitsverbrechens auf den Blutrichter möge gefälligst unterbleiben. Die Herausforderung des Obersten Gerichts durch die Philosophie der Pgs an den Tatgerichten geschah nun auf offenem Markt. Die Revision der Staatsanwälte hatte Erfolg. Der Oberste Gerichtshof der Britischen Zone konnte sich nicht dazu durchringen, das alkoholisierte Nacht-und-Nebel-Gericht als Scheinveranstaltung und abgeschmackten Exekutionsritus zu qualifizieren. Der Ruch des ›militärischen Aufrührers im Feld‹ blieb am Oberstleutnant Jürgens hängen. Doch hielt das Revisionsurteil die Todesstrafe für unangebracht, unmenschlich und gar nicht zwingend. Das Düsseldorfer Gericht habe verkannt, daß die Bestimmungen über den ›militärischen Aufruhr im Feld‹ nach den Paragraphen 106/107 Militärstrafgesetzbuch sich in der Fassung der Verordnung vom 10. Oktober 1940 geändert hatten und auch Zuchthausstrafen gestatteten. Demzufolge konnte dem ›Richter‹ Brumshagen ein Unmenschlichkeitsverbrechen nach KRG 10 nachgewiesen werden. Die Fähigkeit des Richters zu Unmenschlichkeit und seine Strafbarkeit begründete der Oberste Gerichtshof der Britischen Zone mit großem Ernst:
»Das KRG 10 fordert von jedem, daß er sich für die Grundsätze der Menschlichkeit entschied, wenn ihm ein staatliches Gesetz die Möglichkeit bot, sie zu verletzen. Es ist kein Grund ersichtlich, warum allein der Spruchrichter davon ausgenommen sein soll. Da der nationalsozialistische Staat es zuließ, daß das von ihm gesetzte oder übernommene Recht unter Verletzung jener allgemein anerkannten Grundsätze der Menschlichkeit angewendet würde, besteht auch die Möglichkeit, daß die Entscheidung des Spruchrichters zwar dem Recht entsprach, wie es im nationalsozialistischen Staat gehandhabt wurde, trotzdem aber jene Grundsätze der Menschlichkeit verletzte. Es muß deshalb grundsätzlich die Möglichkeit bejaht werden, daß sich ein Spruchrichter des Verbrechens gegen die Menschlichkeit schuldig machte, ohne daß er zugleich den Tatbestand der ›vorsätzlichen Rechtsbeugung‹ nach deutschem Strafrecht verwirklichte.«
Die unverfrorene Behauptung, der Richter könne für seine servile Abhängigkeit vom Nazi-Terror nicht haftbar gemacht werden, ohne daß die

richterliche Unabhängigkeit angetastet wäre, korrigierte der Oberste Gerichtshof der Britischen Zone in magistraler Ruhe und Geduld: *»In einem Staat, der ersichtlich bestrebt ist, in seinem Bereich der Würde und dem Wert der menschlichen Persönlichkeit Rechnung zu tragen, wird kein Richter damit zu rechnen haben, daß sein Spruch zwar der staatlichen Rechtsordnung entsprechen, aber die Grundsätze der Menschlichkeit verletzen könne.«* Anders verhält es sich, wenn der Richter die Rechtsprechung im Unrechtsstaat innehat. Dann mag es geschehen, daß er den Gesetzen treu bleibt und dennoch Unmensch ist. Solche Gemeinplätze mußte 1949 ein Oberstes Gericht einem Landgericht beibringen. *»Diese Auffassung nimmt auch nicht dem Richterspruch den ›Charakter einer freien, unabhängigen, gewissensmäßigen richterlichen Entscheidung‹. Sie ist im Gegenteil nur geeignet, das richterliche Gewissen gegenüber Bestrebungen zu schärfen, die unter Mißbrauch von Formen des Rechts die wahre richterliche Unabhängigkeit gefährden oder gar beseitigen und jedem Richter vor Augen führen, daß auch die Anwendung einzelner Gesetzesbestimmungen stets eine Besinnung auf die Grundsätze der Gerechtigkeit erfordert.«* Damit hob der Oberste Gerichtshof der Britischen Zone das Düsseldorfer Urteil auf und wies die Sache zurück an das Landgericht Wuppertal, das den Polizeileutnant am 13. Dezember 1950 zu vier Jahren Gefängnis verurteilte wegen Verbrechens gegen die Menschlichkeit. Die These, das Standgerichtsverfahren sei gegebenenfalls zum Schein durchgeführt worden, um ein schon vorher festliegendes Ergebnis nach außen hin zu bemänteln und zu rechtfertigen, verwarf das Gericht. Auf die Revision des Angeklagten nahm sich 1952 der Bundesgerichtshof, Nachfolger des Obersten Gerichtshofs der Britischen Zone nach der Gründung der Bundesrepublik, seiner an und sprach ihn am 4. Dezember 1952 frei.

Aufgrund welcher Gesetze der Oberstleutnant Jürgens zum Tode verurteilt worden war, konnte keines der Gerichte feststellen. Offenkundig war das seinerzeit absolut egal gewesen. Desto intensiver suchten die vier späteren Gerichte im NS-Recht nach Bestimmungen, die Jürgens – todeswürdig oder nicht – verletzt haben könnte. Die über jeden Zweifel erhabene Unschuld eines Mannes, der Düsseldorf vor Leid und Zerstörung schützen wollte und zu diesem Zwecke nichts getan hatte, als einen General der Waffen-SS, einer soeben völkerrechtlich als verbrecherisch verurteilten Organisation, gefangenzusetzen, um einen völkerrechtlich als verbrecherisch qualifizierten Angriffskrieg für seine Vaterstadt um 24 Stunden abzukürzen, dieses nicht etwa strafbare, sondern pflichtgetreue, mutige und vorbildhafte Handeln des Oberstleutnant Jürgens hat keines der vier befaßten Gerichte ihm post mortem legalisieren wollen.

Der Bundesgerichtshof, das höchste deutsche Strafgericht, erwog nicht mehr den vom Obersten Gerichtshof der Britischen Zone unterstellten ›Aufruhr im Feld‹, sondern hielt den Paragraphen 57 Militärstrafgesetzbuch in Verbindung mit Paragraph 91 b StGB für passend: ›Kriegsverrat‹.

Diese Betrachtung hatte den Vorteil, daß ein Todesurteil seinerzeit gebieterisch gewesen wäre. Die Bundesrichter stellten sich die naheliegende Frage, ob das *»geschützte Rechtsgut, nämlich die Aufrechterhaltung der militärischen Ordnung«,* überhaupt noch zu verletzen gewesen wäre. Immerhin war gar kein Militär mehr in der Stadt. Der BGH löste die aufgeworfene Frage mit einer Kriegslist: Auch wenn militärisch alles längst zusammengebrochen sei, brauche es *»nicht sinnlos zu sein, daß Düsseldorf weiter verteidigt werde«.* Die Tatsache, daß die Düsseldorfer NSDAP an dieselbe Operation wie der BGH gedacht und trotzdem den Endsieg nicht errungen hatte, brauchte die Strategen im Bundesgerichtshof nicht anzufechten, denn ihr Durchhaltewille stand sicherheitshalber nicht unter Erfolgszwang: *»Die Strafwürdigkeit des Kriegsverrats war nicht davon abhängig, ob eine weitere Verteidigung sinnvoll oder sinnlos war.«* Der Verrat in einer sinnlos gewordenen Verteidigungslage durfte getrost mit dem Tode bestraft werden. Darum könne der *»Erlaß des Todesurteils gegen Jürgens in Beziehung auf den Angeklagten nicht als unrechtmäßig behandelt werden«.*
Im übrigen war der nachträgliche Durchbruch der Bundesrichter bei Düsseldorf vom Standpunkt der Freisprechung des Brumshagen völlig entbehrlich. Die Argumentation diente der puren Rechtfertigung des Standgerichtsurteils. Auch wenn es zu himmelschreiendem Unrecht, und Jürgens nicht zum Kriegsverräter, sondern zum Märtyrer ernannt worden wäre, hätte man den ›Richter‹ Brumshagen nicht mehr belangen können. Das Unmenschlichkeitsverbrechen nach Kontrollratsgesetz Nr. 10, den Juristen ein peinigender Stachel im Fleisch, war ersatzlos abgeschafft. Fortan brauchte der Justizverbrecher nur vorzuschützen, in fester Rechtsüberzeugung das Recht gebeugt zu haben. Nur bei Nachweis böser Absicht war er noch zu fassen. Um aber eine jahrealte Absicht nachträglich zweifelsfrei nachweisen zu können, müßte man ihm schon den Schädel öffnen. Als der BGH 1952 zum Dogma ausrief, daß ohne Rechtsbeugungsvorsatz nach § 336 StGB auch kein Justizmord existiert, hatte der jahrelange zähe Kampf der Landgerichte seinen abschließenden Lohn gefunden. Kein Richter konnte mehr gerichtet werden.
Das verrückte Verhältnis zwischen der nazidurchsetzten Richterschaft und den Nazi-Tätern vor ihren Schranken beschreibt das den Schildbürgern nachempfundene Urteil des Oberlandesgerichts Bamberg vom 27. Juli 1949. Die untreu gewordene Ehefrau eines Soldaten benutzte eine Äußerung, die dieser während eines Fronturlaubs über Adolf Hitler tat, den Gatten bei der nächsten Polizeidienststelle zu denunzieren. Sie hoffte, ihn auf diese Art loszuwerden. Der Soldat kam vor ein Kriegsgericht und wurde zu einer Freiheitsstrafe verurteilt. Nach Kriegsende ließ er die Frau wegen Denunziation anklagen, und sie wurde wegen Freiheitsberaubung bestraft. Diese Entscheidung focht sie vor dem Oberlandesgericht Bamberg an. Denn nicht sie habe ihren Ehemann der Frei-

heit beraubt, sondern sein Richter. Das Oberlandesgericht antwortete, ihre Denunziationstätigkeit sei ganz aus freien Stücken erfolgt. Der Richter aber habe *»in Ausübung der in Paragraph 1 Gerichtsverfassungsgesetz auferlegten Richterpflichten gehandelt«*. Das von ihm benutzte *»typisch nationalsozialistische Schreckensgesetz«* habe die Ehefrau durchaus nicht zum Denunzieren, den Richter jedoch zum Urteilen verpflichtet. Deshalb habe sie *»alle Tatbestandsmerkmale der Freiheitsberaubung erfüllt«*, er aber nicht.

Die Taten der NS-Verbrecher waren, wenn durch Gesetze und Verordnungen nicht eigens legalisiert, durch die von Richtern, Staatsanwälten und Rechtslehrern hergestellte Rechtswirklichkeit ausdrücklich straffrei gesetzt. Darauf konnten die Täter sich verlassen. Indem die Gerichte die ›Rassenschänder‹ verurteilten, die Gestapo-Schinder aber gewähren ließen, schufen sie Gewohnheitsrecht: Sie verfolgten das, was verboten, und verschonten das, was erlaubt war. Sie erteilten dem Willen des Führers, dem Kompaß aller Täter, die allerhöchste Rechtsautorität. Nun traten die, welche dem Täter die Rechtssicherheit gewährleistet hatten, im Auftrag der Staatsmacht Leib und Leben aller Mißliebigen zu quälen und auszumerzen, mit Amtsmiene vor ihn hin. Er erfuhr, daß all das schon immer verboten gewesen war, wie er im seinerzeit gültigen Strafgesetzbuch unschwer hätte nachlesen können. Mord, Totschlag, Freiheitsberaubung, Körperverletzung seien samt und sonders Verbrechen gewesen, die besonderer Umstände halber eine Zeitlang nicht richterlich hätten verfolgt werden dürfen. Die Zeiten seien gottlob vorüber, die Unabhängigkeit der Strafverfolgung durch nichts mehr beeinträchtigt, nun werde das Versäumte nachgeholt.
Unzweifelhaft war aber diese Praxis ein Justizstreich. Als die Juristen Schlag '45 verkündeten, ihre Erlaubnis für Nazi-Morde sei widerrufen, jetzt werde alles aufgerollt, befahlen sie praktisch rückwirkendes Recht. Die Strafbarkeit der Handlungen hatte nur auf dem Papier gestanden. Rückwirkend straften sie nun alles, was sie vorher zugelassen hatten. Nur eines straften sie rückwirkend nicht: die Anwendung von NS-Gesetzen. Die das Recht studiert hatten, verabreichten sich eine Exklusivamnestie. Der Amokschütze, der die Kapitulanten mit weißer Fahne freihändig erlegt hatte, unter Berufung auf den Himmler-Keitel-Erlaß, wurde nun, wenn auch mildest, verurteilt von dem Amok-Standrichter, der die gleichen Leute zur Strecke gebracht hatte, nur unter Berufung auf die Thierack-Standrechtsverordnung. Vorausgesetzt, er hatte sie richtig kapiert und angewendet.
Grundsätzlich hätten zwei konsequente Wege offen gestanden: 1. Die Totalamnestie, wie sie von der Überzahl im Volk gewünscht wurde. 2. Die Totalresektion der nationalsozialistischen Rechtsvorschriften, Rechts-Unrechtsvorstellungen, Straffreiheitsgarantien, und allen voran

der bis auf die Knochen korrumpierten Rechtsträger. Dies entsprach den ursprünglichen alliierten Säuberungsabsichten und den Nürnberger Prozessen, die als Muster ohne Wert in die Nachkriegsjustiz ragten. Was sich real durchsetzte, war die schmutzige Amnestie. Genauso wie die Entnazifizierung eine Rehabilitation im Gewande der Säuberung war, wurden die NS-Prozesse eine Amnestie im Gewande der Strafverfolgung. Amnestiert wurde durch Bagatellstrafen, durch Gnadenerlasse, durch wohlkalkulierte Gesetzeslücken und in ganz großem Stil durch Fahndungsverzicht. Die traurigen Lückenbüßer, die sich im Netze dieser Strafverfolgung fingen, waren der Blickfang, der das Verschwinden der restlichen 99% in ihre angestammten bürgerlichen Existenzen deckte. Das ist nur der quantitative Gesichtspunkt. Noch verheerender ist das qualitative Resultat, daß die in den NS-Prozessen angeprangerten Täter eine strenge Selektion des wahren Täterspektrums bilden, welches sich erfolgreich hinter ihnen versteckt. Soviel Aufklärung diese Prozesse über gewisse Tatszenen bewirken, so sehr verdunkeln sie den wahren Hergang des nationalsozialistischen Staatsverbrechens. Entgegen der weitverbreiteten Legende, daß diese Eigenschaften die Verschleißkrankheiten sind, die durch das endlose Verschleppen der Bestrafung auftraten, sind die juristischen Verdunkelungsmethoden vom ersten Tage an zugange. Sie sind auch keine bösartige Krankheit. Es hat genügend Urteile voll gesunden Menschenverstands und historischer Aufrichtigkeit gegeben. Sie haben aber nicht Schule gemacht. Anscheinend verfehlen sie das gesellschaftliche Ziel des Unternehmens. Das haben die Verfechter der Totalamnestie immer durchschaut: Die Pseudo-Verfolgung einer Handvoll Unglücksraben zum Trost für die diskrete Amnestie des Tatganzen.

Deporteure

Die Beschränkung der frühen deutschen Gerichtsbarkeit auf Taten deutscher Staatsbürger in Deutschland ließ eine Anklage der Massenvernichtungen im Osten nicht zustande kommen. An zwei Tatabschnitten sollte sich allerdings das Urteil des deutschen Strafrichters über nationalsozialistische Ausrottungspolitik herausschälen: der Deportation deutscher Juden und Zigeuner in die östlichen Vernichtungslager und der Ermordung der Geisteskranken. Am 18. November 1941 verschickte die Gestapoleitstelle Stuttgart an die umliegenden Landratsämter einen Erlaß, in dem stand: *»Im Rahmen der gesamteuropäischen Entjudung gehen zur Zeit laufend Eisenbahntransporte mit je 1000 Juden aus dem Altreich nach dem Reichskommissariat Ostland.«* Der Landrat Schraermeyer des Kreises Hechingen besorgte in Ausführung dieses und dreier ähnlich lautender Erlasse die zur Deportation nötigen Waggons, ließ den Juden über den Gerichtsvollzieher die Vermögensbeschlagnahme-Verfügung zukom-

men, organisierte ihre pünktliche Versammlung am Abfahrtsort und ließ dort durch zwei Fürsorgeschwestern und eine Modistin eine körperliche Durchsuchung der Jüdinnen nach Schmuck vornehmen. So hatte er bis August 1942 290 Juden aus seinem Kreis deportiert, von denen lediglich neun zurückkehrten. Die übrigen sind mit Sicherheit getötet worden.
Landrat Schraermeyer, der in NSDAP-Kreisen als ein dem Klerus zugeneigter »schwarzer Reaktionär« galt, berichtete im Juni 1947 dem Landgericht Hechingen, daß der Abschiebungserlaß ihn schlaflose Nächte gekostet habe. Nach bohrenden Überlegungen, ob er irgend etwas verhindern könne, habe er den Entschluß gefaßt, *»daß sein Verbleiben im Amt sowohl im Interesse der jüdischen Bevölkerung liege, insofern er manches abmildern könne, als auch des nicht-jüdischen Teils der Bevölkerung, welcher dem Nationalsozialismus ablehnend gegenüberstehe«*. Auch dort wollte er Erleichterungen schaffen. Schraermeyer hielt bereits die Deportation selbst für eine erhebliche Erleichterung, da die Juden der in Deutschland gängigen Quälereien und Demütigungen enthoben sein würden und es ihnen im Osten besser ginge. Kurz zuvor hatte das Amtsorgan des Kreises Hechingen, die ›Hohenzollernschen Blätter‹, einen Artikel des Reichspropagandaministers Goebbels abgedruckt, der an Hitlers Drohung der *»Vernichtung der jüdischen Rasse in Europa«* erinnerte und hinzufügte: *»Wir erleben eben den Vollzug dieser Prophezeiung.«*
Von den vier vollzählig abgeschickten Transporten mußte zumindest der besonders traurige dritte klargemacht haben, daß es nicht um eine Luftveränderung ging. Dieser Transport war gefüllt mit Gebrechlichen, Kranken, Geisteskranken, einem Taubstummen und vierzig Personen von über 70, teils über 80 Jahren. Das Landgericht Hechingen verurteilte den ehemaligen Landrat des Bezirks nach KRG Nr. 10 zu zwei Jahren und drei Monaten Gefängnis. Seine beteiligten Beamten erhielten Strafen zwischen einem und vier Monaten Gefängnis.
Die Richter gaben dem Angeklagten, der sich damit verteidigte, daß die damalige Volksmeinung *»mich nicht für schuldig und für strafbar gehalten hat und auch heute nicht hält«*, eine scharfe Sentenz mit auf den Weg: *»Die deutsche Volksmeinung ist schon deshalb ein schlechter und ungeeigneter Richter, weil das deutsche Volk, soweit es um den Nationalsozialismus geht, zu einem großen Teil Richter in eigener Sache ist. Man hat mit Recht gesagt, daß wir Deutschen uns gar zu leicht auf Schicksal und Tragik zurückziehen, und es ist freilich alle Zeit leichter, sich als Opfer der Umstände hinzustellen.«* Das Landgericht Tübingen, das ein halbes Jahr später die Revision des Landrats verhandelte, erkannte in ihm das Opfer einer Pflichtenkollision: *»Eine Weigerung, die Erlasse durchzuführen, war fast kaum mehr Pflicht, sondern eine ergebnislose leere Demonstration, die mit dem Verlust der Stellung des Angeklagten und damit der künftigen Einwirkungsmöglichkeiten in der Schreckensherrschaft zu teuer bezahlt wurde und deshalb nicht eigentlich pflichtgemäß sein konnte.«* Auf der anderen

Seite existiere zwar eine *»Rechtspflicht äußersten Standhaltens«*, allerdings nicht bei Landräten, sondern nur bei Richtern.
Die Tübinger Richter widerlegten die vom Hechinger Gericht getroffene Feststellung, das Deportieren der Juden erfülle den Tatbestand eines Unmenschlichkeitsverbrechens. Vielmehr habe der Angeklagte den Ruf besonderer Menschlichkeit, ja sogar eines stillen Beschützers der Juden genossen. Es ließen sich zwar *»wenig konkrete Tatsachen feststellen, in denen der ›Schutz‹, den der Angeklagte den Juden angedeihen ließ, bestanden haben soll«*. Das sei aber nicht weiter bedenklich, urteilte das Landgericht, weil *»in der damaligen Zeit für diese von Staat und Partei bewußt und planmäßig gequälten, getretenen, gedemütigten Menschen ein gutes Wort, ein Handschlag, ein Gespräch schon viel bedeutete und in ihnen die Überzeugung weckte, daß sie an dem Mann, der sich nicht scheute, ihnen diese kleinen Wohltaten zukommen zu lassen, eine Stütze und eine Hilfe auch in schweren Anliegen haben würden«*. Das erwies sich im entscheidenden Moment als eine trügerische Hoffnung, und das Gericht kam zu dem Schluß, daß Schraermeyer objektiv und subjektiv den Tatbestand der schweren Freiheitsberaubung erfüllt habe. Allerdings habe Schraermayer die 290 Juden im übergesetzlichen Notstand nach Osten geschickt, weil bei ihm Gefahr für Leib und Leben bestanden habe. Eine konkrete Gewaltandrohung der Gestapo liege zwar nicht vor, *»eine solche ergab sich aber in der damaligen Zeit aus der allgemeinen Terrorlage, in der sich jeder befand, der irgendwelchen Widerstand, Ablehnung oder Kritik zum Ausdruck brachte. So war insbesondere für jeden Beamten durch Furchterregung eine ständige Zwangslage geschaffen, in der es nur die Alternative gab, entweder die vom Nötiger gestellten Forderungen zu erfüllen, oder den Verlust des Amtes und die Einsperrung in ein KZ auf sich zu nehmen.«*
Die Folgen für seine Tätigkeit als Landrat, die Schraermeyer freiwillig und bewußt aufgenommen hatte, wollten die Richter ihm – anders als in Hamburg dem Kommunisten Alfons Pannek – nicht zu tragen zumuten. Sie sprachen ihn frei.
Daß Deportierung mit ein paar netten Begleitworten den Vorwurf der Unmenschlichkeit entkräftete, sprach sich unter den Tätern herum. Wenn man ihnen glauben wollte, waren die Juden in Deutschland noch nie so höflich behandelt worden wie bei ihrer Abreise nach Auschwitz. Es ging aber auch anders. Im Februar/März 1949 behandelte das Landgericht Siegen den Abtransport der sogenannten Berleburger Zigeuner. Vor 200 Jahren waren von dem damals regierenden Grafen Sayn-Wittgenstein einige Zigeunerfamilien als Land- und Waldarbeiter in die Gegend geholt worden, die mit den Jahren zu einer kleinen Kolonie heranwuchsen und auf den beiden Bergen ›An der Lause‹ und am ›Astenberge‹ siedelten. Die einheimische Bevölkerung wollte mit ›den Leuten am Berge‹ nichts zu schaffen haben, behandelte sie zunehmend als Menschen zweiter Klasse, so daß sich 1935 nach Inkrafttreten der Nürnberger Rassege-

setze ein schwelender Haß auf die 200 bis 250 Menschen entlud, der zahllose Schikanen ersann. Die Zigeuner durften in Einzelhandelsgeschäften nur von 8–9.30 Uhr und 14–15.30 Uhr einkaufen. Der Gaststätten- und Kinobesuch war ihnen untersagt. Auf den umliegenden Reichsbahnstrecken mußten sie einen eigenen ›Zigeunerwagen‹ benutzen. Die Zigeunerkinder wurden von der Berleburger Volksschule verwiesen.
Am 9. März 1943 betraten Polizei- und SA-Trupps, verstärkt durch Mitglieder der freiwilligen Feuerwehr, die Zigeunerkolonie, selektierten 132 Personen, die jüngste davon drei Monate alt, befahlen ihnen, sich binnen zwei Stunden zur Abreise zu rüsten und trieben sie darauf in den Fabrikhof der Firma Bertram Müller, Berleburg. Dort wurden sie ausgeplündert, am Nachmittag in mehrere Viehwagen verladen und nach Dortmund gebracht, wo zwei weitere Transporte aus Köln und Düsseldorf auf sie warteten. Innerhalb von zwei Tagen, in denen die Passagiere ohne Verpflegung blieben, erreichte der gesamte Transport das Zigeunerlager von Auschwitz. Aus Auschwitz sind neun Personen zurückgekehrt. 125 der verschleppten Zigeuner wurden durch Beschluß des Amtsgerichts Berleburg vom 26. April 1947 für tot erklärt.
Im Hof der Bertram Müllerschen Firma hatte sich auch der in Siegen angeklagte Landrat Marloh befunden, der die Auswahl der Opfer getroffen hatte. Während der Verladung forderte er die nun als Zeugin auftretende Frau I. auf, ihr dreijähriges Töchterchen, das sie zu Hause gelassen hatte, zu holen, weil es ebenfalls zur Deportation vorgesehen sei. Andernfalls müsse Frau I. erschossen werden. Sie holte ihr Kind, das drei Wochen später an Bauchtyphus verstarb. *»Aushebung und Abtransport der 132 betroffenen Personen«*, erläuterte das Siegener Landgericht, seien aufgrund des Erlasses des Reichssicherheitshauptamtes vom 29. Januar 1943 erfolgt. Ausgenommen blieben nach Ziffer II 4 des Erlasses *»die sozial angepaßt lebenden zigeunerischen Personen, die in fester Arbeit standen und feste Wohnungen hatten«*. Eben dies traf auf die Berleburger Zigeuner zu. *»Der Angeklagte Marloh«*, stellte das Urteil fest, *»hat keineswegs die in diesem Erlaß zugunsten der Betroffenen vorgesehenen Möglichkeiten ausgeschöpft, sondern er hat im Gegenteil sofort die Auffassung vertreten, daß möglichst alle Zigeuner abtransportiert werden sollten.«* Das Gericht unterstellte dem *»alten Verwaltungspraktiker«*, daß er im Frühjahr 1943 nicht wußte, was in Auschwitz geschah, wenn sich damals auch schon *»die Auffassung durchgesetzt hatte, daß die in ein Konzentrationslager eingewiesenen Menschen einem durchaus unbestimmten und jedenfalls keinesfalls beneidenswerten Schicksal entgegengingen«*. Der Angeklagte Marloh, der durch seinen vorschriftswidrigen Eifer die Deportation zur persönlichen Angelegenheit gemacht hatte, war in den Augen der Richter nicht aus persönlichem Enthusiasmus, sondern *»durch seine berufliche Stellung zu seiner maßgeblichen Beteiligung verleitet worden«*. Den Erlaß

des Reichssicherheitshauptamtes hatte Marloh nicht willentlich übertreten, sondern ihm gehorcht. Weil ein (strafmildernder) Befehlsdruck des Reichssicherheitshauptamtes, seine eigenen Anweisungen zu verletzen, nicht wahrscheinlich war, entsann sich das Landgericht, daß Marloh vor dreißig Jahren Offizier gewesen war. Als früherer Offizier sei er *»mit einer gewissen Urteilslosigkeit herangegangen«* und habe von sich aus die Energie der *»Verweigerung eines dienstlichen Befehls«* nicht aufgebracht. Dennoch wurde festgestellt, daß der Energielosigkeit Marlohs *»125 Menschenleben, darunter in erheblicher Zahl Frauen und sogar viele unmündige Kinder zum Opfer gefallen sind«*. Dafür fand sich eine logische Erklärung:
»Bevor er seine Stellung als Landrat in Berleburg antrat, war er Strafanstaltsdirektor. Es mag sein, daß ihn diese Berufserfahrung gegenüber Maßnahmen, die einen anderen der persönlichen Freiheit berauben, in gewisser Weise abgestumpft hat.« Landrat Marloh wurde wegen *»Freiheitsberaubung im Amt«* zu vier Jahren Gefängnis verurteilt. Unter Anrechnung einer britischen Internierungshaft kostete ihn die eigenverantwortliche Deportation der Berleburger Zigeuner nach Auschwitz zwei Jahre und sechs Monate Haft.
Die Qualifikation der Abschiebung des deutschen Judentums und der Zigeuner in die Vernichtungslager als ›Freiheitsberaubung im Amt‹ festigte sich mit jedem Gestapo-Verfahren. Staatsanwälte, die versuchten, ›Beihilfe zum Mord‹ durchzusetzen, drangen nicht durch. Diskutabel war nur noch, ob Freiheitsberaubung im Amt mit oder ohne Todesfolge zutreffender sei. Eine Sprachregelung, die sich organisch an die früheren Sprachregelungen der ›Sonderbehandlung‹, des ›Gnadentods‹ usw. anschließt. Im Amtsdeutschen wirft der Vorgang seine Anstößigkeit ab. Die Täter und ihre Umgebung waren Kulturmenschen, die nicht ohne weiteres Nachbarn und Kollegen in Güterwagen pressen, in ihren Genitalien nach verstecktem Schmuck suchen und sie nackt ins Gas jagen. Solche Vorgänge werden einfühlsam kaschiert, damit der bürokratische Apparat durchhält. Ist die Wahrheit nachträglich herausgekommen, muß sie mit nicht minderer Behutsamkeit umformuliert werden, damit die Wiedereingliederung der Aufgefallenen in die Beamtenlaufbahn, zumindest aber die Versorgung, gelingt. Darum befaßten sich die Richter bei den Endlösern intensiv mit beamtenrechtlichen Fragen.

Das Landgericht Nürnberg-Fürth, das im Mai 1949 sieben hohe Gestapo-Beamte wegen Deportation von 4754 Juden aus Nürnberg, Würzburg, Regensburg und Bamberg überprüfte und der fortgesetzten Beihilfe zur ›Freiheitsberaubung im Amt mit Todesfolge‹ bezichtigte, hatte zunächst komplizierte Probleme zu lösen. Der Begriff ›im Amt‹ ließ sich auf die Gestapoleute unschwer anwenden. Doch waren ihre Auftraggeber, die im Amt die Juden der Freiheit beraubten, wobei die Gestapo ihnen Hilfestellung leistete, ebenfalls reguläre Beamte? *»Die Frage, ob* *das Staatsoberhaupt (Hitler) oder Minister (Göring, Himmler) als Beamte haftbar gemacht werden können, ist in der früheren Praxis niemals beantwortet worden.«* Früher hatte man allerdings auch noch nicht solche Minister. Ein für alle Male löste ›die Frage‹ das Landgericht Nürnberg-Fürth. *»Die Haupttäter Hitler, Himmler und Göring sind zwar im beamtenrechtlichen Sinn nicht Beamte, aber Paragraph 359 des StGB gibt einen ganz eigenen strafrechtlichen Beamtenbegriff, der wesentlich abweicht von dem staatsrechtlichen Beamtenbegriff. Dieser Begriff wurde von der Rechtsprechung wesentlich ausgeweitet. Er umfaßt auch alle Personen, die stillschweigend ohne ausdrückliche Berufung mit der Verrichtung von Dienstleistungen öffentlich-rechtlicher Art befaßt sind.«* Leider konnten die stillschweigend und ohne ausdrückliche Berufung mit öffentlich-rechtlichen Dienstleistungen befaßt gewesenen Hitler, Himmler und Göring nicht mehr in den Genuß ihrer nunmehr gelösten Beamtenrechtslage kommen, weil sie schon vor Erreichen der Altersgrenze aus dem Leben geschieden waren. Ihre Gehilfen aber waren noch frisch, arbeitswillig und zogen den Nutzen aus Hitlers *»von der Rechtsprechung wesentlich ausgeweiteten«* Beamteneigenschaft. Sie waren logisch einwandfreie Beihelfer bei der Freiheitsberaubung im Amt des Führers, des Reichsmarschalls und des Reichsführers SS.

Wie weit es sich um einfache Freiheitsberaubung und solche mit Todesfolge handelte, ist gleichfalls viel schwieriger zu beantworten, als es auf den ersten Blick erscheint. Die fraglichen Deportationen im fränkischen Raum waren in sieben Teilaktionen zwischen dem 29. November 1941 und dem 17. Januar 1944 erfolgt. Für die Betrachtung wählte man jedoch das Stichdatum 1941. Die Gestapo-Leute hätten bei der Deportation zwar voraussehen können, daß die Deportierten an *»Hunger, Kälte und Krankheit«* zugrunde gehen können. *»Dagegen war im Herbst 1941 für die Täter ebenso wie für die Gehilfen noch nicht abzusehen, daß im April 1942 ein Ermordungsbefehl für die Juden erging.«* In fließendem Fachlatein begründeten die Richter dann den einfachen Gedanken, daß man alle Untaten in Gang setzen kann, solange die Justiz glaubt, daß die Folgen dabei nicht bedacht worden sind. *»Die reine Bedingungstheorie kann deshalb nicht zur Lösung der Kausalitätsfrage bei den Erfolgsdelikten benutzt werden, vielmehr muß hier die Lehre vom adäquaten Kausalzusammenhang zur Lösung der Schwierigkeiten herangezogen werden. Danach kann ein Erfolg nur dann zugerechnet werden, wenn er zur Zeit der Begehung der Tat einem objektiven Beobachter als voraussehbar erschienen wäre. Es ist selbstverständlich, daß mit dieser objektiven Voraussehbarkeit ein Element der Unsicherheit in das logische Gebäude des Kausalzusammenhangs gebracht wird, ein künstlich objektiviertes, in Wirklichkeit stark subjektives Moment, das an sich bei der Frage der Kausalität keine Rolle spielen sollte.«* Ins Deutsche übersetzt heißt das, die Gestapo konnte nichts wissen, und was man nicht wissen kann, ist nicht vorwerfbar, selbst wenn man das, was man nicht weiß, eigenhändig getan hat. Denn in Wirklichkeit waren Deportation und Vergasung zwei Seiten desselben Vorgangs. Das begriffen die Richter mühelos, als sie 15 Jahre später die KZ-Wächter abzuurteilen hatten. Die erzählten ihnen mit zwingender Logik, daß die Wesen, die aus den Waggons zu ihnen auf die Rampe fielen, bereits so gut wie tot waren. Die Entscheidung über ihr Leben hätten sie in Auschwitz nie zu treffen gehabt. Zum Tode verurteilt worden seien sie in dem Moment, als sie den Zug nach Osten bestiegen.

Aus dieser absurden Zwickmühle befreiten sich die Richter mit einer Theorie, die alles mit einem Schlag erklärte. Die wirklichen Täter der Endlösung könnten nur die seit längerem verschiedenen Spitzenbeamten Hitler, Himmler und Göring gewesen sein.

Der Polizei- und Gestapo-Chef von Nürnberg Dr. Martin wurde mit drei Jahren Gefängnis bestraft, ein Urteil, das auf seine Revision hin das bayrische Oberlandesgericht nach 18 Monaten aufhob. Den übrigen Gestapo-Leuten wurde die Freiheitsberaubung im Amte nicht angerechnet, da sie, um Leib und Leben bangend, im Notstand gehandelt hatten. Sie berichteten, sie hätten bei ihren Taten kein Unrechtsbewußtsein verspürt, im übrigen aber unter Zwang gehandelt; eine Logik, die selbst den Richtern Kopfweh bereitete. *»Wenn jemand der Meinung ist, rechtmäßig zu handeln, so kann er nicht unter Zwang handeln.«* Die Richter hielten es für richtiger, daß die Gestapo ohne gutes Gewissen und dafür unter Zwang gehandelt hatte. Dem widersprach nur der Umstand, daß die Angeklagten ihre Verteidiger argumentieren ließen, daß die Verschleppung der Juden aus Deutschland eine blanke Notwendigkeit gewesen wäre. Denn der spätere israelische Staatspräsident Chaim Waitzmann habe der britischen Regierung die Unterstützung des Weltjudentums im Kampf gegen den Nationalsozialismus zugesagt. Deswegen seien die Juden in Deutschland als Staatsfeinde betrachtet worden, deren Gefährlichkeit sich später in Rußland *»so gesteigert hat, daß ihre Vertreibung aus Mitteleuropa und ihre Vernichtung zur Sicherung des Staates erforderlich gewesen ist«*. So wiederholten und bestätigten die Gestapoleute aus dem Munde ihrer Anwälte Hitlers Theorie der Endlösung. Dadurch ließ sich das Gericht aber nicht an seiner Überzeugung vom klaren Unrechtsbewußtsein der zwangsverpflichteten Gestapo irremachen. Dafür sprach einfach deren zuvorkommende und warmherzige Art bei der Verladung der *»zu evakuierenden jüdischen Mitbürger«*. Das Verhalten der Angeklagten, *»die, wie von allen Seiten bekundet wird, Juden und politisch Verfolgten gegenüber immer anständig und menschlich auftraten, beweist, daß sie ihre Aufgabe bei der Judenverfolgung nicht frohen Herzens erfüllten«*. Diese *»von allen Seiten bekundete«* Höflichkeit der Gestapo übertrug sich sogar auf den mitangeklagten Leiter des Einwohnermeldeamtes und Paßamtes bei der Polizei in Fürth, Kandel. *»Er kannte das Unrecht, das den Juden geschah, obwohl er es als bekannter und gefürchteter Judenhasser* *innerlich wohl bejahte.«* Ausnahmsweise war das Innenleben hier einmal ganz unerheblich, denn Kandel *»wäre ohne Befehle und ohne das Bewußtsein, daß er Befehlen gehorchen müsse, um nicht selbst unter die Räder zu kommen, nicht der Mann gewesen, der von sich aus Juden ihrer Freiheit beraubt hätte.«* Der Judenhasser und die Gestapo-Männer wurden freigesprochen.

Euthanasiepersonal

Im Jahre 1941 tauchte in deutschen Kinos ein Arzt-Film auf, mit Paul Hartmann und Heidemarie Hatheyer in den Hauptrollen, inszeniert von Wolfgang Liebeneiner. Sein Titel lautete: »Ich klage an.« In seiner zweiten Hälfte zeigt der Film nämlich eine Gerichtsverhandlung, die rechtlich bewerten soll, daß Dr. Hartmann seine unheilbar kranke Ehefrau Hatheyer in der ersten Hälfte durch Einflößen von Gift getötet hat. Mitten in der Gerichtsverhandlung vertauschen sich die Rollen. Der Angeklagte wird zum Ankläger, der das Gericht und die Gesellschaft angreift, damit sie einsehen, daß er kein Mörder, sondern ein Wohltäter ist. *»Weil ich sie geliebt habe, habe ich es getan!«* Der Film hat prophetisch die Entwicklung der Euthanasie-Prozesse vorweggenommen.
Die Tötung der Ehefrau ist nicht so lebensecht getroffen wie der juristische Teil. Es kommt aber gut dabei zum Ausdruck, wie die medizinisch vorgebildeten Henkersknechte der Euthanasie-Aktion sich von ihren Opfern gern gesehen wüßten. Heidemarie Hatheyer erbittet den Tod, weil sie dem Gatten mit ihrem Gebrechen nicht länger zur Last fallen möchte. Nach einer letzten Diagnose verabreicht Hartmann seiner Patientin das finale Medikament. Nach der Einnahme fühlt sie sich wohl und glücklich: *»Oh, Thomas«*, sagt sie, *»wäre dies doch der Tod.«*
»Ja, Hanna, es ist der Tod«, bekennt er.
Mit den Worten *»Ich liebe dich«* stirbt sie.
Der Alltag des Euthanasiearztes sah etwas unpersönlicher aus. *»Die heutige Arbeit ging wieder sehr flott«*, notierte der Provinzial-Obermedizinalrat Dr. Fritz Mennecke über seine Gutachtertätigkeit in der Anstalt Bethel. *»Das Haus Arafna mit 68 Insassen ist fertig geworden, von denen ich 34 gemacht habe.«* Damit meinte er die Erfassung von Patienten in sogenannten Meldebögen, die fragten: *»Seit wann krank? Vorwiegend bettlägerig?: ja – nein. Sehr unruhig?: ja – nein. Kriegsbeschädigung? ja – nein. Bei Schizophrenie: Frischfall im Endzustand? Bei Schwachsinn: Debil – Imbezill – Idiot. Bei senilen Erkrankungen: stärker verwirrt – unsauber. Dauerfolge: ja – nein.«*
Der Meldebogen gelangte auf dem Dienstweg an das Reichsministerium des Inneren, wo die ›Reichsarbeitsgemeinschaft Heil- und Pflegeanstalten‹ saß. Sie leitete die Meldebögen an einen Kreis von Untergutachtern

weiter, die in ein umrandetes Kästchen links an der unteren Seite des Meldebogens das Urteil ›Ja‹, ›Nein‹ oder ›Fraglich‹ eintrugen. Keiner der Untergutachter hatte je den Patienten oder seine Krankengeschichte erblickt. Die letzte Entscheidung traf ein Obergutachter, der Ordinarius für Neurologie und Psychiatrie an einer deutschen Universität sein mußte. Entschieden wurde über die Lebenswürdigkeit der Patienten. Wen der Ausfüller des Meldebogens, der Untergutachter und der Ordinarius im ›Ja‹-Kästchen ankreuzte, der wurde von seiner Stammanstalt in einem großen Autobus mit verhängten Fenstern abgeholt. Vorgeblich kam er von einer ›Gemeinnützigen Krankentransport-Gesellschaft mbH‹. Die Sprachregelungen waren auch hier streng formalisiert. Im Bus ging es zu den in mehreren deutschen Provinzen eingerichteten Euthanasie-Anstalten: Hartheim bei Linz, Sonnenstein bei Pirna, Grafeneck in Württemberg, Bernburg, Brandenburg und Hadamar in Hessen.
Diese Kliniken besaßen einen Vergasungsraum, der wie ein Waschraum aussah. Er war gekachelt und enthielt Dusch-Attrappen an der Decke. Die Wände entlang zogen sich Holzbänke, auf denen sich die entkleideten Patienten niederließen. Daneben aber verliefen Rohre, die Heizungsrohren glichen und in genauen Abständen von feinen Löchern durchbohrt waren. In einem Nebenraum saß der Arzt. Er öffnete den Hahn einer mit Kohlenmonoxyd gefüllten Gasflasche. 15 bis 20 Minuten lang strömte in den ›Duschraum‹ Gas ein, dessen Wirkung der Arzt durch ein Guckfenster beobachtete. *»In der Regel«*, schildert das Urteil des Frankfurter Landgerichtes vom Dezember 1946, *»befanden sich etwa 10 bis 15 Personen darin, die zunächst ruhig auf den Bänken saßen, bald jedoch mehr und mehr in sich zusammensackten, und schließlich unter völliger Betäubung zu Boden rutschten.«* Anschließend wurden die Leichen auf Loren verladen und zu Verbrennungsöfen gefahren. Die ungetrennte Asche wurde zusammengekehrt, von der ›Urnenabteilung‹ in Blechbüchsen gefüllt und von der ›Trostbriefabteilung‹ mit einem vorgedruckten Begleitschreiben den Angehörigen zugestellt. In Hadamar allein wurden bis zum August 1941 mindestens 10000 Menschen getötet. Man kennt diese Zahl darum, weil nach der Verbrennung der 10000. Leiche das Personal eine Betriebsfeier abhielt.
Infolge der starken Unruhe in kirchlichen Kreisen und unter den Angehörigen der Ermordeten mußte die ›Aktion T 4‹ genannte erste Euthanasiephase abgebrochen werden. Die Justiz hingegen hatte ihre Zustimmung nicht versagt. Der amtierende Minister Schlegelberger lud 50 Generalstaatsanwälte und Oberlandgerichtspräsidenten (die wie er selbst schon in der Republik Richter und Staatsanwälte gewesen waren) am Vormittag des 23. April 1941 zur Besprechung, damit nicht *»Richter und Staatsanwälte sich zum schweren Schaden der Justiz und des Staates gegen Maßnahmen wenden, die sie gutgläubig aber irrtümlich für illegal halten, und sich schuldlos mit dem Willen des Führers in Widerspruch setzen. Tatsa-*

chen, nicht nur Gerüchte müssen ihnen bekannt werden.« Als das ›Führerkorps der beamteten Justiz‹ über alle Tatsachen restlos im Bilde war, konnte auch gewährleistet werden, daß es zu keiner ›gutgläubigen aber irrtümlichen‹ Strafverfolgung wegen Mord und Totschlag kam. Damit wartete die Justiz, bis die Aktion vorbei war.
Doch waren die eingefleischten Nazi-Juristen wie Dr. Roland Freisler gar nicht glücklich, daß Richter und Staatsanwälte auf die Schiene der Vereitelung und Vertuschung geschoben wurden. Um einen Anstoß zur Vergesetzlichung des Massenmords zu geben, empfahl er, doch einmal eine Mordanzeige gegen den Chef der Kanzlei des Führers zu stellen, damit man dort endlich begreife, *»daß eine rechtliche Regelung ernstlich und dringlich nötig ist«*. Erstklassiger Jurist, der er war, wußte Freisler, daß nur durch Anwendung formal gültigen Rechts dem Vorwurf der vorsätzlichen Rechtsbeugung vorzubeugen war. Warum sollte man nicht auf die spätere Judikatur der bundesrepublikanischen Landes- und Bundesgerichte eingehen?
Als im August 1941 der Münsteraner Bischof Clemens August Graf von Galen in der Lamberti-Kirche öffentlich daran erinnerte, daß Mord nicht erlaubt sei, ließ sich die Mordgier der Ärzte und Juristen gegenüber dem ›lebensunwerten Leben‹ nicht mehr legalisieren. Die Gaskammern in Hadamar wurden abgebaut, das geschulte Personal in die östlichen Vernichtungslager kommandiert und die zweite Phase der ›wilden Euthanasie‹ eingeleitet. Das Töten wurde nun in fast allen deutschen Nervenheilanstalten üblich durch Einspritzen überdosierter Betäubungs- und Einschläferungsmittel – Morphium, Luminal, Trional – oder durch Nahrungsentzug. Neben die Ausmerzung des bisherigen Patientenstamms trat ein neuer Sektor, die Kinder.
Alle neugeborenen Kinder, die mit Anzeichen stärkerer Verkrüppelung oder Idiotie zur Welt kamen, mußten von Ärzten und Hebammen einer Tarnorganisation gemeldet werden, dem ›Reichsausschuß zur wissenschaftlichen Erfassung von erb- und anlagebedingten schweren Leiden‹ im Reichsinnenministerium. Der Reichsausschuß beauftragte ausgesuchte Ärzte und Pfleger, in gewissen Heilanstalten ›Kinderfachabteilungen‹ einzurichten, in denen die sogenannten ›Reichsausschußkinder‹ in Sammeltransporten konzentriert wurden. Ärzte und Pfleger, die in ständigem Kontakt zum Reichsausschuß standen, empfingen von dort ›Behandlungsermächtigungen‹, die in Wahrheit Tötungsanweisungen waren. So wurden zwischen 1939 und 1945 etwa 100000 Kranke ermordet, bis der Einmarsch der alliierten Truppen dem ein Ende setzte. Im bayerischen Kaufbeuren überdauerte die Euthanasie sogar den Tag der Besetzung. Am 2. Juli 1945 entdeckten amerikanische Mediziner zu ihrem Schrecken dort eine funktionstüchtige Euthanasie-Anstalt. Getötet wurde durch intramuskuläre Injektionen und Verhungernlassen. Im Leichensaal der Anstalt lagen frisch verstorbene Leichen von Frauen und Männern.

Keine wog mehr als 75 Pfund. Unter den Überlebenden war ein zehnjähriger Knabe mit einem Gewicht von 22 Pfund. Alle Akten waren vernichtet. Die Oberschwester fragte bei ihrer Festnahme: *»Wird mir irgend etwas geschehen?«* Die Antwort hing weitgehend von der Geduld zur Ausschöpfung der Rechtswege und dem Zeitpunkt der Verhandlung ab.
»Die Angeklagte Schürg ist in vollem Umfang geständig«, heißt es im Urteil des Landgerichts Frankfurt vom Dezember 1946 über eine 42jährige Oberschwester der Anstalt Eichberg in Hessen, *»daß sie auf ausdrückliche Anordnung des Angeklagten Dr. Schmidt, und nachdem er ihr ausdrücklich gesagt hatte, daß eine Behandlungsermächtigung vorliege, 30 bis 50 Kinder mit Morphiumspritzen getötet hat.«* Namentlich ließen sich unter den Kindern die achtjährige Anneliese Schömbs und die zehnjährige Erna Metzger feststellen. Erna Metzger kam in die Anstalt, *»weil die Mutter tot war und der Vater sich um das schwachsinnige Kind nicht kümmerte«*. Beide Mädchen starben wie folgt: *»Die Angeklagte Schürg ließ das Kind in einen abgelegenen Baderaum der Frauenabteilung bringen und gab ihm dort eine Morphium-Injektion, die den Tod verursachte.«*
Neben der Schürg und drei Pflegern waren der erwähnte Gutachter Mennecke und Anstaltsdirektor Dr. Schmidt angeklagt. Schmidt hatte seine Patienten gelegentlich selbst zu Tode gespritzt, darunter den 35jährigen Taubstummen Friedrich Kessler und einen Patienten mit dem Namen Ballast, ein Morphinist, der sich in der Anstalt sehr nützlich gemacht hatte. Das Urteil gegen die beiden Ärzte geizte nicht mit harten Worten. Die heftigste Verwerfung fand Mennecke, der bereits einen Monat vor Beginn der Verhandlung dem Vorsitzenden der Strafkammer die Mitteilung gemacht hatte, seit 1942 habe er die innere Überzeugung gehegt, *»daß alle diese Methoden der nationalsozialistischen Staatsführung unmenschlich und grausam, völlig kritiklos und sündhaft waren ... und endlich drängt mich zu diesem Geständnis das zwingende innere Bedürfnis zur Reinigung meines Gewissens«*. Das Urteil führte aus, daß Mennecke ohnehin *»nicht der Mann großer Überzeugungen gewesen ist. Hemmungsloser Ehrgeiz und grenzenloses Geltungsbedürfnis haben den Angeklagten getrieben. Es befriedigte seinen Ehrgeiz, daß er mit bekannten Professoren und Vertretern damals machtvoller staatlicher Stellen in so entscheidender Weise zusammenarbeiten durfte.«* Im übrigen habe seine Gutachtertätigkeit, in deren Verlauf er etwa 2500 Menschen das Leben abgesprochen habe, ihm ein monatliches Zubrot von 200 RM und überdurchschnittliche Spesensätze eingetragen. *»Das Gericht hält aus alledem für erwiesen, daß der Angeklagte sein damaliges Berufsleben allein nach der Frage des persönlichen Vorteils ausgerichtet und zur Erreichung dieses Ziels bedenkenlos alles über Bord geworfen hat, was man als Recht, Sitte, Berufsethik, Ehre und Anstand bezeichnet, und daß dies ihn dazu geführt hat, sich gewissenlos an einer Massentötung zu beteiligen.«* Menneckes Tatmotive seien verabscheuungswürdig, gemein und in hohem Maße verwerflich.

Obwohl ihm eine eigenhändige Tötung nicht nachzuweisen war, qualifizierte ihn das Gericht als Mörder und verurteilte ihn zum Tode. Noch bevor das Urteil Rechtskraft erlangte, tötete sich Mennecke in seiner Zelle.

Einen ganz anderen Eindruck machte Dr. Schmidt auf das Gericht, das nicht ausschließen wollte, *»daß mindestens anfänglich Überzeugungsgründe eine gewisse Rolle gespielt haben. Er hat sich auch nicht – wie der Angeklagte Mennecke – zu der Aktion gedrängt, und mit der Tötung gerungen. Es ist nicht erwiesen, daß das Streben nach materiellen Vorteilen, nach Befriedigung von Eitelkeit und Ehrgeiz, die Triebfeder seines Handelns gewesen ist.«* Schmidt habe sich von seinen Taten später innerlich entfernt, vergebens versucht, ihnen auszuweichen, und weil er nicht den Mut zu einem Bruch fand, *»ging er dazu über, die Auswirkungen der Aktion auf indirekte Weise nach seinen Kräften zu schwächen. Er wollte dieses Ziel vor allem dadurch erreichen, daß er der Aktion möglichst viele Kranke entzog.«* Der beste Weg dazu schien ihm eine Verbesserung der Heilungsmethoden. Die Gehirne der von ihm ermordeten Kinder ließ er in der Heidelberger Universitätsklinik untersuchen, *»um auch auf diese Weise neue Anhaltspunkte in psychiatrischer Hinsicht zu gewinnen. So rundet sich das wahre Bild des Angeklagten Schmidt und zeigt auch eine Persönlichkeit, der andererseits ein gewisses Berufsethos nicht abgesprochen werden kann.«*

Diese respektable Psyche hinderte das Gericht nicht daran, Schmidt dennoch als Mörder nach Paragraph 211 einzustufen. Denn der Paragraph definiert nicht nur die niedrigen Tatmotive, er kennzeichnet auch die Tat. Geschieht die Tötung *»heimtückisch oder grausam, oder mit gemeingefährlichen Mitteln«*, ist sie Mord. Die Euthanasie-Täter hatten unzweifelhaft sämtlich heimlich, tückisch und mit Falschheit gehandelt. *»Die Opfer der Aktion wurden mit allen Mitteln vertrauensselig gemacht und dann in schwerstem Maße getäuscht. Während man vorgab, sie heilen oder pflegen zu wollen, wurden sie mit List in Gaskammern gebracht, die wie Duschräume aussahen, und verabfolgte ihnen tödliche Injektionen, die angeblich zur Heilung ihrer Krankheiten erforderlich waren. So, wie die gesamte Aktion auf Unaufrichtigkeit, Verschlagenheit und Hinterhältigkeit aufgebaut war, ist sie auch im einzelnen durchgeführt worden.«* Nichts stand mehr im Wege, den ethischen Dr. Schmidt als Mörder anzuerkennen. Eingedenk seiner Heilungsbemühungen wurde ihm sein Leben geschenkt und eine lebenslange Zuchthausstrafe erteilt.

Den zwei überführten Pflegern Schürg und Senft wurden acht und vier Jahre Zuchthaus berechnet. An ihnen entwickelte das Landgericht Frankfurt als erstes die notorische Figur aller NS-Massentötungsverbrechen, den Gehilfen. Zwar hat er eine heimtückische und grausame Tat verwirklicht, sie aber nicht selber gewollt. Indem er sie beging, war er Gehilfe zu fremder Tat. Die Verbindung der willenlosen Gehilfengestalt

mit der rüstigen Oberschwester Helene gelang dem Gericht mit einer überraschenden Beobachtung: *»Das Gericht hält es für erwiesen, daß die Gefühle der Angeklagten Schürg für den Angeklagten Schmidt über Achtung und Verehrung hinausgegangen sind und daß sie ihn mit einer frauenhaft scheuen Zuneigung geliebt hat ...«* Eine Handlungsführung, die sich zwar unterscheidet von der des Spielfilms, wo es die Mordopfer sind, die für den Gnadentod ihre Ärzte lieben. Für die juristischen Zwecke war es aber ausreichend, daß sich die Mörder untereinander lieben. Das daraus resultierende *»starke Abhängigkeitsverhältnis«* vermochte zwar das Gewissen nicht ganz zu verdrängen, so daß *»zuweilen Kinder, die getötet worden waren, den Angeklagten Schmidt und Schürg im Traum erschienen«*, bewegte aber um so mehr die Richter, zumal die frauenhaft scheue Zuneigung *»von seiner Seite nicht erwidert wurde. Dr. Schmidt lebte in unglücklicher Ehe. Er sprach sich mit der Angeklagten Schürg darüber aus. Auch das mag dazu beigetragen haben, die Angeklagte Schürg an den Angeklagten Schmidt noch fester zu binden und das Abhängigkeitsverhältnis zu vergrößern.«* Im Frankfurter Großprozeß vom 24. Februar bis zum 21. März 1947 gegen 25 technische, medizinische und Verwaltungsmitarbeiter der Hessischen Mordzentrale Hadamar fand sich der Retortenmensch des NS-Gehilfen einer scharfen Bewährungsprobe unterzogen. Die Tausende den Tätern angelasteten Morde beschäftigten die deutsche Gerichtsbarkeit zum ersten Mal mit der vom Nationalsozialismus entwickelten Form der Tötungsindustrie. Das Büropersonal, das im Extra-Standesamt Buch führte über die Eingänge von Kranken und Abgänge ihrer Asche, einschließlich des ›Verwahrungsbuches‹ mit dem Eigentum der Kranken samt ihren Goldzähnen, wurde pauschal freigesprochen. Objektiv hatten die Sekretärinnen die Tötungen unterstützt, doch das Gericht fand den notwendigen Vorsatz nicht, *»der zu einer strafbaren Beihilfe erforderlich ist. Die Angeklagten sind wegen dieses möglichen Mangels an Vorsatz aus Mangel an Beweisen freigesprochen worden.«* Das technische Personal mit dem 48jährigen Schlossermeister Schirwing, der die Gaskammer gebaut hatte, dem 42jährigen Pfleger Hild, der die Kranken vor der Vergasung nur entkleiden und dem Arzt aushändigen half, sowie dem 36jährigen Eisendreher Gomerski, der eine *»rein handwerkliche Tätigkeit«* ausführte, nämlich das Anheizen des Koksofens, in dem die Leichen verbrannt wurden, hat das Landgericht mangels *»Nachweises eines strafbaren Vorsatzes freigesprochen«*.
Anders lagen die Nachweise beim Pflegepersonal, das sein Unrechtsbewußtsein unmißverständlich selber eingestanden hatte. Die Pflegerin Huber, die des 120fachen Mordes überführt war, bekundete: *»Ich weiß, man darf nicht töten, da hat man keine ruhige Nacht zum Schlafen.«* Der Pfleger Härtle erklärte: *»Wenn ich die Kranken den Todesweg gehen sah, das hat mich fix und fertig gemacht, und wenn ich die Kinder betrachtet habe, da habe ich angefangen zu weinen.«* Der Pflegerin Thomas war es *»furcht-*

bar« gewesen, die Pflegerin Schrankel hat *»immer Gewissensbisse«* gehabt, und die Pflegerin Borkowski hat es *»manchmal gar nicht machen können«*. Das Gericht konnte beim Pflegepersonal einen *»tatsächlichen Nötigungsstand«* nirgends entdecken. Der Inspektor Klein hatte zwar eines Tages der 37jährigen Lydia Thomas zugerufen: *»Du faule Sau, fang' endlich an, sonst kommst du selber dran«*, darin lag jedoch *»keine ernst gemeinte Drohung«*. Um aber Täter gewesen sein zu können, vermißten die Richter am Pflegepersonal das Format. *»Sie waren alle innerlich zu unselbständig und von einer zu starken Trägheit des Willens besessen, um Situationen von solcher Schwere in ausreichendem Maße gewachsen zu sein. Vor allem aber sahen sie ihre ärztlichen Vorbilder, zu denen sie in Achtung und Verehrung emporzusehen gewohnt waren, willenlos und schwach, und fanden an ihnen weder Halt noch Vorbild.«*
Aus Mangel an Vorbildern wurde das Pflegepersonal zu Zuchthausstrafen zwischen drei und acht Jahren bestraft. Zugunsten der Gehilfen sprach ein Katalog von Subalterneigenschaften. Sie hatten die kirchlichen Pflichten stets erfüllt, waren von primitiver Natur, aber einwandfreiem Leumund, durch Schwangerschaft in der Widerstands- und Entschlußkraft gehemmt und hatten die Kranken heimlich religiös betreut. Die Ärzte Gorgaß und Wahlmann aber waren die alleinigen Mörder in mindestens 1900 Fällen.
Das Oberlandesgericht Frankfurt vertrat in der Revisionsverhandlung im Oktober 1948 die Ansicht, da die Pfleger die Tatbestandsmerkmale des Mordes eigenhändig erfüllt hätten, sei das Landgericht verpflichtet gewesen, sie auch als Mörder zu verurteilen. *»Wer die Tat als eigene will, ist Täter; ist dieser Wille nicht vorhanden, so ist der Handelnde Gehilfe«*, belehrte das Oberlandesgericht die Vorinstanz. Eine *»Überspitzung der subjektiven Tätertheorie«* jedoch lehne man ab: *»Wer einen anderen mit eigener Hand tötet, den tödlichen Schuß abgibt, ihm Gift in die Speisen mengt, ist Mörder, auch wenn er es im Interesse eines anderen, ›für‹ ihn tut. Dieses Ergebnis entspricht in der Tat allein der natürlichen Betrachtungsweise.«*
Die natürliche Betrachtungsweise der Richter war allerdings die ›überspitzte subjektive Tätertheorie‹, die besagt, daß alle Mörder keine sind, es sei denn, ihnen würde nachgewiesen, daß sie an ihren Taten privat interessiert gewesen wären. Zu einer Änderung der Gehilfen-Urteile kam es nicht, weil die Angeklagten, und nicht die Anklage, das Oberlandesgericht angerufen hatten. Die Achtung vor den Obrigkeiten, ›zu denen sie in Achtung und Verehrung emporzusehen gewohnt waren‹, hatte sie angesichts der Richter völlig verlassen. Sie verspürten auch keine ›starke Trägheit des Willens‹ und keine Gewissensbisse mehr, sondern verlangten patzig, das Gericht solle doch mal begründen, warum *»die Erlaubtheit der Tötung Geisteskranker im Gegensatz zu den allgemein anerkannten Anschauungen von Recht und Unrecht gestanden habe«*.
Die Ermittlung der Tathergänge in den Euthanasie-Anstalten hatte erge-

ben, daß nicht nur Schwerkranke, sondern zahllose gesunde, in der einen oder anderen Weise auffällige Menschen ebenfalls ermordet worden waren. Der Pfleger Reuter erzählte im Hadamarprozeß von einem Mann, den er aus einer gemeinsamen früheren Arbeit bei einem Bauern in Fulda gekannt habe. In Hadamar war er auf dem zur Anstalt gehörenden Gut Schnepfenhausen beschäftigt worden. Im August 1941 sei er mit einer Schar zur Tötung ausgewählter Personen in den Entkleidungsraum gekommen. Während des Ausziehens habe ihn dieser Mann plötzlich angesehen und gesagt: *»Herr Pfleger, Sie kenne ich.«* Daraufhin habe er den Mann gefragt, wohin er wolle, und dieser habe erklärt, daß es auf dem Gut Schnepfenhausen kein Bad gäbe und er solle hier mal baden, er solle außerdem noch andere Kleider bekommen. Auch dieser Mann ist später durch Vergasen getötet worden. Ein Anstaltsdirektor aus Weilmünster berichtete, bei den Bustransporten seien Rüstige und sehr Kranke dabei gewesen und solche, die Hausarbeiten verrichten konnten wie Reinigen, Fensterputzen und solche, die in der Gärtnerei beschäftigt waren. *»Die Patienten haben sich gefreut, als sie die Autobusse bestiegen, sie dachten, sie kämen in eine andere Anstalt. Sie stiegen lächelnd ein; sie wußten nicht, was passieren würde. Sie riefen: ›Herr Direktor, steigen Sie ein, fahren Sie ein bißchen mit!‹ Manchmal ging einem das Weinen näher als das Lachen.«*
In der Anstalt Kalmenhof in Idstein/Taunus weilte ein 19jähriges Mädchen mit Namen Ruth Pappenheimer. Nach dem Zeugnis des angeklagten Anstaltsleiters Dr. Wesse war Ruth Pappenheimer *»geistig völlig normal; sie gehörte lediglich zu den Asozialen, bzw. den charakterlich Abartigen«*. Durch Gerichtsbeschluß war sie am 29. Juli 1941 in die Fürsorgeerziehung überwiesen worden. Als Gründe waren in dem Beschluß angegeben, daß sie schon als Kind verlogen gewesen sei, daß sie in der Schulzeit mit anderen Kindern einen höchst unanständigen Briefwechsel über sexuelle Dinge geführt, daß sie ein Schulzeugnis im letzten Schuljahr gefälscht, daß sie als Pflichtjahrmädchen bei ihren Arbeitgebern einige Flaschen Wein und einen Wollschal entwendet und daß sie viele Soldatenbekanntschaften gehabt habe. Sie wurde in die Haus- und Landarbeitsschule in Camberg eingewiesen, entwich, wurde gefaßt, konnte jedoch nicht dorthin zurückkehren, da in der Schule Diphtherie ausgebrochen war. So gelangte sie im Herbst 1944 in den Kalmenhof. Nach drei Wochen wurde das Mädchen von einem Dreier-Kollegium, dem Anstaltsleiter Wesse, der Oberschwester W. und der Schwester Mü., durch eine intravenöse Morphiuminjektion umgebracht. *»Abends um 6 Uhr habe die Schwester Mü. der Pappenheimer noch eine Morphiumspritze gegeben«*, berichtete Wesse dem Landgericht Frankfurt, *»da sie auf Anruf noch reagiert hatte. Am 30. Oktober 1944 ist die Pappenheimer gestorben.«* Wesse wurde am 30. Januar 1947 zum Tode verurteilt.
In den ›Kinderfachabteilungen‹ wurde die ›Behandlungsanweisung‹ aus Berlin gelegentlich durch die ›Liste der Bettnässer‹ ersetzt. Eine Be-

schleunigung der Morde machte sich für die Oberschwestern geringfügig bezahlt. Im Kalmenhof gab es ›pro Sterbefall‹ 5 RM, später 2.50 RM. Dennoch befreiten die Gerichte das Pflegepersonal alsbald vom Ruch des Mordgehilfen. Das Landgericht München verurteilte am 21. Juli 1948 drei Pflegerinnen der Anstalt Eglfing-Haar wegen gemeinschaftlicher Tötung von 120 Reichsausschußkindern als Beihelferinnen zum minderschweren Totschlag zu je zwei Jahren, sechs Monaten. Der Arzt hatte ihnen versichert, der Tod sei hier als Erlösung aufzufassen, und nach Auskunft des Anstaltspfarrers war dieser Arzt *»eine besonders starke Persönlichkeit, vor der alles in der Anstalt zitterte«*.
Zehn Wochen nach dem Eglfing-Haar-Prozeß wurde vom Landgericht Koblenz der Durchbruch in der Betrachtung der Euthanasie-Ärzte erzielt. Im Vergleich zu anderen Tätern enthielten ihre Urteile stets scharfe Wendungen, um die Strafe des Mörders zu rechtfertigen. Nun aber tauchten Paul-Hartmann-Gestalten auf, beseelt von einem einzigen Gedanken, angesichts der fürchterlichen Umstände das Beste für ihre Patienten herauszuholen. Das Beste war es, die Pflicht zu erfüllen, die hoffnungslosen Fälle zu opfern, alsdann aber Sand ins Getriebe zu werfen und die irrtümlichen und Zweifelsfälle zu retten.
Die Gesetzesgrundlage der ganzen Aktion, ein kopierter Zettel mit Adolf Hitlers Briefkopf, befahl die Gewährung des Gnadentods nur bei den *»nach menschlichem Ermessen unheilbar Kranken bei kritischer Beurteilung ihres Krankheitszustandes«*. Es sollten nicht alle Irren ermordet werden, sondern nur eine Anzahl. Die übrigen waren noch zu retten. Und nichts anderes als das hatten die Ärzte die ganze Zeit über getan. Denn ohne überlebende Patienten wäre die ärztliche Kunst hinfort überflüssig gewesen.
Die ersten der endlich als barmherzige Samariter erkannten Massenvernichter waren der Direktor Todt und der Dr. Thiel der Anstalt Scheuern bei Nassau a. d. Lahn. Das als ›schwarzes Scheuern‹ bei den Nationalsozialisten beargwöhnte Pflegeheim war eine Gründung der ›Inneren Mission‹ der evangelischen Kirche. In seinem Beirat saßen neben den lokalen Nazi-Bonzen der seit 1933 seines Amtes enthobene pensionierte Landesbischof und der NSDAP-Genosse und Pfarrer Rökker.
Scheuern zählte, wie die Anstalt Andernach für die Rheinprovinz, zu den sogenannten Zwischenanstalten. Transporte von Geisteskranken aus den einzelnen Landesanstalten wurden dort gesammelt und nach kurzer Zeit an die Vernichtungszentren weitergeleitet. Von Scheuern aus waren es nach Feststellung des Landgerichts Koblenz 1323 Kranke, die nach Hadamar und zum Kalmenhof bei Idstein zur Tötung ausgeliefert wurden.
»Die Weiterleitung der Zwischentransporte, bzw. die Abgabe eigener Patienten zu diesen Transporten«, urteilt das Landgericht, *»bedeutet in objektiver Hinsicht eine Förderung der Tötungsaktion. Sie bedeutet die Preisgabe der Patienten aus der Obhut der Anstalt und ihre Auslieferung an ein*

Schicksal, das den Angeklagten nicht mehr unbekannt war. Die Angeklagten haben durch ihr Verhalten Beihilfe dazu geleistet, daß Menschen etwa in tausend Fällen aus niedrigen Beweggründen heimtückisch und grausam getötet wurden.« Es wäre den Angeklagten ein leichtes gewesen, fuhr das Gericht fort, ihre Ämter niederzulegen und zu erklären: ›Wir lehnen die Ausführung der uns angesonnenen Aufträge ab.‹ Kein einziger Fall sei bekannt, daß einem solchen Nervenarzt oder Anstaltsleiter deshalb ein Haar gekrümmt worden sei. *»Der Angeklagte Todt hat um die Entscheidung gerungen, er hat sich wiederholt mit dem Gedanken getragen, zu gehen, aber man hat ihm seitens aller verantwortungsbewußten Männer immer wieder gesagt: ›Ihr Platz ist jetzt in der Anstalt, sie ist jetzt Ihre Front, wenn Sie gehen, werden die letzten Dinge schlimmer als die ersten sein.‹ Sie fühlten sich mit dem Schicksal der Anstalt Scheuern und damit für das Wohl und Wehe der ihnen anvertrauten Patienten verbunden. Es wäre ihnen wie Fahnenflucht erschienen, wenn sie diese in der drohenden Not im Stich gelassen hätten.«* Das Verlassen der Front hätte *»irgendeinen SS-Führer, eine willfährige Kreatur oder einen der jungen, ihnen ergebenen Ärzte aus dem Nachwuchs der HJ«* ins schwarze Scheuern geführt, *»auch die Folgen wären weitaus schlimmer gewesen als beim Bleiben der Angeklagten«*.
Von nun an begannen Todt und Dr. Thiel zu sabotieren, strichen Namen aus der Transportliste und schickten Leute auf anstaltseigene Höfe, um sie vor den Augen der Kommissionen unsichtbar zu machen, die von außen angereist kamen, um nach Opfern für den Gnadentod zu fahnden. *»Kamen dann unerwartet Kommissionen, so wurde das möglichst schnell und unauffällig im ganzen Haus durchgegeben und die auffälligsten Kinder auf der Toilette und in sonst wenig benutzten Räumen versteckt.«* Den Vorwurf der Staatsanwaltschaft, die Angeklagten hätten durch die Streichung einzelner auf den Transportlisten stehender Patienten das Todesurteil der anderen gewissermaßen bestätigt, mochte das Landgericht nicht aufrechterhalten. Ein Auftrag an die Angeklagten zu einer Nachbeurteilung der Ausgelieferten sei nicht nachzuweisen. Es handle sich vielmehr *»um einen unter Ausnutzung der allgemeinen Richtlinien der Meldebogen mit ›legalen‹ Mitteln gemachten Versuch, die Zahl der Opfer möglichst gering zu halten«*. Zur Sabotage mit legalen Mitteln gesellte sich die mit illegalen Mitteln. Dr. Thiel, Sohn eines evangelischen Pfarrers, *»auf dem Boden der christlichen Weltanschauung stehend«* und einer, der es geschafft hatte, die *»Achtung und Liebe«* seiner Opfer zu gewinnen, hatte den ›Auftrag‹, Meldebogen auszufüllen.
»Diese Meldebogen«, räumte das Landgericht ein, *»stellten die Grundlage der ›Ausmerze‹ dar, sie lieferten den Mördern das grundlegende Studienmaterial hierzu.«* Das faktische Todesurteil über die Kranken fällte nämlich der Arzt, der auf dem Meldebogen den Kranken Arbeitsunfähigkeit attestierte. *»Die Meldebogen sind auch von Dr. Thiel in halbjährlichen Abständen, wenn auch zum Teil verzögerlich und unter wohlwollender*

Dosierung, d. h. zum Teil sabotageweiser Verfälschung der Arbeitsfähigkeit der Patienten, abgegeben worden. In einer größeren Anzahl von Fällen konnte aber Dr. Thiel, wenn er nicht seine Stellung und die zweifellos geleistete Sabotage gefährden wollte, die Arbeitsfähigkeit nicht bejahen, was praktisch die Opferung des Patienten bedeutete.« Angesichts der Tatsache, daß für eben diese Tätigkeit bereits einige Kollegen den Gang zum Galgen angetreten hatten, fühlte sich das Landgericht auf juristischem Neuland, dem Dr. Thiel seine Morde nachzusehen, weil er auf noch mehr Morde verzichtet hatte: *»Entsprechende Entscheidungen deutscher Gerichte fehlen noch gänzlich.«* Dann aber siegte in den Richtern das von Hans Frank in Nürnberg erfundene neudeutsche Verfahren, die Verantwortung abzulehnen und statt dessen eine schuldbewußte Miene herumzutragen. Dem ›Saboteur‹ Dr. Thiel wurde seine Schuld versichert und seine Strafe abgenommen. Der erste Freispruch eines ›geliebten‹ Arztes.
Für den liebenden Direktor Todt, *»der als Hausvater seinen Pfleglingen zugetan war«*, machte das Koblenzer Landgericht einen äußerst vorteilhaften Saldo auf: *»Wenn man davon ausgeht, daß etwa 1000 Menschen mit Wissen des Angeklagten in den Tod gegangen sind, während weitere 250 durch Sabotagemaßnahmen gerettet werden konnten, so ergibt dies immerhin einen Satz von 20%, oder anders ausgedrückt, durch das Verhalten des Angeklagten konnte mindestens jeder 5. Mann gerettet werden.«* Es erfolgte Freispruch.

V. Die Schulduntersuchung

Der 49er Gesellschaftskompromiß

»Kalte Rechner und Nutznießer halten die Fahnen hoch auf Straßen, die zu ihren Zielen führen sollen«, schrieb der Publizist Eugen Kogon 1949, zum vierten Jahrestag des Waffenstillstands, *»und allerorten spazieren die alten Gegner, denen vorgestern der Kampf galt, als Gespenster in hellem Licht herum, obgleich ihnen die Würmer aus den Augen kriechen, obschon politischer Grabgeruch ihr Atem ist.«* Was aber hätte geschehen müssen, um Deutschland und den Nationalsozialismus voneinander zu trennen? Verdammung des Nationalsozialismus und Rehabilitation der Nazis sind eine Demokratisierung seltsamer Art. *»Sie* waren *nicht voneinander zu trennen«*, antwortete Kogon. *»Wenn etwas dieses Ereignis von unabsehbarer geschichtlicher Bedeutung hätte herbeizwingen können, so nur ein elementares Aufbäumen der ganzen Nation gegen die Knechtschaft einer Partei und eines Mannes – immer, überall und stets und von neuem. Aber das ist ein Wahn.«*

Der Zusammenbruch des Nationalsozialismus ließ post festum keine Trennung mehr zu. Wenn den Gauleitern gefolgt wurde, als die Wohnviertel im Feuersturm verglühten, warum sollte man sie kreuzigen, als sie die Straße entrümpelten? Wenn man die Richter ertrug, solange sie noch die Köpfe rollen ließen, warum sollte man sie davonjagen, als sie plötzlich über das Unrechtsbewußtsein nachgrübelten? Der Nationalsozialismus war ausgelitten und ausgeblutet worden, einer nachträglichen Abrechnung fehlte schlechterdings der Träger. Die Reihen derer, die sich mit Recht dazu berufen fühlten, waren 1945 grausam gelichtet. Die sechs Millionen Parteigenossen, die vier Millionen Mitglieder der Unterorganisationen aber stellten ein Fünftel der Bevölkerung. Wo waren die Arbeiter- und Soldatenräte von 1918, die die SS-Generäle, die Blockwarte, die Wehrwirtschaftsführer, die Rassenideologen, die SD-Spitzel aus den Verstecken gezogen hätten? Einer elementaren Volksbewegung wie der, die im ganzen befreiten Europa das Haupt reckte, hätte keine Besatzungsmacht den Mund verbieten und die Hände binden können. Die spärlichen Antifa-Komitees, von Hunger getrieben, mit Aufräumarbeiten beschäftigt und dazu noch von den sozialdemokratischen und kommunistischen Parteiapparaten gesteuert, waren allerdings im Handumdrehen eingeschüchtert. Mit dieser Mannschaft war kein Staat zu machen. Gaben die Kritiker, die den ›Parteihengsten‹ nach drei, vier Jahren die Restaurie-

rung der alten Führungsschicht vorwarfen, sich nicht rosigen Illusionen über die wahren Kräfteverhältnisse hin? Das Milieu der Geschundenen und Opfer war, sofern sie nicht zur Umarmung ihrer Quälgeister anstanden, fremd und verloren im Land von Anfang an.
Die zahlreichste Fraktion, die der Sklavenarbeiter, kam 1945 gleich zu acht Millionen aus den Lagern in die Wohnbezirke der Herrenmenschen gezogen und zählte sich nicht grundlos zur Seite der Sieger. *»Wie hungrige Tiere aus dem Käfig befreit«*, schreibt der rechtsextreme Publizist Schrenck-Notzing, *»halb wahnsinnig durch die neugewonnene Freiheit, glaubten sie, als Verfolgte des Nationalsozialismus jetzt einen Freibrief zum Morden, Vergewaltigen und Plündern zu besitzen.«* Womit er die Gefühle seiner Landsleute treffend wiedergegeben haben mag, die sich fragten, warum sie zu allem Elend auch noch diese rachsüchtige Landplage aushalten sollten. Tatsache ist, daß zwischen Mai 1945 und Juli 1948 in Lübeck und Umgebung beispielsweise 134 Menschen bei 1400 Überfällen der jetzt DPs (Displaced Persons) genannten Sklavenarbeiter getötet wurden. Das war aber nicht viel mehr, als sich die Displaced Persons untereinander antaten und weitaus gesitteter als die Gesellschaft, die sich einen Freibrief zur Sklavenhalterei ausgestellt hatte. Da die DPs überwiegend aus Polen, Balten und Russen bestanden, rechtfertigte ihre Kriminalität nur die ihnen ehedem verabreichte Behandlung. Erschrocken sahen sie Haß und Vernichtungswut aus den Ritzen steigen, zumal die Juden unter ihnen, die auf ein Schiff nach Palästina warteten. Der Beamte für jüdische Angelegenheiten bei der amerikanischen Militärregierung drängte den Jüdischen Weltkongreß im Juni 1948, *»Himmel und Erde in Bewegung zu setzen«*, um die jüdischen DPs aus den Lagern herauszuholen. Ihre Anwesenheit auf deutschem Boden sei die *»Quelle für das Gift des Antisemitismus«*.
Nicht viel freundlicher erging es den deutschen ›Kazettlern‹, unter denen sich auch der aus Buchenwald befreite Kogon befand: *»So ist es also gekommen, daß ich Leuten begegnen konnte, die kaltblütig meinten, es wäre wohl besser gewesen, wenn alle ›Kazettler‹ zugrunde gegangen wären. Und daß kein vernünftiger Mensch mehr in Deutschland ohne spontane Abwehrreaktionen gegen uns bleibt, wenn er den berüchtigten Klang ›KZ‹ hört. Wo immer man in Deutschland heute – sei es in der Straßenbahn oder auch im Eisenbahnabteil oder im Warteraum des Zahnarztes oder sonstwo – von Kriegsgefangenen hört, denen es im Sommer 1945 in einzelnen Lagern teilweise sehr schlecht ging (so daß die Sorge weit verbreitet war, es hätte immer noch Ähnliches sein können), da sprach das Herz in den Worten mit – empört oder mitleidsvoll. Berichte aus den Konzentrationslagern erwecken in der Regel höchstens Staunen oder ungläubiges Kopfschütteln. Noch im Spätherbst 1945 hörte ein Bekannter von mir in der Bahn eine Deutsche-Rote-Kreuz-Schwester, die in Weimar tätig gewesen war, erzählen, wie sie veranlaßt werden sollte, einige Zeit nach der*

Befreiung des Lagers Buchenwald sich dort kranken Gefangenen zu widmen: ›Wie komme ich dazu‹, meinte sie, ›tuberkulöse Verbrecher zu pflegen‹.«
Die Schocktherapie der Alliierten, die ihre eigene Erschütterung angesichts der Lagerzustände den Deutschen aufnötigen und ihnen Schuldgefühle entlocken wollten, bewirkte die pure Abstumpfung. Die Leute schalteten angeödet das Radio ab, das unablässig Greuelberichte ausstrahlte. Die Arbeiter- und Bauernsöhne, nach ausgedehnten Kriegserlebnissen in der Heimat angekommen, glaubten nicht, was sie hier zu hören bekamen über Todeslager und Kriegsverbrechen, es sei denn, sie hatten sie mit eigenen Augen gesehen. Und wer alle Greuelnachrichten für bare Tatsachen nahm, war davon auch nicht umgehauen. *»Ein Volk, das in luftkriegsgeschlagenen Städten allüberall die verkohlten Reste seiner Frauen und Kinder gesehen hatte«*, überlegte Kogon, *»konnte durch die massierten Haufen nackter Leichen, die ihm aus den letzten Zeiten der Konzentrationslager vor Augen geführt wurden, nicht erschüttert werden, und es war nur allzu leicht geneigt, hart geworden, die toten Fremden und Verfemten mitleidloser anzusehen als das eigene, im Phosphor- und Granatsplitterhagel getötete Fleisch und Blut.«*
Wenn Josef Kardinal Frings aus Köln, dessen Dom in Präzisionsbombardements der Royal Air Force aus dem Trümmermeer ausgezirkelt worden war, die Nürnberger Militärrichter aufforderte, auch diejenigen auf die Anklagebank zu setzen, die die Zerstörungsbefehle erteilt hatten, dann sprach er seiner Gemeinde aus dem Herzen. 300 Häuser in Köln waren unversehrt geblieben. Von den 760000 Menschen, die vor dem Kriege in der Stadt lebten, waren auf dem linksrheinischen Teil noch 32000 vorhanden, die übrigen unter ihren Häusern begraben, im Felde geblieben, geflohen und in alle Winde zerstreut. Einige steckten auch in Buchenwald, Dachau und Theresienstadt, wo von Konrad Adenauer abgesandte Busse eintrafen: *»Es drängte mich, die armen Menschen aus den KZ-Lagern so schnell wie möglich in ihre Heimatstadt zurückbringen zu lassen.«* In der Heimatstadt fanden sie den dumpfen Verdacht vor, daß sie womöglich auf irgendeine Art und Weise doch schuldig gewesen seien, die Vertreibung der Volksdeutschen aus dem Osten auch nicht in Ordnung sei, neben Auschwitz auch die Bombardierung Dresdens bedacht sein wolle, daß ja alle ›Dreck am Stecken‹ hätten und mittlerweile sei es so: ›Die Kazettler haben alles.‹
»Dieses Lied«, schrieb der jüdische Schriftsteller Max Stier, *»wurde uns seit 1945 bis zum Überdruß gesungen, und die Welt, die es vernahm, hat die einzig richtige Antwort gegeben, indem sie sagte: ›so geht es nicht!‹«*
In Taten sollte sich die Welt alsbald sehr viel anders verhalten, als sie sah, daß die Verhältnisse sich umgekehrt hatten. Die besiegte Sklavenhaltergesellschaft wurde im Kältewinter 1946–47 von einer Not geschüttelt, die mit den Zuständen im Kruppschen Sklavenlager Essen, Humboldtstraße,

und im Kinderlager Voerde bei Wesel in mancher Hinsicht sich messen konnte. In Berlin streifte die Polizei täglich durch Häuser, in denen Menschen in Lebensgefahr schwebten. Sechzehntausend Personen waren bekannt, zumeist alte und gebrechliche Leute, die hilflos in ungeheizten Räumen lagen und oft tagelang keine Nahrung zu sich genommen hatten. Täglich veröffentlichten die Zeitungen Listen von Verhungerten und Erfrorenen, etwa 50 Fälle pro Tag. Der Januar 1947 zählte 200 Selbstmörder. Die Menschen liefen zum Hausarzt und baten um eine Spritze, ›die mich von dem Elend erlöst‹. In Hamburg erreichten die Lungenerkrankungen mit tödlichem Ausgang 224 Fälle im Januar und im Februar das Doppelte. Zwei Stunden am Tag floß Strom, und 7000 bis 8000 Personen stürmten trotz Verbots die Kohlenzüge. Die täglichen Verhaftungen stiegen zwischen Januar und Februar von 400 auf 1000. *»Lieber wieder satte Nazi-Schweine«*, schilderte ein US-Berichterstatter die Volksmeinung, *»als hungernde und frierende Demokraten.«*
Auf diese Einsicht warteten die eingefleischten Nationalsozialisten, die meinten, daß mit dem Tode Christi das Christentum auch noch nicht am Ende gewesen sei. Da der Führer gezeigt hatte, daß mit fünf entschlossenen Männern alles seinen Lauf nimmt, war an Führern und Komplotteuren bald kein Mangel. Die alten Kameraden, die sich in Kriegsgefangenen- und Internierungslagern aneinander wärmten und Zirkel namens ›Scheinwerfer‹, ›Bruderschaft‹ und ›Freikorps Deutschland‹ gründeten, benötigten zunächst aber kein Programm zur Rettung der Nation, sondern zu ihrer eigenen. Außerdem traten die zahllosen Rinnsale, die Hitlers Kult verbunden hatte, wieder einzeln zutage. Nun trauten sich die Leute des sozialistischen Strasser-Flügels der NSDAP, der ›Schwarzen Front‹, die glücklich den Röhm-Putsch überlebt hatten, wieder den Mund aufzumachen. Militaristen wie die Generäle Guderian und v. Manteuffel, kreuzten in grauen Zivilanzügen auf. Gauleiter und HJ-Führer interessierten sich, ob Posten vakant waren. SS-Generäle wie Haussner und Steiner standen zur Verfügung. Jäh unterbrochene intellektuelle Karrieren wie die Gunther D'Alquens, Herausgeber des SS-Blattes ›Das Schwarze Korps‹, suchten eine Nachfrage für ihr Können, und auch Nürnberger Verteidiger wie der Marinerichter a. D. Otto Kranzbühler schauten vorbei, was sich tat. Die heimatlos gewordenen Rechtsintellektuellen beschlossen einen Dachverband, die Deutsche Union, der Nazis und Nicht-Nazis, Neutralisten, Korporativ-Denkern, National-Bolschewiken und Abendländern Platz bot für bohrende Auseinandersetzungen.
Was in diesen Köpfen spukte, interessierte auch Politiker der Lizenz-Parteien, wie den wendigen Otto Lenz (CDU) und Thomas Dehler (FDP), auf der Suche nach Ideen, mit denen sie den rettungslos verstockten Teil der Bevölkerung hinter ihr Gefährt spannen könnten. Die einzig gemeinsame Anschauung der Deutschen Union bestand allerdings darin, das

ganze Elend des Volkes in den Veteranen und Bankrotteuren von Weimar zu suchen, die Deutschland das Fossil einer längst versunkenen Ära, eine *»Gespensterdemokratie«* aufdrängten. Dabei zeitigte die Erlebniswelt aller Deutschen: die bündische Jugend, die Front, der Tod, die Bomben, das Elend, die Internierung und Verfolgung doch die Verpflichtung, die Hände über die Partei-Grenzen auszustrecken zum Zusammenschluß der Schicksalsgemeinschaft. Das Volk solle verschmelzen mit der Generation der Frontsoldaten, den jugendlich ins Feld Gezogenen und narbenbesät Heimgekehrten, der *»vergessenen Generation der 20- bis 40-jährigen«*. Statt dessen plagten die senilen Lizenzpolitiker sich sklavisch, die angelsächsische Demokratie zu kopieren, Deutschland in die Blöcke der Sieger zu zwingen, während es ihre Aufgabe wäre, einen deutschen Weg zwischen West-Individualismus und Ost-Kollektivismus zu suchen. Das Erzübel hinter beiden sei ein und dasselbe, der Materialismus: *»Die Opfer der Freikorps und der nationalen Organisation, die Deutschland einmal vor dem Materialismus gerettet haben, sind nicht vergessen worden. Die Zukunft und das Herz des Deutschen Reiches liegen weder in Bonn noch in Pankow, sondern in den Ruinen der Reichskanzlei.«* Als der Unionist Beck diese Beschwörung 1949 ausstieß, war der Nachkriegs-Nazismus schon fest in der Hand der Materialisten der Frontgeneration. Die Beschaulichkeit reaktionärer Altherren-Abende war vom Aktionismus der HJ-Führer und Jung-Offiziere überholt, die eine Massenpartei der Frustrierten erträumten.
Im November 1948 versetzte bei den Gemeinderatswahlen in der britischen Zone eine ›Deutsche Rechtspartei‹, die seit 1946 hier ihr Unwesen trieb, die sozial- und christdemokratischen Parteichefs in helles Entsetzen. Im Herzen Niedersachsens lagen zwei Gemeinden von außerordentlicher Sozialstruktur, Salzgitter und Wolfsburg, von den Nazis künstlich in den Sand gesetzte Präriestädte, die eine von den reichseigenen Hüttenwerken, die andere von ›Volkswagen‹ dominiert. Das VW-Werk, ursprünglich Besitz der Deutschen Arbeitsfront, hatte Tausende hochqualifizierte Arbeiter der Stirn und der Faust angezogen, überwiegend Parteigenossen, dazu ein Heer von Ostarbeitern, die inzwischen als DPs abhanden gekommen waren. Nun strömten Scharen entlassener Kriegsgefangener und Vertriebener ins Werk. Ein Auffangbecken für junge Männer ohne Ausbildung und Familienbindung, die am Fließband einer hierarchisch durchrationalisierten Produktion standen. Nach Salzgitter waren auf den Abmarsch der Zwangsarbeiter hauptsächlich Heimatvertriebene, Schlesier, Ost- und Westpreußen, Pommern und volksdeutsche Minderheiten aus Ungarn, der Tschechoslowakei und Rumänien gezogen. Die Alt-Eingesessenen stellten einen unerheblichen Rest.
Durch die Sprengung und Demontage der Hüttenwerke war die Arbeitslosigkeit in Salzgitter auf 30,5 % geklettert, eine sonst nirgends anzutreffende Quote. Der Landesdurchschnitt lag bei 13,2 %. In den Gemeinde-

ratswahlen verdrängte die Deutsche Rechtspartei die CDU vom zweiten Platz und errang 10953 Stimmen hinter der SPD mit 12721 Stimmen. In Wolfsburg, wo die SPD seit 1946 75% der Stimmen hielt, hatte die DRP die Wähler scharf gemacht mit Fackelzügen, schwarz-weiß-roter Flagge, Strophe eins des Deutschlandlieds (›Von der Maas bis an die Memel‹) und SPD-Verteufelung (›*Schrittmacher des Bolschewismus*‹). Das Ergebnis waren 70% der Wählerstimmen. Junge Wähler hatten junge Kandidaten – keiner von ihnen über 40, aber alle mit NSDAP-Erfahrung – an die Macht katapultiert.

Das Menetekel einer Machtergreifung der Frontgeneration in Wolfsburg und der Flüchtlingsscharen in Salzgitter verhieß den Lizenz-Politikern nichts Gutes für die Zeiten, wo sie ohne die Bajonette der Besatzer vermittels Demokratie regieren wollten. Aus Hessen waren auch plötzlich altvertraute Lieder zu vernehmen: Eine ›Nationale Demokratische Partei‹ propagierte die Wiederherstellung des Deutschen Reiches in den Grenzen von 1914, beschimpfte alle Parteien mit Ausnahme der eigenen als Trittbrettfahrer des Marxismus und verlangte die Wiedereinsetzung aller Nazis in ihre alten Posten. Die NDP quoll über vor Sympathie mit den Verfolgten, schlug unbarmherzig auf die Entnazifizierer und rief nach einem kategorischen Schlußstrich unter alle Spruchkammerverfahren. Die Flüchtlingsgruppen hörten entzückt, daß diese Partei als einzige in der Lage sei, sie in die Heimat zurückzuführen. Ein in 30000 Exemplaren zirkulierendes Periodikum der Gruppe forderte Beamte, Offiziere und Arbeiter zum Verlassen der SPD, der Zerstörung der Gewerkschaften auf und geißelte die Überflüssigkeit, Verdorbenheit und Selbstgefälligkeit der Gewerkschafts-, Regierungs- und Parteibürokratie.

Den Haupterfolg erzielte die NDP in dem von ihr angegriffenen Parteiensumpf. Dort sah man sich in den 48er Kommunalwahlen derart unter Konkurrenzdruck gesetzt, daß alles in ein absurdes Rennen um die Stimmen der Nazis einstieg, ausgenommen die Kommunisten, die sich nichts davon versprachen. In allen Wahlbezirken bis auf einen gewann die NDP über 10%. Ihren größten Sieg holte sie sich in Wiesbaden, wo die Partei erst seit wenigen Monaten mit einem von den französischen Sicherheitsbehörden gesuchten Matador auftrat, dem einstigen Waffen-SS-Mann Carl C. Heinz. Ihm fielen 24,4% der Stimmen zu. Von der führenden SPD trennten die NDP noch 3000 Stimmen. Überdurchschnittlich gut schnitt sie in den ländlichen Bezirken des Regierungsbezirks Darmstadt ab. Die Flüchtlinge und Vertriebenen stellten dort ein Drittel der Bevölkerung. Vom Wiesbadener Ergebnis verblüfft, prüften die Amerikaner, wie eine Parteiorganisation von 60 Leuten eine kostspielige Wahlschlacht bestreiten konnte. Ohne lange zu suchen, fand man die Geldquelle bei mittleren Großgrundbesitzern und wohlhabenden Fabrikanten der Umgebung. Ferner fiel auf, daß die günstigsten Resultate der NDP aus den Wahlkreisen kamen, wo schon in der Weimarer

Republik nationalistische und antisemitische Kandidaten erfolgreich waren.
Die NDP in Hessen und die DRP in Niedersachsen waren von den Veteranen der weimarischen Deutsch-Nationalen Volkspartei gegründet worden, die ihr Drama von 1933/34 als Posse ein zweites Mal durchmachten. Ihre Richtung wurde sang- und klanglos abgehängt von dem drahtigen HJ-, SS- und NSDAP-Jungvolk. Die Wahlerfolge schrieb der Nachwuchs keiner konservativen Sehnsucht nach einem gutbürgerlichen Nationalismus zu. Die gehobenen Einkommensklassen wählten die CDU. Die Wählerschaft eines revolutionären Nationalismus rumorte in den Massen der Deklassierten, der durch Vertreibung, Entnazifizierung und Kriegseinwirkung Entwurzelten und Verbitterten, den beschäftigungs- und perspektivlosen Bürgern zweiter Klasse, die kein Bein mehr auf den Boden brachten. Dieses seelische und materielle Elend war das zündende Gemisch, das die krakeelenden Alten Kämpfer und ressentimentgeladenen Jungpioniere aus dem Dustern des Komplottierens in die politische Arena reißen konnte. Die Unbelehrbaren, Verstockten und Ewig-Gestrigen waren kein Risiko. Ein solches lag ausschließlich in der Massenexistenz von Menschen ohne ein Morgen, die sich entschließen könnten, heute alles auf eine Karte zu setzen.
Solange mehrere Geheimdienste und Armeen auf deutschem Boden für Sicherheit garantierten, war nicht viel zu erwarten. Doch was würde zutage treten, wenn diese Umklammerung sich lockerte? Als General Clay im Sommer 1948 die Entnazifizierung abzublasen wünschte und seine Dienststellen zumachte, konnten die Ministerpräsidenten sich ausrechnen, die bisher verschonten Kreisleiter, Ministerialräte und Bürgermeister nicht mehr in der Spruchkammer, sondern gleich auf dem politischen Marktplatz anzutreffen. Dort mochten sie die kleinen Pgs und Entnazifizierungsgeschädigten radikalisieren, die zur Rechenschaft gezogen worden waren, während ihnen, den Hauptschuldigen, die Amnestie lachte. Die Diskriminierungspraxis der Spruchkammern hatte zwar Massen kleiner Pgs abgefertigt und sie härteren Konsequenzen entzogen, das war ihnen aber nicht richtig zu Bewußtsein gelangt. Zu Demokraten waren sie nicht bekehrt worden, dafür aber entrüstet, daß man sie überhaupt belästigt hatte. 17% der Wolfsburger DRP-Stimmen kamen von Leuten, die durch Entnazifizierungsbescheid vorher Wahlrechtsbeschränkungen (im passiven Wahlrecht) unterworfen waren. Wenn schon gewählt wurde, wollten die Nazis von Anfang an dabeisein, damit es auch den Richtigen treffe. *»Sie konnten bleiben, wer sie waren und brauchten sich nicht entscheidend zu ändern«*, sagte Kurt Schumacher 1948 auf dem Hannoveraner Parteitag der SPD. *»Sie sind jetzt in der Lage, die Formen der Demokratie zu handhaben, ohne ein positives Verhältnis zu ihrem Inhalt zu gewinnen. Das gilt besonders von beträchtlichen Teilen des Beamtentums, die stärker vom Nazismus als von der Weimarer Republik geformt sind.«* Alle

amerikanischen Experimente jedoch, ein persönliches Verhältnis zur demokratischen Selbstherrschaft anzuerziehen, hatten die drei großen Parteien SPD, CDU und Liberale hartnäckig hintertrieben.
Im Jahre 1949 vermeldet ein Bericht der Militärregierung im Lande Hessen, die ersten drei Jahre der Besatzung seien damit verstrichen, zu verhindern, zu zerstören, zu bestrafen. Man habe Deutschland demilitarisiert, entnazifiziert, demontiert, nun komme das positive Programm zur Anwendung, die Demokratisierung. Das Erziehungsziel war der ›aufgeklärte Bürger‹. Er sollte eine Achtung besitzen vor Recht und Würde des einzelnen, einen Begriff von der Rolle des Beamten im Gemeinwesen und zum Musterzivilisten werden, *»der sich seiner Macht bewußt und persönlich daran interessiert ist, von seiner Souveränität wirksamen Gebrauch zu machen«*. (Historical Report der US-Militärregierung.) Die Parteiführer, persönlich eher daran interessiert, die Souveränität ordentlich delegieren zu lassen und davon wirksamen Gebrauch zu machen, wurden von idealistischen US-Offizieren bearbeitet, lokale Bürgerbeteiligungsprojekte zu entwickeln, weil *»lokale Angelegenheiten wichtiger sind als Gespräche über hohe Politik und über die begangenen oder zukünftigen strategischen Fehler der Alliierten«*.
So gab es in hessischen Gemeinden unversehens öffentliche Foren zu Themen ›Wie schaffen wir Arbeitsplätze in ...?‹, ›Schulreform‹, ›Die Frage des Wasserleitungsbaues‹, ›Die Stadtverwaltung – was sagen Sie dazu?‹ Wer nichts dazu zu sagen hatte, nahm wenigstens eine Druckschrift mit nach Hause über parlamentarische Verfahrensregeln. Hunderte von Elternausschüssen, Frauenklubs, Studentenparlamenten, Steuerzahler-Vereinen und Seifenkistenrennen wurden angeboten. Amerikahäuser sperrten die Pforten auf, die Reisetätigkeit Deutscher ins westliche Ausland fand großzügige Förderung; ein dreijähriges Strohfeuer von Re-education brannte ab, von dessen Existenz 1950 bereits 38% der Hessen etwas gehört hatten. Davon glaubten allerdings 15%, damit seien Presse und Rundfunkprogramm gemeint. 6% kannten die Foren, Bürgerversammlungen, Diskussionen usw.
Die deutschen Partei- und Verwaltungsleute waren zur Teilnahme gedrängt worden, hielten die ganze Angelegenheit aber für überflüssig und unangenehm. In Marburg griff die FDP den *»Import der direkten Demokratie aus Amerika«* an und drohte ihren Mitgliedern mit Redeverbot auf den Foren. Der Deutsche Städtetag richtete 1949 ein Rundschreiben an seine Mitglieder mit der Anfrage, ob ein einheitliches Verhalten gegenüber den Foren geboten sei. Eine Stadt untersagte ihren Beamten die Mitwirkung, weil sie nicht in der Lage seien, erschöpfende Auskünfte zu geben. Der Hessische Landtag bat die Militärregierung, keine Foren im Lande mehr abzuhalten, weil man eine Kabinettskrise befürchte, und schließlich ließ das Hessische Innenministerium im Mai 1949 eine Generalkritik des Landrats von Usingen zirkulieren, der geschrieben hatte,

die Foren und Bürgerversammlungen bildeten eine Gefahr für das in Deutschland bestehende politische System. Sie seien eine Art illegaler Nebenregierung, die im Gegensatz zu den örtlichen Behörden keiner Aufsicht und Kontrolle unterlägen. John Gimbel schreibt in seiner Chronik der Besatzung in der Stadt Marburg: *»Die amerikanische Politik, die den ›gemeinen Mann‹ in den Mittelpunkt stellen wollte, ist vergessen; die Führung liegt in den Händen einer gesellschaftlichen, politischen und wirtschaftlichen Elite. Die ›kleinen‹ Leute sind es zufrieden; sie überlassen die Entscheidungen dieser führenden Schicht und den politischen Parteien, für die sie stimmen, denen sie aber nicht angehören.«*
Anstelle der Bürgerbeteiligung, die offensichtlich weder den Bürgern noch ihren politischen Vertretern erwünscht war, setzten sich kleine Dienstleistungsbeziehungen durch. Die Parteien eröffneten Beratungsstellen für die laufenden Alltagsscherereien mit Wohnung, Familie und Justiz. Den Entnazifizierungsopfern wurde ebenfalls unter die Arme gegriffen, so daß beweglichere Naturen sich einer Partei anschlossen, noch bevor der Spruch gefallen war. Die Kammern sahen in der Zugehörigkeit zu einer demokratischen Partei Anzeichen tätiger Reue und wurden milder gestimmt. Parteimitgliedschaft sei für den kleinen Nazi eine Art Rückversicherung, vermutete ein hessischer SPD-Sekretär. Denn die Parteieintritte nahmen von 1946 bis 1948 auffällig zu und knickten bei Abschluß der Entnazifizierung rapide ab. Anders als es in der republikanischen Ideologie der Amerikaner vorgesehen war, begriffen die Väter des Bonner Parteienstaates so viel aus der jüngeren deutschen Geschichte, daß Parteien und Bürger Beziehungen auf gegenseitigem Vorteil benötigten. Die basisdemokratischen Spielwiesen der Amerikaner waren dazu völlig ungeeignet.
So erklärt es sich, daß die Parteihengste von Weimar nicht das weimarische Parteiensystem aufsattelten und der älteste Politiker die modernste Partei auf die Beine brachte, Konrad Adenauer. Im Unterschied zu den gescheiterten Weimarer Interessenparteien, die eine klassenmäßig und weltanschaulich fixierte Klientel bedienten, öffneten sich die beiden großen Parteien von Bonn dem Gemeinnutz, der vor Eigennutz geht. Die Unternehmer saßen alsbald in keiner Unternehmerpartei, sondern mit den Landwirten und katholischen Arbeitern versöhnt in der CDU. Die Arbeiter verloren ihre alte Sozialdemokratie und saßen mit dem Öffentlichen Dienst, den Angestellten und Fraktionen der Protestanten und der kleinbürgerlichen Intelligenz in der SPD neuen Typs.
Diese Entwicklung verlief in der Zeitspanne, in der sich die Bonner Republik bewährte. Hinter die NSDAP konnte keine Partei mehr zurück. Ein Parteienstaat, wie Hitler ihn gegeißelt hatte, zänkisch, zersplittert, unsozial, volkszersetzend, war das letzte, was man sich leisten wollte. Etwas Zersetzenderes aber als Intoleranz gegen die früheren Nationalsozialisten war gar nicht vorstellbar. Aller leidvollen historischen Erfahrung

schlug es ins Gesicht, sich die Natter eines Verfassungsfeinds am Busen zu züchten. Wer den Boden des Grundgesetzes betrat, sollte Diskriminierung nicht länger fürchten müssen. Keine neuen ›Novemberverbrecher‹ Weimarer Angedenkens, diesmal von rechts. Lieber gut angepaßte Nazis als eine Kaste von Unberührbaren. Da das Volk die Kraft zur demokratischen Revolution nicht besessen hatte, traute die Republik sich auch keine Säuberung zu. Der fabelhafte Grundkonsens der Demokraten, den die gemeinsame Lizenzierung durch die Alliierten, die Koalitionsregierungen in den Ländern und die Abgeschiedenheit des Parlamentarischen Rates geschmiedet hatte, zerlief 1949 allerdings in einer restlos desintegrierten Gesellschaft. Dort erfreute sich die politische Riege keiner großen Beliebtheit, *»was sie im Unterschied zu anderswo nicht merkte«*, schrieb Kogon 1949, *»ihr Einfluß ist eher gering«*.
Im Jahre 1946 kamen in organisierten Aussiedlertransporten drei Millionen Ostdeutsche in die Westzonen. 2,5 Millionen waren bereits 1945 vor der russischen Armee geflüchtet und 500000 Kriegsgefangene und Flüchtlinge seither aus der sowjetischen Zone gesickert. Bis 1950 sollten noch weitere zwei Millionen Nachzügler hinterdrein drängen, so daß nun acht Millionen Flüchtlinge und Vertriebene zu beheimaten waren. Zwei Drittel von ihnen saßen verknäuelt in den ländlichen Regionen Schleswig-Holsteins, Niedersachsens, Bayerns, Baden-Württembergs, Hessens. In diesen fünf Ländern bildeten sie ein knappes Viertel der Bevölkerung, unfreundlich bis feindselig beäugt von der einheimischen Mehrheit. Sie, die manchmal erst mit Waffengewalt zur Aufnahme der Vertriebenen bewegt werden konnte, erblickte in jenen nicht den Volksgenossen, mit dem sie die Folgen der Niederlage auszulöffeln hatte. Die Vertriebenen wurden als Fremde und Habenichtse empfangen, die eine sowieso bedrückende Armut noch vertieften. Da die Eindringlinge doppelter Arbeitslosigkeit unterlagen (34,7%; Durchschnitt 16,2%), belasteten sie unverhältnismäßig die Sozialhaushalte. Die aber standen durch einen Überhang weiblicher und minderjähriger Kriegshinterbliebener, alter Menschen und Kriegsversehrter schon dem Einsturz nahe. Zwei Millionen Kriegsverletzte lebten im Land, zusammen mit ihren Familien fünf bis sechs Millionen Menschen, die dauerhaft an Kriegseinwirkungen litten. Von den Displaced Persons hielten sich 1948 noch 700000 in Deutschland auf. Eine Unzahl Jugendlicher war verwaist und verwahrlost, 500000 davon berufs- und arbeitslos, 80000 zogen noch im Jahr 1950 ohne Ziel auf den Landstraßen umher.
Ein respektables Moment der Desintegration bildete das Heer der Berufssoldaten, die im Zuge der Demilitarisierung durch Kontrollratsgesetz aller Rechtsansprüche auf Versorgung und Pension beraubt worden waren. Ihre Organisationen wurden aufgehoben, ab 1948 aber in Form von Selbsthilfevereinen wieder zugelassen. Dabei war das materielle Problem das geringere. Diesen Menschen war offiziell ihre Identität entzogen. Sie

durften ihre mit Hakenkreuzen geschmückten Orden und Ehrenzeichen nicht mehr anlegen und nicht öffentlich die Kameradschaft pflegen. Die Ehre des waffentragenden Standes war ruiniert. Ein Teil wünschte sich nichts als Rehabilitation und Versorgung, ein anderer fühlte sich weiter dem Adolf Hitler geleisteten Treueid verpflichtet. Welche Richtung die mit der Staatsgründung gleichfalls zu gründenden Veteranenverbände einschlagen würden, war 1949 restlos offen. Die bald einsetzenden Verhandlungen des ›Amtes Blank‹ mit dem gemäßigten Flügel sollten zeigen, daß erhebliche Retuschen am öffentlichen Bild der Hitlerschen Wehrmacht verlangt wurden: die nicht-diskriminierende Behandlung von Ansprüchen der Waffen-SS (während der Besatzungszeit immer noch eine verbrecherische Organisation), ein Ende der Diffamierungen, die Entlassung der Kriegsverbrecher und ein Moratorium in Sachen ›20. Juli 1944‹. Die Frage, ob Stauffenberg und seine Leute Märtyrer oder ›Charakterschweine‹ gewesen waren, wollten die Gemäßigten aus der Öffentlichkeit verbannen. Anderenfalls wären die Scharfmacher in einen offenen nazistischen Verband abgedriftet, den man der jungen Republik ersparen wollte.
Die Bewußtseinsverfassung, die sich bei den Vertriebenen einnistete, war auch nicht eben ermutigend. Der spröde Empfang im Westen erzeugte unvermeidlich die Parole von der *»Rückkehr der Ostdeutschen in ihre Heimat«*, gepaart mit einem diffusen Wunsch nach Vergeltung für die bei der Vertreibung erduldeten Leiden. Ein Großteil der Vertriebenen bestand aus selbständigen Bauern und Kleingewerblern, die auch ihrem Sozialstatus auf immer entsagen mußten. Zirkel wie die ›Sudetendeutschen Filmtheaterbesitzer‹, der ›Verband der früheren Ostmühlen‹ und die ›Interessengemeinschaft Vertriebener Apotheker‹ konservierten den verlorenen Stand noch ein Weilchen, und ebenfalls die Verbitterung, nur noch der *»Klasse der Entrechteten«* anzugehören. Zudem besaßen die Vertriebenen bis 1949 kein Wahlrecht, weil sie das schlechthin ideale Bekken für eine Revanche-Partei darstellten.
Das Jahr 1949 schleuderte alle Desintegrationskräfte mit einem Mal heraus. Die Kriegsgefangenen kehrten scharenweise heim, um verspätet ihr Leben, Beruf und Familie zu begründen. Doch fanden sie zu Hause keine Tätigkeit, keinen Wohnraum und keine Gemeinschaftsformen. So verdreifachte sich die Arbeitslosenzahl in der amerikanisch-englischen Bi-Zone auf 1,25 Millionen. Die sozialen Konsequenzen der Währungsreform von 1948 zerteilten die Gemeinsamkeit des Luftschutzbunkers, von Kälte und Entbehrung, von Schieberei und Ärger mit den Besatzern. Protzig und schnöde standen auf einmal Besitzer Besitzlosen gegenüber. Die Konkurrenzgesellschaft schlug funkelnd die Augen auf. Zu Hitlers Zeiten hatte es diese Herzlosigkeit nicht gegeben. Die Volksgemeinschaft ging für viele jetzt erst vor die Hunde. Die Vertriebenen hatten vier Jahre als angestänkerte und gedemütigte Parias verbracht. Jetzt nahmen sie die

Rolle des Ausgestoßenen und Getretenen an, der das dicke Ende für andere zu büßen hat, und reagierten aufsässig. Die Internierungslager entleerten ihren Inhalt allmählich in das bürgerliche Leben. Die Entnazifizierten hatten ihre kleinen Sühneleistungen und Beschränkungen durchgestanden und rutschten sachte auf die alten Amtssessel. Die Hauptbelasteten schnupperten Morgenluft und wurden pampig. Unwiderruflich Schluß mit dem Gesinnungsterror! Das Ende jeder Lizenzierungspflicht von Parteien, Zeitschriften und Filmen winkte. Was immer sich aufgestaut hatte, erhielt nun Platz und Stimme. Und landauf, landab wetterten lokale Demagogen, wie der 27jährige Sudetendeutsche Karl Feitenhansel in München und Adolf v. Thadden in Niedersachsen, gegen den *»Bonner Misthaufen«*. Die *»Nürnberger Schandurteile«* seien rechtsungültig, ehemalige Emigranten müßten aus allen verantwortlichen Stellen fliegen, und die Zeit reife heran, wo sich die Leute hüten würden, als Widerständler zu firmieren. Außerdem müsse eine *»funktionstüchtige Polizeitruppe«* her.

Die Schreihälse waren zu verkraften. Die eigentliche Gefahr, schrieb Kogon in den Frankfurter Heften, bildeten *»die neuen Depossedierten, die Geschädigten der Denazifizierung, die Hilflosen unter den Ausgebombten, die Masse der Flüchtlinge. Sie sind daran, endgültig die Geduld zu verlieren.«* Die Ungewißheit über die wahre Stärke der Rechten zerre heftig an den Nerven, und manche wünschten sich geradezu ihr Erscheinen, *»damit man klar sähe und damit ihre Anhänger nicht weiterhin als Ballast die Politik von Parteien belasteten, die zu gut für sie seien. Man rechnet überall mit ihnen. Sie beschäftigen die Phantasie der Parteiführer und beeinflussen gelegentlich bereits die Färbung ihrer Reden.«* Die politikbegabten Nationalsozialisten hielten sich bei alledem noch bedeckt. Geringschätzig sahen sie auf die polternden Strauchritter und Heißsporne in den Sekten, deren Machtergreifung ein Ding der Unmöglichkeit war. Die Formierung der entwurzelten, verzweifelten Massen, der desillusionierten Kriegsgeneration zu einer autoritären oder gar totalitären Bewegung war allein über eine außerparlamentarische Sammlungsbewegung der geschädigten Gruppen vorstellbar. Die Kraftquelle der NS-Partei ist nicht der Parteienhader, sondern die Bewegung. Die Heimkehrer-, Soldaten- und Vertriebenenverbände konnten zum Boden der Bewegung werden, der sich einmal auftun mochte, um die Systemparteien zu verschlingen. Nicht die national-revolutionäre Propaganda, sondern die Radikalisierung des materiellen und seelischen Dissenses sollte die Bonner Republik zermürben.
Nur Phantasten konnten 1949/50 dem Erfolg solcher Luftschlösser nachhängen. Der Aufbau einer autoritären Ordnung in West-Deutschland blieb ausgeschlossen. Der Sturz der politischen Kaste war irreal. Ihre Gegenwart war der einzige Pluspunkt der deutschen Umerziehung, das

Pfand der Läuterung. Sie oder Besatzungsdiktatur. Fraglich war allenfalls, ob die demokratischen Spielregeln vom Volk mitgemacht werden würden, oder ob eine anti-demokratische Renitenz von ihm ausging. *»Wir waren uns darin einig, daß der Nazismus als aktivistisches Programm tot sei«*, resümierte Dorn vier Jahre amerikanischer Säuberung, *»aber diese Leute sticheln und kritisieren immer noch. Dann darf man auch nicht vergessen, daß der Nazismus nicht vom Himmel fiel; einige seiner Elemente haben Wurzeln, die tief im Deutschen verankert sind. Es ist nicht mehr reiner Nazismus, sondern eine Rückkehr zu den psychologischen Wurzeln, aus denen der Nazismus wuchs und lebte. Kurz: die wiedereingesetzten Mitläufer als solche sind keine akute Gefahr, noch ist es dieser Nationalismus, von dem so viele Leute zungenfertig daherreden. Aber was sich zu beobachten lohnen wird, ist die alldeutsche Mentalität: anti-demokratisch, anti-internationalistisch, anti-semitisch, anti-egalitär, autoritär und vielleicht noch ein Schuß Preußentum. Am besten ist es, diese Sache sich austoben zu lassen. Druck würde sie stählen.«* Das wurde die Devise der Demokraten. Austoben lassen und nur keinen Druck. Gewarnt durch die 49er Krise, konzentriert auf das, was nach Abzug der Militärherrscher zum Vorschein käme, entschlossen, die Wirtschaft anzukurbeln und das soziale Elend abzuschaffen, stolz, endlich geschäftsfähig und ungeduldig, alsbald Staatsmann zu sein auf europäischem und atlantischem Parkett und mit der nationalen Frage zu pokern, war man sich völlig darin einig, mit den Nazis kein großes Theater mehr zu machen. Ihre Absorption war viel gefahrloser als ihre Repression. Die ›psychologischen Wurzeln‹ würden durch nationale und ökonomische Konsolidierung gezogen oder aber nie.
Die Entnazifizierung der Hauptschuldigen wurde in einem Zuge mit dem Abbruch der Aktion angemeldet. ›Abschlußgesetze‹ kündigten die Exklusivverfolgung der Gruppen I und II an. Die Sprüche der Kammern aber sollten durch reichliche Gnadenpraxis ermäßigt werden, damit den Betroffenen kein Nachteil erwachse. Krasse Entscheidungen der Frühzeit ließen sich nachträglich beilegen. Die Klasse der Entnazifizierungsgeschädigten ging unter in Gnade und Mitgefühl. Das *»Recht auf den politischen Irrtum«* wurde gefeiert. Ausnahmsweise war es rückwirkend anwendbar. Nur selten fand sich neben den irrtümlich Nazis Gewesenen jemand wie der ehemalige Bamberger Oberbürgermeister Zahneisen, der vor der Kammer rief: *»Ich wünsche nicht als Mitläufer eingestuft zu werden. Ich war stets aktives Mitglied der Nazi-Partei.«*
Die wahren Opfer der Entnazifizierung wurden die Entnazifizierer, das Spruchkammer-Personal. Sie hofften, nachdem sie sich bei der ›Befreiung vom Nationalsozialismus und Militarismus‹ gründlich verhaßt gemacht hatten, von den Landesregierungen ins Beamtenverhältnis übernommen zu werden. Andere Chancen hatten sie keine. In den Planstellen saßen aber bereits die von ihnen erfolgreich Entnazifizierten. Im Gegensatz zu ihren Verfolgern waren sie fachlich qualifiziert und hatten sich

einen Versorgungsanspruch erworben, auch wenn sie kein Recht auf Wiedereinstellung besaßen. Es war aber billiger, sie ihre Versorgung abarbeiten zu lassen und den Entnazifizierern zu kündigen. Die Einstellung der Pgs wollte man, wie der Regierungsbezirk Oberbayern dekretierte, *»nicht über Gebühr verzögern und durch bürokratische Maßnahmen erschweren«*. Als Folge dieser Politik, schreibt Niethammer, *»gab es 1948/49 in manchen Zweigen des Öffentlichen Dienstes mehr Mitglieder der NSDAP als selbst im Dritten Reich«*. Der Großteil des Spruchkammerpersonals wurde nach der Währungsreform entlassen, zur Zeit der größten Arbeitslosigkeit. Man verwies achselzuckend auf Fürsorge- und Arbeitslosenunterstützung; zwei Drittel der bisher Gekündigten hatten 1950 noch keine Anstellung gefunden. In den Öffentlichen Dienst war so gut wie keiner gelangt. Von den seinerzeit entlassenen Nationalsozialisten waren 98 % zurückgekehrt. Nach Verabschiedung der letzten Nachzügler 1952/53 (den Abschluß machte Bayern 1954) waren in den Westzonen 6,1 Millionen Entnazifizierungsfälle bearbeitet worden. Als Hauptschuldige und Schuldige hatte sich weniger als ein halbes Prozent herausgestellt.
Die Trennung der Nazis nach individueller Begutachtung in Anständige und Spitzbuben endete damit, daß alle in dem einen Topf der Mitläufer landeten. Eine neue Trennung wurde vorgeschlagen. Das Kriterium ›Nationalsozialist‹ hatte sich als unpraktisch erwiesen, weil nicht feststand, was das war. Schuldig sollte hinfort, ohne Ansehen von Person und Stand, der sein, der sich strafrechtlich vergangen hatte. Der Kriminelle mochte auf den gesetzlichen Richter treffen. Die Gesinnungsjustiz hatte verspielt. Das war der konservative Rat von Anfang an gewesen, der nun als das einzig Brauchbare anerkannt wurde. Inzwischen hatte der gesetzliche Richter neben den wechselvollen Säuberungen her sein Amt verwaltet und sein Können gezeigt. Er hatte die Höflichkeit der Gestapo, die Barmherzigkeit der Euthanasieärzte und die Gesetzestreue der Justizmörder bescheinigt. Nicht in Skandalentscheidungen, sondern in ständiger Rechtsprechung. Vor der Verabschiedung des Grundgesetzes stand jenseits allen vernünftigen Zweifels fest, wie der deutsche Strafrichter den Fall anfaßte. So konnte man die politische Säuberung ersatzlos streichen und die Justiz zum Konkursverwalter einsetzen. Der korrupteste und meistbelastete Berufsstand erhielt die Zuständigkeit, zumal er stets auch in eigener Sache verhandelte. Täter und Richter wußten genauestens, daß der Verhandlungsgegenstand einmal gesetzlich gewesen war. Die Gesetzesinstanz selbst vertauschte die Front und hielt über die gestrigen Komplizen Gericht. Sie belehrte sie, daß Unrecht nie verbindliches Gesetz gewesen sei; das hätten sie alle wissen müssen. Die einzigen, die es nicht hätten wissen müssen, waren die Richter selbst. Die Widerlichkeit der Aufführung war unübertrefflich. Und jedermann hoffte damals, daß sie ein schleuniges Ende nehmen würde.

Der Zyklon-B-Prozeß

»Während man die Juden im Osten und in den Konzentrationslagern massenweise tötete, verhetzte und ›beruhigte‹ man das deutsche Volk in dieser Beziehung durch eine wohlberechnete Massenpropaganda, deren Kern die Behauptung war, daß man sich der ›jüdischen Schädlinge‹ nur auf diese Weise wirksam entledigen könne und sie dieses Schicksal im Interesse der Erhaltung des deutschen Volkes auch verdienten. Ein nicht unwesentliches Werkzeug dieser zur Vernichtung der Juden gehörenden Hetze war der Film ›Jud Süß‹.« Mit diesen Sätzen annullierte am 12. Dezember 1949 der Oberste Gerichtshof der Britischen Zone den Freispruch eines Mannes, den seine Fans im Triumphgeheul auf den Schultern aus dem Gerichtssaal getragen hatten.
Veit Harlan, der von Goebbels instruierte Hersteller des ideologischen Vernichtungswerkzeugs, hatte seinen ›Jud Süß‹ einem 20-Millionen-Publikum gezeigt. Die Wachmannschaften der Vernichtungslager sahen ihn in Sondervorstellungen am Ort. Allen Ländern Europas, die den Deutschen ihre Juden preisgeben sollten, wurde ›Jud Süß‹ vorgeführt. Vom Herbst 1940 an, ein knappes Jahr vor Beginn der ersten Deportationen deutscher Juden in den Osten, sah man in den Filmtheatern Süß Oppenheimer in einem Eisenkäfig verenden. Wimmernd und kreischend am Galgen hochgezogen, erfleht er das Mitleid der stummen Gemeinde: *»Nehmt Euch meine Häuser, nehmt Euch mein Geld, aber laßt mer mein Leben! – Ich bin unschuldig! Ich bin nur e' armer Jud! Laßt mer mein Leben! – Ich will leben, leben will ich, le ...«* Die Erdrosselung beschreibt das Drehbuch wie folgt: *»Der Richter schaut mutigen Blicks nach oben ... Der Trommelwirbel wird immer stärker ... Wir sehen an den Gesichtern, daß sich das Grausame vollzieht ... Eine ungeheure Musik fällt ein, ein Choral beginnt – Das Volk geht auf die Knie.«*
Das Hamburger Schwurgericht vermochte es nicht aufzuklären, ob der bereits im Entnazifizierungsverfahren als Entlasteter verabschiedete Harlan die ›Endlösung‹ gefördert hatte. Ohne ihn wäre sie auch nicht anders verlaufen. Ob seine Tat einen Erfolg hatte oder nicht, sei unmöglich nachzuweisen. Wenn das Lagerpersonal von Sachsenhausen – wie bezeugt – nach der Aufführung von ›Jud Süß‹ 25 Juden mit dem Ochsenziemer mißhandelt hätte, so müsse der Film nicht ursächlich gewesen sein. Mißhandlungen seien im KZ üblich, und nicht nur die von Juden. Auf die Feststellung des Obersten Gerichtshofs der Britischen Zone, der Erfolg Harlans habe darin bestanden, *»das Rechtsgewissen des deutschen Volkes abzulenken und abzustumpfen«*, machte sich das Hamburger Landgericht erneut ans Werk. Im Richterkollegium hatten zwei von dreien, darunter der Vorsitzende, bereits den ersten Freispruch gefällt. Die Chancen für einen zweiten Freispruch standen schlecht. Der Tatvorwurf war durch das Oberste Gericht vorgegeben. Einen eventuellen ›Not-

stand‹ aber hatte die erste Instanz bereits verneint. Harlan, der im Glanz Goebbelsscher Protektion alles mit Freuden getan habe, was man von ihm verlangte, um *»zu weiterem Ansehen und Erfolg zu kommen«*, habe sich schwerlich in Angst für Leib und Leben befunden. Vor die Wahl gestellt, Harlan zu verurteilen oder ihre Rechtsmeinung zu wechseln, billigten die Richter ihm nach nochmaliger Überprüfung den Notstand zu und sprachen ihn frei. Harlan revanchierte sich mit einer neuen Filmidee nach Motiven Theodor Storms: *»Wer von uns ohne Sünde ist ...«*. Die Abstumpfung des Rechtsgewissens ging anderweitig fort.

Ein weiteres Tatwerkzeug der ›Endlösung‹ war ein kristallines Blausäurepräparat, das im Jahre 1922 durch den Chemiker Dr. Heerdt entwickelt und für die Firma Degesch (Deutsche Gesellschaft für Schädlingsbekämpfung) patentiert worden war. Die in einem Trägermaterial (Kieselgur) aufgesogene, in Blechdosen lieferbare Blausäure trug die Handelsbezeichnung Zyklon B und diente der Entlausung. Zur Bekämpfung der Fleckfieber übertragenden Kleiderlaus waren bereits vor Kriegsbeginn Entlausungskammern mit Kreislaufvorrichtungen entwickelt worden. Es handelte sich dabei um 10 Kubikmeter umfassende geschlossene Räume, in denen die vorher dort eingeschlossenen Blausäuredosen von außen geöffnet wurden, so daß die Gaskristallkugeln durch einen elektrisch angewärmten Luftstrom zu rascher Verdunstung gelangten. Die Vernichtung der Kleiderlaus und ihrer Brut erfolgte damit gleichmäßig und gründlich. Zur Warnung ahnungsloser Personen bot die Degesch das Zyklon in einer von dem Pharmakologen Prof. Flury erfundenen Gebrauchsform an. Durch Zusatz von Bromessigsäuremethylester entbanden die Kugeln vor und nach ihrer Verdunstung einen Geruchsreiz, der das Vorhandensein von Gas signalisierte. Von 1942 an wurde das Zyklon B zur Massentötung in Kammern von 2000 Menschen eingesetzt. Seine Giftwirkung beruht darauf, daß die Sauerstoffversorgung der Körperzellen durch die aufgenommene Blausäure unterbrochen und die Atmung zum Stillstand gebracht wird. Der Tod tritt innerhalb von 10 Minuten durch Ersticken ein. Die günstigste Temperatur zur Verdunstung des Zyklons, das durch einen Schacht eingeworfen wurde, entstand durch die Körperwärme der Eingeschlossenen 10 Minuten nach Verriegelung der Kammer. Der Kommandant von Auschwitz, Höss, gab eine Zahl von 2500000 auf diese Weise Getöteten an.

Das Monopol für den Vertrieb des Zyklon B hielt die Degesch in Frankfurt am Main, deren Gesellschafter zu 15% die Theo Goldschmidt AG in Essen, zu 42,5% die Deutsche Gold- und Silber-Scheideanstalt (Degussa) in Frankfurt und zu 42,5% der I. G.-Farben-Konzern in Frankfurt bildeten. Die Produzenten des Gases waren die Firmen ›Dessauer Werke für Zucker-Raffinerie GmbH‹ und ›Kali-Werke AG‹ in Kolin. Den Verkauf wickelten zwei Vertretungsfirmen ab, ›Heerdt und Lingler‹ (Heli) aus Frankfurt und ›Tesch und Stabenow‹ (Testa) Hamburg. Das Gebiet

östlich der Elbe belieferten Tesch und Stabenow. Dr. Bruno Tesch wachte mit Argusaugen über seine Exklusivversorgung des Ostens und verwarnte bei Kriegsausbruch die Degesch: *»Verbitte mir jegliche Einmischung; der Krieg findet in meinem Gebiet statt.«* Als der Krieg vorüber war, wurden Tesch und sein Prokurist Weinbacher von einem englischen Militärgericht wegen Tötung alliierter Staatsangehöriger zum Tode verurteilt und im Frühjahr 1946 gehenkt. Drei Jahre später stand der 48jährige Dr. Gerhart Friedrich Peters, geschäftsführender Direktor der Zyklon-Monopolistin Degesch, vor dem Frankfurter Schwurgericht. Er war beschuldigt, *»durch die Lieferung des Zyklon B zu allen Tötungen, die in den Jahren 1941 bis 1944 im Konzentrationslager Auschwitz erfolgt sind, durch Rat und Tat wissentlich Hilfe geleistet und sich dadurch der Beihilfe zu heimtückisch, grausam und aus Mordlust oder sonstigen niedrigen Beweggründen begangenen vorsätzlichen Tötungen, also sich der Beihilfe zu Morden schuldig gemacht zu haben«*.
Peters hatte der SS 23,2 Tonnen Gas verkauft. Der Lieferzweck war ihm bekannt. *»Von dem Angeklagten Dr. Peters selbst ist bekundet worden«*, stellte das Schwurgericht fest, *»daß 1944 ein SS-Beamter zur Degesch gekommen ist und die sofortige Auslieferung von Zyklon B verlangt hat, weil, wie er dem Angeklagten vertraulich mitgeteilt hat, 250000 Juden im Anmarsch auf Auschwitz seien.«* Es war die ungarische Gemeinde, die das Gas knapp werden ließ. *»Die ganze Luft war verpestet«*, berichtete der Zeuge Dr. M. *»Es ging wochenlang ununterbrochen. Man muß damals ungeheure Mengen Zyklon verbraucht haben.«*
Die rechtliche Einordnung von Auschwitz war zweifelsfrei: *»Gemütskälte, Verrohung, Verschlagenheit in geradezu diabolischen Ausmaßen auf seiten der Henker – Erniedrigung, Qual und Verzweiflung auf seiten der dem Tode schuldlos Verfallenen.«* Damit waren die Tatmerkmale beisammen: *»Hier ist teils heimtückisch, teils grausam verfahren worden. Die vorsätzlichen Tötungen in Auschwitz sind also Morde nach § 211 StGB.«* Wer aber waren die Mörder, die diabolisch verschlagenen Henker?
Peters' Sekretärin schilderte ihren Chef als *»einen Mann, der vom Gefühl durchdrungen war, eine Aufgabe zu erfüllen, der von morgens bis abends ›geschuftet‹ hat!«* Und die Zeugin E., *»die einen Schädlingsbekämpfungsbetrieb hat, sagte aus, Dr. Peters habe in der Vereinigung der Schädlingsbekämpfer sehr viel ehrenamtlich gearbeitet«*, und *»er hat den ganzen Stand auf ein besseres Niveau bringen wollen«*. Der Chemiker Dr. Sch. aus Berlin *»hat Dr. Peters als eine hochbegabte Persönlichkeit in Erinnerung, die sich immer neuere, höhere Aufgaben stellt und zu lösen trachtet«*. Dr. R., ein *»Fachgelehrter in der militärärztlichen Akademie in Berlin«*, hat bekundet, daß es kein Zufall sei, wenn Deutschland von Fleckfieberseuchen verschont geblieben sei. *»Ohne Zyklon B wäre dies nicht möglich gewesen. Dadurch, daß sich Dr. Peters für den Einsatz brauchbarer Mittel in der Entwesung einsetzte, ist Millionen Menschen das Leben gerettet worden.«*

Schließlich fand sich auch noch ein Fürsprecher aus dem Bereich der Tropenmedizin, der Prof. Dr. Rose. Selbst konnte er nicht vor Gericht erscheinen, weil er im Nürnberger Ärzte-Prozeß zu lebenslänglichem Zuchthaus verurteilt worden war. Auch er ein rastloser Bekämpfer des Fleckfiebers, das er in tödlichen Experimentreihen Buchenwalder Häftlingen injizierte. Dem Schwurgericht *»hat er bei seiner eidesstattlichen Vernehmung im Kriegsverbrechergefängnis Landsberg bekundet, Dr. Peters sei stets bereit gewesen, den Schutz der Zivilbevölkerung einschließlich der Fremdarbeiter zum Schutz gegen Seuchen genügend auszugestalten«*. Auch dem Menschen Dr. Peters stellten die Zeugen *»das beste Zeugnis«* aus: *»Ein vorbildliches Verhältnis zu den Eltern, eine tadellose Ehe, eine ethisch hochstehende Lebensauffassung, anständige Gesinnung und Bescheidenheit in der Lebenshaltung.«*
Der Gratulation der Freunde und Kollegen schloß das Gericht sich an und stellte fest, *»daß der Angeklagte Dr. Peters ein allgemein anerkannter und geschätzter Mann gewesen ist, ein Wissenschaftler von Rang, aber kein Stubengelehrter, ein Mann des Wirtschaftslebens, der In- und Ausland kannte, der eine recht bedeutsame und in ihrem Fach absolut führende Handelsgesellschaft sicher, geschickt und erfolgreich leitete, der im Kriege zwei wichtige Ausschüsse hervorragend führte und dort mit hohen und höchsten Stellen zusammenarbeitete, ein Mann von außerordentlicher Schaffenskraft und Schaffensfreude, von großem Fachwissen und Fachkönnen, organisatorisch sehr begabt, von anerkennenswertem Berufsethos, im persönlichen Leben einwandfrei.«* Und damit nicht genug, der Zyklon-König war auch noch einer, der *»mit dem damaligen Regime grundsätzlich einverstanden gewesen ist, seine nationalsozialistischen Ideen sehr ernst nahm und noch bis Ende 1944 gläubiger Nationalsozialist gewesen ist«*.
So erklärte sich auch, daß Peters arglos ein paar Kontoblätter und Rechnungen herumliegen hatte. *»Nach den vorhandenen urkundlichen Unterlagen sind Lieferungen in einer Gesamthöhe von 3790 kg belegt.«* Für 1775 kg Blausäure existierten noch die Quittungen, daß sie wohlbehalten in Auschwitz angelangt waren. Erfahrungsgemäß wurden für die Tötung von 1500 Menschen zwischen fünf und sieben Büchsen benötigt. Es hing ganz vom Wetter ab. *»Bei kaltem und feuchtem Wetter wurden zwei oder drei zusätzliche Büchsen gebraucht.«* Das Gericht nahm den Mittelwert und rechnete: *»Wenn mit 6 kg 1500 Menschen im Durchschnitt getötet worden sind, so hätten die nach Auschwitz gelangten 1775 kg zur Tötung von etwa 450000 Opfern ausgereicht.«*
Mit der Lieferung der ordentlich verbuchten 3790 kg hatte es eine doppelte Bewandtnis. Auf Bestellung der SS lieferte die Degesch eine Spezialanfertigung des Zyklons ohne den Geruchswarnstoff. Der Bote der SS war jener subversive Obersturmführer Kurt Gerstein, der sich in die ›Hygiene-Abteilung‹ als Beauftragter für Blausäure- und Entwesungsfra-

gen eingeschleust hatte. Ein Wahrheitssucher und Rettungsengel, Massentöter und Erbarmer, der sich für diese Doppelexistenz selbst den Tod gab. Gerstein verlangte von Peters im Juni 1943 eine monatliche Lieferung von 400 kg geruchlosen Zyklons. Wie Peters sich zu erinnern meinte, damit *»auf Befehl des Reichsführers SS gewisse Verbrecher, unheilbar Kranke und geistig Minderwertige getötet würden, daß die hierzu verwendeten Verfahren zuerst grausam und quälend gewesen seien, daß man es nun mit Blausäure versucht hätte, um humaner vorzugehen, daß aber hierin noch eine große Grausamkeit liege, weil man nur behelfsmäßig mit dem der SS verfügbaren Zyklon die Tötungen vorgenommen hätte«*. Peters und Gerstein seien beide der Überzeugung gewesen, folgerte das Schwurgericht, daß solches Vorgehen zwar offenbar unvermeidlich und angeordnet, aber abscheulich und grausam sei. Sie hätten daraufhin die Frage diskutiert, *»wie weit wenigstens durch Anwendung geeigneterer Mittel der Tod menschenwürdiger werden könne«*. Um 450000 Menschen das Sterben zu erleichtern, belieferte der Entweser ›von anerkennenswertem Berufsethos‹ von nun an monatlich Auschwitz mit dem kostbaren und schnell verderblichen Mordmittel. Dadurch brach er die Absprachen mit den grausamen Tesch und Stabenow, die mit dem riechenden Zyklon in der handelsüblichen Form Millionen unmenschlicher Tode hervorriefen. Diese Ware, im Jahr 1943 10% des Gesamtumsatzes, durchlief ebenfalls Peters' Kontor. Doch wußte er nicht, was Bruno Tesch damit vorhatte, der seinerseits nichts ahnte von Degeschs Verkäufen unter dem Ladentisch.
Der fieberhafte Vergasungsbetrieb verlangte einen halbstündigen Umschlag in den Kammern. Um die Entlüftungszeiten zu verkürzen und nicht durch eine Panik unter den Opfern Zeit zu verlieren (*»damit die Schweine es nicht riechen«*), benötigte die SS das geruchlose Gas. Es steigerte die Mordrate. Vor Gericht bewirkte es das Gegenteil. *»Das Bemühen Gersteins um eine humanere Tötungsart hat der Angeklagte wohl für völlig aufrichtig gehalten. Von diesem gewann er den Eindruck, daß er mit großer Anteilnahme und Gewissenhaftigkeit sich um eine alle Qualen weitestgehend ausschaltende Vollzugsart bemühe. Unter diesen Umständen glaubt das Gericht nicht feststellen zu können, daß Dr. Peters mit der Möglichkeit gerechnet hat, die Tötungen könnten grausam erfolgen und hervorgegangen sein aus gefühlloser und unbarmherziger Gesinnung ...«*.
Dank seiner humanen Gesinnung wurde der Zyklon-B-König als Totschläger bewertet, dies aber nur zur Hälfte. Auch wenn Peters bis Ende 1944 gläubiger Nazi war, so war er es doch nicht *»in dem Sinne, daß er jedes und alles, was von Hitler ausging, vorbehaltlos annahm und zu seiner eigenen Sache machte«*. Hitlers Vergasungspläne, zu denen Peters das notwendige Gas besaß, machte er ausgerechnet nicht zu seiner Sache. Zu seiner Sache machte er lediglich die 5 RM pro kg Zyklon, mit dem 250 Menschen zu töten waren. Jeder Tod brachte dem Dr. Peters 2 Pfennig brutto. Bei zwei Millionen Toten beträgt der Umsatz 40000 RM, in die

sich allerdings noch Tesch und Stabenow, die Degussa, Theo Goldschmidts AG in Essen, die I. G. Farben in Frankfurt und die Dessauer Zuckerraffinerie teilen mußten. Auschwitz war ein magerer Gewinn. Peters hätte gut und gerne darauf verzichten können, zumal er nach Feststellung des Gerichts *»des Unrechtsgehalts der Aktion sich bewußt war«*. Peters lieferte dennoch fortgesetzt, weil, wie die Richter nachwiesen, idealistische Erwägungen ihn dazu zwangen.
Hielt Dr. Peters auch das Monopol am Zyklon B, so war er dennoch außerstande, der SS die Versorgung mit den tödlichen Büchsen abzuschneiden. Denn die SS bezog die meisten Büchsen zum Zweck der ›Sachentlausung‹ über den Hauptsanitätspark. Infolgedessen stand ihr ein Mißbrauch ohnehin zu Gebot. Ein Boykott des Hauptsanitätsparks aber war *»bei der ungeheuren Bedeutung des Zyklons zur Fleckfieberabwehr«* ausgeschlossen. Die Tötung der Kleiderlaus war *»im Interesse nicht nur Deutschlands, sondern der weiten von Deutschland besetzten Gebiete Europas eine der vordringlichsten Aufgaben«*. Die Tötung der Kleiderlaus jedoch war Gerhart Peters' Lebensaufgabe, die er *»in einer Weise durchführte, wie ein anderer sie wohl kaum erledigen würde. Der Angeklagte vereinte in sich ja auch alle Voraussetzungen, um dieser bedeutsamen Aufgabe vollauf gewachsen zu sein: Völlige Beherrschung der Materie, außerordentliche praktische Erfahrung, organisatorische Fähigkeiten, unermüdlicher Fleiß, größtes Interesse, und nicht zuletzt die Bereitschaft, sich mutig für seine Erkenntnisse einzusetzen. Es kann nicht bezweifelt werden, daß der Angeklagte davor zurückgeschreckt ist, diesen wichtigen Posten in andere Hände gelangen zu lassen, und daß der Gedanke ihm sehr schwer war, sich eventuell von dieser Lebensarbeit trennen zu müssen.«* Darum mußten die Insassen von Auschwitz ihr Leben lassen, um die Vernichtung der Kleiderlaus nicht zu gefährden. Eine *»Konfliktlage außergewöhnlicher Art und vom Angeklagten selbst völlig unverschuldet«*, die das Gericht zwar einzusehen, nicht aber zu billigen vermochte. Es gewährte dem Angeklagten *»mildernde Umstände«*, jedoch mit der Einschränkung: *»Die Tat als solche ist von einer derartigen Schwere und in ihren Folgen von so ungeheurer Wirkung, daß alle Milderungsgründe zurückstehen müssen.«* In Würdigung des Milderungsumstands, daß durch den Vater des Zyklon B *»der Großkampf gegen die ungeheure Bedrohung weitester Teile Europas durch die Gefahr des Fleckfiebers erfolgreich bestanden wurde«*, überschritt das Gericht die Mindeststrafe von einem Jahr und drei Monaten Zuchthaus für die ›Beihilfe‹ des Angeklagten zum Totschlag erheblich und *»hat fünf Jahre Zuchthaus als die nach seiner Überzeugung notwendige, ausreichende und gerechte Strafe anerkannt«*. Die bürgerlichen Ehrenrechte wurden auf drei Jahre entzogen.
Die hohe, dem Zyklon-Monopolisten gezollte Anerkennung vor Gericht ließ ihn eine Strafe als ganz unangebracht empfinden. Peters beschäftigte bis zum Jahre 1955 noch sieben weitere Gerichte. Die acht Zyklon-B-

Prozesse sind ein Stück Rechtsprechung, das, wenn es ein Urteil der Geschichte gibt, die Zeitgenossen zeichnen wird.
Das Urteil des Frankfurter Schwurgerichts vom 28. März 1949 wurde am 19. Oktober 1949 vom Oberlandesgericht Frankfurt abgeändert in die ›Beihilfe zum Mord‹. Dr. Peters habe die Beweggründe des Massenmords gekannt, deshalb *»ist es unerheblich, ob er ihn als niedrig bewertet oder aufgrund seiner angeblich ›idealen‹ Vorstellungen vom Nationalsozialismus für nicht mißbilligenswert gehalten hat, indem er an eine staatliche Notwendigkeit der Tötung gewisser Menschen glaubte«.*
In der 1949 gültigen Definition der Beihilfe zum Mord war das entscheidende Merkmal des Gehilfen, daß er die Tatumstände der Haupttat kannte. Ausreichend war, wenn er von der Grausamkeit, Niedrigkeit und Heimtücke wußte. Er brauchte persönlich nicht grausam, niedrig, heimtückisch zu sein. (Ein Unterschied, der für die spätere Verfolgung hoch bedeutsam werden sollte.) Die Mordgehilfenschaft des Peters begründete das erste Revisionsgericht mit der unstrittigen Tatsache, daß Peters *»sich jahrzehntelang mit Zyklon B, seiner Anwendungsweise und Wirksamkeit befaßt hatte. Er war Fachmann auf diesem Gebiet. Er wußte, daß Blausäure geruchlos war und, ohne vom Opfer bemerkt zu werden, wirken konnte. Zum Schutze vor dieser gefährlichen Wirkungsweise wurde deshalb der Warnstoff hinzugesetzt. Der Angeklagte hat nun aber Zyklon B ohne Reizstoff geliefert, damit die Opfer das Vorhaben ihrer Tötung nicht merken sollten. Der Angeklagte wußte auch, daß gleichzeitig eine größere Anzahl von Personen mit diesem geruchlosen Giftgas getötet werden sollte. Sie mußten daher, damit die Tötung reibungslos vor sich gehen konnte, über das Vorhaben ihrer Beseitigung bis zum Schluß im unklaren gehalten, also getäuscht und dann durch Zyklon B heimlich und tückisch getötet werden.«*
Zur Änderung des Strafausspruches gab das Oberlandesgericht den Fall an das Landgericht zurück, das am 29. April 1950 ein neues Urteil fällte. Es war dasselbe wie sein vorheriges wegen Beihilfe zum Totschlag: fünf Jahre Zuchthaus. Die Kammer bestätigte, daß Peters *»ein Mann mit bedeutsamen Verdiensten für die Allgemeinheit ist«*. Sein Handeln erschiene *»in einem weit milderen Lichte«*, wenn man bedächte, daß sein Zyklon ihm mit der Begründung abverlangt worden sei, daß die Tötungen dadurch *»wenigstens humaner gestaltet würden«*, was der Angeklagte *»möglicherweise geglaubt hat«*.
Die Staatsanwaltschaft legte Revision beim Frankfurter Oberlandesgericht ein, das am 20. September 1950 bemerkte, mit 450000 Opfern *»liegt doch die Zahl der Gemordeten ungewöhnlich hoch«*. Das Urteil hätte erkennen lassen müssen, *»daß das Schwurgericht sich darüber im klaren war und warum es trotz der ungewöhnlich hohen Vielzahl der Einzelfälle gleichwohl eine an der Untergrenze des Strafrahmens liegende Gesamtstrafe für ausreichend gehalten hat«*. Die Erwägungen zur Strafzumessung

seien *»lückenhaft«*. Damit wanderte der Fall zum Landgericht Wiesbaden. Dort wurde am 23. November 1951 entschieden, daß die im ursprünglichen Frankfurter Urteil getroffenen Feststellungen über das Innenleben des Täters so widersprüchlich seien, daß sie gar keine Grundlage für einen Strafausspruch bilden könnten. Die Behauptungen des Peters seien damit nicht widerlegt. *»Es muß daher nach dem Grundsatz ›in dubio pro reo‹ (im Zweifel für den Angeklagten) von seiner Einlassung ausgegangen werden, da eine gegenteilige Gestaltung der inneren Vorgänge des Angeklagten nicht nachgewiesen ist.«* Auf Basis seiner eigenen Erzählungen wurde Peters in Wiesbaden mit vier Jahren und sechs Monaten bestraft.

Der Bundesgerichtshof hob diesen Strafausspruch am 23. November 1951 wiederum auf mit der Belehrung, es sei gar nicht die Aufgabe der Wiesbadener gewesen, die Frankfurter Feststellungen über Peters' Psychologie nochmals zu prüfen, sondern auf Grundlage der schon getroffenen Feststellungen ein richtiges Strafmaß zu finden. Der Fall kehrte zurück nach Wiesbaden. Dort begründete das Schwurgericht am 10. August 1953, warum es mit seiner nunmehrigen Strafe von sechs Jahren *»gleichwohl in der unteren Hälfte des ihm zur Verfügung stehenden Strafrahmens geblieben ist«*. Das Verbrechen weiche so vom Normalen ab, daß auch außernormale Maßstäbe vonnöten seien. *»Der Angeklagte hat, wie ein großer Teil des deutschen Volkes zur damaligen Zeit, unter einem für ihn zum Verhängnis gewordenen Einfluß der Staatsführung gestanden, der er, bei der blinden Verehrung des damaligen Staatsoberhauptes, die erforderliche Kritik entgegenzusetzen nicht die Kraft hatte.«* Die Tat sei ihm *»an sich persönlichkeitsfremd«*. Mildernd komme in Betracht, daß der Zyklon-Mann *»das Lebenswerk, dem er seit den Tagen seines Studiums in sachlicher Leidenschaft gedient hat, in sich zusammenbrechen sehen mußte«*. Ferner sei seine Persönlichkeit von der Art, daß *»eine Gesamtstrafe in der unteren Hälfte des verfügbaren Strafrahmens bereits einen Eindruck hinterläßt, wie er bei anderen erst durch eine längere Strafe erreicht werden könnte«*.

In den zwei kommenden Jahren betrieb Peters mit Energie ein Wiederaufnahmeverfahren. Als es am 2. Mai 1955 vor dem Frankfurter Landgericht eröffnet wurde, ließ man die widerwärtige Theorie von der Vergasung aus Humanität fallen. Die innere Tatseite spielte gar keine Rolle mehr. Peters *»machte eben mit«* und hatte über den Rest der Gastötung *»keine Vorstellungen und Gedanken«*. Gewichen waren auch die Hymnen auf den Retter Europas vor der Kleiderlaus. Das Gericht verfolgte eine ganz neue, verblüffend einfache Idee. Was war in Auschwitz mit Peters' Zyklon-B-Dosen geschehen?

Die ersten sieben Gerichte waren mit Selbstverständlichkeit davon ausgegangen, daß die im Lager quittierten Lieferungen zur Tötung benutzt worden waren. Die Desinfektion erfolgte mit anderen Mitteln und Zy-

klon B war rar. Das 1955er Gericht begnügte sich jedoch nicht mit allgemeinen Schlußfolgerungen, sondern wollte *»die Wege, die das Gift genommen hat, verfolgen«*. Nach Möglichkeit bis in den Schornsteinschacht der Gaskammer. Doch *»aus den Wahrnehmungen, die Zeugen bei den Vergasungen selbst gemacht haben, läßt sich kein Schluß auf die Verwendung gerade des von dem Angeklagten gelieferten Zyklons ziehen«*. Keiner der Zeugen hat *»in Auschwitz 500-g-Dosen gesehen, in denen das von dem Angeklagten gelieferte Zyklon gemäß dem Wunsch Gersteins verpackt war. Die Zeugen sprechen von allen möglichen Größen, von 1000-g-Dosen, von 1500-g-Dosen, von 200-g-Dosen und 100-g-Dosen. Andererseits sind die 500-g-Dosen nach Auschwitz gekommen ...«* Aus der Tatsache, daß die fraglichen Lieferungen geruchfreie Ware enthielten, ließen sich ebenfalls keine klaren Schlüsse ziehen. Die Geruchsstoffe wurden während des Krieges auch in der handelsüblichen Ausführung verringert. Außerdem sagte ein Arzt aus, *»bei den Vergasungen, die er beobachtete, seien auch andere Gerüche, z. B. von Exkrementen, sehr stark gewesen«*.
Niemand konnte dem Gericht sagen, ob er Auge in Auge mit dem Massentod im Gas zufällig die 500-g-Dosen des Angeklagten stehen gesehen hatte. Selbst die Vernehmung der Toten hätte dem Gericht keine Klarheit verschafft. Andererseits stand fest, daß Gerstein sich im Widerstand befand. Nach eigenen Angaben hatte er gewisse Mengen Zyklon B unbrauchbar gemacht. Womöglich befanden sich Peters' spurlos verschwundene 500-g-Dosen darunter. Unter diesen Umständen *»kann aber nicht bewiesen werden, daß mit dem von dem Angeklagten gelieferten Zyklon jemand getötet worden ist«*.
Die rechtliche Würdigung der komplizierten Situation gelang dem Gericht revisionssicher. Von den 19,5 über Tesch und Stabenow zu Tötungszwecken gelieferten Tonnen Zyklon-B hatte der Angeklagte nichts gewußt. Die 3,7 wissentlich von ihm selbst spedierten Tonnen waren möglicherweise nicht zum Töten benutzt worden. Daraus folgte, *»daß der Angeklagte nicht wegen Beihilfe zur Tötung verurteilt werden konnte. Da das Verbrechen der Tötung, zu dessen Begehung der Angeklagte Beihilfe geleistet hat, nicht zur Ausführung gelangt ist, erfüllt sein Handeln den Tatbestand der sog. erfolglosen Beihilfe.«*
Die ›erfolglose Beihilfe‹ war zur Tatzeit *»aufgrund der durch Verordnung vom 29. Mai 1943 erfolgten Neufassung des § 49a StGB unter Strafe gestellt worden«*. Zur Verfolgungszeit, 1955, war allerdings der Tatbestand der ›erfolglosen Beihilfe‹ seit zwei Jahren gestrichen. Weiterhin war der § 2a StGB geändert worden, der zuvor besagt hatte, daß der Täter nach der jeweils mildesten der zwischen Tat und Urteil liegenden Gesetzesfassungen bestraft werden kann. Kann, aber nicht muß. Durch das Dritte Strafrechtsänderungsgesetz von 1953 war das ›Kann‹ ersetzt worden durch ein ›Muß‹. Peters m u ß t e deshalb nach der mildesten Strafbestimmung für die ›erfolglose Beihilfe‹ bestraft werden. Die mildeste Strafbestimmung

für die erfolglose Beihilfe war die gestrichene. *»Deshalb ist die erfolglose Beihilfe nicht mehr zu bestrafen, obwohl sie an sich auch ein Verbrechen ist.«* Da der Angeklagte freigesprochen werden mußte, waren die Kosten des Verfahrens gemäß § 467 StPO der Staatskasse aufzuerlegen.

Die Untergetauchten

Am 31. Dezember 1949 erließ der neue Deutsche Bundestag eines seiner ersten Gesetze, das zur Gewährung von Straffreiheit, die einzige jemals politisch verkündete Amnestie. Sie verschonte NS-Taten, deren Mindeststrafe sechs Monate Gefängnis nicht überschritt. Dazu zählten Verbrechen gegen die Menschlichkeit nach Kontrollratsgesetz Nr. 10, Freiheitsberaubung, Körperverletzung (auch mit Todesfolge), wie sie massenhaft im Zuge der Reichskristallnacht verübt worden war, es sei denn, der Täter hätte *»aus Grausamkeit, ehrloser Gesinnung oder aus Gewinnsucht gehandelt«*. Doch wer als Gefolgsmann des Führers mit angefaßt hatte, war sich in der Regel keiner ehrlosen Gesinnung bewußt. Die Mißhandlung der SA- und Gestapogefangenen war ein für allemal vergeben, darunter die Tortur der Widerstandskämpfer seitens der ›Sonderkommission 20. Juli‹ im Reichssicherheitshauptamt. Amnestiert waren ferner die Denunzianten und Amokschützen, denen die Gerichte mittlerweile gern die ›minder schwere Form des Totschlags‹ zuordneten. Totschläge waren von der Amnestie berührt, wenn mildernde Umstände vorlagen. Bei der Neufassung des Straffreiheitsgesetzes im Jahre 1954 zählte der Bundestag dazu die *»Annahme einer Amts-, Dienst- oder Rechtspflicht, insbesondere auf Grund eines Befehls«*. Es sei denn, es war *»dem Täter nach seiner Stellung oder Einsichtsfähigkeit zuzumuten, die Straftat zu unterlassen«*. Hauptmann Schady und die 10 Unteroffiziere, die am 20. Juli nachts im Hof der Bendlerkaserne Stauffenberg und die Seinen hinrichteten, besaßen weder die Stellung noch die Einsichtsfähigkeit, die Liquidierung der Patrioten zu unterlassen. Vielmehr besteht bis heute die Überzeugung, daß es sich um gar keine Straftat handelt. Niemand suchte in solchen Personen Täter.

Das Straffreiheitsgesetz löschte vor allem den als Totschlag eingestuften Terror der Zusammenbruchsphase vom Herbst 1944 bis zum Frühjahr 1945 aus. Szenen, die im Gedächtnis der lokalen Gemeinschaften als einigermaßen frischer Eindruck hafteten und noch am ehesten die Erfahrung des Verbrecherstaats festhielten. Strafanzeigen gegen die ortsansässigen Denunzianten, Schinder und Schlagetots setzten den Justizapparat erst in Gang. Die zaghafte Abrechnung der Opfer und Hinterbliebenen mit den Peinigern brachten die Straffreiheitsklauseln zum Stehen. Die Anzeigenstellerei, das Prozessieren am Ort, Nachbar gegen Nachbar, Zeuge gegen Zeuge, war anders als durch legalen Schlußstrich nicht in den Griff zu

nehmen. Der Zwietracht um alter Sünden willen mochte der Gesetzgeber die Justiz nicht zur Verfügung stellen.
Die verflossene Raserei der geschlagenen Nationalsozialisten drückte doch nur den Verfall der staatlichen Ordnungsgarantie aus. Nicht die Täter hatten gefehlt, sondern das aus den Fugen geratene Normensystem. Es hatte die Landesbewohner im Stich gelassen, Täter und Opfer gleichermaßen. Wozu sie jetzt gegeneinander ausspielen? Der funktionierende Rechtsstaat machte diese Fehden überflüssig. Soeben konstituiert, widmete er sich seinem Hauptanliegen, der Versöhnung.
Unter der verlautbarten Amnestie lag eine diskrete Amnestie. Paragraph 10 des Gesetzes annullierte *»Straftaten zur Verschleierung des Personalstandes aus politischen Gründen«*. Durch Deutschland geisterte ein Zug von ca. 100000 Personen mit falschen Personalien. Die ›Untergetauchten‹. Zu ihnen zählten Entnazifizierungsbetroffene, die in Verkennung der Lage Angaben gefälscht oder die Flucht ergriffen hatten. Darüber hinaus waren zahllose SS- und Gestapo-Angehörige mit neuen Papieren ausgerüstet worden und führten eine Doppelexistenz. Auf dem schwarzen Markt hatten sie sich erfolgreich behaupten können. Mit dem Anbruch der Prosperität erwies sich der Identitätsverlust als viel bedrückender denn in den Wirren des Zusammenbruchs und der Besatzungszeit. Die Betreffenden hatten ihre Frauen ein zweites Mal geehelicht, konnten aber nicht als natürliche Väter ihrer zuvor geborenen Prachtkinder gelten. Versorgungsansprüche, Laufbahnen und akademische Grade waren dahin. Verwandtschafts-, Freundschafts- und Nachbarschaftsbande mußten zerschnitten werden, um einer Entdeckung vorzubeugen. In die Aufbau- und Blütephase der Bundesrepublik wollte die in den Untergrund verschlagene Kleinbürgertruppe nicht passen. Auf das Straffreiheitsgesetz hin konnte ein höherer SS-Offizier kerzengerade auf das nächste Polizeirevier gehen, sich anmelden, ordentlich entnazifizieren lassen und eine standesgemäße Existenz aufbauen. Keine Stelle hatte ein Interesse daran, in seinen Erlebnissen auf der Krim herumzuwühlen. Kein Staatsanwalt leitete ein Ermittlungsverfahren gegen einen Mann ein, von dem nichts bekannt war als sein Rang in der Waffen-SS oder der Adolf-Hitler-Leibstandarte. Die Verschwundenen konnten sich wieder eingliedern, ohne daß ein Verdacht auf sie gefallen wäre.
Getreu dem Legalitätsprinzip verfolgte die Justiz nun alles, was sie zuvor übersehen hatte. Vorausgesetzt sie kannte den Täter. Eine Fahndung existierte nicht. In den Genuß der Fahndungsamnestie gelangten auch nicht untergetauchte Täter, die sich winzig genug dünkten, daß sich niemand um sie scheren würde. Vom Stammpersonal des KZ Buchenwald war weniger als ein Drittel gefaßt worden. Die Mannschaften gingen unbehelligt ihrer Wege, wie der 1959 in Düsseldorf verhaftete Koch, der seine Lagerfotos ins Album geklebt hatte mit der Überschrift: *»Die schönsten Jahre meines Lebens.«* Wer Pech hatte, lief einem Häftling über den Weg, wie es

der Berliner Verkäuferin Wally Kilkowsky widerfuhr, die 1952 am Bahnhof Zoo von einer Insassin des Frauen-KZ Ravensbrück entdeckt wurde. Doch nicht nur die kleinen Banditen, auch Haupttäter wie der Gauleiter von Ostpreußen und Reichskommissar der Ukraine, Erich Koch, zogen sich erfolgreich ins Privatleben zurück. Koch, der als Geflügelzüchter in Schleswig-Holstein lebte, mochte nicht im Untergrund vegetieren. Er besuchte gelegentlich Flüchtlingsversammlungen und wurde dort auch prompt erkannt. Nicht deutsche Sicherheitsorgane, sondern ein ehemaliger Wehrmachtsangehöriger identifizierte ihn. 1950 wurde er von britischen Stellen an Polen ausgeliefert.
Den Staatsanwaltschaften waren durch reine Zuständigkeitsregelungen die Hände gebunden. Zuständig für die Aufklärung eines Verbrechens ist der Staatsanwalt am Schauplatz der Tat oder am Wohnsitz des Täters. In Auschwitz und Litauen war keine deutsche Staatsanwaltschaft tätig. Die am Wohnsitz eines Täters befindliche Behörde aber hätte wissen müssen, wie er heißt. Die unauffällige Befolgung dieser schlichten Regel sicherte denen, die nach richterlichem Verständnis am meisten einem Mörder glichen, den Tätern mit der blutigen Hand, Verfolgungsfreiheit zu. Während Peters in Frankfurt zur beliebigen Verwendung Zyklon-B-Dosen nach Auschwitz schickte, war der dortige Empfänger und Benutzer der Dose unbekannt verzogen. Die gemeinhin mit Fahndungs- und Beobachtungsaufgaben betrauten Kriminalämter und Nachrichtendienste stellten sich dumm. Sie hatten schon deshalb kein Fahndungsinteresse, weil sie in ihren eigenen Büros damit hätten beginnen müssen. Rund 4000 tüchtige SS- und SD-Beamte fanden Wiederverwendung in ihrem alten Beruf.
Bis auf ihre Kameradschaftlichkeit gegenüber Komplizen aus der Kampfzeit waren die Leute glänzend angepaßt. Das bange Zählen in die Verwaltungen zurückgekehrter Nazis bezeichnete ein so integerer Kenner wie der in die USA emigrierte preußische SPD-Staatssekretär Arnold Brecht als völlig fruchtlos. Sie würden den Apparat nicht von innen aushöhlen und die Macht ergreifen. Sie würden sich assimilieren. Die Selbst-Entnazifizierung dieses Personals ist um so eindrucksvoller, wenn man sie mit den Abenteuern ihrer nach Lateinamerika oder Ägypten geflüchteten Kollegen vergleicht.
Von 1944 an hatten die NS-Eliten Fluchtwege angelegt, ihr Kapital flüchtete ihnen voraus. In Spanien, Portugal, Argentinien und der Schweiz lagerten Gelder, taten sich Firmen auf; das Leben nach dem Dritten Reich faßten seine Unterführer genau so an wie das Fußvolk – als Versorgungsproblem. Außerdem fanden sie ihren Halt ebenfalls in der Kirche. Die Drehscheibe der Flucht waren oft italienische Klöster, die den von Schleppern dirigierten Asylanten keine überflüssigen Fragen stellten, sie weiterleiteten an katholische Ziele in Lateinamerika oder Unterschlupf gewährten, bis die Spuren gelöscht waren.
Das Nazi-Exil zählte, kaum angesiedelt, zur besitzenden Klasse, war poli-

tisch wohlgelitten, und besondere Persönlichkeiten wie der Auschwitz-Arzt Josef Mengele vermochten es bis zur Freundschaft Präsident Perons zu bringen. Mengele, der aus Auschwitz schnurstracks in die Vaterstadt Günzburg an der Donau heimgekehrt war, fand dort noch fünf Jahre Zeit, seine häuslichen Angelegenheiten zu regeln, insbesondere die Salvierung des größten Arbeitgebers am Platz, der Landmaschinenfabrik Carl Mengele und Söhne. Seine sechsstelligen Mordbeteiligungen waren nicht ganz unbekannt geblieben, beunruhigten die Günzburger aber auch nicht mehr als die amerikanische Zonenverwaltung, die ihn unbehelligt ließ.
Das bevorzugte und natürliche Exil der Nationalsozialisten wurde der arabische Raum, insbesondere Syrien und Ägypten. Freundschaftlicher Kontakt bestand seit den Kriegstagen, als Haj Amin el Husseini, der palästinensische Mufti von Jerusalem, auf Kosten der Reichsregierung im Berliner Hotel Adlon residierte. Als Gegenleistung protestierte er schärfstens gegen jede jüdische Emigration nach Palästina und stellte für Sabotageunternehmen am Ort Terrorkommandos zusammen. Deutschlands Niederlage vertrieb den Mufti nach Ägypten. Eine politische Aufgabe war dem Palästinenser dort nicht bestimmt, indessen berichtete er enthusiastisch von der Endlösung der Judenfrage.
König Faruk von Ägypten hatte die Deutschen bereits als Mechaniker schätzen gelernt, die seine knallroten amerikanischen Limousinen frisieren konnten. Die Mechaniker waren Afrika-Korps-Soldaten, die zu Tausenden in englischen Kriegsgefangenenlagern im Wüstensand festsaßen. Als Faruk erfuhr, daß es noch tüchtigere deutsche Soldaten gebe, aus Spezialverbänden, genannt SS und Gestapo, die sich gegen die verhaßten Engländer hervorragend geschlagen hätten, war er hell begeistert. Von daher datierte das Prestige des Deutschen Blocks Ägypten, der Faruks Sturz mühelos überstand. Der spätere Rais (Führer) Gamal Abdel Nasser hatte ebenfalls persönliche Sympathien für Deutschland, seitdem sein Bruder Nassiri 1939 die um einige anti-arabische Passagen leicht gekürzte Version eines deutschen Erfolgsbuches in Ägypten vertrieben hatte. Unter den nationalistischen Studenten von Kairo und Alexandrien kam das Buch gut an, zumal sein Autor auf dem Titel als der *»stärkste Mann Europas«* apostrophiert war; es hieß ›Mein Kampf‹. Rais Nasser war mit dem Deutschen Block Ägypten ideologisch wohlvertraut, um so mehr, als die Asylanten an der Zerschlagung Israels teilnehmen wollten.
So kam es, daß der ehemalige Düsseldorfer Gestapochef Joachim Däumling den Geheimdienst am Nil nach dem Prinzip des Reichssicherheitshauptamtes aufbaute. Der frühere Gestapochef in Warschau organisierte die Sicherheitspolizei, und sechzig deutsche Militärexperten, meist aus den Reihen der Waffen-SS, trainierten ägyptische Truppen. Den Militärs folgten die Wirtschaftskundigen, und selbst ein Ideologe wie der Leiter der antisemitischen Propaganda im Goebbelsschen Ministerium, Johannes von Leers, konnte auf Empfehlung des Muftis in Kairo das gleiche

Amt übernehmen. Allerdings zum Moslem bekehrt und unter dem Vornamen Sidi Mohammed Ali. Kurz vor Antritt einer siebenjährigen Gefängnisstrafe in der Bundesrepublik wählte der Buchenwalder KZ-Arzt Dr. Hanns Eisele eine Anstellung im ägyptischen Armee-Hospital; später wurde seine Beförderung zum Stabsarzt im Raketenzentrum von Heluan gemeldet, wo es mindestens zweihundert deutsche und österreichische Techniker zu versorgen gab. Die Wertarbeit umgesiedelter Nazis, aber auch beschäftigungssuchender Wehrmachtsoffiziere wie Artilleriegeneral Wilhelm Fahrmbacher und Panzergeneral Oskar Munzel, oder von Fachökonomen aus dem Göringschen Vierjahresplan und der Deutschen Arbeitsfront weckte in Israel, Amerika und der Bundesrepublik Sorgen, obwohl weitaus mehr Ehemalige daheim wirkten. Syrien profitierte ebenfalls von politischen Flüchtlingen wie den Deportationsspezialisten Alois Brunner und Franz Rademacher, Legationsrat im Reichsaußenministerium, nun syrischer Abwehrmann.

Obwohl die Kontinuität zur hergebrachten Weltanschauung bei denen, die politische Polizeien aufbauten, Straflager einrichteten und Raketen gegen den Zionismus konstruierten, enger gewahrt scheint als bei den Daheimgebliebenen, taten die zu Ägyptern Gewordenen genau dasselbe. Sie paßten sich an. Die reichsdeutschen Entwicklungsdienste in Ägypten und Syrien radikalisierten den Staat ebensowenig wie die Alt-Nazis die Bundesrepublik. Wo immer die eingefleischten Nationalsozialisten auch auftauchten, ob im Argentinien Perons, im Rußland Stalins, im Ägypten Nassers oder in Adenauers Deutschland, integrierten sie sich fugenlos.

Neben dem Kampf gegen die jüdische Überfremdung in Nahost bot sich einer Anzahl einschlägig Vorgebildeter auch die Gelegenheit, an den antibolschewistischen Feldzug anzuknüpfen. Ihre intime Kenntnis des Bolschewismus versuchten sie deswegen schon in der Internierung vorteilhaft einzusetzen. Simon Wiesenthal, der zu jener Zeit unter den anderwärts internierten 100000 KZ-Überlebenden taugliche Belastungszeugnisse sammelte, bemerkte *»auch die geschickte Art, mit der die NS-Internierten auf die Amerikaner einzuwirken begannen. Selbsternannte ›Sowjetexperten‹ verwickelten die amerikanischen Ermittlungsbeamten in politische Diskussionen. Nicht wenige dieser ›Fachleute‹ wurden aufgefordert, Berichte für die verschiedenen miteinander konkurrierenden Nachrichtendienste zu schreiben.«* Geschmeidige Übeltäter zweiter Ordnung wie der Gestapochef von Lyon, Klaus Barbie, wußten sich mit interessanten Kenntnissen über Uranbergbau in der sowjetischen Zone selbst in den CIC einzukaufen. Dort hinzuerworbenes Wissen immunisierte für die weitere Zukunft. Der lästig gewordene Barbie erhielt für die erwartete Diskretion neue Personalien und ein Einreisevisum nach Bolivien spendiert.

Einen besonders attraktiven Köder hielt der 43jährige Generalleutnant verwahrt, der in seinem Alpenversteck dem Suchtrupp des US Counter Intelligence Corps in Haltung entgegentrat: *»Ich befehlige die Abteilung*

›Fremde Heere Ost‹ im OKH. Intelligence Dienst, Sie verstehen ... genau wie Sie!« Ohne weitere Scheu übergab der Gefangene sein Soldbuch aus, das ihn als eben jenen Spionagechef der Ostfront Reinhard Gehlen auswies.
In seiner Vernehmung gestand Gehlen, das Archiv seiner Dienststelle im Heereshauptquartier Zossen bei Herannahen des Feindes vernichtet zu haben. Es existierten aber wasserdichte Kanister mit einigen Tausend Metern Mikrofilm, die das Wissenswerteste enthielten, darunter die erbeuteten sowjetischen Dokumente mit den exakten Angaben über die Stärke der Roten Armee. Die Kanister mit dem in dreifacher Ausführung kopierten Material befänden sich an sicherem Ort, desgleichen die Teams erfahrener Spezialisten, die über die Fähigkeit der Auswertung verfügten, die verschlüsselte russische Meldungen zu dechiffrieren wüßten, Kontakte zu Agenten im gegnerischen Lager besäßen, mit Operationen psychologischer Kriegführung vertraut seien und etwas vom Verhören russischer Kriegsgefangener verstünden.
Wie elektrisiert veranlaßten die Amerikaner den General, seine Mitarbeiter und die Unterlagen herbeizuschaffen. Beide schienen von beeindruckender Qualität. Die USA, ernster Konflikte mit ihren östlichen Verbündeten gewärtig, besaßen auf dessen Territorium keinerlei nachrichtendienstliche Quellen. Gehlen, der wie so vieles auch davon wußte, zeigte sich mit profundem Rat und Analysen gefällig. Das Pentagon wollte den interessanten Mann besichtigen und erfuhr, daß ›Fremde Heere Ost‹ ein Sammelbecken von Antifaschisten gewesen sei. Unter diesen Umständen stand einem Handel nichts mehr im Wege. Mit einem Budget von sechs Millionen Dollar installierte Gehlen seine bewährte Organisation auf einem stacheldrahtumzäunten Niemandsland der früheren Rudolf-Heß-Siedlung in München-Pullach. Auch wenn Gelände und Oberbefehl amerikanischer Kontrolle unterstanden, arbeitete die Organisation Gehlen exterritorial. Der Kundschafter verträgt keine Nachstellungen. Die sich erneut zusammenfindenden SS-, SD- und Generalstabsexperten befanden sich gewissermaßen im inneren Exil.
Das galt für alle in Sicherheitsorgane eingetauchten Ehemaligen. Der Gesuchte ist im Suchdienst schlechthin unauffindbar. Abgesehen von ihrer Amnestierung war die Unterbringung belasteter Personen im Staatsschutz nicht von Nachteil. Die unzähligen Einsatzgruppenmitglieder, die aus der Polizei hervor- und wieder in sie eingingen, verdarben nicht deren Charakter. Sie schützten aus begründetem Wohlwollen diesen toleranten Staat, und als die Bundesregierung die Organisation Gehlen im Mai 1955 als ihren Nachrichtendienst übernahm, operierte eine komplette Abteilung des ehemaligen Oberkommandos des Heeres als Organ des Bundeskanzleramts. Der Osten wurde ausspioniert nach den Regeln der Spionage, die sich nicht dadurch ändert, daß sie nicht mehr im Sold des Vernichtungskriegs, sondern des christlichen Abendlands steht.

Die Haupttäter Hitler, Himmler, Heydrich

Im Jahr 1952 kam es zu 191 Urteilen gegen NS-Täter, im Jahre 1953 zu 123, 1954 zu 44 und 1955 zu 21 Urteilen. Die Anstöße gaben in der Regel Anzeigen aus der Bevölkerung oder Revisionsverhandlungen auf Antrag von Tätern selbst, die sich ungerecht behandelt fühlten. Da die Täter in der Zwischenzeit ein anständiges Leben geführt hatten, keine Deportationen und Vergasungen mehr durchführten, so daß keine Wiederholungsgefahr bestand, schienen die Taten buchstäblich nicht mehr von dieser Welt. Die Urteile lesen sich wie Referenzen enger Geschäftspartner. Die Euthanasie-Ärzte waren endgültig als Retter ihrer Kranken anerkannt. *»Es steht fest, daß er die zwangsläufig notwendige Verstrickung in die Tötungsmaßnahmen nur notgedrungen ohne ihre Billigung in Kauf nahm, weil eben für ihn nur auf diesem Wege ein Widerstand und eine Rettung von Kranken möglich war«*, heißt es über den Professor der Psychiatrie, Creutz, der 946 Kranke aus dem Rheinland nach Hadamar und 30 Kinder nach Waldniel ausgeliefert hatte. Ohne die Geschicklichkeit des Angeklagten, der *»den Weg des Widerstands im Geheimen bis an die äußerste Grenze gegangen«* sei, wären nach einer Überschlagsrechnung des Landgerichts Düsseldorf 5000 Kranke getötet worden.
Der Oberste Gerichtshof der Britischen Zone versuchte, diese Theorie der bedingten Massenmorderlaubnis einzudämmen und sagte: *»Die Versuche, zwei Gruppen von Kranken einander gegenüberzustellen, müssen scheitern. Es geht nicht an, zwei solche Gruppen zu bilden, nämlich die Geretteten und die Unrettbaren und daher Getöteten.«* Außerdem bestünde die Rechtspflicht jedes Staatsbürgers nicht darin, Kranke zu retten, sondern *»sich von der Beteiligung an Straftaten fernzuhalten«*. Mit dieser Erklärung wollte der Oberste Gerichtshof der Britischen Zone den Angeklagten schuldig sprechen, aber von Strafe verschonen. Über seine Zwangslage zu rechten sei nicht Sache der Strafjustiz. Die Düsseldorfer legten es indessen darauf an, *»die zwangsläufige Notwendigkeit eines Mitmachens zum Schein«* ins Heldenhafte zu übertragen. Für das Schwurgericht sei der Professor *»mit einem großen Erfolg für die Geisteskranken der Rheinprovinz und der dargetanen Lösung eines echten sittlichen Konfliktes mit echt sittlichen Erwägungen zu einem sittlich anerkannten Ergebnis sittlich gerechtfertigt«*. Die Zwischenanstalt Andernach wurde vom Landgericht Koblenz zur *»Rettungsanstalt«* erhoben. Der angeklagte Direktor Dr. Georg Recktenwald hatte von 546 aus Berlin verlangten Überstellungen von Patienten nach Hadamar 61 durch die Bescheinigung von Transportunfähigkeit gerettet; ein anderes Mal gehörten 71 von 517 Kranken – *»nur das schlechteste Material«* – zu denen, die noch gerettet werden konnten. Koblenz erklärte es rundheraus für *»lebensfremd«*, daß die rheinischen Anstaltsdirektoren *»als erfahrene, im Dienst ihrer Geisteskranken alt gewordene Männer und tüchtige Ärzte«* überhaupt etwas gegen ihre Kranken

hätten im Schilde führen können. Schon allein darum nicht, weil ein Mann wie der Andernacher Direktor damit *»sein Lebenswerk durch Tötung seiner Kranken, die ihm schließlich ans Herz gewachsen waren, selbst vernichtet hätte«*. Nach gerichtlichen Berechnungen ließen es die rheinischen Direktoren bei 7,5 % der ihnen ans Herz gewachsenen Kranken bewenden. Die Schwärmerei der Richter für die Euthanasie-Ärzte ist um so absurder, als der Pastor Friedrich von Bodelschwingh, Leiter der Anstalt Bethel bei Bielefeld, die Tötungsrate nach oben hin deutlich begrenzt hatte. Aus Bethel waren einige Dutzend Patienten (darunter dreizehn jüdische) abtransportiert worden. Einen neunhundertfachen Mordgehilfen an seinen Patienten als erfolggekröntes Sittlichkeitsidol anzupreisen, konnte nur dieser besonders morderfahrenen Justiz einfallen.
Die gleichen Ärzte, die wenige Jahre zuvor als Würger an den Galgen geschickt wurden, tauchten, wenn sie noch lebten, als schlimmstenfalls ratlose Zerrissene wieder auf. Die Ärztin Weber vom Kalmenhof erhielt 1947 die Todesstrafe, zwei Jahre später drei Jahre Zuchthaus. Das erste Urteil war begründet mit einer unbestimmten Anzahl heimtückischer Kindermorde durch Giftspritzen. Ihr Motiv deutete das Landgericht Frankfurt kunstlos als Ehrgeiz: *»Sie hing an der schönen Position der leitenden Ärztin eines Krankenhauses.«* Das gleiche Landgericht Frankfurt hatte drei Jahre später ermittelt, daß die Ärztin die Ermordung von 79 Kindern verantwortete. *»Sie ist im Grunde eine weichliche und labile Natur. Ihre Schuld besteht darin, daß sie gegenüber dem, was um sie vorging, die Augen schloß und die ihr unterstellte Schwester gewähren ließ.«* Schwester M. aber war untergetaucht. Sofern die Schwestern greifbar und angeklagt waren, wie die Kollegin der M. im Kalmenhof, die 46jährige Bergmannstochter Wrona, ließen die Ärzte sie nicht geschlossenen Auges gewähren, sondern waren *»Persönlichkeiten, die unbedingte Autorität genießen und deren dienstliche Anordnungen zu befolgen sind«*.
Wrona, die 25 Kindern eine tödliche Dosis Luminal verabreicht hatte, fühlte sich durch den Doktor Wesse gedeckt. *»Er erklärte ihr«*, heißt es im Freispruch des Landgerichts Düsseldorf vom 7. Februar 1953, *»daß es sich um gesetzliche Maßnahmen handele und daß er das entsprechende Gesetz, das zur Vermeidung von Feindpropaganda während des Krieges nicht veröffentlicht werden könne, selbst in Berlin in der Reichskanzlei gesehen habe.«* Die Pflegerin glaubte dem Arzt alles, denn *»sie wußte nicht, wie Gesetze zustande kommen, und hat sich darüber auch nie Gedanken gemacht«*. Das kann für ihr Rechtsbewußtsein nur förderlich gewesen sein. Zumindest hatte sie in Düsseldorf Gelegenheit, darüber nachzudenken, wie Gesetze angewendet werden. Die der Mordgehilfenschaft beschuldigte Wrona hatte gestanden, die Luminaltötungen mißbilligt zu haben, konnte aber dem Gericht dafür keine zufriedenstellenden Gründe nennen. *»Dies zeigt, wie wenig die Angeklagte in der Lage ist, sich Rechenschaft zu geben über Beweggründe für Verhaltensweisen, die einer*

sittlichen Wertung entspringen.« Zu einer echten moralischen Verwerfung sei sie *»selbst bei gehöriger Gewissensanspannung«* nicht gelangt. Auch wenn sie *»gewisse Hemmungen gegenüber den Tötungen gehabt hatte«*, hielt das Landgericht sie für überfordert, *»Probleme zu erkennen und für sich – ohne den Rat sittlich gefestigter Personen – zu lösen, die Gegenstand eines wissenschaftlichen und ethischen Meinungsstreits sind«*.
Die sittlich gefestigten Personen auf der Richterbank schienen den Meinungsstreit indessen auch noch nicht gelöst zu haben. Ihr Leben verloren *»nur vollidiotische Kinder«*, vermerkt das Urteil, mit *»Verkrüppelungen, Lähmungen, Mißbildungen (z. B. Wasserköpfe, Schwimmhäute usw.), die auf tiefstem Niveau standen«*. Die weniger kranken Kinder, die ihr Leben behalten durften, *»wurden auf das sorgfältigste weitergebildet und betreut, woran auch die Angeklagte ihren Anteil hatte«*.
Was die Unterscheidung von Leben höheren und ›tiefsten Niveaus‹ über das ›Problem‹ der Tötung besagt, wird nicht klar ausgesprochen. Der Kulturgedanke will, daß die größere Hinfälligkeit einen besonderen Anspruch auf Schutz begründet. Die Düsseldorfer liebäugelten aber ersichtlich mit dem Ausleseprinzip. Je niedriger das Niveau, desto naheliegender die Spritze. Die natürliche Tötungshemmung der mörderischen Schwester wird darum von ihnen nicht ernst genommen. Solche Empfindungen verfehlen die Höhen des ›wissenschaftlich-ethischen Meinungsstreits‹. Die Richter überblicken die Tat geistig unbefangener als die Täterin. Am Anfang politischer Verbrechen findet sich meistens ein geistiger Urheber, der einen delikaten ›Meinungsstreit‹ vom Zaun bricht. 20 Jahre, nachdem die Professoren Binding und Hoche in Deutschland den Gnadentod zu diskutieren begannen, drehten die Doktoren in Hadamar die Kohlenmonoxydflasche auf. Acht Jahre nach Hadamar standen die Juristen wieder beim ›Meinungsstreit‹. Die Erste Strafkammer des Landgerichts Hamburg war bereits am 19. April 1949 *»nicht der Meinung, daß die Vernichtung geistig völlig Toter und ›leerer Menschenhülsen‹, wie sie Hoche genannt hat, absolut und a priori unmoralisch ist«*. Im klassischen Altertum habe dies als Selbstverständlichkeit gegolten. Wer möchte sich ethischer gebärden als Plato und Seneca. Bei aller Strittigkeit der Euthanasieaktion lasse sich immerhin soviel erkennen, *»daß ihre Durchführung aber keinesfalls eine Maßnahme genannt werden kann, welche dem allgemeinen Sittengesetz widerstreitet.«* Genau so dachten die Gesundheitsbehörden und Ärztekammern: *»... keine Veranlassung, gegen die beteiligten Ärzte behördliche und berufsgerichtliche Maßnahmen einzuleiten.«* (Hamburg, 11. 1. 1961) Die Verbrechen wurden nicht verdrängt, waren nicht unbekannt, sie galten nicht dafür. Maßgeblich für die Richter war der persönliche Hintergedanke.
Wenn Professor Creutz sich entschloß, 970 Kranke aufzuopfern mit der Begleitidee, die restlichen Patienten zu verschonen, war das seine Art der Teilnahme. Für die Gerichte war das die Form der Errettung. Der echte

Täter rottet alle aus. Wo das erste Opfer ausgespart wird, fängt schon der Retter an. Die wahrhaft mörderische Pflegerin setzt die Giftspritze nach einem Sonderstudium aller rechtlich-sittlichen Probleme. Gehorcht sie blind ihrem Vorgesetzten, ist sie keine Täterin, sondern eine Idiotin und kann nicht verurteilt werden. Der authentische Täter ist der vollaufgeklärte Satan. Allen raubt er das Sonnenlicht und schickt sie in den Orkus aus grundsätzlicher Verneinung der einschlägigen Paragraphen StGB, die er gleichwohl für rechtens hält. Dieser Täter wurde zu Beginn der 50er Jahre namentlich ermittelt. Es handelte sich um den ehemaligen Reichsbeamten Hitler. Ihm zur Seite standen die drei Kollegen Göring, Himmler und Heydrich. In gemeinschaftlicher Tat brachten sie in zwei Jahren heimtückisch und grausam u. a. sechs Millionen Juden um.
Das Landgericht Nürnberg-Fürth festigte 1953 das im 1949er Gestapo-Prozeß vom gleichen Gericht schon umrissene Schema und identifizierte die vier als notorische Haupttäter. An ihrer Täterschaft wurde die folgenden 30 Jahre erbittert festgehalten. Da sie nicht ladungsfähig waren, hafteten die übrigen Teilnehmer für die Haupttat der obigen Vier, die sogenannten NS-Täter. Ihre Beziehungen zu Hitler erwiesen sich als ähnlich dem zwischen Ärzten und Schwestern entdeckten Verhältnis von Täter und Werkzeug. Nur wer den Führerwillen ganz zu seinem eigenen gemacht, die Tat mit demselben diabolischen Antrieb gefördert hatte, aus persönlicher Veranlagung vom Hitlerschen Frevel besessen war, galt ebenfalls als Täter. Was immer die übrigen verbrochen hatten, war im Hitlerschen Willen geboren, zur Tat gereift und von ihnen in mehr oder minder nachlässiger, gleichgültiger, ja widerspenstiger Weise vollstreckt worden. Den Beweis lieferte der Umkehrschluß: Ohne Hitler hätte kein Angeklagter je 4000 Juden deportiert.
So machte die Justiz den Führer, den sie zuvor zum Obersten Gerichtsherrn ernannt hatte, zum Obersten Verbrechensherrn. Vom Maß des Rechtes zum Maß des Unrechtes verdreht, minderte Hitlers Täterschaft die Schuld der Gehilfen auf den mittleren und unteren Plätzen der Befehlskette zur Bagatelle. Sie waren allesamt entbehrlich, hatten nicht alle getötet, die sie hätten töten können, sie erleichterten den Opfern ihren unvermeidlichen Tod durch besondere Herzlichkeit, sie hatten keine Ahnung, wohin das, was sie taten, eigentlich führte, und wenn sie Bescheid wußten, waren sie zu einfältig, das Unrechte zu erkennen. Sie handelten lustlos, wie Angestellte sind. Maßstab der Taten wurde ihr Abstand zur Hitlerischen Haupttat. Sobald die Handlanger des Führerwillens ihre Sache halb und halbherzig erledigt hatten, erwies sich ihr verträglicher, wenn auch labiler Charakter. Ihr wahres, von Hitlers Dämon erlöstes Ich war in Ordnung.
»Er hat mit der Reichsbahndirektion Verhandlungen wegen der Abstellung von Personenwaggons für den Abtransport der Juden geführt und für die Bereitstellung des Lagers Langwasser als Sammelstelle für die Juden ge-

sorgt.« Mit dieser Anklage versuchte die Staatsanwaltschaft Nürnberg den 1949 zu drei Jahren Gefängnis verurteilten, 1951 aber freigesprochenen lokalen Gestapochef Dr. Martin im dritten und letzten Anlauf hinter Gitter zu bringen. *»Als Polizeipräsident hat er Schutzmannschaften zur Absperrung des Lagers und Verladeplatzes und für die Abholung der Juden aus ihren Wohnungen und schließlich Putzfrauen des Polizeipräsidiums für die körperliche Durchsuchung der jüdischen Frauen abgestellt.«* Die Abwicklung der Deportation von Langwasser aus war laut Urteil des Nürnberger Schwurgerichts vom 1. Juli 1953 *»im Allgemeinen noch korrekt«*. Das besorgten die romantischen Gestapoleute, die, fünf Jahre später mit Ernst v. Salomon im selben Langwasser interniert, die Mendelssohnschen Männerchöre sangen. Sie waren längst freigesprochen, nur Dr. Martin, der die Verantwortung für 2800 tödlich ausgegangene Verschikkungen trug, mußte um seine Ehrenrettung noch prozessieren. Die Amerikaner hatten ihn gleich nach dem Einmarsch interniert. Seine Ehefrau suchte daraufhin den Freitod. Martin stand als Witwer im 60. Jahr und kämpfte um die Pension. In der Judenfrage war er stets für eine Lösung *»unter Beachtung der Formen der Menschlichkeit«* eingetreten. Den in der ›Reichskristallnacht‹ zusammengeschlagenen Juden hatte er im Krankenhaus seine Mißbilligung übermittelt. Gauleiter Julius Streicher, den wüstesten Antisemiten in Franken, hatte Martin im Bündnis mit Himmler ausschalten können. Der Evakuierungsbefehl ging ihm nach eigenen Worten absolut *»contre cœur«*. Ganz anders Hitler. *»Für Hitler und die Personen, die diese Evakuierung befohlen hatten«*, erklärt das Gericht, stellte sie sich als *»Ausführungshandlung zum Mord dar«*. Für Martin, der die Ausführungshandlung für Hitler ausführte, stellte sie sich geradezu umgekehrt dar. Die Deportation der 2800 Personen bedeutete in seinem Falle, daß er sich *»freiwillig im Interesse der Juden eingesetzt hat«*. Martin hatte den Unrechtscharakter der Sache begriffen, beschloß aber gerade darum, *»sich mit der Autorität seiner Stellung und seiner Person dafür einzusetzen, daß bei der Durchführung der Evakuierung in Franken die Juden vor Demütigungen, Beschimpfungen und Mißhandlungen verschont blieben und in korrekter, menschenwürdiger Weise behandelt würden«*. Bei diesen Bestrebungen fehlte dem Gestapo-Chef ein Unrechtsbewußtsein, auch wenn er *»erkannte, daß er auch durch solche im Interesse der Juden getroffenen Maßnahmen zu dem reibungslosen und rechtzeitigen Abtransport der Juden beitrug«*. Der reibungslose und rechtzeitige Abtransport aber ging auf das Schuldkonto des Mörders Hitler. *»Der Angeklagte brauchte hier kein Unrechtsbewußtsein zu haben, da das Bestreben zu helfen und zu mildern nicht als unrecht angesehen werden kann.«* Martin wurde freigesprochen.

Nicht immer verwandelten sich Hitlers Mordbefehle in den Händen seiner Gefolgsleute zu Wohltaten. Die Motive des Führers waren nicht hundertprozentig durchsichtig, und was er wirklich angeordnet hatte, wußten

die Richter auch nicht. Hitler hat wenig Schriftliches hinterlassen und sich gehütet, juristisch greifbare Verantwortlichkeiten zu schaffen. Die Gestaltungsvielfalt der Richterschaft konnte sich darum voll ausleben. Die Beziehungen, die sie dem Führer und seinen Volksgenossen unterschoben, sprechen Bände über das unglückliche Gewissen der Richter angesichts der NS-Täter. Die qualvollen Windungen ihrer Urteile muten an, als nebelten sie, wie die Tintenfische, wenn sie sich angegriffen fühlen, mit Wolken von Tinte ihre Befangenheit ein.
In der Nacht vom 24. auf den 25. März 1944 flohen 76 britische Fliegeroffiziere aus dem Stalag Luft III in Sagan (Niederschlesien). In einer von Berlin aus geleiteten Großfahndung wurden alle Flüchtlinge bis auf vier aufgegriffen. Das Reichssicherheitshauptamt informierte die örtlichen Stapo-Leitstellen, die Gruppen der Eingefangenen festhielten, daß insgesamt 50 von ihnen kraft Befehl des Führers ›auf der Flucht‹ zu erschießen seien. *»Als der Angeklagte das Fernschreiben las, war sein erster Gedanke: ›Um Gottes willen, wie wird es dann unseren Gefangenen ergehen.‹ Er wußte nämlich, daß es nach der Genfer Konvention verboten war, Kriegsgefangene für Fluchtversuche zu erschießen.«* Der Angeklagte Dr. Günther Venediger, seinerzeitiger Leiter der Stapo-Leitstelle Danzig, stand im März 1957 vor dem Landgericht Stuttgart unter dem Vorwurf, vier englische Offiziere in einem 10 km von Danzig entfernten Wald bei einem vorgetäuschten Fluchtversuch der Tötung überantwortet zu haben. Die Kugeln hatten die Offiziere auf einer Waldschneise, unweit der Landstraße getroffen, und zwar wiesen die Körper Einschüsse im Rücken aus einer Entfernung von etwa 20 m auf. Das Täuschmanöver wurde mit einer Nachricht an den Bürgermeister fortgesponnen, der einen Arzt an die Waldschneise schickte, den Tod feststellen ließ und die Bescheinigung ›auf der Flucht erschossen‹ ausstellte. Dann gelangten die Leichen in die Stapo-Leitstelle. Als später in England die Erschießung der 50 Offiziere ruchbar wurde, legten die Stapo-Stellen nachträglich Akten mit fingierten Fernschreiben und Untersuchungsberichten an, um sich für den Besuch einer internationalen Kommission zu rüsten.
»Täter bezüglich der Tötung dieser vier Offiziere in Danzig«, urteilt das Landgericht, *»war der damalige Führer und Reichskanzler Adolf Hitler. Er handelte dabei rechtswidrig und vorsätzlich. Er ließ dabei seinen niedrigen Instinkten freien Lauf, wie er es, was inzwischen offenkundig geworden ist, immer wieder tat, wenn er sich der Grenzen seiner Macht bewußt wurde. Hier hatten 76 dieser Engländer gezeigt, daß sie ihr Vaterland und die Freiheit über alles liebten. Nun sollten sie, ohne Rücksicht auf das Völkerrecht, dafür mit dem Tode büßen. Eine solche Einstellung gegenüber wehrlosen Kriegsgefangenen zeigt innerhalb der Wertskala menschlicher Gefühle einen solchen moralischen Tiefstand, daß sie als niedriger Beweggrund im Sinne des § 211 StGB bezeichnet werden muß.«*
Hitlers moralischer Tiefstand war zu seinen Lebzeiten schwer erkennbar.

Da Dr. Venediger das zweite juristische Staatsexamen mit ›gut‹ bestanden hatte, traute das Gericht ihm zu, die *»Staatsrechtslehre, Hitlers Wille sei die Quelle aller Rechtssetzung«*, als Unfug zu durchschauen. Rechtswidrige Befehle würden dadurch nicht besser, daß sie von Hitler gekommen seien. Eine Verurteilung Venedigers als Mordgehilfe verlangte zunächst, daß dieser die Hitlersche Niedertracht kannte. Er kannte sie aber nicht. Die Rechtswidrigkeit des Führerbefehls vermochte er zu begreifen, seine Niedrigkeit nicht. Zum Mordgehilfen hätte dies dennoch ausgereicht, denn die Heimtücke der Schüsse in den Rücken konnte der Angeklagte nicht übersehen haben. Schließlich hatte er die Inszenierung selbst so angeordnet, wenn auch veranlaßt durch ein Kabel aus Berlin. Hatte Hitler jedoch wirklich an eine Erschießung auf der Flucht gedacht? *»Es kann nicht mit genügender Sicherheit festgestellt werden«*, beschloß das Gericht, *»daß Hitler auch nur mit bedingtem Vorsatz an eine heimtückische Tötung dachte. Dies würde an sich vorliegen, wenn das Opfer unter Ausnützung der Arglosigkeit und Wehrlosigkeit von rückwärts abgeknallt werden sollte. Es läßt sich jedoch nicht ausschließen, daß der Zusatz ›auf der Flucht‹ von den ›Sachverständigen‹ im Reichssicherheitshauptamt stammt, ohne daß Hitler davon in Kenntnis gesetzt wurde oder von sich aus mit einer solchen Gestaltung seines Befehls rechnete.«* Da Venediger aber nicht Gehilfe eines anonymen Sachverständigen, sondern des Führers gewesen war, die Heimtücke des Führers gegebenenfalls zwar erkennen konnte, es sich aber nicht nachweisen ließ, ob der Führer an Heimtücke gedacht hatte oder nur seinen ›niedrigen Instinkten freien Lauf ließ‹, die Venediger wiederum nicht zu identifizieren wußte: aus diesen Gründen waren die Hitlerschen Mordmerkmale auf dem Befehlsweg von Berlin nach Danzig abhanden gekommen. Die Tat war niedrig und heimtückisch. Der Vollstrekker war sich aber der Niedrigkeit des Befehlsgebers, der Befehlsgeber sich der Heimtücke des Vollstreckers nicht bewußt. Die Beihilfe für den Täter Hitler war von unaufklärbaren Mißverständnissen getrübt. Venediger war von zwei Gerichten freigesprochen worden. Zweimal hatte der Bundesgerichtshof die England gegenüber peinlichen Verrenkungen der deutschen Justiz revidiert. In der fünften Verhandlung gab ihm das Landgericht Stuttgart 1957 wegen Beihilfe zum Totschlag zwei Jahre Zuchthaus.

Wenn es sich nicht um britische Offiziere handelte, wurden Erschießungen auf der Flucht unkomplizierter betrachtet. Das Landgericht Kleve verhandelte am 2. April 1952 die Tötung eines vagabundierenden Russen durch einen ehemaligen Wachmann eines Russenlagers in Kamp-Lintfort am Niederrhein, der es nach dem Krieg zum Schrotthändler gebracht hatte. Sein Komplize Plücken, ein ehemaliger Friseur, dann Polizeiwachtmeister, nun Hilfsarbeiter, der sich um Wiederaufnahme in den Polizeidienst bemühte, hatte im September 1942 in der Dunkelheit bei Orsoy-Driessen eine verdächtige Person verhaftet. *»Der aufgegriffene Russe* *wurde ins Wachzimmer geführt. Dabei wurde festgestellt, daß er einen sehr verwahrlosten und abgemagerten Eindruck machte. Seine Kleidung war so dürftig und schadhaft, daß nackte Körperstellen, u. a. des Geschlechtsteils, zu sehen waren.«* Der Gefangene schwieg die Polizisten an und schwieg auch unter ihren Schlägen. Daraufhin wurde der Angeklagte Klinger aus dem Lager Kamp-Lintfort herbeigerufen. *»Der Aufgegriffene lag bei seinem Eintreffen auf der Arrestpritsche und hatte die Notdurft unter sich verrichtet. Das für ihn hingestellte Essen hatte er nicht angerührt.«* Klinger vermutete in dem Gefangenen einen Russen, bediente sich seiner im Lager angeeigneten Russischkenntnisse, und versuchte, den Mann mit einer Zigarette zu ködern. *»Der Fremde stieß jedoch die Zigaretten mit der Hand zurück. Daraufhin schlug der Angeklagte Klinger heftig und wiederholt mit der Faust auf ihn ein, wobei er ihn ins Gesicht bzw. auf den Kopf traf. Er forderte ihn hierbei auf, zu sagen: ›Ich bin ein Russe und bleibe ein Russe.‹ Darauf bestätigte der Fremde, daß er ein Russe sei.«* Klinger äußerte daraufhin, womöglich sei es der Wille der Gestapo, der das Kamp-Lintforter Lager unterstand, den Russen ›umzulegen‹. Über Telefon besorgte er sich einen formalen Erschießungsbefehl. Gemeinsam mit Plükken, dem Polizeiwachtmeister, führte er den Russen zu einem außerhalb des Ortes an einem Bahngeleise gelegenen Wäldchen. Es war die Zeit des Spätnachmittags, zwischen fünf und sechs. *»Der Russe lief unterwegs teils vor ihnen, teils neben ihnen. Sie gingen ein kleines Stück in das Wäldchen hinein. Alsdann zog Klinger seine Pistole und schoß dem Fremden von hinten durch den Kopf, so daß er sofort nach vorne stürzte und tot zusammenbrach.«* Plücken schwang sich daraufhin auf sein mitgeführtes Fahrrad, und Klinger lief in den Ort zurück, um die Beerdigung des Russen zu veranlassen.

Das Landgericht Kleve verneinte das Vorliegen der Mordmerkmale Heimtücke und Grausamkeit. Klinger habe den hilflosen Russen mißhandelt. Das sei zwar eine Quälerei, stehe aber mit der Stunden später erfolgten Tötung nicht im Zusammenhang. Diese wiederum sei nicht heimtükkisch, weil der Russe nach seiner Mißhandlung *»damit rechnete, was ihm bevorstand«*. Schließlich sei die Erschießung von hinten nicht als Heimtücke zu werten, weil *»dieses sich lediglich aus der Situation ergeben hat, nämlich weil der Russe als Gefangener vorlaufen mußte«*. Klinger habe nicht aus niedrigen Beweggründen, sondern *»in der Hauptsache aus Bequemlichkeit und Faulheit«* gehandelt. Er wollte sich die umständliche Rückführung ins Lager sparen. Klinger wurde mit fünf Jahren Zuchthaus bestraft.

Stillschweigend begaben sich die Urteilsgründe auf den Boden der Taten selbst. Technisch wurden Strafen ausgeworfen, weil Gesetze verletzt waren. Die Urteilsgründe rehabilitierten jedoch die Täter, die das Gesetz zu bestrafen zwang. Die heimtückische Erschießung des Russen geschah aus Bequemlichkeit und Faulheit, nicht aber aus Niedertracht. Vermutlich

würde der Wachmann Klinger seine Nachbarn nicht aus Bequemlichkeit umgelegt haben. Den Russen hielt er für ein tierähnliches Lebewesen. Das Gericht mochte darin keine Niedertracht erkennen. Eine solche Motivation beschwert nicht die Tat – ein in der Strafjustiz ansonsten unbekannter ›Totschlag aus Faulheit‹. Eine Deportation war auch keine Deportation, wenn man den Todgeweihten liebenswürdig in den Waggon nach Auschwitz half. Und Hitlers Verbrechen konnte man vollstrecken, ohne die Hitlersche Niedertracht dabei zu bemerken, geschweige denn die eigene. Der Angeklagte war *»ein pflichtgetreuer Angehöriger der Gestapo«*, was *»schon ein gewisses Lob«* bedeutet, gemessen an den pflichtvergessenen Angehörigen. Man war *»seit Jahren in der strengen Befehlsdisziplin der Gestapo ausgebildet«*, welches notgedrungen zu einer *»Lähmung der Kritikfähigkeit«* führte. Die Genickschüsse, die drei Gestapo-Beamte in der Zusammenbruchsphase auf ihre Häftlinge abfeuerten, deutete das Landgericht Dortmund: *»Das menschliche Leben verlor bei diesem Massensterben immer mehr an Wertachtung.«* Die allgemeine Weltuntergangsstimmung regierte, und *»hinzu kam noch das Wüten der nationalsozialistischen Gewalthaber ...«*. Das war die Gestapo zwar selber, aber das eigene Wüten stumpft ab und wird zur Entschuldigung.
Wenn umgekehrt jemand wie der Gestapo-Chef Sprinz, der Köln ›judenrein‹ gemacht hat, nach 8500 Verschleppungen seiner Nachbarin bekannte, daß ihm alles zum Hals heraushinge, sahen die Richter eine verhaltene, aber desto aufrichtigere Mitmenschlichkeit schimmern. *»Er ist offensichtlich wesensgehemmt.«* Ein peinlich genauer und äußerst pflichtbewußter Beamter, tat er auch dann seine Pflicht, wenn ihn gelegentlich *»der Ekel faßte«*. Dazu hatte er auch reichlich Grund. Seine Vorzimmerdame überzeugte das Gericht, daß von Ende 1942 an in der Gestapo zwanglos ausgesprochen wurde, *»daß die Juden in den Tod gingen«*. Dadurch bekam Sprinz keine schlechteren Zensuren als die Menschenfreunde der Gestapo Nürnberg, die dachten, sie helfen beim Umzug. Seine Lebensführung war einwandfrei und er wäre *»ohne die Verstrickung in das Netz der Gestapo nie straffällig geworden«*. Seine Tragik war das *»falsch verstandene Pflichtgefühl«*. Eine Strafe von drei Jahren Zuchthaus war im Juli 1954 *»erforderlich und angemessen, den Strafzweck zu erreichen«*. Waren die ›jüdischen Mitbürger‹ Frankens aus Mitgefühl und Herzlichkeit nach Auschwitz verladen worden, so kam die Kölnische Gemeinde dank der gediegenen Beamtentugenden auf den Transport: die Sauberkeit beim Töten, die Himmler schon bewundert hatte, die Gefühlsüberwindung und das Pflichtgefühl. Vorgekommene Übertreibungen sind mit drei Jahren ausreichend abgegolten.
Das Strafmaß folgt aus der verständnisinnigen Täterbeschreibung. Die Richter sahen nichts als kreuzbrave Subalterngestalten, die, im Kern erhaltenswert, mit den besten Absichten der falschen Führung gedient hatten. Die NS-Taten sind zwingende Zeiterscheinungen gewesen, die Täter

haben gradlinig, zumindest entschuldbar, schlimmstenfalls schicksalhaft verstrickt gehandelt. Nachdem man sie kennt, versteht man erst, warum sie normalerweise unbehelligt bleiben. Dann und wann will die Staatsraison die Verurteilung. Die geschieht – aber unter Anerkennung des wertvollen Charaktermaterials. Es waren die anständigsten Leute. Und sie sind es auf eine widrige Weise während der Tat geblieben. Der Richter brauchte gar nicht zu schwindeln. Der Sauberkeit zuliebe hatten sie seinerzeit überhaupt mitgemacht.

Auf keinerlei Verständnis hingegen trafen die Tötungen des Vertreters Heinrich Schwind im Ghetto von Lodz. Schwind hatte Pech im Leben gehabt und nirgends Fuß zu fassen vermocht. Als Offiziers-Stellvertreter aus dem 1. Weltkrieg heimgekehrt, hatte er sich als Handelsvertreter, Opel-Arbeiter und Wachtmeister bei der Fahr-Ersatzabteilung in Darmstadt versucht. 1940 landete er nach der Wehrmachtsentlassung in Lodz. Als ehemaligen Kavalleristen beauftragte ihn das städtische Ernährungsamt, im Ghetto einen Fuhrpark einzurichten und zu betreuen. Die Fuhrwerke lieferten die Juden der Umgebung ins Ghetto ein und brachten sie irgendwann zum Vernichtungslager.

Unter den 200000 Juden des Ghettos stolzierte Schwind in Sporenstiefeln, schlug mit der Reitpeitsche um sich und war bekannt wie Dschingis-Khan. Die Anklage vor dem Berliner Landgericht im Oktober 1952 legte Schwind die Tötung von 72 Menschen und ein Notzuchtverbrechen zur Last. Das Gericht wertete sieben Fälle als klaren Mord. Beim Abtransport einer 70 km von Lodz entfernten jüdischen Gemeinde in das Ghetto *»ließ der Angeklagte die Juden antreten und sagte zu ihnen, sie möchten ›Geld und Brillanten hinlegen‹. Dann durchsuchte er sie nach Wertsachen und fand bei einem Juden namens Kantor 500 RM im Anzug eingenäht. Daraufhin schlug der Angeklagte den Kantor mit der Peitsche nieder, ließ ihn dann vor einem Baum hinknien und erschoß ihn.«* Ein anderes Mal wurde beobachtet, wie eine kränklich aussehende Frau bei einer Aussiedlungsaktion mit ihrem Kind auf dem Arm aus dem Hause geführt wurde. *»Der Angeklagte forderte die Frau auf, ihr Kind abzugeben, die Frau weigerte sich jedoch. Darauf mußte sie sich umdrehen und wurde von dem Angeklagten erschossen, der das Kind anschließend auf einen zum Abtransport bestimmten Wagen warf. Gleichfalls bei einer Aussiedlung im Jahre 1944 sah der Zeuge Kr., der, damals 25 Jahre alt, Schornsteinfeger im Lager war, wie der Angeklagte seine Schulfreundin Rosa Dembowitz, 24 Jahre alt, auf dem Hofe des Grundstücks Alexandrowskastraße Nr. 8 erschoß. Kr. trug sie tot in ihre Wohnung.«*

Das Handeln Schwinds verdiene nicht die geringste Rechtfertigung, urteilte das Landgericht. Bei der im übrigen rechtswidrigen Aussiedlung jüdischer Menschen zu ihrer Vernichtung *»hatte der Angeklagte damit nichts weiter zu tun, als allenfalls Fuhrwerke zu stellen. Den Auftrag oder die Befugnis, Menschen zu töten, hatte er nicht.«* Schwind lieferte vor Gericht einen miserablen Eindruck, nannte die Zeugenaussagen einen *»Wiedergutmachungsschwindel«* und ernannte sich selbst zu einem *»ehrbaren Vertreter des deutschen Soldatenstandes«*. Der Angeklagte könne seine ungewöhnlich niedrige Gesinnung nicht mit dem Milieu entschuldigen, tadelte das Gericht, *»da andere Deutsche sich korrekt verhielten«*. Neben Schwinds Morden genügten dem Gericht auch die als Totschlag anzusehenden Handlungen, um auf die Höchststrafe zu erkennen. *»Der Angeklagte hat dadurch alle Menschlichkeit beleidigt und tief beschämt. Er hat es aus Sühnegründen verdient, auf Lebenszeit von der menschlichen Gesellschaft ausgeschlossen zu werden.«* Anders als die sturen Beamtenseelen der Gestapo hatte der verkrachte Schwind in Lodz zwei Jahre die arische Bestie gespielt. *»Er benutzte die Gelegenheit der Verhältnisse im Ghetto, um seine Begierde und seinen Trieb, einmal etwas anderes zu sein als ein untergeordneter Mensch, auf so furchtbare Weise zu befriedigen.«* Die Herstellung der Verhältnisse eines Ghettos stellt sich strafrechtlich ganz anders dar als ihre Benutzung zur Triebbefriedigung. Die war zu Hitlers Zeiten schon unerlaubt.

Die Rechtsblindheit

Am Mittwoch, dem 21. April 1943, unterschrieben die Richter Hassenkamp, Kessler und Bernhard vom Sondergericht Kassel ein Urteil gegen den bei der Rüstungsfirma Henschel tätigen Ingenieur ungarischer Nationalität Werner Holländer, das mit den Sätzen schließt: *»Es ist nach deutschem Rechtsempfinden ein Gebot gerechter Sühne, daß der Angeklagte, der während eines Krieges Deutschlands mit den Anhängern des Weltjudentums die deutsche Rassenlehre in den Schmutz zu treten wagte, vernichtet wird. Hierzu zwingt auch die beispiellose Gemeinheit und Skrupellosigkeit wie der schnöde Vertrauensbruch, mit der der Angeklagte als ein typischer Vertreter der jüdischen Rasse im Falle W. vorgegangen ist. Der Angeklagte war deshalb mit dem Tode zu verurteilen.«*
Acht Jahre später verhörte das Schwurgericht Kassel den Verfasser des Urteils, Kammergerichtsrat Edmund Kessler:

> *Ich hielt den Angeklagten Holländer für einen Gewohnheitsverbrecher, weil er sein Judentum verschwieg, im Falle W. die Heirat versprach, ohne dieses Versprechen halten zu können, und sie schwängerte, obwohl er wußte, welch schwerwiegende Folgen dies für das junge Mädchen haben könnte, und außerdem noch mit ihr verkehrte, während er geschlechtskrank war.*
> *Vorsitzender des Schwurgerichts: Wie standen Sie zur Todesstrafe?*
> *Kessler: Ich bejahe die Todesstrafe. Insbesondere hat mich beeindruckt die Rede Bismarcks, in der er ausführte, daß der Staat jährlich viele Menschen in Bergwerken usw. opfert und daß der Tod für einen Verbrecher*

zum Wohle des Volkes gerechtfertigt sei. Ich habe als Richter die Notwendigkeit der Todesstrafe kennengelernt. Ich bejahe unbedingt die Todesstrafe.
Vorsitzender: Haben Sie es nicht bei der Frage, ob die Todesstrafe zu verhängen sei, für nötig gehalten, sich weiter mit der Persönlichkeit des Angeklagten zu befassen?
Kessler: Nach dem, was er getan hatte, bewies er, daß er charakterlich minderwertig war. Deshalb habe ich ihn ja auch zum gefährlichen Gewohnheitsverbrecher erklärt. Eine einzelne Tat, wie die im Falle W. kann einen Menschen so charakterisieren, daß das Bild für den Richter abgerundet ist.
Vorsitzender: Sie wollen also sagen, daß, wenn ein Jude verschweigt, daß er Jude ist, mit einer christlichen Frau verkehrt, sie schwängert und trotz Geschlechtskrankheit mit ihr verkehrt, dieser Jude todeswürdig ist?
Kessler: In der damaligen Zeit: Ja, mit Rücksicht auf die Kriegsumstände. Wir standen immer wieder auf dem Standpunkt, daß eine Tat, die im Krieg begangen wurde, besonders schwer zu werten ist. Während unsere deutschen Männer an der Front standen und während wir in der Heimat uns konzentrieren mußten auf den Schutz der Heimat, geschah diese schwere Tat. Wie das Gesetz zum Schutz der deutschen Ehre ausführt, ist nicht entscheidend, wie der einzelne war, sondern es kam darauf an, wie weit die deutsche Selbstachtung getroffen wurde. Wenn der Angeklagte Holländer in dieser Art und Weise die deutsche Frauenehre und die deutsche Ehre schlechthin in den Schmutz trat und damit die Selbstachtung des deutschen Volkes aufs schwerste verletzte, so hat er damit die deutsche Selbstachtung schwer getroffen.
Vorsitzender: Wodurch verletzte er die Selbstachtung des Volkes?
Kessler: Das Blutschutzgesetz war ein Grundgesetz des Staates. Das Gesetz wurde auch im Ausland akzeptiert. Dieses Gesetz ist dahin zu verstehen, daß das geschützte Rechtsgut ›die Ehre des gesamten deutschen Volkes‹ ist, und darüber hinaus die Ehre der deutschen Frau und auch die Rassenehre. § 1 dieses Gesetzes besagt, daß, wenn die Selbstachtung des deutschen Volkes getroffen ist, das Gebot ist, diese Tat zu rächen. Ich hatte die richterliche Überzeugung, daß die Tat im Falle W. so schwer wog und mit den Begleitumständen aus Gründen der Gerechtigkeit die letzte Sühne erforderte.
Vorsitzender: Vertreten Sie diese Auffassung heute auch noch?
Kessler: Ich halte das Urteil, das ich damals gefällt habe, auch heute noch aufrecht, bedaure aber, daß dieses Urteil nötig war. Ich habe damals vor der Verhandlung mit mir gerungen, bin vollkommen unvoreingenommen in die Verhandlung gegangen und bin aufgrund der gesamten Würdigung zu der Überzeugung gekommen, daß diese Verurteilung nötig war.
Vorsitzender: Sie haben also die Entscheidung getroffen, weil Sie der

Auffassung waren, daß die Ehre des deutschen Volkes getroffen war. Der letzte Teil des Urteils zeigt eine starke Einstellung gegen das Judentum. Sind Sie der Auffassung gewesen, daß Deutschland einen Kampf gegen das Judentum führen mußte?
Kessler: Ich mußte mich bemühen, meine Urteile in der Sprache etwas volkstümlicher und kürzer zu halten. Das Blutschutzgesetz war vom Judentum nicht zu trennen.«
Am 28. März 1952 erging das dritte, rechtskräftige Urteil gegen Edmund Kessler, seit Mai 1933 Mitglied der NSDAP, des Reichsgruppenrates für Richter und Staatsanwälte, stellvertretender Gauführer des Rechtswahrerbunds, Verfasser eines ›Leitfaden des Rechts‹ und nach übereinstimmender Auffassung der fähigste Jurist in ganz Kassel. In neunzigminütiger Verhandlung hatte er Holländers Todesurteil in einer kühnen Verbindung von Blutschutzgesetz und Gewohnheitsverbrecherverordnung zustandegebracht. Das Rassenschandedelikt, normalerweise nur mit Gefängnis bedroht, mußte, um die Todesstrafe herbeizuführen, mit einem zweiten Vergehen kombiniert werden.
Holländer, der zwei Jahre vor der Hinrichtung angelegentlich einer Paßverlängerung seine ihm bisher unbekannte volljüdische Abstammung erfuhr, führte ein ausgedehntes Liebesleben. In einem Tennisklub, dem er *»unter Verschweigung seiner jüdischen Abstammung«* angehörte, wie vom Gericht festgestellt (nicht vom Sondergericht, sondern von dem Kasseler Schwurgericht im Juli 1950), hatte er Elsa W. kennengelernt. *»Die W. glaubte, Holländer, der auch ihr seine jüdische Abstammung verschwieg, habe ernste Absichten. Sie führte ihn in ihr Elternhaus ein. Die W. wurde schwanger. Als sie Holländer sofort in Kenntnis setzte und die Frage einer Heirat erörtert wurde, teilte ihr Holländer mit, daß mit seiner Abstammung etwas nicht in Ordnung sei.«* Dieses Eingeständnis gereichte ihm zum Verhängnis; er wurde zur Anzeige gebracht wegen Rassenschande.
Im ersten, 1950 abgehaltenen Prozeß gegen Kessler prüfte Kassel, ob sein ehemaliger Paradejurist die gesetzlichen Vorschriften, die damals bestanden, ordnungsgemäß angewandt hatte. *»Dabei sind nicht die heutigen, sondern die damaligen Verhältnisse zugrunde zu legen.«* Da Holländer nach eigenem Geständnis mit vier Frauen Umgang pflegte, war die Rassenschande für das Schwurgericht unproblematisch. *»Die Anwendung des Blutschutzgesetzes ist damals ohne Zweifel zu Recht erfolgt.«* Offen erschien lediglich die Frage, ob Holländers Rassenschande ihn zum *»gefährlichen Gewohnheitsverbrecher«* habe werden lassen. Wiederholungstäter konnten mit dem Tode bestraft werden, *»wenn das Bedürfnis nach gerechter Sühne es verlangte«*. Wiederholter verbrecherischer Geschlechtsverkehr lag vor, doch fehlte das Indiz der Gefährlichkeit.
Die von Kessler zitierte Geschlechtskrankheit, eine Gonorrhöe, hatte sich erwiesenermaßen nicht auf die Elsa W. übertragen. So ließ sich kein Verbrechertum herleiten. (Es handelte sich um eine von der Telefonistin

H. dem Holländer vermachte arische Gonorrhöe.) Kessler hatte auch verabsäumt, die Frauen aus dem Tennisklub zu vernehmen, *»ob er wirklich ein hemmungsloser Triebmensch war«*. Einem hemmungslosen, jüdischen, unschuldige, wenn auch gonorrhöeinfizierte Christenmädchen schändenden Triebmenschen hätte Kassel 1950 das Todesurteil von 1943 zugebilligt. Bei Werner Holländer hielt man allerdings den Beweis nicht für erbracht. *»In diesem Falle wäre die schwerste Strafe, die Todesstrafe, als gerechte Sühne nicht nötig gewesen.«*
Was nötig ist zur Bestrafung der Rassenschänder, das disputieren der vorsitzende und der angeklagte Richter mit nüchternem Sachverstand. Kessler aber wartete auf den Nachweis seiner ›vorsätzlichen Rechtsbeugung‹. Das Schwurgericht analysierte sorgfältig das schriftliche Urteil und stieß dabei auf zwei verdächtige Stellen. Dort stand die Bemerkung: *»ist ein Zeichen typisch jüdischer Frechheit«*, so daß zu schließen war, *»daß nicht nur juristische, sondern auch andere Erwägungen bei der Findung des Urteils mitgespielt haben«*. Damit meinte das Schwurgericht, daß die Rassenschande eine juristische, der Antisemitismus aber eine unjuristische, ›andere‹ Erwägung sei. Die Lösung fiel überraschend aus. Es handele sich in der Tat um einen *»unsachlichen Ausdruck in den Urteilsgründen«*. Der erklärte sich daraus, daß die Richter als damals überzeugte Nationalsozialisten *»durch die damalige Propaganda gegen das Judentum vergiftet«* waren. Und der unsachliche Ausdruck war in Klammern gesetzt, so daß er vielleicht *»nichts mit der Findung des Urteils zu tun hatte«*. Die ›typisch jüdische Frechheit‹ sei, so betrachtet, ein *»schmückendes Beiwort«*.
Aus welchem Vorsatz die Todesstrafe gefällt worden war, hatte Kessler schwungvoll in das Urteil hineingeschrieben: *»Den Ausschlag gibt aber der Umstand, daß der Angeklagte seine Verbrechen im zweiten oder dritten Kriegsjahr begangen hat, also zu einer Zeit, als der Kampf Deutschlands mit dem Weltjudentum seinen Höhepunkt erreicht hat.«* Dieser Grund sei *»offensichtlich unsachlich«*, urteilte das Kasseler Schwurgericht. Doch wer wisse, ob gerade der unsachliche Grund das Todesurteil bewirkt habe? Es stünden noch eine Reihe anderer Gründe dort. Wenn im Urteil selbst der unsachliche als der ausschlaggebende Grund genannt sei, brauche das nicht zuzutreffen. Der Zeuge Bernhard habe das sachliche Klima der Beratung betont. Zeuge Bernhard mußte es wissen, weil er der Kammer als Beisitzer mit angehört hatte. An Angriffe gegen die Juden konnte er sich beim Rassenschande-Urteil überhaupt nicht entsinnen. *»Dieser unsachliche Satz«*, folgerte das Gericht, *»muß daher bei der Abfassung der schriftlichen Gründe des Urteils hinzugesetzt worden sein.«*
Das freisprechende Urteil des Kasseler Schwurgerichts wurde vom Frankfurter Oberlandesgericht aufgehoben und die Sache nach Kassel zurückverwiesen, mit dem Auftrag, die *»sachlichen Rechtserwägungen«* (zur Rassenschande) einer genaueren Prüfung zu unterziehen. Womöglich hätten die *»fanatischen Nationalsozialisten«* die Todesstrafe doch

»aufgrund ihrer politischen Einstellung« verhängt. Das zweite Kasseler Urteil vom März 1952 vermutete, daß Kessler geglaubt habe, *»eine besondere juristische Leistung zu vollbringen, als er erstmalig den § 20a StGB (›Gefährlicher Gewohnheitsverbrecher‹) auf das Blutschutzgesetz anwandte«*. Die Gesamtwürdigung Kesslerscher Rechtsprechung spreche für *»die Möglichkeit der Rechtsblindheit, basierend auf politischer Verblendung«*. Wie rechtsblind Kassels Spitzenjurist war, lasse sich aus seinem ›Leitfaden des Strafrechts‹ eindrucksvoll entnehmen. Eine Beugung des Rechts, für das er total blind war, durch den von der antijüdischen Propaganda vergifteten, fanatischen Nationalsozialisten *»traut keiner der zahlreichen Zeugen aus Richter-, Anwalts- und Staatsanwaltskreisen Kessler zu«*. Das Blutschutzgesetz gebeugt hätte er zweifellos, wenn er den Rassenschänder freigesprochen hätte. Infolge der beugungsfreien Anwendung des Blutschutzgesetzes wurde der Rechtsblinde freigesprochen.

Wenn es nicht um Rassenschande oder Wehrkraftzersetzung ging, hatte die bundesrepublikanische Justiz geringere Hemmungen, Terror-Urteile nachträglich zu annullieren. War das Holländer-Urteil nach Ansicht des Schwurgerichts Kassel *»in seinem Strafausspruch zu hart«* gewesen (*»es ist daher ein Fehlurteil«*), begutachtete eine andere Kammer das Wirken mutmaßlicher Justizverbrecher etwas strenger. Sie entschied, *»daß die Duldung der Urteile als nur fehlerhaft nicht mehr in Betracht kommt«*. Es handele sich bei der fraglichen Justiz um Verfahren, die *»mit einer Fülle von Verstößen gegen die elementarsten Rechtsprinzipien behaftet sind. Zu den Hauptverstößen dieser Art rechnet vor allem die Tatsache, daß den Angeklagten durchweg eine ausreichende Verteidigung nicht zugebilligt oder ermöglicht wurde, daß eine der Strafprozeßordnung entsprechende Beweisaufnahme nicht durchgeführt, der Verurteilung mehr oder weniger unvollkommene polizeiliche Protokolle oder Denunziationen zugrunde gelegt wurden, so daß sicher fundierte Schuldfeststellungen nicht getroffen werden konnten, daß der Grundsatz der Öffentlichkeit der Hauptverhandlung nur in den wenigen Fällen Beachtung fand, in denen sogenannte Schauprozesse durchgeführt wurden, daß die Urteile schon vorher und nach bestimmten Richtlinien festgelegt waren, daß die verhängten hohen und höchsten Zuchthausstrafen und Todesstrafen überwiegend in keinem gerechten Verhältnis zu den angeblichen Verfehlungen standen und in ihrer Unmäßigkeit jedem rechtsstaatlich anerkannten Grundsatz widersprachen. Die so zustande gekommenen Urteile erweisen sich als absolut und unhaltbar nichtig. Nach Auffassung des Senats, die sich mit der vom Bundesminister für Justiz insbesondere im Erlaß vom 5. Dezember 1951 vertretenen Ansicht deckt, entbehren sie jeglicher Rechtswirksamkeit.«* Dieser Beschluß des Kammergerichts Berlin vom 15. März 1954 richtete sich gegen die Rechtsprechung der Deutschen Demokratischen Republik in den sogenannten ›Waldheimer Urteilen‹.

Die Waldheimer Urteile wurden von 1950 gebildeten Sondergerichten beim Landgericht Chemnitz gefällt. Sie schleusten 3432 Personen durch 20-Minuten-Verfahren, nachdem sie zuvor Jahre in Internierungslagern verbracht hatten. Lager, die nach Auffassung des Westberliner Kammergerichts *»an Grausamkeit denen des Hitler-Reiches nicht nachstanden«*. Die Insassen dieser Lager waren Personen, *»die im Verdacht standen, sich gegen die Gesetze der Menschlichkeit vergangen oder sich in irgendeiner Form an den Verbrechen des nazistischen Staats beteiligt zu haben«*. Der Beschluß des Kammergerichts erklärte ihre Verurteilung für samt und sonders nichtig. *»Den von ihnen Betroffenen können keinerlei Rechtsnachteile aus den Urteilen erwachsen; sie sind so zu behandeln, als ob kein gerichtliches Verfahren gegen sie durchgeführt ist, d. h. sie gelten als nicht verurteilt.«*

Die Ministerialräte der Abteilung V des Reichsjustizministeriums

Am 30. September 1942 hielt Adolf Hitler im Berliner Sportpalast eine Rede zur Eröffnung des Winterhilfswerks. Er kündigte dort eine seiner unvergessen gebliebenen Leistungen an, die, daß man nachts ruhig über die Straßen gehen konnte. Alle Kriminalität war in öffentliche Gebäude verlagert. *»Ich möchte nicht, daß eine deutsche Frau, die vielleicht nachts von ihrer Arbeitsstelle nach Hause geht, immer angsterfüllt aufpassen muß, daß ihr kein Leid geschieht von irgendeinem Taugenichts oder Verbrecher. Wir werden diese Verbrecher ausrotten, und wir haben sie ausgerottet. Und dem verdankt das deutsche Volk, daß heute so wenig Verbrechen mehr geschehen.«*

Der Tod der besten Söhne des Volkes, die Hitler auf dem Schlachtfeld opferte, ließ ihn befürchten, eine negative Auslese an Deutschen heranzuziehen. Daheim blieben die Gebrechlichen, Kranken, Drückeberger und die Kriminellen. Infolgedessen beschloß er auch deren Tod.

Als der neue Justizminister Thierack seinen Ministerialräten der Abteilung V des Reichsjustizministeriums, die den Strafvollzug bearbeiteten, die Pläne des Führers offenbarte, sagten sie untereinander: *»Die Suppe ist heiß, wird aber nicht so heiß gegessen.«* Thierack hatte ihnen klargemacht, daß sie die Schwerverbrecher nicht länger im Strafvollzug konservieren könnten, während die Anständigen an der Front ihr Leben ließen. Die Strafgefangenen sollten durch Minenräumung und Arbeit verschlissen werden. Mit Himmler wurde in Gegenwart von Staatssekretär Dr. Rothenberger und SS-Gruppenführer Bruno Streckenbach am 18. September 1942 eine Übereinkunft geschlossen zur *»Auslieferung asozialer Elemente aus dem Strafvollzug an den Reichsführer SS zur Vernichtung durch Arbeit«*. Für die Zukunft versprach Thierack in einem Brief vom 13. Oktober 1942 an Bormann im Führerhauptquartier, *»die Strafverfolgung gegen Polen, Russen, Juden und Zigeuner dem Reichsführer SS zu überlas-*

sen. Ich gehe hierbei davon aus, daß die Justiz nur in kleinem Umfange dazu beitragen kann, Angehörige dieses Volkstums auszurotten.« Thierack in seiner Rechtsblindheit nahm an, daß die Justiz mit Rassenschandeurteilen und dergleichen ausrotten wollte, statt schlichte Rechtsverwirklichung zu treiben. Das brachte ihn auf den Gedanken, Ausrottung ließe sich ohne Gerichte noch zügiger gestalten. Es bedürfe keiner Blutschutzgesetze, um die Täter an den Galgen zu bringen. Seine Juristen könnten die Opfer auch ohne Urteil im KZ abliefern. Juristen sollten die über 10000 Sicherheitsverwahrten und Strafgefangenen in den Vollzugsanstalten selektieren und ihre Deportation zur Vernichtung einleiten. Zukünftige bundesrepublikanische Gerichte würden es bald nicht nur mit Juristen zu tun haben, die mit Gesetzen töteten, sondern auch mit solchen, die sich an die Verladerampe gestellt hatten. In einer Rundverfügung vom Oktober 1942 war der Kreis der Opfer wie folgt umrissen:

»Betrifft: Abgabe asozialer Gefangener an die Polizei.

1. Juden – Männer und Frauen –, soweit sie sich in Strafhaft, Sicherungsverwahrung oder im Arbeitshaus befinden.

2. Zigeuner – Männer und Frauen –, soweit sie sich in Strafhaft usw. befinden.

3. Russen und Ukrainer, soweit sie sich in Strafhaft usw. befinden.

4. Polen – Männer und Frauen –, soweit auf Strafen über drei Jahre erkannt ist.

5. Sicherungsverwahrte (nur Männer)

6. Zuchthausgefangene mit anschließender Sicherungsverwahrung.

Zur Vorbereitung der Überprüfung für alle männlichen Zuchthausgefangenen mit einer erkannten Strafe von über acht Jahren sind die Anstaltsleiter mit mündlichen Weisungen versehen worden.«

Anschließend wurden allen Generalstaatsanwälten neun aufeinanderfolgende Geheimerlasse zugestellt, welche die Übergabe der Häftlinge an Lager regelten. Geregelt war, daß sie in eigener Kleidung deportiert würden, daß die Post nachzusenden sei und Geld und Besitz ans Lager fielen. Anschließend reisten Abgesandte des Reichsjustizministeriums durch die Anstalten und selektierten Asoziale.

Der Ministerialdirigent Marx, der Ministerialrat Dr. Hupperschwiller, der Oberstaatsanwalt Meyer, der Erste Staatsanwalt Dr. Otto Gündner und der Reichshauptamtsleiter Giese standen vom November 1951 bis zum März 1952 vor dem Schwurgericht des Landgerichts Wiesbaden, unter der Anklage der Beihilfe zum Mord an mindestens 800 Strafvollzugshäftlingen. Stärkstens belastet war der Ministerialdirigent Marx, der die Auslieferung von 3653 Gefangenen gefördert hatte, von denen mindestens 573 ermordet wurden, sowie der Ministerialrat Dr. Hupperschwiller, der 2000 Häftlinge überprüfte, 1400 als ›asozial‹ einstufte, von denen 200 vernichtet wurden. Die Zahlen sind vom Gericht auf die nachweislichen Fälle begrenzt worden. Die Todesraten liegen vermutlich weitaus höher.

»Die Häftlinge wurden erhängt, erschossen, erschlagen«, schreibt das Urteil des Wiesbadener Schwurgerichts, *»oder so lange geprügelt, bis der Tod eintrat. Anderen Häftlingen wurde der Kopf so lange in eine Wassertonne mit Wasser gehalten, bis der Tod eintrat. Diese letztere Tötungsart wurde von manchen Gefangenen der ›Seemannstod‹ genannt. Weiteren Häftlingen wurde vom Arzt eine Spritze zur Herbeiführung des Todes verabreicht. Eine Anzahl wurde durch Giftgas getötet. Ein Gefangener wurde einmal in eine große Betonmischmaschine geworfen. Wieder andere wurden die steile Wand eines Steinbruchs heruntergestürzt. Noch andere ließ man durch abgerichtete Bluthunde so lange zerfleischen, bis der Tod eingetreten war. Diese Beispiele mögen genügen.«* Das Gericht vernahm 55 Zeugen, die die Lager überlebt hatten. Ein Teil war wieder in die alten Zuchthäuser zurückverlegt worden. Über ihre seinerzeitige Bestimmung hatte keinen Augenblick lang Zweifel geherrscht. Die Selektierer fragten, *»ob die Verbrecher sich nicht schämten, dem Staat das Brot wegzuessen«*. Ein Anstaltsleiter machte eigene Vorschläge: *»Der kommt mit weg. Der hat die längste Zeit gelebt. Der gehört ins Himmelreich.«* Ein Wächter scherzte über die Abtransportierten: *»Die müssen erst mal den Friedhof umgraben, damit sie selbst Platz bekommen.«* Die Ausmerzung der Verbrecher war im Verbrecherstaat der allgemeine Herzenswunsch.
Eine Unterabteilung der ›Asozialen‹ waren die ›äußerlich Asozialen‹, die mißgestalteten Häftlinge. *»Bei verschiedenen Besuchen in den Vollzugsanstalten fallen immer Gefangene auf«*, so hieß es auf einer Tagung von Generalstaatsanwälten in Bamberg, *»die durch ihre körperliche Gestaltung den Namen Mensch gar nicht verdienen; sie sehen aus wie Mißgeburten der Hölle. Die Vorlage von Lichtbildern solcher Gefangener ist erwünscht. Es wird erwogen, auch diese Gefangenen auszuschalten. Straftat und Strafdauer spielen keine Rolle.«* Im Juli 1944, an einem Sonntag, besuchte der Angeklagte Dr. Hupperschwiller die Anstalt Werl. Die Häftlinge mußten auf dem Hof antreten. Dr. Hupperschwiller schritt die Reihen ab und bezeichnete einem Wachtmeister der Anstalt Invaliden, Krüppel, Schwachsinnige und Mißgestaltete. Kurze Zeit später wurden diese Häftlinge abtransportiert.
In der Hauptverhandlung erklärte Dr. Hupperschwiller, er habe *»aus Liebhaberei das Problem ›Physiognomie und Verbrechen‹ studieren wollen. Deshalb habe er die Akten der mißgestalteten Häftlinge studiert. Er habe erkunden wollen, ob man von dem Äußeren der Häftlinge auf ihr Inneres schließen könne.«* Die Selektion der Asozialen gab Dr. Hupperschwiller zu. Dies sei dergestalt vor sich gegangen, daß er bei Frauen sich beispielsweise davon habe leiten lassen, *»ob die Frauen Sinn für Familienleben gehabt hätten. Frauen, die ihren Mann ermordet hätten, um ungestört mit ihrem Liebhaber zu leben, habe er als asozial bezeichnet. Diejenigen, die ihren Ehemann ermordet hätten, weil dieser sie drangsaliert habe, habe er als resozialisierbar bezeichnet. Seine eigene Ehefrau habe er einmal bei*

Vernehmungen in der Anstalt zuhören lassen. Sie sei erstaunt gewesen, welche Frauen er noch als resozialisierbar bezeichnet habe.«
Die Ministerialjuristen gaben vor, die Ermordung der Asozialen in Konzentrationslagern nicht geahnt zu haben. Der Angeklagte Giese *»freute sich über den Auftrag, denn er erblickte darin eine Art Rehabilitierung seiner Dienststelle, die wegen der Unfähigkeit einiger Mitarbeiter in den Kreisen des Reichsjustizministeriums in Verruf geraten war. Gleichzeitig sah er es als persönliche Auszeichnung an.«* Giese besaß infolge seiner zeitweiligen Tätigkeit als Beisitzer am Volksgerichtshof die Eignung zur Selektion der politischen ›Asozialen‹. Er hatte Mauthausen, das die Häftlinge ›Mordhausen‹ nannten, besucht, und auch Auschwitz. Dort sei ihm die frische Gesichtsfarbe der Gefangenen aufgefallen, die ihm versichert hätten, sie seien jung und könnten die Arbeit schon schaffen. *»Juden«*, berichtete er dem Schwurgericht, *»habe ich in Auschwitz nicht gesehen.«*
Das Gericht identifizierte zunächst den Haupttäter, der im Berliner Sportpalast bereits ein volles Geständnis abgelegt hatte. Über den Reichsdeutschen Rundfunk war es in alle Wohnstuben übertragen worden und konnte als genügend bezeugt gelten. Gemeinschaftlich handelnd, mit Himmler und Thierack, hatte Hitler *»in mittelbarer Täterschaft mindestens 573 in die KZs abgestellte Häftlinge ermordet«*. Hitler handelte nach Überzeugung der Wiesbadener auch grausam. Er hätte sich ja denken können, daß die noch am Leben befindlichen Häftlinge von den nacheinander erfolgenden Tötungen Kenntnis erhielten. Sie hätten die Leichen ihrer Kameraden aufgestapelt herumliegen sehen. *»Derartige seelische Leiden genügen.«* Darüber hinaus aber habe Hitler einen *»Angriff auf die Rechtsordnung als solche«* unternommen. Worin die Rechtsordnung 1942 bestanden hat, die Hitler angriff, führt das Urteil näher aus. *»Die von Richtern ausgesprochenen Strafen wurden nichtachtend beiseite geschoben. Urteile mit hohen Freiheitsstrafen waren dadurch zu einer Farce geworden. Durch die Urteile war für jedermann bindend festgestellt worden, welche Strafe den einzelnen Angeklagten traf. Wer das Recht mit Füßen tritt, handelt besonders gemein.«* Es sei denn, er tut es als Jurist.
»Allen Angeklagten war nicht nachzuweisen«, entschied das Wiesbadener Schwurgericht, *»daß sie während ihres Tätigwerdens die beabsichtigten oder bereits erfolgten Tötungen der Häftlinge kannten oder sie für möglich hielten und für den Fall der Verwirklichung mit ihnen einverstanden waren. Die Beweisaufnahme hat aber nicht einmal einen Anhaltspunkt dafür ergeben, daß die Angeklagten gewußt hätten, die Staatsführung wolle Körperverletzungen der KZ-Insassen.«* Freiheitsberaubung lag ebenfalls nicht vor, denn der Staat befand sich während des Krieges im Kampf um die nackte Existenz: *»Seine Abwehrkraft gegenüber verbrecherischen Elementen war gemindert.«* Zumal das abzuwehrende verbrecherische Element er selbst war. Dies sah das Schwurgericht anders. Es wähnte die Gefahr bei den Gattenmörderinnen und Hochverrätern in Sicherheits-

verwahrung, die *»die Freiheit zu neuen Straftaten mißbrauchen würden«*. Wenn der Staat solche Leute für die Dauer des Krieges einsperre, dann handele er nicht rechtswidrig, denn er müsse sowieso im Krieg *»erhebliche Teile der Bevölkerung, wie z. B. Soldaten, in dem Gebrauch dieser Freiheit einschränken«*.
Problematisch hingegen war die pauschale Deportation der jüdischen Strafgefangenen, z. B. der seit 1935 verfolgten Rassenschänder, unabhängig von der Höhe ihrer Strafen. Dies empfand das Gericht als ungerecht, aber *»jeder Staat hat Normen erlassen, die bei objektiver Betrachtung als ungerecht anzusehen wären«*. Entscheidend sei, ob die Ungerechtigkeit *»ein unerträgliches Maß«* erreiche. Da man die Deportation der Millionen unschuldiger Juden nicht verwechseln dürfe mit der Deportation strafgefangener Juden, habe *»die Spannung zwischen Gesetzesnorm und Gerechtigkeit noch nicht ein unerträgliches Maß erreicht. Lediglich die Freiheitsberaubung der Häftlinge, soweit sie Juden waren, war daher objektiv nicht rechtswidrig.«* Sämtliche Angeklagten wurden freigesprochen mangels Kenntnis dessen, was ihr Abgott, der Führer, im Sportpalast geschworen hatte. Der Ministerialrat Dr. Hupperschwiller hatte zwar gestanden, er habe ein Antwortschreiben Bormanns an Thierack einsehen können und dort das Wort ›Vernichtung‹ gelesen. Das Gericht beruhigte ihn aber: *»Das Wahrnehmen des Wortes ›Vernichtung‹ allein stellt keine ausreichende Grundlage für eine Feststellung des Wissens oder Ahnens des Angeklagten um die Tötungen dar.«*

VI. Die äußere Versöhnung

Deutschlandfrage und Kriegsverbrecher

»Und zwischen den alten verfallenen Dörfern, verloren, einsam, zerstreut, auf Kohläckern, Brachen und mageren Weiden standen die Ministerien, die Ämter, die Häuser der Verwaltung, sie waren in den alten Hitlerbauten untergekrochen, schrieben ihre Akten hinter Speerschen Sandfassaden und kochten ihr Süpplein in alten Kasernen. Die hier geschlafen hatten, waren tot, die man hier geschunden hatte, waren gefangen, sie hatten's vergessen, sie hatten's hinter sich, und wenn sie lebten und frei waren, bemühten sie sich um Renten, jagten Stellungen nach – was blieb ihnen übrig? Es war das Regierungsviertel einer Exilregierung, durch das Keetenheuve im Regierungswagen fuhr, Wächter wachten hinter sinnlos ins Feld gesteckten Zäunen, es war ein Gouvernement, das auf Gastfreundschaften wohlwollend angewiesen war, und Keetenheuve dachte: Es ist ein Witz, daß ich der Regierung nicht angehöre; es wäre meine Regierung – exiliert von der Nation, exiliert vom Natürlichen, exiliert vom Menschlichen. Auch Uniformierte wanderten auf der Straße. Sie hatten ihre Unterkunft in der Gegend; aber sie gingen einzeln fürbaß mit dem Schritt der Staatsangestellten und marschierten nicht schon in Haufen wie richtige Soldaten. Waren sie Bereitschaftspolizisten, waren sie Grenzschützler? Keetenheuve wußte es nicht; er war entschlossen zu jeder Charge, sollte er sie erkennen ›Herr Oberförster‹ zu sagen.« Das sind die Gedanken des Abgeordneten des ersten Deutschen Bundestages Keetenheuve auf der Fahrt nach Bonn, aufgezeichnet in Wolfgang Koeppens 1953 erschienenem Roman ›Das Treibhaus‹.

Das auf Wohlwollen und Gastfreundschaft angewiesene Gouvernement der politischen Kaste der 1945er hatte sich gehalten. Die ehemaligen Lizenzparteien waren einschließlich der KPD mit 337 der 402 Mandate in den Bundestag gezogen. 78,5% der Wahlberechtigten hatten abgestimmt. Die Rechtsradikalen waren bei 429031 Stimmen gelandet, einem Anteil von 1,8% der Wähler. Der Transfer der Nazistimmen auf die demokratischen Parteien war gelungen. Die Parteien hatten sich bei der Kandidatenaufstellung Zügel angelegt und im Parlamentarischen Rat die Aufstellung von Entnazifizierten der Gruppe I–IV gesetzlich untersagt. Ein Antrag des späteren Bundesministers Seebohm, die Gruppe IV wählbar zu machen, hatte sich nicht durchgesetzt. *»Das heißt also, meine Damen und Herren«*, entgegnete ihm der SPD-Abgeordnete Stock, *»daß in* *den zukünftigen Bundestag, in das neue Parlament auch die Mitläufer gewählt werden können, daß Sie dann auf einer Bank mit den Ortsgruppenleitern und den Kreisleitern sitzen.«* Diese Personen durften erst mit der Wahlgesetzänderung vom 10. Juli 1953 auf die Bank, und ab 1956 konnten sich die Schuldigen und Hauptschuldigen dazu setzen. Die einzigen Nazis, die der Ehrenrettung entzogen blieben, waren die von fremden Mächten verwahrten.

In der 230. Bundestagssitzung der ersten Wahlperiode, am 17. September 1952, beantwortete Bundeskanzler Adenauer die Große Anfrage zum Stand der noch in ausländischer Haft befindlichen deutschen Kriegsverbrecher. *»Daß unsere Bemühungen von Erfolg gekrönt sind«*, erklärte Adenauer, *»beleuchten folgende Gesamtzahlen. In den Ländern außerhalb des Ostblocks waren am 1. April 1950 3649 Deutsche in Gewahrsam; am 13. September 1952 sind es noch 1017. Die Zahl der Entlassenen beträgt also 2632.«* Die Bundesregierung habe seit ihrem Bestehen der Befreiung der sogenannten Kriegsverbrecher ihre ganz besondere Aufmerksamkeit gewidmet, den Gefangenen jeden möglichen Rechtsschutz zukommen lassen und gegenüber den Regierungen dieser Staaten *»immer wieder zum Ausdruck gebracht, welche Bedeutung die Lösung dieser Frage für das deutsche Volk hat«*. Seit der am 26. Mai 1952 feierlich erfolgten Unterzeichnung des ›Vertrags über die Beziehungen zwischen der Bundesrepublik Deutschland und den Drei Mächten‹ war eine weitere Entlassungsserie erfolgt. Er wolle folgendes bemerken, vertraute Adenauer den Abgeordneten an: Während der ganzen Dauer der Verhandlungen habe er *»beständig und planvoll«* auf die Drei Mächte eingewirkt, *»daß noch vor dem Inkrafttreten der Verträge so rasch wie möglich in umfassender Weise Entlassungen von Inhaftierten vorgenommen werden«*. Die Vertragspartner hatten dies auch *»mit allem Nachdruck«* getan und seit der Unterzeichnung 103 Freilassungen bewerkstelligt.

Adenauer besaß gute Gründe, dem Bundestag schleunigst ein Spalier befreiter Kriegsverbrecher vorzuführen. Er mußte die ausgehandelten Verträge noch parlamentarisch ratifizieren lassen und wußte selbst nicht, wo er sich eine Mehrheit beschaffen sollte. Sein Vizekanzler Blücher, Vorsitzender der Freien Demokraten, hatte in einem förmlichen Schreiben die Änderung des halben Wortlauts verlangt, in der CDU rumorten die Gesamtdeutschen unter seinem alten Gegenspieler Jakob Kaiser. Oppositionsführer Schumacher nannte die Verträge knapp eine *»plumpe Siegesfeier der Alliierten-Klerikalen-Koalition über das deutsche Volk«*. Wer diesem Generalvertrag zustimme, *»hört auf, ein guter Deutscher zu sein«*.

Die guten Deutschen, die nicht zustimmten, berührten sich in den Extremen. Es waren die Stalinisten in der Sowjetischen Zone, die Militaristen in den Offiziersverbänden, die Sozialdemokraten im Parlament, der nationalliberale Flügel der FDP und ihre Spitzenmänner Reinhold Maier im

Bundesrat, Thomas Dehler im Justizministerium, Theodor Heuss im Bundespräsidialamt, es waren die pazifistischen Teile der evangelischen Kirche und Laizisten wie der schlagstarke Rudolf Augstein, und der ungnädigste Kritiker war der Mit-Herausgeber der bis dahin als Regierungssprachrohr verstandenen Frankfurter Allgemeinen Zeitung, Paul Sethe. Der Deutschlandvertrag, gegen den diese Volksfront ins Feld zog, löste das Besatzungsstatut ab, doch um den Preis der staatlichen Einheit der deutschen Nation. Mit der Bindung an das politische und militärische System der ehemaligen westlichen Kriegsgegner waren alle Modelle gestorben, die das Deutsche Reich als neutralisierte Brücke zwischen dem westlichen und östlichen Europa wiederauferstehen lassen wollten.
Anstelle der vom letzten Reichskanzler angestrebten Despotie über einen entvölkerten und kolonisierten Osten und der Hegemonialherrschaft über einen militärisch zerschmetterten Westen steuerte der neue Kanzler eine ganz andere Lösung der deutschen Frage an: Preisgabe der halben Nation an die bolschewistische Despotie, Entvölkerung der östlich der Oder-Neiße-Linie gelegenen Gebiete von deutschen Bewohnern und Einbettung des westlichen Rumpfstaats in ein übermächtiges europäisch-atlantisches Patronat. Die Wiederherstellung des Deutschen Reiches war hinfort ein totes Gelöbnis auf Vertriebenentreffen am Sonntag. Für sich schrieb der Bundeskanzler die ›besetzten deutschen Ostgebiete‹ frühzeitig ab. Anders als die gesamtdeutsche Opposition konnte er dies leicht verschmerzen. Schon die Befürworter einer einheitsstaatlichen Lösung, das sozialistische, nationalistische und sowjetkommunistische Interessenspektrum flößte ihm unwiderstehliche Antipathien ein, als das leibhaftige Konzentrat der irdischen Schlechtigkeit. Die Halbierung des Reiches war erträglicher als seine Auslieferung an Marxisten, Militaristen und Gottlose. Das vom sozialistischen und nationalsozialistischen Materialismus verdorbene deutsche Volk, immer hungrig und zu kurz gekommen, mußte in eine stabile Wertgemeinschaft aufgenommen werden. Die Ethik war für den frommen Patrizier jedoch nicht in Luthers Wittenberg und im Königsberg Kants beheimatet, schon gar nicht im friderizianischen Potsdam und in Rot-Berlin, sondern im rhein-fränkischen Land der katholischen Dome zwischen Köln und Reims. Der wüste Antikatholizismus der Nazis mußte in diesem spirituellen Gegenreich seinen innersten Widersacher verspürt haben.
Dem Eintauchen in das christliche Abendland fügte Adenauer die atlantische Waffengemeinschaft hinzu. Die Amerikaner hatten sich die ganze Besatzungszeit über als gottesfürchtige und eisern antisozialistische Leute erwiesen. Sie verfügten über investitionsbereites Kapital und unternehmerischen Sinn. Adenauers geschichtliche Visionen vertrugen sich glänzend mit den Absatzvorhaben der rheinisch-westfälischen Finanz- und Industrieoligarchen. Fahrzeugindustrie, elektrische und chemische

Industrie drängten nicht eben auf sächsische Märkte, sondern nach Übersee. Vorbei die nazistische Rüstungs-, Plünderungs- und Sklavenökonomie mit ihren östlichen Rohstoff-, Nahrungsmittel- und Arbeitskraftreservaten. Zur früheren Größe konnte die Industrie nur durch Wettbewerbstüchtigkeit und Welthandel gelangen. Vom Standpunkt des friedlichen Exports zogen alle Frachten und Kapitalflüsse rein nachfragemäßig westwärts.

Die Behendigkeit, mit der diese neue politisch-ökonomische Architektur in die Trümmer gesetzt wurde, mußte anecken. Für das nationale Erwachen waren soeben vier Millionen deutsche Landser und 500 000 deutsche Zivilisten gestorben. Das Volk ohne Raum sollte auf einmal zwischen Braunschweig, Aachen und Rosenheim Platz finden. Die britischen Terrorflieger, die Köln und Hamburg eingeäschert hatten, sollten mit jungen deutschen Wehrpflichtigen in eine Europa-Armee eintreten. Die Dachauer US-Henker deutscher Soldaten sollten den Oberbefehl über Truppen haben, deren nächstes Feindgelände Preußen war, die Heimat des deutschen Offizierskorps. Dieser kurzentschlossene Austausch des nationalen Weltbilds war politisch nur durch Adenauers Geheimdiplomatie und seine autoritären Manieren vorzunehmen. Selbst dann bedurfte die Opferung des Deutschen Reiches noch des feierlichen Selbstbetrugs. Die Episode 2. Weltkrieg wollte die Nation sich eben so wenig kosten lassen, wie der nazistische Sündenfall die Nazis persönlich gekostet hatte. Die Idee einer Konsequenz für die Ausradierung Polens und die begonnene Versklavung der UdSSR fand keinen Anklang.

Am Ziel der Wünsche stand die Wiedervereinigung in den Grenzen von 1937 in Allianz mit dem Goldenen Westen. Den Osten hatte man kaputtgeschlagen, da war nur Mangel und Kommunismus. Demzufolge sah der Deutschlandvertrag in einer Bindungsklausel die spätere Zugehörigkeit des wiedervereinigten Landes zur westlichen Allianz vor.

Alle Betrachter stimmen heute darin überein, daß diese Politik nicht erreicht wurde, weil sie unerreichbar war. Ob ihre Architekten der Illusion selbst erlegen waren, die sie ihren Wählern gestatteten, ist strittig. Paul Sethe schrieb über den Kanzler im Rückblick: *»Er hatte aus eigener Anschauung die bewegenden Kräfte der Geschichte und der Weltpolitik nie kennengelernt. Wie sollte er in seinem 75. Lebensjahr dazu gekommen sein? Die Bevölkerung bewußt über die Möglichkeiten der Wiedervereinigung zu täuschen, dazu hätte eine abgrundtiefe Dämonie gehört. Aber Dämonen gedeihen nicht zu Rhöndorf. Er irrte sich. Diese Erklärung reicht völlig aus.«* Sie reicht aus, weil sie wenig zu erklären versucht. Warum irrte Adenauer? Möglich wäre ja, daß der Rhöndorfer Greis genügend nationale Dämonen erlebt hatte, als daß die territoriale Wiederherstellung des Deutschen Reichs bei ihm gewaltsam Priorität genossen hätte. Eine gewisse Skepsis, ob diesem Volk der nationale Gedanke bekömmlich sei, traf man an einigen Plätzen der Welt. Warum soll man davon

ausgehen, daß das von Adenauer erzielte Resultat sich irrtümlicherweise so ergeben hat? Erreicht hat er, daß die Deutschen mit ihrem politischen Sachverstand nicht auf sich angewiesen sind. Der westliche Teil ist dicht verwoben in die Lebens- und Politikformen seiner Nachbarn und Partner, unter denen die klassischen Demokratien das Sagen haben. Nationale Abenteuer wie die, welche in Deutschland stets solide Mehrheiten fanden, sind von außen her verbaut. Insoweit ist Kurt Schumacher zuzustimmen, daß Adenauer der Kanzler der Alliierten gewesen ist. (Nur waren es nicht die deutschen Wähler, sondern andere, die Kurt Schumacher aus dem KZ geholt und in die Lage versetzt hatten, Bundestagsreden zu halten.) Die Adenauersche Politik konnte nur durch ihre prinzipielle Konformität mit den Ideen derer gelingen, die ihm und anderen 1945 die Lizenzen erteilten. Die Vorstellung eines ungebundenen Deutschen Reichs hingegen macht nicht umsonst bis zum heutigen Tag jeden in Europa schaudern. Die im Deutschlandvertrag fixierte Westbindung, die der Deutsche Bundestag von 1952 auf 1953 zu ratifizieren hatte, war letztlich nicht der Vorschlag der Bundesregierung, sondern das Angebot der westlichen Besatzungsmächte. Die Bundesrepublik mochte ihre staatliche Souveränität erhalten, vorausgesetzt sie richtete sich diesseits der Elbgrenze ein, kleidete sich wieder in Waffen und verband sich mit den Armeen der Westfront. (Letzteres hatten 1945 alle Nazis heiß erträumt.)
In den deutschen Offizieren stieg grimmige Schadenfreude hoch, als die Amerikaner erste Fühler nach ihnen ausstreckten. Der Abschluß des Nato-Verteidigungspakts im April 1949 unterstellte die Möglichkeit eines sowjetischen Eindringens nach Westeuropa. Der Kriegsschauplatz läge in Deutschland. Unwillkürlich entsann man sich der respektablen Schlagkraft der deutschen Rußland-Armeen. Vier Monate nach Gründung der Nato aber stand der strategische Genius des Rußlandfeldzugs, Generalfeldmarschall Erich von Manstein, vor dem englischen Militärgericht, um als Kriegsverbrecher zu 18 Jahren Haft verdammt zu werden. Hunderte von Kameraden waren von Briten und Amerikanern hingerichtet worden. Selbst die Kugel hatte man ihnen nicht gegönnt. Am Strick waren sie durch die Falltüre gestürzt. Über zwei Dutzend Todeskandidaten erwarteten in Landsberg noch ein solches Ende. In der Festung Spandau saßen die Admirale Dönitz und Raeder. 19 Generäle büßten in Landsberg, vier von ihnen auf Lebenszeit. Die Entehrung der deutschen Soldaten aber reichte weit über diese Verurteilungen hinaus. Die schließliche Anerkennung einer sowjetischen Bedrohung durch die Westmächte konnten die Offiziere nur als faulen Scherz begreifen. Hitlers geschichtlicher Sendung, ein abendländisches Bollwerk gegen die asiatisch-bolschewistischen Horden aufzurichten, waren Eisenhower und Montgomery töricht in den Rücken gefallen. Mit der Stunde der Kapitulation hatten sie die Linien vor den von Osten her flüchtenden deutschen Truppen geschlossen und ihnen den Sprung in die Freiheit verwehrt. Nun verkamen sie als

Zwangsarbeiter in Workuta. Das Offizierskorps, kriminalisiert und gedemütigt für die Teilnahme am Rußlandfeldzug, hatte diesen hartnäckig und fruchtlos als Präventivkrieg verteidigt. Als alles zu spät war, fand man sich ins Recht gesetzt.
Den Beweis traten die Sowjets nicht an der Elbe, sondern in Korea an. Als die Truppen Kim Il Sungs am 25. Juni 1950 auf die grenznahe südliche Hauptstadt Seoul stießen, war die sowjetische Herausforderung perfekt. Ein knappes Jahr war verstrichen, seit Mao den chinesischen Bürgerkrieg für sich entschieden hatte. General McArthur, an der Spitze einer UNO-Truppe, trat Südkoreas Diktator Rhee zur Seite. Nicht lange und er war, möglicherweise nicht ganz unfreiwillig, mit Nordkorea und mit China im Gefecht. McArthur wich ein gutes Stück zurück und verlangte alsbald von Präsident Truman den Abwurf von Atomwaffen auf Rotchina. Das amerikanische Atombombenmonopol war allerdings seit August 1949 aufgelöst. Stalin konnte nuklear gleichziehen, dank deutscher Physiker. Die Ost-West-Spannung verdichtete sich an den Rändern der Einflußzonen, entzündete sich zu konventionellen Scharmützeln, die gegebenenfalls Kriegsformen annahmen. Die Seltsamkeiten des Korea-Kriegs, der unkontrolliert um sich griff und durch die Eigenwilligkeit des kommandierenden US-Generals unversehens vor dem Atom-Knall stand, machte eines deutlich: Pufferstaaten mußten eindrucksvoll gerüstet werden.
Die Einsicht war bei den drei alliierten Staatschefs seit längerem vorhanden; sie wurde allein schon durch den Kostendruck der Besatzungsarmeen in Deutschland hervorgerufen. Ein deutscher Verteidigungsbeitrag, bestehend aus Waffenproduktion und Soldaten, war zwingend erforderlich. Die Bundesrepublik war durch die Präsenz dreier Armeen militärisch gesichert, nur viel zu kostspielig. Eine Wiederbewaffnung des Landes war allerdings nicht allein in Deutschland psychologisch traumatisiert. Andeutungen Premier Churchills vor dem englischen Unterhaus im März 1950 machten schlechten Eindruck. Der Korea-Schock veränderte das öffentliche Klima im Westen so weit, daß die Frage diskutabel wurde. *»Meine Überzeugung, daß Stalin von jeher die Absicht gehabt hatte«*, schreibt Adenauer in seinen Erinnerungen, *»Westdeutschland möglichst unzerstört in seine Hände zu bekommen, hatte sich immer mehr gefestigt. Wenn es Stalin gelang, würde er damit auch bestimmenden Einfluß auf Frankreich und Italien ausüben können. In diesen Ländern war die politische Ordnung nicht gefestigt, und es gab dort starke kommunistische Parteien. Bestimmender Einfluß der Sowjetunion auf die Bundesrepublik, Frankreich und Italien würde die Sowjetunion zur stärksten wirtschaftlichen Macht der Erde machen. Das würde den Sieg des Kommunismus in der Welt, auch über die Vereinigten Staaten bedeuten.«* Adenauer vermutete, daß Stalin durch seine Pankower Marionetten mit Deutschland nach dem Muster Korea verfahren wollte. *»Die Bevölkerung Westdeutschlands würde sich gegenüber dieser einmarschierenden*

Sowjetzonenarmee neutral verhalten, und zwar in erster Linie aus psychologischen Gründen, denn es wären ja Deutsche, die einrückten.«
Gegen die einmarschierenden Sowjet-Deutschen erbat der deutsche Bundeskanzler amerikanische Unterstützung. McCloy, der US-Hochkommissar, fragte daraufhin verwundert, wie der Kanzler meine, daß sich die westdeutsche Bevölkerung verhalten werde, wenn tatsächlich ein Angriff der Volkspolizei erfolge und alliierte Truppen Feuer auf die sowjetzonale Polizei eröffneten. *»Würde sich die westdeutsche Bevölkerung hinter die alliierten Truppen stellen?«* Adenauer erwiderte, sofern die alliierten Truppen sich als stark genug erwiesen, wäre das *»zweifellos«* der Fall: *»Denn die westdeutsche Bevölkerung würde in der angreifenden sowjetzonalen Armee lediglich ein Werkzeug Sowjetrußlands sehen.«* Diesen Kalamitäten könne man allerdings ausweichen mit der Bildung deutscher bewaffneter Verbände. Wenn dies die Drei Mächte förderten, handelten sie in ihrem ureigensten Interesse, weil *»derjenige, der Westdeutschland und seine Stahlproduktion besäße, voraussichtlich den Dritten Weltkrieg zu seinen Gunsten entscheiden werde«*.
Daß deutsche Truppen auf andere deutsche Truppen als die jeweiligen Werkzeuge ihrer Besatzungsmacht feuern, ist wahrlich der Alptraum ei nes jeden Nationalisten. Für Adenauer ergab dies indessen noch einen Sinn als die Wahrung der politischen Kultur des Westens. Um seinem Volk den Eintritt in diese Welt zu öffnen, bot er ihr Soldaten für den deutsch-deutschen Korea-Krieg an. An der Spitze der Adenauerschen Werte standen ersichtlich nicht Volk und Vaterland. McCloy schlug in der zitierten Besprechung auf dem Petersberg am 17. August 1950 vor, die Verteidigungsbereitschaft der Bevölkerung für die Demokratie zu stärken. Man müsse verstehen, entgegnete Adenauer, daß in der Bevölkerung das *»wesentliche Merkmal zur Zeit noch die Apathie sei«*. Die allerdings vermochte der Kanzler mit seinen Wiederbewaffnungsangeboten rasch zu zerstreuen. Die vorgeschlagenen Truppen besaß er überhaupt nicht. Das Berufssoldatentum war auch nicht apathisch. Es dachte überhaupt nicht daran, Hals über Kopf angelsächsisch-französischer Hilfsverband zu werden.
Sechs Jahre lang war das geschlagene Militär mit gesenktem Haupt umhergelaufen und hatte sich im Zuge der ›Befreiung vom Nationalsozialismus und Militarismus‹ als erklärter Staatsfeind behandeln lassen. Im Sommer 1951 kam Bewegung in die versprengte Wehrmacht. Eine Springflut stürmischer Veteranentreffen rollte durchs Land. Hunderttausende von Landsern trafen sich mit ihren alten Kommandeuren, jubelten ihnen frenetisch zu, sangen die alten Lieder und waren hingerissen von ihren lange versteckt gehaltenen Gefühlen. Das größte Treffen dieser Art versammelte in ihrer alten Garnisonsstadt Braunschweig 5000 ehemalige Fallschirmjäger. Die Tagesparole teilte der ehemalige Divisionskommandeur Ramcke aus: Eine Wiederbewaffnung werde es nicht geben, solange

1. die Diffamierung des deutschen Soldaten anhalte und 2. Kameraden in alliierten Gefängnissen als Kriegsverbrecher festgehalten würden. Unter solchen Umständen stünden die Frontsoldaten des Zweiten Weltkriegs nicht als Berater, nicht als Experten und nicht als Kanonenfutter zur Verfügung.

Im Offizierskorps, das der Verbitterung und ›Ohne-uns‹-Miene zum Trotz hellwach geworden war, existierten unterschiedliche Haltungen. Die radikalen Nationalsozialisten, von der Nachkriegsentwicklung insgesamt angewidert, verlangten die totale Verweigerung. Lieber sollten die Russen profitieren. Eine Gruppe strikter Neutralisten sah in einer pakt-gefesselten Militarisierung keine Möglichkeit für Deutschland. Ein anderer Teil konnte sich mit den außen- und verteidigungspolitischen Optionen befreunden, wünschte aber die militaristischen, nationalistischen Traditionen der Reichswehr und Wehrmacht einbezogen. Die größte Gruppe wartete ab. Mit ihrem Einstieg war ohne die Wiederherstellung der Ehre der Frontsoldaten, ohne die Entlassung und Integration der Kriegsverbrecher und ohne das Ende der Umerziehungs- und Stunde-0-Propaganda nicht zu rechnen. Sie wünschte ein Bekenntnis zur ganzen deutschen Geschichte einschließlich der Jahre 1933–45. Außerdem existierte eine Fraktion, die allen Ärger herunterzuschlucken bereit war, Bonn und die USA unterstützen wollte, auf Ansprüche nationalistischer Art verzichtete, den Parlamentarismus akzeptierte. Hauptsache, sie waren wieder Soldaten.

Quer durch alle Köpfe schälte sich eine Legende von der deutschen Wehrmacht heraus, die mit tatsächlichen und angeblichen hitlerischen Verbrechen nicht das geringste zu tun gehabt, die ihre patriotische Pflicht erfüllt hatte und aus Erziehung und Überzeugung tief unpolitisch gewesen war. Der großartigen militärischen Leistung der deutschen Wehrmacht im Zweiten Weltkrieg sich zu genieren, bestand kein Anlaß. Diese Legende bedurfte noch des offiziellen Rangs.

Inzwischen hatte sich eine Veteranenorganisation gebildet, die auch die Waffen-SS umfaßte, der Verband deutscher Soldaten (VdS). Seinem 24köpfigen Präsidium gehörten die Generäle Guderian, Ramcke, Stumpf, v. Manteuffel und die beiden SS-Generäle Hausser und Gille an. Der VdS betrachtete sich als überpolitische Standesorganisation, die sich für die gewohnten unpolitischen Forderungen einsetzte: Entlassung der Kriegsverbrecher und Rehabilitation der Waffen-SS, denn sie habe *»ihr Leben genauso brav und patriotisch riskiert für das gemeinsame Vaterland wie jeder andere Soldat«*. Der Vorstand war demokratisch nicht eben zuverlässig, wie die ausländischen Journalisten auf einer Pressekonferenz des Vorsitzenden Friessner erschrocken hörten. Die deutschen Frontsoldaten hätten Europa vor der Flutwelle des Bolschewismus bewahrt. Der Angriff auf Polen sei ein gerechtfertigter Akt der Verteidigung legitimer nationaler Interessen gewesen. Die Masse der in Landsberg und Werl

Gefangenen seien die Opfer einer fehlgeleiteten Justiz, und mit dem 20. Juli wolle man gewiß nichts zu tun haben. *»Der Soldat kann nicht zulassen, daß hinter seinem Rücken der Oberste Kriegsherr ermordet wird.«* Auf die Frage der Verfügbarkeit seiner Leute für die Wiederbewaffnung entgegnete Friessner, zuerst müßten die Vorbedingungen erfüllt sein.
Für Adenauer und die Hochkommissare war die Treue der Offiziere zur Demokratie das nachgeordnete Problem. Die akute Gefahr sahen sie nicht im weinerlichen Beleidigtsein der Waffen-SS-Veteranen. Riskant für die beschlossene Wiederbewaffnung war der Ohne-mich-Neutralismus. Adenauer erklärte den Amerikanern, es würden zunächst 60000–70000 Freiwillige, vor allem Spezialisten, gebraucht. Die Soldaten hätten ihm erklärt, er werde Probleme mit der Rekrutierung bekommen, wenn die unschuldig festgehaltenen Kriegsverbrecher in Haft blieben. Die Amerikaner suchten nach einem attraktiven früheren Truppenführer, der eine Militarisierungskampagne anführen konnte. Stabsoffiziere des Heidelberger US-Army-Headquarters lancierten Annäherungsversuche bei Heinz Guderian, der mit sich reden lassen wollte, vorausgesetzt, ein gleichrangiger amerikanischer Offizier suche ihn auf und die Häftlinge in Werl, Spandau und Landsberg kämen auf freien Fuß. Diesen Preis war den Amerikanern gegebenenfalls eine deutsche Armee wert, aber kein Hitler-General.
Die Militaristen und Nationalisten wurden nicht zuletzt darum plötzlich kostbar, weil im Jahre 1952 die Sowjetunion sich gleichfalls um sie bemühte. In letzter Stunde suchte Stalin die Westbindung der Bundesrepublik mit einem Köder zu durchkreuzen, der den Patrioten gewisse Anreize bot: ein vereinigter demokratischer Nationalstaat westlich der Oder-Neiße, bereit *»keinerlei Koalitionen oder Militärbündnisse einzugehen, die sich gegen irgendeinen Staat richten, der mit seinen Streitkräften am Krieg gegen Deutschland teilgenommen hat«*, ausgerüstet mit den Streitkräften, *»die für die Verteidigung des Landes notwendig sind«*. Zum Aufbau dieses Gebildes waren ausdrücklich alle früheren Wehrmachtsangehörigen, die Offiziere und *»ehemaligen Nazis«* mit eingeladen.
Ein konstanter Zug sowjetischer Deutschlandpolitik war der Versuch, den deutsch-nationalen Flügel zu gewinnen. Beginnend mit dem Rapallo-Vertrag von 1922, der Fronde gegen die Siegermächte von Versailles, über die gegenseitige Unterstützung beim Aufbau von Roter Armee und Schwarzer Reichswehr und gipfelnd im Hitler-Stalin-Pakt von 1939, der den Weltkrieg einleitete, war die Achse Berlin–Moskau eine Politik, die die deutsche Rechte und russische Linke je nach Bedarfslage auszuspielen wußten. Selbst während der ›Operation Barbarossa‹ hatte Stalin mit der Gründung eines ›Nationalkomitees Freies Deutschland‹ versucht, gefangene Offiziere und konservative Hitler-Opposition in der Wehrmacht auf seine Seite zu ziehen. Eine ähnliche Agentur tat sich in der Wiederbewaffnungsdebatte auf, der ›Deutsche Kongreß‹. Diese neutralistische

Sammlungsbewegung wollte das ganze Streufeld der Adenauer-Opposition organisieren: den protestantischen Pazifismus Martin Niemöllers und Gustav Heinemanns, die vom Westen enttäuschten Militaristen wie Guderian, und noch rechts von diesen die Nazis in der Sozialistischen Reichs-Partei, und wenn möglich auch noch die deutschen Proletarier.
Die sozialdemokratische und gewerkschaftliche Arbeiterbewegung ließ sich jedoch nicht in dieses Bündnis locken, aus Furcht vor den Kommunisten, mit denen sie ständig boshaft verwechselt wurde. Dafür formulierten die Sozialdemokraten, allen voran Kurt Schumacher, einen Patriotismus eigener Prägung. Mit dem Vorsatz, die Lehren aus der Geschichte zu ziehen, wollte die Linke die Nationale Frage nicht den Rechten schenken. Die SPD bekämpfte den Verrat an der Einheit Deutschlands nach allen Seiten, neigte politisch zum Westen und sah sich ideologisch zum Handlanger Moskaus gestempelt. Sie bejahte die Landesverteidigung, nicht aber um den Preis der Teilung der Nation. Die Partei wollte alle guten Absichten gleichzeitig verwirklichen und verlor die Wirklichkeit selbst aus dem Blick.
Adenauer hingegen, der die Existenzbedingungen seiner Bundesrepublik in schöner Unkompliziertheit begriff, sah sich umzingelt von Unzufriedenen aus allen Lagern. Das sowjetische Angebot schmähte er als *»Appell an die deutschen Nationalisten«*, zu denen er sich nicht zählte.
Acheson, der US-Außenminister, wurde unruhig *»über die Langsamkeit, mit der die Vertragswerke beraten wurden«*. In England und Frankreich war der Gedanke an deutsche Streitkräfte gleichfalls nicht volkstümlich. *»Weitere vage Versprechungen über Fortschritte auf diesem Gebiet«*, bedeutete Acheson dem Kanzler, würden im Amerikanischen Kongreß *»als Beweis dafür angesehen, daß man in Europa unfähig sei, eine gemeinsame Verteidigungsanstrengung zustande zu bringen.«* Im Kongreß aber saßen die Leute von Senator Robert Taft, einem der möglichen Kandidaten für die Präsidentschaftswahlen im April 1953, der das Engagement der Vereinigten Staaten in Europa generell für überflüssig hielt.
Das Jahr 1952, in dem die Aufhebung des Besatzungsstatuts unterzeichnet, aber nicht ratifiziert wurde, die nationalistische, pazifistische und sozialistische Opposition gegen die Preisgabe der deutschen Einheit sich berührten, die Sowjetunion mit der Wiedervereinigung in Neutralität und unter Verzeihung aller Sünden lockte, die Militaristen, die Pazifisten und die Lustlosen die Aufrüstung blockierten und die USA die Konsequenzen aus Korea zogen, brachte noch ein Ereignis minderer Bedeutung hervor, das aus den Schicksalsfragen zwangsläufig und wie selbstverständlich hervorging. Der Beschluß zur Revision der Strafen von Nürnberg.
Die Würfel zur Beilegung der Kriegsverbrecherfrage fielen am 19. Februar 1952 in London. König Georg VI. war gestorben. Am Rande seiner Beisetzung tagte die Konferenz der vier Außenminister. Adenauer berichtet bewegt von Georgs Aufbahrung und der Seelenfestigkeit eines Volkes, das sich seit Jahrhunderten an dem nationalen Symbol der Mon-

archie erhebt. *»Die Westminster-Hall ist über 800 Jahre alt. In der Mitte der Halle stand der Sarg, über den die britische Fahne gebreitet war. Die Krone, mit Reichsapfel, Zepter und ein Kreuz lagen auf dem Sarg. Ununterbrochen zogen durch die riesige Halle in zwei Reihen die Engländer, die ihrem König ein letztes Lebewohl sagen wollten, in absoluter Stille.«* Bei der Überführung des toten Königs nach Windsor sah der mit den Trauergästen vorausfahrende Adenauer kilometerweite Schlangen von Menschen entblößten Hauptes den Bahndamm säumen. Nicht viel später empfahl der Kanzler Dean Acheson, Anthony Eden und Robert Schuman, die eingesperrten Überreste des Tausendjährigen Reiches laufen zu lassen, *»eine Frage, die zu dieser Zeit in Deutschland stark diskutiert wurde«*. Man einigte sich, eine paritätische Behörde aus deutschen und alliierten Vertretern einzusetzen, um *»nachzuprüfen, ob ein Erlaß der Strafe, eine Verkürzung der Strafe oder eventuell eine Entlassung auf Ehrenwort angebracht sei oder nicht«*. Bis auf die bösartigsten Schergen waren allerdings alle Täter schon seit einem Jahr auf freiem Fuß.
Die Landsberger Häftlinge waren seit langem empört gewesen, daß in Deutschland von ihnen als ›Kriegsverbrechern‹ die Rede war. Sie hielten sich für Geiseln, die statt anderer schmachteten. *»Diese Brüder, die zu einem nicht geringen Teil stellvertretend für unser Volk hier leiden müssen«*, pflichtete der evangelische Landesbischof von Bayern, Meiser, bei, *»wissen es gewisser als zuvor, daß man sie draußen nicht vergessen hat.«* Darin bekräftigte sie die Silvesteransprache des Bundespräsidenten Heuss zum Jahre 1950, der seine Gedanken hin zu den Landsbergern schickte, darunter 20 Einsatzgruppenführer, die im Gefängnishof regelmäßig Fußball spielten. Am 31. Januar 1951 hatte McCloy alle Nürnberger Urteile unter 15 Jahren Haft amnestiert. Krupp, der ›stellvertretend leidend‹ bisher einen eigenen Konferenzraum besessen hatte, in dem er mit seinen Direktoren bei Spitzenweinen die Befriedigung der vom Korea-Krieg ausgehenden Nachfrage erörterte, verließ Landsberg im funkelnden Straßenkreuzer. Anschließend gab er ein Sektfrühstück im ersten Hotel am Platze, hielt eine Pressekonferenz ab und ließ sich als Nationalheld feiern. Über die Hälfte seiner Strafe erhielt Fritz ter Meer erlassen, Mitbegründer der I. G. Auschwitz. Beim Verlassen der Festung hörte man ihn sagen, daß die Amerikaner viel freundlicher geworden seien, seitdem sie Korea am Bein hätten. Die juristische Person I. G. Farben wurde etwas weniger freundlich behandelt und aufgelöst. An den Geschäften der drei Nachfolgefirmen Bayer, BASF und Hoechst durften sich verurteilte Kriegsverbrecher nicht beteiligen. Es sollte noch bis zum restlosen Abbau aller alliierten Vorbehalte dauern, daß Fritz ter Meer 1956 wieder im Aufsichtsrat einer Farben-Erbin saß. Dafür wurde er Vorsitzender des Aufsichtsrats, und die Erbin Bayer war größer, als es die Mutter Farben je gewesen war. Alle Industriellen waren seit Februar 1951 entlassen.
Die übriggebliebenen Landsberger waren überwiegend Täter aus der vor-

dersten Reihe, *»the tough ones«*. Leute vom Malmedy-Massaker, wie Jochen Peiper und Sepp Dietrich, Ärzte wie der Professor Rose und die Ravensbrück-Sadistin Herta Oberhäuser, die Einsatzgruppenleute, KZ-Verwalter und die Generäle Felmy, Kuntze, List, Rendulic, v. Küchler, Hoth, Reinhardt, v. Salmuth, Reinecke und Warlimont. Sie vor allem bildeten, wie Adenauers Wehrberater deutlich machten, *»eine schwere psychologische Belastung des Wiederbewaffnungsproblems«*. Zehn der noch schwebenden Todesurteile waren in lebenslange Haft umgewandelt, fünf jedoch endgültig bestätigt worden. Darunter die von Otto Ohlendorf und Oswald Pohl. McCloy wurde mit Petitionen bestürmt. Für Ohlendorf, den Intellektuellen, verwandten sich die Presseorgane. Die meisten Petenten aber fand Pohl, der Leichenfledderer. Eine Abordnung des Deutschen Bundestags machte sich am 9. Januar 1951 auf den Weg zum Hochkommissar und legte ihm unverblümt den Wunsch nach Amnestie ans Herz. Teilnehmer waren Bundestagspräsident Hermann Ehlers, die Abgeordneten Hofler, Altmeier, von Merkatz, Carlo Schmid und der Staatssekretär im Justizministerium Walter Strauss. Als die fünf Landsberger – Pohl sowie die Einsatzgruppenführer Ohlendorf, Blobel, der das Massaker von Babi Jar geleitet hatte, Brigadeführer Erich Naumann, unter dessen Befehl täglich 500 Juden in Litauen getötet wurden, und Dr. Werner Braune, Chef des Sonderkommandos, das 10000 Juden in Simferopol umbrachte, damit die Armee 1941 judenfrei Weihnachten feiern konnte – am 7. Juni 1951 gehenkt wurde, spuckten die Blätter scharfen Protest. Und förmlich beschwerte sich über die Ungerechtigkeit der Vizekanzler der Bundesrepublik, Dr. h. c. Franz Blücher.

Der Gnadenausschuß

Die Bundesregierung verharrte bei der Verfolgung und Verurteilung der NS-Täter bewegungslos. Die Rechtsprechung war Ländersache und ging sie nichts an. Justizminister war ein zäher Verfechter der Generalamnestie geworden, der liberale Thomas Dehler. Dehler, selbst zeitweilig KZ-Insasse, zählte zu der unersetzlichen Gruppe Verfolgter, die sich in Großmut übten und unermüdlich die ehemaligen Verfolger unter ihre Fittiche nahmen. Als Präsident des Oberlandesgerichts Bamberg hatte Dehler nach amerikanischer Beobachtung eine Quote von 90 Prozent Nazis in die Richterschaft eingeschleust. Seine Mitarbeiter erinnern sich nicht daran, daß der erste Bundesjustizminister je von sich aus die Frage der Bestrafung von NS-Verbrechen angeschnitten hätte.
Um so nachtragender war die internationale Staatengemeinschaft. Die Planmäßigkeit, der industrielle Zuschnitt und die Breite der Tätergemeinde hatten sich in den Nürnberger Prozessen erwiesen. Nie zuvor waren ein moderner Staatsapparat, entwickelte Technik und perfekte Ge-

sellschaftskontrolle in die organisierte Menschenvernichtung eingespannt gewesen.
Die Vollversammlung der Vereinten Nationen erklärte eingedenk der ›Endlösung der Judenfrage‹ den Völkermord zum Verbrechen eigener Art. Vom 12. Januar 1951 an galt ein internationales ›Abkommen zur Verhütung und Bestrafung des Verbrechens des Völkermords‹.
»Nach diesem Abkommen bedeutet Völkermord eine der folgenden Handlungen, die mit der Absicht begangen werden, eine nationale, ethnische, rassische oder religiöse Menschengruppe ganz oder zum Teil auszurotten:
1. Tötung von Angehörigen der Gruppe;
2. schwere körperliche oder geistige Schädigung von Angehörigen der Gruppe;
3. vorsätzliche Schaffung von Lebensbedingungen für die Gruppe, die dazu bestimmt sind, sie physisch ganz oder zum Teil auszurotten;
4. Maßnahmen, die Geburten innerhalb der Gruppe vorzubeugen bezwecken;
5. Zwangsverschleppung von Kindern der Gruppe zu einer anderen Gruppe.«
Die Tatbestandsmerkmale sind ersichtlich den Nazi-Taten nachgebildet: die Nürnberger Rassengesetze, die Ghettoisierung, Menschenexperimente und Sterilisierung und die ›Eindeutschung‹ geraubter Kinder. Die Bundesregierung, die diesem Abkommen später beitrat und sich damit zur Verfolgung von Völkermördern verpflichtete, erließ 1954 den § 220a StGB, der den Vertragsinhalt exakt übernahm. Allerdings steht die Bestimmung des Paragraphen seither sinnlos im Strafgesetzbuch. Es werden vom Boden der Bundesrepublik aus keine Völker gemordet. Wenn es geschähe, kann man damit rechnen, daß auch der § 220a StGB nichts verhindert. Die Anwendung des Völkermordparagraphen auf die Kolonie der in der Bundesrepublik herumlaufenden Völkermörder war ausgeschlossen. Das Schutz bietende Rückwirkungsverbot war als Artikel 103 Abs. 2 im Grundgesetz verankert worden. Der Bundesregierung bot sich ein natürlicher Anlaß, durch die Unterzeichnung der ›Konvention des Europarats zum Schutze der Menschenrechte und Grundfreiheiten‹ vom November 1950 (Römische Konvention) das Rückwirkungsverbot zu modifizieren. Im Artikel 7 hatten die europäischen Staaten das Rückwirkungsverbot als Menschenrecht gesichert. *»Niemand kann wegen einer Handlung verurteilt werden, die zur Zeit ihrer Begehung nach inländischem oder internationalem Recht nicht strafbar war.«* Im 2. Absatz folgt eine Einschränkung, die gewährleistet, daß der Artikel 7 der Verwirklichung und nicht der Verhinderung von Recht dient: *»Durch diesen Artikel darf die Verurteilung oder Bestrafung einer Person nicht ausgeschlossen werden, die sich einer Handlung oder Unterlassung schuldig gemacht hat, welche im Zeitpunkt ihrer Begehung nach den allgemeinen, von den zivilisierten Völkern anerkannten Rechtsgrundsätzen strafbar war.«*

Es existieren einige Dutzend ›Gesetze zur Änderung des Grundgesetzes‹. Eine sinngemäße Hinzufügung des Artikels 7,2 der Römischen Konvention zum Artikel 103 Grundgesetz hätte die deutschen Richter genötigt, für die meisten NS-Taten den Völkermordparagraphen heranzuziehen. Den Richtern, die strafen wollten, wäre einiges erleichtert worden; die, die verharmlosen wollten, würden allerdings jeden Paragraphen hinbiegen. Der Gesetzgeber hätte sich nur der Pflicht entledigt, es zu verhindern, daß Deportationen nach Auschwitz und Theresienstadt in gespenstischen Scheinverfahren zur ›Freiheitsberaubung im Amt‹ werden. Dies war nicht der Sinn der völkerrechtlichen Übereinkünfte. Vierzehn europäische Staaten, darunter die ältesten Rechtskulturen, ratifizierten die Römische Konvention. Die Bundesregierung machte aus durchsichtigem Anlaß Vorbehalte geltend gegen den Artikel 7,2 und übernahm die Konvention ohne diese Klausel.
Die Regierung, die nichts tat, die Massenmörder zu greifen, achtete peinlich darauf, daß sich nicht unversehens eine Schlinge um sie legte. Auch wenn man internationalen Rechtsansichten widersprach, die NS-Tätern schadeten, appellierte die Bundesrepublik geduldig an das Rechtsgewissen dieser Länder. Im Bundesjustizministerium arbeitete eine eigens damit betraute Dienstabteilung, die Zentrale Rechtsschutzstelle, mit einem jährlichen Budget bis zu 3 Millionen Mark. Sie finanzierte die anwaltlichen Kosten der Landsberger auf der Suche nach eventuellen Entlastungszeugen und Material, das zu neuerlichen Eingaben und Appellen an die ausländischen Gerichtsherren taugte.
Die 1952 noch in alliierter Haft einsitzenden Gefangenen wurden aufgrund überwältigender Belastung festgehalten. Ihre endgültigen Geschicke sollten nach Artikel 6 des im Deutschlandvertrag enthaltenen ›Überleitungsvertrags‹ durch den gemischten Gnadenausschuß geregelt werden. *»Die Betroffenen«*, erläuterte Adenauer in der Großen Fragestunde des Bundestags am 17. September 1952, *»werden durch die Zentrale Rechtsschutzstelle bei der Anwendung der sich aus dem Artikel 6 ergebenden Möglichkeiten auf jede Weise unterstützt.«* Um Enttäuschungen vorzubeugen, dämpfte Adenauer die Erwartungen. *»Lassen Sie mich noch einige Worte hinzufügen. Ich verstehe durchaus die Beunruhigung weitester Kreise des deutschen Volkes, ja fast der gesamten deutschen Öffentlichkeit über die uns beschäftigenden Fragen. Ich glaube aber doch, auf einige Gesichtspunkte hier noch hinweisen zu sollen. Nicht alle im Gewahrsam befindlichen Personen sind eines Gnadenerweises würdig. Ein gewisser Teil würde auch von einem deutschen Gerichtshof mit hohen Strafen belegt worden sein. Ich weiß, daß die Forderung nach Freilassung der in Gewahrsam befindlichen Deutschen diese nicht einschließt. Aber ich glaube, man sollte, wenn man in der Öffentlichkeit diese Forderung erhebt, doch, um keine Mißverständnisse hervorzurufen, hier und da Rücksicht nehmen, daß sich, wie ich eben schon sagte, ein wenn auch kleiner Prozent-*

satz von absolut asozialen Elementen unter den in Gewahrsam gehaltenen Personen befindet. Noch ein weiteres. Das deutsche Volk, unsere öffentliche Meinung, muß sich darüber klar sein, daß die Regierungen der Gewahrsamsländer auch mit der öffentlichen Meinung ihrer Länder zu rechnen haben. Vorgänge der letzten Zeit in einem Nachbarlande haben das sehr deutlich gezeigt. Darum müssen die Bundesregierung und auch unsere öffentliche Meinung sich darüber klar sein, daß der gesamte Fragenkreis zwar mit Zähigkeit und Ausdauer, aber auch mit Klugheit und Takt behandelt werden muß, wenn man – und das scheint mir das vornehmlichste Ziel zu sein – den in Gewahrsam Befindlichen helfen will. Ultimative Forderungen helfen den in Gewahrsam Zurückgehaltenen nicht, sondern sie richten nur Schaden an.«

Der selbstlose Einsatz für die heimischen Kriegsverbrecher, den keine der demokratischen Parteien sich nehmen ließ, täuschte eine vaterländische Solidarität vor, die so nicht bestand. Die Regierung gab den Druck der sie zur Hölle wünschenden Nationalisten nach Rehabilitation weiter an die Alliierten. Der deutschen Bevölkerung gab sie den Druck der Alliierten nach Militärpartnerschaft weiter. Die Kriegsverbrecher waren für die politische Kaste taktische Werkzeuge. Den Westmächten waren sie gleich gültig. Das Urteil war längst gefällt, die Schuld offenbar. Wem nutzte die Verwahrung einiger hundert verbohrter Männer? Was zählten sie gegen die Verwendung dieses starken Landes als westlicher Festlanddegen? Das war die Frucht des Sieges, nicht aber eine Haftanstalt voller Massenmörder. Vermißt wurden die Landsberger nur im deutsch-nationalen Milieu. Die politische Kaste wollte einen souveränen Staat. Die Westmächte brauchten einen Verbündeten. Das Milieu wünschte die Befreiung der politischen Gefangenen. Alle konnten zufriedengestellt werden.

Die deutsche Seite im Gnadenausschuß verlangte die bedingungslose Freilassung der schließlich übriggebliebenen Gefangenen, da es sich nicht um Kriminelle handele. Amerika war jedoch nur zu einer Freilassung auf Ehrenwort bereit. Die Amnestierten sollten versprechen, sich jeder politischen Betätigung zu enthalten. Eine Verzögerung trat ein. Die Amerikaner tauschten zweimal ihren Vertreter aus; anscheinend ging man hier noch vom Gedanken einer individuellen Prüfung von Fällen aus. Während im Laufe des Jahres 1956 die letzten Insassen Landsberg auf Parole politischer Enthaltsamkeit verließen, griff der ehemalige protestantische Pfarrer und nunmehrige sozialdemokratische Bundestagsabgeordnete Hans Merten die Bundesregierung an, daß sie die Diskriminierung der Entlassenen hingenommen habe: *»Der Herr Bundesverteidigungsminister selber hat einmal erklärt, daß die Kriegsverurteiltenfrage gelöst sein werde, bevor der erste Deutsche Uniform anziehen würde. Trotz aller Verzögerungen des Aufrüstungsprogramms ist also diese Prognose nicht in Erfüllung gegangen. Die Uniformen werden angezogen und es sitzen immer noch 139 Kriegsverurteilte im Westen und 189 Parolierte hier*

mitten unter uns. Das ist vielleicht nicht sehr schlimm für diejenigen, die sich freiwillig melden; sie mögen das mit ihrem Gewissen ausmachen. In dem Augenblick aber, wo die Betreffenden, die an dieser Frage großen Anstoß nehmen oder gar Verwandte erster Ordnung dieser zurückgehaltenen Kriegsgefangenen sind, zwangsweise eingezogen werden, beginnt die Frage auch in diesem Zusammenhang interessant zu werden. Es gehört gewiß nicht unmittelbar hierher, aber es ist ganz interessant, wenn man erfährt, daß es in der Bundesrepublik 189 entlassene Kriegsgefangene gibt, die unter amerikanischer Parole-Kontrolle stehen, d. h. für die das Grundgesetz keinerlei Geltung hat, sondern die sich entgegen den Bestimmungen des Grundgesetzes allen möglichen Einschränkungen unterwerfen müssen. Wir müssen die Bundesregierung auch bei dieser Gelegenheit einmal ganz ernstlich fragen, was sie in dieser Angelegenheit getan hat und was sie in dieser Angelegenheit zu tun gedenkt.
(Abgeordneter Wehner: Handelt es sich um Sepp Dietrich?)
– Herr Kollege Wehner, Sepp Dietrich ist nicht darunter. Sepp Dietrich ist freigelassen und kann die Rechte des Grundgesetzes in Anspruch nehmen. Aber die 189, die ich im Auge habe, sind auf Parole freigelassen und können diese Rechte eben nicht in Anspruch nehmen. Obwohl sie beispielsweise das aktive Wahlrecht haben, dürfen sie keine Wahlversammlung besuchen. Es bleibt ihnen überlassen, wo sie sich über die politischen Fragen in der Bundesrepublik orientieren.«
Die Orientierung in der Bundesrepublik wurde den Entlassenen nicht weiter erschwert. Heinz Jost, Leiter der Einsatzgruppe A, betätigte sich als Wirtschaftsjurist. Dr. Franz Six, Leiter des ›Vorkommando Moskau‹, wurde Dozent an der Akademie für Führungskräfte der Wirtschaft. Jochen Peiper vom Malmedy-Massaker kam bei Porsche unter. Dr. Wilhelm Harster, verantwortlich für die Deportation von 11000 holländischen Juden, wurde 1953 aus holländischer Haft entlassen und fand sogleich Anstellung als Oberregierungsrat im Bayrischen Innenministerium. Und Oswald Rothaug, der Blutrichter des Sondergerichts Nürnberg, verzehrte seine Pension, desgleichen der Hauptangeklagte des Juristenprozesses, Franz Schlegelberger. Er bekam 1450 DM monatlich und besserte seine Bezüge auf durch die Herausgabe einer Gesetzessammlung, die er schon in den 20er Jahren begonnen hatte. Im Vorwort zur 27. Ergänzungslieferung der Lose-Blatt-Sammlung heißt es: *»Der verdienstvolle Begründer dieses Nachschlagewerks, Staatssekretär i. R. Prof. Dr. Franz Schlegelberger, ist Ende des Jahres 1970 im Alter von 93 Jahren verstorben.«* Der Verlag dankte ihm.
Nicht ganz so harmonisch verlief der weitere Lebensweg des Oberreichsanwaltes Ernst Lautz, der 393mal auf Todesstrafe plädiert hatte. Ernst Lautz, im Juristenprozeß zu zehn Jahren Haft verurteilt, erhielt nach seiner Entlassung aus Landsberg, wie alle, die Heimkehrerentschädigung und sodann eine volle Oberreichsanwaltspension von monatlich

1692 DM. Später kürzte das Bundesinnenministerium seine Rente auf 1342 DM mit der Begründung, Lautz sei nur durch seine enge Bindung zu den Nazis Oberreichsanwalt geworden, er habe lediglich Anspruch auf die Bezüge eines Generalstaatsanwalts. Im Zuge der Beamtenbesoldungsverbesserung stiegen Lautzens Einkünfte wieder auf 1500 DM, bis die SPD-Fraktion im Bundestag die Regierung in einer Kleinen Anfrage darauf aufmerksam machte, daß Lautz eventuell am Tode von Unschuldigen mitgewirkt haben könnte. Daraufhin wurde gegen den Pensionär ein Disziplinarverfahren eingeleitet. Geklärt werden mußte, ob Lautz sein hohes Amt möglicherweise mißbraucht habe. Der Bundesdisziplinaranwalt sondierte 3 Jahre die Akten und stellte fest, Lautz habe sein Amt mißbraucht. Damit hatte er sein Ruhegehalt verwirkt und erhielt einen Unterhaltsbeitrag von 786 DM. Trotz allem stand er sich so noch besser als eine Hinterbliebene von Opfern des 20. Juli 1944, die Lautz mit an den Galgen gebracht hatte. Eine solche Hinterbliebenenrente betrug bestenfalls 600 DM. Nachdem Lautz zehn Jahre auf freiem Fuß war, hatte er Bezüge von 150000 DM verzehrt. Vierzehn Versuche, gegen ihn Ermittlungsverfahren, u. a. wegen Mordes, einzuleiten, scheiterten. Denn der § 3 des Überleitungsvertrags zwischen Deutschen und Westmächten legte fest, daß kein deutsches Gericht eine Strafsache verfolgen könne, die von den Vertragspartnern abgeschlossen worden sei. Der Sinn der Abmachung war aber nicht, den Verfolgungseifer deutscher Richter zu stoppen. Die Alliierten rechneten damit, daß anderenfalls die Verurteilten durch Wiederaufnahmeanträge ihre Fälle erneut aufrollen und sich blütenweiße Freisprüche einhandeln könnten. Die Urteile der Militärgerichte über Kriegsverbrechen waren versiegelt und verschlossen.
Das Tauziehen um die Strafverbüßung, die Wehleidigkeit der Häftlinge, ihre ungetrübte Verstocktheit, das entnervende Bohren ihrer Sympathisanten, die Hingabe der Bundesregierung an ihr Wohlergehen und das notorische Feilschen des Bundeskanzlers um ihre Freilassung waren eine Vorstellung vor internationalem Publikum gewesen. Die Landsberger, Krupp, Flick und die Malmedy-Schlächter hatten die Weltpresse beschäftigt. Der herzliche Empfang, den ihnen die Bevölkerung bereitete, dementierte ein letztes Mal das Märchen von den nationalsozialistischen Tyrannen. Als die lebendig gebliebenen Tyrannen aus Spandau, dem Aufbewahrungsort der Hauptkriegsverbrecher aus dem ersten Nürnberger Verfahren der Vier Mächte gegen Göring und andere, entlassen wurden, war die Anhänglichkeit ihrer Landsleute kaum geringer. Hitlers ersten Außenminister Konstantin von Neurath begrüßte Bundespräsident Heuss freudig in der schwäbischen Heimat.
Adenauers Bemühungen um die Spandauer hatten die Russen nicht zu erweichen vermocht. Raeder, Dönitz, Schirach und Speer saßen als einzige Nürnberger ihre volle Strafe ab. In der Bundesrepublik entwickelten sie sich zu bestaunten Exemplaren des ausgestorbenen Geschlechts der

Naziführer. Den Rest ihres Lebens verbrachten sie mit Erzählen, wie es damals gewesen war. Rudolf Heß, der letzte Spandauer, genießt das nämliche Mitleid wie zwei Generationen zuvor Ohlendorf, Krupp und Pohl. Die Gefühlswelt der Nation, gereizt und ausgelaugt von vielen Strapazen, hängt mit seltener Treue am Opferschicksal der Nürnberger Häftlinge. Das Dritte Reich und der Weltkrieg haben zigtausende verelendete, vergreiste Kriegsopfer hinterlassen. Der eine Greis, der Führerstellvertreter, zieht mehr öffentliches Mitleid auf sich als alle zerschundenen KZ-Hinterbliebenen zusammen. Eine zeitlose, frei verfügbare Larmoyanz sieht im büßenden Nürnberger grundsätzlich den schuldlos Gekreuzigten, der sich hingibt für die Sünden dieser Welt. Selbst das, was man den Schlimmsten antut, ist allen angetan und geht unter die nationale Haut. Der pathologisch Verfolgte, ein deutscher Charakterdarsteller, der durch sämtliche ideologischen Lager und Generationen geistert, erkennt sich überall. Er erkennt sich auch in Rudolf Heß, für den bereits die Urenkelgeneration trommelt. Auch die deutschen Bundeskanzler lassen die Tradition nicht abreißen. Noch keiner von ihnen war in Amerika, ohne seine Mitmenschlichkeit für den sinnlos gequälten Rudolf Heß zu verwenden.
Die Gnadenflut nach dem Deutschlandvertrag, die Adenauer, der es besser wußte, im Bundestag mit der *»geläuterten Rechtsüberzeugung«* der Alliierten in Verbindung brachte, löste im Land die Ansicht aus, das Thema sei nun ausgestanden.
Das ›Kriegsverbrechen‹, ein amerikanischer Einfall zur Weltverbesserung, sei an der Lebenstatsache zerbrochen, daß im Kriege geschossen wird, Unschuldige leiden müssen und keiner schmutziger ist als der andere.
Die Wahlen des Jahres 1953, wenige Monate nach dem Aufstand vom 17. Juni, bestätigen Adenauers westlichen Kurs. Der Preis der nationalen Spaltung war um so leichter zu verkraften, als er wesentlich von den 17 Millionen Ostdeutschen gezahlt wurde. Es hat sie niemand gefragt. Die Westdeutschen aber hätten im Leben keinem Deutschlandvertrag zugestimmt, der sie nicht an die Seite Eisenhowers, sondern ans Lager Chruschtschows geschmiedet hätte. Im Juli 1952, nach der abschlägigen Antwort des Westens auf die sowjetische Note, verkündete Ulbricht auf der II. Parteikonferenz der SED den Aufbau des Sozialismus in der DDR. Man stelle sich dieses drohende Los im westlichen oder in Gesamtdeutschland vor. Der Neutralismus, von Adenauer als Ausverkauf Deutschlands geschmäht, wäre in diesem Falle zur Rettung des Vaterlands ausgerufen worden.
Die nationalistischen Adenauer-Gegner wurden für ihre verletzten Gefühle mit der Entlassung des im Westen einsitzenden Kriegsverbrecher-Kontingents abgefunden. Daß Hitlers Erbschaft nachhaltiger sein sollte als ihr preiswerter Patriotismus, konnten sie nicht ahnen. Sie waren geboren, sich etwas vorzumachen. Sie sahen nicht, was sie die glückliche

Heimkehr einiger hundert Mordgesellen kostete. Die pazifistische Adenauer-Opposition hingegen beklagte, daß die Bundesrepublik der Cordon Sanitaire des Westens würde, die DDR jener des Ostens. Waffenstarrende Schutzgürtel, die im unglücklichen Falle kriegerischer Explosion das erste Vernichtungsobjekt wären. Mit der Ära Präsident Kennedys und seiner Nachfolger wurde eine solche Perspektive allerdings undenkbar.
Dreißig Jahre nach der West-Option begann eine andere Generation Deutscher sich unsicher zu fühlen auf dem heimischen Boden, der mittlerweile die dichteste Waffenkonzentration der Welt beherbergte. *»Ces sont les consequences de la guerre aussi«* – auch dies sind Folgen des Krieges, erklärte der ehemalige französische Sklavenarbeiter des Deutschen Reiches, François Mitterrand, seinem Freunde, dem ehemaligen Emigranten Willy Brandt. Doch die Enkel sind für Konsequenzen genausowenig zu haben wie die Großväter. Schon fühlen sie sich geknechtet, entdecken ›die nationale Frage‹ und wünschen die Besatzer raus! Sie sehen nicht ein, warum ausgerechnet die Nachgeborenen haften für die größte historisch bekannte Mordunternehmung, genannt das III. Reich; sie tun es aber.

Wiedergutgemacht

»Man geht durch Wolfsburg«, schreibt Erich Kuby 1957 in seiner Reportage ›Das ist des Deutschen Vaterland‹, *»und sieht Bürger, Bürger, nichts als Bürger. Nicht einmal Kleinbürger, nicht diese zu kurz gekommenen, gleichsam von Motten angefressenen Frauen und Männer, mit denen Hitler seine Partei aufgebaut hat – o nein, in einer lockeren, luftigen und lustigen Stadt wohnen annähernd 55 000 zufriedene Bürger.«* Wolfsburg, die Landser-Stadt, die Brutstätte einer nach rechts ausscherenden Frontgeneration war eine Episode geblieben. Hitlers Geschenk an die Volksgenossen, der VW, rettete aus der Heimkehrer-Verzweiflung. Seine verrundete Silhouette, kompakt und geduckt, drang als Exportschlager weiter vor auf den europäischen Landstraßen als alle deutschen Armeen. Er wurde das eigentliche Wahrzeichen der deutschen Wandlung.
Der lärmende Einzug der DRP-Nazis in die Wolfsburger Stadtversammlung hatte sich als harmloser Zirkus entpuppt. Die Eroberung Wolfsburgs glückte zur selben Zeit einem still, aber perspektivreich in das VW-Werk einziehenden Mann. Der britische Kontrolloffizier Retcliffe hatte den ehemaligen Opel-Direktor Heinz Nordhoff mit der Führung des Betriebs betraut. *»Versetzen wir uns in das Jahr 1948«,* schreibt Kuby, *»in eine riesige, zementgegossene Halle, ausgeräumt, mit Kalk geweißt, kahl und öde. Darin stehen 10 000 Menschen oder mehr. Vor ihnen, in einigem Abstand zu ihren ersten Reihen, erhebt sich aus dem Zementboden ein Red-*

nerpult mit Mikrofon. Kabel laufen über die leere Fläche. In der Halle sind Lautsprecher aufgehängt. Hinter dem Rednerpult steht der Generaldirektor. Er hat vierteljährliche ›Vollversammlungen‹ der Belegschaft eingerichtet; der Betriebsrat lädt dazu ein, nicht die Geschäftsleitung. Der Vorsitzende des Betriebsrats erteilt dem Generaldirektor das Wort. Und er beginnt: Meine lieben Arbeitskameraden. Was sagt er ihnen in der ersten Zeit, solange noch nicht der Erfolg sein bestes Argument sein konnte? Er sagte: Ich übernehme die Verantwortung und sorge dafür, daß alles klappt. Er wiederholte bei vielen Gelegenheiten sein Lieblingszitat: Des echten Mannes wahre Feier ist die Tat. Er sagte natürlich: Wir sind alle eine Familie. Oder: Wir sitzen alle in einem Boot. Er machte aus dem Team-Work eine sittliche Idee, eine Leistungsverpflichtung. Er sagte: Glaubt daran, es wird aufwärts gehen. Und dann sprach er zur jeweiligen Lage. Nicht nur über die Lage im Werk, nicht nur über Absatzmärkte des Volkswagens, er ließ von einem VW-Leuchtturm aus Streiflichter auch über die Politik gehen, und die Politik kam dabei nicht gut weg. In diesen Versammlungen wurde aus dem Haufen eine Mannschaft. Die Blicke der Arbeiter richteten sich auf einen Mann, für den es anscheinend keine Zweifel gab (Als das ›Wunder‹ die Augen der Arbeiterschaft von den Firmen weg auf die Regierung lenkte, sahen sie dort wieder einen Mann, der keine Zweifel kannte). Der Generaldirektor gab der Belegschaft das Gefühl: Ich bin für euch da und ich werde für euch sorgen; das Werk ist eine Arche Noah, der die Sintflut ringsum nichts anhaben kann! Vergeßt die Politik, das ganze Durcheinander, das sie angerichtet hat, tut hier eure Pflicht, dann kann es nicht fehlen. Die Arbeiter hörten nichts lieber. Unbehagen an der Politik erfüllte sie. Die Politiker sagten ihnen: Ihr seid verantwortlich, ihr müßt euch jetzt endlich für Politik interessieren. Die Exponenten der Firmen sagten in diesem Punkte gar nichts oder das Gegenteil: Kümmert euch um nichts, arbeitet. Laßt sie schwätzen, die Politiker.«

Aufstieg oder Untergang der Bonner Republik werde davon abhängen, hatte Heinrich Brüning, der letzte demokratisch regierende Reichskanzler vor Hitler, der Bundesregierung prophezeit, ob es ihr gelänge, die Frontgeneration zu gewinnen. Hingerissen haben die 45er Patriarchen sie nicht. Die Sphäre des Politischen, der Parteienhader, der Kampf um den Gesellschaftskonsens blieb einer Mehrheit verdächtig, überflüssig und unangenehm. Ihrer Neigung nach zog es sie in den vordemokratischen Raum, den die Tüchtigkeit ausfüllt, die Erkenntnis des inneren und äußeren Feindes und erstklassige Versorgung. Diese Bedürfnisse hatte das vorangegangene Staatswesen auch bedient, allerdings auf undemokratische Weise. Da der ›Aufbau des Sozialismus‹ eben demselben Tugendsystem sich unterwarf (gleichfalls in der undemokratischen Ausführung), scheint es der Ausgangspunkt aller Ordnung im Deutschen Reich zu sein. Ganz verdrückt jedoch hatte sich der Herrenmensch. Der in Zivilsachen zurückbleibende Arbeitsübermensch, der die Normen der Plankommission an die Wand schuftete und der Welt mit Wirtschaftswundern Respekt einjagte, erkämpfte Blitzsiege ausschließlich auf dem Fußballfeld. Darüber hinaus fehlte einem Herrenmenschen sein Schatten, der Untermensch. Es sollte Jahrzehnte dauern, ehe in Deutschland die Rasse der Kanaken heranwuchs.

»Das Zauberwort Demokratie war an einem finsteren Himmel aufgegangen«, schreibt Kuby, *»wie der Mond über Soho. Ach, er bezauberte das Volk nicht.«* Die wahre Bezauberung des Volkes, die Erziehung des Landsers zum Arbeitskameraden, war kaum das Werk der politischen Kaste. Idole wie Heinz Nordhoff haben den Bundesbürger stärker geformt als Konrad Adenauer, der Überwinder des Materialismus.

»Seine Anzüge waren eine Spur zu elegant und seine Krawatten eine Spur zu farbig. Gesellschaftlich war er ohne Standort. Aus bürgerlichen Kreisen stammend, gehörte er weder zum Kapital noch zu den Arbeitern. Politisch war er ebensowenig gebunden. Aber zugleich ist in seinem Wesen etwas Autokratisches und so konnte er in Wolfsburg beweisen, daß er auch der ideale Mann für eine Führerrolle war, ohne allerdings jemals ein anderes Leitbild vorzuweisen als den Erfolg.« Der Erfolgsmensch, die Belegschaft und die Familie waren die Keime der Bonner Republik. Die Familie, die zerrissen und wieder zusammenzusuchen war, die Kriegerwitwen mit Kind, die wieder verheiratet sein wollten, die jungen Heimkehrer, die endlich Familien gründen konnten. Der Staat war erledigt, Besatzungsoffiziere kamen. Die täglichen Mahlzeiten kratzte die Familie zusammen. Sie war unschlagbar im Organisieren. Die Belegschaft zog den Karren aus dem Dreck, brachte die Maschinen zum Laufen und wußte sich zu helfen. Der Erfolgsmensch riß den Betrieb hoch, schuftete rund um die Uhr, stampfte etwas aus dem Nichts. Das war das, woran man nach zehn Jahren sich halten konnte. *»Die Tausende und Zehntausende, die bei Schichtbeginn gemeinsam durch die Fabriktore einströmten, wollten hören, sie seien in besonderer Weise davor gesichert, ›daß etwas passiert‹. Es war zuviel passiert, und jetzt sollte nichts mehr passieren.«* Auf den nachhitlerischen deutschen Arbeitsmann hin, schreibt Kuby, sei der Staat innenpolitisch konstruiert. *»Dieses neuen Typus Arbeitsbesessenheit ist die unpolitische Treibladung der deutschen Rakete, um die sich der Staat als aerodynamische Hülle gelegt hat. Die Rakete würde im selben Augenblick kraftlos zu Boden fallen, in dem die Energieleistung der Treibladung nachließe.«* Die Energie trug weit. Erfolgsmensch und Belegschaft, die sozialen Partner, flogen stolz beseelt in der Rakete, Ankunft Schlaraffenland, und nur selbstquälerisch Veranlagte lenkten den Blick zurück.

Im Jahr 1959 erhielten zwei der Chefpiloten, Alfried Krupp und sein Generalbevollmächtigter Berthold Beitz, auf dem Familienwohnsitz Villa Hügel in Essen seltenen Besuch. John McCloy, der ehemalige Hochkommissar für Deutschland, nun Präsident der Chase Manhattan Bank in

New York, schaute gelegentlich einer Geschäftsreise nach Frankfurt bei seinem ehemaligen Häftling Krupp vorbei, dem er nicht nur vorzeitig die Freiheit, sondern wider alles Erwarten auch seinen Besitz zurückgeschenkt hatte. McCloy kam, um Krupp die Entschädigung von Sklavenarbeitern nahezulegen, die das kurze Beschäftigungsverhältnis bei Krupp nicht heil überstanden hatten, Invalide geworden waren und nun, wie Trudy G. aus dem Ghetto von Lodz, bei ihren Verwandten in den USA lebten. Trudy G., die 1942 in Berlin-Neukölln für Krupp Zeitzünder gebaut hatte, gab 1959 zu Protokoll: *»Ich arbeitete in der Galvanisierung und tunkte heiße Eisenteile in kaltes Wasser. Die Funken flogen in meine Augen und verbrannten mir die Hände. Ich kann nur sagen, daß es eine furchtbare Sache war, und ich kann es kaum glauben, daß ich heute noch lebe. Der Meister von Krupp trieb uns an. Wir waren alle so verängstigt, daß wir fürchteten, den Weg ins Krematorium antreten zu müssen, wenn wir die Arbeit niederlegen oder uns mehr Zeit nehmen, so daß wir bis zur Erschöpfung arbeiteten. Ich machte das neun Monate mit, dann kam ich in das KZ Ravensbrück ...«*
Krupp war seit längerem von der Jewish Claims Conference unter dem Vorsitz von Nahum Goldmann zu Zahlungen aufgefordert worden. Man erbat einen einmaligen Betrag unterhalb von 2000 DM pro Person und schätzte, daß von den 70000 Zivilisten, Kriegsgefangenen und KZ-Häftlingen, die für Krupp als Sklaven gearbeitet hatten, noch rund 2000 Personen Ansprüche stellen würden. Krupp, der gerade für 243 Millionen Dollar Stahlwerke in Indien und Pakistan baute, zögerte mit einer Zusage. Die Firma Krupp sei *»nach sorgfältiger Überprüfung aller Gesichtspunkte doch zu der Auffassung gelangt«*, schrieb Beitz an die Claims Conference, *»daß eine positive Stellungnahme zu dem Vorschlag der Conference auch rechtlich präjudizielle Bedeutung für andere Unternehmen haben kann, die wir glauben jedenfalls so lange nicht verantworten zu können, als die Rechtsfrage, ob die Unternehmen haftbar gemacht werden können, noch nicht endgültig geklärt ist.«* Wenn nämlich die deutsche Industrie eine Rechtspflicht zur Entschädigung der Millionen ausgebeuteter Sklavenarbeiter anerkannt hätte, wäre die Konjunktur eine Spur gedämpft worden. So nahm man den in Nürnberg zwar widerlegten, aber wirtschaftlich einzig sinnvollen Standpunkt ein, man sei von der SS zum Einsatz der Sklaven gezwungen worden. Infolgedessen war man auch zur Annahme der Gewinne gezwungen gewesen und konnte nicht nachträglich zur Herausgabe verpflichtet werden. Wie überall, so beschloß man auch hier, die Zeche zu prellen und auf Basis unverbindlicher moralischer Wiedergutmachungsabsichten zu schachern. Eine komplette Absage wäre schlecht für den Außenhandel gewesen. Die Industriellen wußten, auch wenn sie sich rechtfertigten, was vorgefallen war. Eine internationale Erörterung ihrer Schandtaten war das letzte, was sie brauchen konnten. Wenn der Präsident der Chase Manhattan Bank auf sie zukam, mußte verhandelt werden.

Als die Claims Conference Krupp mit der Präsentation von 2000 Zeugen und 200 Belastungsdokumenten vor Gericht drohte, flog Beitz nach New York und vereinbarte in den Konferenzräumen der Manhattan Bank eine Zahlung von 5000 DM an jeden, der gegenüber der Conference glaubhaft machen konnte, als jüdischer KZ-Häftling für Krupp gearbeitet zu haben. Die Obergrenze des verfügbaren Betrages lag allerdings bei 10 Millionen DM. Falls mehr Anspruchsberechtigte auftauchten, mußte die Prämie pro Person verringert werden. Nichtjüdische KZ-Insassen gingen, wie sich bald herausstellte, leer aus. *»Bezugnehmend auf Ihren Brief vom 7. Januar 1960«,* beschieden Krupps Anwälte das Zentralkomitee der Nazi Victims Refugees in the Free World, *»müssen wir Ihnen mitteilen, daß in Anbetracht der erheblichen finanziellen Belastung betreffs der jüdischen KZ-Häftlinge wir uns bedauerlicherweise nicht in der Lage sehen, weitere Gelder zu erübrigen. Wir bitten um Ihr Verständnis.«* Englische Ex-Häftlinge trugen die Haltung Krupps den Houses of Parliament vor. Der Abgeordnete Emanuel Shinwell kommentierte: *»Dieser Schurke ist trotz Mord davongekommen und trägt jetzt noch die Beute weg.«*
Nachdem die New York Times zu Weihnachten 1959 mit der Titelgeschichte herauskam *»Krupp will die Sklavenarbeiter bezahlen«,* meldeten sich nicht 2000, sondern 7000 KZ-Insassen aus 31 Ländern von Pakistan bis Neuseeland. Darunter waren auch 365 der 520 ungarischen Mädchen, die man im Nürnberger Krupp-Prozeß tot gewähnt hatte. Als sie nach ihrer Rückgabe durch Krupp an die SS die Tore Buchenwalds erreichten, war das Lager bereits überfüllt. Ihr Güterzug wurde nach Norden umgeleitet und landete in Bergen-Belsen. Dort wurde der größte Teil der Mädchen von britischen Truppen gerettet. *»Die Feststellungen des Gerichts«,* schreibt der Nürnberger US-Ankläger Ferencz, *»konnten den Schluß zulassen, daß die Mädchen ermordet wurden. Dies offenbar glaubte auch Alfried Krupp, bis später entdeckt wurde, als sie ihre Forderungen erhoben, daß sie noch am Leben seien.«* Da diese schwer gequälten Mädchen für sich allein schon ein Fünftel der ursprünglich konzedierten Summe von 5000 DM pro Kopf erhalten hätten, bat Goldmann um eine Aufstokkung des Betrages. Beitz hingegen war der Ansicht, das Überleben der ungarischen Jüdinnen beweise nur die Ungerechtigkeit des Nürnberger Urteils, dem sein Chef zum Opfer gefallen sei. *»Hierfür gibt es keine Wiedergutmachung und nicht einmal eine moralische in der Weltöffentlichkeit. Sie werden verstehen, daß diese Erkenntnis in unserem Hause mit Bitterkeit empfunden wird.«* Die Aufstockung wurde abgelehnt. Die eine Milliarde Dollar, auf die Krupps Besitz geschätzt wurde, benötigte der einstige Sklavenhalter dringend, um die Bitternis herunterzuschlucken, der seine Sklaven ihn ausgesetzt hatten. Die Bitternis der Sklaven wurde mit 820 Dollar pro Kopf getröstet.
Die deutschen Firmen zahlten, wenn überhaupt, aus Sorge um das Geschäft. Den makabersten Handel schloß Rheinmetall in Düsseldorf mit

der Claims Conference ab. Die Gesellschaft hatte 5000 KZ-Insassen beschäftigt. Ihr leitender Direktor Otto Paul Cäsar war ausweislich Document Center Berlin NSDAP-Mitglied ab 1. Mai 1937, der zweite Direktor, Ernst Blume, seit 1935. Den Aufsichtsratvorsitzenden Dr. Freiherr von Gemmingen-Hornberg hatten die Franzosen als Kriegsverbrecher verurteilt. Eine Abfindung der überlebenden Sklaven mit einem Betrag zwischen drei und fünf Millionen DM lehnte Rheinmetall im Februar 1962 ab. Frischer Wind kam in die Angelegenheit, als in Amerika durchsickerte, daß Verteidigungsminister McNamara einen Auftrag von 50 Millionen Dollar für ein 20-mm-Geschütz zu vergeben hatte. Das Pentagon war so gut wie entschlossen zum Kauf eines deutschen Fabrikats, das sein Hersteller als *»die panzerbrechende Maschinenkanone HS 820«* anpries, eine *»Wunderwaffe ohne Konkurrenz in der ganzen Welt«*. Das Erscheinen der deutschen Wunderwaffe stieß in der Welt auf geringe Begeisterung, zumal ihr Verkäufer, die Rheinmetall GmbH, *»sogar Anerkennungszahlungen für finanzielle Ansprüche der ehemaligen Sklavenarbeiter aus der Nazi-Ära verweigert«*. Das erklärte Milton A. Waldor, nationaler Kommandant der jüdischen Kriegsveteranen. Die Kanone sollte besser in Springfield gebaut werden, dem Herkunftsort der berühmten Springfield Rifles. Die dortige Fabrikation steckte in der Krise.
Nun stiegen die Deutschen in den Wettbewerb ein und offerierten als Trostgeld neben ihrer Kanone 3 Millionen DM, zahlbar an die Botschaft der Vereinigten Staaten in Bonn zwecks Abdeckung humanitärer Hilfe für die KZ-Arbeiter. Vater dieser Idee war der zweite Vorstandsvorsitzende der Rheinmetall, hauptberuflicher Rechtsanwalt, der in Nürnberg Friedrich Flick verteidigt hatte, Otto Kranzbühler. Die Jewish Claims Conference verlangte 5 Millionen DM, Rheinmetall zog sich daraufhin gekränkt zurück und lehnte jegliche Erpressung ab. Die Bundesregierung schaltete sich ein, die an dem Geschäft ein heftiges Interesse hatte. Es handelte sich um den ersten größeren Waffenkauf der USA in Deutschland. Er wurde zu guter Letzt im Mai 1966 abgeschlossen, in einem Verhältnis von 300 Millionen DM für Kanonen zu 2,5 Millionen DM für die Beruhigung des Gewissens, hauptsächlich des amerikanischen. Ein winziger Teil des Kanonengewinns wurde angelegt in Mänteln, Pullovern und Schals, die an 13 Jüdinnen in Rußland verschickt wurden, Rheinmetall-Angestellte aus Buchenwald.
Aus dem Erlös der Wunderwaffe stammte der letzte Betrag, den eine deutsche Firma für Sklavenarbeit auszahlte. Inzwischen hatten nämlich deutsche Richter den Sachverhalt geprüft. Das Berliner Kammergericht entschied am 23. Februar 1959 den Fall Ellfers gegen Telefunken, der die Klage von 116 ehemaligen Sklaven gegen den Elektro-Konzern enthielt. Telefunken hatte mit der AEG und Siemens die Konzentrationslager mit elektrischen Installationen versorgt und, genauso wie 200 andere deutsche Firmen auch, Rüstungsgüter mit KZ-Sklaven produziert, deren Ko-

sten mit der SS verrechnet wurden. Das Kammergericht schloß daraus, daß es sich infolgedessen bei Telefunken um eine Reichsbehörde gehandelt habe. Ansprüche an Telefunken seien als Reparationsforderungen an das Deutsche Reich zu betrachten, die erst nach Abschluß eines Friedensvertrages mit Deutschland verhandelt werden könnten.
Am 15. November 1959 entschied ein anderes Berliner Gericht die Klage zweier New Yorker Jüdinnen gegen Rheinmetall. Im Laufe der Verhandlungen hatte die Kammer alle Einzelheiten sorgfältig geprüft; es hatte den Klägerinnen, die 1944 18 und 12 Jahre alt waren, abverlangt, den Namen der Rheinmetall-Angestellten zu nennen, die sie aus Buchenwald angefordert hätten, die Arbeitsbedingungen zu erläutern, zu beweisen, wie Rheinmetall die Arbeitsbedingungen hätte verbessern können, und zu ermitteln, welches im Jahre 1944 der Durchschnittslohn für einen ungelernten Metallarbeiter gewesen sei. Nach 1¼jähriger Untersuchung schlug das Gericht das Verfahren nieder mit der Behauptung, die Klage sei sechs Jahre nach Verstreichen der gesetzlichen Frist eingereicht und könne nicht mehr verhandelt werden.
Im gleichen Jahr hatten somit zwei Gerichte am gleichen Ort entschieden, daß die Entschädigungsansprüche erstens zu spät eingereicht und zweitens viel zu früh gestellt worden waren, weil sie den Friedensvertrag mit Deutschland nicht abwarten konnten. Was gelten sollte, stellte in der Revisionsverhandlung der zwei New Yorkerinnen der Bundesgerichtshof fest. Die Forderungen von Zwangsarbeitern fremder Nationalität seien grundsätzlich als Reparationsforderungen an das Deutsche Reich aufzufassen und bedürften der Regelung in dem noch abzuschließenden Friedensvertrag.
Die andere Rechtsauskunft, die Fristversäumnis, hatte aber noch nicht ausgedient. Unter den 500000 KZ-Häftlingen, welche die SS im Jahre 1944 an deutsche Firmen ausgeliehen hatte, und in den 1634 Filialen von Konzentrationslagern, in denen Zwangsarbeit geleistet wurde, befanden sich selbstverständlich auch deutsche Arbeiter, deren Ansprüche nicht auf dem Wege des Friedensvertrags, sondern der Zivilklage einzulösen waren. Einer von ihnen war der sudetendeutsche Rechtsanwalt Dr. Edmund Bartl, seinerzeit Insasse des KZ Sachsenhausen, der seinen alten Arbeitgeber, die Ernst-Heinkel-AG, belangte. Bartl, 1941 als Nazi-Gegner zu zwei Jahren Gefängnis verurteilt, wurde nach Ablauf der Haftzeit von Gestapo-Beamten in die Schutzhaft abgeschleppt und schweißte alsbald in dem nahe Sachsenhausen gelegenen Oranienburg für Heinkel Flugzeuge zusammen. Ohne die notwendige Schutzbrille, genügende Nahrung und bei regelmäßiger Mißhandlung verfiel Bartl zu einem blinden Mann von 86 Pfund Gewicht. Seine Gesundheit erwies sich als dauerhaft ruiniert.
Als er nach einigen Jahren in die Bundesrepublik gelangte und dort seine Sklavenhalterin, die Ernst-Heinkel-AG, ungebrochen vorfand, verklagte er die Firma 1959 vor dem Augsburger Landgericht wegen des einbehal-

tenen Lohns und der ruinösen Arbeitsbedingungen. Augsburg billigte ihm Entschädigung für einbehaltenen Lohn zu und wies die anderen Ansprüche als nicht fristgemäß zurück. Kläger und Beklagte gingen in die Revision. Das Stuttgarter Oberlandesgericht gab Bartls Forderungen von 10000 DM in vollem Umfang statt. Verjährt sein könne Bartls Recht darum nicht, weil keine Verzögerung ersichtlich sei. Er habe sich wieder aufgerafft, die Firma gesucht und gefunden.

Das Stuttgarter Urteil schuf einen sensationellen Präzedenzfall. Die deutsche Industrie und das Bundesfinanzministerium wurden nervös. Nicht nur, daß die deutschen Sklaven ermuntert waren, nachträglich normalen Arbeitslohn zu verlangen, auch ihre ausländischen Gefährten brauchten womöglich nicht mehr auf den Friedensvertrag zu warten. Nach dem Grundsatz der Gleichbehandlung durften sie nicht schlechter gestellt sein. Astronomische Beträge standen auf dem Spiel. Würden die Industriellen künftig nicht mehr von ihrer Barmherzigkeit, sondern von harten Rechtsansprüchen ihrer Opfer gedrängt, war auch die Bettelei und das Feilschen mit der Claims Conference vorüber. Ein fürchterlicher Zahltag für all die mörderischen Profite zog herauf. Selbst die Nachkommen der Toten könnten kommen. Bartl durfte nicht durchdringen. Und so entschied der gleiche BGH im Jahr 1967, daß Bartl zu spät, weil nicht fristgerecht, die Ausländer hingegen zu früh, quasi noch mitten im Krieg, gekommen waren. Dafür, daß der invalide Bartl, der seine Fristen hätte kennen müssen, auch wenn zwei Vorinstanzen sie nicht gekannt hatten, unberechtigterweise den BGH beschäftigte, den er gar nicht angerufen hatte, durfte er die Gerichts- und Anwaltskosten für sich und Heinkel tragen.

Das Urteil gegen den Krüppel Bartl interessierte auch den reichsten Mann Deutschlands und fünftreichsten der Welt, Friedrich Flick. Seit einigen Jahren meldete die Jewish Claims Conference Ansprüche hunderter ungarischer und polnischer Jüdinnen bei ihm an. Sie hatten 1944, aus Auschwitz, Buchenwald und Groß-Rosen kommend, in den Fertigungsstätten der Dynamit-Nobel in Allendorf bei Kassel, in Hessisch-Lichtenau sowie in Ludwigsdorf, Niederschlesien, an Sprengstoff, Bomben und Granaten gearbeitet. 1963 produzierte Dynamit-Nobel wieder Sprengstoff für Deutschland und die Welt. 80 % des Aktienkapitals lagen in den Händen des Vorstandsvorsitzenden Friedrich Flick. Der rüstige Achtziger hatte eine Summe von 5 Millionen DM in Aussicht gestellt, zahlbar bis zum 1. Mai 1964. Der Termin und weitere fünf Jahre verstrichen. Der zweifache Milliardär sei nicht liquide, berichtete der Unterhändler von Schlabrendorff, ehemaliger Hitlerattentäter, im Februar 1967. Die Zeit lief davon, denn nach Flicks Ableben würde sein Vermögen jeglichem Wiedergutmachungsanspruch entzogen sein.

Zwei Jahre später trat John McCloy auf den Plan, ein teilnahmsvoll bescheidener Anwalt für die bescheidenen Forderungen der ehemaligen

Sklaven. In einem Brief an den um Vermittlung gebetenen Bankier Abs schrieb McCloy: *»Ich finde die Rechtsposition der Firma untragbar legalistisch und, was den moralischen Aspekt angeht, völlig irrelevant. Es handelt sich nicht um ›Forderungen im kaufmännischen Sinn‹. Erwiesen ist, daß die Firma jüdische Zwangsarbeiter beschäftigt hat ... Ich brauche nicht zu wiederholen, daß ich absolut kein anderes Interesse habe als ein rein humanitäres, das, so glaube ich, auch im Sinne Deutschlands ist.«* McCloy, der einiges dazu beigetragen hatte, der Bundesrepublik den Weg in die gesittete Völkerfamilie zu öffnen, sah den Nutzen nicht, den sich die übelbeleumdeten deutschen Großfirmen von ihrem Geiz versprachen. Die erbetenen Summen konnten sie aus der Westentasche begleichen. Zu seinem 80. Geburtstag spendete Flick 4 Millionen DM an deutsche Wohlfahrtsorganisationen, das Zehnfache des Betrages, den er an seinem 60. Geburtstag Hermann Göring gestiftet hatte.
Im Frühjahr 1969 traf McCloy in Düsseldorf auf ein Flick-Konsortium, in dem der Neffe des in englischem Gewahrsam verstorbenen Oberbefehlshabers des Heeres Walther v. Brauchitsch, der junge Eberhard, das Wort führte. Eberhard v. Brauchitsch, frisch in die Flicksche Geschäftsleitung eingestiegen, wies schneidig alle Ansprüche zurück. In New York berichtete McCloy, er habe während der Ausführungen Herrn v. Brauchitschs mehrmals den Raum verlassen müssen, weil sich ihm der Magen umdrehte. Der sparsame Flickmanager sollte es noch weit bringen im Flick-Konzern. Zum Generalbevollmächtigten aufgerückt, wurde er einem größeren Publikum in Deutschland bekannt durch Strafermittlungen, die die Bonner Staatsanwaltschaft gegen ihn wegen großzügiger, aber möglicherweise nicht richtig verbuchter Parteispenden einleitete.
Nachdem der alte Hochkommissar sich vom industriellen Nachwuchs in Deutschland erholt hatte, appellierte er am 13. November 1969 an den *»Lieben Dr. Flick«* selbst. *»Die meisten der jüdischen KZ-Insassen, die die Greuel der Lager, die ich am Ende des Krieges teilweise selbst miterlebt habe, lebend überstanden haben, sind alte, in ihrer Gesundheit schwer geschädigte Frauen, die in schlechten finanziellen Verhältnissen leben. Natürlich zaudere ich, irgend jemandem meine persönliche Ansicht darüber aufzudrängen, wie er sich in einer Sache moralischer Verpflichtung verhalten solle, aber ich denke, daß durch Ihr Engagement ein Schritt in die richtige Richtung gegangen würde, daß dies Ihrer Firma, der Bundesrepublik und Ihrem eigenen Ruf als wahrer Menschenfreund guttun würde. Ich bin zuversichtlich, daß Sie mein persönliches Schreiben in diesem Ton entschuldigen werden, doch mein Gewissen hat mich trotz der Haltung Ihrer Vertreter in Düsseldorf, die mich im Juni empfingen, dazu getrieben.«* Der Menschenfreund, der wenige Jahre zuvor seiner 16jährigen Enkelin Dagmar eine höhere Summe überschrieben hatte als die, welche alle alten, von ihm geschädigten Frauen zusammen verlangten, ließ die Antwort durch von Brauchitsch übermitteln. *»In Abweichung von Ihnen vermag Herr Dr.*

Flick nicht zu erkennen, daß im vorliegenden Zusammenhang humanitäre oder moralische Gründe die Dynamit-Nobel AG oder das Haus Flick veranlassen könnten, an die Claims Conference irgendwelche Zahlungen zu leisten. Herr Dr. Flick bittet um Ihr Verständnis für seine abschließende Entscheidung in dieser Sache. Herr Dr. Flick läßt sich empfehlen. Ich schließe mich dem an. Hochachtungsvoll gez. v. Brauchitsch.«
Nichts würde sie davon überzeugen, hatte Flick in Nürnberg für alle Industriellen ausgerufen, daß sie Kriegsverbrecher seien. Nun verhielten sie sich aufs Haar so, als wären sie es. Ihr manischer Geiz erschien aller Welt als das personifizierte schlechte Gewissen. Alles abstreitend gaben sie alles zu. Wie der Verbrecher, der stets zum Ort seiner Tat zurückkehrt, landeten auch sie bei derselben Unbarmherzigkeit gegenüber der nichtheilen, der unheilbar zerschundenen Welt der Opfer wie 1944, in den Tagen der Sklavenwirtschaft. Sie waren ihren zivilisierten Geschäftssitten zum Trotz wenig verändert. Und was für sie galt, traf auf diese ganze stolzgeschwellte Gesellschaft der ›Arbeitskameraden‹ zu: Kein Elend mehr, kein Klassenkampf, kein Radikalismus – die Vorreiter des guten Benehmens.
Doch war die Zwangsmoral durch Reflexe aus dem früheren Leben getrübt, die den Argwohn wachhielten, ob der politische Triebverzicht restlos geglückt sei. Oder würde das nationalsozialistische Erlebnis irgendwann wie neugeboren die Sinne der Frustrierten berühren?

VII. Die innere Versöhnung

Reichskanzler Hitler, ein Staatsrechtsproblem

»Die Bundesregierung hat im Namen des Bundes durch Schriftsatz vom 12. März 1955 die Entscheidung des Bundesverfassungsgerichts über die mit dem Lande Niedersachsen entstandenen Meinungsverschiedenheiten angerufen. Sie hat zunächst beantragt, das Bundesverfassungsgericht möge feststellen:
1. Das Reichskonkordat vom 20. Juli 1933 ist in der Bundesrepublik Deutschland unverändert fortgeltendes Recht.
2. Das Land Niedersachsen hat durch Erlaß des Gesetzes über das öffentliche Schulwesen in Niedersachsen vom 14. September 1954 gegen das Reichskonkordat verstoßen und damit das Recht des Bundes auf Respektierung der für ihn verbindlichen internationalen Verträge verletzt.«
Der internationale Vertrag war die erste Abmachung Reichskanzler Hitlers mit einem anderen Staat, dem Vatikan. Hitler war über den Abschluß des Vertrags begeistert gewesen, weniger des Inhaltes wegen, der ihn nicht im geringsten interessierte. *»Im Reichskonkordat wäre Deutschland eine Chance gegeben und eine Vertrauenssphäre geschaffen«*, heißt es im Protokoll der Reichskabinettsitzung vom 14. Juli 1933, *»die bei dem vordringlichen Kampf gegen das internationale Judentum besonders bedeutungsvoll wäre.«* Der Vatikan gewähre dem nationalsozialistischen Staat drei große Vorteile, erklärte Hitler. Zum ersten widerlege das Konkordat wirkungsvoll die Behauptung, der Nationalsozialismus sei unchristlich und kirchenfeindlich. Zweitens sei es dadurch gelungen, *»die Bischöfe auf diesen Staat zu verpflichten. Daß das nunmehr geschehen wäre, wäre zweifellos eine rückhaltlose Anerkennung des derzeitigen Regiments.«* Den dritten Vorteil sah Hitler in der Einschränkung des reichen katholischen Vereinswesens und in der vom Vatikan sanktionierten *»Vernichtung des christlichen Gewerkschaftsgedankens und der Zentrumspartei, die doch die tragende Mitte der Weimarer Republik gewesen sei«*. Dieser Teil seiner Revolution sei erst mit dem Abschluß des Konkordats als endgültig zu bezeichnen. All das, schloß Hitler seinen Vortrag im Kabinett, habe er *»noch vor einigen Monaten nicht für möglich gehalten und sei ein so unbeschreiblicher Erfolg, daß demgegenüber alle kritischen Bedenken zurücktreten müßten«*. Als Gegenleistung wurde dem Vatikan garantiert, daß die Schulkinder genügend katholischen Religionsunterricht erhielten. Dies war auch 1955 der Streitpunkt der Bundesregierung mit dem Lande Nie-

dersachsen, das die Konfessionsschule abzubauen begann. Den Niedersachsen sprangen die sozialdemokratischen Bundesländer Hessen und Bremen bei, die, vertreten von Adolf Arndt, die Ungültigkeit des Hitlerschen Handels mit dem Vatikan behaupteten. Die ergebe sich formal schon daraus, daß das Konkordat ohne die Zustimmung des Reichstags ratifiziert wurde. Vom Reichstag habe sich Hitler am 23. März 1933 mit dem Ermächtigungsgesetz diktatorische Vollmachten ausstellen lassen. Was aber in Abschaffung der Weimarer Verfassung zustande gekommen sei, meinten Hessen und Bremen, könne für sie kaum verbindlich sein. Die Bundesregierung war gegenteiliger Auffassung. Das Ermächtigungsgesetz habe die rechtlichen Voraussetzungen für einen Vertragsabschluß ohne Reichstag geschaffen. Das Konkordat gelte infolgedessen bis heute. Artikel 30, der die katholische Kirche verpflichtete, für den nationalsozialistischen Staat zu beten, mochte man als gegenstandslos betrachten.
Die Verträge Hitlers waren nach 1945 von den Besatzern pauschal suspendiert worden. Nach Gründung der Bundesrepublik hatte die Regierung von Fall zu Fall entschieden, welche Staatsakte des Hitler-Reiches anzuerkennen und welche abzulehnen waren. *»Meinungsverschiedenheiten«* über das *»Fortgelten von Recht als Bundesrecht«* entschied nach Art. 126 GG das Bundesverfassungsgericht. Die Meinungsverschiedenheit, die es innerhalb der zwei Jahre von März 1955 bis zum März 1957 im sogenannten Konkordatsprozeß bindend zu klären galt, betraf die Rechtmäßigkeit der Hitlerschen Machtergreifung.
War der ›Täter Hitler‹ als Terrorist ans Ruder gekommen und mußten alle Staatsakte als ungültig von Anfang an gesehen werden? Oder hatte er in der ihm eigenen Weise eine ordentliche deutsche Regierung gebildet, Gesetze und Verordnungen erlassen, Verträge geschlossen? Was war das Bleibende an Hitler?
Die Strafkammern hatten sich 1957 voll auf Hitler, den ersten Mörder seines Staats, eingeschossen. Wer nicht mitmordete, kam selbst ins KZ. Nun tauchte ein zupackender, anerkannter Staatsmann gleichen Namens auf, der in Deutschland von Januar 1933 bis April 1945 an der Regierung war, hoheitliche Handlungen vollzogen hatte, die fortgalten bis auf Widerruf. Die burschikosen Formen der Hitlerschen Machtergreifung nannte Staatssekretär Walter Hallstein namens der Bundesregierung *»Entwicklungsphasen einer Revolution, die ihre Staatsordnung durchsetzte«*. Entscheidend sei, daß die Sache sich behauptet habe. Staatsordnung und Ermächtigungsgesetz seien voll anerkannt gewesen. *»Ungeachtet des Anstößigen, mit dem das Zustandekommen dieses Gesetzes belastet ist, muß man zu dem Ergebnis kommen, daß, ob wir es wollen oder nicht – und es ist eine Sache, die uns sehr unsympathisch ist und die wir sehr ungern zugeben, aber wir müssen sie zugeben –, in der durch das Ermächtigungsgesetz mitgestalteten Ordnung ein Ordnungswert enthalten ist.«* Die Rechtssicherheit würde schweren Schaden erleiden, wenn man *»etwa zu*

dem Schluß käme: Das Ermächtigungsgesetz und alles, was darauf beruht, ist null und nichtig.«
Die Länder Hessen und Bremen versuchten, dem Bundesverfassungsgericht zu verdeutlichen, daß unstrittig ein Ermächtigungsgesetz existiert habe, dieses auch mit den erforderlichen zwei Dritteln der Stimmen des Reichstags verabschiedet worden sei. Nur sei der Bau mit SA umstellt gewesen, 109 Abgeordnete hätten im Gefängnis gesessen, die Beschlußfähigkeit des Reichstags sei durch Änderung der Geschäftsordnung gesichert worden, derzufolge ›unentschuldigt‹ Abwesende als Anwesende zu gelten hatten. Was ›unentschuldigt‹ hieß, bestimmte Reichstagspräsident Hermann Göring, der in der Kabinettssitzung 8 Tage vor der Abstimmung überlegt hatte, *»eventuell könnte man die Mehrheit dadurch erreichen, daß einige Sozialdemokraten aus dem Saal verwiesen werden«*. Der Gutachter der Bundesregierung, Prof. Adalbert Erler, führte aus, die Weimarer Republik *»hätte wohl in jedem Falle eines Ermächtigungsgesetzes bedurft, um den Weg aus der Not und damit den Weg zu sich selber zurückzufinden«*. Unrichtig sei ferner die Theorie, *»daß diese Annahme unter Terror geschehen sei«*. Die Maßnahmen Görings waren völlig überflüssig. Denn auch ohne daß 15% der Abgeordneten hinter Schloß und Riegel verbracht worden sind, hätte das Abstimmungsergebnis sich nicht großartig geändert. Zwei Drittel Zustimmung waren Hitler ohnedies sicher. Die Einsperrung der 109 Leute sei formal nicht anfechtbar, da sie nicht als Abgeordnete verhaftet worden seien, sondern zwischen der Auflösung des alten und der Wahl des neuen Reichstags. Infolgedessen *»war jedenfalls der Buchstabe der Verfassung nicht verletzt«*. Vom anderen Ende der Logik argumentierte Walter Hallstein. Wie immer auch die Prozeduren gewesen sein mochten, es sei nicht beweisbar, daß ein frei tagender Reichstag das Konkordat abgelehnt hätte. Außerdem wäre der angebliche Mangel bei der Ratifikation des Konkordats – *»ein Mangel, der sogar den deutschen Rechtslehrern bisher verborgen geblieben sein würde«* – dem Vatikan 1933 bestimmt nicht ersichtlich gewesen. Die Verpflichtung hatte die Bundesregierung nicht gegenüber Hitler, sondern gegenüber dem Vatikan. Woher sollte der Vatikan 1933 wissen, wer Hitler war, zumal man mit Mussolini blendend zurechtkam. Immerhin fragten die der Bundesregierung beigesprungenen Staatsrechtler noch 1957: *»Was bedeutet es, wenn eine Ordnung sich etabliert, die nicht mehr beseitigt werden kann? Wie wird verfahren, wenn sich eine Ordnung bildet?«* Professor Mosler aus Heidelberg löste das von ihm präzise erkannte Problem: *»... es geht darum, daß die Ordnung, die geschaffen worden ist, wegen des Rechtswerts, der in einem geregelten Ablauf des gesellschaftlichen Lebens besteht, anerkannt wird.«* Man müsse unterscheiden zwischen Ordnung als solcher und gerechter Ordnung.
Was zählt, ist Ordnung als solche. Die traditionelle Begeisterung deutscher Professoren für Ordnung wurde vor dem Bundesverfassungsgericht

ergänzt durch ihren seltener zu hörenden Enthusiasmus für die Revolution. Inhalt des Streits war der Tatbestand, daß eine gerechte Ordnung gestürzt und eine Ordnung als solche errichtet worden war. Prof. Ulrich Scheuner aus Bonn erklärte es als Standardtheorie seiner Zunft, *»daß man die Rechtsordnungen einer Revolution nicht an den Maßstäben des durch sie beseitigten Staatsrechts messen könne. Eine Revolution besitze rechtserzeugende Kraft.«* Ausnahme sei selbstverständlich *»offenes Unrecht«*. Die revolutionäre Abschaffung der Weimarer Reichsverfassung aber wollten die Professoren dazu nicht zählen.
Die Rechtserzeugung des Revolutionärs Hitler mochte das Land Hessen den Gutachtern der Bundesregierung nicht glauben. Adolf Arndt entgegnete, solche Ausdrücke schienen ihm nicht ganz angebracht. *»Ich spreche lieber von der nationalsozialistischen Gewaltherrschaft.«* Dieser sei keine rechtsformende Kraft eigen gewesen, *»sondern eine rechtsdeformierende Kraft, nicht eine rechtsgestaltende, sondern eine rechtsvernichtende Kraft«*. Dem Ausgang des Konkordatsprozesses sprach Arndt eine *»epochale Bedeutung«* zu. Die Interpretation der Machtergreifung, der Rechtsstatus des Ermächtigungsgesetzes seien lebendiges Verfassungsverständnis. *»Hoher Senat, das ist eine für uns ungeheuer wichtige Frage, denn diese Fragen können wieder kommen, sie werden vielleicht wieder kommen.«*
Die Gesamtheit der rechtlichen Verhältnisse im Dritten Reich hatte der Bundesgerichtshof in einer Entscheidung vom 8. Februar 1952 ausweichend charakterisiert. Eine Zechenbesitzerin, die im Zuge des Kriegs Eingriffe in ihr Zecheneigentum hatte hinnehmen müssen, war zwecks Entschädigung vor den Bundesgerichtshof gezogen, der die Rechtmäßigkeit des seinerzeitigen Staatshandelns generell prüfte. Er kam zu dem Ergebnis, daß keine Zweifel daran bestünden, daß Hitler im vollen Besitz der staatlichen Macht stand. Nachdem er einmal durch Anwendung von *»Druck und Gewalt«* die Macht erobert habe, sei die staatliche Ordnung vom Bestand der Regierung abhängig gewesen. *»Hoher Senat«*, mahnte Arndt die Bundesrichter für Verfassungssachen, *»es hat selten in der deutschen Rechtsgeschichte ein so erschütterndes Wort gegeben, wie diesen Urteilsgrund des Bundesgerichtshofs. Wir, die wir wissen, daß Hunderttausende und Aberhunderttausende – und zwar zuerst Deutsche – auf eine rechtswidrige Weise in jenen Jahren ihrer Freiheit, ihrer Gesundheit, ihres Vermögens beraubt wurden, wir, die wir wissen, daß in jenen Jahren Millionen von Menschen sogar – ich kann es nicht anders ausdrücken – gleichsam fabrikmäßig auf Befehl der Machthaber ermordet wurden, da sagen wir heute, oder jedenfalls sagt der Bundesgerichtshof im Jahr 1952, daß die staatliche Ordnung damals von dem Bestande einer Regierung, die das alles trieb, abgehangen hätte. Ich glaube wohl, man wird umgekehrt sagen müssen, soweit es nach dem 30. Januar 1933 noch eine Ordnung gab, hing sie ab vom Widerstande gegen jene Regierung und von nichts Anderem.*

Und jener Widerstand ist in der Tat tausend- und tausendfältig geübt worden. Auch wo der kleine Behördenleiter z. B. hinging und auf die Anforderung, sich darüber zu äußern, ob seine Untergebenen Nationalsozialisten seien, wider besseres Wissen in die dienstliche Beurteilung schrieb, an der nationalsozialistischen Zuverlässigkeit des Beamten X. und Y. ist nicht zu zweifeln, da hielt dieser Widerstand gegen jene illegale Regierung die Ordnung aufrecht. Und wenn der Gemüsekrämer in einer Stunde, wo er nicht an Juden verkaufen durfte, seine Tomaten abgab – und ich bilde absichtlich diese schlichtesten Beispiele aus dem Menschenleben –, da hing die Aufrechterhaltung der Ordnung von diesem Widerstand ab gegen die Regierung, aber nicht von dem Bestande einer Regierung, die sich zwischen 1933 und 1945 so verhielt, und die doch völkerrechtlich geächtet worden ist, und zwar in einer durchaus gerechtfertigten und begründeten Weise, wenn auch zu einem viel zu späten Zeitpunkt geächtet worden. Und das gilt von vornherein für das Jahr 1933. Denn man sollte nicht heute noch der Propaganda zum Opfer fallen, daß ja anfangs niemandem ein Haar gekrümmt worden sei, sondern erst ganz zuletzt, vielleicht in den letzten Kriegszeiten, sich irgend etwas ereignet habe. Das sogenannte Ermächtigungsgesetz steht ja in unmittelbarer Verquickung z. B. damit, daß nicht nur vorher schon Konzentrationslager errichtet worden waren, sondern daß wenige Tage später am 2. Mai vor aller Augen das Gewerkschaftsvermögen sowohl der christlichen wie auch der freien Gewerkschaft offen in Deutschland geraubt wurde, indem man einfach die ordnungsgemäß gewählten Obleute und Repräsentanten dieser großen Organisationen einsperrte, in Kohlenkeller von SA-Lokalen.«

Im Urteil des Bundesverfassungsgerichts *»über die Frage, ob das Land Niedersachsen durch Erlaß des Gesetzes über das öffentliche Schulwesen gegen das Konkordat zwischen dem Heiligen Stuhl und dem Deutschen Reich vom 20. Juli 1933 verstoßen und dadurch ein Recht des Bundes auf Respektierung der für ihn verbindlichen internationalen Verträge durch die Länder verletzt hat«*, wurde vom 2. Senat am 26. März 1957 für Recht erkannt: *»Der Antrag der Bundesregierung wird zurückgewiesen.«* Den katholischen Religionsunterricht könnten die Länder im Rahmen ihrer vom Grundgesetz gewährleisteten Kulturhoheit organisieren wie sie wollten. Das Reichskonkordat lege den Bundesländern keine Beschränkungen auf. Die Nebenfrage, ob ein Konkordat überhaupt existiere, oder ob es von einer durch Terror an die Macht gekommenen Regierung vermittels Bruch der Weimarer Reichsverfassung ratifiziert und nichtig von Anfang an gewesen sei, entschied das Bundesverfassungsgericht in den folgenden denkwürdigen Sätzen: *»Gemessen an den Vorschriften der Weimarer Reichsverfassung war das sogenannte Ermächtigungsgesetz ungültig. Es bedarf hierüber jedoch keiner näheren Ausführungen, denn über seine Gültigkeit kann nicht nach den Bestimmungen dieser Verfassung entschieden werden. Das Ermächtigungsgesetz muß als eine Stufe der revolutionä-*

ren Begründung der nationalsozialistischen Gewaltherrschaft angesehen werden. Es schuf anstelle der bisherigen eine neue Kompetenzordnung. Diese neue Kompetenzordnung hatte sich jedoch zur Zeit der Ratifikation des Konkordats (September 1933) tatsächlich durchgesetzt. Die neue Kompetenzordnung war international anerkannt. Sie funktionierte auch nach innen.«

Der Artikel 131 GG

Am 25. April 1952 legte der ehemalige Angehörige der Gestapo in Stuttgart, Gallus H., Beschwerde beim Bundesverfassungsgericht ein, weil er sich in seinen Rechten aus Artikel 3 Grundgesetz verletzt fühlte, demzufolge niemand wegen seiner Abstammung, seiner Rasse, seiner religiösen oder politischen Anschauungen benachteiligt werden dürfe. Ebendies widerfahre ihm durch § 3, Nr. 4 des am 11. Mai 1951 vom Deutschen Bundestag verabschiedeten Gesetzes zur Regelung der Rechtsverhältnisse der unter Artikel 131 des Grundgesetzes fallenden Personen. Dieser Paragraph 3 verwehre ihm als Gestapomann die Ansprüche auf Versorgung und Unterbringung, welche das Gesetz den übrigen aus dem Staatsdienst verdrängten Hitlerbeamten gewähre. Der Ausschluß aller Gestapoangehörigen von ihren wohlerworbenen Rechten sei aber eine verfassungswidrige Kollektivstrafe. Er habe bei der Gestapo Stuttgart eine ordnungsgemäße Laufbahnausbildung als Beamter genossen, im übrigen aber nur untergeordnete Tätigkeiten verrichtet. Darum sei es abwegig, ihn auf eine Stufe mit den *»Polizeipotentaten«* des Nationalsozialismus und erst recht mit jenen *»zahlreichen nicht vorgebildeten Elementen«* zu stellen, die nach 1945 in den Staatsdienst aufgenommen worden seien. Gallus H. beantragte, die Diskriminierung der Gestapo im ›131er Gesetz‹ für verfassungswidrig zu erklären.
Das Bundesverfassungsgericht erklärte die Beschwerde für zulässig, belehrte aber den Kläger, daß die Nichterneuerung von Rechtsansprüchen die ehemaligen Gestapoleute keineswegs bestrafe. Es sei denn, die alten Rechtsansprüche, wie sie das Deutsche Beamtengesetz von 1937 enthielt, bestünden fort. Dem *»von nationalsozialistischer Weltanschauung durchdrungenen Berufsbeamtentum, einem Grundpfeiler des nationalsozialistischen Staates«,* war vom Führer als Gegenleistung für die *»Treue bis zum Tode«* sein *»besonderer Schutz«* zugesichert worden. Der Führer war tot, fragte sich nur, ob sein besonderer Schutz überlebt hatte. Besaß die auf ihn vereidigte Beamtenschaft – handverlesen nach ihrer *»Bereitschaft, jederzeit rückhaltlos für den nationalsozialistischen Staat einzutreten«* – mit Weib und Kind das einklagbare Recht auf Wiederverwendung und Pension?
Als das Verfassungsgericht darüber im Februar 1957 entschied, war trotz

sieben Jahren leidenschaftlicher Diskussion der Frage noch keine Übereinstimmung in der Bundesrepublik erzielt. Nach der *»im Schrifttum und in der Rechtsprechung überwiegend vertretenen Auffassung«*, resümierten die Verfassungsrichter, hätten allerdings *»diese Beamtenverhältnisse den Zusammenbruch vom 8. Mai 1945 überdauert«*. An der Spitze der Kontinuitätspartei stand der Bundesgerichtshof. Der Bundestag wollte sich – wie schon zuvor der Parlamentarische Rat – nicht festlegen. Doch existierte der allseits begrüßte Verfassungsauftrag (Artikel 131), eine Fürsorgeregelung für die Staatsdiener des III. Reiches zu treffen. Die einzige vom Grundgesetz mit einer Entschädigungsaussicht bedachte Opfergruppe.

Anscheinend hat man den Passus als das interessanteste Element der ganzen Verfassung empfunden. *»Artikel 131«,* bemerkte der ›Bonner Kommentar‹ einleitend, *»ist die von allen Grundgesetzartikeln bisher wohl am meisten diskutierte Bestimmung.«* Während der Parlamentarische Rat daran formulierte, trat den Beamten der Schweiß auf die Stirn. Das Fürsorgeversprechen machte sie mißtrauisch. Wozu verfassungsrechtlich regeln, was dienstrechtlich wohlerworben war und außer Frage stand? Zu Beginn der vierzigsten Sitzung des Hauptausschusses versicherte der spätere Innenminister Lehr (CDU), *»daß irgendein Grund zu einer Beunruhigung für die Beamtenschaft nicht besteht«*. Deren Nerven hatten durch die Manieren der Besatzungsmächte dermaßen gelitten, daß sie das Erbarmen der Verfassungsväter nicht mehr trösten konnte. Viele Dienststellen waren durch den Zusammenbruch aufgelöst und nicht mehr ersetzt worden. Dazu zählten alle Reichsbehörden, die Zivilverwaltungen im besetzten Europa und die nun nicht mehr zugänglichen Ämter der Heimatvertriebenen. In der zonalen Restverwaltung wirkten seither unzureichend vorgebildete Amateure oder – bitterer noch – Kollegen, die ehedem ihre Pflicht auch nicht besser getan hatten als die Verdrängten. Diese, auf lebenslange Alimentierung in Dienst genommen, fielen seit Jahren der Sozialpflege zur Last, die ihnen etwa in Niederbayern 30 Mark für den Haushaltsvorstand, 20 Mark für die Ehefrau und 16 Mark für die Kinder zugestand. Das Beamtentum war der Hauptleidtragende der Entnazifizierung gewesen, mußte zuvor die Berufsverbote der Alliierten erdulden, die nach Kontrollratsdirektive Nr. 24 vom 12. Januar 1946 jeden aktiven NSDAP-Genossen aus dem Amt verjagt, *»um seinem Einfluß ein Ende zu setzen«,* seinen Ausschluß als endgültig erklärt und ihm *»keinen Anspruch auf Ruhegehälter oder andere Beamtenrechte«* eingeräumt hatten.

Der Reinigungsgedanke fand noch bis in den Parlamentarischen Rat hinein Anklang. *»Wer sich am 8. Mai 1945 im öffentlichen Dienst in einem Beamten- oder Arbeitsverhältnis befunden hat«*, hieß es im ersten Entwurf des Redaktionsausschusses, *»kann daraus kein Recht auf Wiedereinstellung herleiten.«* Der spätere Justizminister Dehler (FDP) begründete

diese Fassung mit einer Tendenz der Gerichte, die Kommunen zur Wiedereinstellung entlassener Bediensteter zu zwingen. *»Eine solche Entwicklung der Rechtsprechung muß abgebremst werden. Niemand, der am 8. Mai 1945 Beamter und am Ende Beamter Hitlers war, hat einen Anspruch auf das Amt. Aber seine vermögensrechtlichen Ansprüche sollen irgendwie geregelt werden.«* Der hessische Justizminister Zinn (SPD) wählte ein abstoßendes Beispiel: *»Es kann passieren, daß in der hessischen Justiz die nicht mehr ins Amt gekommenen Richter plötzlich auf Wiedereinstellung klagen. – Es muß verhindert werden, daß die neue Verwaltung gezwungen werden kann, die ausgeschiedenen Personen wieder zu übernehmen ... darunter fällt auch die Wehrmacht, denn das war öffentlicher Dienst, sogar die Waffen-SS.«* Eine noch absurdere Vorstellung führte der nordrhein-westfälische Innenminister Menzel (SPD) an: *»Man würde wahrscheinlich in Nordrhein-Westfalen die gesamte jetzige Polizei entlassen und die früher im SD und unter Himmler eingestellte Polizei wieder in die Polizei übernehmen müssen, wenn wir den Leuten den Rechtsanspruch auf ein aktives Amt belassen würden. Was das innenpolitisch und finanzpolitisch bedeutet, das scheint man sich zum Teil noch gar nicht klargemacht zu haben.«* Man wollte es sich in der Mehrheit auch nicht klarmachen und ließ offen, ob das Reserveheer der Hitler-Beamten Rechte auf baldige Übernahme der Verwaltung besaß. Artikel 131 übertrug die Entscheidung auf den Bundestag. Er bekam den unverbindlichen Auftrag, die *»Rechtsverhältnisse«* ausgeschiedener Amtspersonen zu regeln, *»die bisher nicht oder nicht ihrer früheren Stellung entsprechend verwendet werden«*. Anerkannt war ihr Versorgungsanspruch, fraglich ihr Wiederverwendungsanspruch.
Das am 11. Mai 1951 verabschiedete ›131er Gesetz‹ vermied eine Klarstellung, schloß indessen zwei Gruppen von allen Ansprüchen an die Bundesrepublik aus: Entnazifizierte mit der Einstufung ›Hauptschuldiger‹ oder ›Belasteter‹, hatte das ›Befreiungsgesetz‹ von der Ausübung öffentlicher Ämter und Ruhestandsbezügen ausgeschlossen (sie wurden bei den Sozialversicherungen nachversichert). Solche Spruchkammerbescheide waren selten ergangen, Ausnahmen beseitigte der Gnadenweg. Die Entnazifizierungskategorie I/II war 1951 so gut wie inexistent. Die Last der Diskriminierung trugen einzig die Beamten der Geheimen Staatspolizei. Alle anderen, seinerzeit der NSDAP oder ihren Gliederungen angehörigen und noch immer verdrängten öffentlich Bediensteten waren nunmehr kraft Bundesgesetz Anspruchsberechtigte, sie erfuhren aber nicht genau genug, worauf ihre Ansprüche sich gründeten. Auf ihre im Dritten Reich wohlerworbenen Rechte oder auf eine freiwillige Selbstverpflichtung der Bundesrepublik? Man mutete ihnen auch Opfer zu:
Die im Nationalsozialismus abgeschaffte 10jährige Wartefrist vor Erlangung von Anrechten erhielt rückwirkende Geltung. Ernennungen und Beförderungen, die sich ausschließlich *»enger Verbindung zum National-*

sozialismus« verdankten, blieben unberücksichtigt, und mehr als zwei (seit 1935 nach Rückfrage bei der NSDAP ausgesprochene) Beförderungen zählten auf keinen Fall. Die Beamtenschaft fuhr in die Höhe. Am Ende eines sechsjährigen Marterpfads stand nun materielle Ausplünderung. 34 Beschwerdeführer, allen voran ein ehemaliger Erster Staatsanwalt am Oberlandesgericht Stettin, riefen das Bundesverfassungsgericht an. Sie seien der Auffassung, daß ihre Beamten- und Versorgungsrechte unbeschädigt den Zusammenbruch des Deutschen Reiches überdauert hätten. Ihr Dienstherr bestehe fort, wenn nicht, seien trotzdem ihre naturrechtlich gebundenen Menschenrechte dadurch verletzt, daß die dem Berufsbeamten zustehende angemessene Versorgung nicht gesichert sei.

Das Bundesverfassungsgericht wies am 17. Dezember 1953 im ersten seiner zwei großen Urteile zum ›131er Gesetz‹ die Kläger ab. Nach dem vollständigen Untergang der Staatsgewalt des Dritten Reiches, die doch in erster Linie von Beamten verkörpert worden sei, hätten ihre Rechtsverhältnisse wahrscheinlich nicht überlebt. Ganz gewiß aber könne eine Treuebeziehung wie die der Beamten zum Führer nicht Quelle fortwirkender Ansprüche sein. Nach ständiger Rechtsprechung des Reichsdisziplinarhofs sei dem Beamten *»das volle und rückhaltlose Eintreten für den Führer in und außer dem Amte«* abverlangt worden. Beamte seien dienstentlassen worden wegen unvorschriftsmäßigen Entbietens des Hitler-Grußes, weil dadurch der Eindruck entstehe, man *»lehne den Führer ab und gehe darauf aus, seine Gegnerschaft öffentlich zu zeigen«*. Das ständige Fernbleiben von nationalsozialistischen Veranstaltungen sei als Vergehen gewertet worden. Das Disziplinargericht habe es geahndet, wenn jemand es *»unterlassen hat, bei gegebenen Anlässen seine Wohnung zu beflaggen und auch nicht im Besitz einer Hakenkreuzfahne gewesen ist«*. Das NS-Beamtenrecht sei von der Überzeugung durchdrungen gewesen, der Amtsträger müsse *»für den Staat kämpferisch tätig sein«*, so daß er *»innerlich mit dem Führer als dem politischen Mittelpunkte des Staates lebt«*, weil *»die Ausbildung des Charakters im nationalsozialistischen Sinne wichtiger ist als die Fachkenntnisse«*, er sei nämlich *»politischer Soldat in Zivil«*. Rechtsverhältnisse dieser Art, entschied das Bundesverfassungsgericht, seien mit dem 8. Mai 1945 erloschen.

Mit seinen Ausführungen hatte der Erste Senat sich in eine Außenseiterposition begeben, die im politischen und juristischen Raum keine Verbündeten fand. Aus der Karlsruher Nachbarschaft antwortete am 20. Mai 1954 der Große Zivilsenat des Bundesgerichtshofs, dessen Präsident Hermann Weinkauff, selbst hoher Ex-Reichsbeamter, sich nicht ohne weiteres als politischer Soldat des Führers in Anspruch nehmen lassen wollte. *»Nach Auffassung des Großen Senats kann dem historischen Werturteil des Bundesverfassungsgerichts nicht beigepflichtet werden.«* Dieses sei nämlich dem *»Wunschbild«* erlegen, *»das die nationalsozialistischen Machthaber*

vom deutschen Beamten hatten«. Sein Schwur auf Hitler habe nicht diesem selbst, sondern dem von ihm personifizierten *»obersten Staatsorgan«* gegolten. *»Als sich aber die verbrecherischen Ziele und Methoden des Nationalsozialismus immer mehr enthüllten, wurde diese aufgezwungene Bindung überwiegend nur unwillig, unter scharfer innerer Ablehnung und unter schärfstem Terror ertragen.«* Wer dem Beamten seine Unterwerfung unter den Führer vorhalte, stelle die Dinge auf den Kopf. *»Die von dem Terror Betroffenen müssen die Folgen von Unrechtsmaßnahmen tragen, obwohl sie gerade die Opfer dieser Maßnahmen waren. Die Terrorisierten verlieren um so eher ihre Rechte, je stärker der Terror war, der gegen sie ausgeübt wurde.«* Die Beamtenrechtsverhältnisse könnten fernerhin auch nicht als Folge des etwaigen Untergangs des deutschen Staates ihr Ende gefunden haben. Dieser habe zwar militärisch kapituliert – *»vertreten durch die Wehrmacht, nicht durch die Regierung«* –, sei jedoch rechtsfähig, wenn auch handlungsunfähig geblieben. *»Legitimer Inhaber dieser Staatsgewalt blieb aber nach wie vor das deutsche Staatsvolk. Soweit die Besatzungsmächte diese Staatsgewalt ausübten, übten sie daher deutscher Staatsgewalt aus.«* Treuhänder, die sie waren, hätten sie die wohlerworbenen Rechte des von ihnen entlassenen Beamten suspendieren, nicht aber beseitigen wollen. Das Grundgesetz habe ihre weitere Gewährleistung nicht speziell ausgedrückt, sondern sie eher umgetauft: *»›Wohlerworbene Rechte‹ ist ein altrechtlicher Ausdruck für das, was man heute Eigentumsgarantie nennt.«* Das Eigentum aber sei nach Artikel 14 GG geschützt.
Die Verwandtschaft zwischen dem fortexistierenden Staat und fortexistierenden Besitztiteln hatte der Bundesgerichtshof dem Staatsvolk aus der Seele gelesen. Es blieb Inhaber. ›Inhaber der Staatsgewalt‹, die sich nun ganz entschlackt als Staatsgewalt der Inhaber verstanden wissen wollte. Das einzige von ihr Übriggebliebene war die Versorgungsberechtigung des Personals. Als Quelle des Anspruchs hatte bereits der Parlamentarische Rat die Fortexistenz bzw. Nachfolgeschaft des Deutschen Reichs in der Bundesrepublik entdeckt. In der zweiten Plenumssitzung entfaltete der Präsident des Hauptausschusses, Carlo Schmid (SPD), die Theorie von der Treuhandgesellschaft bestehend aus Militärregierung und deutscher Rumpfverwaltung. Ehrliche Makler des vorübergehend mattgesetzten Deutschen Reiches. *»Es ist etwas geschehen, aber eben nicht die Vernichtung der deutschen Staatlichkeit. – Die Hoheitsgewalt in Deutschland ist also nicht untergegangen, sie hat lediglich den Träger gewechselt, indem sie in Treuhänderschaft übergegangen ist. – Deutschland braucht nicht neu geschaffen zu werden. Es muß aber neu organisiert werden.«* Da *»der Machtapparat der Diktatur mit dem Staatsapparat identisch gewesen ist«,* sei das erhalten gebliebene Rechtssubjekt Staat *»noch nicht geschäftsfähig«.* Das erste Geschäft, das die neuen Organisatoren verfassungsmäßig abwickelten, war die Fürsorge für den ›Machtapparat der

Diktatur‹. Seinen Trägern versprach Schmid, ihnen *»werde nichts verlorengehen, worauf sie einen legitimen Anspruch haben sollten«*.
Da Schmid und die anderen Treuhänder der alliierten Demokratieverordnung es vorzogen, als Treuhänder des Deutschen Reiches aufzutreten, beanspruchten dessen Bedienstete prompt Vertragserfüllung. Wenn der Staat trotz allem nicht untergegangen sei, bestätigte der BGH, sondern sich als der Hergebrachte deklariere, so schulde er selbstredend seinem früheren Beamten *»lebenslange Treue und die lebenslange Gewährung ausreichenden Unterhalts für ihn und seine Familie«*. Das Kürzen von Versorgungsrechten, wie es das 131er Gesetz aus Ersparnisgründen betreibe, könne im konkreten Fall eine verfassungswidrige *»entschädigungslose Enteignung«* herbeiführen.
Die schon von Hitler terrorisierten, nunmehr vom Geiz der Bundesrepublik entschädigungslos enteigneten Beamten des langsam wieder geschäftsfähigen Reichs wußten ihr unter der Knute erdientes, vom Grundgesetz, Artikel 14, endlich garantiertes Eigentum dem Fiskus in zähem Ringen zu entwinden. Jeweils wenige Wochen vor dem Wahltag erfolgte bis 1965 viermal eine Novellierung des 131er Gesetzes, die Stück um Stück die Auszahlung des konfiszierten Beamtenbesitzes vorantrieb. Nur die Gestapoleute hatten mit der Eigentumserstattung politische Probleme. Als Gallus H. im Jahre 1957 vom Verfassungsgericht eine Entscheidung zugestellt erhielt, war der grundgesetzliche Auftrag zur Regelung der bis zum 8. Mai 1945 bestehenden Beamtenrechtsverhältnisse im großen und ganzen erfüllt. Das erstaunliche Urteil der Ersten Senats liest sich darum wie die moralische Hypothek des vollzogenen Sozialwerks.
Einleitend setzt das Gericht sich mit seinen professoralen Kritikern auseinander, die es zum Werkzeug *»klassenkämpferischer Zielsetzungen«* zur Beseitigung des Beamtentums heruntergekommen sahen. Die Schelte der Rechtsgelehrten war von Personen vorgetragen, die sich auskannten, weil sie die Materie bereits 20 Jahre zuvor wissenschaftlich begleitet hatten. Der Kommentator des Deutschen Beamtengesetzes Geheimrat Fischbach, der 1937 ausgeführt hatte, daß die *»sogenannten Grundrechte ihre Geltung verloren haben«* und als Maßstab fortan die *»Gesinnungspflicht«* gelte, die den Beamten in den *»Vollstrecker«* des politischen Willens der NSDAP verwandle, ließ nunmehr vernehmen, daß es auf die nationalsozialistischen *»Zierate«* im Dienstrecht nie angekommen sei. Die Pflicht zum Hitlergruß und das Hissen der Hakenkreuzfahne, hieß es, habe die Sachlichkeit der Arbeit überhaupt nicht beeinträchtigen können.
Welcher Art die sachliche Arbeit des NS-Beamten gewesen ist, listete das Bundesverfassungsgericht daraufhin mit einer Konkretion auf, die seit den Nürnberger Nachfolgeprozessen in Deutschland nicht mehr zu hören war.

- Sei das Schulwesen nicht *»unter dem Leitgedanken einer Politisierung des gesamten Unterrichts gestanden, bei besonderer Berücksichtigung der nationalsozialistischen Rasselehre«?* Sei es nicht nach dem Amtsblatt des Erziehungsministeriums schon 1935 die Pflicht der Lehrerschaft gewesen, *»daß sie den Rassesinn und das Rassegefühl trieb- und verstandesmäßig in Herz und Gehirn der ihr anvertrauten Jugend hineinbrennt«?* Hätte eine Weigerung nicht (vgl. Erlaß des Badischen Ministers für Kultus und Unterricht vom 29. 12. 1939) disziplinarische Maßnahmen zur Folge gehabt? Hätten sich die Lehrer nicht dazu hergegeben, *»jüdische Schüler unter Mißachtung des Gerechtigkeitsprinzips von Schulpreisen, von Schulgeldermäßigungen, von Erziehungsbeihilfen, von Schulspeisungen auszuschließen, sie ohne gesetzliche Grundlage von der Schule zu verweisen«?*
- Hätten die Staatsanwälte nicht im gesamten Deutschen Reich nach einer Besprechung des Justizministers mit den Generalstaatsanwälten am 1. 2. 1939 es unterlassen, die in der ›Reichskristallnacht‹ begangenen Straftaten zu verfolgen?
- Hätten nicht die Richter seit 1941 *»den sogenannten fremdvölkischen Angeklagten der Gestapo ausgeliefert, statt gegen ihn das Strafverfahren durchzuführen«?*
- Hätten nicht die Arbeitsverwaltungen nach Verordnung vom 31. 10. 1941 Juden nur zur Zwangsarbeit eingeteilt und ihnen bei Arbeitslosigkeit nur *»das zum Lebensunterhalt unerläßlich Notwendige«* gewährt?
- Hätten nicht die Gewerbeaufsichtsbeamten die Juden nach Verordnung vom 12. 12. 1939 von den Bestimmungen zum Arbeitsschutz ausgeschlossen?
- Hätten nicht die Behörden der Wirtschafts- und Ernährungsverwaltung den Juden seit Februar 1940 keine Bezugsscheine für Schuhe, Sohlen und Spinnstoff erteilt, die Krankenhäuser nicht Juden bei gekürzten Lebensmittelrationen behandelt, die Fürsorgebehörden den Juden nicht seit Dezember 1942 die Unterstützung entzogen, die Verkehrspolizisten nicht Blindenabzeichen an Juden nur bei *»schärfster Prüfung«* ausgegeben, die Finanzbeamten Juden und Polen nicht gesonderter Steuerberechnung unterzogen, die Zollbeamten den Ernährungsämtern nicht wöchentlich Mitteilung über Auslandspakete gemacht, *»bei denen vermutet wurde, daß der Empfänger Jude sei«*?

Seien dies die ›Zierate‹ gewesen? Solche endlos zu erweiternden Beispiele zeigten, daß es in der Praxis für die einzelnen Beamten gar keine Trennung zwischen sachlich-normaler Tätigkeit und der *»Mitwirkung in der für nationalsozialistische Zwecke pervertierten Verwaltung«* habe geben können. Ob das Deutsche Reich untergegangen sei oder nicht, spiele keine Rolle. Allein der Inhalt seines Wirkens zwischen 1933 und 45 verbiete dem Beamtentum die Berufung auf seine althergebrachten Rechte. Es habe sich ja auch nicht an seine althergebrachten Pflichten gehalten. Diejenigen, die sich mit oder ohne innere Überzeugung *»zum Beamtendienst im nationalsozialistischen Staat bereit fanden und dadurch ihre wirtschaftliche Existenzgrundlage für die Dauer des ›Dritten Reiches‹ sicherten, müssen die Folgen ihrer eigenen Entscheidung grundsätzlich selber tragen«.*

Sie waren ihnen in Wirklichkeit schon lange abgenommen. Zum Zeitpunkt der verfassungsrichterlichen Rückbesinnung gab es keine ›verdrängten Beamten‹ mehr. Die Träger der ›pervertierten Verwaltung‹ waren zur Erleichterung aller Parteien in den Staatsdienst zurückgekehrt. Die Belastung der überwiegenden Mehrheit des NS-Beamtenkorps, die das Verfassungsgericht auf neunzig Urteilsseiten beschäftigt, hat den Deutschen Bundestag weniger gequält. Während der drei beratenden Lesungen des 131er Gesetzes ist das Thema von keinem Redner angeschnitten worden.

Der Zentrumsabgeordnete Pannenbecker berichtete am 3. September 1950 von einem antidemokratischen Radikalismus unter den Beamten. Es seien dies jedoch *»Verzweiflungsrufe und Notschreie«* angesichts ihres Elends. *»Man kann es sogar verurteilen. Man muß nach meiner Meinung aber auch Verständnis dafür haben.«* Wackerzapp (CDU) wollte den *»wertvollen Menschen«* aus der Not helfen, damit sie sich nicht *»in Ressentiments, Haß und Abneigung gegen die Bundesrepublik und den demokratischen Gedanken verkrampfen«*, wie es *»leider jetzt schon in bedrohlicher Weise festzustellen ist«*. Menzel (SPD) rief auf, dafür zu sorgen, daß *»jener Personenkreis, der unter Art. 131 fällt, das Gefühl bekommt, daß er als vollwertiges Mitglied dieses Staates anerkannt wird«*. Heinemann (CDU), Bundesminister des Inneren, mahnte, daß ein Kreis von mehreren hunderttausend Personen mit dem Gesetz zu Artikel 131 nicht nur die Regelung der Existenzfrage, sondern *»auch Fragen der Ehre und seiner öffentlichen Geltung verbindet«*. Schließlich handele es sich um Menschen, *»denen auch ich in vollem Maße zubillige, daß sie ein Leben in Pflichterfüllung im öffentlichen Dienst geführt haben«*. Nach Jahren der Not und Entrechtung, rief Wuermeling (CDU), herrsche *»endlich wieder Recht und Gerechtigkeit für den unter Art. 131 fallenden Personenkreis. Jetzt ist auch Schluß mit jeder Diffamierung.«*

Die Betroffenen selbst lenkten den Blick nach vorn: *»Alle in Frage kommenden Kreise«*, berichtete Kleindinst (CSU), *»haben immer wieder hervorgehoben: Wir wollen nicht Unterhaltsgelder, wir wollen in unserem Beruf wieder verwendet werden.«* Unterstützung fanden sie dabei in Heinemann (CDU), der vorschlug, *»es wäre wahrlich das Gesündeste, das Beste und das Schönste, wenn wir den verdrängten Beamten dadurch wieder zu einer Existenz verhelfen könnten, daß sie irgendwo wieder in den*

öffentlichen Dienst übernommen würden«. »Wir bejahen die Unterbringungspflicht« erklärte Menzel für die SPD, damit der fragliche Personenkreis *»wieder die wirkliche Chance bekommt, nicht nur von einer Art Almosen zu leben, sondern wieder arbeiten zu dürfen«*. Die Chance war beiderseitig, *»denn die Verwertung der Kenntnisse, Erfahrungen und Arbeitskräfte«*, versicherte Kleindinst (CSU), *»ist für den Wiederaufbau des Rechtsstaates und für die Erfüllung größter schöpferischer Aufgaben notwendig«*. Andere Aufgaben als die Verwirklichung des Rechtsstaats waren laut Erler (SPD) für den *»geschädigten Personenkreis«* sowieso nicht vorhanden, weil sie *»mit ihrer Ausbildung kaum eine andere Verwendungsmöglichkeit haben. Die öffentliche Hand ist der alleinige Arbeitgeber dieses Personals.«* Ein Oberlandesgerichtspräsident kann als solcher nur in der Justiz Verwendung finden, das ist wahr.
Der Grund für die allgemeine Freude, soviel Hitler-Beamte wie möglich in den Dienst zu nehmen, lag zum geringeren Teil an der Furcht vor ihrer Radikalisierung. Ein Amt würde sie wahrscheinlich zum Konformismus verleiten. Ausschlaggebend war der Kostengesichtspunkt. Als der Parlamentarische Rat den Versorgungsanspruch der ehemals öffentlich Bediensteten anerkannte, war es ganz überflüssig, vor ihrer Wiedereingliederung zu warnen. Etwas anderes kam überhaupt nicht in Frage. Sollte mitten im ausgepowerten Land eine Reservearmee wegen Nazihörigkeit frühpensionierter Flaneure aufgestellt werden? Mühselig genug war es, die Verwaltung wieder in Gang zu setzen. Sollten zwei auf einmal bezahlt werden? Eine verwaltende und eine mit Berufsverbot und Ruhegeld gestrafte? Eher noch ernannte man die ›Vollstrecker des Willens der NSDAP‹ kollektiv zu Ehrenmännern, zu Gequälten des von ihnen selbst veranstalteten Terrors, und überreichte ihnen als Morgengabe des nun geschäftsführenden Rechtsstaats ihr Eigentum nach Art. 14 GG, die unveräußerlichen Beamtenrechte. Es spielte gar keine Rolle, daß das Bundesverfassungsgericht ihnen, der Inkarnation einer pervertierten Verwaltung, alle darauf begründeten Ansprüche als erloschen um die Ohren schlug. Der Gesetzgeber rannte ihnen mit dem Einstellungsvertrag hinterher.
Bund, Länder und Gemeinden waren nach § 2 des Gesetzes gehalten, *»mindestens zwanzig vom Hundert des gesamten Besoldungsaufwandes«* für 131er auszugeben. Bei Zuwiderhandlung war ein Strafbetrag zu zahlen. Die zunächst auf 750 Millionen DM bezifferte Summe, welche die standesgemäße Versorgung der verdrängten NS-Beamten und Bediensteten den Fiskus kostete, mußte schleunigst abgetragen werden. Nur wenn durch ihre Re-Aktivierung die Kosten in dem normalen Besoldungsetat aufgingen, wurden Mittel frei für den Lastenausgleich der wahrhaft Geschädigten, der Kriegsopfer, der Hinterbliebenen, der NS-Opfer. Sie empfingen die durch Wiedereinstellung eines NS-Beamten eingesparten Beträge.

Zum öffentlichen Dienst im Sinne des 131er Gesetzes zählten auch die Berufsoffiziere der früheren Deutschen Wehrmacht und nach § 67, Abs. 1,3 auch Angehörige der Waffen-SS, sofern sie *»von Amts wegen«* dorthin versetzt worden waren. Par. 67 Abs. 1,1 enthielt auch das Schlupfloch für die nach § 3 kaltgestellten Männer der ehemaligen Geheimen Staatspolizei. Vermochten sie nachzuweisen, daß sie als ordentliche Beamte, etwa der Kriminalpolizei, *»von Amts wegen«* zur Gestapo versetzt worden waren, zählten auch sie zu den ›verdrängten Angehörigen aufgelöster Dienststellen‹ mit Ansprüchen nach Art. 131 Grundgesetz. Wie bekannt, rekrutierte sich die Gestapo zunächst überwiegend aus früheren Kriminalpolizisten. Da das Gesetz ohnedies eine zehnjährige Wartefrist vorsah, berechtigte es nur Personen, die am 8. Mai 1935 im Dienst standen. 131er waren demzufolge solche Gestapomänner, die von der Kriminalpolizei bereits zu diesem Zeitpunkt ›von Amts wegen‹ umgewandelt und solche, die später aus beliebigen Dienststellen dazugestoßen waren, d. h. nicht die Anfänger, sondern die befehlshabenden Ränge.
Als das Bundesverfassungsgericht dem Gallus H. 1957 mitteilte, daß § 4, 131er Gesetz ihn als Gestapomann nicht seiner Abstammung, Rasse, Heimat und politischen Anschauung wegen benachteilige, weil die Aufgabe seiner früheren Dienststelle *»schließlich die Ausrottung des Judentums und die weitgehende Vernichtung anderer fremder Volksgruppen und politisch mißliebiger Personen«* gewesen sei, hatte dies rein theoretischen Wert. Gallus H. gehörte als junger, in der Gestapo ausgebildeter Beamter nicht zu den Antragsberechtigten nach § 67,1. Das war auch nicht nötig. Das 131er Gesetz untersagte dem Dienstherrn ja nicht, auch solche Personen einzustellen, die keine Rechte darauf besaßen. Als H. den verfassungsrichterlichen Bescheid entgegennahm, hatte er längst einen Dienstherrn gefunden, die Deutsche Bundespost. Für ein Bruttogehalt von 306,09 DM einschließlich Kindergeld verwaltete er nicht weit von seinem alten Dienstbezirk die Poststelle I im württembergischen Rangendingen.

Die Henker des Widerstands

Die neue Kompetenzordnung, die sich in Bonn durchgesetzt hatte, mühte sich wie die vorangegangenen, von außen anerkannt zu werden und nach innen zu funktionieren. Gerecht war sie nicht. Die Nazi-Beamten hatten mit dem 131er Gesetz dem Staat die Bereitschaft abgerungen, sie schleunigst wieder in den alten Rang zu versetzen. Die Verfolgten hingegen waren Antragsberechtigte. Wenn sie eine Notlage nachweisen konnten, wenn sie nachweisen konnten, nicht irgendeiner Art von Gewaltherrschaft Beistand geleistet zu haben (etwa der Sowjetunion), und wenn sie nachweisen konnten, daß sie nach dem 23. Mai 1949 die freiheitlich de-

mokratische Grundordnung nicht bekämpft hatten (etwa durch KPD-Zugehörigkeit), dann erhielten sie ab Mitte der 50er Jahre, als die Nazis schon einige Jahre gut versorgt waren, eine klägliche Rente. Außerdem verzögerten die Behörden. So träge, wie sie die Verfolgung der Täter vor sich her schoben, besorgten sie die Versorgung der Opfer. Beides war billiger. Die Täter strapazierten nicht die Justiz, und die Opfer, die mindestens vier Jahre auf Absicherung warten mußten, lagen der Allgemeinheit nicht auf der Tasche. Die Dinge lösten sich auch auf natürliche Weise. Die Opfer kränkelten und verstarben den Entschädigungsbehörden unter den Händen. Wenn die Nazis kränkelten, kamen sie für die Justiz nicht mehr in Frage.
Ähnlich wie hier, produzierte die neue Kompetenzordnung in allen NS-Angelegenheiten zwiefaches Recht. Die Rehabilitierung der Waffen-SS kam wunschgerecht zustande. *»Die Männer der Waffen-SS«,* rief Adenauer 1955 auf einer Wahlveranstaltung in Hannover, *»waren Soldaten wie die anderen auch.«* Dem Lobbyisten General Hasso v. Manteuffel gestand der Kanzler: *»Ich weiß längst, daß die Soldaten der Waffen-SS anständige Leute waren. Aber solange wir nicht die Souveränität besitzen, geben die Sieger in dieser Frage allein den Ausschlag ... machen Sie einmal den Leuten deutlich, daß die Waffen-SS keine Juden erschossen hat, sondern als hervorragende Soldaten von den Sowjets gefürchtet war.«*
Den gefürchteten Soldaten konnte andererseits die letzte ihrer Forderungen nicht erfüllt werden, die Diskriminierung des 20. Juli. Den ›Widerstand‹ konnte die Bundesrepublik nicht opfern. Ihre moralische Selbstrechtfertigung hing am Vorhandensein des ›anderen Deutschlands‹. Denn die Verschwörung hatte gewagt, was Millionen Patrioten innerlich herbeiwünschten, die Beseitigung der Tyrannei. Stauffenberg, der Mann mit einem Auge und einem Arm, war gestorben, um den Tatenlosen das gute Gewissen zu retten. Ohne Widerstand wäre Hitlers Diktatur keine Diktatur gewesen. Die glücklich überstandenen amerikanischen Irrlehren der Kollektivschuld hätten sich bewahrheitet. Vor allem jedoch konnte man den Widerstand nicht tadeln, ohne den Führer zu restaurieren. Er aber mußte Luzifer bleiben. Den Mörder Hitler, in Dutzenden von Strafurteilen als vorgesetzter Täter überführt, mußte die Verantwortung treffen für die siebenstelligen Leichenziffern. Einer zumindest mußte den Vorsatz, die niedrigen Beweggründe, das Wissen, was geschah, und die Tatherrschaft besessen haben. Hitler hatte keine Angst gehabt, ins KZ zu kommen. Er hätte seinen Befehlen nicht zu gehorchen brauchen. Hitlers abgrundtiefe Bosheit, seine Heimtücke und Grausamkeit waren zur Bewältigung der Vergangenheit unentbehrlich. Die historische Bestätigung der Hitlerschen Verbrechernatur war der Attentäter. Der Tag des Anschlags wurde Gedenktag. Der brave Waffen-SS-Mann, dessen Ehre Treue hieß, und der Attentäter wurden kraft neuer Kompetenzordnung gemeinsam rehabilitiert.

Theodor Heuss, der Silvester 1949 in Gedanken bei den Landsbergern geweilt hatte, hielt zum 10. Jahrestag des Attentats, am 19. Juli 1954, eine Rede in der Freien Universität Berlin, die die Attentäter unwiderruflich zu Märtyrern der Nation erhob. Die deutsche Seele sei bewegt, *»bekennen zu dürfen und danken zu können. Dank für ein Vermächtnis, das durch das stolze Sterben dem Leben der Nation geschenkt wurde.«* Das Bekenntnis gelte aber nicht nur den edlen Motiven, bedeutete Heuss, *»es umfaßt auch das geschichtliche Recht zu ihrem Denken und Handeln«*. Die Erfolglosigkeit des Unternehmens, zu deren Ursachen Heuss schwieg, nehme dem *»Symbolcharakter des Opfergangs«* nichts von seiner Würde, im Gegenteil. *»Der Untergang wurde zu einem Zeugnis innerer Gewißheit, ja Größe, und nicht bloß, weil er sich bei manchem vollzog vor so einer wüsten Figur wie dem Leiter des sogenannten Volksgerichtshofs.«*
Nichtsdestoweniger waren die Attentäter tot und die wüsten Figuren des Volksgerichtshofs am Leben. Auch sie wußten Ausführungen zu machen über das geschichtliche Recht für ihr Handeln und Denken. Der Mordversuch an einem nach höchstrichterlicher Auffassung zwar revolutionär, aber wirksam zur Macht gekommenen Staatsoberhaupt, an dem hinfort die Ordnung in Deutschland hing, war mit blumigen Redensarten nicht aus der Welt zu schaffen. Zudem waren die Attentäter eines unnatürlichen Todes gestorben. Diese Vorgänge harrten ebenfalls noch der Klärung. Die Liquidierung der Lichtgestalten des Vaterlands müßte den wüsten Figuren an und für sich Konsequenzen eintragen.
Man löste die Problematik in einer Form, die Deutschland keiner nachmacht. Unsicher über die Taten des von Heuss apostrophierten *»Christlichen Adels Deutscher Nation«*, bestellte man ein Rechtsgutachten. Es untersuchte, ob die Männer, die *»durch ihr Blut die Scham vom besudelten deutschen Namen weggewischt«* hatten (Heuss), dabei eventuell straffällig geworden waren. *»Können die positiven Bestimmungen des Strafgesetzbuchs gegen Hochverrat und Landesverrat so ausgelegt werden«*, fragt der Gutachter Hermann Weinkauff, Präsident des Bundesgerichtshofs im Jahre 1956, *»daß sie den Umsturz des Regimes und die Beeinträchtigung seiner Machtstellung nach außen dann erlauben wollen, wenn die Täter diesen Umsturz und diese Beeinträchtigung um ihrer politischen Fernziele willen, die sich für sie mit dem wahren Wohl des Reiches decken, vornehmen? Oder erschöpft sich der Sinn der Strafbestimmungen gegen Hochverrat und Landesverrat darin, daß sie das herrschende Regime und die ihm dienende Wehrkraft gegen alle unmittelbaren Angriffe zu schützen haben und deswegen die rechtliche Möglichkeit nicht kennen und nicht anerkennen, daß der gewaltsame Sturz des Regimes und die Beeinträchtigung seiner Macht nach außen dem wahren Wohl des Reiches dienen könnte?«*
Die Frage gewinnt ihren Reiz aus ihrer Gleichzeitigkeit mit den Ver-

handlungen vor dem Bundesverfassungsgericht, das prüfte, ob der gewaltsame Sturz des Regimes durch den Revolutionär Hitler möglicherweise hochverräterische Züge gegenüber der Weimarer Reichsverfassung besaß. In Übertragung der Ausführungen des Bundesverfassungsgerichts zum Hitlerschen Staatsstreich durch das Ermächtigungsgesetz hätte Weinkauff unter Auswechslung der Namen schreiben können: »Gemessen an den strafrechtlichen Vorschriften des Dritten Reichs war das sogenannte Attentat vom 20. Juli 1944 ungesetzlich. Es bedarf hierüber jedoch keiner näheren Ausführungen, denn über seine Rechtmäßigkeit kann nicht nach den Bestimmungen dieses Strafrechts entschieden werden. Das Attentat muß als eine Stufe der revolutionären Begründung der freiheitlich-demokratischen Grundordnung angesehen werden. Es wollte anstelle der bisherigen eine neue Kompetenzordnung schaffen. Diese neue Kompetenzordnung hätte sich zu dieser Zeit tatsächlich durchgesetzt, und zwar nach innen und nach außen.«
Weinkauff argumentierte jedoch anders: *»Soweit sie sich mit dem Ziel zusammengeschlossen hatten, Hitler und seine Werkzeuge gewaltsam aus der Macht zu setzen, soweit sie nach Ausbruch des Krieges über die Römischen Gespräche Verbindung mit England angeknüpft hatten, haben sie äußerlich gegen den § 82 und 83 (Hochverrat) verstoßen.«* Außerdem hielt Weinkauff den § 91 (Landesverrat) für gegeben: ›Wer mit dem Vorsatz, schwere Nachteile für das Reich herbeizuführen, zu einer ausländischen Regierung in Beziehung tritt, wird mit dem Tode bestraft.‹ Der § 91 treffe zu *»a) indem sie es unternahmen, Nachrichten, deren Geheimhaltung vor einer ausländischen Regierung für das Wohl des Reiches insbesondere im Interesse der Landesverteidigung erforderlich war, mit dem Vorsatz das Wohl des Reiches zu gefährden an eine ausländische Regierung gelangen zu lassen; b) indem sie sich Staatsgeheimnisse zu diesem Zweck verschafften«*. Die Schwierigkeit der Rechtsfindung rühre daher, überlegte Weinkauff, *»daß die Träger des militärischen Widerstandes zweifellos im Endergebnis das Wohl des Reiches nicht gefährden und dem Reich keinen Nachteil zufügen wollten«*. Die Ansicht, man könne dem wahren Wohl des Reiches am besten dienen durch *»gewaltsamen Sturz des Regimes und die Beeinträchtigung seiner Machtstellung nach außen«*, hielt der Gutachter für eine unzulässige Überforderung und Umformung des Tatbestands des Landesverrats.
Nachdem der BGH-Präsident die Märtyrer dergestalt des ›äußeren Tatbestands‹ des Landes- und Hochverrats überführt hatte, begnadigte er sie anschließend wegen übergesetzlicher Rechtfertigungsgründe, Widerstandsrecht usw. Es fehlte am inneren Tatvorsatz. Im dämmerigen Niemandsland der Seele, in dem alle störenden Rechtsfragen zum Nationalsozialismus untergebracht werden, wurzelte auch die Schuldlosigkeit der Verschwörer und Attentäter. Derjenige, der in der *»sicheren, sich auf gewisse und ausreichende Unterlagen stützenden und unter ernsten Ge-*

wissensqualen errungenen Erkenntnis« des bevorstehenden Untergangs zu dem Schluß gelangt, *»ein Eingriff in den geschichtlichen Ablauf, ein Griff in das Rad der Geschichte«* sei geboten, der dürfe für sich den übergesetzlichen Notstand beanspruchen und Widerstand ausüben. Vorausgesetzt er handelt nicht *»blindlings, gefühlstrunken, ohne klare Kenntnis und Erkenntnis der Lage«*. Vor allem aber muß der Widerstand die Gewähr des Erfolgs bieten. Rechtmäßig handele ich nur als Regierung in spe, und *»wenn ich das richtig beurteilen kann und meiner Sache sicher sein darf«*.
Bevor es mir nicht wie ehedem Hitler gelungen ist, *»das Schicksal des Ganzen zu wenden«*, bin ich in meinem Widerstand zudem nicht der Sachwalter von Recht und Gesetz im Verbrecherstaat. Dieser hat im Gegenteil einen Rechtsanspruch darauf, sich der Angriffe zu erwehren. Zwar habe der NS-Staat ständig schwerste Verbrechen begangen, trotzdem hielt er *»eine bestimmte Ordnung des staatlichen und gesellschaftlichen Gefüges aufrecht, die sich sogar auf weiten, unpolitischen und besonders berührenden Gebieten noch im Rahmen des überkommenen Rechtes hielt«*. Überdies sei die Hitlersche Ordnung von der Bevölkerungsmehrheit als rechtlich bindend angesehen worden. *»Jeder Staat hat aber um der von ihm vollbrachten Ordnungsfunktionen willen grundsätzlich das Recht, sich durch Strafandrohungen gegen gewalttätige Angriffe auf seinen inneren und äußeren Bestand zu schützen.«*
Ein zwingenderes Strafurteil als dasjenige über die Konspirateure, die zugestandenermaßen den Reichskanzler der allgemein anerkannten Kompetenzordnung entzweisprengen wollten, ließ sich schwerlich vorstellen. Daß die Nazi-Richter das Widerstandsrecht gegen den Nationalsozialismus kannten, kann man nicht von ihnen verlangen. Was dem Revolutionär Hitler zugestanden wurde, die Weimarer Verfassungsordnung zum Teufel zu jagen und Recht nach eigener Fasson zu setzen, blieb den Nationalhelden versagt. Sie blieben Zwittergestalten. Dem ›äußeren Tatbestand‹ nach Verräter und auf einem besonderen Sockel die Vorbilder der Schuljugend. Indem man die Bendler-Kaserne und die Hinrichtungsstätte Plötzensee zum Wallfahrtsort gestaltete, blieb der Verratsbefund schamhaft zugedeckt. Außerhalb von Rechtsgutachten Stauffenberg einen Verräter zu nennen, verwirklicht ein Beleidigungsdelikt. Die Rückseite der Feierlichkeit ist lediglich die, daß die Henker der Helden, die wüsten Gestalten, wohldotierte Staatspensionen verzehrten.
Die geheiligte Kuh, die von Hitler eingesetzte und den Bundesgerichten bestätigte ›Ordnung als solche‹, stand schützend auch vor den Stauffenberg-Mördern. Der einzige von ihnen, der büßen mußte, war der Kommandant des Standgerichts und Befehlshaber der Hinrichtung, Generaloberst Friedrich Fromm. Er wurde zum Tode verurteilt und hingerichtet. Dies aber noch auf Befehl des Führers, der ihm nicht mehr traute.

Im Dezember 1949 ließ die Münchner Staatsanwaltschaft einen 42jährigen Regierungsdirektor namens Walter Huppenkothen verhaften. Soeben war er aus amerikanischer Internierungshaft entlassen worden, wo er den Ermittlern wertvolle Auskünfte über seine alte Dienststelle gegeben hatte, das Reichssicherheitshauptamt. Seinen Rang verdankte Huppenkothen einem im Sommer 1944 übernommenen Auftrag in der ›Sonderkommission 20. Juli‹. Er bearbeitete die Fälle General Oster, Reichsgerichtsrat von Dohnanyi und Admiral Canaris. Nach der Bombardierung des Reichssicherheitshauptamtes im Februar 1945 wurden die dort festgehaltenen Widerstandskämpfer in Konzentrationslager überstellt; Hans von Dohnanyi kam ins Berliner Polizeikrankenhaus. Am 5. April 1945 fiel der Beschluß, die Staatsfeinde den Staat nicht überleben zu lassen. Kaltenbrunner beauftragte Huppenkothen als Anklagevertreter in Sachsenhausen und Flossenbürg Standgerichte gegen Dohnanyi, Bonhoeffer, Canaris, Oster, Gehre und Dr. Sack durchzuführen. Zum Standgerichtsvorsitzenden in Flossenbürg wurde der Chefrichter des SS- und Polizeigerichts München, Dr. Otto Thorbeck, bestellt. Als beisitzende Richter amtierten die KZ-Kommandanten. Auf einer Bahre liegend wurde Dohnanyi in Sachsenhausen, die anderen in Flossenbürg zum Tode verurteilt. Dort erfolgte die Hinrichtung der fünf unbekleideten Männer in den frühen Morgenstunden des 9. April.

Sechs Jahre später erging das Urteil des Landgerichts München I gegen Walter Huppenkothen, angeklagt des Mordes, weil er in beiden Standgerichtsverhandlungen die Todesstrafe gefordert hatte. Die Richter sprachen Huppenkothen vom Mordvorwurf frei, weil alle sechs Widerstandskämpfer nach damaligem Recht den Tatbestand des Hoch- und Landesverrats verwirklicht hätten. Das unter *»Wahrung des gerichtlichen Gesichts«* durchgeführte *»Standgerichtsverfahren«* der SS sei für die Angeklagten im Prinzip nicht zuständig gewesen. Sie hätten vor ein Kriegsgericht gehört. Da Hitler seit 1942 aber vom Reichstag mit absoluten Vollmachten in Justizangelegenheiten ausgestattet worden sei, habe er theoretisch eine Zuständigkeit anordnen können. Wurde Huppenkothen in seiner Eigenschaft als Ankläger freigesprochen, befand man ihn dennoch als RSHA-Beamter für schuldig. Der kranke Dohnanyi sei der Obhut seiner Dienststelle anvertraut und noch nicht völlig gesundet gewesen, als man ihn zum Tode verurteilte. Wegen Körperverletzung im Amt erhielt Huppenkothen eine Freiheitsstrafe von 3½ Jahren.

Im Revisionsurteil rügte der Bundesgerichtshof am 12. Februar 1952, das Münchener Schwurgericht habe *»nicht die Möglichkeit ausgeräumt, daß die angeblichen Urteile der Standgerichte in Wahrheit nur in Urteilsformen gekleidete, willkürliche Machtsprüche waren, die dem Wunsch oder dem Befehl eines Auftraggebers nachkamen«*. In dem anschließenden zweiten

Münchener Verfahren vom November 1952 ließen sich wiederum keine Gesetzesverstöße in Sachsenhausen und Flossenbürg feststellen:

- Den Widerstandskämpfern sei rechtliches Gehör und ein Schlußwort gewährt worden.
- Die Verhandlung habe vor drei militärischen (hier der SS angehörigen) Richtern stattgefunden.
- Das Urteil wurde mit Stimmenmehrheit gefaßt, schriftlich abgesetzt und mit Gründen versehen.

Mehr war nach den standrechtlichen Vorschriften nicht erforderlich. Neben Huppenkothen saß inzwischen der Standgerichtsvorsitzende Dr. Otto Thorbeck auf der Anklagebank. Zu beider Gunsten entwickelte München I eine schier unwiderlegliche Hypothese: Möglicherweise sei unabhängig von dem Standgerichtsverfahren ein Hinrichtungsbefehl des Reichssicherheitshauptamtes im KZ eingetroffen. In diesem Fall sei das Todesurteil für die Vollstreckung gar nicht ursächlich gewesen, sondern der Befehl aus Berlin. Beide Angeklagten wurden am 5. November 1952 vom Mordvorwurf freigesprochen. Folterung und Mißhandlung der Widerstandskämpfer fielen unter das Straffreiheitsgesetz; sämtliches Torturpersonal der ›Sonderkommission 20. Juli‹ im RSHA war amnestiert. Die Beschuldigung wegen ›Körperverletzung im Amt‹ unterblieb, und Huppenkothen nahm im Lichthof des Münchener Landgerichts den Jubel seiner Bewunderer entgegen. Das Münchener Urteil wurde vom BGH wegen mangelnder Sachaufklärung kassiert. Der Fall wanderte an das Landgericht Augsburg.

In seinem Urteil vom 15. Oktober 1955 heißt es, Hitler, Himmler und Kaltenbrunner hätten in maßlosem Vernichtungswillen die Widerstandskämpfer in ihren Untergang mit hineingerissen. Weil der alleinige Zweck der Standgerichtsverfahren die Vernichtung von Gegnern gewesen sei, entbehrten sie jeder Rechtmäßigkeit. »*Auf die Einhaltung formeller Vorschriften hat es hiernach ebensowenig anzukommen wie darauf, ob an sich auf Grund der damals vorhandenen Gesetzesvorschriften sachlich auf die Todesstrafe wegen Hoch- oder Kriegsverrats oder anderer Straftaten erkannt werden konnte ... Das angeordnete Verfahren hatte, den beiden Angeklagten erkennbar und von ihnen auch erkannt, den Zweck, für diese Beseitigung den Schein der Berechtigung, nämlich die nun einmal erforderlichen Aktenvorgänge zu schaffen.*« Dr. Thorbeck wurde zu vier, Walter Huppenkothen zu sieben Jahren Zuchthaus wegen Beihilfe zum Mord verurteilt. Die bürgerlichen Ehrenrechte blieben ihnen. Auf die Revision der Angeklagten wurde der im siebten Jahr stehende Fall ein drittes Mal vor dem BGH verhandelt.

Bei Huppenkothens Festnahme war gerade das Petersberger Abkommen geschlossen worden; als der Erste Senat des BGH am 25. Mai 1956 das rechtskräftige Urteil verkündete, trat die Gründung der Europäischen Wirtschaftsgemeinschaft in die Schlußrunde. Das zentrale Verfahren gegen die Henker des Widerstands umspannt Gründung, Bewährung und Konsolidierung des Staates. Es spiegelt seine innere Balance. Wenn die Justiz ein Jahr vor der Wahl des dritten Bundestags, in den endlich alle NS-Belasteten entsandt werden durften, noch immer nicht das *»stolze Sterben«* (Heuss) gesühnt hatte, das dem *»Leben der Nation«* vermacht worden war, fühlte man sich anscheinend anderen Vermächtnissen ausgeliefert. Alle Henker trugen noch den Kopf auf den Schultern und reagierten empfindlich. Vor dem Bundesgerichtshof beschwerten sie sich über die Befangenheit des Augsburger Richters, der seinerzeit rassisch-politisch verfolgt worden sei und einen *»fanatischen und abgrundtiefen Haß«* gegen den Nationalsozialismus hege.

Der Bundesgerichtshof unter Präsident Weinkauff, der von 1937–45 dem Reichsgericht angehört hatte, bot zu solchen Sorgen weniger Anlaß. *»Für die Frage, ob sich Dr. Thorbeck durch die Teilnahme als Vorsitzender an den Standgerichtsverhandlungen in Flossenbürg der Beihilfe zum Mord schuldig gemacht hat, ist nicht entscheidend, wie sich die Ereignisse vom April 1945 nach heutiger Erkenntnis darstellen. Eine solche rückschauende Wertung würde dem Angeklagten nicht gerecht werden. Bei der Beurteilung der strafrechtlichen Schuld des Beschwerdeführers ist vielmehr ins Auge zu fassen, wie sich seine Aufgabe nach der Gesetzeslage und den sonstigen Gegebenheiten zur Tatzeit darstellte, mit der Unerbittlichkeit der damals geltenden Gesetze, denen er unterworfen war und gegen die die in Flossenbürg vor das Standgericht gestellten Widerstandskämpfer sich aufgelehnt hatten. Ausgangspunkt ist dabei das Recht des Staates auf Selbstbehauptung.«*

In engster Anlehnung an das Weinkauff-Gutachten unterschiebt der Erste Strafsenat den Widerstandskämpfern *»ernsten Gewissenswiderstreit«* und *»schicksalhafte Verflechtung«*, die wohl mehr seine eigene ist: *»Sie sahen sich vor die Wahl gestellt zwischen ihrer Gehorsamspflicht und dem Unterworfensein unter die damals geltenden strengen Gesetze einerseits und zum anderen der edler Gesinnung entsprungenen und höheren Zielen dienenden, den Mut zur Selbstaufopferung erheischenden Bestrebungen, die Gewaltherrschaft Hitlers zu beseitigen.«* Die Pflichtenkollision des Widerstands, Führers Befehlen zu gehorchen oder den Verbrecher beiseite zu schaffen, die in den Augen des BGH schwerste Gewissensnot auslöst, wächst sich beim Richter zur unheilbaren Schizophrenie aus: Der Richter, der heute darüber zu urteilen habe, sei *»vor eine Aufgabe gestellt, die die Grenzen dessen berührt, was mit den Mitteln irdischer Rechtsprechung entschieden werden kann«*. Soviel stehe auf Erden jedoch fest: *»Einem Richter, der damals einen Widerstandskämpfer wegen seiner Tätigkeit in der Widerstandsbewegung abzuurteilen hatte«*, entschied 1956 der Bundesgerichtshof, *»und ihn in einem einwandfreien Verfahren für überführt erachtete, kann heute in strafrechtlicher Hinsicht kein Vorwurf gemacht werden, wenn er angesichts seiner Unterworfenheit unter die damaligen Gesetze*

nicht der Frage nachging, ob dem Widerstandskämpfer etwa der Rechtfertigungsgrund des übergesetzlichen Notstands unter dem Gesichtspunkt eines höheren, den Strafdrohungen des staatlichen Gesetzes vorausliegenden Widerstandsrechts zur Seite stehe, sondern glaubte, ihn des Hoch- oder Landesverrats bzw. des Kriegsverrats schuldig erkennen und deswegen zum Tode verurteilen zu müssen.«
Thorbeck wurde freigesprochen. Huppenkothen vom Reichssicherheitshauptamt wurde zu sechs Jahren Zuchthaus verurteilt. Er als einziger all der wüsten Figuren. Ihm war ein entscheidender Fehler unterlaufen, der irdischer Rechtsprechung absolut geläufig ist. Er sei als Staatsanwalt rechtlich verpflichtet gewesen, die Hinrichtungen zu verhindern, weil sie eine Widerrechtlichkeit darstellten. Huppenkothen hatte vergessen, von Kaltenbrunner die Urteilsbestätigung einzuholen. *»Völlig belanglos ist dabei, daß die Standgerichtsurteile nicht beweislich widerrechtlich erlassen worden waren. Das Fehlen der Urteilsbestätigung machte die Tötung der Widerstandskämpfer schlechthin rechtswidrig.«*

Dem ›Symbolcharakter des Opfergangs‹ der Fronde vom 20. Juli stellte die Bundesrepublik ihre eigene Symbolik zur Seite, den Gnadenerweis für die Henker. Huppenkothens Verzicht auf die Kaltenbrunnersche Urteilsbestätigung blieb die einzige beanstandete Vernichtungshandlung im Amt. Ein 1965 in Berlin eingeleitetes Ermittlungsverfahren untersuchte sechs Jahre hindurch die *»Verfolgung, Verurteilung und Hinrichtung von Personen, die an den Ereignissen des 20. Juli teilgenommen hatten«* auf eventuelle Strafbarkeit. Im Einstellungsbescheid vom 12. März 1971 heißt es, daß Hoch- und Landesverrat *»nicht spezifisch nationalsozialistische Regelungen waren. Man kann deshalb nicht ohne weiteres davon ausgehen, daß mit den Verurteilungen der Widerstandskämpfer ein gewisser Kernbereich des Rechts betroffen worden wäre«*. (Gemeint sind die Tribunale gegen Goerdeler, v. Hassell, v. Witzleben u. a.)
Wenn die Paragraphen nicht nazistisch inflitriert waren, dann vielleicht der Volksgerichtshofpräsident Roland Freisler. Ein Gericht, das die Angeklagten als *»pervers, Schlappschwanz von Defätist, schmutziger alter Mann, Schweinehund, dreckiger Schurke, kleiner Haufen Dreck«* anredet, erregt den Verdacht der Befangenheit. Aus den Entgleisungen des Vorsitzenden war indessen nicht zu entnehmen, daß die Angeklagten *»ohne Anhörung und ohne sachliche Prüfung von Einwendungen der Verteidigung«* vorverurteilt worden waren. Wenn Carl Goerdeler nicht des Hochverrats hätte überführt werden können, wäre er vielleicht auf Antrag der Verteidigung freigesprochen worden. Hitler hatte zwar das *»Austreten dieser ganz kleinen Verräter- und Verschwörerclique«* angekündigt, doch könnten Freisler und seine Beisitzer unabhängig davon ihren eigenen Rechtsansichten gefolgt sein: *»Nach alledem läßt sich nicht mit der nötigen Sicherheit nachweisen, daß die hingerichteten Widerstandskämp-*

fer des 20. Juli 1944 unter Außerachtlassung der mindesten verfahrensrechtlichen Anforderungen, mithin aufgrund eines Scheinverfahrens zum Tode verurteilt, ermordet worden sind.«
Unter Mordverdacht stellte die Berliner Justiz hingegen den Schweizer Theologiestudenten Maurice Bavaud, der sich am 9. November 1938 in München frühmorgens mit einer 6,35-mm-Damenpistole in der Hosentasche auf die Ehrentribüne an der Heiliggeistkirche gehockt hatte. Dort wartete er auf Hitler, der zum fünfzehnten Jahrestag des Marsches auf die Feldherrnhalle an der Spitze des Erinnerungszuges vorüberziehen würde. Am 12. Dezember 1955 entschied das Berliner Landgericht, Bavauds Attentatsidee bedeute *»nach seinem Gesamtplan schon eine unmittelbare und ernstliche Gefährdung eines Menschenlebens«*. Hitler sei zwar wider Erwarten in einer Entfernung verblieben, die zum Abfeuern eines Schusses viel zu groß war. Das Auflauern sei jedoch nachweislich die angefangene Ausführung des Tötens gewesen: *»Bavaud hat sich des versuchten Mordes schuldig gemacht. Er hat vorsätzlich und mit Überlegung versucht, einen Menschen zu töten. Das Leben Hitlers ist im Sinne der Vorschrift des § 211 StGB in gleicher Weise als geschütztes Rechtsgut anzuerkennen wie das Leben eines jeden anderen Menschen.«* Ein Rechtfertigungsgrund stehe dem Beschuldigten, der nach seinen Angaben der Christenheit einen Dienst hatte leisten wollen, keineswegs zur Seite. Die Erlaubnis zur Diktatorentötung *»ist dem Strafrecht fremd und besteht auch im übrigen nicht«*. Maßnahmen zur Wiederherstellung des Rechtsstaats stünden allenfalls verantwortungsbewußten, ideentragenden Personen zu. Von einer strafrechtlichen Wertung könne dann zugunsten staatsrechtlicher Gesichtspunkte abgesehen werden. *»Im übrigen bleiben Handlungen, die gegen die Strafgesetze verstoßen, ohne Rücksicht auf das hinter der Tat des Einzelnen stehende und möglicherweise verständliche Motiv kriminelles Unrecht.«*
Bavaud wurde zu fünf Jahren Zuchthaus und fünf Jahren Ehrverlust verurteilt. Zur Verbüßung der Strafe ist es nicht gekommen, weil der Täter bereits 13 Jahre zuvor verstorben war. Der Volksgerichtshof hatte ihn am 18. Dezember 1939 zum Tode verurteilt. Einer Entschädigungsforderung der Angehörigen wegen war es zu einer Wiederaufnahme des Volksgerichtshofverfahrens gekommen. In der Revisionsentscheidung hob das Berliner Kammergericht den Landgerichtsbeschluß auf. Das Kammergericht erklärte, der Mordversuch habe im Grunde gar nicht stattgefunden. Ein Mordversuch hätte zumindest verlangt, die Pistole aus der Tasche zu ziehen und auf Hitler anzulegen. Aus diesem Grunde mußte Bavaud im Februar 1956 freigesprochen werden.

Bekehrungen

Am 1. April des Jahres 1952 erschien in der ›Neuen Juristischen Wochenschrift‹ ein Beitrag des renommierten deutschen Rechtslehrers Prof. Dr. Karl Larenz, Kiel, *»Zum Wegfall der Geschäftsgrundlage«*. Über die Lehre vom Fehlen oder Wegfall der Geschäftsgrundlage bestünden theoretisch und hinsichtlich ihrer Anwendbarkeit in vielen Einzelfällen noch Unklarheiten, bemerkte Larenz, darum gelte es, dieses Rechtsproblem zu vertiefen. Es tauchten auch ständig Fälle auf, die einen neuen Aspekt vom Wegfall der Geschäftsgrundlage böten. Das schlechtweg klassische Beispiel sei der vom Reichsgericht entschiedene ›Rubelfall‹.

Hier war *»ein bestimmtes Wertpapier zu einem bestimmten Kurse verkauft worden, den die Parteien mit Rücksicht auf die amtliche Kursnotiz festgesetzt hatten. Hinterher erwies sich die Notiz als unrichtig; die Parteien waren beide einem Irrtum zum Opfer gefallen«*. Da die Geschäftsgrundlage, der amtliche Rubelkurs, sich nach Tätigung des Geschäfts als Falschmeldung entpuppte, konnte der Handel rückgängig gemacht werden. Und nicht nur das, der Vertrag der Partner hat als ungültig von Anbeginn zu gelten. Er wird getilgt und hat nie existiert. *»Auf diese Unwirksamkeit muß sich jeder Teil auch dann berufen können, wenn der Vertrag bereits vor der Aufdeckung des Irrtums von beiden Seiten erfüllt war.«* Andere Fälle sind denkbar, wo der Rubelkurs zwar stimmt, doch *»in denen sich die Parteien beim Vertragsschluß (›subjektiv‹) Vorstellungen gemacht und sie zur Grundlage ihres Entschlusses gemacht haben, die sich nachher als unzutreffend erweisen. Diese Fälle gehören somit in das Gebiet des (beiderseitigen) Motivirrtums.«* Auch in diesen Fällen, *»in denen die Parteien sich beim Abschluß des Vertrags in einem gemeinsamen Irrtum über einen als vorhanden angenommenen Sachverhalt befunden haben, kann es keinen Unterschied machen, ob der Vertrag in dem Augenblick, in dem dieser Irrtum aufgeklärt, das Nichtvorhandensein der vorausgesetzten Geschäftsgrundlage also festgestellt wird, bereits erfüllt ist oder nicht«*.

Seinen eigenen Vertrag mit einer rapide im Kurs gesunkenen Staatsmacht hatte Larenz 1952 bereits erfolgreich annulliert. Die von ihm 1934 erbrachten geistigen Leistungen hatten nach Aufklärung über ›das Nichtvorhandensein der vorausgesetzten Geschäftsgrundlage‹ aufgehört zu existieren. *»Es ist die Idee des Führers«*, hatte der 31jährige, an Stelle eines verjagten Juden Dozent gewordene Larenz 1934 gelehrt, *»daß in ihm die Einheit von Volkswille und Staatswille ihren sichtbarsten Repräsentanten und Bürgen hat. Niemand anders als der Führer kann daher die letzte Entscheidung darüber fällen, ob eine bestimmte Regelung gelten soll. Ihm gegenüber bedarf es keiner Garantie für die Wahrung der Gerechtigkeit, da er kraft seines Führertums ›Hüter der Verfas-*

sung‹, und das heißt hier: der ungeschriebenen konkreten Rechtsidee seines Volkes ist.«

Da der ›als vorhanden angenommene Sachverhalt‹, der Führerstaat, die in ihn gesetzten Erwartungen nicht erfüllt hatte, lehrte Larenz in Kiel fortan auf neuer Geschäftsgrundlage andere Theorien. Seine Zuverlässigkeit als Erzieher des juristischen Nachwuchses auf die jeweils herrschenden Ordnungsideen hin hatte der brillante Hochschullehrer einwandfrei bewiesen. Nach der Theorie der wegfallenden Geschäftsgrundlage würde er so schnell nicht wieder dozieren: *»Geist ist blutsgebunden ..., unschöpferisch gewordener, innerlich haltloser Geist ist ein Verfallsprodukt. Der Geist wird nur gewinnen, wo er sich aus dem Blute erneuert.«* Larenzens Geist, aus dem Blutvergießen in der Tat neugeboren, fand seinen schöpferischen Halt am jeweiligen Rubelkurs.

Auch Günther Küchenhoff an der Universität Breslau war 1934 ganz auf der Höhe der Zeit. *»Wir haben es endlich gelernt, daß die Kopfform und sonstige rassische Merkmale der Menschen weder Zufall noch gleichgültig sind, sondern Ausdruck wie Grundlage seines innersten Fühlens und Wollens.«* Auch Küchenhoffs Kopfform richtete sich nach dem jeweiligen Wollen, und er lehrte nach einem neuen Anstellungsvertrag nicht mehr, daß dem *»Feind der Volksgemeinschaft erforderlichenfalls völlige Vernichtung«* gebührt. Auch von dem ordentlichen Professor Ernst Forsthoff hörte man ab Mai 1945 nicht mehr: *»Darum wurde der Jude, ohne Rücksicht auf guten oder schlechten Glauben und wohlmeinende oder böswillige Gesinnung zum Feind und mußte als solcher unschädlich gemacht werden.«* Die Geschäftsgrundlage dieser Theorie war auch darum entfallen, weil die Unschädlichmachung gelungen war. All diese Rechtsgelehrten erzogen ihren Nachwuchs nun in einem grundverschiedenen Geiste. Den Gipfel erklomm Theodor Maunz, der im Konkordatsprozeß einer der Gutachter der Bundesregierung war. Dort äußerte er sich allerdings gegen den Wegfall der Geschäftsgrundlagen des Deutschen Reiches. Maunz untersuchte den Begriff des ›Nachfolgestaats‹: *»Der Begriff des Nachfolgestaats würde voraussetzen, daß der vorangegangene Staat weggefallen wäre. Das ist aber beim Deutschen Reich keineswegs der Fall. Der staatliche Partner zur Zeit des Abschlusses des Reichskonkordates besteht heute als Bundesrepublik fort. Die Bundesrepublik ist das gleiche Rechtssubjekt wie das Deutsche Reich.«*

Die Abenteuer seines ›staatlichen Partners‹ lebte Maunz geistig nach. Im Jahre 1942 lieferte er seine professorale Lehrmeinung über den *»Zweck der Geheimen Staatspolizei«*, und 1958 veröffentlichte er den führenden Kommentar zum Bonner Grundgesetz (›Maunz-Dürig-Herzog‹). Die Gestapo, definierte Maunz zutreffend, *»hat ihrem Wesen nach und kraft gesetzlicher Billigung die Aufgabe, alle staatsgefährlichen Bestrebungen zu erforschen und zu bekämpfen. Eines der Kampfmittel ist* *der Entzug der Freiheit. Zuständig zur Verhängung der Schutzhaft sind das Reichssicherheitshauptamt und die Staatspolizeileitstellen und -stellen. Die Dienststellen der Partei und ihrer Gliederungen können die Schutzhaftnahme bei den zuständigen polizeilichen Stellen anregen ... Gerichte können die Schutzhaftbefehle, ihre Erfordernisse und Wirkungen, ihren Inhalt und ihre Rechtmäßigkeit nicht zum Gegenstand ihrer Prüfung machen.«*

Maunz, 1901 in Dachau geboren, ging genausowenig unter wie das Deutsche Reich. Er brachte es – neben seiner ungeschmälerten wissenschaftlichen Reputation – noch zum bayrischen Kultusminister. Überflüssig zu sagen, daß nun nicht mehr *»die Mannschaften von SS und Polizei eine unzertrennliche Gemeinschaft bilden«;* ihr *»Kampf zur Eindämmung eines schlechten Erbstroms innerhalb des deutschen Volkes«* war ausgekämpft, es sei denn, sie saßen im Zuchthaus, weil sie Maunzens Polizeikommentar ernst genommen hatten, daß die *»Epoche des Gesetzmäßigkeitsstaats«* vorüber sei: *»Der Auftrag des Führers hingegen ist schlechthin das Kernstück des geltenden Rechtssystems.«* Der Auftrag war hinfällig, Maunz kommentierte die *»prinzipielle Allzuständigkeit des parlamentarischen Gesetzgebers«*, und befaßte sich nicht mehr mit dem *»Sicherungs- und Besserungsmittel«* der *»Entmannung«* von *»asozial Gemeinschädlichen«*, angesichts derer *»Tatbestände und Verfahrensformen verblassen«*. Durch das Sicherungs- und Besserungsmittel der Entnazifizierung vollauf kuriert, wandte sich Maunz der Auslegung des Artikel 131 zu, *»baut doch das ganze 131er Recht auf der Systematik und den Denkvorstellungen des vorangegangenen Beamtenrechts auf«*. Auch dann, wenn die Denkvorstellungen der amtlichen Denker selbst starken Schwankungen unterliegen. Die Hauptsache ist, daß die Versorgungsanrechte nicht schwanken. Diese Geschäftsgrundlage erwies sich als die einzig haltbare und rettete das Reich vor dem drohenden Untergang. So verbindet Theodor Maunzens persönliche Laufbahn Gestapo und Grundgesetz. Das ›Rechtssubjekt‹ ist das gleiche, das juristische Subjekt auch. Das Deutsche Reich konnte gar nicht untergegangen sein, denn wie Maunz am eigenen Leibe erfuhr, oblag die Deutung denselben Gelehrten. Daß die Leistungen sich der Zeit anzupassen haben, besitzt für einen revolutionserprobten Nationalsozialisten nichts Beängstigendes.

Die Geschäftsgrundlage für die Dienste der bürokratischen und intellektuellen Eliten war die faktische Gültigkeit der Hitlerischen Kompetenzordnung gewesen. Nur der Ordnungsmacht hatte man sich zur Verfügung gestellt. Darum war die posthume Anerkennung der Hitlerschen Legitimität – und wenn es denn eine revolutionäre sein mußte – von überragender Wichtigkeit. Einer gescheiterten Staatsmacht gedient zu haben ist sicherer, als Assistent einer staatlich organisierten Terrororganisation gewesen zu sein. Gerade ihr Schwur auf die jeweils herrschende Kompetenzordnung machte die Schreibtischtäter zu einer unbedingt zuverlässigen Mannschaft. Das hatte Hitler nicht anders erfahren als die Kanzler nach ihm. Das unsinkbare Staatsschiff beförderte sie unter wechselnder Flagge. Ihr stabilisierendes Format enthüllt erst der Moment der Meuterei, der Proklamation des neuen Kapitäns.

Am 23.12.1932, zwei Wochen vor der Revolution, gab das preußische Ministerium des Inneren an die Behörden neue Richtlinien heraus zur Bearbeitung der Anträge auf Änderung des Familiennamens. *»Das geltende Recht«,* schrieb darin der 34jährige hoffnungsvolle Regierungsrat, Sohn eines Textilkaufmanns, Dr. jur. magna cum laude, Mitglied der katholischen Zentrumspartei, *»geht davon aus, daß der Familienname grundsätzlich die Abstammung aus einer bestimmten Familie kennzeichnet. Er dient dadurch der Kenntlichmachung der blutmäßigen Zusammenhänge. Jede Namensänderung im Verwaltungswege beeinträchtigt die Erkennbarkeit der Herkunft aus einer Familie, verschleiert die blutmäßige Abstammung und erleichtert damit eine Verdunkelung des Personenstandes.«* Zu Verdunkelung sahen 1932 einige Deutsche Anlaß, die Cohn, Levy, Isaaksohn und ähnlich hießen. Sie überstünden leichter die kommenden Jahre, hofften sie, wenn sie beispielsweise Globke hießen, wie der sorgfältige Verfasser jener Richtlinien, die unter der Ziffer VI, Judennamen, ausführten: *»Der Standpunkt, daß es einer Persönlichkeit jüdischer Herkunft zur Unehre gereiche, einen jüdischen Namen zu führen, kann nicht gebilligt werden. Bestrebungen jüdischer Personen, ihre jüdische Abkunft durch Ablegung oder Änderung ihrer jüdischen Namen zu verschleiern, können daher nicht unterstützt werden. Der Übertritt zum Christentum bildet keinen Grund, den Namen zu ändern. Ebensowenig kann die Namensänderung mit dem Hinweis auf antisemitische Strömungen begründet werden.«*
Die antisemitischen Strömungen sollte der junge Ministerialbeamte kurze Zeit später selbst artikulieren. *»Oberregierungsrat Dr. Globke gehört unzweifelhaft zu den befähigtsten und tüchtigsten Beamten meines Ministeriums«*, schrieb im April 1938 Innenminister Frick an den Stellvertreter des Führers im Braunen Haus zu München. *»In ganz hervorragendem Maße ist er an dem Zustandekommen der nachstehend genannten Gesetze beteiligt gewesen:*
a) Das Gesetz zum Schutze des deutschen Blutes und der deutschen Ehre vom 15. September 1935;
b) Des Gesetzes zum Schutze der Erbgesundheit des deutschen Volkes vom 18. Oktober 1935;
c) Des Personenstandsgesetzes vom 3. November 1937;
d) Des Gesetzes zur Änderung von Familiennamen und Vornamen.«
Dem phantasievollen Beamten war nämlich die Idee gekommen, allen deutschen Juden den Zwangsnamen Israel und Sara zu verleihen.
Die größte Mühe gab sich der 1934 frisch verheiratete Globke mit dem

Blutschutzgesetz, das *»Eheschließungen zwischen Juden und Staatsangehörigen deutschen Blutes«* und die Rassenschande inkriminierte. Zum richtigen Verständnis verfaßte Globke einen 1936 in der C. H. Beck'schen Verlagsbuchhandlung erschienenen Kommentar von 300 Seiten zum Preis von 5,80 RM in Leinen. Das Vorwort steuerte sein Chef, Staatssekretär Wilhelm Stuckart, bei, und schnell fand das Werk gebührende Anerkennung. Der Rezensent Roland Freisler bewunderte *»die Gediegenheit der Kommentierung der Gesetze und zugehörigen Verordnungen«*. Alle Ausführungsverordnungen und Durchführungsbestimmungen, *»die ja teilweise außerordentlich zahlreich sind«*, seien übersichtlich geordnet, *»man hat also alles, was man in der Praxis benötigt ...«*.
Die Praxis benötigte zum Beispiel einen Fingerzeig, ob Ehen zu bestrafen seien, die nicht von deutschen, sondern von ausländischen Behörden geschlossen worden waren. Da hatte in einem Arbeitersportverein in Berlin-Lichtenberg ein KPD-Genosse 1932 die russisch-jüdische Röntgen-Laborantin Rebekka kennengelernt, sich mit ihr verlobt, und als sie 1933 nach Leningrad zurückkehrte, reiste der 24jährige Karl ihr hinterher, *»um weiter mit seiner Braut verkehren zu können«*, wie das Landgericht Berlin drei Jahre später feststellte. Karl hatte Rebekka in der Sowjetunion geheiratet, war alsbald wegen ›Spionage‹ von der GPU abgeschoben worden und stand nun wegen Verstoßes gegen das Blutschutzgesetz vor dem Richter. Das Blutschutzgesetz sagte über Auslandsehen allerdings nichts aus, und so griff das Gericht zu dem Kommentar Globkes. Es stellte fest, daß Bestrafung durchaus erfolgen könne, wenn die Eheschließung der Gesetzesumgehung diente. *»Die gleiche Ansicht vertritt Stukkart-Globke, Anmerkung 4 zu § 5.«* Das ›Erläuterungsbuch zur deutschen Rassengesetzgebung‹ hatte solche Fälle vorbedacht und dehnte damit den Anwendungsbereich des Gesetzes aus. Eine unmittelbar tödliche Wirkung erzielte Globke dadurch, daß er die Frage beantwortete, was der die ›Rassenschande‹ begründende Geschlechtsverkehr genau sei: *»Über die Abgrenzung des Begriffs«*, schrieb der Kommentator im Januar 1937 in der ›Zeitschrift der Akademie für Deutsches Recht‹, bestünden *»Meinungsverschiedenheiten«*. Inzwischen konkurrierten mehrere Kommentare um die Auslegung des ›Geschlechtsverkehrs‹. *»Während Lösener-Knost darunter nur den Beischlaf (conjunctio membrorum) verstehen, legen die übrigen einschlägigen Erläuterungsbücher den Begriff weiter aus und verstehen unter Geschlechtsverkehr außer dem Beischlaf auch den regelwidrigen Geschlechtsverkehr, insbesondere beischlafähnliche Handlungen. (Vgl. Brandis, Die Ehegesetze von 1935; Gütt-Linden-Maßfeller, Blutschutz und Ehegesundheitsgesetz; Stuckart-Globke, Kommentar zur Deutschen Rassengesetzgebung.«)* Die ›weitere Auslegung‹ Globkes machte sich endlich das Reichsgericht zu eigen. *»Die Entscheidung ist zu begrüßen«*, bemerkte dieser, *»zumal sie dazu dienen wird, unerwünschte geschlechtliche Beziehungen zwischen Juden und Deutschen zu erschwe-*

ren und Umgehungen des Blutschutzgesetzes zu verhüten.« Wo es nicht zur Verhütung kam, wurden selbst Todesurteile verhängt. Eins davon war das im Nürnberger Juristenprozeß angeführte ›Katzenberger-Urteil‹; in Anlehnung an die Globkesche ›weitere Auslegung‹ verkündete Sonderrichter Oswald Rothaug: *»Unter außerehelichem Geschlechtsverkehr im Sinne des Blutschutzgesetzes ist neben dem Beischlaf jede Art geschlechtlicher Betätigung mit einem Angehörigen des anderen Geschlechts zu verstehen, die nach der Art ihrer Vornahme bestimmt ist, anstelle des Beischlafs der Befriedigung des Geschlechtstriebes mindestens des einen Teiles zu dienen. Die von den Angeklagten zugegebenen Handlungen, die bei Katzenberger darin bestanden, daß er die Seiler an sich heranzog, küßte, an den Schenkeln über den Kleidern tätschelte und streichelte, charakterisieren sich dahin, daß Katzenberger damit das an der Seiler in gröblicher Form ausgeführt hat, was der Volksmund als ›abschmieren‹ bezeichnet. Daß nur in geschlechtlichen Beweggründen der Ausgangspunkt für solches Handeln zu suchen ist, ist offenkundig. Hätte der Jude an der Seiler nur diese sogenannten ›Ersatzhandlungen‹ vorgenommen, so hätte er schon dadurch den vollen gesetzlichen Tatbestand der Rassenschande erfüllt.«*
Den zahlreichen Kommentatoren der Rassengesetze wurde später nach dem 131er Gesetz keine Unmenschlichkeit vorgeworfen. Dr. Knost vom ›milderen‹ Knost-Lösener-Kommentar brachte es zum Präsidenten des Verwaltungsbezirks Braunschweig. Maßfeller (Kommentar Gütt-Linden-Maßfeller) wurde Ministerialrat und Abteilungsleiter im Bundesjustizministerium und beurteilte das Familienrecht, sein altes Fachgebiet aus dem Reichsjustizministerium, in dessen Auftrage er der Endlösungskonferenz vom 6. 3. 1942 beigewohnt hatte. Amtsgerichtsrat Boschan blieb Amtsgerichtsrat in Heidenheim. Die bedeutendste Karriere machte der Mann mit der ›weiteren Auslegung‹, Dr. Hans Globke. Er wurde Staatssekretär Konrad Adenauers und konstruierte das fabelhafte Bundeskanzleramt, eine sensible, kompetente Steuerzentrale der politischen Macht.
Adenauer hatte das Dritte Reich zurückgezogen in Rhöndorf verbracht. Die Berliner Ministerialbürokraten kannte er nicht. Ohne diese kundigen Mandarine war jedoch am Rhein kein Staat zu machen. Ein Weimarer Politiker, wußte Adenauer genügend über die Macht reaktionärer Staatssekretäre, die zäh und unangreifbar hinter ihrer Ressortkenntnis verschanzt jede Politik lahmlegen, deren Richtung nicht behagt. Als Personalberater konnte nur ein Mandarin selbst taugen, der seinesgleichen nahe genug stand, um ein Urteil zu besitzen, und fern genug, um überzulaufen. Ein solcher Mann konnte nur ein belasteter Mann sein. Aus Schwäche loyal, mit vorzeigbaren Referenzen, einem Hauch Widerstand, kurzum Dr. Hans Globke, die graue Eminenz des CDU-Staats, das Wahrzeichen der Restauration schlechthin.
Je heftiger die Angriffe auf Globke, desto fester seine Position, in der sich das Heimatrecht der NS-Beamten im Staat von Bonn manifestierte.

Globkes Rücktritt wäre darum mehr als ein Geständnis, nämlich die Brüskierung einer mit tadellosen Anpassungsleistungen aufwartenden Kaste gewesen. Der kleine Pg wollte Zeichen der Versöhnung sehen, aber keine Kündigungen, und der Staat war vorne und hinten nicht so, daß ein Globke darin nicht hätte Kanzleramtsstaatssekretär sein können. Durch ihn wurde eine Beamtenkontinuität angeleuchtet, die im Schatten Tausender Polizeireviere, Landgerichte, Lehrerzimmer usw. still und hundertprozentig zuverlässig eine fähige Verwaltung auf rechtsstaatlicher Geschäftsgrundlage gewährleistete. Wieso sollte Globke anstandshalber fallengelassen werden, wo auf seinesgleichen prinzipiell nicht verzichtet werden konnte? Näher lag es, den Rassenkommentator als Partisan im Apparat auszugeben.
Sein Alibi war die katholische Kirche. Nach Auskunft Konrad Kardinal Graf Preysings, Bischof von Berlin, hatte Globke die Pläne des Innenministeriums regelmäßig dem Episkopat gebeichtet. Die Bischöfe wußten Bescheid. Dies bewirkte aber nicht die Kompromittierung der Bischöfe, sondern die Entlastung Globkes. *»Es ist wohl in erster Linie seiner klugen und mutigen Zusammenarbeit mit Mitarbeitern des Berliner Ordinariats zu verdanken«*, erklärte Preysing, *»daß zwei Gesetzentwürfe, die die Zwangsscheidung aller rassischen Mischehen bezweckten, durch die drohende Haltung des deutschen Episkopats keine Gesetzeskraft erhielten. Da diese Zersetzungsarbeiten um ihrer Wirkung willen von allen Beteiligten streng geheimgehalten werden mußten, ist es allen Nichtbeteiligten unbekannt geblieben, was die Juden in Deutschland Herrn Dr. Globke zu verdanken haben.«* Die ›drohende Haltung‹ der Bischöfe ist anscheinend auch streng geheimgehalten worden. Weder die katholischen Juden noch die eigenen Priester und Nonnen vor dem Volksgerichtshof vermochte die Kirche zu schützen. Die Skrupel der Nationalsozialisten vor den 30000 in Mischehen lebenden deutschen Juden fußten auf der Vermutung, 30000 Arier könnten imstande sein, das Ableben ihres Ehepartners herauszubekommen. Sie würden wehklagen, würden vor Gericht ziehen, um Totenscheine zu erhalten und Erbschaften antreten zu dürfen. Der heimliche Charakter der Vernichtung war bedroht. Darum sah man die Scheidungspläne überall im besetzten Europa als untauglich an. Auch dort, wo Globke nicht ›Zersetzungsarbeit‹ leistete.
Fernerhin erzählte Globke, den berüchtigten Kommentar verfaßt zu haben, um den Juden durch die jeweils günstigste Auslegung des Gesetzes dienlich zu sein. *»Aber ich durfte natürlich keinen Benutzer des Kommentars«*, erläuterte Globke seine ›weitere Auslegung‹ an entscheidender Stelle, *»durch Auffassungen, die in der Praxis nicht befolgt wurden, in Schwierigkeiten bringen.«*
Globke, der 1932 Schlimmeres verhindert hatte, bevor das Schlimme am Ruder war, wurde zum Retter der Juden ausgerufen. Wie die Geisteskranken den Euthanasieärzten, die Deportierten den Deporteuren, muß-

ten die Juden allgemein den Rassengesetzen dankbar sein. Die Nürnberger Rassengesetze, sagte das Globke-Lager, hätten den Juden die rechtliche Sicherstellung eingetragen. Der Terror der SA sei gebremst worden. Sara und Israel, so Globke, habe er die Juden nur genannt, weil Bormann den Beinamen ›Jud‹ anstrebte. All das wurde nicht vorgetragen zwecks Freispruch vor Gericht, sondern zur Beruhigung der Wähler über die rechte Hand des Kanzlers. Sie hatten sich aber gar nicht aufgeregt. Globkes Bemühungen zum Schutz des deutschen Blutes hatten überdauert. Nach Umfragen im Jahre 1953 erwogen 70% der Deutschen nicht und würden es nie erwägen, eine Person jüdischer Herkunft zu heiraten.
Globkes Bonner Personalpolitik, in enger Fühlung mit Josef Kardinal Frings entworfen, bewirkte, daß so gut wie alle Personalchefs im Auswärtigen Amt Katholiken waren. Das Personal selbst wiederum bestand, wie ein Bundestagsuntersuchungsausschuß ermittelte, zu zwei Dritteln aus ehemaligen Nationalsozialisten. *»Man kann doch ein Auswärtiges Amt nicht aufbauen, meine Damen und Herren«*, erklärte der Außenminister Konrad Adenauer im Parlament, *»wenn man nicht wenigstens zunächst an den leitenden Stellen Leute hat, die von der Geschichte von früher etwas verstehen.«*
Dieser zutreffenden Ansicht war auch Hitler, ein bedeutender Personalchef, gewesen, als er Leute wie den katholischen Zentrumsmann Globke im Innenministerium mit der Rassengesetzgebung beschäftigte. Den Erfolg des Konkordats, *»die Bischöfe auf diesen Staat zu verpflichten«*, beabsichtigte der Reichskanzler auf die Judenpolitik zu übertragen. Eine naheliegende Idee, denn die katholische Kirche sei diejenige gewesen, *»die die Juden ebenfalls immer als Schädlinge angesehen«* habe, erklärte Hitler im Zuge der Konkordatsverhandlungen am 7. Juni 1933. Die Katholiken schließlich hätten *»die Juden in das Ghetto verbannt«*. Globke im Zentrum der gesetzlichen Judendiskriminierung band das katholische Episkopat an den Selbstbetrug, man könne durch ›drohende Haltungen‹ vielleicht Ehen retten – bis auf die jüdisch-jüdischen Ehen. Der katholische Widerständler und Oberregierungsrat, trotz Antrags unwürdig, der NSDAP beizutreten, war der Richtige, das Herz des Parteiprogramms zu formulieren, die Rassenpolitik. Wenn der Widerstand die Dinge tun muß, die er zersetzen will, ist er am besten untergebracht. Daß die Zentrumsbürokraten und Kleriker die Judenvernichtung aufhalten, konnte den Nazis nur ein Wiehern entlocken.
Die Rolle des Außenseiters kennzeichnet eine doppelte Loyalität, seine besondere Tüchtigkeit und die Bindung des außenseiterischen Milieus an die Macht. So war Globke der katholische Außenseiter bei den Nazis und der nazistische Außenseiter bei den Katholiken in Bonn. Man kann, wie Adenauer klar erkannte, nirgendwo ein Amt aufbauen ohne Leute, die von der Geschichte von früher etwas verstehen.

»In der Erwägung, daß während der nationalsozialistischen Gewaltherrschaft unsagbare Verbrechen gegen das jüdische Volk verübt worden sind und daß die Regierung der Bundesrepublik ihren Willen bekundet hat, in den Grenzen der deutschen Leistungsfähigkeit die materiellen Schadensfolgen dieser Taten wiedergutzumachen, und daß der Staat Israel die schwere Last auf sich genommen hat, so viele entwurzelte und mittellose jüdische Flüchtlinge aus Deutschland und den ehemals unter deutscher Herrschaft stehenden Gebieten in Israel anzusiedeln, und deshalb einen Anspruch gegen die Bundesrepublik Deutschland auf globale Erstattung der entstandenen Eingliederungskosten geltend gemacht hat, sind der Staat Israel und die Bundesrepublik Deutschland zu folgender Vereinbarung gelangt: Im Hinblick auf die vorstehenden Erwägungen zahlt die Bundesrepublik Deutschland an den Staat Israel einen Betrag in Höhe von 3000 Millionen DM. Darüber hinaus zahlt die Bundesrepublik Deutschland an Israel zugunsten der Conference on Jewish Material Claims against Germany einen Betrag in Höhe von 450 Millionen DM, die der Erweiterung der Ansiedlungs- und Wiedereingliederungsmöglichkeiten für jüdische Flüchtlinge in Israel dienen. Die in Artikel 1 dieses Abkommens übernommene Verpflichtung wird durch die Zahlung von Jahresleistungen wie folgt getilgt: Vom Inkrafttreten dieses Abkommens bis zum 31. März 1954 in Beträge von 200 Millionen DM für jedes Haushaltsjahr ...«
Dieser Text trägt in der Umgangssprache den Namen ›Wiedergutmachungsabkommen‹. Berechnungsgrundlage sind nicht die Toten, sondern die Überlebenden, deren Wiederansiedlung in Israel finanziert wurde. *»Die Täter wurden gewissermaßen aufgefordert, für die Unvollständigkeit ihrer Arbeit zu bezahlen«*, schreibt der Historiker Hilberg. Es wurde nie versucht, die Wiedergutmachungs- und Entschädigungskosten mit den Einnahmen zu saldieren, die das Deutsche Reich durch die 11. Verordnung zum Reichsbürgergesetz vom 25. November 1941 durch jeden deportierten Juden tätigte. *»Durch seine Verlegung des gewöhnlichen Aufenthalts ins Ausland«*, und dazu zählte auch das Jenseits, verlor er die deutsche Staatsbürgerschaft. Sodann trat § 3,1 der 11. Verordnung in Kraft: *»Das Vermögen des Juden, der die deutsche Staatsbürgerschaft aufgrund dieser Verordnung verliert, verfällt mit dem Verlust der Staatsangehörigkeit dem Reich.«*
An der Beratung der 11. Verordnung am 15. Januar 1941 nahm auch Ministerialrat Dr. Globke teil, jedoch schweigend. Die Bundesregierung ließ später erklären, er habe an dieser ressortmäßigen Besprechung lediglich als Zuhörer und auf Wunsch von Widerstandskreisen teilgenommen.
Während die Bundesrepublik an Israel den Wiedergutmachungsbetrag entrichtete, war der Finanzberater des Bundeskanzlers ein Mann namens Vialon, der für den vorangegangenen Staat jüdisches Hab und Gut eingetrieben hatte. Dr. Friedrich Karl Vialon hielt 1943 in Riga die Position eines

Leiters der Finanzabteilung des Reichskommissariats für das Ostland. In Riga, wo 1941 die ersten Transporte mit deutschen Juden eintrafen. Die ansässige Gemeinde wurde von Einsatzgruppen erschossen. Ihren Besitz sammelten die Schützen in Zinkeimern ein. Es gab darum Reibereien mit der SS, die einen Teil der Beute für sich behalten wollte. *»Der Erlaß des Wirtschafts- und Verwaltungshauptamtes vom 22. Juni 1943, den ich in Abschrift von Abschrift beilege«,* teilte Vialon am 16. Juli 1943 der SS mit, *»vertritt demgegenüber die eindeutige Regelung, daß sämtliche Wertgegenstände aus jüdischem Besitz an den zuständigen Reichskommissar abzuliefern sind, er nimmt die Goldmünzen von der Ablieferpflicht nicht aus.«*
Da Deutschland weit mehr Juden beerbt hatte, als Entschädigungsberechtigte auf der Welt am Leben waren, blieb der Saldo, die geringen Vernichtungskosten eingerechnet, in den Aktiven. Trotzdem hatten sich die Geschäftsgrundlagen geändert. Die Zeiten der Plünderung waren abgelöst durch eine Ära friedlicher Zahlungsverträge. Vialon wandte sich vom Gebiet der Goldmünzen dem Gebiet des Haushalts- und Vertragsrechts zu. Die Täter des alten Staates hatten alle miteinander ein neues Leben angefangen und waren tüchtig, daß ihnen selbst die Augen übergingen. Nur unter den alten Opfern lebten noch welche, die sich mit Gewalt nicht resozialisieren ließen.
»Der Zuzug weiterer Zigeuner muß verhindert werden«, bestimmt ein Papier der sozialdemokratischen Stadtverwaltung Gelsenkirchens aus dem Jahr 1978. *»Grundsätzlich stellen auf öffentlichen Straßen ohne Zugfahrzeug aufgestellte Wohnwagen ein Verkehrshindernis dar. Werden von Zigeunern Wohnwagen auf öffentlichen Straßen- und Verkehrsflächen abgestellt, wird Stadtamt 23 – Ordnungsamt – alle rechtlichen Möglichkeiten nutzen, um einen ordnungsgemäßen Zustand herzustellen.«* Sollten die Wagen nicht verschwinden, könne ein Zwangsgeld festgesetzt werden. Ist das Zwangsgeld nicht zu erbringen, *»so kann durch das Verwaltungsgericht Ersatzzwangshaft angeordnet werden«.* Auf Freiflächen der städtischen Grundstücke abgestellte Wohnwagen sind zwar kein Verkehrshindernis, hier aber *»kann die Stadt Gelsenkirchen als Grundeigentümer jederzeit die Beseitigung gem. § 1004 BGB verlangen«.* Da ein sofortiges *»Abschleppen der Wohnwagen«* nur unmittelbar *»nach der Eigentumsstörung«* gestattet sei, könnten die Wohnwagen als letzte Möglichkeit nur mit den in der Zivilprozeßordnung vorgesehenen Vollstreckungsmaßnahmen *»beseitigt«* werden. Entsprechend sei zu verfahren. *»Das Abstellen der Wohnwagen wird nicht mehr geduldet.«*
Zum Zwecke der zivilrechtlichen *»Vollstreckungsmaßnahmen«* mußten die Zigeuner zu Seuchenträgern erklärt werden: *»Das Gesundheitsamt wird die abgestellten Wohnwagen überprüfen.«* Da die *»hygienischen Voraussetzungen«* mangelhaft seien, werde im Anschluß an die erfolgte Überprüfung, *»um der Gefahr der Verbreitung von Seuchen und ansteckenden Krankheiten zu begegnen, das Ordnungsamt eingeschaltet«.* Das Ord-

nungsamt werde *»die Beseitigung der Wohnwagen durch Ordnungsverfügung«* verlangen und hierbei die nach dem *»Verwaltungsvollstreckungsgesetz möglichen Zwangsmittel einsetzen«*. Die Errichtung eines anderen, nicht seuchengefährdeten Wohnraums *»kommt nicht in Betracht«*. Es würde dadurch *»ein gewisser Anreiz ausgelöst«*. Wenn festgestellt werde, daß sich Zigeuner unberechtigt in Obdachlosen-Unterkünften aufhalten, so würden vom Sozialamt *»unverzüglich Maßnahmen zur Räumung der Unterkünfte eingeleitet«*. Denunzianten wurden alle Wege geebnet. *»Bei Hinweisen gegen Zigeuner wird von der Polizei auf Wunsch Vertraulichkeit zugesichert.«*
Bei der Entscheidung der Frage, welche rassischen Erfordernisse erfüllt sein müssen, um das Reichsbürgerrecht zu erlangen, sei folgendes zu beachten, schreibt Globke 1936 in seinem Kommentar zu dem Nürnberger Gesetz: *»Artfremdes Blut ist alles Blut, das nicht deutsches Blut noch dem deutschen Blut verwandt ist. Artfremden Blutes sind in Europa regelmäßig nur Juden und Zigeuner.«* In Befolgung dieser grundlegenden Erkenntnisse wurden 40000 deutsche Zigeuner vergast. In ganz Europa ermordeten die deutschen Reichsbürger 500000 Zigeuner. Befriedigt war der anti-zigeunerische Rassismus der Deutschen dadurch an sich nicht.
Bad Hersfeld, eine Stadt von 30000 Einwohnern, vermeinte, mit 200 Sintis, die in einem Slum nahe der Mülldeponie, dem Kistnersgrund, hausten, restlos überfordert zu sein. *»Diese große Anzahl von Zigeunern«*, erklärte der Magistrat im Jahre 1978, *»stellt für unsere Stadt ein echtes Problem dar.«* Der Konflikt schwelt seit der Rückkehr der Zigeuner aus Bergen-Belsen, als Hersfeld von der Besatzung *»1945 gezwungen worden«* sei, wie der Bürgermeister Dr. Jansen gestand, *»die Zigeuner ›als Verfolgte des Naziregimes‹ aufzunehmen«*. Seitdem hält Hersfeld und Umgebung ›die Landplage vom Kistnersgrund‹ für den *»Herd der Übergriffe«* (Landrat Zerbe im November 1958). Als Übergriffe wurde der Diebstahl von Kartoffeln von den Äckern betrachtet. Als Täter waren Zigeunerkinder ermittelt. Nachdem im Jahre 1964 der Zigeunerdiebstahl auf Hühner und Kaninchen losging, verlangte die Bürgerschaft (lt. Hersfelder Zeitung vom 26. März 1964) 1.) Registrierung aller im Lager Lebenden, 2.) Einstellung der Unterstützung für die Zigeuner, 3.) die Umzäunung des Lagers mit Stacheldraht.
Die Umsetzung der Sinti vom Kistnersgrund schien ausgeschlossen. Wo immer ein Gelände angepeilt wurde, regneten Protestschreiben der Anwohner auf den Magistrat herab. Sie befürchteten zerstochene Autoreifen und würden sich nachts nicht mehr auf die Straße trauen. *»Um Himmels willen, ja nicht! Steckt die sonstwohin.«* Eine Bauarbeiterkolonne nötigte ihre Firma zur Entlassung eines neueingestellten Zigeuners: *»Entweder geht der Zigeuner oder wir.«* Selbst die Putzfrauen im Rathaus weigerten sich, mit einer Zigeunerin zusammen zu arbeiten. Gastwirte hängten Schilder heraus: *»Für Landfahrer verboten.«*

Ungleich genehmer waren in Hersfeld die jährlichen Zusammenkünfte der »Leibstandarte Adolf Hitler«. Sie zählte im Jahr 1982 den Bürgermeister zu ihren Ehrengästen und gedachte 1983 in der Stadthalle der *»Opfer des Besatzungsterrors und der Rachejustiz«*. Ein Vorschlag zur Einzäunung kam nicht auf, denn wie die Angehörigen aller Heeresverbände hatte die Leibstandarte *»mannhaft Opfer gebracht«*, wie Bürgermeister Boehmer ausführte, *»die nicht genügend beachtet werden können«*. Die Opfer der Zigeuner fanden hingegen insoweit genügend Beachtung, als sie ihnen weiter abverlangt wurden.
Acht Jahre nach dem abrupten Untergang der Nürnberger Gesetze besaß das Land Bayern wieder ein Sondergesetz für eine rassische Minderheit, die ›Landfahrer-Ordnung‹. Das zur Erfassung der Zigeuner bis dahin gültige ›Zigeuner- und Arbeitsscheuen-Gesetz‹ von 1926 hatten die Amerikaner 1947 aufgehoben. Sie waren noch nicht ganz fort, als der Oberregierungsrat Mayer aus dem bayrischen Innenministerium bereits nach Handhaben rief, damit *»das Strafgesindel, das sich arbeitsscheu auf den Landstraßen und in den Städten herumtreibt und eine ständige Gefahr für die öffentliche Sicherheit und Ordnung bildet, wirklich wirksam bekämpft werden kann«*.
Das bayrische Rassengesetz definierte als Landfahrer denjenigen, der *»aus eingewurzeltem Hang zum Umherziehen oder aus eingewurzelter Abneigung gegen eine Seßhaftmachung mit Fahrzeugen, insbesondere mit Wohnwagen oder Wohnkarren oder sonst mit beweglicher Habe, im Lande umherzieht. Als Landfahrer gilt auch, wer im Gefolge eines Landfahrers umherzieht.«* Im Gefolge der Landfahrer zogen beispielsweise ihre Kinder und Säuglinge, die allerdings den ›eingewurzelten Hang‹ mit ihnen teilten. Die Landfahrerverordnung ermächtigte das Landeskriminalamt, die Familien vom Greis bis zum Kleinkind erkennungsdienstlich zu behandeln und ihnen die Fingerabdrücke abzunehmen. Die Landeskriminalämter der übrigen Bundesländer schalteten gleich, erfaßten die in ihren Grenzen auflaufenden Angehörigen der Zigeunerrasse und schickten oft genug die Akten an die Münchener Landfahrerzentrale, wo die Spezialisten saßen.
Diese Praxis in Deutschland endete 1970 durch den zivilisatorischen Einfluß der europäischen Nachbarn. Ungläubig erfuhren die Kriminalsekretäre aus einer Empfehlung des Europarats vom 30. September 1969, daß es sich bei den Zigeunern nicht um anlagebedingt Asoziale handle, sondern um ein Nomadenvolk, dem seit inzwischen 16 Jahren der Schutz der von Deutschland ratifizierten Europäischen Menschenrechtskonvention zustehe. Das von deutschen Städten und Gemeinden unverdrossen angezettelte Schikanieren, Kränken, Ghettoisieren und Hinausekeln der Zigeuner war fraglos völkerrechtswidrig. Der Europarat schlug den Mitgliedsregierungen vor, *»mindestens die erforderlichen Wohnwagenplätze, ausgestattet mit Sanitäreinrichtungen, mit Elektrizität, mit Telefon, mit Ge-*

meinschaftseinrichtungen, mit Feuerlöschgeräten, durch die zuständigen Behörden schaffen zu lassen«. Die Empfehlung faßte das Zigeunerleben weniger als Ordnungsverstoß auf, sondern als kulturbereicherndes Element.

Die Zigeunerromantik der Deutschen war davon aber nicht zu beeindrucken. Man stockte bereits, unumwunden die Tatsache zuzugeben, daß 50 % der europäischen Zigeunerbevölkerung in jahrelangem nazistischen Rassenkampf vernichtet worden waren. Die Zahlen wurden anerkannt; schwer zu beantworten war nur, was Rassismus und was ordnungspolizeiliche Maßnahme gewesen war. Die Landeskriminalämter, insbesondere das Münchener, waren der Ansicht, daß Gewohnheitskriminelle keinen Anspruch auf Wiedergutmachung haben sollten. Dies schrieb auch das Bundesentschädigungsgesetz vor. Auf dem Wege der Amtshilfe erhielten die Wiedergutmachungsämter aus Bayern vertrauliche Akten zugesandt, die den Anwälten der Antragsteller nicht gezeigt werden durften. Daraus ließ sich erkennen, daß die angeblichen Opfer des Nationalsozialismus in Wahrheit Betrüger, Diebe und Spione gewesen waren. Die Aktenerkenntnisse datierten zwar aus der Kampfzeit, die Beamten jedoch auch. Außerdem wurden die Erkenntnisse laufend ergänzt.

Die Leitsätze zur Zigeunerbehandlung steuerte der Bundesgerichtshof in einem Urteil vom 7. Januar 1956 bei. Er erklärte die ab 1943 erfolgte Vernichtung in Auschwitz als rassistische Wende der Zigeunerpolitik. Alles, was zuvor geschehen war, stellte *»keine nationalsozialistische Gewaltmaßnahme aus Gründen der Rasse«* dar. Es handelte sich dabei um eine *»vorbeugende Polizeimaßnahme«*, die *»trotz rassenideologischer Begründung lediglich die durch die Zigeuner hervorgerufenen Mißstände auf einer einheitlichen Basis bekämpfen will«*. Der Bundesgerichtshof unterzog drei Anordnungen des Reichsführers SS Heinrich Himmler und des Reichssicherheitshauptamts eingehender Betrachtung.

1. Den Runderlaß Himmlers vom 8. Dezember 1938, in dem die Rassenzugehörigkeit der deutschen Zigeuner geprüft werden sollte zwecks Aussonderung der Mischlinge, die den größten Anteil an der zigeunerischen Kriminalität beanspruchten. *»Trotz des Hervortretens rassenideologischer Gesichtspunkte«*, urteilte der BGH, bilde nicht *»die Rasse als solche«* den Grund für die Himmlerschen Anordnungen, *»sondern die bereits erwähnten asozialen Eigenschaften der Zigeuner, die auch schon früher Anlaß gegeben hatten, die Angehörigen dieses Volkes besonderen Beschränkungen zu unterwerfen«*.

2. Den Schnellbrief des Reichssicherheitshauptamtes vom 17. Oktober 1939. Er wies die Zigeuner an, ihren Wohnsitz oder derzeitigen Wohnsitz nicht zu verlassen, anderenfalls die Einlieferung ins KZ erfolge. Der BGH bestätigte das Reichssicherheitshauptamt insoweit, wie *»das Verhindern des Umherwanderns der Zigeuner keine spezifisch rassenpolitische, sondern eine auch bisher übliche polizeiliche Präventivmaßnahme*

ist, wie z. B. auch das bayerische Gesetz zur Bekämpfung von Zigeunern, Landfahrern und Arbeitsscheuen vom 16. Juli 1926 das Umherwandern von Zigeunern dadurch einzuschränken versucht, daß es das Umherwandern von Zigeunern von einer besonderen polizeilichen Genehmigung abhängig macht«.
3. Den Schnellbrief des Reichssicherheitshauptamtes vom 27. April 1940. Er ordnete die Deportation von 2500 Zigeunern aus den Bereichen der Kripo-Leitstellen Hamburg, Bremen, Köln, Düsseldorf, Hannover, Stuttgart und Frankfurt/Main in östliche Konzentrationslager an. Die *»Umsiedlung«* und die Art und Weise ihrer Durchführung, entschied der Bundesgerichtshof, sei *»auch nicht mehr als eine starke Verschärfung der gegen die Zigeuner aus Gründen der Kriegführung getroffenen Maßnahmen«*. Der Sinn dieser Maßnahmen bestand darin, *»allgemein die Möglichkeit der Spionage zu unterbinden«*. Bei den ausgesiedelten Personen habe es sich um solche gehandelt, die *»eine Gefahr für die Kriegführung durch Spionage«* befürchten ließen.
Mit diesem Urteil des Bundesgerichtshofs waren alle Zigeunerverfolgungen vor Auschwitz vom Wiedergutmachungsanspruch ausgeschlossen. Eine Änderung trat erst im Jahre 1965 ein. Erlittene Nachteile hatten die Zigeuner bis dahin ›asozialen Eigenschaften‹ zuzuschreiben, so wie die Homosexuellen ihre Verfolgung ihrer ebenfalls bis 1969 kriminalisierten Neigung verdankten. Nach Auskunft der Bundesregierung vom 17. Oktober 1979 wird zwar Verfolgung aus Gründen der Rasse, des Glaubens oder der Weltanschauung entschädigt, jedoch *»dies trifft auf Personen, die wegen Homosexualität in nationalsozialistische Konzentrationslager verschleppt wurden, nicht zu«*. Sofern Zigeuner, Homosexuelle und Asoziale einer Zwangssterilisierung ausgesetzt gewesen waren – das Schicksal von 200000 Personen –, wurde ein Schaden bei Nachweis einer 25%igen Leistungseinschränkung anerkannt. Neuerdings werden 5000 DM Entschädigung angeboten.
Die Stigmatisierung der nichtjüdischen Volksfeinde hielt einstweilen ungebrochen an. Alle Maßnahmen bis auf die Gaskammer waren als polizeiliche Prävention rubriziert. Die besondere Eignung der Zigeuner zur Spionage, die Otto Ohlendorf vergeblich dem Nürnberger Tribunal klarzumachen versuchte, hatte endlich gerichtliche Anerkennung gefunden. *»Herr Ohlendorf, Sie sagen, daß Zigeuner notorische Träger nachrichtendienstlicher Tätigkeit sind«*, hatte die Nürnberger Anklage den deutschen Praktiker gefragt. *»Ist es nicht Tatsache, daß Angehörige jedes besetzten Staates notorische Träger nachrichtendienstlicher Tätigkeit sind? Haben nicht die Amerikaner Nachrichtendienste betrieben, die Deutschen und die Russen Nachrichtendienste für ihre Länder betrieben, wenn sie im Krieg standen?«* Ohlendorf: *»Aber der Unterschied ist hier, daß diese Bevölkerungen, z. B. die deutsche Bevölkerung oder die amerikanische Bevölkerung, ständige Wohnsitze haben, während die Zigeuner, die als Volk unseß-*

haft sind und ohne ständige Wohnsitze, besser dazu vorbereitet sind, ihren Aufenthalt für eine günstigere wirtschaftliche Lage, die ihnen ein anderer Ort anbieten könnte, zu wechseln. Ich glaube, daß z. B. ein Deutscher sehr ungeeignet ist für Spionage.«

Die Gauleiterverschwörung

Der in Hitlers Testament zum Propagandaminister ernannte jüngste Staatssekretär des Deutschen Reiches, Werner Naumann, schrieb im Jahr 1952 in einem von den Ehemaligen gelesenen Informationsdienst: *»Was machen eigentlich die ehemaligen Nationalsozialisten? Denn nirgends treten sie in Erscheinung. Sind diese Feinde der Demokratie vielleicht im Untergrund organisiert oder versuchen sie etwa, das Regierungssystem von innen her zu erobern, indem sie die demokratischen Positionen unterwandern, oder sind sie am Ende spurlos von der Bildfläche verschwunden, aufgelöst im Rauch ihrer Schlechtigkeit, nur einen Schwefelgeruch hinterlassend, so wie gewöhnlich der Teufel zu verschwinden pflegt? Irgendwo müssen sie ja geblieben sein, die Frage ist eben nur: Wo? Daher suchen jetzt staatsschützlerische Elemente überall nach ihrem Verbleib oder nach ihrer Asche.*
Unsere Regierung hat, wie man weiß, bisher kein Vertrauensverhältnis zum Volk herstellen können, ihre Aufrufe verhallen ungehört, ihre Ermahnungen werden von niemandem ernstgenommen, und viele politisch aktive Kräfte stehen untätig beiseite. Hieraus entsteht jene, auch vom Ausland gefürchtete, undurchsichtig-unheimliche Atmosphäre bei uns, die nicht ahnen läßt, welches politische Wetter morgen aufziehen wird ...«
Die schwüle Atmosphäre, den bangen Verdacht auf irgendeine Revanche des Nazi-Milieus registriert Naumann mit ironischer Genugtuung: Die Schattenarmee der Ehemaligen, der geschundenen und verfemten Hitleranbeter genießt noch Respekt. Sie ist doch nicht zerstäubt zu einem Haufen gedächtnisloser Zivilisten. Man rechnet sie zu den politischen Gestaltungskräften, jedoch im negativen Sinne. Man gewärtigt Rankün, Komplott, Putsch, verantwortungsloses, im Ausland katastrophal ankommendes Schwadronieren. Im günstigen Falle Charakterlosigkeit, routinierte Zungenbekenntnisse, aalglatte Bekehrungen. Wer aber gradlinig, wenn auch kritisch, seinen gestrigen Idealen die Treue hält, den nennt man verstockt, unverbesserlich, einen unbelehrbaren Faschisten und ewigen Unruhestifter im Land. Die neue Garnitur Staatsmänner lehnt jeden Kontakt zu den politischen Eliten des Nationalsozialismus ab. Für diese Elemente ist allein der Verfassungsschutz zuständig. Wo immer sich ein Freundeskreis führender Männer des Dritten Reiches zusammenfindet, werden Agenten in Trab gesetzt, Abhörgeräte eingeschaltet, Briefe geöffnet: *»Diese Entwicklung empfinden wir als äußerst bedauer-*

lich. Die Regierung in Bonn hat wenig Vertrauen in das staatspolitische Verantwortungsbewußtsein ihrer Bürger, und das ist ein großer Fehler. Das System, von dem wir heute regiert werden, ist gewiß kein ideales. In diesem Staate leben aber auch wir. Niemand von uns hat ein Interesse, ihn zu gefährden, weil seine Erschütterung auch unser Volk, unsere Familien und unsere Zukunft treffen würde ...
Obwohl die Parteigänger Hitlers verfolgt und gequält wurden, wie es in einem Rechtsstaat bisher nicht üblich war, obwohl man sie deklassierte und aus der Gesellschaft ausstieß, haben sie sich dennoch als ein vorbildliches Element der Ordnung, der Zuverlässigkeit und des Arbeitswillens bewiesen. In diesen Jahren gab es keine Untergrundbewegung, keine Attentate und keine Sabotageversuche. Ein Vergleich mit den Ereignissen in den Jahren nach 1918 läßt dieses Verhalten ganz besonders würdigen.« Keine anarchischen Zustände, kein Terror, nicht einmal eine Feme. Anstatt Geheimorganisationen zu begründen, räumten sie die Trümmer fort. Als man einen ihrer Kameraden nach dem anderen hinrichtete, ballten sie die Faust in der Tasche und hielten stand. *»Die Untergrundbewegung in Deutschland unterblieb nicht, weil sie unmöglich war. Sie kam allein deshalb nicht zustande, weil beherrschte und verantwortungsbewußte Persönlichkeiten, die von ihren ehemaligen Parteigängern weiterhin respektiert wurden, eine solche Entwicklung nicht wollten und jeden Ansatzpunkt dazu bekämpften.«* Diese Persönlichkeiten, denen stümpernde Nachrichtendienste laufend die Initiierung der Neuen Bewegung in die Schuhe schieben, sind in Wirklichkeit unablässig dabei, ihre politischen Freunde zu beschwichtigen und die Wogen der Empörung zu glätten. *»Wer sehen will, muß erkennen, daß sie sich ganz offen von den politischen Bohemiens distanzieren, die heute überall unter Berufung auf die Vergangenheit Organisationen aufziehen möchten. Weiß man in Bonn von diesen staatstragenden Kräften nichts?«*
Von allen Führungsaufgaben war allein die politische von Nazikadern so gut wie freigehalten worden. Allein dem Klein-Pg stand der Eintritt in sämtliche Parteien offen, die das verirrte, doch resozialisierbare NS-Fußvolk absorbieren mußten, so war man vor ihm am sichersten. Das Mitläufertum hatte durch seine Läuterung einen Anspruch erworben, nicht weiter mit materiellen und moralischen Bußen belästigt zu werden. Eine Rehabilitation seiner früheren Neigung war damit nicht verbunden. Der Nationalsozialismus, so idealistisch das Gros seiner Anhänger auch veranlagt sein mochte, blieb programmatisch Sodom und Gomorrha. Nur die Sekten der rechtsradikalen Bohemiens leisteten sich ein allseits verabscheutes Hitler-Heimweh, bei gedämpfter Kritik an den inhumanen Exzessen. *»Ob das Mittel, die Juden zu vergasen, das gegebene gewesen ist, darüber kann man geteilter Meinung sein«*, zitierte die Frankfurter Rundschau am 12. Dezember 1949 den Bundestagsabgeordneten der Deutschen Partei (DP) Wolfgang Hedler, *»... vielleicht hätte es auch andere*

Wege gegeben, sich ihrer zu entledigen.« Als Fraktionsmitglied einer Regierungspartei war Hedler nun nicht mehr tragbar, wurde aus Partei und Fraktion entfernt und schloß sich der Deutschen Reichspartei (DRP), der zählebigsten der Boheme-Gruppen an.
Zwischen den auf Bundes- und Länderebene mitregierenden Rechtsparteien DP, BHE, FDP und den Radikalen existierte ein steter Pendelverkehr der Funktionäre, die sich indessen der unterschiedlichen Stilistik einer Regierungspartei und einer Revanche-Partei anzupassen wußten. Die Sekten waren idiotische Stilkopien der NSDAP. Während die Antifaschisten der Grusel packte, sah Goebbels' Famulus Naumann sachverständig auf die Einfalt *»unserer politischen Apostel«* herab: *»Die alte Platte spielt nicht mehr richtig. Mit dem Badenweiler Marsch und mit einer neuen Fahne ist gar nichts getan. Wir brauchen einen neuen Stil, neue Parolen, neue Begriffe und eine neue Sprache, wenn wir unser Volk wieder politisch formen und uns durchsetzen wollen. Dieser Stil wird nicht emphatisch, propagandistisch oder superlativistisch sein, sondern streng sachlich und ernst, ein getreues Abbild unserer Lage. ... Ich weiß, daß Freunde, die in ihren Einzelzellen während vieler Jahre Haft ihre ganze Hoffnung auf uns setzten, nun durch unsere abwartende Haltung enttäuscht sind. Sie glauben, wir hätten die alten Ideale vergessen, seien saturiert oder verzagt. Was für ein Unfug! Seit wann ist Handeln an sich schon ein patriotisches Tun? ... Ist das etwa ein Tun, wenn ich im Auto hin und her fahre und brave Menschen verführe, einen Weg zu gehen, der sie ins Gefängnis führt, ohne daß daraus für unser Volk ein Vorteil entsteht?«* Er empfehle seinen Freunden immer, die wirtschaftliche Situation ihrer Familien zu ordnen und ihre Nerven auszukurieren.
Vom Dritten Reich hatte Naumann soviel behalten, daß nationalsozialistische Politik nicht für Nazis bestimmt ist. Die Aufgabe liege nicht in der Sammlung von Veteranen und Abenteurern: *»Wir wollen alle anständigen Deutschen erfassen ...«* In dieser Einsicht traf sich Naumann mit den demokratischen Volksparteien, die auch nicht mehr zurück zum Partikularinteresse wollten. Eine Formierung der Deutschen durch die NS-Eliten müßte sich wohl oder übel in dem allgemeinverbindlichen System vollziehen: *»Damit anerkennen wir die Regeln der Demokratie, wenngleich wir die parlamentarische Anonymität durch das Herausstellen von Verantwortlichkeiten und durch mehr Autorität verbessern wollen.«* Insbesondere durch die Autorität Naumanns und seiner Kreise.
Kurz nachdem er 1950 aus dem Untergrund aufgetaucht war und sich legal in der Düsseldorfer Firma eines Kollegen aus dem Ministerium niedergelassen hatte, sammelte Naumann die NS-Unterführer um sich. Ein loser Gesprächskreis von rund 100 Personen – Bürgermeister, Jugendfunktionäre, Bürokraten, ein paar Gauleiter – traf sich grüppchenweise in Düsseldorf und Hamburg, um politische Perspektiven auszumalen. Naumann, der Stratege, schärfte den Gefährten ein, nur ja nicht in die gegne-

rischen Messer zu springen. Das Volk dürfe keinesfalls den Eindruck gewinnen, die Ehemaligen seien ein Club wilder Männer und verantwortungsloser Radikaler, die es nicht abwarten könnten, Deutschland in neue Abenteuer zu verwickeln. Es sei gar nicht wünschenswert, eine Karriere als Berufspolitiker anzusteuern. *»Die Zeit, in der man in die Rubrik ›Beruf‹ das Wort ›Parteiredner‹ schrieb, ist vorbei und sollte nicht wiederkommen.«* Dem Überdruß der Kriegsgeneration an Experimenten, dem Verlangen, unbehelligt von Politikern wirtschaftlich Tritt zu fassen, durften die Nazis sich ebensowenig in den Weg stellen wie die Anti-Nazis. Beide spekulierten am sinnvollsten auf die Entwicklung. *»Die Zeichen der Zeit«,* warnte Naumann, *»verweisen uns auf den Gebrauch nicht revolutionärer, sondern evolutionärer Mittel.«* All dies bedeute ja nicht, den Idealen der Jugend Valet zu sagen. Man bewahre sich ja *»das Gefühl, einer Sache gedient zu haben, die in Wirklichkeit sehr viel anders aussah, als der KZ-Prozeß in Nürnberg es wahrhaben wollte. Es ist weiter das Bewußtsein, am Aufbau großer Sozialwerke wie Kraft durch Freude, Winterhilfswerk, Autobahn, Mutter und Kind und vielem anderen mitgearbeitet zu haben.«* Andererseits sei man sich auch einig in der *»Ablehnung der Exzesse und der höchst unangenehmen Pubertätserscheinungen, wie sie bei revolutionären Bewegungen dieser Art auf der Welt bisher leider nicht zu verhindern waren. Vielleicht liegen in den Trümmern der Reichskanzlei für uns mehr Werte verborgen, als die voreiligen Kritiker heute ahnen.«* Wenn die Zeit herangereift sei, werde man sich nicht mit der Rechtfertigung des autoritäten Staates abzugeben brauchen. Denn dann stelle sich die Aufgabe, seine Unvermeidbarkeit zu beweisen. In der Zwischenzeit riet Naumann zum langen Marsch durch die Institutionen. *»Das System steht uns als eine Einheit gegenüber, die wir auch einheitlich behandeln müssen. Alle Positionen also, die ohne Charakterverbiegung von einem unabhängigen Deutschen verwaltet werden können, sind nicht abzulehnen, sondern zu umwerben.«* Real denkende Ehemalige fanden sich schon ihrerseits diskret umworben, zumal von Parteiapparaten, die sich als wählbare Alternative für Millionen heimatloser NSDAP-Sympathisanten empfanden. Dieser Kuchen, vermuteten manche, bleibe noch zu verteilen.

Am 26. August 1950 hatte ein Essener Rechtsanwalt namens Ernst Achenbach, früher ein Verantwortlicher für Judenfragen an der deutschen Botschaft im besetzten Frankreich, nun führendes Mitglied der FDP, einen Besuch bei Naumann unternommen. Man sprach über die Bildung der zweiten nordrhein-westfälischen Landesregierung unter Karl Arnold (CDU). Achenbach erwartete eine Koalition mit der FDP und rechnete persönlich mit dem Wirtschaftsressort. Die Bundespartei der FDP sei im übrigen ein führungsloses Gebilde. Franz Blücher, Vorsitzender und Vizekanzler, habe keinerlei Grundsätze und sei ein Lavierer. Naumann, der von dem Gespräch zwei Tage später eine sorgfältige Notiz anlegte, stimmte mit Achenbach auch darin überein, *»daß Adenauer im*

Augenblick nicht die schlechteste Lösung für uns ist. Ein Volk in dieser Lage, ohne nationale Souveränität, von Hohen Kommissaren regiert, braucht Stresemänner.« Achenbachs Alternative zu den Erfüllungspolitikern setzte den Hebel am FDP-Landesverband Nordrhein-Westfalen an. Naumann notierte sich: *»Um den Nationalsozialisten unter diesen Umständen trotzdem einen Einfluß auf das politische Geschehen zu ermöglichen, sollen sie in die FDP eintreten, sie unterwandern und ihre Führung in die Hand nehmen. An Einzelbeispielen erläuterte er, wie leicht das zu machen wäre. Mit nur 200 Mitgliedern können wir den ganzen Landesvorstand erben.«*

Naumann bezweifelte generell, ob man eine liberale Partei am Ende in eine NS-Kampfgruppe umwandeln kann. Es eilte auch nicht damit. Zwei Jahre später, am 1. November 1952, machte er seinem Zirkel eine zeitweilige Taktik der Parteienunterwanderung schmackhaft. Man könne *»unsere Freunde zu unserer Unterstützung hineindelegieren und vielleicht auch die Korsettstangen in den Griff bekommen«*.

Die Korsettstangen des FDP-Landesverbands Nordrhein-Westfalen befanden sich zu dieser Zeit bereits halb unter Kontrolle. Der einflußreichste Verbindungsmann saß als persönlicher Referent im Büro des Landesvorsitzenden Friedrich Middelhauve. Als Leiter der Rundfunkabteilung im ehemaligen Propagandaministerium besaß dieser SS-Standartenführer Wolfgang Diewerge einschlägige Kenntnisse für ein Nebenamt, das Middelhauve ihm ohne falsche Skrupel beschaffte. Der Träger des NSDAP-Blutordens und SS-Ehrendegens wurde zum Beauftragten für die Rednerschulung in allen FDP-Landesverbänden ernannt und schrieb seinem alten Vorgesetzten Naumann übermütig, nun könne man motorisiert und in Parteimission die *»Gauhauptstädte«* bereisen und alte Kontakte auffrischen. Diewerge erstattete dem Chef aus alten Tagen laufenden Rapport und plante mit ihm Personalpolitik. Im Juni 1952 ging es um die Stelle eines zweiten persönlichen Assistenten Middelhauves. Naumann lancierte den Landrat a. D. Lindner. Am 19. Juni konnte Diewerge telefonisch gute Nachricht überbringen. Naumann bedankte sich zuerst einmal herzlich für die vielfache Post:

»Sie müssen denken, daß ich ja hier draußen ziemlich auf Eis liege und Ihre Informationen für mich doch außerordentlich wichtig sind.«

»Lindner ist genehmigt.«

»Bestimmt? Bei Ihnen?«

»Ja, sagen Sie es ihm noch nicht, weil ich noch etwas zu ihm auch sagen möchte. Ich möchte doch, daß er sich erheblich verbessert.«

»Sie sind ja wundervoll! Da werden Sie einen guten Mann haben.«

»Ja, ich habe gestern die Vorstellung vermittelt und hier der Oberchef hat einen guten Eindruck gewonnen.«

»Da bin ich sehr froh. Das haben Sie fein gemacht.«

Ein weiterer Kontaktmann war Carl Albert Drewitz, Herausgeber des spontan ins Rechtsäußere aufbrechenden neuen FDP-Parteiblatts ›Die Deutsche Zukunft‹. Drewitz, im Goebbels-Ministerium für die Parteipresse zuständig, damals für den Sektor ›Kulturpolitik‹, meldete Naumann am 11. Januar 1952:

»Die neue Zeitung kommt ja nun zum ersten Februar heraus.«

»Ja, und da machen Sie maßgeblich mit?«

»Ja, da mache ich die Kulturpolitik.«

»Och, das ist ja sehr nett. Da wollen wir mal eng Fühlung miteinander halten.«

Zu laufender Fühlungnahme veranlaßte schon der Überhang alter Kollegen, die in der politischen Branche kaum noch vermittelbar waren. Im Dezember 1952 fragte Naumann bei Drewitz an:

»Kann der Mann, der da gesucht wird, ein ehemaliger Gaupropaganda-Leiter sein, oder ist das zu schwierig?«

»Ach, das kann er sowieso sein.«

»Ich habe also zwei erstklassige Leute zur Verfügung: einmal der Dr. Mahlberg. Er war früher Promi-Referent. Ein hochqualifizierter Mann, also ein sehr guter Mann, der gründliche Arbeit leisten kann und große Sachkenntnis hat. Und auf der anderen Seite hätte ich einen ehemaligen Gaupropaganda-Leiter im jüngeren Alter, der sich auch schon früher ruhig benommen hat, nicht! Also keiner von den wilden Rabauken, sondern einer aus der etwas späteren Zeit ... Wie mache ich das? Sollen die beide an Sie schreiben?«

»Ja, das beste wäre an Herrn Zoglmann privat, unter der Titelschrift ›Die Deutsche Zukunft‹.«

»Gut. Und wenn Sie den Zoglmann treffen, können Sie ihm sagen, ich könnte also auf diesem Gebiet ihm eine Unmenge hochqualifizierter Menschen nennen.«

Zoglmann, Chefredakteur der ›Deutschen Zukunft‹, zählte zur Garde der in Middelhauves FDP besonders gesuchten HJ-Führer. Die Naumannsche Taktik, die FDP behutsam aus der liberalen Bindung herauszulocken, traf sich unterwegs mit der erklärten Absicht der Landespartei, so viele Nationalsozialisten wie möglich an die Demokratie heranzuführen. Die hingabevoll von Middelhauve wahrgenommene *»Pflicht nach rechts«* und Naumanns Griff nach den Korsettstangen bewirkten fürs erste den Zustand, daß der Apparat der nordrhein-westfälischen FDP sich füllte mit NSDAP-Kreisleitern, SS-Standarten-, Brigade-, Haupt- und Obersturmführern, Führern der Deutschen Arbeitsfront, der Hitlerjugend, Gaurichtern der NSDAP etc.

Auf dem Bad Emser FDP-Parteitag im November 1952 legte Nordrhein-Westfalen einen Gegenentwurf zum Wahlkampfprogramm 1953 vor, das ›Deutsche Programm‹, einen ›Aufruf zur Nationalen Sammlung‹ über die Parteigrenzen hinweg. Die Frage, ob die Liberalen die Nazis bekehrten oder die Nazis die Liberalen, wurde allmählich akut. Manch einer roch

eine Mixtur heraus wie Marie-Elisabeth Lüders, die Berliner Delegierte, die erschrocken rief: *»Das stinkt. Das riecht nach Harzer und Harzer erinnert an die Harzburger Front.«* Die ungenannten Autoren (als welche Reichsrundfunkkommentator Hans Fritzsche, der Amtschef im Reichssicherheitshauptamt Werner Best sowie Werner Naumann vermutet wurden) kündeten die *»Überwindung des Unglücks, das über uns kam«*, hauptsächlich bestehend aus *»Deutschlands tiefster Erniedrigung«*, der Zeit nach 1945. Das ›Deutsche Programm‹ ermutigte die Abseitsstehenden, sich nicht länger zu verweigern mit Hinweis auf einen *»oft aus schmerzlicher Erfahrung geborenen Entschluß, sich nie wieder um Politik zu kümmern... Wir sagen uns los von den Urteilen der Alliierten, mit denen unser Volk, und insbesondere sein Soldatentum diskriminiert werden sollten.«*
Der neue Kurs, so hoffte Middelhauve, ein früherer Leiter des Rundfunkpropagandadienstes im Auswärtigen Amt, würde ihn alsbald an die Spitze des Bundesverbandes tragen. Die bisher existierende FDP sei am Ende; ein Landesverband nach dem anderen komme ihm entgegen. Im süddeutschen, liberal-demokratischen Flügel der Partei, der mit Heuss, Dehler und Maier das öffentliche Bild prägte, rief das nationalistische Schauspiel schiere Verblüffung hervor. Das unentwegte Mühen Achenbachs, die Personalpolitik des seit 1947 in Nordrhein-Westfalen operierenden parlamentarischen Geschäftsführers und ehemaligen HJ-Funktionärs Wilke hatte niemanden aufgeregt, weil es der Stolz der Liberalen war, von Berührungsängsten vor Nationalsozialisten frei zu sein. Die Berührung wurde nun um so inniger, als in der benachbarten Deutschen Partei die NSDAPler gleichfalls nationalbewußt auf den Tisch hauten und Pläne schmiedeten, wie BHE, DP und FDP zu einer rechten Sammlungspartei zu verkochen wären. In Hessen, Niedersachsen, Schleswig-Holstein und Nordrhein-Westfalen amtierten FDP-Chefs, denen es auch vor einer solchen Zukunft nicht bangte, vorausgesetzt, die Führungsfrage ließ sich zu ihrer Zufriedenheit regeln.

Ernsten Verdacht schöpften ob all dieser von Adenauers Deutschlandpolitik aufgereizten Umtriebe die westlichen Hochkommissariate. Drew Middleton, Korrespondent der New York Times, erfuhr Ende November 1952 die Identität der Gefahrenquelle und schrieb in der Ausgabe vom Neunundzwanzigsten: *»Achenbach unterhält enge politische Kontakte zu einer Anzahl früherer Vertreter des nationalsozialistischen Regimes, einschließlich eines früheren hohen Beamten aus Dr. Goebbels' Propagandaministerium, zweier früherer Gauleiter und eines früheren SS-Obergruppenführers. Diese Männer sind bisher noch nicht hervorgetreten, eine offene Rolle in der gegenwärtigen Politik zu spielen.«* Die Neue Zürcher Zeitung, die Middelhauve als den Sieger von Bad Ems vorstellte, wies darauf hin, daß er von mehr als seiner Überzeugungskraft getragen werde, weil *»der Landesverband Nordrhein-Westfalen mit der Ruhrindu-*

strie im Hintergrund der Gesamtpartei einen außerordentlich hohen Beitrag, rund drei Viertel ihrer Einnahmen, leistet«. Zwei Tage vor dem Parteitag, am 18. November 1952, erfuhren die Leser der Stockholmer Zeitung Dagens Nyheter, daß ein gewisser Dr. Werner Naumann an der Spitze einer Hundertmanngruppe, zu der auch die Gauleiter Josef Grohé (Köln) und Karl Friedrich Florian (Düsseldorf) zählten, ihr Comeback vorbereiteten. *»Besonders denkt man an die FDP, deren rechter Flügel auf dem Wege zu einer neuen ›Harzburger Front‹ weit fortgeschritten ist. Spiritus rector auf dieser Seite ist der Landtagsabgeordnete Ernst Achenbach. In seinem Essener Büro für eine Generalamnestie sind der frühere Reichskommissar in Dänemark, Dr. Werner Best, und der frühere SS-Obergruppenführer Professor Franz Alfred Six tätig. Außenpolitisch lehnen die Nazis den Generalvertrag (Deutschlandvertrag, J. F.) und die Europa-Armee (Europäische Verteidigungsgemeinschaft, J. F.) ab, weil sie Deutschland nicht genügend nationale Unabhängigkeit geben. Sie erstreben ein wiedervereinigtes Deutschland mit eigener Armee, das im Spannungsfeld zwischen Ost und West die Situation zu Zugeständnissen von beiden Seiten ausnützen könnte.«*
Am 15. Januar 1953 um sieben Uhr früh hielt das Londoner Foreign Office eine Pressekonferenz ab, um über die Vorgänge in der Britischen Zone Deutschlands während der vergangenen Nacht zu informieren: *»Es ist den britischen Behörden seit einiger Zeit bekannt, daß eine Gruppe ehemaliger führender Nazis sich mit Plänen zur Wiederergreifung der Macht in Westdeutschland befaßt ... Im Einklang mit den ihm nach dem revidierten Besatzungsstatut vorbehaltenen Befugnissen hat der Britische Hohe Kommissar entschieden, daß die Tätigkeit dieser Gruppe näher zu untersuchen ist. Auf seine Anweisung sind die Rädelsführer verhaftet und zwecks Untersuchung in Gewahrsam genommen worden.«* Die Verhafteten waren Naumann, der frühere Reichsstudentenführer Gustav Adolf Scheel, der Reichsrundfunk-Kommentator Scherping, der Organisationsleiter des NS-Studentenbundes Hamburg Haselmayer, der SS-Brigadeführer Zimmermann, der frühere Landrat Siepen; einen Tag später kam der Gauleiter von Hamburg, Karl Kaufmann hinzu. Sie standen unter dem Vorwurf, die Sicherheit der alliierten Truppen zu bedrohen.
Das Publikum wartete eine Woche mit angehaltenem Atem auf die Enthüllung des Staatsstreichs. Als endlich Außenminister Eden am 28. Januar dem Unterhaus berichtete, der Führer der Untergrundbewegung Naumann habe die Parteien unterwandern wollen, um den Parlamentarismus zu beseitigen, allerdings erst zu einem ferneren Zeitpunkt, das Komplott sei auf lange Zeit angelegt, potentiell gefährlich, jedoch keine akute Bedrohung der demokratischen Ordnung gewesen, da standen die deutschen Kommentatoren wie ein Mann auf, um eine Lanze für den Rechtsstaat zu brechen. *»Eine nationalistische Pressekampagne setzte*

ein«, schrieb Fried Wesemann in der Frankfurter Rundschau, *»die den Engländern keinen Vorwurf aus dem Vokabular empörter Neo-Demokraten ersparte.«*
Paul Sethe beklagte in der FAZ, der britische Außenminister habe nicht nachgewiesen, daß die Sicherheit der alliierten Streitkräfte gefährdet gewesen sei. *»Hier allein hätte aber die Berechtigung dazu gelegen, die Bundesregierung – eine vom Volke frei gewählte, eine demokratische Regierung – beiseite zu schieben, wie man dies wohl mit dem Selbstverwaltungskörper einer Kolonie macht, und die Verhaftung selber vorzunehmen. Die Betroffenheit in Westdeutschland beim Anblick der Behandlung, die man der Bundesregierung hat zuteil werden lassen, wird so schnell nicht weichen.«*
Den deutschen Stellen sei die ganze Naumann-Geschichte wohlbekannt gewesen, gab Ernst Friedländer in der ›Berliner Morgenpost‹ preis. Doch der Rechtsstaat habe ihnen die Hände gebunden. *»Sie konnten nicht eingreifen, weil sie nach deutschem Recht keine Handhabe hatten. Es gibt nun einmal in einer Demokratie keine Willkür, keine Nacht-und-Nebel-Methoden.«* Es gibt bloß Parteien am Zügel der Gauleiter. Bundestagsvizepräsident Carlo Schmid (SPD) forderte die *»ausländischen Mächte«* auf, sich mit dem in der Demokratie unvermeidlichen Risiko abzufinden; wenn sie aber die Deutschen eines demokratischen Lebens für unfähig erachteten, dann sollten sie es ehrlicherweise aussprechen und die Konsequenzen ziehen. *»Ich kenne den Staatssekretär Naumann nicht, vielleicht ist er aber ein achtbarer Demokrat geworden. ... Den meisten alten Pgs kann man unschwer die Überlegenheit der demokratischen Welt klarmachen.«*
Infolge von Begriffsschwierigkeiten neigte zu dieser Zeit allerdings die Mehrheit der Bevölkerung der Überlegenheit der nationalsozialistischen Welt zu. Die Naumann-Verhaftung verschaffte einer Studie des US-Hochkommissariats besondere Aufmerksamkeit, die der Haltung der Deutschen zum Nationalsozialismus nachforschte. Vierundvierzig Prozent der Befragten waren davon überzeugt, daß der Nationalsozialismus dem Land mehr Gutes als Schlechtes gebracht habe. Neununddreißig Prozent lehnten den Nationalsozialismus ab. Unter den Anhängern der FDP befürworteten neunundfünfzig Prozent die Hitlerzeit, und jeder vierte von ihnen hätte eine neue nationalsozialistische Machtergreifung begrüßt.
Ende März 1953 legte der englische Hochkommissar dem Bundeskanzler einen abschließenden Bericht über das Ergebnis der Naumann-Aktion vor: Die Masse der Ex-Nazis hätte nach ihrer Erfahrung mit den radikalen Sekten eingesehen, daß unter den bestehenden Kräfteverhältnissen eine nationalsozialistische Massenpartei keine Chancen hätte. *»Die Taktik des Gauleiter-Kreises, die das Eindringen in die bestehenden gemäßigten Rechtsparteien und die Einflußnahme auf deren Politik aus dem Hintergrund in radikal-nationalistischem Sinne einschließt, verspricht daher die beste Aussicht auf die schließliche Wiedergeburt eines autoritären Rei-*

ches.« Naumann habe jetzt schon ein Netz ehemaliger Untergebener so gut ausgeworfen, daß er jederzeit die deutsche Rechte im Sinne seiner Verschwörergruppe beeinflussen könne. Naumanns Kontaktleute in der FDP seien sein intimer Gesinnungsgenosse, der vertrauliche Berater Middelhauves Wolfgang Diewerge, der Chefredakteur des militant rechts-nationalistischen FDP-Organs ›Die Deutsche Zukunft‹, Siegfried Zoglmann, der nordrhein-westfälische Landesgeschäftsführer Wolfgang Döring. Unlängst habe Naumann Verbindung zu Middelhauve selbst und zu Dr. Erich Mende hergestellt, *»ein führender Verfechter der Sache der ehemaligen Soldaten und der Kriegsverbrecher im Bundestag«*. Der im Gauleiter-Kreis repräsentierte Krypto-Nazismus sei vorerst eine kleine Macht in der politischen Landschaft. *»Sollte sie sich jedoch ungehindert innerhalb der größeren Rechtsparteien weiterentwickeln, so könnte das immer weitere und einflußreichere Kreise mit wildem und kompromißlosem Nationalismus infizieren.«*

Adenauer hatte zunächst *»mit aller Deutlichkeit«* verurteilt, was seit Jahren vor seinen Augen geschah, *»daß ehemals führende Nationalsozialisten versuchen, eine Rolle im politischen und öffentlichen Leben der Bundesrepublik zu spielen«*. Später amüsierte er sich vor amerikanischen Korrespondenten, es sei doch zum Lachen, wenn man sich vorstelle, *»daß Naumann und seine Leute sich wirklich einbildeten, einen Marsch nach Bonn durchzuführen und uns alle verhaften zu können«*. Tatsache sei dennoch, daß sie Pläne zur Machtübernahme hegten. Zur Einleitung einer Strafverfolgung bat der Bundeskanzler den britischen Hochkommissar um Überlassung der Akten und der Gefangenen. In den vom Intelligence Service abgehörten Telefongesprächen und beschlagnahmten Materialien waren Bemerkungen enthalten nach der Art: *»Der kommende Bundestag ist ein Übergangsparlament; hoffentlich das letzte.«* Am 28. März 1953 beantragte der Oberbundesanwalt beim Bundesgerichtshof die Einleitung eines Verfahrens wegen Gründung einer verfassungsfeindlichen Vereinigung. Gleichzeitig setzte die Bundes-FDP eine Kommission ein, die unter Führung Justizminister Dehlers das Wirken der Verschwörung im NRW-Landesverband untersuchen sollte.

»Ob Naumann und seine Freunde strafrechtlich zu ahnden sind, berührt uns nicht«, heißt es im Abschlußbericht vom 5. Juni 1953. Es gehe rein um den politischen Versuch, *»aus einer echt demokratischen Partei mit liberaler fortschrittlicher Grundrichtung eine sogenannte nationale Sammelbewegung mit verkapptem autoritärem Prinzip zu machen«*. Der Regisseur der Unterwanderung, der *»nach wie vor der nationalsozialistischen Idee anhängt und sich als prädestinierter Nachfolger Hitlers fühlt«*, habe öffentlich erklärt, daß es in der FDP rein nationalistische Gruppen gebe, und in der Tat seien bei der Prüfung der hauptamtlichen Mitarbeiter weitgehend Personen verwendet worden, die hohe Naziränge bekleidet hätten. *»Es ist schwer zu verstehen, warum ausgerechnet alle Schlüsselpositionen nicht*

politisch erprobten Persönlichkeiten, sondern früheren prominenten Nationalsozialisten anvertraut worden sind.« Dehler zog die Schlußfolgerung: daß Middelhauve eine Gefahr für die Partei heraufbeschworen habe; daß Hauptgeschäftsführer Döring illoyal gehandelt und unaufrichtig ausgesagt habe; daß Achenbach *»nach seiner Grundhaltung niemals zu uns gehört. Sein Ausscheiden aus der FDP ist unabweislich.«* Diesen Feststellungen fügt Dehler hinzu: *»Der Landesverband Nordrhein-Westfalen der FDP ist nicht unterwandert.«*

Der Bundesgerichtshof näherte sich der Naumann-Affäre von einem anderen Ende als der Justizminister. Er ließ dahingestellt sein, ob die mit Nazi-Chargen vollgestopfte FDP als unterwandert gelte, und vermißte statt dessen die geheimbündlerische Absicht. Naumann, der in seinen Aufsätzen und Reden im Gauleiterkreis stets von ›wir‹ gesprochen hatte, erklärte den Bundesrichtern: *»Ich wollte ursprünglich die wissenschaftliche Laufbahn einschlagen. Auf der Universität habe ich gelernt, in der Wir-Form zu reden. Der Professor spricht, wenn er eine neue wissenschaftliche Theorie vorträgt, auch wenn er für sie noch nicht einen einzigen Anhänger gewonnen hat, schon bei der ersten Veröffentlichung in der Wir-Form. Diese Übung habe ich in die politische Diskussion mit herübergenommen, ohne allerdings ahnen zu können, welchen Verdächtigungen ich mich damit eines Tages aussetzen würde.«*

»Bei dem gegenwärtigen Stand der Voruntersuchung«, entschied der 2. Ferienstrafsenat am 28. Juli 1953 (es handelte sich zunächst um ein Haftprüfungsverfahren), *»besteht nach Auffassung des Senats kein dringender Verdacht mehr dafür, daß eine solche strafbare Verbindung oder Vereinigung bestanden hat. Der Haftbefehl war daher aufzuheben.«* Ein Verfahren gegen den ›prädestinierten Nachfolger Hitlers‹ wurde vom BGH nie eröffnet. Am 3. Dezember 1954 setzte der 6. Strafsenat Naumann außer Verfolgung. Die Untersuchungen hätten ergeben, daß Naumann und die Angehörigen des nun ›Stammtisch‹ geheißenen Gauleiterkreises nationalsozialistische Gedankengänge vertraten. *»Allerdings kommt in ihren Reden und sonstigen Verlautbarungen nirgends deutlich zum Ausdruck, daß die genannten Angeschuldigten die Wiedererrichtung eines nationalsozialistischen Führerstaates angestrebt haben oder sonstige mit der geltenden verfassungsmäßigen Ordnung schlechthin unvereinbare Grundsätze des Nationalsozialismus verwirklichen wollten; auch fehlen Hinweise auf die Anwendung verfassungswidriger Mittel.«* Eine Woche nach seiner Haftentlassung, Anfang August 1953, meldete Naumann seine Kandidatur für die am 6. September stattfindende Wahl zum Zweiten Deutschen Bundestag an.

Das teilnahmsvolle Echo auf den britischen Handstreich hatte den 44jährigen Staatssekretär a. D. zur bekanntesten Nazi-Figur der Bundesrepublik befördert. An die Stelle der heiseren Rowdies und abwegigen Schwarmgeister trat der nüchterne Prokurist einer Düsseldorfer Export-

Import-Firma, der durch Erfahrung klüger geworden war, eine Rückkehr zur Gestapo und Reichskristallnacht ablehnte und sich trotzdem zum Positiven am Nationalsozialismus bekannte. Der Künder einer Zukunft, die gerechterweise nicht mehr die vormaligen Gemeinschaftsleistungen unter Scham und Schande zu verstecken brauchte. Vielleicht war der wendige Naumann der Ersatzführer, dessen die heimatlose Rechte zu ihrer Selbstfindung bedurfte? Das Vehikel der Naumannkandidatur, die Deutsche Reichspartei, zählte zu den nazistischen Klamaukverbänden, denen die Gauleiterverschwörung ursprünglich den Garaus machen wollte. Doch als vom BGH befreiter Märtyrer der Besatzungswillkür wähnte sich Naumann, zum nationalen Symbol gestempelt, als über die Parteien hinausragender Magnet einer Volksopposition. Er strebte ein Direktmandat in dem an und für sich sicheren niedersächsischen Wahlkreis Diepholz-Melle-Wittlage an (1933 69 Prozent für die NSDAP). Adenauer, der den Marsch Naumanns auf Bonn gerade noch verulkt hatte, war, kaum daß er bevorstand, nicht mehr zum Spaßen aufgelegt. Dem Kandidaten wurde im Handumdrehen nach eigens vom britischen Hochkommissar und der nordrhein-westfälischen Landesregierung hingebogenen Paragraphen ein Entnazifizierungsverfahren angehängt, das ihn zielsicher zum Belasteten erklärte. Damit war ein Bundestagsmandat hinfällig. Zur Entmutigung von Protestwählern beauftragte das Bundeskabinett den Innenminister, das Verbot der DRP vor dem Bundesverfassungsgericht anzustrengen. Die Partei erhielt daraufhin noch 1,1% der Stimmen. Im Wahlkreis Diepholz erntete sie 5400 Stimmen gegenüber 29000 für die CDU, die im ganzen Bund sich um 14 Prozent verbesserte.

Die FDP verlor in Nordrhein-Westfalen wie im Bund etwas, aber nicht viel; die ›Verpflichtung nach rechts‹ hatte den ominösen NS-Wähler nicht verpflichtet. Die Staffel eingeschleuster Ehemaliger wärmte sich ohne konspirative Hintergedanken am Apparat. Middelhauve wurde im folgenden Jahr stellvertretender Ministerpräsident, auf Zoglmann, Döring und Achenbach warteten bedeutende Aufgaben im Bundestag. Als Opfer wurde der tüchtige Diewerge bestimmt und gekündigt. Die Gauleiterverschwörung, das einzige real probierte Machtergreifungskonzept der ausgemusterten politischen Kader, platzte saft- und kraftlos unter dem ersten Zugriff. Hatte es sich je um mehr als einen Stellenvermittlungsplan für NS-Veteranen gehandelt, die wie alle übrigen in ihren alten Beruf zurück wollten? Sämtliche erdenklichen Anläufe hatten versagt. Die Imitate der NSDAP waren abscheuliche Totgeburten geblieben, die, wann immer sie muckten, in ihre Schattenzonen fortgejagt wurden. Die Sammlungsbewegung der Frontsoldaten, Vertriebenen und Entnazifizierten stumpfte zur Lobby ab. Die innere Aushöhlung der demokratischen Organe erstarrte in der Mimikry.

Der Schweizer Korrespondent Fritz René Allemann veröffentlichte im Januar 1953, kurz vor Aufdeckung der Gauleiterverschwörung, einen vieldiskutierten Aufsatz über das bundesdeutsche Parteiensystem. An dessen Flanke fand Allemann einen Einlaß, durch den die bürgerlich-parlamentarische Rechte von Trägern eines nationalistisch gefärbten, autoritären und totalitären Gedankenguts zu unterwandern war. Der einzige, aber irreparable Defekt der Republik. *»Anders gesagt: nicht die Renaissance des Nationalsozialismus, sondern seine demokratische* Mimikry *muß als das bedenklichste Krankheitssymptom im scheinbar so lebenskräftigen und unerschütterten politischen Organismus der Bundesrepublik angesehen werden.«* Das Scheitern Naumanns, des Strategen der Mimikry, zeigt die seltsame Krankheitsgeschichte des Patienten.

Die Mimikry der Gauleiterverschwörung, plump und fadenscheinig, hielt dem eigenen Entwurf nicht stand. An der ersten besten Schwachstelle wurden hemmungslos Kader hineingepumpt, umgeben vom Flair des Putsches, so, als ob niemand zusähe. Naumanns Idee verlangte den Verschwörer als aus geschichtlicher Einsicht staatstragendes Element. Seine Mimikry erfriert im Gesicht und wird zur zweiten Natur. Der Verschwörer wirft die Pelerine nie ab. Als Parasit verwächst er mit dem demokratischen Organismus bis zur Stunde seines Zusammenbruchs. Dann ruft er mit höhnischer Stimme die Unvermeidlichkeit des Führerstaats aus.

Den Parasiten war die Stunde der Bewährung nicht vergönnt. Die Achenbachs, die da durchhielten, waren schließlich keine Mimikristen mehr. Der politische Inhalt verwuchs mit dem falschen Etikett. Miene und Wesen flossen ineinander. Dies sind die Geretteten. Die ›Verpflichtung nach rechts‹ hat sie vor Schlimmerem bewahrt, und den Rettern war ein bekehrter Nazi allemal lieber als 99 Gerechte. Denn dieses Erlösungswerk verlangte seinerseits nach speziellen Charakteren.

Als Lewis J. Edinger von der Michigan State University im Jahre 1956 eine Untersuchung über die Deutschland führenden, nach-totalitären Eliten anstellte, stieß er auf einen idealen Prototypus. *»Die Herausbildung der post-nazistischen deutschen Eliten in West-Deutschland kann man sich als Folge verschiedener, mehr oder minder klar umrissener Phasen vorstellen. Die erste davon war die Entnazifizierungsphase und dauerte ungefähr von 1946 bis 1949. Sie war gekennzeichnet von westalliierten Anstrengungen – mit unterschiedlichem Elan betrieben –, das Land von der Nazi-Elite zu säubern und die Bildung einer demokratischen Gegen-Elite nicht durchzudrücken, aber zu ermutigen. Die zweite Phase währte etwa von 1949 bis 1952 und fiel zusammen mit der Errichtung der Bundesrepublik und den ersten Jahren ihrer Konsolidierung. Die dritte Phase begann mit der Wahl des zweiten Bundestags und der Bildung des zweiten Kabinetts Adenauer 1953 und erstreckte sich bis ins Jahr 1956. Währenddessen erlebte man den Aufstieg Deutschlands zur größeren Weltmacht, die Gewinnung der vollen Souveränität und die Aufnahme der Bundesrepublik in die NATO. Die meisten Inhaber der Elite-Positionen im Jahr 1956 nahmen diese im Laufe der zweiten und dritten Phase ein.«*

Die von den Alliierten angestrebte künstliche Revolution sei als gelungen zu betrachten, wenn die politischen und entscheidungsträchtigen Positionen in der Mehrzahl von früheren Gegnern des totalitären Regimes innegehalten würden: Überlebenden der Konzentrationslager und Gefängnisse, Mitgliedern der Widerstands- und Exilbewegung, extra geschulten Kriegsgefangenen.
Die stärkste Kontinuität totalitärer und nach-totalitärer Führerschaft wiesen der diplomatische Dienst, die Militärspitze und die ältere Beamtenschaft auf. Fast alle dieser 1956er Funktionsträger waren im Rahmen der Entnazifizierung zunächst für untragbar gehalten, entlassen oder degradiert worden. In den zwei großen Parteien SPD und CDU hingegen zählten drei Viertel bzw. die Hälfte der Führung einwandfrei zur Gegenelite; eine ähnliche Konzentration existierte in der protestantischen Kirche, den Gewerkschaften und den Medien. In der katholischen Kirche und im Erziehungswesen war die Führungsidentität bedeutend dichter. In allen Sektoren, die technische und ökonomische Qualifikationen verlangten, war ein Elitenaustausch von vornherein als undurchführbar angesehen worden. Für den Durchschnitt durch alle Führungsgruppen kam Edinger zu dem Resultat: *»24 Prozent können als ehemalige Unterstützer des Regimes gelten, 57 Prozent waren in den 12 Jahren Naziherrschaft ambivalent, neutral oder schillernd, und nicht mehr als 19 Prozent haben mehr oder weniger anhaltend opponiert.«*
Während von den Abgeordneten des Zweiten Deutschen Bundestags 18 Prozent im Nationalsozialismus eingekerkert waren, bestand die Österreichische Nationalversammlung zu 56 Prozent aus ehemaligen politischen Häftlingen. *»Offensichtlich unterscheiden sich das Bild von 1946 und die Realität von 1956 beträchtlich«*, bemerkte Edinger. *»Keine antinazistische Gegen-Elite regiert heute in der Bundesrepublik.«* Andrerseits ließe sich auch nicht behaupten, daß die Nazi-Elite zurückgekehrt sei. *»Die Masse der nach-totalitären Elite-Angehörigen wurde aus den Reihen der Deutschen rekrutiert, die, obwohl alt genug, sich zu entscheiden, dem Regime ambivalent oder neutral gegenüberstanden. Sie befanden sich weder unter dessen Führern noch unter den entschiedenen Gegnern. Die meisten Angehörigen der 1956er Eliten gehörten zu der großen Anzahl der Deutschen, die in ihrer Einstellung und ihrem Verhalten gegenüber dem totalitären System schwankten, im Einklang mit dessen Gedeihen und ihrem eigenen. Weder waren sie in den Vorkriegstagen, als die meisten Deutschen Hitlers außenpolitischen Erfolgen applaudierten, glühende Nazis gewesen, noch waren sie besondere Anti-Nazis, als sich die Flut gegen Nazi-Deutschland wandte.«* Die Vertreibung einer Elite muß nicht automatisch in der Herausbildung einer Gegen-Elite münden. *»Zumindest im Falle von West-Deutschland erwies sich diese These von der Gegen-Elite als eine Legende.«*
Edingers Ergebnis, die Vorherrschaft des Neutralen, beschränkte sich

nicht auf die Eliten. Die Allgemeine Wochenzeitung der Juden in Deutschland veröffentlichte am 18. August 1961 die statistische Antwort auf eine Umfrage: *»Hätten Sie Bedenken, wenn Emigranten bzw. Juden hohe Stellungen in der Bundesregierung einnehmen würden?«* 33 Prozent der Befragten waren bedenkenlos. 28 Prozent (Emigranten) bzw. 26 Prozent (Juden) hatten keine Meinung, und 39 Prozent (Emigranten) bzw. 41 Prozent (Juden) hegten einige oder starke Bedenken. 63 Prozent hingegen hatten Bedenken gegen *»früher führende Nationalsozialisten«* in hohen Stellungen der Bundesregierung. Nazis und Antinazis stören gleicherweise das unbezähmbare Verlangen nach dem Schlußstrich. Wurde er dergestalt gezogen? Die 1956er Zahlen Edingers lassen sich zwiefach lesen. Besteht die Schicht der gesellschaftlichen Entscheidungsträger zu 76 Prozent aus Antinazis und Nichtnazis, sind die restlichen 24 Prozent Ex-Nazis ohnmächtig zur Assimilation verdammt. So ist es eingetroffen. Das Pulver dieser Generationen war verbraucht. Andererseits: Ist eine Führungskaste von 81 Prozent Ex-Nazis und Indifferenten befähigt, einen historischen Schlußstrich zu ziehen? Wenn sie ihre Tage friedlich beendet, ist damit noch keine Gesellschaft entstanden, die keinen Nationalsozialismus mehr hervorbringt. Neunzehn Prozent Antinazis sind außerstande, eine zeitweilige Immunisierung zu begründen. Sie existiert auch nicht.

Ein politischer Nationalsozialismus ist nirgends wieder aufgetaucht, doch schon der debile NS-Kult eines jugendlichen Mobs trifft die Bundesrepublik in einem Zustand äußerster Hilflosigkeit. Die Gutwilligen ringen die Hände, schlagen Alarm, möchten den Anfängen wehren, so daß die trostlosen SS-Transvestiten sich und ihren Leidensgefährten melden können, Aktion läuft, die Linken und die Juden zittern schon. Das Publikum erfährt auf diesem Wege, daß der im ersten Anlauf gescheiterte Nationalsozialismus erneut die politische Arena betreten hat und als Überraschungskandidat zeigen wird, was in ihm steckt. Erfahrungsgemäß ist ihm etwas zuzutrauen. Seitdem die Abrechnung mit dem Dritten Reich suspendiert worden ist, ging der Verdacht um, daß noch etwas nachkommt. Wenn schon keine Revolution, dann wenigstens eine Restauration. Alle paar Jahre taucht, angefangen mit dem Werwolf, ein anderer Keimling auf: die Rache der Entnazifizierten, die Rückkehr des Militarismus, die Erfolge der SRP, die Gauleiterverschwörung, die Erfolge der DRP, die Hakenkreuzschmierereien, die Erfolge der NPD, die gestiefelten Neonazis. Der terminus technicus für die unterlassene Selbstreinigung, die ›unbewältigte Vergangenheit‹, die ›Verdrängung‹, suggeriert, das Verdrängte müsse wiederkehren, die Vergangenheit die Gegenwart überfallen. Dies ist aber eine rein literarische Handlungsführung: Der entschlüpfte Täter kehrt zum Ort der Tat zurück, reulos besessen, und weil er nicht lernen will, ist er verurteilt, alles zu wiederholen.

Soweit man erkennen kann, sind Aufbau und Abbau des Nationalsozialismus das Werk desselben Gesellschaftsverbandes unter veränderten Verhältnissen. Aus seiner Haut kommt er und möchte er nicht heraus. So kläglich das Verbrechen, so erbärmlich die Bewältigung. Tat, Flucht und Vertuschung sind ein Zyklus. Die Alliierten bildeten sich ein, die Reinigung werde der bekennende Eintritt ins Reich der Freiheit sein. Sie wurde zur routinierten Absetzbewegung aus dem Reich des Verbrechens. Davonkommen, Einnebeln, Abstreiten – und als Höhepunkt, mit hinreichender Verzögerung, gestaltet die Szene sich zum Tribunal: eine Mannschaft erzürnter Schädlinge wird vorgeführt, die endlich aufgestöberten NS-Täter. Ersichtlich ist dies der Schlußakt der Tatgeschichte. So fängt nichts an, so hört es auf. Nichts ist verdrängt, alles bewältigt. Nur die Guten sind verzweifelt und warten auf ihre Bewährung, wenn das Verdrängte plötzlich auftaucht und die Bewältigung endlich losgeht. Die Schulbücher müssen revidiert und die Wehrsportgruppen nach Bergen-Belsen geführt werden. Schlägt dies fehl, siegt der Faschismus wieder. Warum muß die Geschichte kommen und noch ein dickes Ende hinterdrein schicken?

Entstünde eine dem Nationalsozialismus entsprechende Bewegung, sind es nicht die Schatten der Vergangenheit, die Deutschland einholen. Die Gegenwart hat Schatten genug und braucht nicht Geisterbahn im Tausendjährigen Reich zu fahren. Belebt einen der Spuknazismen einmal die Mode und haucht sie ihm politische Faszination ein, ist wie 1932 nicht die NS-Tradition, sondern die der Republik ausschlaggebend. Hat sie der Majorität ihrer Bürger ein Reaktionsvermögen gegen den Feind, der rechts steht, angewöhnt?

Als während des Oktoberfestes 1980 die Hakenkreuz-Unterwelt mit dem ersten Massenmord seit 1945 an die Öffentlichkeit trat, stieß sie auf den vollendeten Stoizismus. Keine Furcht, keine Wut, kein Mitleid. Der Bombentod aus Nazihand ist unentweichliches Schicksalswalten, vor dem die Polizei die Waffen streckt und die Majorität mit den Achseln zuckt. Der Haupttäter ist mausetot wie Hitler, seine Werkzeuge und Komplizen hat der Erdboden verschluckt.

Welches Land aber sollen die zwölf Toten erschüttern? Dasjenige, in dem der Zyklon-B-König freigesprochen herumläuft? Das gespickt ist mit unbehelligten und wegen guter Führung nach zwei Jahren haftentlassenen Völkermördern? Der Nerv ist schon lange taub, auf dem Naziverbrechen weh tun. Rechtsseitig gelähmt, verspürt die Bundesrepublik die nazistische Berührung nicht, selbst wenn das Blut schon fließt. Sie hat so viele NS-Verbrecher in die Arme schließen müssen, daß ihr die Glieder abgestorben sind, mit denen sie sich der Kommenden erwehren soll.

VIII. Die Zeit der NS-Prozesse

Die vergessene Endlösung

»Das Survivor-Syndrom umfaßt Symptome jeglicher Art, einschließlich Depressionen, Schlaflosigkeit, Angst-Gefühle, psychosomatische Symptome, Alpträume usw., von denen anzunehmen ist, daß sie auf Schuld-Gefühlen basieren, darüber, der einzige oder fast einzige Überlebende einer Katastrophe zu sein, in der andere gefühlsmäßig Nahestehende umkamen – Eltern, Kinder, Gatten oder Freunde. Das Survivor-Syndrom ist eine Art von traumatischer Neurose.« (Psychiatric Dictionary, New York 1970)

Meistens tritt das Survivor-Syndrom nach einem Intervall auf. Der Erkrankte lebt längere Zeit beschwerdenfrei. Dann bricht die Erinnerung über ihn herein. Nachdem die Nachkriegsgesellschaft 14 Jahre die Taten und Täter weggesteckt hatte, kam ihr schockartig zu Bewußtsein, daß einige Millionen Morde im Osten begangen worden waren, die keine Sühne erfahren hatten. Keiner kannte die Täter. Anscheinend gingen sie friedfertig ihrer Wege. Das Staatswesen hatte sie politisch verdaut. Darüber war es zum moralischen Wrack geworden, doch der Nationalsozialismus war dahin. In der zweiten Hälfte der 50er Jahre wühlte das Tagebuch eines 1944 aus Amsterdam nach Bergen-Belsen verschleppten Mädchens das Lesepublikum auf. Über die Judenverfolgung stand wenig darin. Die Familie lebte im Versteck, wo Anne ein hellwaches, normales Jungmädchenleben führte. Sie macht sich Gedanken über einen Peter und hat Reibereien mit der Mutter. Das Tagebuch ist aber umkränzt von dem, was nicht darinsteht, der Deportation und dem Tod im KZ. Die Mädchenklassen, die zu Tausenden vom Tagebuch der Anne Frank gerührt wurden, und die Theaterabonnenten, die es dramatisiert erlebten, fühlten Schmerz und Schuld. Die Vergasten rückten nahe, nahmen liebenswerte Züge an, wurden Kameraden und Nachbarn, posthum verwandelten sie sich in Mitmenschen.

Nachdem die Bildungsschicht dies emotional begriff, durchfuhr sie ein Schrecken. Millionen Annes und Ediths, Mirjams und Rahels waren tot. Nicht tot, sondern umgebracht. Die Mörder saßen vielleicht auf dem nächsten Polizeirevier. Das Gedenken an die getöteten Juden besaß anfangs einen hysterisch-kultischen Zug. Aus den Eisenrosten von Verbrennungsöfen wurde irgendwo eine Dornenkrone geschmiedet. KZ-Friedhöfe entstanden. Eine verschämte Pietät erhob Auschwitz zu einem mythologischen Golgatha. Genaueres wollte niemand wissen. Den Tod

Anne Franks erst verspürte man jählings als Verlust. Das so entstandene moralische Problem schürzte ein junger Bühnenautor wenig später zu der famosen Frage, ob der Papst hätte schweigen dürfen. Die Deutschen versetzten sich in den verstorbenen Papst Pius und debattierten hin und her.

Die literarischen Ereignisse waren begleitet von Prozessen, die eine haarsträubende Alptraumlandschaft zutage förderten. Bisher waren die Vernichtungsaktionen als Kriegsgreuel verbucht worden oder chiffriert in Verdammungsformeln vom *»nicht wiedergutzumachenden Unrecht«*. Nun erfuhr der Zeitungsleser von infernalischen Folteranstalten, in denen Glieder abgerissen, Leiber zertrampelt und Säuglinge in Verbrennungsöfen geschleudert wurden. Täter wurden präsentiert, aufgequollene Gestalten im Stangenanzug, die nicht richtig Deutsch konnten. In ihren 20ern und 30ern hatten sie in den Lagern wie Wölfe in Menschengestalt gehaust. *»Am Tattage erschien der Angeklagte Schubert mit dem Blockführer Kaiser und noch zwei weiteren. Schubert ließ sich von dem Blockältesten zwei Wasserschläuche geben und schloß diese an die Kräne im Waschraum an. Dann ergriffen die SS-Leute zwei in der Nähe stehende jüdische Häftlinge, darunter auch den etwa 50 Jahre alten Professor Lichtenstein, der aus Lodz stammte, und steckten diesem den Schlauch in den Mund. Der Angeklagte hielt Professor Lichtenstein fest und drückte ihm den Mund zusammen. Darauf öffneten sie den Wasserhahn bis zum äußersten. Mit dem anderen Häftling machten die SS-Unterführer das gleiche. Durch das Eindringen des Wassers blähten sich die Leiber der Häftlinge auf. Nach einigen Minuten ließen sie von den Häftlingen ab, als diese tot zusammenfielen. Die SS-Leute brachen darauf in lautes Gelächter aus. Die toten Häftlinge wurden vor die Tür gelegt.«*

Andere waren mit unerschütterlichem Phlegma an Entsetzensmomenten beteiligt, die sie mit detailinteressierter Anschaulichkeit wiedergeben konnten: *»Die Vorgänge kann ich also genau schildern, weil ich alles selbst gesehen und miterlebt habe. Die Juden waren in die Gaskammern sehr eng eingepfercht worden. Aus diesem Grunde lagen die Leichen nicht am Boden, sondern sie hingen kreuz und quer durcheinander, die eine zurück, die andere vorgebeugt, eine zur Seite liegend, eine andere kniend, je nachdem, wie der Platz war. Die Leichen waren wenigstens teilweise mit Kot und Urin, andere zum Teil mit Speichel besudelt. Bei den Leichen konnte ich zum Teil sehen, daß die Lippen und auch Nasenspitzen bläulich verfärbt waren. Bei einigen waren die Augen geschlossen, bei anderen waren die Augen verdreht. Die Leichen wurden aus den Kammern herausgezogen und von einem Zahnarzt sogleich untersucht. Der Zahnarzt entfernte Fingerringe und zog etwa vorhandene Goldzähne heraus. Die auf diese Weise anfallenden Wertgegenstände wurden von ihm in einen bereitstehenden Karton geworfen. Nach dieser Prozedur wurden die Leichen in die vorhandenen großen Gräber geworfen. Das Ausmaß einer Grube kann ich nur* *ungefähr angeben. Sie dürfte etwa 30 m lang und 20 m breit gewesen sein. Die Tiefe ist deswegen schlechter zu schätzen, weil die Seitenwände abgeschrägt waren und andererseits das ausgehobene Erdreich am Rand aufgeworfen worden war. Ich meine aber, daß die Grube 5–6 m tief gewesen sein kann. Alles in allem gerechnet, so hätte man in diese Grube ein Haus bequem hineinstellen können.«*

Der ehemalige Polizeioberwachtmeister Franz Sch. berichtete seinem Vernehmungsbeamten über seine Arbeit im Lager Kulmhof: *»Im Sommer 1942 begann man damit, die Gräber zu öffnen und die Leichen zu verbrennen. In diesem Zusammenhang möchte ich eine Wahrnehmung schildern, die ich in den Sommermonaten 1942 an einem der Massengräber während eines Bewachungseinsatzes machte. An mehreren Stellen dieses Grabes sprudelte förmlich in dicken Strahlen Blut oder eine blutähnliche Flüssigkeit hervor und bildete in der Nähe des Grabes große Lachen. Wodurch dieses geschah, entzieht sich meiner Kenntnis. Bald danach mußten die Gräber durch das jüdische Kommando geöffnet werden. Zwischenzeitlich waren bereits 3 oder 4 Gruben in der Abmessung von 5 m Länge, 4 m Breite und 3 m Tiefe ausgegraben worden. In diese Gruben schichtete man die aus den Massengräbern hervorgeholten Leichen, bestreute sie mit einem Pulver und setzte sie in Brand. Später wurde außerdem von irgendwelchen Handwerkern ein großer Ofen mit einem 4–5 m hohen Schornstein gemauert und weitere Leichen zusätzlich darin verbrannt. Die Gruben und der Ofen brannten Tag und Nacht. In der Nacht war der Feuerschein weithin zu bemerken. Außerdem herrschte in der ganzen Umgebung dieses Waldstückes ein bestialischer Gestank.«* Der Exhumierer Heinrich G. setzte mit dem unerläßlichen Selbstmitleid hinzu: *»... es handelte sich bei den Verbrennungen der wiederausgegrabenen Leichen um einen menschlich, ästhetisch und geruchsmäßig so schauerlichen Vorgang, daß die Phantasie jener Menschen, die heute in bürgerlichen Verhältnissen zu leben gewohnt sind, wohl nicht ausreicht, dieses Grauen nachzuempfinden.«*

Die Ästhetik der bürgerlichen Verhältnisse war diesen Szenen von vornherein nicht gewachsen gewesen. Himmler wie auch Eichmann flohen ekelgeschüttelt den Anblick der Tötungsfabriken. Bis zum Verladen der Züge nach Osten war Eichmann fähig standzuhalten. Die Volksgenossen ebenfalls. Die physische Lebensvernichtung übernahmen alsdann weniger empfindliche Naturen. Die nach 1958 einsetzende Verfolgung stürzte sich fast ausschließlich auf die Tötungsarbeiter, die alles gewußt, gesehen und eigenhändig den Tod gegeben hatten. Ob sie dabei grausam vorgingen oder nicht, spielte keine Rolle, der Vorgang war ein grausamer. Sie hatten keine unheilbar Kranken vom Leiden erlöst, konnten niemanden mehr retten, nicht das Schlimmere verhüten. Sie waren das unwiderruflich Schlimmste. Sie töteten keine Asozialen, sondern jüdische Rechtsanwälte, Ärzte, Professoren, verurteilten keinen nach ihrer festen Rechts-

überzeugung gefährlichen Wehrkraftzersetzer und Rassenschänder, sondern die Kinder auf dem Arm der Mutter. Sie grübelten nicht über das Wort ›Vernichtung‹ nach, sondern allenfalls darüber, wie die Leichenbeseitigung mit dem Vergasungstempo Schritt hielte. Sie waren auch nicht mit den Wirren der Zeit, dem Bombenhagel und der Aufrechterhaltung der militärischen Ordnung befaßt. Sie saßen auf ruhigem Posten in der siebenten Hölle. Sie hatten auch keinen Führerbefehl aus Berlin erhalten, kannten keinen, der einen solchen gesehen hatte, konnten auch nicht an die Rechtmäßigkeit ihres Handelns glauben, denn wenn Auschwitz und Treblinka Rechtens waren, hatte das Unrechtsbewußtsein seinen Sinn verloren. Nach 14 Jahren hatte man sie aufgetrieben. Stichdatum ist der Ulmer Einsatzgruppenprozeß, der 1958 das Land schockierte. Seltsamerweise handelte es sich um einen typischen ›Kriegsverbrecherprozeß‹. Die Tatvorwürfe sind die gleichen, wie sie der Nürnberger Einsatzgruppenprozeß gegen Ohlendorf und andere, die Geiseln von Landsberg, erhoben hatte.
»Am Beginn des Rußlandfeldzugs hatte die 61. Infanteriedivision unter General Hänicke den Auftrag, am Sonntag, dem 22.6.1941, dem 1. Angriffstag, in nordöstliche Richtung auf Telschei vorzustoßen. Das erste Angriffsziel der 61. Infanteriedivision war das Höhengelände 10 km südlich von Kuhei. Die Ausführung dieses Auftrags hing u. a. von der frühzeitigen Ausschaltung der hart an der Grenze liegenden litauischen Ortschaft Garsden ab. Garsden hatte zu Beginn des Rußlandfeldzugs etwa 3000 Einwohner, wovon 600–700 Juden waren. Die Angriffszeit war auf 3.05 Uhr festgesetzt. Das Stichwort hieß ›Düsseldorf‹.« Unternehmen Düsseldorf kostete die Infanteristen 100 Mann. Am Abend des Tages kam SS-Brigadeführer Dr. Stahlecker, der Leiter der Einsatzgruppe A, und überbrachte der Stapo-Leitstelle Tilsit den Auftrag, einen 25 km breiten Grenzstreifen auf litauischem Gebiet von Juden mit Frauen und Kindern, sowie kommunismusverdächtigen Litauern zu säubern. Böhme, der Tilsiter Stapo-Chef, könne sich Verstärkung bei dem Polizeidirektor von Memel, Fischer-Schweder, holen. Dieser erklärte sich, als er zu einer Exekution von Heckenschützen nach Garsden gebeten wurde, bereit, ein Exekutionskommando Schupos abzukommandieren. Als die Männer aus Memel abrückten, fragte der Polizeiwachtmeister N. einen Reservisten, was sie eigentlich tun müßten, und erfuhr, man fahre zu einer Judenerschießung. Als ihm N. zweifelnd erwiderte: *»Du bist ja verrückt«*, fügte der Reservist hinzu: *»Ihr werdet es ja sehen.«* Als Fischer-Schweder in Garsden eintraf und darin eingeweiht wurde, daß es nicht um Heckenschützen, sondern um 200 Juden ginge, rief er verdutzt: *»Donnerwetter, das sind ja Konsequenzen, die der Rußlandfeldzug mit sich bringt, an die man zunächst nicht gedacht hat.«* Dennoch war er mit der seinen Leuten angewiesenen Rolle nicht zufrieden und wandte sich an den zuständigen NSDAP-Kreisleiter: *»Die Herren von Tilsit haben den Auftrag, die Exekution durchzu-*

führen, sie haben mich gebeten, ein Kommando der Schutzpolizei für die Absperrung zur Verfügung zu stellen; es ist aber doch lächerlich, wenn die Stapo und der SD Tilsit mit ihren paar Männern eine so große Zahl von Gefangenen allein exekutieren will; ich habe mich deshalb entschlossen, die Exekution mit dem von mir angeforderten Schupo-Kommando durchführen zu lassen.«

Die Garsdener Juden, vom Knaben bis zum Greis, darunter der Rabbiner mit Bart und Kaftan, weinten, manche flehten um Gnade, faßten sich an den Händen und beteten. Fischer-Schweder stellte sich vor das Schupo-Kommando und hielt eine Ansprache. Die Exekution erfolge, weil die Gefangenen den deutschen Truppen Widerstand geleistet hätten. Er war erregt und der Schweiß lief ihm von der Stirn.

Ein früherer russischer Verteidigungsgraben hielt als Exekutionsgrube her. Die Gefangenen hatten ihn zuvor vertiefen müssen. *»Bei den Erschießungen«*, heißt es im Ulmer Einsatzgruppen-Urteil vom 29. August 1958, *»mußten sich jeweils 10 Opfer vor dem vorderen Grabenrand mit dem Gesicht zum Exekutionskommando aufstellen. Das 20 Mann starke Schupo-Kommando stand in verschobener Doppelreihe – auf Lücke – in etwa 20 m Entfernung den Opfern gegenüber. Jeweils zwei Schutzpolizisten hatten auf ein Opfer zu schießen. Die einzelnen Gruppen wurden von dazu bestimmten Stapo- und SD-Angehörigen vom Versammlungsplatz mit viel Gebrüll im Laufschritt an den Grabenrand vorgetrieben. Es ging sehr laut zu. Unter anderem trieb ein Stapo-Mann die Opfer dadurch an, daß er sie mit einer Latte oder einem Prügel an die Beine schlug und dabei rief: ›Schnell, schnell, desto früher haben wir Feierabend!‹ Wenn sich jeweils 10 Opfer vor dem Graben aufgestellt oder zum Teil auch niedergekniet hatten, gab der Angeklagte Schmidt-Hammer mit Blickrichtung zu ihnen die Erklärung ab: ›Sie werden wegen Vergehen gegen die Wehrmacht auf Befehl des Führers erschossen‹, wie ihn der Angeklagte Fischer-Schweder angewiesen hatte. Daraufhin gab er, etwa 3 m schräg vorwärts von dem rechten Flügelmann des Peletons stehend, mit gezogenem Degen den Feuerbefehl. Immer wenn eine Gruppe erschossen war, wurde die nächste herangeführt. Diese mußte dann die bereits Erschossenen, soweit sie nicht in den Graben gefallen waren, in diesen hineinwerfen, wodurch sie das ganze schaurige Bild mit ansehen mußten. Durch das viele Blut sah es nämlich am Graben wie in einem Schlachthaus aus. Dabei wurde es dem Wachtmeister Thomat vom Exekutionskommando schlecht und er mußte ausgewechselt werden. Es mußten überhaupt im Laufe der späteren Erschießungen mehrere Angehörige des Schupo-Kommandos ausgewechselt werden, weil sie es seelisch nicht durchstehen konnten. Unter den Juden befanden sich, wie oben schon erwähnt wurde, auch frühere Einwohner von Memel, welche den Männern vom Exekutionskommando teilweise namentlich bekannt waren. So befanden sich unter ihnen die Viehhändler Funk und Scheer, sowie die drei Brüder Korfmann, die Fabrikanten Bernstein und Tauer, der*

Seifenfabrikant Feinstein und ferner die Juden Sundel, Falk, Silber, Kahlmann und Pristow. Der Seifenfabrikant Feinstein rief seinem gegenüberstehenden früheren Nachbarn und Freund, dem Polizeiwachtmeister Knopens zu: ›Gustav, schieß gut!‹ Von zwei jungen Juden rief einer, der nicht sofort tödlich getroffen war: ›Noch einen!‹«
Nach Beendigung der Erschießungen nahmen die Schupos Schnaps zu sich. Sie bezweifelten, daß die Gefangenen, insbesondere die 70jährigen und die Kinder, den deutschen Truppen Widerstand geleistet hatten. Ihr Zugführer, der Leutnant Schmidt-Hammer, wußte auch keine Erklärung, er sei *»ja auch nur ein kleiner Befehlsempfänger«*. Die Schützen waren am folgenden Tag noch bedrückt, wollten aber nicht feige sein und sprachen sich Mut zu: *»Menschenskinder, verflucht noch mal. Eine Generation muß dies halt durchstehen, damit es unsere Kinder besser haben.«*
Die Polizisten der Stapo-Leitstelle Tilsit und der Schutzpolizei Memel töteten in derselben Weise im litauischen Grenzgebiet über 4000 Personen. Auf Drängen des Einsatzgruppenkommandanten Dr. Stahlecker wurden Frauen und Kinder nicht geschont. Dr. Frohwann, der Leiter des Grenzpolizeikommissariats Memel, empfahl die Hinzuziehung litauischer Hilfspolizisten, weil die Maßnahmen den Polizeiführern seelisch zu schaffen machten. Frohwann, der eines Tages seinen Zahnarzt in Memel auf der Straße traf, bat ihn auf eine Tasse Kaffee. Er komme soeben von einem fürchterlichen Massaker, jüdische Frauen und Kinder seien in Litauisch Krottingen mit Eisenstangen erschlagen worden. *»Das mache ich in Zukunft nicht mehr mit«*, sagte der völlig entnervte Frohwann, *»das ist keine gute Visitenkarte für die Polizei.«* Die Leitung solcher Aktionen durch Stapo- und SD-Führer wurde gelegentlich verweigert. *»Harms«*, beauftragte Böhme, der Tilsiter Stapo-Chef, seinen Kommissar, *»morgen werden Frauen und Kinder erschossen. Sie haben die Erschießung zu übernehmen.«*
Harms entgegnete: *»Herr Regierungsrat, das kann ich nicht.«*
»Was, Kommissar«, rief Böhme, *»dann stecke ich Sie in eine SS-Uniform und gebe Ihnen den dienstlichen Befehl.«*
Als Harms wiederholt versicherte, er könne es nicht, entließ ihn Böhme: *»Gut, dann können Sie weggehen; Sie brauchen das nicht, Sie haben eine Frau und Kinder.«*
Die Aktionen der von der deutschen Polizei angestifteten Litauer wurden von ihr gefilmt, um Beweisstücke über die Grausamkeit der Litauer zu haben. Dem erwähnten Harms wurden von dem Tilsiter Kriminalsekretär Schwarz farbige Fotografien gezeigt, die aus nächster Nähe einen Litauer abbildeten, der eine nackte Frau auf einen Sumpf zutrieb, mit einer Hand sie an den Haaren haltend, mit der anderen Hand ihr die Pistole in den Nacken drückend. Schwarz billigte dieses Vorgehen nicht und schlug vor, ein Lager mit jüdischen Frauen durch die in der Nähe liegende Pioniereinheit besser in die Luft zu sprengen.

Regierungsrat Böhme fand zur Erschießung von Frauen und Kindern deutsche Kräfte auch ohne den Beistand der Litauer bereit. *»Am Tag vor der Erschießung kam Kriminalobersekretär Tietz mit etwa 15–20 Gestapobeamten aus Eydtkau nach Wirballen«*, schreibt das Ulmer Urteil, *»um die noch gefangenen Juden gemäß der allgemeinen Anweisung des Angeklagten Böhme zu erschießen. Mit der Erschießung sollte im Morgengrauen begonnen werden. Noch in der Nacht wurden die Opfer mit litauischen Pferdefuhrwerken zu dem Weidegelände Vigainis gefahren. Dort mußten sie ihre Wertsachen abgeben und sich bis aufs Hemd – die Kinder völlig nackt – ausziehen. Während der Erschießungen standen in der Nähe der Erschießungsstätte Lastkraftwagen und Pferdefuhrwerke, mit welchen die Gestapo-Beamten und die Opfer gekommen waren. Seitwärts des Erschießungsgrabens ließ ein Viehhirte Kühe weiden. Außer den genannten waren keine Zivilisten, vor allem auch keine litauischen Hilfspolizisten, am oder in der Nähe des Tatorts. Bei diesen Erschießungen kam es zu verschiedenen Vorfällen. So wurde das nackte Kind der Jüdin Scheppkus nur angeschossen. Blutend und hilfesuchend lief das Kind zu seiner ebenfalls am Grabenrand stehenden, nur mit dem Hemd bekleideten Mutter. Diese riß einen Streifen von ihrem Hemd ab, um damit ihr Kind zu verbinden. Während des Verbindens wurden beide erschossen. Unter anderem wurden die Jüdin Schmargolos in hochschwangerem Zustand und das Kind der Jüdin Zander erschossen. Zwei Litauer, die Söhne des Viehhirten, wurden ebenfalls erschossen, weil sie den Opfern noch etwas zu essen geben wollten.«*

Als Täter der litauischen Morde ermittelte das Ulmer Schwurgericht Adolf Hitler. Seine Mittäter waren Himmler und Heydrich. Alle hatten sich des Mordes nach § 211 StGB schuldig gemacht. Ihre Gesinnung war fühllos und unbarmherzig, gleichzeitig handelten sie überlegt unter Abwägung des Für und Wider. Hitler besaß auch das Bewußtsein der Rechtswidrigkeit. Er, Himmler und Heydrich hatten *»klar erkannt, daß eine so ungeheuerliche Maßnahme, durch welche die ganze jüdische Rasse im Ostraum ausgerottet und die Kommunisten vernichtet werden sollten, der menschlichen Moral und dem Völkerrecht widerspricht und jeder rechtlichen Grundlage entbehrt. Für sie hat der Ostfeldzug eine günstige Gelegenheit geboten, nunmehr mit den Juden und den Kommunisten endgültig aufzuräumen, die ihnen schon immer ein Dorn im Auge gewesen sind.«*

Die zehn Angeklagten hatten nach den Feststellungen des Gerichts das gleiche Bewußtsein der Rechtswidrigkeit wie Hitler. Sie handelten nicht in Notstand, sondern bereitwillig. Sie waren aber darum keine Mittäter, weil ihnen der ursprüngliche Wille zu den Handlungen fehlte. Nach Überzeugung des Gerichts hatten sie *»jeweils mit dem Vorsatz gehandelt, durch ihren Tatbeitrag die Tat der Haupttäter zu unterstützen«*. Doch ohne Hitler wären Fischer Schweder, Böhme und die anderen nicht nach Litauen einmarschiert, hätten sie keine Einsatzgruppen gebildet und die Bevölkerung nicht ermordet. Sie waren zwar bereit, all dies nach Kräften zu för-

dern, vorausgesetzt, es läge ein Befehl dazu vor. *»Beim Handeln auf Befehl spricht aber die Vermutung grundsätzlich dafür, daß der Befohlene nicht als Täter handelt. Der Befohlene handelt normalerweise deshalb, weil ihm befohlen worden ist und weil er dem Befehlenden Folge leisten und ihn unterstützen will.«* In gewissen Fällen, räumte das Gericht in Ulm ein, könne auch ein Befohlener Täter sein. Ein solcher Verdacht lag bei dem Angeklagten Fischer-Schweder vor, dessen Schupos in Garsden nur zur Absperrung kommandiert waren. Der Schießbefehl kam von Fischer-Schweder. Dieser hatte sich *»wohl als Prototyp dessen gefühlt, was der Nationalsozialismus immer als Ideal gepredigt hat, zumal er alter Kämpfer und Träger des Goldenen Parteiabzeichens gewesen ist«*. Das Gericht sah den Angeklagten jedoch anders als er sich selbst. Er sei *»im Grunde genommen doch nicht der Prototyp des nationalsozialistischen Eiferers gewesen«*. Er habe nämlich unterlassen, zwei Untergebene wegen ihrer sehr aktiven Kirchenmitgliedschaft zu verfolgen. Er sei *»auch sonst im Dienst korrekt gewesen«* und habe *»Fachbeamte ungestört arbeiten lassen«*. In Garsden sei er nicht von sich aus zur Tat geschritten, wenn man ihn nicht kontaktiert hätte. Fischer-Schweders hervorstechender Charakterzug sei ein angeborenes Geltungsbedürfnis. Er sah, was dem Stapo- und SD-Abschnitt befohlen worden war. *»Nun aber hat er nicht zurücktreten, sondern mithelfen wollen.«*
Dank seiner Hilfsbereitschaft entging Fischer-Schweder dem Mordvorwurf und erhielt wegen eines *»Verbrechens der gemeinschaftlichen Beihilfe zum gemeinschaftlichen Mord«* zehn Jahre Zuchthaus. Eine 15jährige Strafe für die Beihilfe traf Böhme und Hersmann, einen Teilnehmer an der Frauen- und Kindererschießung in Wirballen. Den anderen Schützen wurden zwischen fünf und drei Jahre Zuchthaus zuerkannt. Zu ihren Gunsten sprachen erhebliche Milderungsgründe. Das *»furchtbare Geschehen«* sei bedingt durch das *»Versagen aller Kreise und Stände, einschließlich der höchsten Beamtenschaft und der oberen Führung der Wehrmacht. Auch das Ausland hat versagt, weil es möglicherweise aus zweckhaften Gründen nicht die entsprechenden Folgerungen aus dem Geschehen gezogen hat, wozu es eher in der Lage gewesen wäre als die Inländer, sondern mit den Machthabern verhandelt hat.«* Ferner hielt das Gericht den Angeklagten die allgemeine Autoritätsgläubigkeit der Deutschen zugute, *»welche das Produkt der Erziehung vieler Jahrhunderte ist«*. Zugunsten Schmidt-Hammers (526 Morde, drei Jahre Zuchthaus) sprach, daß er *»bei der Erschießung die Form zu wahren bemüht gewesen ist«*. Der Angeklagte Carsten (423 Morde, vier Jahre Zuchthaus), der unter anderem eine Erschießung jüdischer Frauen und Kinder in Georgenburg geleitet hatte, *»macht einen etwas einfältigen Eindruck und ist gefühlslabil. Er hat eine schwere Jugend gehabt ...«* Der Angeklagte Harms (526 Morde, drei Jahre Zuchthaus) wurde von seinen Vorgesetzten wegen seiner mäßigen geistigen Eigenschaften und seiner weichen Veranlagung nicht besonders

ernst genommen, *»was bei Harms wiederum Minderwertigkeitsgefühle ausgelöst hat«*.
Die litauischen Morde der Stapoleitstelle Tilsit und der Schupos von Memel wären nie ans Licht gekommen, wenn Fischer-Schweder, der unter falschem Namen als Verkäufer lebte, nicht Heimweh nach der Polizei bekommen hätte. Sein Antrag auf Wiedereinstellung brachte die Staatsanwaltschaft auf die Fährte der Polizeidirektion Memel. Damit war das Tor zu den Einsatzgruppen in Rußland aufgestoßen. Im Ulmer Gerichtssaal wurden die Verhöre Ohlendorfs und Wislicenys vor dem Internationalen Militärgerichtshof Nürnberg verlesen, sowie die ›Ereignismeldungen‹ der Einsatzgruppen an das Reichssicherheitshauptamt, in denen sie ihre Taten minutiös niedergelegt hatten. Tilsit und Memel waren offensichtlich nur ein schmaler Ausschnitt der auf dem Baltikum begangenen Morde, das Baltikum nur ein Schauplatz von vielen. Eine Aufklärung war von Zufallsentdeckungen wie im Falle Fischer-Schweder nicht zu erwarten. Der Unsinn der bisherigen Verfolgung ließ sich nicht leugnen. Keine zehn Prozesse waren geführt worden, um die unzähligen Massenmorde im Osten zu bestrafen.
Das Konzentrationslager Auschwitz sei von *»riesigen Ausmaßen«* gewesen, hatte das Landgericht Bremen am 27. November 1953 in einem Prozeß gegen drei Wachleute eines Nebenlagers in Golleschau festgestellt. *»Es ist in die Geschichte eingegangen als größtes Vernichtungslager aller Zeiten.«* In die Geschichte eingegangen, war es dem Arm der Justiz anscheinend entzogen. Das größte Vernichtungslager aller Zeiten stand im Begriff, mit der größten Amnestie aller Zeiten bedacht zu werden. Vom Lager Sobibor hatte das Landgericht Berlin 1950 Kenntnis erhalten durch einen Juden, der auf einem Rummel in Kreuzberg einen gewissen Erich Bauer wiedererkannt hatte. *»Ihr Juden habt nur zu weinen über den Bauer«*, so hatte es im Lager 1943 geheißen, *»der ist euer Gasmeister.«* In Sobibor wurde mit Dieselabgasen getötet; Bauer bediente den Motor. *»Bei einem Besuch Himmlers«*, hieß es im Urteil gegen den ›Gasmeister von Sobibor‹ im Mai 1950, *»führte ihm der Angeklagte, angetan mit Stahlhelm und Brustschild, die Vergasung von 200–300 besonders hübschen jungen Jüdinnen vor.«* Dem Gasmeister wurden Hunderttausende von Morden zur Last gelegt. Doch fiel es keinem Berliner Staatsanwalt ein nachzuforschen, wer sonst noch daran beteiligt gewesen sein könnte. Nicht anders in Frankfurt, wo Josef Hirtreiter, ein aus dem Hadamar-Verfahren entlassener Pfleger, seine Weiterverwendung in Treblinka ausplauderte.
Das geschulte Personal der 1. Euthanasiephase war ins Generalgouvernement Polen für die sogenannte ›Aktion Reinhard‹ übernommen worden, der Tarnname für die Vernichtung in den Lagern Kulmhof, Treblinka und Sobibor. Den handgreiflichen Querverbindungen zwischen Euthanasie und Aktion Reinhard ging niemand nach. Hirtreiter, einer der beschränk-

ten, arzthörigen Pfleger, die für Hadamar straflos oder mit zwei bis drei Jahren Haft davonkamen, erhielt für seine sadistischen Auftritte in Treblinka 1951 lebenslängliches Zuchthaus. Spuren, die sich im Bauer- und Hirtreiterprozeß über das Personal von Sobibor und Treblinka angesammelt hatten, wurden ignoriert.
Der Einsatzgruppenprozeß in Ulm verlangte der Justiz neuerlich die Entscheidung ab, den klar zutage getretenen Tatbestand ›Endlösung‹ gezielt zu übersehen oder plötzlich die Strafverfolgung einzuleiten. Die Politik stellte sich taub wie gewöhnlich. Sie zahlte Israel aus und stritt sich allenfalls um Globke im Kanzleramt. Daß die Täterschaft für ein beispielloses Staatsverbrechen vakant geblieben war, kam der politischen Kaste nicht über die Lippen. Adenauer schreibt in seinen buchhalterischen Erinnerungen darüber nicht einen Satz. Carlo Schmidt bringt es in den seinigen bei dem Jahre 1965 zu einigen nichtssagenden Floskeln über die *»Verjährung von Kriegsverbrechen«*. Die Verjährungsfrage unterstellt die Existenz einer Verfolgung. Dieses Problem hatte sich die Politik längst vom Hals geschafft und rührte es nicht wieder an.
Die auf Ulm hin einsetzende zweite Prozeßrunde, im öffentlichen Bewußtsein als ›NS-Prozesse‹ zum Allgemeingut geworden, kam durch eine seltsame Verkettung von Umständen zuwege. Gewollt hat dies niemand. Ein äußerer Motor war der Staatsanwalt des Ulmer Prozesses, Erwin Schüle. Die Ermittlungen hatten ihn in ungeahnte Dinge verwickelt. Schüle alarmierte die Landesjustizverwaltungen und führte ihnen die zwingende Notwendigkeit einer übergreifenden Anklage- und Ermittlungsbehörde vor Augen. Eine solche bestand zwar schon in der Bundesanwaltschaft, die aber nur zugreift, wenn die Sicherheit der Bundesrepublik berührt ist. Dies war durch die Einsatzgruppen und KZ-Wächter nicht der Fall. Die Justizministerkonferenz konnte Schüles Argumentation nicht widerlegen. Andererseits mußte das föderative Prinzip der Justiz geschützt bleiben. Mit der Errichtung einer zentralen Anklage- und Ermittlungsstelle in Ludwigsburg glaubte man einen gesunden Kompromiß gefunden zu haben. Eine Schar Staatsanwälte führte im alten württembergischen Gefängnisbau Vorermittlungen durch, bereitete mehr oder minder anklagereife Fälle vor und reichte die Akten durch an die örtlichen Staatsanwaltschaften. Das machte die doppelte Arbeit, weil zwei getrennte Anklagebehörden sich in ein und denselben Fall knien mußten, doch nützte es dem Föderalismus. Die Bundesanwaltschaft ordnet in vergleichbaren Fällen, etwa in Terroristenprozessen, der örtlichen Staatsanwaltschaft einen sachkundigen Bundesvertreter bei. Den Ludwigsburgern verbot sich dies schon darum, weil ihre Zentrale Stelle alsdann leer gewesen wäre. Man hatte eine winzige Behörde mit einem Dutzend Beamten eingerichtet, die die ›Endlösung‹ aufdecken sollten.
Ein atmosphärischer Druck für die Wiederaufnahme von NS-Prozessen entwickelte sich aus der staunenswerten Dreistigkeit, mit der hochbela-

stete Nazis nach führenden Positionen langten. Kein Amt, das dieser Staat zu vergeben hatte, hielten sie für zu schade. Sie entdeckten, daß diese Demokratie keine Schmerzgrenze besaß, die auch ein angepaßter Alt-Nazi einzukalkulieren hätte. Sie stießen nur auf taubes Fleisch. Das mußte sie zu dem Irrtum verleiten, sie säßen daheim in ihrem Staat. Wenn Vialon die Finanzen ordnete, war nicht einzusehen, warum ein höherer Gestapo-Beamter, der mit Industrie-Vertretungen sein Geld gemacht hatte, bei Erreichen der Altersgrenze keinen Pensionsanspruch stellen sollte. Andere gaben Zeitungsinterviews, schrieben Memoiren und wollten ihre geschichtliche Größe nicht länger verheimlichen. Die nationalsozialistische Glamourprominenz mit Otto Skorzeny, Leni Riefenstahl, Veit Harlan u. a. kam faltig, aber aufgeräumt aus der Kulisse und sah, was es zu verdienen gab.
Sie machten sich zu breit. Genügend Gewerkschafter, Intellektuelle und Priester wußten, daß Hitler mehr als ein Damenunterhalter gewesen war. Die NS-Parasiten, die landauf, landab stöhnten, wie einmalig die Zeiten gewesen waren, das umgestiegene Führungspersonal, das nonchalant seine Fachbegabung spreizte, und die scharenweise ihren sorgenfreien Lebensabend genießenden Haupttäter provozierten ein Bedürfnis nach historischer Wahrheit. Ein Bedürfnis, das auch im Justizapparat anwuchs. So fidel durfte der Spuk nicht davonkommen. Die Justiz brauchte nur in Bewegung gesetzt zu werden, dann kämen andere Aspekte zum Vorschein. Die Versäumnisse präsentierten schon ihre Wirkung. Der Prophet Göring war noch zu widerlegen, der den Tag angekündigt hatte, an dem die deutsche Jugend die demokratische Zwangsmoral, den Humanitätsdusel, die Demütigung ihrer Väter und die Geschichtslügen der Sieger abwerfen würde und ihr nationales Erbe anträte. Diese Prophetien waren komisch, solange noch die Trümmer herumstanden. Die Trümmerpolitiker hatten nie einen Gedanken darauf verschwendet, ob ein halbauskurierter Infekt neue Entzündungen am Volkskörper hervorrufen könnte. Ihr Menetekel waren die sechs Millionen Arbeitslosen von 1932. Hitler war für sie die Sumpfblüte der Krise. Sie hatten einen Rütlischwur geleistet, den politischen Radikalismus zu verbannen, demokratische Spielregeln zu propagieren und Wohlstand für alle herbeizuführen. Woher kam aber 1959 aus heiterem Himmel eine Epidemie von Hakenkreuzschmierereien und Schändungen jüdischer Friedhöfe?
Ein weiteres, allerdings nebulöses Moment, das den steilen Anstieg der Verfolgungskurve von 1958 an erklärt, ist eine lapidare Regel. Die Verarbeitung des Nationalsozialismus wurde in der Bundesrepublik nie frontal betrieben. Es wurde nicht frontal gesäubert, aber auch nicht frontal rehabilitiert, nicht frontal strafverfolgt, nicht frontal amnestiert. Der Widerstand wurde nicht frontal integriert, und seine Henker wurden nicht frontal verurteilt. Die Hitlersche Rechtsordnung wurde nicht frontal annulliert, ebensowenig anerkannt. Das Regulationsprinzip war das

des nächsten Umwegs: Rehabilitierung durch Säuberung, Anerkennung des nazistischen Rechtswesens durch Ablehnung der ›unmenschlichen‹ Elemente. Globke hatte mitgemacht durch Ableistung von Widerstand, und Globkes Widerstand erlaubte ihm mitzumachen. Die Richter überführten Mörder, aber es waren keine Mörder, sondern Werkzeuge Hitlers. Es gab eine Strafverfolgung, doch erst als Gras über die Sache gewachsen war. Das Prinzip des nächsten Umwegs gebietet, Weg und Ziel, Zweck und Mittel zu dejustieren. Die untauglichste Methode ist die beste, wenn sie ernstes Bemühen kundgibt, das nicht verletzt und durch die Tücke des Objekts ehrenvoll scheitert. Das Publikum faßt es schon richtig auf.
Die Bundesrepublik war ein Gebilde unter dem Zwang, es allen recht zu machen. Sie war das Vaterland der Volksgenossen und der Volksfeinde, der Gestempelten und der Neutralen, der Verfolger und der Verfolgten. Diesen Riß im Material ist sie nicht losgeworden.
Als schwarz und riesig das Ausrottungsprogramm im Osten sich vor die justitiellen Brillengläser schob, sagte die Behörde nicht nein. Sie hätte sich an das Publikum wenden können und erklären, daß die Strafjustiz zur Verhandlung einer solchen Tat nicht gemacht ist. Sie hätte sagen können, daß sie die gesetzlich festgesetzte Ordnung überwacht und jedem Taximörder ein halbwegs faires Verfahren bietet. Ein Ding der Unmöglichkeit ist es aber – hätte sie sagen müssen –, einen Schupo zu verurteilen, der im Auftrag des vorangegangenen Staatswesens, seines Staatsoberhaupts, seiner Sicherheitsorgane, seiner Rechtsgelehrten und unter Billigung der Nation, soweit sie es wissen wollte, Tausende und Zehntausende wehrloser Menschen getötet hat. Es ist strafrechtlich nicht möglich, dem Schupo gerecht zu werden, den Opfern und ihren Lieben Sühne widerfahren zu lassen und der Gemeinschaft zivilisierter Menschen zu helfen, die sich das von den Schupos nicht bieten lassen kann.
Ferner hätte gesagt werden müssen, daß es absurd sei, den Schupo auf eine Anklagebank zu setzen, ohne daß alle neben ihm sitzen, die ihn geschickt haben. Die Justiz hätte erklären müssen, warum dies jedoch mit den Mitteln des Strafrechts unmöglich zu erreichen ist. Sie hätte es damit begründen können, daß sie eine Anzahl unerläßlicher Verfahrensregeln besitzt, ohne die eine Rechtskultur nicht denkbar ist. Ein Angeklagter darf nur für die individuell von ihm vollbrachten Handlungen haften. Sie müssen ihm zweifelsfrei nachzuweisen sein. Er muß die Möglichkeit besessen haben, Recht und Unrecht zu unterscheiden. Es dürfen ihm nicht Handlungen vorgeworfen werden, die zur Tatzeit als erlaubt gegolten haben.
Die Justiz hätte erklären müssen, daß sie keine Lust habe, diese der Rechtsverwirklichung zugedachten Regeln der Lächerlichkeit preiszugeben.
Sie hätte den Rechtsgenossen sagen können, daß die Erforschung der Gedanken eines Mannes, der monatelang seinen Diesel anwirft, um zwei-

hunderttausend unbekleidet in eine Betonkammer gepferchte Menschen zu vergasen, eine müßige Sache ist. Daß die Suche nach individuellen Straftaten in einem Konzentrationslager Unfug ist, wo alle Zeugen Komplizen sind, tot sind oder nicht in der Verfassung waren, akkurate Beobachtungen anzustellen. Daß die Gesetze, die dieser Verbrecherstaat hatte oder nicht hatte, unmaßgeblich sind, weil es dort bekanntlich überhaupt nicht nach dem Gesetz zuging.
Die Justiz hätte klarstellen müssen, daß der Verbrecherstaat nach verfassungsrichterlichem Urteil eine vom Volk ›faktisch anerkannte Kompetenzordnung‹ gewesen ist. Daß darum auch nicht im Namen des Volkes Recht gesprochen werden könne, weil der Souverän befangen sei und die Rechtsprechung insbesondere. Die Justiz hätte vorschlagen können, einen nationalen Sondergerichtshof zu gründen, der ob der geschichtlichen Einzigartigkeit dieser Taten zu einmalig vom Gesetzgeber zu beschließendem Ausnahmerecht befugt sei, da zur Tatzeit ausnahmsweise kein Recht gegolten habe. Sie hätte vorschlagen können, ein internationales Gericht einzuberufen, damit die Völker, die von den Tätern geschädigt worden sind, an ihrer Aburteilung beteiligt werden könnten.
Sie hätte dem Gesetzgeber die Unmöglichkeit einer rechtlichen Lösung klarmachen und zu einer politischen Maßnahme gegen den Täterkreis auffordern können.
Sie hätte das Volk darüber aufklären können, daß weder mit dem Gesetz noch mit Maßnahmen der Unrechtsgehalt des Verbrechens auszuschöpfen sei. Es sei ein Selbstbetrug, die geschichtliche Verantwortung und die persönliche Haftung irgendwelchen ›Tätern‹ in die Schuhe zu schieben. Die Endlösung habe alle Hoffnungen der Tätergeneration, diesbezüglich einen Rechtsfrieden wiederherzustellen, zuschanden gemacht. Man möge für Ordnung sorgen und eine Generalamnestie erlassen. Dem Geschehenen sei keine sinnvolle soziale Handlung hinzuzufügen. Die Teilnehmer sollten zusehen, wie sie damit fertig würden.
Das alles geschah selbst dann nicht, als bereits in jedem Urteil zu lesen stand, daß keine Gerechtigkeit zu erzielen sei. Die Richter setzten, als sie die Sache auf sich zukommen sahen, einen Verhandlungstermin an und blätterten in den älteren Entscheidungen nach.

Die Exzeß-Tat

»Ende 1942 oder Anfang 1943 wurde der Hund Barry ins Vernichtungslager Treblinka gebracht. Es handelte sich um einen kalbsgroßen, schwarzweiß gefleckten Mischlingshund mit den überwiegenden Rassemerkmalen eines Bernhardiners. In Treblinka schloß er sich dem Angeklagten Franz an und sah in ihm seinen Herrn. Auf seinen Kontrollgängen durch das untere und obere Lager pflegte Franz den Barry meistens bei sich zu haben.

Je nach Lust und Laune hetzte er den Hund mit den Worten ›Mensch, faß den Hund!‹ auf Häftlinge, die ihm irgendwie aufgefallen waren. Mit dem Worte ›Mensch‹ meinte er hierbei den Barry und mit dem Worte ›Hund‹ den betreffenden Häftling, auf den sich Barry stürzen sollte. Barry ging aber auch schon dann auf einen Häftling los, wenn Franz diesen nur anbrüllte. Um Barrys Aktivität zu entfalten, bedurfte es also nicht in jedem Falle des Zurufs ›Mensch, faß den Hund!‹ Barry biß stets wahllos auf den betreffenden Menschen ein. Da er kalbsgroß war und mit seiner Schulterhöhe an das Gesäß und den Unterleib eines durchschnittlich großen Menschen heranreichte, biß er häufig ins Gesäß, in den Unterleib und mehrfach auch in das Geschlechtsteil der männlichen Häftlinge, das er in manchen Fällen sogar teilweise abbiß. Bei weniger kräftigen Häftlingen gelang es ihm auch manchmal, den angegriffenen Mann zu Boden zu werfen und ihn auf dem Boden nahezu bis zur Unkenntlichkeit zu zerfleischen. Stand Barry bei einer Abwesenheit des Angeklagten Franz nicht unter dessen Einfluß, so war er nicht wiederzuerkennen. Man konnte ihn streicheln und sich sogar mit ihm necken, ohne daß er jemandem etwas tat.«

Im Urteil des Landgerichts Düsseldorf vom 3. September 1965 über zehn Wachleute des Konzentrationslagers Treblinka wurde auch der 18 Jahre zuvor eingegangene Hund Barry untersucht, nach der äußeren wie nach der inneren Tatseite. Letztere begutachtete eidlich der Direktor des Max-Planck-Instituts für Verhaltensforschung Dr. Konrad Lorenz. Aus den vorliegenden Fotos, erklärte Lorenz, ersehe er, daß Barry kein reinrassiger Bernhardiner, sondern ein Mischlingshund gewesen sei. Mischlingshunde jedoch seien feinfühliger als reinrassige Tiere. Wenn sie sich einem Herrn anschlössen und eine sogenannte Hund-Herren-Bindung eingingen, würden sie förmlich erahnen, welche Absichten ihr Herr habe; denn ein Hund sei das Spiegelbild des Unterbewußtseins seines Herrn. In der Verhaltensphysiologie sei anerkannt, daß derselbe Hund zeitweilig brav und harmlos, zeitweilig auch gefährlich und bissig sein könne. Letzteres sei dann der Fall, wenn er von seinem Herrn auf eine Person gehetzt werde. Manchmal genüge es bereits, wenn der Herr des Hundes eine Person anschreie, damit sich der Hund auf die angebrüllte Person stürze. Derselbe Hund könne kurze Zeit später harmlos mit Kindern spielen, ohne daß irgend etwas zu befürchten sei. Er passe sich eben ganz den Stimmungen und Launen seines Herrn an. Wenn ein Hund eine neue Hund-Herren-Bindung eingehe, könne sich sein Charakter völlig wandeln. Wenn Barry deshalb unter seinem neuen Herrn keine Neigungen mehr zum Beißen gezeigt habe, so sei das nichts Außergewöhnliches. Experimente mit Hunden hätten diese Erfahrung nachdrücklich erhärtet.

Könnte man das Verhalten des Hundes strafrechtlich würdigen, müßte man sagen, daß der Herr gebissen habe, der Hund aber sein Werkzeug war. Nach dem Modell der Herr-Hund-Bindung wurden 95% der Massentötungen in Lagern und durch Einsatzgruppen behandelt. Über die

verschiedenen Angeklagten im Chelmno-Prozeß vor dem Bonner Landgericht am 23. Juli 1965 heißt es: *»Als Autoritätsgläubiger und zum Befehlsgehorsam erzogen, glaubte er aber, daß der ›Führer-Befehl‹, der diese Maßnahmen anordnete, verbindlich wäre und befolgt werden müsse. In seiner unbedingten Befehlsergebenheit dachte er überhaupt nicht darüber nach, ob und wie er sich seiner Verwendung in Chelmno entziehen könne.«*
»Infolge seiner primitiven und dürftigen Begabung hielt er sich für verpflichtet, alle Befehle auszuführen. Der Angeklagte fühlt sich auch heute noch persönlich schuldfrei.«
»Er nahm an, daß er jedem Befehl zu gehorchen hätte, egal, ob es ihm paßte oder nicht. In dieser Überzeugung wurde er durch die Erinnerung an die zweimalige politische Inhaftierung seines Vaters bestärkt. Sie hatte ihn das Unrecht des nationalsozialistischen Staates und die Wehrlosigkeit des einzelnen hiergegen erkennen lassen. Dies förderte seine unbedingte Ergebenheit gegenüber jedem Befehl.«
»Als er erstmalig die Ausladung der Leichen aus dem Gaswagen beobachtete, dachte er sich dabei nichts. Der starke Einfluß der nationalsozialistischen Propaganda ließ ihn die Juden als Staatsfeinde ansehen. Sodann verkannte er nicht, daß die Wachmannschaften während des Einsatzes in Chelmno von dem Drill befreit waren, dem sie beim Bataillon ausgesetzt waren. Infolgedessen stellte er auch keinerlei Überlegungen an, wie es möglich sei, von Chelmno wegzukommen. Er folgte stur und blind ergeben allen Befehlen und suchte sie vorbildlich zu erfüllen.«
Auf ihre gedankenlose Weise brachten die genannten Angeklagten 152000 Juden um. Die Zahl der Ermordeten spiele beim Strafmaß allerdings keine Rolle, bemerkte das Landgericht Bonn, weil die Angeklagten durch ihre Tätigkeit gar keinen Einfluß darauf ausübten, wie viele Menschen sie zu töten hatten. Es habe sich dabei um *»Befehle in Dienstsachen«* gehandelt. Da die Massenvernichtungsverbrechen von Polizei- und SS-Angehörigen begangen worden waren, die zur Tatzeit unter das Militärstrafrecht fielen, stand es den bundesdeutschen Gerichten frei, nach Hitlers Militärgesetzen zu verfahren. *»Die Angeklagten sind nach den Anschauungen zu beurteilen, die zur Zeit ihrer Taten galten«*, erklärte das Bonner Landgericht. *»Die Möglichkeit der Anwendung des §47 Militärstrafgesetzbuch Abs. II ist daher auch in denjenigen Fällen gegeben, in denen es sich um die Massenvernichtung unschuldiger Juden handelte, die mit der Kriegführung nichts zu tun hatte und die als ›geheime Reichssache‹ angeordnet wurde.«* Entscheidend ist nämlich, daß zur Tatzeit das Vergasen von Säuglingen als Präventivkrieg des Deutschen Reiches galt, damit diesem später keine Rächer entstünden. An diese Auffassung fühlten sich die Richter, ohne sie zu teilen, juristisch gebunden.
Eine Anwendung von §47, Absatz II MStGB auf die Massenvernichtung unschuldiger Juden unterstellt einen Sonderfall: *»Ist die Schuld des Untergebenen gering, so kann von seiner Bestrafung abgesehen werden.«* Dieser

Passus war 1940 in das Militärstrafgesetzbuch eingeführt worden, in der Absicht – so das Landgericht –, *»den Untergebenen hinsichtlich aller möglichen Folgen bei Unrechtsbefehlen freizustellen. Dieser gesetzgeberische Wille, dem neben der grundsätzlichen Einstellung zum Problem des Befehls und Gehorsams sicherlich auch Erwägungen der Kriegsraison zugrunde lagen, ist bei der Auslegung des gesetzlichen Tatbestands zu berücksichtigen.«* Unter Berücksichtigung des gesetzgeberischen Willens Adolf Hitlers bestätigte am 23. Juli 1965 das Bonner Landgericht den drei Angeklagten Bock, Mehring und Steinke geringe Schuld. Sie verkörperten in idealer Weise das vom Führer gewünschte Herr-Hund-Verhältnis. Mehrings Tatbeitrag bestand darin, *»mit dafür zu sorgen, daß der Gang der jüdischen Menschen zum Gaswagen reibungslos vonstatten ging und keine Stockungen auftraten. In einem Falle kam es im Keller zu Widersetzlichkeiten der Opfer. Der Angeklagte wehrte bei dieser Gelegenheit die jüdischen Menschen, die ihr Schicksal ahnten und ihn sowie die anderen Posten drohend angingen, ab. So beteiligten sich die Angeklagten an der Ermordung von mindestens 26600 Menschen.«* Mehring, der seit 1955 in Walldürn im Odenwald eine Gastwirtschaft betrieb, wurde freigesprochen, denn er *»verhielt sich gegenüber den während seiner Zeit in Chelmno ermordeten mindestens 26600 Opfern passiv«*. Wenn er aktiv wurde, dann nur, um die ›Widersetzlichkeit der Opfer‹ zu brechen. Für einen KZ-Wächter, der nichts getan hatte, als aufzupassen, daß der Gang der ›jüdischen Menschen‹ in den Gaswagen ›reibungslos vonstatten ging‹, wollte das Gericht das Mindeststrafmaß von neun Monaten Zuchthaus nicht auswerfen: *»Diese Strafe stünde zu der Schuld in einem derartigen Mißverhältnis, daß die Verhängung eine ungerechtfertigte und nicht zu vertretende Härte darstellen würde. Wenn aber die Verhängung der gesetzlichen Mindeststrafe einen derartigen Härtetatbestand schaffen würde, ist von einer Bestrafung gänzlich abzusehen.«*
Hitlers gesetzgeberischer Wille war allerdings auch in unkonventioneller Weise auszulegen. Das Düsseldorfer Landgericht wählte für den Angeklagten Mentz nicht den gern benutzten § 47, II MStGB, sondern den § 4 der Gewaltverbrecherordnung von 1939, der für den Gehilfen das gleiche lebenslängliche Strafmaß wie für den Täter gestattet. Sarkastisch bemerkt das Gericht, daß die Gewaltverbrecherordnung *»kein typisch nationalsozialistisches Gedankengut«* enthalte. Sie sei erlassen worden, weil Hitler die alleinige Macht im Staat übernommen habe, was *»allgemeine rechtliche Anerkennung fand«*. In perfekter Rechtskonstruktion wies Düsseldorf die Anwendbarkeit der Gewaltverbrecherordnung auf einen NS-Täter im Jahre 1965 nach. Der Bundesgerichtshof verwarf die Revision des Mentz, denn das Landgericht sei *»an sich ungewöhnlich«* verfahren, aber technisch unanfechtbar.
Der Fall demonstriert den weitgesteckten Gestaltungsrahmen des tatrichterlichen Ermessens. Das heißdiskutierte Täter-Gehilfen-Problem ist bei

Massenvernichtungsverbrechen eine akademische Frage. Ob jemand als Marionette Adolf Hitlers schießt oder aus persönlicher Begeisterung, ist ganz unerheblich. Der Richter muß sich entscheiden, ob Hitler-Hörigkeit 20000 Morde entschuldigt.

Die Antwort hat der deutsche Strafrichter in wünschenswerter Eindeutigkeit gegeben. Wer Vergasung nach Vorschrift erledigte, passiv und mißvergnügt, anfänglich angeekelt, wer grauen Einsatzgruppenalltag schob, ein Dorf, eine Provinz, ein Land ohne zu fackeln judenrein machte, gut zielend und lustlos, wer die Opfer nicht verhöhnte, nicht nutzlos quälte und sie auf kürzestem Weg in den Tod schickte, der gradlinige, unkomplizierte Endlöser, mit dem Führer durch dick und dünn gehend, sich die gesunde Frage stellend, ob dies alles mit rechten Dingen zugehe, doch nicht im Traume den Befehl anzweifelnd, der Schäferhund in SS-Kluft, sensibel und gehorsam, treu, aber beschränkt, wurde für seine fünf-, zehn-, zwanzigtausend Morde wie ein mittlerer Scheckbetrüger bestraft. Der Völkermord, leidenschaftslos und zügig betrieben, veranlaßte den deutschen Strafrichter, die äußersten Milderungsgründe auszuschöpfen. Das Landgericht Bonn blieb nicht das einzige, das fragte, ob so etwas überhaupt bestraft werden müsse?

Die volle Härte des Gesetzes traf jene, die ihre pathologische Veranlagung an der Sache abarbeiteten. Der Endlöser an sich ist harmlos, gemeingefährlich ist der Jack-the-Ripper-Typus. *»Der SS-Unterscharführer Sepp Hirtreiter«*, schildert das Landgericht Düsseldorf, *»schlug in der Frauenauskleidebaracke links und rechts mit seiner Peitsche wild auf die Frauen ein, um sie zu einem noch schnelleren Ausziehen anzutreiben. Als sämtliche Frauen die Baracke entkleidet verließen, blieben drei Säuglinge zurück. Da nahm Hirtreiter einen Säugling bei den Füßen und schlug ihn mehrfach mit dem Kopf gegen die Barackenwand, bis er tot war. Während das geschah, betrat Franz die Frauenauskleidebaracke. Er sagte zu Hirtreiter, er wolle das besser machen. Er nahm den zweiten Säugling an den Füßen hoch und schlug ihn mit voller Wucht mit dem Kopf so heftig gegen die Barackenwand, daß er bereits durch den* einen *Schlag getötet wurde.«*

Kurt Franz war der klassische NS-Verbrecher. Er hätte den Säugling nicht zu zerschmettern brauchen, er hätte ihn in aller Seelenruhe vergasen lassen können durch seinen Mitangeklagten Münzberger.

Münzberger entfaltete seine Energien, anders als Franz, im Rahmen der vorgegebenen Zwecke. *»Er mußte dafür sorgen, daß in größter Eile möglichst viele zur Vergasung bestimmte Männer, Frauen und Kinder in die Gaskammer gesperrt wurden, so daß die einzelnen Kammern bis zum letzten Quadratzentimeter ausgenutzt wurden. Hierbei wandte er, unterstützt von ukrainischen Wachmännern, alle ihm zu Gebote stehenden Mittel an, um dieses Ziel zu erreichen. Er schrie die Juden an und schlug mit der Peitsche auf die sich sträubenden Opfer ein. Kinder, die im allgemeinen Gedränge von ihren Müttern getrennt wurden, ließ er durch die Ukrainer* *über die Köpfe der Erwachsenen hinweg in die Kammern werfen, damit diese möglichst rationell ausgenutzt wurden und damit die Abfertigung so schnell wie möglich vor sich ging. Dann ließ er die Türen der Gaszellen schließen, so daß nunmehr die Abgase des Dieselmotors in die einzelnen Zellen geleitet werden konnten. Schließlich zog er den schweren Vorhang vor dem Eingang des Gashauses zu.«*

Der Koch Franz wurde mit lebenslänglichem Zuchthaus bestraft, denn die Tötung des Säuglings ließ einen überschüssigen Eifer erkennen. Bewiesen war damit, daß er dem Hitlerschen Täterwillen mit eigener Initiative an die Seite trat. Anders Münzberger, der, *»bedingt durch seine besondere Autoritätsgläubigkeit, seine Befehlsergebenheit und seine Dankbarkeit gegenüber dem Führer, der seine sudetendeutsche Heimat ins Reich heimgeholt hatte, lediglich eine fremde Tat, in freilich massiver Form, unterstützen wollte«.* Bei Münzberger, der vor der Gaskammer stand, versagte der auf dem halben Wege der Befehlskette oft anzutreffende Wille zur Rettung. Der Gestapo in Köln und Würzburg, die auf Fürsprache zwei Juden weniger in den Waggon lud, wurde die Rettungsabsicht strafmildernd oder -ausschließend zugute gehalten. Münzberger, der seine Kammer vollpackte wie einen Reisekoffer und die Säuglinge noch unter der Decke schichtete, profitierte davon, daß es zur Rettung sowieso zu spät war. *»In diesem fortgeschrittenen Stadium des Vernichtungsprozesses besaß er keinerlei Möglichkeit zur Rettung auch nur eines einzigen Juden oder zu einer sonstigen Einflußnahme auf den Ablauf der Aktion. Er war lediglich ein Rädchen in der grausamen Tötungsmaschinerie und hatte ›stur‹ seine vorgeschriebene Arbeit zu verrichten.«*

Münzberger konnte die eigenhändige Erschießung einer Mutter mit zwei Kindern nachgewiesen werden, dies allerdings nicht aus Überdruß, sondern dem Willen zur Ökonomie. Mutter und Kind hatten in der bis zum Bersten gefüllten Gaskammer keinen Platz mehr gefunden. Nach den Richtlinien des Lagers waren für Einzelpersonen keine gesonderten Vergasungen anzusetzen. *»Er führte deshalb die Mutter mit den 2 Kindern zu einem Verbrennungsrost, der sich direkt gegenüber dem großen Gashaus befand, und erschoß sie dort mit seiner Pistole. Dann ließ er die Leichen sofort auf den Rost legen, auf dem bereits andere Leichen verbrannt wurden.«*

Münzberger wurde 1965 wegen Beihilfe zum Mord an mindestens 300000 Personen zu 12 Jahren Zuchthaus verurteilt. Nach sechs Jahren kam er wegen guter Führung frei. *»Er saß am Küchentisch, sein Körper schlaff, sein Kopf gebeugt«*, beschreibt die Journalistin Gitta Sereny den 68jährigen. *»Er war frisch rasiert und schaute unrasiert aus, er war sorgfältig angezogen, aber sah aus, als ob er unfähig wäre, sein Hemd alleine zuzuknöpfen.«* Er wohnte im Familieneigenheim, einem Schmuckstück bayrischer Kunsttischlerei, in Unterammergau, vier Autominuten von Oberammergau am Ende der Dorfstraße. Münzbergers Sohn, gleichfalls Tischler, be-

nutzte mit seiner jungen Frau und drei kleinen Kindern das Parterre, Vater und Mutter, *»eine korpulente Frau in einem geblümten Kleid, einer Schürze und dicken, nackten Armen«*, lebten im Obergeschoß mit Wohnküche, Bad und Schlafzimmer. Münzberger tischlerte wieder. Früher, im Sudetenland, hatte er viele jüdische Kunden gehabt: *»Vor dem Krieg machten die Juden ja ein Viertel unserer Bevölkerung aus!«*
»Wir hatten nichts gegen sie«, fügte die Frau hinzu, *»in meiner Schule saß ich Seite an Seite mit weiß der Himmel wie vielen jüdischen Mädchen. Sie gingen in die Synagoge, wir in die Kirche, das war alles ...«*
Ob Münzberger persönlichen Kontakt zu den Häftlingen im Lager hatte?
»Zu diesen Nackten? Wie könnte ich!«
»Und dann waren ja auch noch deine Ukrainer«, wirft die Frau ein, die die Geschichten aus Treblinka gut kennt.
»Ja, die Ukrainer auch. Wir brauchten gar nichts zu tun. Für uns gab es eigentlich überhaupt nichts zu tun. Ja, wir mußten eben nur da sein. Das war's. Das war alles.«
Das Dasein der Fließbandarbeiter der Todesfabrik werteten die großen KZ-Prozesse als das geringfügige Delikt; die echten Verbrecher waren die Wüteriche, die in der Massenvernichtung die passende Umgebung für ihre private Mordlust sahen. Auf eine absurde Weise wurden die disziplinierte maschinelle Vernichtung belohnt und die defekten Killer belangt. Die Gerichte trafen sich darin mit Hitler selbst, der Peitschen und Prügel im KZ nicht liebte. Die Eigenschaften, die den Tötungsbetrieb in Fahrt brachten, der abgestumpfte, sture Gehorsam, die desinteressierte Auslöschung der ›Nackten‹ galten den Richtern als Milderungsgrund. So entstand der verdrehte Eindruck, als hätten die Sadisten die Vernichtung bejaht – die sie nur aufhielten –, und den Robotern, die sie möglich machten, sei alles egal gewesen. Den Sadisten war die Endlösung genauso egal, soweit sie nicht ihren Sadismus befriedigte.
Im großen Frankfurter Auschwitzprozeß (Urteil 1965) wurde die Scheidelinie von mörderischer Exzeßtat und gleichgültiger Beihilfehandlung konsequent durch den Täter quer hindurch gezogen. Der kaufmännische Angestellte Friedrich Wilhelm Boger baute in Auschwitz ein privates Folterinstrument, die ›Bogerschaukel‹. *»Sie bestand aus zwei aufrecht stehenden Holmen, in die eine Eisenstange quer hineingelegt wurde. Boger ließ die Opfer in die Kniebeuge gehen, zog die Eisenstange durch die Kniekehlen hindurch und fesselte dann die Hände der Opfer daran. Dann befestigte er die Eisenstange in den Holmen, so daß die Opfer mit dem Kopf nach unten und mit dem Gesäß nach oben zu hängen kamen.«* Boger schlug stundenlang auf die an der Schaukel hängenden Opfer ein. Er ließ erst nach eingetretenem Tode von ihnen ab. Das Frankfurter Schwurgericht erblickte darin den *»Tatbestand des Mordes«*. Boger habe *»nur aus einer gefühllosen und unbarmherzigen Gesinnung heraus den Opfern solche Qualen und Leiden zufügen können«*.

Derselbe Boger wirkte auch an Selektionen mit. Er machte den Arzt auf die schwachen, arbeitsunfähigen Häftlinge aufmerksam, die ihm als nicht mehr lebenswert erschienen. Die so Bezeichneten wurden *»ausgesondert und kurz danach durch Gas in einer der vorhandenen Gaskammern getötet«*. Da Boger sich dabei nicht *»besonders eifrig oder brutal und rücksichtslos gegen die jüdischen Menschen gezeigt hat, konnte das Gericht seinen Täterwillen nicht mit letzter Sicherheit feststellen«*. Es sei nicht auszuschließen, daß er hier nur Hitlers verbrecherische Befehle *»bereitwillig unterstützen und fördern wollte. Sein Tatbeitrag zu der Tötung von mindestens tausend Menschen kann daher nur als Beihilfe im Sinne des § 49 StGB bewertet werden.«* Soweit Boger seinem Sadismus frönte, war er, dem Führerbefehl zuwider handelnd, Täter. Wo er ganz ohne Triebbefriedigung mit Handzeichen die Massenabfertigung in die Gaskammer abwikkelte, war er Werkzeug.
Die Feststellung an und für sich ist nicht unzutreffend. Sie zeigt nur die völlige Untauglichkeit des Begriffs ›Täterwille‹ bei industriell betriebener Massenvernichtung. Man kann nicht allen Ernstes der Prügelorgie einen höheren Unrechtsgehalt beimessen als der gelangweilten Einweisung von tausend Leuten in das Zyklon B. Dennoch ist es die herrschende Rechtsmeinung. Es ist das Wesen des KZ-Prozesses, die blutige Beiläufigkeit zum Thema zu machen und den öden Geschäftsbetrieb des Vernichtungslagers zur Kulisse orgiastischer Triebtäter schrumpfen zu lassen. Die lähmende Dauer des Maidanek-Prozesses rührte einzig aus dem Anspruch, die Exzeßtaten in jeder Facette hieb- und stichfest zu rekonstruieren. Hunderte von Zeugen rund um den Globus mußten befragt werden, ob die Braunsteiner und die Lächert in der sogenannten ›Kinderaktion‹ die Säuglinge in dieser oder in jener Form auf einen Lastwagen geschleudert haben. Es genügt nicht, an der Vernichtung von 200000 Juden in Maidanek mitgewirkt zu haben. Es muß mit Mordlust geschehen sein.
Der Leser des 800 Seiten starken Treblinka-Urteils oder des 2000seitigen Auschwitz-Urteils begegnet einem Kaleidoskop von Schockszenen, zusammengefaßt in einem Abenteuerbuch über die größten Sadisten aller Zeiten am Ende der Welt. Die Boger-Schaukel, der Hund Barry und die Gaskammer werden qualitativ ähnliche Episoden. Eins ist so fürchterlich wie das andere. Die traumatische Wirkung, die Zeugenaussagen über die besinnungslose Auspeitschung einer Schwangeren auf den Prozeßbesucher ausüben, ist intensiver als die Schilderung einer technisierten Massentötung mit einer Tagesleistung von zehn- bis zwölftausend Personen. Den Geschworenen geht es nicht anders. Der entfesselte Tobsüchtige löst einen menschlichen Abscheu aus, weil sein Handeln in einem menschlichen Extrembereich wohnt. Er ist ein Ungeheuer. Die Lagernamen ›schreitender Tod‹, ›Teufel von Auschwitz‹, ›Todesengel‹ usw. formulieren Angst vor bestialischen Personen. Die Angst vor dem Massensterben von 15 Minuten in einem zweitausend Menschen fassenden Raum ist aber

namenlos. Die vor der Kammer wartenden Opfer scheiden reflexhaft ihre Exkremente aus und sind stumm. Die davon nach vielen Jahren hören, haben kein seelisches Organ, das ihnen mehr darüber mitteilt als dumpfen Schauder. Das Aufkreuzen der gealterten, erschlafften Berserker in den KZ-Prozessen verkleinert das Geschehnis. Im Verhandlungssaal scheinen die Angeklagten noch einen Blutgeruch in den Strickwesten zurückbehalten zu haben. Stehen sie nach Aufforderung des Gerichtes stramm, um von ihren ehemaligen Opfern als Täter identifiziert zu werden, vollzieht sich ein Gericht eigener Art, jenseits von §211 StGB. Aus der händereibenden Schar der Untergetauchten werden sie namhaft gemacht und an einen geschichtlichen Pranger gestellt, von dem sie auch kein Freispruch wegholt. Dieser stellt den Richter nur daneben. Das allerdings sind symbolische Handlungen, die der Öffentlichkeit nichts symbolisieren. Hier hört man zum Überdruß oder zum Entsetzen von weiteren haarsträubenden Taten der KZ-Bestien, mit denen der Normalmensch nichts zu schaffen hat. Die Normalmenschen, die in Auschwitz den größten Teil der Arbeit gemacht haben, ohne Verzug und ohne Exzesse den schnellen, schmerzfreien Gastod ausgeteilt haben, entgehen der Aufmerksamkeit.

Im Prozeß gegen den Zyklon-B-Monopolisten Peters ging sieben Verfahren hindurch der Streit darum, was Peters von dem grauenhaften Einsatz seiner Waren in Auschwitz gewußt haben mochte. Wußte er, daß Menschen ›nur ihrer Rasse wegen‹ zu Millionen unter abscheulichen Verhältnissen getötet wurden? Wenn er es gewußt hätte, wäre er gewiß als Mörder zu betrachten gewesen.

Im Auschwitz-Prozeß verantwortete sich ein Dr. Willi Frank, der alles, was in der Gaskammer geschah, durch ein Guckloch betrachtete. Die Opfer hatte er zuvor selbst ausgewählt. Er erteilte den SS-Männern des Vergasungskommandos das Zeichen zum Einschütten des Zyklon B. Sodann beobachtete er den Todeskampf der Eingeschlossenen. Wenn nach seiner Meinung die Opfer tot waren, gab er das Zeichen zum Öffnen der Gaskammer. Ohne den ärztlichen *»Gaskammerdienst«*, urteilte das Landgericht Frankfurt, *»wäre eine reibungslose Durchführung der Vernichtungsaktion nicht möglich gewesen«*. Dr. Frank war früh schon in die NSDAP eingetreten und trug den Winkel des ›Alten Kämpfers‹. Ferner bekannte er vor Gericht, die von ihm selbst beaufsichtigte Vernichtung für ein ungeheuerliches Verbrechen gehalten zu haben. Keinerlei Zwang wurde auf ihn ausgeübt. Doch *»das Schwurgericht konnte nicht feststellen, daß der Angeklagte Dr. Frank die Massentötung der jüdischen Menschen als eigene Tat gewollt hat. Nach den getroffenen Feststellungen ist er nicht durch besonderen Eifer aufgefallen. Auch war nicht ersichtlich, daß er ein eigenes persönliches Interesse an der Vernichtung der Transporte gehabt hat.«* Frank wurde wegen Beihilfe an mindestens 6000 Morden zu sieben Jahren Zuchthaus verurteilt.

Für den Normalmenschen am Guckloch der Gaskammer, der niemanden zerfetzte, niemanden mehr rettete, alles scheußlich fand, keinen Befehl hatte und trotzdem seine Pflicht tat, entwickelte die Justiz den Begriff der Interesselosigkeit. Was hatte man davon gehabt? Man war nicht gegen die Juden, mußte sich nicht austoben, konnte sich nicht bereichern. Die Arbeit war nicht angenehm und auch nicht besonders ruhmreich. Es war Pech und man kam nicht weg, denn der Kreis der Mitwisser sollte begrenzt bleiben. Der interessenlose Täter, der aus Zufall an die Endlösung geraten war, aus Opportunismus und Trägheit durchgehalten hatte, obwohl er sich etwas Angenehmeres vorstellen konnte, war der Durchschnittstäter. Er war der Richtige. Mit 50000 Sadisten kann man nicht Millionen von Leuten umbringen. Sie brauchen zu lange. Sie überlassen sich ihren Trieben, der Ablauf stockt, und die Dinge sprechen sich herum. Eine bürokratisch-industriell durchgeführte Maßnahme benötigt den dazu passenden Angestellten. Diese Täterschaft haben die Gerichte abgestritten, sie waren fixiert auf die KZ-Bestie.
Wenn ein wesensmäßig interesseloser Täter im Konzentrationslager seltsamen Interessen verfiel, wie der gleichfalls selektierende Apotheker Dr. Victor Capesius in Auschwitz, fand sich dafür stets eine Erklärung. *»Der Zeuge Sik. hat glaubhaft geschildert, daß ihm der Angeklagte Dr. Capesius einmal 15 Koffer mit Zähnen auf dem Boden des SS-Reviergebäudes gezeigt habe. Ein Häftling habe diese Zähne sortieren und dann das in ihnen befindliche Zahngold einschmelzen müssen.«* Ferner hatte Capesius Uhren, Anzüge, Wäschestücke und Schuhe beim Rampendienst beiseite geschafft. Der Verdacht lag nahe, daß er aus Habgier an den Selektionen teilnahm. *»Gleichwohl konnte hieraus nach Auffassung des Gerichts noch nicht der Schluß gezogen werden, daß der Angeklagte Dr. Capesius an der Tötung der jüdischen Menschen ein eigenes persönliches Interesse gehabt hat. Denn er konnte sich die Sachen auch aneignen, ohne daß die Juden getötet wurden.«* Den Juden wurde stets alles abgenommen und nie etwas zurückgegeben. Dies zwar, weil sie getötet wurden, doch als sie getötet wurden, gehörte ihnen ihr Besitz nicht mehr. Als Capesius sie ausplünderte, *»mag der Gedanke eine Rolle gespielt haben, daß die Habe der jüdischen Menschen sowieso dem Deutschen Reich verfallen sei und es für die Opfer gleichgültig sein müsse, ob ihre persönlichen Gegenstände in den Besitz des Reiches oder in seinen eigenen Besitz übergingen«*. Capesius konnte niemals Mörder aus Habgier sein, weil die, die er tötete, von ihm nicht beraubt wurden, das Deutsche Reich aber, das von ihm beraubt wurde, hat er nicht getötet. *»Die Tatsache, daß er sich an dieser Habe bereichert hat, die – aus seiner Sicht gesehen – bereits dem Deutschen Reich verfallen war, zwingt daher nicht zu dem Schluß, daß er die Tötung der jüdischen Menschen aus eigenem persönlichen Interesse, nämlich um in den Besitz dieser Habe zu kommen, ge-*

wollt hat.« Dr. Capesius wurde als Gehilfe am Mord von 8000 Menschen zu neun Jahren Zuchthaus verurteilt.
Von den zwanzig Angeklagten des großen Auschwitzprozesses wurden sieben, in seinen Nachfolgern vier Personen, als Täter anerkannt. Als Mörder in den übrigen Vernichtungslagern wurden verurteilt: im Treblinka-Prozeß vier, im Maidanek-Prozeß einer, im Sobibor-Prozeß einer, im Belzec-Prozeß keiner, im Chelmno-Prozeß keiner. Vor Anlauf der zweiten Prozeßwelle waren bereits vier Mörder aus Sobibor und Treblinka ermittelt worden. Aus dem System der östlichen Vernichtungslager, die zusammen mit den Einsatzgruppen ein Drittel des Weltjudentums ausgelöscht haben, wurden von der bundesrepublikanischen Justiz rund zwei Dutzend Mörder gegriffen und verurteilt.

Das Gesetzesinstrument

Das später schmählich geendete Deutsche Reichsgericht hatte in der Zeit der Republik einen interessanten strafrechtlichen Fall zu lösen: Eine junge Frau bringt unehelich ein Kind zur Welt. Sie möchte das Kind beseitigen und beauftragt damit ihre Schwester. Die Schwester ertränkt das Kind in einer Badewanne. Sie kommt vor Gericht, und die Frage stellt sich, wer war die Täterin? Die Schwester hatte an der Ermordung des Kindes kein Interesse, verwirklichte die Tat aber allein und bestimmte ihren gesamten Hergang. Die Mutter hatte mit der Vollstreckung der Tat nichts zu tun. Sie hatte die Schwester dazu aber angestiftet und war die einzige, die am Erfolg der Tat interessiert war. Das Reichsgericht entschied zur allgemeinen Empörung, daß die Schwester nicht die Mörderin, sondern das Werkzeug der Mutter gewesen war.
Das Reichsgericht schuf mit der Entscheidung im Badewannenfall die zugespitzte subjektive Tätertheorie. Täter einer Tat ist ihr Interessent. Es ist nicht nötig, daß er die Tat begeht. Der Vollstrecker kann, wenn er uneigennützig handelt, vom Tatvorwurf befreit werden. Er war dann nur Gehilfe des Interessenten. Die subjektive Tätertheorie war für die NS-Täter wie geschaffen. Selbstverständlich war der Führer der Urheber allen Handelns. Die Gefolgsmänner hatten kein Interesse, außer dem, zu gehorchen.
Zweifellos ist bei jeder Art von Gruppenkriminalität die Gewichtung der einzelnen Tatbeiträge unerläßlich. Bei einem Banküberfall ist der Mann, der draußen Schmiere steht und pfeift, wenn der Polizist um die Ecke biegt, eine schlechthin entscheidende Figur. Soll er aber härter bestraft werden als der Chef des Syndikats, der selbstverständlich beim Überfall nicht mit von Partie ist, aber den meisterhaften Plan ausgeheckt hat? Wenn jedoch der Kassierer erschossen wird, haftet dann der kaltblütige Schütze mit dem Finger am Hahn oder der Boß, der überhaupt nicht

schießen kann? Das Publikum wird angesichts des erschossenen Kassierers, der eine junge Ehefrau und zwei unmündige Kinder hinterläßt, auf härteste Bestrafung des Schützen, des Schmierestehers und des Bosses dringen. Der Richter hingegen weiß, daß die unschuldigen Opfer bei der Beurteilung des Falles draußen zu bleiben haben. Die drei Tatbeteiligten haben völlig unterschiedliche Tatbeiträge geleistet und tragen jeweils ein verschiedenes Maß an Schuld. Der Schütze gibt vor, in Angst und Panik die Situation nicht mehr übersehen, die Nerven verloren und blindlings geschossen zu haben. Es tue ihm um den Kassierer leid, an dessen Tod ihm nicht im geringsten gelegen gewesen sei. Der Überfallplan habe aber zwingend geboten, notfalls zu schießen, er sei eingesetzt worden, den Revolver zu tragen. Als es soweit gewesen sei, habe er keine Gelegenheit zum Nachdenken mehr gehabt und den abgefeimten Plan ausgeführt. Der Chef erklärt, es habe die allgemeine Übereinkunft geherrscht zu schießen, nur habe er sich keinerlei Vorstellungen darüber gemacht, ob und unter welchen Voraussetzungen tatsächlich die Entscheidung zum Schuß fiele. Er sei ein von Natur aus friedlicher Mensch und außerstande, auch nur einen Kinnhaken auszuteilen. Der Schmieresteher sagt, er habe vor der Türe gestanden und die ganze Aktion gedeckt, worauf sich der Schütze auch hätte verlassen können, sonst hätte er sich niemals zu schießen getraut. Doch habe er, der Schmieresteher, den ganzen Plan mißbilligt und sich absichtlich aus allem herausgehalten.
Alle Täter haben zu der Ermordung des Kassierers gleich wichtige Erfolgsbedingungen gesetzt. Trotzdem ist ihre Schuld verschieden. Der Fall des Schmierestehers ist der einfachste; er hat von allem gewußt und dennoch mitgemacht, dem Schützen psychologisch den Rücken freigehalten und dadurch die Ermordung des Kassierers ermöglicht. Offensichtlich aber verdient er eine geringere Strafe als die beiden anderen. Ob von diesen aber der Chef oder der Schütze auf den elektrischen Stuhl muß, ist äußerst strittig.
Damit der Richter nicht von Gefühlen geleitet wird und jeder Richter den Fall anders entscheidet, braucht man eine Theorie des Täters. Das Gesetz läßt mehrere Möglichkeiten zu, es ist grobmaschig und allgemein, damit genügend Platz bleibt, die Besonderheiten aller nur denkbaren Fälle darin unterzubringen. Die Richtschnur der Gesetzesanwendung, die ›ständige Rechtsprechung‹, wird das oberste Revisionsgericht bestimmen. Das ist in allen Strafsachen der Bundesgerichtshof. Der Bundesgerichtshof fällte im Jahre 1962, als die Zentrale Stelle in Ludwigsburg sich eingearbeitet und Hunderte von Anklagen gegen Nazi-Täter vorbereitet hatte, das exemplarische Urteil über einen politischen Mord. Es wurde allgemein als die Fortentwicklung des Badewannenfalls für den Sektor des Staatsverbrechens gewertet.
Staschynski, ein Agent des sowjetischen KGB, hatte 1959 in München zwei im Exil lebende ukrainische Nationalisten erschossen. Das Attentat

war vom damaligen KGB-Vorsitzenden Schelepin befohlen und in allen Einzelheiten vorgeplant worden. Reiseweg, Tatzeit, Tatort und die Art der Begegnung mit dem Opfer standen fest. Staschynski erhielt die speziell konstruierte Waffe, eine Giftpistole, erledigte den Auftrag vorschriftsmäßig, kehrte sicher zurück und erhielt zur Belohnung den Kampforden vom Roten Banner für die Durchführung *»eines wichtigen Regierungsauftrages«*. Als er kurze Zeit später in den Westen überlief, wurde er unter Mordanklage gestellt, der Bundesgerichtshof aber gelangte zu anderen Schlußfolgerungen. Es handele sich bei Staschynski um einen Mordgehilfen. *»Maßgebend dafür ist die innere Haltung zur Tat.«* Nach der vom Reichsgericht bereits entwickelten, subjektiven Tätertheorie *»kann insbesondere auch derjenige bloßer Gehilfe sein, der alle Tatbestandsmerkmale selber erfüllt«*. Abzulehnen sei die gegenteilige, die *»materiell-objektive Lehre«*, derzufolge der Täter derjenige sei, der den Tatbestand eigenhändig verwirkliche. Diese Lehre sei vor allem deshalb bedenklich, weil sie ganz spezielle Tatantriebe nicht berücksichtige, die in der gewöhnlichen Kriminologie zwar nicht vorkämen, im politischen Sektor aber um sich griffen. *»Politische Morde sind in der Welt wie in Deutschland immer vorgekommen. Neuerlich sind jedoch gewisse moderne Staaten unter dem Einfluß radikaler politischer Auffassungen, in Deutschland unter dem Nationalsozialismus, dazu übergegangen, politische Morde oder Massenmorde geradezu zu planen und die Ausführung solcher Bluttaten zu befehlen. Solche bloßen Befehlsempfänger unterliegen bei Begehung derartiger amtlich befohlener Verbrechen nicht den kriminologisch erforschten oder jenen jedenfalls ähnlichen persönlichen Tatantrieben. Vielmehr befinden sie sich in der sittlich verwirrenden, mitunter ausweglosen Lage, vom eigenen Staat, der vielen Menschen bei geschickter Massenpropaganda nun einmal als unangezweifelte Autorität zu erscheinen pflegt, mit der Begehung verwerflichster Verbrechen geradezu beauftragt zu werden. Sie befolgen solche Anweisungen unter dem Einfluß politischer Propaganda oder der Befehlsautorität oder ähnlicher Einflüsse ihres eigenen Staates, von welchem sie im Gegenteil die Wahrung von Recht und Ordnung zu erwarten berechtigt sind. Diese gefährlichen Verbrechensantriebe gehen statt von den Befehlsempfängern vom Träger der Staatsmacht aus, unter krassem Mißbrauch dieser Macht.«*

Fürwahr ist dies das politische Credo des Mitläufers im totalitären Staat. Sofern der Staat, vornehmlich in Deutschland, dem Bürger ›nun einmal als unangezweifelte Autorität zu erscheinen pflegt‹, gerät dieser schnell in sittliche Verwirrung. Er findet sich über Nacht an der Selektionsrampe wieder, mit dem Auftrag, das Ungeziefer, das früher seine Nachbarn waren, aus dem Viehwagen in die Gaskammer zu geleiten. Eine mitunter ausweglose Lage.

Um nicht falsche Hoffnungen zu nähren, will der BGH keinen Freibrief

für Staatsverbrechen aller Art gegeben haben. *»Jede staatliche Gemeinschaft darf und muß verlangen, daß sich jedermann von Verbrechen, auch unter Mißbrauch staatlicher Befugnisse geforderten, bedingungslos fernhält.«* (Jedermann ist übertrieben, weil der richterliche Mißbrauch staatlicher Befugnisse eine Extra-Regelung erfährt.) Für den Normal-Verbrecher *»mögen staatliche Verbrechensbefehle allerdings Strafmilderungsgründe abgeben«*. Die Milde findet jedoch bei dem seine Grenze, der nicht aus sittlicher Verwirrtheit, sondern aus krachender Begeisterung mitmacht: *»Wer aber politischer Mordhetze willig nachgibt, sein Gewissen zum Schweigen bringt und fremde verbrecherische Befehle zur Grundlage eigener Überzeugung und eigenen Handelns macht, oder wer in seinem Dienst oder Einflußbereich dafür sorgt, daß solche Befehle rückhaltlos vollzogen werden, oder wer dabei anderweit einverständlichen Eifer zeigt oder solchen staatlichen Mordterror für eigene Zwecke ausnutzt, kann sich deshalb nicht darauf berufen, nur Tatgehilfe seiner Auftraggeber zu sein. Sein Denken und Handeln deckt sich mit demjenigen der eigentlichen Tatureber. Er ist regelmäßig Täter.«*
Das Staschynski-Urteil will gar nicht die Eiferer und Hetzer schonen, sondern springt dem opportunistischen Würstchen zur Seite und erklärt dem Schupo aus Memel, warum er plötzlich mit dem Karabiner in der Faust auf Frauen und Kinder feuern muß. Er gehört zu denjenigen, *»die solche Verbrechensbefehle mißbilligen und ihnen widerstreben, sie aber gleichwohl aus menschlicher Schwäche ausführen, weil sie der Übermacht der Staatsautorität nicht gewachsen sind und ihr nachgeben, weil sie den Mut zum Widerstand oder die Intelligenz zur wirksamen Ausflucht nicht aufbringen, sei es auch, daß sie ihr Gewissen vorübergehend durch politische Parolen zu beschwichtigen und sich vor sich selber zu rechtfertigen suchen.«* Es ist die Generation, die viel mitmachen muß, damit es ihre Kinder besser haben. Für diese widerstrebenden, schwächlichen, phantasielosen Naturen liegen die Verhältnisse *»rechtlich anders«*. Und weil es rechtlich anders ist, waren plötzlich nur noch widerstrebende Schwächlinge im Gerichtssaal, und wenn sie auf fünfzehn Koffern Goldzähnen saßen.
Von denen, die politischer Mordhetze willig nachgaben, ihr Gewissen zum Schweigen brachten und darum regelmäßig als Täter anzusehen sind, entdeckten alle fünf vor dem Frankfurter Landgericht verhandelten Auschwitz-Prozesse elf Personen. Elf Mörder für zwei Millionen Auschwitz-Morde. Die restlichen Angeklagten waren der Übermacht der Staatsautorität nicht gewachsen oder brachten die Intelligenz zur wirksamen Ausflucht nicht auf. Darunter auch der Exportkaufmann Mulka, der mit einem Laster fünf Tonnen Zyklon B von den Dessauer Werken herbeischaffte.
Die Gerichte waren von solchen Ergebnissen nicht felsenfest überzeugt. Die stereotype Formel, die den Beihelfer zustande brachte, hieß viel-

mehr: »*Es konnte ihm der Täterwille nicht mit letzter Gewißheit nachgewiesen werden.*« Ob Capesius 1943 an der Rampe im Bewußtsein handelte, die Juden auszurauben oder eher das Deutsche Reich zu schröpfen, bereitet in der Tat gewisse Beweisschwierigkeiten.

Die Ursache für die Beweisschwierigkeiten sind indessen die Beweisansprüche. Mit großer Überzeugungskraft argumentierten die Gerichte, daß man nicht jedem NS-Täter die ganze Endlösung anrechnen kann. »*Man muß sich bei diesen NS-Gewaltverbrecherprozessen darüber klar werden*«, schrieb der Vorsitzende Richter des ersten Auschwitz-Prozesses, Dr. Hofmeyer, »*ob der Gegenstand des Verfahrens lediglich die Schuld des Angeklagten, und zwar die persönliche individuelle Schuld sein, oder ob bei diesen Verfahren das Gesamtgeschehen in den Vordergrund gerückt werden soll.*« Die Antwort versteht sich. Kein historischer Schauprozeß mit pauschalem Verdammungsurteil der gesamten Korona. Der Angeklagte hat ein verbrieftes Recht, nicht Dinge verantworten zu müssen, die er nicht begangen hat und auf die er keinerlei Einfluß hatte. Was ihm nicht hieb- und stichfest nachgewiesen ist, entzieht sich der Bewertung, auch wenn der Verdacht noch so massiv ist. Das ist Rechtsstaat. Mit dieser kraftvoll vorgetragenen Argumentation sind alle Kritiker gestoppt worden, die sich gewundert hatten, warum die Nazis vor Gericht so gnädig angefaßt werden. Der Rechtsstaat ist kostbarer als eine Handvoll KZ-Wächter hinter Gittern.

Diese Logik löst die Schwierigkeit nicht, sie vertuscht nur ihr Vorhandensein. Denn vollkommen freihändig kann definiert werden, was ein individueller Tatbeitrag in solchem Falle ist. Das Wesen des bürokratisch-industriellen Staatsverbrechens besteht eben darin, daß individuelle Entschlüsse ausgeschaltet werden. Der Gestapo-Beamte in Würzburg muß sich nicht entschließen, die Leute auf seiner Deportationsliste zu ermorden. Er setzt sie höflich in den Zug. Der Arzt am Guckloch der Gaskammer muß sich nicht entschließen, diesen hineinzuschicken und jenen draußen zu lassen. Er ist nichts als der Scharfrichter, der anderer Leute Urteile auf schonende Art und Weise vollzieht. Das Funktionsprinzip ist, sämtlichen Mitwirkenden die Verantwortung abzunehmen. Dieser für jeden Teilnehmer realen und verbindlichen Spielregel wird rückwirkend und künstlich eine Schablone übergestülpt, die individuelle Verantwortlichkeiten einteilt. Den Zuschnitt der Schablone bestimmt nicht der Rechtsstaat, sondern die ›ständige Rechtsprechung‹!

Ein Richter, dem an Todesurteilen persönlich nichts lag, sie aber aus Feigheit gegenüber dem Gauleiter schlechten Gewissens, wenn auch prompt, verhängt hat, ist nach geltender Konvention ohne Täterwillen, desinteressiertes Werkzeug, ein blasser Gehilfe, wie er im Buch steht. Ein solcher Typus konnte aber in einem Dutzend Straf- und Hunderten von Ermittlungsverfahren nicht ausgemacht werden. In wütender Inbrunst wollten die Richter noch im April 1945 an den Endsieg geglaubt und Wehrkraft-

zersetzer nach ureigenster Rechtsüberzeugung erbittert ausgemerzt haben. Auf ihren privaten Fanatismus und eingeschworenen Täterwillen legten die Richter nachträglich den allerhöchsten Wert. Nicht aus Wahrheitsliebe und Sühnebereitschaft, sondern weil die strafrechtliche Schablone des §336 (Rechtsbeugung) ihrem Wirken aufgesetzt wurde. Nur wenn er ungebeugt und besessen getötet, sich Hitlers Gesetz willig einverleibt hatte, winkte dem Richter Freispruch mangels Rechtsbeugungsvorsatzes. Hätte er nach dem Modell Staschynski ›widerstrebend, aus menschlicher Schwäche‹, weil er ›der Übermacht der Staatsautorität nicht gewachsen‹ war, sein Unwesen getrieben, wäre das Recht gebeugt und der Richter Straftäter gewesen.
So waren die richterlichen Beamtenseelen eiserne, der Übermacht der Staatsautorität spielend gewachsene Charaktere, die rasenden Schupos aus Memel hingegen verschüchterte Wichte. Beide aus ein und demselben Grund: die unterschiedliche strafrechtliche Schablone begünstigte die jeweilige Rolle.
Der NS-Täter, wie ihn das deutsche Strafrechtsurteil entwirft und beglaubigt, existiert überhaupt nicht. Er ist ein juristischer Schemen, den der Beschuldigte dem Richter beflissen unter die Nase reibt, um alsdann rechtstechnisch aus dessen Horizont zu entschwinden. Was immer die sozialen, historischen und psychologischen Wissenschaften der Jurisprudenz an Erkenntnis über das NS-Verbrechen erzählt haben, wurde von ihr hartnäckig überhört. Starr liegt sie in ihrer Staschynski-Badewanne und denkt sich Täternaturen aus, juristische Kunstnazis, die jeder Realität spotten.
Das Mandat zur Untersuchung von Auschwitz nach §211 StGB – Mord bzw. Beihilfe dazu – hat die Justiz zu einer Zeit übernommen, als die politische Aufrechnung glücklich abgewrackt wurde. Am besten war die Schuld bei Hitler und einem Trupp Kanaillen aufgehoben, mit denen der normale Volksgenosse keinen Umgang pflegte. Nichts anderes hat die Justiz ermittelt, mit dem einen Unterschied, daß die Kanaille aus dem normalen Volksgenossen bestand. Den Pechvögeln, denen die Regierung erst das Ausrottungsgeschäft und ein halbes Menschenleben später ein Strafverfahren aufhalste, ausgerechnet vor der Justiz, die einen gemütsruhig hatte gewähren lassen, mußte soviel Ungerechtigkeit auf einmal strafmildernd in Rechnung gestellt werden. Als Ausdruck des Bedauerns wurden ihnen die rechtlichen Charaktermasken umgehängt, in denen die verhandelten Monströsitäten die apathischen Züge der Teilnehmer annehmen: Lustloser Genozid, sturheil abgewickelt, bis es vorüber war, ausgenommen die Handvoll Schweinehunde, die ihr Pläsier daran hatten. In diesem trostlosen Milieu versackt das atemberaubende Erlebnis des Rassenfeldzugs. Es steckte doch mehr dahinter als irregeführtes Arbeitnehmerbewußtsein.
Sosehr der inneren Logik nach die strafrechtliche Expedition zu den

NS-Tätern auf abgestufte Amnestie hinauslief, so wenig war der einzelne Tatrichter tragisch daran gebunden. Mit jedem neuen Fall stand ihm der Gestaltungsspielraum einer unabhängigen Justiz zu Gebote. Eine Minderheit verfolgungsbereiter Juristen wurde nicht müde, den Richtern einen vernünftigen Einsatz der grundsätzlich reduzierten Strafrechtswaffe beizubringen. Technisch war es kein Ding der Unmöglichkeit, weite Täterkreise bitteren Strafen zu unterwerfen.
Der hessische Generalstaatsanwalt Fritz Bauer setzte sich in einer 1967 erschienenen Abhandlung dafür ein, die zeitverschlingende Übung preiszugeben, in den Massentötungen nach Einzelmorden zu stöbern. »*Eine Aufteilung z. B. der ›Endlösung der Judenfrage‹ oder eine Aufteilung der Beiträge der ganz überwiegenden Mehrzahl der Beteiligten – seien es Mittäter oder Gehilfen – in Episoden, die Auflösung des Geschehens und der Tätigkeit der Mitwirkenden in – in Zeitlupenstil aufzuklärende – Details ist ein historisch und rechtlich untauglicher Versuch, ja ein unmögliches Unterfangen.*« Bauer äußerte behutsam den Verdacht, es könnten »*eventuell irgendwelche irrationalen Motive im Hintergrund stehen, sofern eine solche punktuelle Aufklärung des Gesamtgeschehens versucht wird*«. Wenn ständig etwas versucht wird, was von vornherein zum Scheitern verdammt ist, wird ein solcher Verdacht nicht aus der Luft gegriffen sein. Die Rationalität eines – das Ermittlungsverfahren eingerechnet – 20jährigen Maidanek-Prozesses ist angesichts des einen ertappten Mörders nicht jedem erkennbar. Wenn in Maidanek in zwei Jahren 250000 Menschen zu ermorden sind und es 20 Jahre braucht, einen Mörder zu überführen, ist das für manchen vielleicht der Triumph des Rechtsstaats. Für die meisten dürfte es eher den Bankrott anzeigen.
Bauers Vorschlag hätte nicht nur die im Maidanek-Verfahren ergangenen Freisprüche für SS-Wächter ›mangels Beweisen‹ erspart. Bauer schlägt nichts weiter vor, als den Betrieb der Vernichtungslager, die Einreihung in das Kollektiv der Killer als eine individuelle Handlungskette zu begreifen. »*Die Tätigkeit eines jeden Mitglieds eines Vernichtungslagers stellt vom Eintritt in das Lager, womit in aller Regel sofort die Kenntnis von dessen Aufgabe, Tötungsmaschinerie zu sein, verbunden war, bis zu seinem Ausscheiden eine natürliche Handlung dar, was immer er physisch zur Verwaltung des Lagers und damit zur Endlösung beigetragen hat. Er hat fortlaufend, ununterbrochen mitgewirkt. Die gesamte Tätigkeit stellt bei einer natürlichen Betrachtungsweise ein einheitliches, von Stunde zu Stunde verbundenes Tun dar. Alle Willensäußerungen sind unselbständige Elemente einer Gesamtaktion; schon die Anwesenheit ist psychische Beihilfe, die – soziologisch betrachtet – gerade bei Massenphänomenen nicht vernachlässigt werden darf. Jeder stützt den Nächsten, er macht ihm das kriminelle Tun leichter. Die Opfer während seines Lageraufenthalts sind ihm zuzurechnen.*«
Damit sind nicht notwendig alle KZ-Wächter in einen Sack geworfen.

Das Täter-Gehilfen-Schema bleibt bestehen nach Maßgabe der persönlichen Übereinstimmung mit der Tat. Die Tat aber haftet nicht mehr am persönlichen Exzeß. Der Exzeß ist das Lager. Wenn Teilnahme am Lager-Exzeß vorwerfbar wäre, träte eine erhebliche Zahl weiterer Täter in den Kreis der Verfolgung. Ludwigsburg hat -zigmal mehr Täter ermittelt, als später vor Gericht auftauchten. Ihnen waren keine Exzesse nachzuweisen. Bei den Tätern aus Belzec lag das daran, daß sie rechtzeitig alle potentiellen Zeugen umgebracht hatten. (Von 14 Zeugen vor dem Münchener Landgericht kamen 13 aus Kollegenkreisen.) Die entdeckten Täter, die wegen der herrschenden Rechtsprechung gar nicht erst angeklagt worden sind, stellen gewissermaßen die erdrückende Überzahl aller gefällten Urteile dar; indirekt sind selbstverständlich auch über sie Urteile ergangen. Es sind lauter Freisprüche. In welchem Größenrahmen sich die verkappten Freisprüche namentlich bekannter Täter bewegen, mag man ungefähr aus dem Verhältnis zwischen den verurteilten und den in Ermittlungsverfahren erfaßten Personen entnehmen. Von 1965 bis 1982 ergingen 350 Schuldsprüche, gegenüber 39613 Ermittlungsverfahren. Auch wenn man Ermittlungsirrtümer in Rechnung stellt, ergeben sich annähernd 99% indirekte Freisprüche während der Hochblüte der Verfolgung. Von den paar Hunderttausend Untergetauchten ist hier nicht die Rede. Insgesamt stellt Adalbert Rückerl, der Leiter der Zentralen Stelle Ludwigsburg, 87765 von allen Staatsanwaltschaften vom 8. Mai 1945 bis zum 31. Dezember 1981 eingeleiteten Ermittlungsverfahren 6456 Urteile gegenüber: *»Das ist eine erhebliche Diskrepanz.«* Besonders wenn bedacht wird, daß bis heute etwa 720 Verurteilungen wegen Tötungsdelikten ergangen sind. 170 Mörder wurden überführt.
Neben Fritz Bauer hat der Tübinger Strafrechtslehrer Jürgen Baumann, der die zweite Verfolgungswelle mit skrupulös ausgearbeiteten Aufsätzen und Kommentaren begleitete, die Eignung des verfügbaren Strafrechts zur Verringerung der ›erheblichen Diskrepanz‹ aufgezeigt. Baumann gelangt zu bemerkenswerten Schlüssen hinsichtlich der subjektiven Theorie. Sie begünstigt nach dem anfangs genannten Beispiel des Bankraubes den Schützen, der den Kassierer erlegte. Dafür greift sie gradlinig nach dem Chef, der an dem Taterfolg und der Beseitigung der Hindernisse das allergrößte Interesse hegte. Wenn man dem teilnahmslosen Staschynski und der unglücklichen Badewannen-Schwester gnädig sein wollte, mußte die subjektive Tätertheorie problemlos auf den abscheulichen KGB und die verschlagene Kindesmutter durchgreifen. Als die eigentlichen Interessenten und die Taturheber machen die NS-Urteile Hitler, Himmler, Heydrich und Göring dingfest, Herren, bei denen glaubhafte Todesurkunden vorlagen. *»Ein Täter und 60 Millionen Gehilfen«*, schreibt Baumann und setzt spitz hinzu, *»das deutsche Volk, ein Volk von Gehilfen. Eine nur für wenige erhebende, für den Verfasser entsetzliche Vorstellung.«*
In der entsetzlichen Wirklichkeit waren für Tausende von Personen

Handlungsspielräume gegeben. Ein Volk von bereitwilligen Tätern, was auch keine beruhigende Vorstellung ist.
Unstrittig ist, daß Randfiguren existieren und Zentralfiguren, daß die Übergänge graduell sind und in einigen Fällen Abgrenzungsschwierigkeiten auftauchen. Eine Betrachtungsweise, die hauptsächlich den Totmachern am Ende der Befehlskette die Entscheidung zuweist, unterschlägt die Vollmachten der Bürokraten. *»Der Mörder am Schreibtisch«*, schreibt Baumann, *»wäre, da er nie selbst ausführend tätig geworden ist, immer nur Gehilfe oder Anstifter.«* Die Beziehungen zwischen den Stufen des Befehlswegs lösten die Gerichte auf ihre Weise: Den Vollstreckern fehlte die Befehlsgewalt, die Befehlsgewaltigen hatten mit der Grausamkeit der Vollstreckung nichts zu tun. Man ließ die Unteren die Schuld den Höheren, die Höheren sie den Unteren zuspielen. Letzten Endes landete sie regelmäßig bei Hitler und Himmler in der Hölle. Um dem absurden Zirkel zu entkommen, ist ein Tatschema vonnöten, welches das reale Handeln auf allen Stufen erfaßt. Die grundsätzliche Richtung des Schemas konnte schon in Nürnberg als ermittelt gelten. Baumann wie auch die Kriminologen Peters und Jäger entdeckte es am Eichmann-Prozeß neu und bemerkte, *»daß uns bei den Polen- und Judenmorden des NS-Regimes ein völlig neuer Verbrecher und Verbrechenstyp begegnet. Je weiter vom Tatort entfernt die Agierenden ihr scheußliches Werk verrichteten, desto größer war ihre Macht und ihr Einfluß. Der den Gashahn bedienende SS-Scherge führte zwar die Tötung eigenhändig durch, war aber ohne eigenen Machtbereich und konnte allenfalls das Wie, selten aber das Ob der Tat bestimmen.«*
Der Umstand aber, daß die Vollstrecker im Osten eine objektiv geringe Machtvollkommenheit besaßen, schließt nicht aus, daß sie sich ihren Opfern gegenüber einem wahren Machtrausch hingaben. Heydrich im Reichssicherheitshauptamt konnte sich nicht inbrünstiger als Gott oder Satan fühlen, als es die dummen Tröpfe der Wachkommandos angesichts der ›Nackten‹ taten. Selbst ihre Untersklaven, die Ukrainer und Litauer, gelegentlich auch jüdische Abteilungen wie die Warschauer Ghettopolizei, führten sich vor den ganz Wehrlosen wie Dschingis-Khan auf. Niemand erliegt dem Größenwahn so bedingungslos wie der sein Lebtag Knecht Gebliebene, dem unversehens eine Kreatur unterstellt wird, die ohnmächtiger ist als er. Alle Pracht des Herrenmenschen widerspiegelt sich in dem, der im letzten Loch, aber uniformiert den Schädling in die Todeskammer preßt. Die Macht des subalternen Schergen steht im umgekehrten Verhältnis zum Machtgefühl. Er hat keinerlei Tatherrschaft, aber einen ungezügelten *»Willen zur Tatherrschaft«*, wie Baumann es nennt. Gitta Sereny, die den Treblinka-Wächter Suchomel nach Verbüßung seiner kurzen Gehilfenstrafe aufsuchte, fand einen Treblinka-Besessenen vor. Er überblickte die gesamte Treblinka-Literatur, sein Leben war behext von 1¼ Jahr als Herr über Leben und Tod. Dem Richter bietet sich

durchaus der Anblick eines Subalterncharakters, der gar nichts anderes als Werkzeug gewesen sein kann. Die Doppelnatur dieser Marionette empfindet lediglich der einmal Opfer gewesene Zeuge, der noch im Gerichtssaal mit der Angst zu kämpfen hat.

Der Tatherrschaftswille erfordert durchaus keine Bestätigung durch den Exzeß. Er kann genauso gut als stiller Stolz am reibungslosen Hochleistungsbetrieb zutage treten. Das Muster eines solchen Automaten ist der Auschwitz-Kommandant Höß. Selbst der Bürokrat im Beamtensessel, schreibt Baumann, kann bei einem selbstzufriedenen Federstrich, der das Schicksal von Tausenden lenkt, von Mordlust durchdrungen sein, ganz ohne auffällige psychische Erregung. Er wäre nach der subjektiven Tätertheorie fraglos Mörder. *»Der Nachweis der Mordlust«*, schränkt Baumann ein, *»wird sich bei den Schreibtischtätern allerdings nur schwer führen lassen. Ein solcher Beweis kann stets nur indirekt geführt werden, weil er eine innere Tatsache betrifft.«* Die subjektive Tätertheorie zielt auf den mittelbaren Täter, nur daß er praktisch nicht zu überführen ist. Die Überführten hingegen, am Fuß der Leichenberge angetroffen, sind theoretisch nicht unbedingt Täter. Juristische Theorie und kriminalistische Praxis legen einander wirksam lahm, und wie immer der Täter aussieht – die Täterschablone paßt auf niemanden. Der Richter erklärt die Konfusion der Rechtslage für die Unklarheit der Beweislage, sieht nichts als Zweifelsfälle vor sich und entscheidet sie nach uralter Regel für den Angeklagten. Das ausschlaggebende Beweisstück, die Gewissensverfassung der Gewissenlosen, ist in eine von Natur zweifelhafte Zone plaziert. Der Beweis des Privatinteresses des Selektierers an der Selektion ist niemals zwingend. Bewiesen ist, was auf den Richter Eindruck macht. Die Taten beeindrukken ihn viel negativer als der Täter, der seit Jahr und Tag ein braver Mann ist; und weil nach richterlicher Berufserfahrung unvorstellbar ist, daß solches die Tat der braven Männer war, stellt sich heraus, daß sie mit den Dingen im Grunde ihres Herzens nichts zu tun gehabt haben. Es gibt keinen Beweis.

Ein Mann wie der Eisenbahner Novak, der für Eichmann bienenfleißig den Transportraum organisiert und zwei Millionen Menschen wissentlich in den Tod gefahren hat, erscheint nicht zwangsweise als Mörder. Der Richter hätte die rechtlichen Mittel, die innere Tatseite zu erschließen. Er tut es aber nicht, weil er einen Menschen vor sich sieht, der mutmaßlich nie wieder straffällig werden wird und keinen gefährdet, den die Gesellschaft erfolgreich hat integrieren können und der erwiesenermaßen nur in einem verbrecherischen System aus Schwäche und Fahrlässigkeit schuldig wurde. Der Richter zögert, einen solchen Mann durch schiere Gedankenlogik zum Täter zu stempeln, der den Rest seines Lebens in der Strafanstalt zubringt. Man spricht ihn frei, wie 1966 den Novak in Wien, oder macht ihn mit neunjähriger Strafe zum Gehilfen, wie Novak 1969, weil die Konsequenz der Täterschaft, die Höchststrafe, ungebührlich scheint.

Nicht die Beweise produzieren das Strafurteil, sondern das Strafurteil produziert die Beweise. Der Mann darf gar nicht mehr als Werkzeug gewesen sein, will man ihm nicht das Leben kaputtmachen.

Das NS-Recht lieferte den Begriff des wesensmäßigen Verbrechers. Einer, dem nichts Genaues nachzuweisen, aber alles zuzutrauen war. Die bundesrepublikanische Jurisprudenz hat den wesensmäßigen Unschuldigen hinzugefügt. Jemand, dem alles nachzuweisen, wenn es ihm nur zuzutrauen wäre. Die Richter wollen den Nachweis allerdings ungern führen, weil sie die Taten als ihm ›wesensfremd‹ auffassen. Nicht er hat gehandelt, sondern die Übermacht der Staatsautorität hat sich seiner bemächtigt. Da die Staatsteufel bereits exorziert worden sind, ist es überflüssig, den verlassenen menschlichen Hülsen noch einzuheizen. Die Eingebung, das organisierte Staats- und Gesellschaftsverbrechen zu verfolgen durch strafrechtliche Überführung krimineller Teilnehmer, hatte das fabelhafte Resultat, daß die Gesellschaft nicht zu verfolgen und der Verfolgte kein Krimineller war. Ein Wasserkopf von Justizapparat brütete seit 1945 170 Mordtäter aus, überwiegend arme Teufel, die im allgemeinen Ausrottungsfieber durchgedreht waren, und lieferte im übrigen Beiträge zur Theorie des perfekten Mordes. Es ist der staatlich organisierte Massenmord. Er zeitigt atemberaubende Effizienz, und die Täter lösen sich in Nichts auf.

Die Versuche der opponierenden Juristen, die Waffe des Strafrechts zu schärfen und der widerspenstigen Richterschaft die Aburteilung der Nazi-Verbrecher aufzunötigen, gehören der Zeit an. Die Selbstentmannung des sonst in der Attacke gar nicht zimperlichen Standes ist angesichts praktischer Vorschläge Arndts, Bauers, Baumanns, Jägers, Kempners, des Fahnders Wiesenthal, der Arbeit der Ludwigsburger Stelle und einiger unermüdlicher Staatsanwälte eine Geschichtstatsache geworden. Die Anklage jedes zusätzlichen Täters war eine Schuldigkeit gegenüber den Opfern, die das fortwirkende Recht haben, daß ihre Mörder keine steilen Karrieren machen. Was aber insgesamt verdorben ist durch die Kalte Amnestie, welcher Krater im Rechtsstaat klafft, wird aus der klaren, befreienden Stimme Karl Jaspers' erkenntlich:

»Zum Teil waren die Verbrechen – damals wie heute – nach dem vorliegenden Strafgesetzbuch zu sühnen (wenn es auch im NS-Staat nicht geschah). Diese Verbrechen wurden in der Ausführung des Massenmordes, ohne daß sie notwendig dazugehörten, von zahlreichen einzelnen Tätern begangen. Sie machen juristisch keine Schwierigkeiten. Anders das Verbrechen des staatlichen Verwaltungsmassenmordes. Dieses den Motiven und dem Sinn nach neue Morden kann nur in einer Ausnahmesituation stattfinden, nämlich im Verbrecherstaat. Heute kann er in der Bundesrepublik so wenig wie in anderen Rechtsstaaten stattfinden. Was zu einem Ausnahmezustand gehört, kann nur durch Ausnahmegesetze erfaßt werden. Diese haben nicht den Charakter der im Rechtsstaat abgelehnten Ausnahmegesetze. Vielmehr

sind sie qualifizierte Ausnahmegesetze, die in einem wiederhergestellten normalen Rechtsstaat für noch lebende Täter aus dem niedergeschlagenen Verbrecherstaat gelten, während gegenwärtig solche Täter gar nicht auftreten können.
1961 kurz vor dem Beginn des Eichmann-Prozesses in Jerusalem sagte ich in einem Interview: ›Niemand leugnet, daß im Fall Eichmann ein Verbrechen vorliegt. Aber dieses Verbrechen hat die Besonderheit, daß es in keinem Strafgesetzbuch vorkommt. Diese Verbrechen werden vom ›politischen‹ Willen eines Staates bestimmt.‹ Aber Täter waren immer einzelne, und diese sind als Menschen die Schuldigen, in denen nicht eine Gesinnung, sondern die aus einem menschheitswidrigen Prinzip folgende Tat bestraft wird. Die Besonderheit dieses Prinzips, das zum erstenmal in die Welt getreten ist, muß deutlich werden.
In jenem Interview: ›Von Hannah Arendt hörte ich einmal im Gespräch die Unterscheidung zwischen ›Verbrechen gegen die Menschlichkeit‹ und den ›Verbrechen gegen die Menschheit‹.‹ In diesen erhebt eine Gruppe von Menschen den Anspruch, zu entscheiden, daß eine durch unveränderliche Merkmale gekennzeichnete andere Gruppe von Menschen nicht leben dürfe, daher auszurotten sei. Die Tat der Ausrottung durch Massenmord kann mit Erfolg nur mittels eines Staates durchgeführt werden, der die Gewalt dazu hat, Verbrechen gegen die Menschheit sind solche, die die Menschheit selber im Sinne des Menschseins bedrohen und das Dasein der Menschheit als solches in Gefahr bringen.
Es sind keine Gesinnungsverbrechen, denn das Prinzip kann nicht als eine unter Menschen mögliche Gesinnung anerkannt werden. Als Gedanke wird das Prinzip durch den Gedanken bekämpft. Wenn die Tat folgt, muß die Menschheit in uns durch die Tat antworten.
Hier handelt es sich auch nicht um Kriegsverbrechen, die als Unmenschlichkeiten im Kampf mit waffentragenden Gegnern oder gegen den Besiegten stattfinden. Denn die zu Vernichtenden waren als waffenlose Juden ohne Armee nicht Kriegsgegner. Wer das behaupten wollte, wäre schwachsinnig oder bösen Willens.
Weder ein Prinzip noch ein Staat sind Gegenstand richterlicher Bestrafung. Aber jedes Individuum, das nach dem neuen, nun in die Welt getretenen Prinzip handelt, ist schon kriminell, ist zu bestrafen. Der Verbrecherstaat aber muß vorher vernichtet sein, damit Urteil und Strafe erfolgen können.
Instanz für die Aburteilung solcher Verbrechen wäre die Menschheit selber, wenn sie als Ganzes eine gerichtliche Institution mit Vollstreckungsgewalt besäße. Wie in einem einzelnen Staat der Mord an einem Menschen das allgemeine Interesse betrifft, weil, wenn solche Morde stattfinden, alle bedroht sind und der Staat nicht bestehen kann, so betrifft in diesem Falle der Mord an einer Menschengruppe – an den Juden – die ganze Menschheit. In gegenwärtigen Situationen sind es die Rechtsstaaten der freien Welt, die durch ihre Gerichte, als Vertreter für das Gericht der Menschheit, urteilen.

Bei den Auschwitz-Prozessen stand das öffentliche Bewußtsein im Vordergrund, unter welchen unvorstellbaren Qualen durch sadistische und mordlustige Kreaturen den ihnen preisgegebenen Menschen, Männern und Frauen, Greisen und Kindern, das Leben zuerst zur Hölle gemacht wurde, bis ihre Tötung vollzogen war. Diese Taten sind nach dem StGB. zu erfassen. Was nicht im Vordergrund war, das aber ist das Wesentliche. Denn was ungetrübt durch sadistische Züge, als reiner Vernichtungswille gegenüber Menschengruppen in Erscheinung getreten ist, das erst ist das Neue, ungeheuer Drohende unter den Merkzeichen am Gewitterhimmel der Zukunft. Die Rassenvernichtungen etwa seitens Chinas oder der Farbigen hätten ihr erstes, der Menge von ein paar Millionen nach noch geringes Vorbild.
Wer Handlungen begeht, um einen Beschluß der Ausrottung durchzuführen, ist ein Feind des Menschengeschlechts und darf selber als solcher nicht leben. Wenn, was auf Grund prinzipieller Erwägungen und auf Grund von Erfahrungen sinnvoll ist, die Todesstrafe abgeschafft wird, so hat doch die Todesstrafe für Massenmörder aus dem Vernichtungswillen gegenüber bestimmten Menschengruppen ihren bleibenden Sinn. (...)
Der Versuch, mit dem vorliegenden Strafgesetzbuch auszukommen, ist vergeblich. Es reicht aus für Mordtaten derer, die nach §211 StGB. ›aus Mordlust, aus Befriedigung des Geschlechtstriebes, aus Habgier oder sonst aus niedrigen Beweggründen, heimtückisch oder grausam‹ getötet haben. (...)
Diese Täter, ganz anderer Art, wären nie zu diesen Verbrechern geworden, wenn nicht der Verbrecherstaat sie unter Motivationen, die im StGB. nicht vorkommen, veranlaßt hätte, ohne Mordlust und ohne jene Triebhaftigkeiten die Massenmorde geplant und organisatorisch verwirklicht zu haben.
Die Erkenntnis, daß diese Mordtaten mit dem vorliegenden Strafgesetzbuch nicht aufzufangen sind, daß es sich um einen geschichtlichen Ausnahmezustand, den Verbrecherstaat, handelt daß für diesen auch Ausnahmegesetze erforderlich sind, verlangt unerbittlich die radikalen Konsequenzen des Abstandnehmens von diesem Staat im Ganzen. Nur ein Fall ist die Konsequenz, ein neues Strafgesetz zu verlangen. Gegenstand dieses Gesetzes sind Handlungen, die im Rechtsstaat gar nicht vorkommen können. Sie haben zum Gegenstand allein die Handlungen in dem vergangenen Verbrecherstaat durch die überlebenden Täter, die Funktionäre, die selber, obgleich so zahlreich, doch die Ausnahmen und nicht die Normalität waren.
Abstand nehmen bedeutet: diese Morde als qualifizierte zu begreifen, die keinem vorgegebenen Allgemeinbegriff des Mordes entsprechen. Was geschichtlich Ausnahme war, wurde eine Weile zur Norm. Insofern ist der Verbrecherstaat wie ein Ausbruch aus der Geschichte. Die Handlungen der Menschen dieses Staates sind nicht in den Kategorien des Rechtsstaa-

tes angemessen aufzufassen. Die Forderung, für diese Verbrechen sei keine Verjährung erlaubt, ist nicht dieselbe wie die Forderung einer Aufhebung der Verjährung für Mordtaten überhaupt. Denn es handelt sich um Verbrechen gegen die Menschheit.
Wenn der Abstand wirklich radikal vollzogen ist, dann ist die Forderung: ein Strafgesetzbuch zu schaffen, das dem neuen Verbrechen Genüge tut. Die Weisen der Teilnahme an diesem Verbrechen müßten unterschieden werden.
Das Verbrechen des Verwaltungsmassenmordes ist gleichsam rein, wenn es ausgeführt wird ohne hinzukommende überflüssige Grausamkeiten. Diese haben zwar die Ausführung so sehr beherrscht, daß sie in den Vordergrund getreten sind. Sie hätten auch schon damals nach dem gültigen Strafgesetzbuch bestraft werden können, ohne damit die Teilnahme an der Durchführung des Massenmordes zu bestrafen, was damals sinnwidrig war; denn der Befehl des Führers galt damals als oberstes Gesetz.
Zur Durchführung gehörten: das Planen und Organisieren; die Deportationen; die Errichtung der Bauten, der Gaskammern, Krematorien usw.; das Hinführen zu den Mordstätten und Gaskammern; das Erschießen; die Zuleitung des Gases; die Arbeit in den Büros: vom Schreibtischmörder bis zur Sekretärin, die die Mordbefehle schrieb. Niemand wird etwa diese letztere zum Tode verurteilen wollen. Aber auch sie wußte, was sie tat, hätte sagen können: Das schreibe ich nicht, und ist immer noch einer geringen Strafe zu unterwerfen. Von den eigentlichen Urhebern, die, weil tot, nicht mehr zu fassen sind, über alle Arten und Stufen der Mitwirkung bei der Durchführung des Verbrechens müßten die Handlungen differenziert, aber nirgends völlig exkulpiert werden, wenn man entschlossen ist, das ungeheure Verbrechen wirklich zu erkennen, zu sühnen und für die Zukunft das Muster der Sühne zu geben für alle, die dergleichen wieder unternehmen und in irgendeiner Form daran teilnehmen sollten.
Alle die Grausamkeiten, von denen zu hören und sie zur Kenntnis zu nehmen, Pflicht jedes deutschen Staatsbürgers, aber immer von neuem fast unerträglich ist, sind begangen von Individuen, die erstens Mittäter an diesen Handlungen des Verbrecherstaates (Verbrechen gegen die Menschheit) waren und zweitens darüber hinaus durch äußerste Grausamkeiten schuldig wurden. Wenn heute das zweite vor allem mit Entsetzen gesehen wird, so ist doch darin auch immer das andere, das neue Verbrechen mitgetroffen.
In Deutschland haben wir schon viele Prozesse gegen NS-Mörder gehabt. Warum ist man unzufrieden? Wegen der Zufälligkeit, wer von der Anklage betroffen wird (durchaus untergeordnete Personen, nicht die hauptverantwortlichen Befehlshaber und Planer des Massenmordes, Eichmann war eine Ausnahme und nicht in Deutschland vor Gericht), wegen der ungleichmäßigen Urteile, der befremdenden Freisprüche, kurz wegen der Unklarheit im ganzen. Richter und Öffentlichkeit erscheinen ratlos. Die Wi-

dersprüchlichkeit und Halbheit der Justiz ist die Folge, wenn man von ihr verlangt, Probleme zu lösen, die vorher politisch gelöst und in neuen Gesetzen geordnet werden müssen.
Die Politiker fragen wir: Was denken, sagen und tun sie für den neu zu schaffenden Staat? So gut wie nichts. Sie lassen alles hineingleiten in die ›Normalität‹ des politischen Betriebs, der die Zwischenstadien zwischen den großen Ereignissen und Katastrophen füllt, die sie doch durch ihr Versagen schon in die unheilvollen Richtungen vorbereiten, so vor 1914, so vor 1933, so vor dem Augenblick, der kommen wird.
Diese wohlanständigen Menschen finden pathetische Worte und überschreien damit das Nichtgeklärte.«

Die richterliche Selbstamnestie

Als der italienische Dichter Dante am Karfreitag des Jahres 1300, begleitet von seinem Freund Vergil in die Hölle stieg, um die Verfluchten zu betrachten, wunderte er sich über die dort herrschende Strafordnung. Die Hölle ist ein in konzentrische Kreise gegliederter Schacht, der sich in die Tiefe bohrt. Auf der Sohle des neunten Kreises, in einem Eissee, sitzt mit drei Köpfen Luzifer. Je näher die Kreise zu Luzifer dringen, desto härter werden die Bewohner gestraft. Der relevante Bezirk, die innere Hölle, beginnt mit dem siebten Kreis. Den Besuchern schlägt schauderhafter Gestank aus dem Abgrund entgegen. Im siebten Kreis büßen die Mörder in einem Strom kochenden Blutes, in dem alle treiben, die mit Gewalt an anderen sich vergingen. Allerdings werden die Gewalttäter als die harmlosesten aller Verfluchten der inneren Hölle angesehen. Tiefer, im achten Kreis, büßen die Betrüger, darunter die Kirchenfürsten. Sie stehen auf dem Kopf, der in einer Felsenspalte klemmt, und ihre Füße ragen brennend in die Luft.
Im sechsten Graben des achten Kreises finden sich Gestalten, die gebückt unter schweren Mänteln sich dahinschleppen. Sie sind nicht weit entfernt von Luzifer. (Hinter ihnen kommen nur noch die hinterlistigen Ratgeber, die Zwietrachtsäer und die Verräter.) Die im sechsten Graben sind die Heuchler:

»die kamen langsam nur einhergegangen,
Weinend mit müdem und gebrochnem Ausdruck
Sie tragen Mäntel, die mit den Kapuzen
Die Augen deckten, nach dem gleichen Schnitte
Wie sie die Cluniazensermönche tragen
Vergoldet sind sie außen, daß es blendet
Doch innen ganz von Blei und so gewichtig
Daß die von Friedrich wie aus Stroh erscheinen
Oh Mantel, der du drückst in Ewigkeiten.«

Der Zuschnitt, den die Mäntel der Heuchler nach 1945 besaßen, war nicht ganz derselbe. Sie glichen der Richterrobe, waren aber gleichfalls so bleischwer, daß sie ihren gebückten Trägern mit stärkster Anstrengung nicht heruntergezogen werden konnten. Vom Frühjahr 1957 an publizierte die DDR Listen von in der Bundesrepublik amtierenden NS-Juristen. Im Jahre 1959 zirkulierten tausend Namen einschlägiger Richter und Staatsanwälte. Die Materialien erwiesen sich später als nicht immer, jedoch überwiegend stichhaltig. Die DDR bot den bundesrepublikanischen Strafverfolgungsbehörden Einblick an, die Länderjustizministerkonferenz lehnte dies am 12. Februar 1960 ab, um die staatliche Anerkennung der DDR damit nicht zu präjudizieren. Ohnehin wurde zu der Zeit das in Rußland, Polen und Ostdeutschland lagernde Aktenmaterial notorisch abgelehnt wegen Verdachts der Fälschung. Die Wochenzeitung ›Die Zeit‹ schrieb damals, wenn schon Bund und Länder nicht in der Lage seien, eine Person nach Ost-Berlin zu entsenden, dann möge die Justiz selbst die Reinigung in die Hand nehmen und einen Untersuchungsausschuß gründen. *»Daß die Vorwürfe aus der Sowjetzone kommen, muß nicht unbedingt ein Grund sein, sie zu ignorieren, sie einfach auf sich sitzen zu lassen. Ein Dokument ist ein Dokument, gleichgültig wo es liegt.«*
Anstelle der Staatsanwaltschaften machte sich der Berliner Student Reinhard M. Strecker an die kritische Prüfung des Materials und fabrizierte daraus mit dem Sozialistischen Deutschen Studentenbund eine Ausstellung, die am 27. November 1959 in Karlsruhe eröffnet wurde. Bundesanwalt Max Güde bestätigte nach kurzer Prüfung die Echtheit des Materials.
Strecker listete 138 Richter und Staatsanwälte auf, die in der bundesrepublikanischen Justiz feste Wurzeln geschlagen hatten. Fünfzehn von ihnen waren zu Oberstaatsanwälten und Ersten Staatsanwälten befördert worden. Zwei hatten es zum Bundesrichter, einer zum Oberstaatsanwalt am Bundesgerichtshof gebracht. Einer war Senatspräsident am Oberverwaltungsgericht Lüneburg geworden, ein anderer Landesarbeitsgerichtsdirektor. Sogar sechs Richter und Staatsanwälte des Volksgerichtshofs waren untergekommen. Dutzende hatten in Polen und in der Tschechoslowakei polnische und tschechische Staatsangehörige wegen Zersetzung deutscher Wehrkraft zum Tode verurteilt. Das Sondergericht Bromberg hatte nach zehnmonatigem Bestehen 201 Angeklagte umgebracht.
Am 25. Juni 1943 verurteilte der Vorsitzende, Landgerichtsrat Muhs, am Landgericht Radom im Generalgouvernement Polen den Ukrainer Bazyli Antoniak. *»Ungefähr gegen Ende Oktober 1942 traf der Angeklagte den Juden Eisenberg in Szydlowiec. Das Gesprächsthema bildete die in Kürze bevorstehende Judenaussiedlung. Eisenberg erwartete, daß er in seiner Eigenschaft als Gerber von dieser Aussiedlung verschont bleiben, daß die Aussiedlung jedoch seine beiden sechs- und siebenjährigen Töchter treffen würde. Diese wollte er vor der Aussiedlung schützen.«* Antoniak ver-

steckte die Mädchen bei einem Verwandten. *»Er hat sich damit der Beihilfe zum unbefugten Verlassen des jüdischen Wohnbezirks im Sinne des §49 StGB, §4b Abs. 1, S.2 wegen Unterschlupfgewährung schuldig gemacht. Die Reise der beiden jüdischen Kinder stellte sich als unbefugtes Verlassen des ihnen angewiesenen Wohnbezirks im Sinne des §4b der Verordnung für die Aufenthaltsbeschränkung im Generalgouvernement in der Fassung vom 15.10.41 dar.«* Nach Auffassung des Muhs *»sieht die Strafandrohung der Unterschlupfgewährung nur die Todesstrafe vor«*. Die Ehefrau des Antoniak, die *»den beiden Judenkindern zur Begehung des Verbrechens des Verlassens des jüdischen Wohnbezirks«* verhalf, wurde als Beihelferin verurteilt, da ihr der Täterwille fehlte. Vorsitzender Muhs rückte in der Bundesrepublik vom Landgerichtsrat am Sondergericht Radom zum Oberlandesgerichtsrat am Oberlandesgericht Hamm auf.
Der Erste Staatsanwalt am Oberlandesgericht Schleswig, Jaager, früher Staatsanwalt am Volksgerichtshof, wirkte seinerzeit am Urteil gegen eine Zimmervermieterin aus Berlin-Wilmersdorf mit, die das Stauffenbergsche Attentat begrüßt hatte. *»Wer so handelt«*, lautete das Urteil, *»muß aus unserer Mitte verschwinden.«* Das Verschwinden sah ausweislich der Gerichtsakte so aus: *»Die Verurteilte, die ruhig und gefaßt war, ließ sich ohne Widerstreben auf das Fallbeilgerät legen, worauf der Scharfrichter die Enthauptung mit dem Fallbeil ausführte und sodann meldete, daß das Urteil vollstreckt sei. Die Vollstreckung dauerte von der Vorführung bis zur Vollzugsmeldung neun Sekunden.«*
Der Amtsgerichtsrat Dr. Holleit aus Minden hatte 1943 als Beisitzer am Sondergericht Berlin das Todesurteil gegen den Invaliden Eggebrecht unterschrieben, weil er sich neun Paar Schuhe aus einem brennenden Haus aneignete. Das Sondergericht Leslau an der Grenze zum Generalgouvernement Polen verurteilte den polnischen Arbeiter Kazmierczak zum Tode. Er half häufig Schmugglern, wurde dabei von einem Zollbeamten aufgegriffen und verletzte den auf ihn gehetzten Polizeihund mit dem Messer. *»Zwar ist die Verletzung des Hundes allein noch nicht todeswürdig, es ist aber zu berücksichtigen, daß der Angeklagte offenbar ein gewalttätiger Mensch ist, der, wie seine Äußerung im Kreise seiner Schmugglerkollegen ergibt, auch von einer Gewalttat gegenüber einem deutschen Zollbeamten nicht zurückschrecken würde.«* Die Beteiligten an diesem Urteil machten besonders glänzende Karrieren. Der Verfasser der Anklageschrift Dr. Möhl wurde Oberstaatsanwalt am Oberlandesgericht München, Richter Dr. Kowalski Landgerichtsdirektor in Essen.
Vor das Sondergericht Berlin wurde der 1942 freiwillig nach Deutschland gekommene französische Arbeiter Marius Carpentier gestellt. Als Bergungsarbeiter nach einem Bombenangriff hatte er einen Gürtel, ein Fernglas, ein Paar Handschuhe, am folgenden Tag eine Dose Marmelade, ein Bügeleisen und ein Dominospiel aus dem Schutt gefischt. Carpentier habe *»ein derart hohes Maß an Verwerflichkeit gezeigt«*, urteilte das Ge-

richt, *»daß er sich hierdurch selbst aus der Gemeinschaft aller anständig und gerecht denkenden Menschen ausgestoßen hat. Er war daher zum Tode zu verurteilen.«* Carpentier war achtzehn Jahre alt. Sein Richter, Dr. Schabronath, verblieb in der Gemeinschaft aller anständig und gerecht denkenden Menschen, und zwar derer am Amtsgericht Berlin-Schöneberg.
Gegen Hunderte von Richtern kam es im Gefolge der Karlsruher Ausstellung zu Strafanzeigen wegen Rechtsbeugung in Tateinheit mit Totschlag. Nun prüften die Kollegen untereinander ihren Täterwillen. Sie ermittelten, daß die härtesten Strafen für die seinerzeit hingerichteten Kriminellen gerade gut genug gewesen waren. Anzeige wurde erstattet gegen den Amtsgerichtsrat Kolhoff in Wolfenbüttel, der 1943 als Beisitzer am Sondergericht Zichenau gegen den Arbeiter Jaroszewski für Recht erkannte: *»Der Angeklagte wird wegen Kriegswirtschaftsverbrechens, begangen durch Schwarzschlachtung von zwei Schweinen, zum Tode verurteilt. Das beschlagnahmte Fleisch wird eingezogen.«* Kolhoff hatte an acht Todesurteilen gegen Schweineschlächter teilgenommen. Oberstaatsanwalt Hartger am Landgericht Braunschweig erließ am 23. Mai 1960 den folgenden Bescheid: *»Die Angeklagten hatten in teilweise erheblichem Umfang heimlich Schweine geschlachtet und das Fleisch der Bewirtschaftung entzogen. Es bedeutet bei der Berücksichtigung der damals angespannten Lage keinen Rechtsfehler, daß schon in dem Beiseiteschaffen eines Schweines eine Gefährdung des lebenswichtigen Bedarfs der Bevölkerung im Sinne des § 1 der Kriegswirtschaftverordnung gesehen worden ist.«* Da außerdem die Angeklagten *»aus niedrigen Beweggründen, vor allem aus Gewinnsucht, gehandelt hatten, mußte das Tatbestandsmerkmal ›böswillige Gefährdung der Bedarfsdeckung‹ ebenfalls bejaht werden«*. Die Verhängung der Todesurteile entspreche lediglich *»der damals herrschenden harten Strafpraxis«*. Die Frage, was dem Amtsgerichtsrat Kolhoff aus Wolfenbüttel einfällt, in Polen eine harte Strafpraxis zu entfalten und polnische Staatsangehörige wegen Schlachtung ihnen gehöriger polnischer Schweine umzubringen, findet im oberstaatsanwaltlichen Schädel keinen Platz mehr. Par ordre de Mufti galt in Polen ebenfalls eine neue Kompetenzordnung. Der Revolutionär Hitler schuf neues Recht, wo immer er hinkam, und die Sonderrichter beugten es nicht.
Zur ›harten Strafpraxis‹ hatte dreizehn Wochen zuvor, am 16. Februar 1960, der BGH ein denkwürdiges Urteil in einem Fall von Justizverbrechen beigesteuert. Der Vorsitzende der Sechsten (politischen) Strafkammer des Landgerichts Magdeburg (DDR) in den Jahren 1950/51, Öhme, hatte die Flucht in den Westen angetreten. Dort erwartete ihn bereits die Justiz. Er wurde angeklagt, in fünf verschiedenen Strafsachen insgesamt achtzehn Angehörige der ›Zeugen Jehovas‹ wegen Spionage, Kriegshetze und Boykotthetze nach Artikel 6, Abs. 2 der Verfassung der Deutschen Demokratischen Republik und Abschnitt II, Artikel III der Kontrollrat-Direktive 38 zu Zuchthausstrafen zwischen drei und zehn Jahren verur-

teilt zu haben. Von dem Landgericht West-Berlin wurde Öhme zur Verantwortung gezogen für seine Taten im Unrechtsstaat. Nach einigen Sprüngen durch die Instanzen gelangte der Fall im Februar 1962 an den BGH, der ihn zum Anlaß nahm für denkwürdige Sentenzen: *»Ein Strafrichter begeht, mag auch der Schuldspruch keine vorsätzliche Rechtsbeugung enthalten, dennoch Rechtsbeugung, wenn er bewußt eine Strafe verhängt, die nach Art oder Höhe in einem unerträglichen Mißverhältnis zu der Schwere der Tat und der Schuld des Täters steht.«* Richter Öhme, die Redensarten seiner rehabilitierten Nazi-Kollegen im Sinn, hatte erklärt, er habe die Strafen für angemessen gehalten und sich verpflichtet gefühlt, die ›Zeugen Jehovas‹ als Staatsfeinde wegen ihrer Gefährlichkeit hart zu bestrafen, weil dies der allgemeinen Tendenz entsprochen habe. *»Der Angeklagte ist Volljurist«*, entgegnete der BGH süffisant, *»von dem erwartet werden kann, daß er ein Gefühl dafür hat, ob eine Strafe in unerträglichem Mißverhältnis zur Schwere der Tat und zur Schuld des Täters steht.«* Es bestehe der Verdacht, daß er politischem Druck gewichen sei, und *»bei den Strafaussprüchen bewußt das Recht gebeugt hat, um der ›allgemeinen Tendenz‹, d. h. dem Verlangen der politischen Machthaber zu genügen, die ›Zeugen Jehovas‹ durch Strafen unschädlich zu machen«.*

Das ›Verbot unmenschlich harten Strafens‹ ist ein altehrwürdiger Rechtsgrundsatz, und seine Verknüpfung mit dem § 336 StGB (vorsätzliche Rechtsbeugung) liegt nahe. Mit dieser höchstrichterlichen Rechtsprechung im Rücken durfte man gespannt sein, was drei Monate später Oberstaatsanwalt Wilhelm Landwehr beim Landgericht Hannover mit der Anzeige gegen den Landgerichtsrat Blankenburg, gleichfalls Hannover, anfangen würde, der als Richter am Sondergericht Jena am 11. April 1944 das nachfolgende Urteil gegen den 39jährigen Büroboten Georg Hopfe aus Weimar unterzeichnet hatte:

»Am 24.3.1944 fand ein Fliegerangriff auf Weimar statt. Im Nordviertel der Stadt wurden Bomben geworfen und entstanden Brände. Das Haus der Zeugin Hopfgarten, Rießnerstr. Nr. 11, wurde von einer Brandbombe getroffen und geriet in Brand. An diesem Abend traf sich der Angeklagte mit dem Gefreiten Fritz Gerlach, der auf Urlaub war, in der Gaststätte Gambrinus, wo sie einige Glas Bier tranken. Nach einiger Zeit gesellte sich zu ihnen der Arbeiter Fritz Nauland (der inzwischen wegen Plünderung zum Tode verurteilt worden ist). Zu dritt gingen sie dann in die ›Scharfe Ecke‹, wo jeder ein Glas Bier trank. Anschließend tranken sie nochmals im Gambrinus und dann im ›Kloster-Kaffee‹ einige Glas Bier zusammen. Im ganzen hatte der Angeklagte an diesem Abend etwa 7 Glas Bier zu sich genommen. Gegen 22.30 Uhr befand sich der Angeklagte mit seinen Begleitern auf dem Heimweg. Kurze Zeit darauf fielen die Bomben. Vor dem Haus Rießnerstr. Nr. 11 standen bereits einige Offiziere, Soldaten und Männer der Luftschutzbereitschaft und warteten auf die Feuerwehr. Nauland drückte die Tür ein und begab sich mit den Soldaten in die Wohnung. Die

anderen folgten. Der Angeklagte beteiligte sich daran. Er räumte mit einigen Soldaten zunächst das Wohnzimmer aus und brachte die Sachen in den Hausflur des gegenüberliegenden Hauses. Schließlich begab er sich mit den Soldaten in das Schlafzimmer der Zeugin Hopfgarten und half auch dieses mit räumen. Während die Soldaten größere Möbelstücke heraustrugen, war er öfters allein im Zimmer. Er benutzte die Gelegenheit und nahm sich von der Nachttoilette, wo mehrere Flaschen Parfüm standen, eine angebrochene Flasche Kölnisch Wasser Marke 4711 weg und steckte sie in die Tasche. Dann öffnete er den unverschlossenen Kasten der Waschkommode und entnahm daraus eine runde Knackwurst von etwa ½ Pfund Gewicht, die er ebenfalls in seine Manteltasche steckte.« Als die Feuerwehr anrückte, zogen die drei freiwilligen Helfer ab. Jeder hatte sich ein Andenken für seine Dienste mitgenommen. Naumann 2 Stücke Toilettenseife, Gerlach ein Paar Lederhandschuhe. Hopfes Wurst beschloß man gemeinsam in Gerlachs Wohnung zu verzehren. Dem hinzukommenden Vater Gerlach wurde erzählt, man habe die Wurst für die Aufräumungsarbeiten geschenkt bekommen. Abschließend gingen die drei Kameraden noch in die Bahnhofswirtschaft, wo jeder ein Glas Bier trank.
Vor dem Sondergericht entschuldigte sich Hopfe, er habe die Wurst genommen, weil er seit 19 Uhr unterwegs gewesen sei und nichts gegessen habe. *»Diese Verteidigung entlastet jedoch den Angeklagten nicht. Er hat sich bei der Räumung der Wohnung eine Wurst und eine Flasche Parfüm angeeignet und sich mit diesen Sachen entfernt. Damit hat er den Tatbestand des Plünderns erfüllt, denn er hat den Umstand, daß die Wohnung wegen Bombentreffers geräumt werden mußte, ausgenutzt, um sich an fremdem Gut zu bereichern. Unglaubhaft ist auch die Verteidigung des Angeklagten, er habe die Wurst genommen, weil er Hunger gehabt habe. Wäre das der Fall gewesen, dann hätte er sie sicher gleich verzehrt und nicht heimlich vor den anderen in die Tasche gesteckt. Das beweist grade seine böse Absicht. Wer so handelt wie der Angeklagte, ist nach dem Sinn des Gesetzes und nach gesundem Volksempfinden Plünderer und muß nach § 1 der Volksschädlingsverordnung bestraft werden.«*
Darauf wendet das Urteil sich der Verantwortlichkeit des Täters zu. Der sachverständige Obermedizinalrat stellte bei der Intelligenzprüfung auffallende Lücken fest, meinte aber, selbst wenn es sich um einen Schwachsinn leichten Grades oder um einen Grenzfall zwischen leichtem Schwachsinn und landläufiger Dummheit handele, sei der Angeklagte voll verantwortlich. Ferner hielt das Gericht auch die Zurechnungsfähigkeit des Angeklagten für durch den Alkoholgenuß nicht beeinträchtigt. Sieben Glas Kriegsbier in vier Stunden könnten schon verkraftet werden. *»Der Angeklagte muß also bestraft werden. Das Gesetz sieht als einzige Strafe die Todesstrafe vor. Diese hat der Angeklagte wegen der durch die Tat zum Ausdruck gebrachten abgrundschlechten und volksfeindlichen Gesinnung und der Gemeinheit seines Charakters verdient. Wer ein so ver-*

abscheuungswürdiges Verbrechen begeht, stellt sich selbst außerhalb der Volksgemeinschaft.«
Der Oberstaatsanwalt mit dem Namen Landwehr untersuchte 1960 den Fall seines Kollegen Richters Blankenburg am selben Landgericht Hannover auf den Verdacht der Rechtsbeugung im Sinne eines Strafens, das ›nach Art oder Höhe in einem unerträglichen Mißverhältnis zur Schwere der Tat und zur Schuld des Täters steht‹. (BGH) Er bestätigte, daß sich der seinerzeitige Angeklagte Hopfe freiwillig einem Bergungskommando angeschlossen hatte, das die von den Eigentümern zurückgelassene Habe aus dem brennenden Haus retten wollte. *»Hierbei hatte er sich eine angebrochene Flasche Kölnisch Wasser und eine kleine Knackwurst angeeignet.«* Diese Handlungsweise hätte als Plünderung betrachtet werden können, denn die Parfümflasche und die Knackwurst hätten als ein durch Kriegsumstände von ihrer Besitzerin verlassenes Eigentum durch die Volksschädlingsverordnung unter erhöhtem strafrechtlichen Schutz gestanden. *»Das Tatbestandsmerkmal ›Plündern‹ war demnach zu bejahen, wenn der Täter bewußt die Schutzlosigkeit fremden Eigentums ausgenutzt hatte, um sich zu bereichern.«* Der geringe Wert der Gegenstände und die Tatsache, daß ihre Besitznahme durch ebendiejenigen erfolgt war, die Kölnisch Wasser und Knackwurst aus dem Brand geholt hatten, standen der richtigen Anwendung der Volksschädlingsverordnung nicht im Wege. *»Die Urteilsbegründung des Gerichts ergab zweifelsfrei die Überzeugung des Gerichts, daß der Angeklagte geplündert und damit ein Verbrechen begangen hatte, für das ausschließlich die Todesstrafe vorgesehen war.«* Und nun folgt das zweite Todesurteil für den Bürodiener Georg Hopfe in Deutschland: *»Das Beweisergebnis rechtfertigte diese Würdigung.«* Eine Rechtsbeugung des damaligen und jetzigen Landgerichtsrats Blankenburg liege nicht vor. *»Ich habe das Verfahren daher eingestellt.«*
Die Eigentumsbesessenheit der Juristen ist eine Auffälligkeit. Der gierige Capesius in Auschwitz, der seinen Opfern das Zahngold aus dem Rachen reißt, hat an ihrem Tod kein persönliches Interesse. Denn es mag bei ihm der Gedanke mitgespielt haben, die Zähne seien ›sowieso dem Deutschen Reich verfallen‹. Der schwachsinnige Georg Hopfe konnte keinesfalls dem Gedanken erlegen sein, die Knackwurst in der Waschkommode werde nach fünf Minuten in Flammen stehen, besser, daß man sie aufesse. Er ist deshalb auch im Mai 1960 noch ein plündernder Volksschädling, für den ›ausschließlich die Todesstrafe vorgesehen war‹. Die Milliarden, die die deutsche Kriegsindustrie aus den Sklaven gepreßt hat, erhalten die Übriggebliebenen bei Abschluß des Friedensvertrags am jüngsten Tage ausgezahlt. Bis dahin werden sie von den Räubern treuhänderisch verwaltet. Die Schlachtung auch nur eines einzigen Schweins durch seinen Besitzer gefährdet aber die Versorgung der polnischen Bevölkerung. Der gleichen Bevölkerung, der, versklavt in Essen, Krupp jeden Tag Schweinshaxe auftischte. Der Schweinebesitzer wurde vom gleichen

Richter geköpft, der bei verständigem Zeitunglesen wissen konnte, daß die Generäle im belagerten Leningrad Millionen Menschen dem Hungertod auslieferten. Der Oberstaatsanwalt am Landgericht Braunschweig konnte im Mai 1960 wissen, daß weitere Millionen russische Kriegsgefangene im Heeres-Gewahrsam verhungert waren, während die russischen Schweine zur Hebung der Ernährungslage nach Deutschland reisten. Das hat allerdings noch keinen Oberstaatsanwalt auf den Gedanken gebracht, Mordanklage zu erheben wegen Gefährdung des lebenswichtigen Bedarfs der Leningrader Bevölkerung im Sinne des §1 der Kriegswirtschaftsverordnung. Die gigantischen Plünderungen, der Verschleiß der Opfer bis zum Kopfhaar jagen dem Justizbeamten höllischen Respekt ein. Raubzüge dieses Kalibers unternimmt nur die ihn alimentierende Staatsmacht, der er bei den Schwarzschlachtern und Knackwurstdieben Autorität zu verschaffen hat.
Die Richter und Staatsanwälte, die 1960 das frühere Wüten ihrer Kollegen absegneten, mußten ihren Rechtsverstand nicht überanstrengen. Gelegentlich konnten sie sich rein intuitiv in deren Lage versetzen, weil sie die gleichen Erfahrungen gemacht hatten. Der Braunschweiger Oberstaatsanwalt Hartger, der den Amtsgerichtsrat Kolhoff vor einer Anklage wegen Totschlags eines Schwarzschlachters bewahrte, hatte seinerseits am 9. Mai 1945 – einen Tag nach der Kapitulation – als Anklagevertreter eines Feldkriegsgerichts in Norwegen vier Todesurteile gegen österreichische Soldaten durchgesetzt, wegen Verlassens der Fahne. Für den Fall, daß Hartger Kollegen Kolhoff eine Anklageschrift wegen Verletzung des ›Verbotes unmenschlich harten Strafens‹ widmete, konnte er sich selbst gleich miteinbeziehen. Und durch welchen Eingang man die Gerichtshöllen auch betrat –

»trafen wir gefärbte Leute
die kamen langsam nur einhergegangen
weinend mit müdem und gebrochnem Ausdruck«

(denn plötzlich hagelte es Strafanzeigen auf sie herab), und sie hätten ihre Roben aus Blei in Ewigkeit mit sich geschleppt, wenn nicht doch eine gewisse Peinlichkeit im Lande hochgekommen wäre. Die Urteilsdokumente zirkulierten im Ausland, in Groß-Britannien zeigten sich betroffene Gesichter, wie gründlich die ›Befreiung vom Nationalsozialismus und Militarismus‹ in der alten Besatzungszone gelungen war. Dort hatte die Legal Division 1948/49 gar nicht genug Nazis hinter die Richtertische setzen können. Nun stellten die Landesjustizminister perplex fest, daß sie die ›wüsten Figuren‹ unkündbar in Diensten hatten, ohne daß diese ihre Tätigkeit an Sondergerichten und am Volksgerichtshof jemals verschweigen mußten. Wenn ein Einsatzgruppenführer wieder in den Polizeidienst ging, verschwieg er seine Abordnung. Die Laufbahn des Richters stand ohnehin im Justizkalender verzeichnet. Man konnte nicht aus allen Wolken fallen, die Pgs hatten sich nicht selber wieder eingestellt.

Am 3. Juni 1960 kündigte Fritz Bauer als hessischer Generalstaatsanwalt Ermittlungen gegen 126 Justizbeamte an, von denen 49 in Hessen saßen. Ein Chef der Euthanasie, der Professor Heyde, war unlängst von einem spärlich gehüteten Inkognito als Dr. Sawade in Flensburg befreit worden. Dort fertigte er, von Eingeweihten in der schleswig-holsteinischen Landesregierung protegiert, Gutachten für das Landesversicherungsamt an. Heyde-Sawade verwies die Justiz höhnisch auf die Justiz. Sämtliche Oberlandesgerichtspräsidenten und Generalstaatsanwälte hätten im Reichsjustizministerium das Ausmerzungsprogramm rechtlich abgesichert. Diese ca. dreißig Komplizen verzehrten zufrieden Pension.
Alle Länderverwaltungen stiegen auf die Speicher ihrer Landgerichte und vertieften sich in die Sondergerichtsakten. Als sie herunterkamen, erzählten sie, daß *»die Mehrzahl der Richter tadellos«* sei (Bayern), die östlichen Anschuldigungen nur dazu dienten, *»das Vertrauen in die Rechtsstaatlichkeit der Bundesrepublik zu unterhöhlen«* (NRW); im übrigen seien ganz untragbare Leute entdeckt worden, die aber an ihren Ämtern rechtlich unangreifbar festklebten.
Die ständige Rechtsprechung zu §336 StGB hatte den Richtern längst Spezialamnestie erteilt. Sämtliche Anzeigen wurden quasi durch Vordruck abgespeist. Die Selbstamnestierung bestätigte allerdings die zugrunde liegende Schuld. Die Infamie des Rechtskunststücks war unübersehbar. Es schenkte den Standesgenossen die Straffreiheit und durchlöcherte das Prestige des Rechtsstaats. Die deutsche Nazi-Vergangenheit wurde durch den zu dieser Zeit abgehaltenen Eichmann-Prozeß gerade international erörtert. Das Auswärtige Amt schickte einen Feuerwehrmann nach Jerusalem, damit er Alarm schlüge, falls deutsche Diplomaten und Ministerialbeamte von den Ermittlungen berührt würden. Eichmann petitionierte, die Bundesregierung möge Dr. Servatius, seinen Verteidiger, finanzieren. Schließlich hatte die Bundesregierung allen Kriegsverbrechern großzügig unter die Arme gegriffen, allerdings, um das Thema zu begraben, und nicht, um Schlagzeilen zu machen. Auch den Richtern mußte nun unter die Arme gegriffen werden, um Schlimmeres zu verhüten. Der einfachste Weg, sie zu belangen, war ihre Belohnung. Am 14. Juni 1961 bot der Deutsche Bundestag allen Richtern, die sich durch ihre Justizmorde belastet fühlten, den Eintritt in den vorzeitigen Ruhestand bei vollen Bezügen an.
Eingeschüchtert von Drohungen der Regierung, durch Grundgesetzänderung die Amtsenthebung einzuleiten, ihnen die Pensionen abzunehmen, und bekniet von wohlmeinenden Kollegen wurden sie Mann für Mann aus dem Amt getragen.

Am 16. November 1954 verurteilte das Schwurgericht Kassel die verwitwete Hausfrau Dagmar Irmgart, die von 1941 an als Agentin der Gestapo unter ihrem Kosenamen ›Babbs‹ gewirkt hatte. Ihre Motive deutete Kassel als völlig unpolitisch. *»Sie handelte nicht aus Furcht, es könne ihr etwas geschehen, wenn sie die Berichte unterlasse. Sie berichtete ebenso nicht aus irgendeinem Verantwortungsgefühl für Staat und Rechtspflege heraus noch für das damalige politische Regime oder für die Erhaltung der Kriegsmoral. Sie wurde dabei vielmehr im wesentlichen nur angetrieben durch einen angeborenen Geltungsdrang, eine gewisse Abenteuerlust sowie die Lust am Ränkeschmieden und Intrigieren, die ihr – wie festgestellt – allgemein eigen ist.«*

Der ränkevollen Babbs wurde Beihilfe am Mord des katholischen Priesters Dr. Max Josef Metzger vorgeworfen, den der Volksgerichtshof am 14. Oktober 1943 wegen Feindbegünstigung zum Tode verurteilt hatte. Zur Begünstigung des Feindes war es zwar nicht ganz gekommen, da das Memorandum über eine mögliche Nachkriegsordnung, das Metzger dem schwedischen Erzbischof Eidem übermitteln lassen wollte, dem falschen Kurier anvertraut war, eben jener Babbs. Freisler, Vorsitzender des Ersten Senats des Volksgerichtshofs, dem juristischen Formelkram immer abhold, zeigte sich an einer Definition der gescheiterten Tat nicht interessiert, *»denn die ganze Handlungsweise Metzgers ist so ungeheuerlich, daß es gar nicht darauf ankommt, ob sie sich nun juristisch als Hochverrat kennzeichnen läßt oder ob sie juristisch Feindbegünstigung ist ober ob seine Handlungsweise Defaitismus ist – auf das alles kommt es nicht an; denn jeder Volksgenosse weiß, daß ein solches Ausscheren aus unserer Kampffront eine ungeheuerliche Schandtat ist, ein Verrat an unserem Volke in seinem Kampf um sein Leben, und daß ein solcher Verrat todeswürdig ist«*. Metzgers Verteidiger, der später in Nürnberg auch für Hjalmar Schacht tätige Dr. Dix, legte dem Gericht einen Brief vor, den der Bischof seines Mandanten, Dr. Gröber, verfaßt hatte. In maßvollen Worten war der Angeklagte darin ein Idealist und das Gegenteil eines Staatsfeindes genannt. *»Das ist eben«*, entgegnete Freisler, *»eine ganz andere Welt, eine Welt, die wir nicht verstehen.«* Die Grundsätze, nach denen er urteile, die nationalsozialistischen, seien von dieser Welt himmelweit entfernt. *»Die Ansichten, die Metzgers Handlungsweise zugrunde liegen, kann, darf und will kein deutsches Gericht berücksichtigen.«* Das aber sollten die deutschen Gerichte noch sechsmal untersuchen.

Die Agentin Babbs wurde am 16. November 1954 vom Landgericht Kassel in dritter Instanz verurteilt. Sie rief den Bundesgerichtshof an, der leidenschaftlich Partei ergriff für den hingerichteten Dr. Metzger: *»Er beschränkte sich auf eine politische, nicht zur Kenntnis Deutscher bestimmte Meinungsäußerung von lauterer Wahrheit unter äußeren Umstän-*

den, die zum geistigen und sittlichen Widerstand herausforderten und berechtigten. Hitler hatte, wie geschichtlich festgestellt, einen unheilvollen, seiner Vorherrschaft dienenden Angriffskrieg entfesselt und Deutschlands geachtete Stellung zerstört. In seinem Machtbereich hatte er bereits lange vorher und erst recht nach Kriegsbeginn die Menschenrechte planmäßig mißachtet, schwerste Verbrechen begangen und andere zu solchen Verbrechen verleitet. Hiergegen wann immer in angemessener Weise durch das Wort aufzutreten und die Rückkehr zu Ehre, Anstand und Recht im Staatsleben zu fordern, kann auch im Kriege niemandem verwehrt werden.«
Daran knüpfte der BGH die Frage, *»inwieweit eine Terrorregierung überhaupt von Rechts wegen strafrechtliche Mittel anwenden darf«*, läßt sie aber vorderhand unbeantwortet und entscheidet statt dessen, daß der Mißbrauch des §91 StGB (Feindbegünstigung) durch den Volksgerichtshof zu Lasten Dr. Metzgers *»mit Rechtsprechung nichts zu tun hat. Er ist nur eine Ausnutzung gerichtlicher Formen zu widerrechtlicher Tötung. Folgerichtig weitergedacht erfaßt eine derartige ›Rechtsanwendung‹ alle Menschen, die nicht jede Gelegenheit wahrnehmen, das Gewaltregime zu fördern, sondern die es statt dessen beim Namen nennen. Sie dient dann nur noch der Vernichtung des politischen Gegners und verletzt den unantastbaren rechtlichen Kernbereich. Gerade dadurch enthüllt eine derartige ›Rechtsprechung‹ ihr wahres Wesen als Terrorinstrument. Die Verurteilung Dr. Metzgers und die Vollstreckung des Todesurteils gegen ihn war daher eine vorsätzliche rechtswidrige Tötung unter dem Deckmantel der Strafrechtspflege. Das Verhalten der Angeklagten stellt sich äußerlich als Beihilfe zu diesem Verbrechen dar.«*
Innerlich stellte es sich anders dar. Zwei Vorinstanzen hatten keine Rechtswidrigkeit im Freislerschen Urteil entdecken können. *»Das Schwurgericht«*, tadelte der Bundesgerichtshof die Kasseler Richter, *»scheint die Verurteilung Dr. Metzgers durch den Volksgerichtshof gleichsam für unausweichlich gehalten zu haben. Unter allen zur Persönlichkeit der Angeklagten festgestellten Gesamtumständen kann schwerlich angenommen werden, daß sie zur Tatzeit bei Anspannung ihrer Gewissenskräfte eine Unrechtseinsicht hätte erlangen können, die beiden Schwurgerichte nach Umfluß langer Zeit unter wieder geordneten Verhältnissen noch immer verschlossen geblieben ist.«* Dennoch war Babbs von Kassel schuldiggesprochen worden, wenn auch nicht als Gehilfin der Justizverbrecher, die Dr. Metzger umgebracht, sondern als Gehilfin der Gestapobeamten, die ihn drei Monate ohne volksrichterlichen Haftbefehl gefangengehalten hatten. Dies war ein eindeutiger Übergriff der Gestapo entgegen § 128 Strafprozeßordnung, so daß Babbs wegen Teilnahme an einer Freiheitsberaubung im Amt des im übrigen rechtmäßig hingerichteten Dr. Metzger mit einer 15monatigen Zuchthausstrafe bedacht wurde. Dem Urteil gab der Bundesgerichtshof am 28. Juni 1956 unter gewissen Bedenken Rechtskraft.

Seinen Vorbehalt gegen gerichtlich getarnte Terrororgane behielt der BGH vorläufig bei. Am 7. Dezember 1956 prägte er die einschlägigen Leitsätze, um die Verurteilung zweier Gelegenheitsrichter herbeizuführen, des SS-Generals Max Simon und des Vize-Personalchefs im Reichssicherheitshauptamt Gottschalk, die im April 1945 in Schwaben standrechtlich gewütet hatten. *»Die bewußte Benutzung der Formen des Gerichtsverfahrens zur Erreichung von Zwecken, die mit Recht und Gerechtigkeit nichts zu tun haben, stellt eine Beugung des Rechts im Sinne des §336 dar. Wer gar nicht Recht sprechen will und die Formen der richterlichen Tätigkeit nur für die Erreichung anderer, sachfremder Ziele benutzt, kann sich nicht darauf berufen, daß er sich – äußerlich gesehen – an die bestehenden Gesetze gehalten habe, denn dies ist bei einer solchen inneren Haltung nur zum Schein geschehen.«*
Die sachfremden Ziele pflegte Roland Freisler eigenhändig in die Urteile zu setzen: *»Jeder muß sich gefallen lassen, nach deutschem, nationalsozialistischem Maßstab gemessen zu werden.«* Auf das Gesetz komme es dabei nicht an, hatte Goebbels in einer Rede den Volksrichtern eingeschärft, sondern auf den Entschluß ›Der Mann muß weg‹. Zwischen 1942 und 1944 faßten sie den Entschluß durchschnittlich achtmal am Tag. Die Todesurteile gegen Dr. Metzger sowie 230 weitere Beschuldigte tragen die Unterschrift eines ein Meter sechzig hohen Mannes, des Kammergerichtsrats Hans-Joachim Rehse, richterlicher Beisitzer Freislers am Ersten Senat des Volksgerichtshofs seit 1942. Nach Kriegsende hatte der 43jährige Rehse ein stilles Leben als Ruheständler in Schleswig-Holstein begonnen, unterbrochen von einem zweijährigen Versuch als Hilfsrichter beim Landesverwaltungsgericht Schleswig, der abgeblasen werden mußte, als es sich herumsprach, daß hier der Partner des grauenhaften Freisler amtierte.
Der erste Zugriff der Nachkriegsjustiz auf das ›Terrorinstrument‹ Volksgerichtshof geschah unfreiwillig. Ein Klageerzwingungsverfahren gegen jenen Rehse lehnte das Oberlandesgericht München am 25. Juni 1963 ab, *»denn angesichts der Unterworfenheit unter die damaligen Gesetze, die er als verbindliches Recht ansah und die er infolge Verblendung für richtig hielt, kann dem Beschuldigten ein bestimmter Vorsatz nicht nachgewiesen werden«.*
35 Ermittlungsverfahren gegen 63 beschuldigte Angehörige des Volksgerichtshofs leitete 1967 die Staatsanwaltschaft in Berlin ein. Zwanzig Jahre nach dem Nürnberger Juristenprozeß, die NS-Richtergeneration hatte mittlerweile die Altersgrenze hinter sich gebracht, unbescholtene Vierziger bestiegen ihre Pulte, begann Generalstaatsanwalt Günther mit der Anklage der justitiellen Massenmörder. Über 5000 Personen hatte der Volksgerichtshof ans Messer geliefert, Defaitisten, Rundfunkhörer, Witzeerzähler und jedweden, der nach nazistischem Rechtsempfinden todeswürdig war wie der schwachsinnige Arbeiter Karl Simon aus Kiel, der

gesagt hatte, die Heimat warte auf die Front und die Front auf die Heimat, um den Krieg zu beenden. *»Wenn dieser Mann geistig etwas minderwertig ist«*, schrieb der Volksrichter in das Todesurteil, *»so kann das den Volksgerichtshof nicht hindern, das Urteil gegen ihn so zu fällen, wie es einen Normalen verurteilen würde. Wo kämen wir hin, wenn wir die Minderwertigen um ihrer Minderwertigkeit willen noch besonders honorieren würden.«*

Hans-Joachim Rehse, dem Anführer der in Berlin ermittelten Richtergruppe, wurden neben dem Mord an Dr. Metzger noch sechs weitere Morde vorgeworfen, darunter der an dem 52jährigen Postschaffner Georg Jurkowski. Am 3. August 1943, gegen 10.30 Uhr, befand er sich in Danzig und bewegte sich mit einem Kollegen auf den Bahnhof zu: *»Zufällig ging die Volksgenossin Rosemarie Grande hinter ihnen«*, heißt es im Freisler-Rehseschen Urteil, *»und hörte nun ganz deutlich, wie Jurkowski sagte, Hermann Göring habe in Italien das sechste Besitztum, er habe sich an fremdem Eigentum bereichert. Als sie das hörte, holte sie auf, stellte Jurkowski zur Rede, er solle seine Äußerungen nicht so herausposaunen, sondern so etwas für sich behalten. Jurkowski antwortete: ›Fräulein, Sie werden in zwei Monaten anders darüber denken. Ich kann Ihnen nur sagen, der Duce ist verhaftet, mit Hitler wird es nicht anders gehen. Im Januar lebt er nicht mehr‹.«* Die Volksgenossin winkte dem nächsten Schutzmann, und zehn Wochen später war Jurkowski als *»Zersetzungspropagandist«* zum Tode verurteilt.

Ferner fiel Freisler und Rehse der 53jährige Kustos des Zoologischen Museums, Prof. Dr. Dr. Walter Arndt, zum Opfer. In Landshut auf dem Bahnsteig war ihm eine Jugendfreundin begegnet, welcher er anvertraute, daß Deutschland den Krieg verschulde, die Verantwortlichen aber nun zur Rechenschaft gezogen würden. Die Jugendfreundin, führt das Urteil aus, *»hat schwer unter diesen Ausführungen gelitten und schließlich das getan, was Pflicht der deutschen Frau ist: Sie hat sich an ihren Kreisleiter gewandt und dann, obgleich ihr das ihrem Jugendfreund gegenüber schwerfiel, Meldung erstattet. Ihr hat man in der Hauptverhandlung angesehen, wie schwer ihr ums Herz war, Arndt belasten zu müssen. Sie hat sicher nicht ein Wort mehr gesagt, als der Wahrheit entspricht.«* Weil er dem kämpfenden Volk mit entmutigenden Worten in den Rücken gefallen war, wurde Arndt gehenkt.

Der 50jährige katholische Pfarrer Müller wurde eines Witzes wegen umgebracht: Ein Verwundeter liegt im Sterben und wünscht die zu sehen, für die er sterben müsse. Daraufhin werden ihm Bilder von Hitler und Göring zur Seite gestellt. Da erklärt der Verwundete: Jetzt sterbe ich wie Christus.

Rehse, der vor dem Moabiter Landgericht gestand, sein Handwerk seinerzeit unter *»starker seelischer Belastung«* ausgeübt zu haben, bekräftigte seine 231 Todesurteile. In der Bevölkerung habe sich etwa ab 1943

eine gefährliche Welle des Defaitismus breitgemacht, die mit aller Schärfe zu bekämpfen gewesen sei, um den Bestand des Deutschen Reiches zu sichern. Im übrigen pochte er auf den Gesetzesbefehl. *»Wenn man nun ein Gesetz gemacht hätte, wonach alle Brillenträger schwer zu bestrafen wären?«* erkundigte sich Landgerichtsdirektor Geus. *»Nichts, gar nichts hätte ich tun können«*, erwiderte der Kammergerichtsrat. *»Sollte ich auf die Barrikaden gehen? Es war ja ein Faktum. Wir mußten gehorchen.«*
Das Duell der beiden Richter beschreibt der Spiegel-Reporter Mauz: *»Mitunter befällt den Beobachter Bestürzung. Da sitzt der Vorsitzende, Herr Geus. Wachsam, aufmerksam, sachlich blickt er auf den Zeugen. Und da sitzt in der Anklagebank Herr Rehse in genau der gleichen Haltung: Wachsam, aufmerksam, sachlich blickt er auf den Zeugen. Sie sind eben Richter, der eine ehemaliger, der andere im Amt.«*
Vorsitzender Geus folgte im Urteil vom 3. Juli 1967 nicht dem Antrag des Staatsanwaltes, Rehse als Mörder lebenslang ins Zuchthaus zu sperren. Stumm, emsig, widerspruchslos wie dieser seine Urteile auswarf, entsprach er perfekt der Schablone des Gehilfen. *»Der Angeklagte unternahm trotz seiner überdurchschnittlichen Intelligenz und seiner guten Rechtskenntnisse nichts, um sich der Rechtspraxis Freislers zu widersetzen, obwohl sie ihn seelisch stark belastete. Er schwieg, wenn Freisler die Angeklagten an- oder gar niederschrie oder wenn er sie nicht ausreden ließ, sie in übelster Weise beschimpfte und bereits während der Verhandlung deutlich seinen Entschluß durchblicken ließ, sie als Feinde des Nationalsozialismus zu vernichten. Auch in der ›Beratung‹ schwieg der Angeklagte zumeist, widersprach Freisler nicht und ordnete sich seiner Autorität unter.«* Die sieben in der Verhandlung untersuchten Todesurteile des Rehse erklärte das Landgericht für rechtswidrig. In den Fällen Dr. Metzger, Dr. Arndt und Müller seien die beanstandeten Äußerungen nicht – wie § 5 Kriegssonderstrafrechtsverordnung es verlange – öffentlich getan. Der Postschaffner Jurkowski habe in Danzig allerdings auf offener Straße geplaudert, so daß die Schuldigsprechung als noch vertretbar zu bezeichnen sei. Hier liege die Rechtswidrigkeit im Strafausspruch. Die KSSVO habe die Annahme eines ›minderschweren Falles‹ geboten. Behutsam flocht das Berliner Landgericht die obligaten Floskeln der Leiturteile des Bundesgerichtshofes ein: Rehse habe *»bewußt gegen das Verbot grausamen und übermäßig harten Strafens verstoßen«*, da die Strafe *»in einem unerträglichen Mißverhältnis zum Unrechtsgehalt der Taten und zur Schuld der Täter«* stehe. Der Angeklagte sei *»ein qualifizierter Volljurist, von dem man erwarten konnte, daß er sich ein Gefühl für gerechtes Strafen bewahrt hatte. Bei gehöriger Anspannung seines Gewissens hätte er das Unrechtmäßige seines Tuns erkennen können.«* Statt dessen habe er *»sein Gewissen zum Schweigen gebracht«* und sich Freisler untergeordnet, der gar nicht urteilte, um Recht zu finden, *»sondern im Gewande der Gerichtsbarkeit rechtsfremden, ja rechtsfeindlichen Zwecken diente«*. Rehse waren als

dem Mordgehilfen *»diese Umstände bekannt«*. Er habe *»in den sieben Fällen vorsätzlich das Recht gebeugt«:* Dafür wurden ihm 5 Jahre Zuchthaus zuerteilt.
Bei aller Umsicht war das Landgericht Berlin sich nicht ganz sicher, mit der ersten Verurteilung eines Volksrichters Geist und Buchstaben der herrschenden Rechtsprechung getroffen zu haben. Denn die Verurteilung eines Richters für Kunstfehler und Irrtümer ist zu vermeiden, um nicht die richterliche Unabhängigkeit aufs Spiel zu setzen. Müßte der Richter Konsequenzen fürchten, so hatte der Bundesgerichtshof entschieden, so würde er womöglich nicht mehr seinem Gewissen, sondern dem Weg des geringsten Risikos folgen. Das richterliche Gewissen gedeiht nur bei garantierter Risikolosigkeit. Darum berührte die Verurteilung Rehses das sogenannte Richterprivileg, die am 1. April 1949 vom Oberlandesgericht Bamberg aufgestellte Regel, daß die richterliche Tötung straffrei ist, es sei denn, der Täter habe sie unter absichtlicher Beugung des geltenden Rechts begangen. Berlin gab zu bedenken, *»daß die vom BGH geprägten Grundsätze dann nicht Platz greifen können, wenn es sich um Fälle der Rechtsblindheit handelt. Es ist ein Unterschied, ob ein Richter im Einzelfall über die tatsächliche Würdigung eines Sachverhalts oder die Auslegung eines Gesetzes irrt, oder ob er in einer Verblendung über einen langen Zeitraum hinweg rechtsfremde Ziele zu verwirklichen trachtet.«* Wollte man den Grundsatz des Richters mit beschränkter Haftung auf die Rechtsblinden des NS-Richterkorps ausdehnen, schloß das Landgericht, *»dann müßte auch Freisler, stünde er heute als Angeklagter vor dem Schwurgericht und würde er sich ebenfalls auf die Rechtsblindheit berufen, freigesprochen werden, wenn ihm die Rechtsblindheit ebenfalls nicht widerlegt werden könnte«*.
Die Staatsanwaltschaft, vertreten durch den Generalbundesanwalt, zog vor den BGH und beantragte die Behandlung Rehses als Täter. Er sei fälschlich als bloßer Gehilfe Freislers verurteilt worden. Vor dem Bundesgerichtshof stand bereits der Angeklagte und verlangte dasselbe. Er wollte keinesfalls Gehilfe gewesen sein. Der BGH stimmte am 16. Februar 1968 beiden Antragstellern zu: *»Solche Beurteilung wird der rechtlichen Stellung eines Berufsrichters nicht gerecht. Diese folgt und folgte auch zur Tatzeit unmittelbar aus § 1 Gerichtsverfassungsgesetz.«* Dort steht, daß der Richter eine unabhängige, nur dem Gewissen verpflichtete Person ist. Da dies zur Tatzeit auch schon im § 1 GVG nachzulesen war, mußten die Volksrichter lauter unabhängige Leute gewesen sein; *»dies kann und konnte nicht durch irgendwelche tatsächlichen Verhältnisse in dem Maße geändert werden, wie das Schwurgericht annimmt«*, entschied der BGH. *»Als Mitglied eines Kollegialgerichts war der Angeklagte bei der Abstimmung nach dem auch damals geltenden Recht unabhängig, gleichberechtigt, nur dem Gesetz unterworfen und seinem Gewissen verantwortlich.«* Wenn es unter den tatsächlichen Verhältnissen anders war, um so schlim-

mer für ihn. *»Seine Pflicht forderte, allein der eigenen Rechtsüberzeugung zu folgen. Das konnte ihm kein anderer, auch kein Vorsitzender von der Art Freislers abnehmen. Falls also der Angeklagte bewußt gegen seine richterliche Überzeugung von der Rechtslage für ein Todesurteil stimmte, so leistete er einen höchstpersönlichen Beitrag und konnte, wenn das Urteil rechtswidrig war, nur Täter, nicht Gehilfe eines Tötungsverbrechens sein.«*

Nachdem die deutschen Richter Ketten authentischer Täter zu Gehilfen gestempelt hatten, beschlossen sie, selber ausschließlich Täter gewesen zu sein. Aus einem Volk von ängstlichen, willenlosen und verblendeten Kreaturen ragten allein die Richter, unabhängig und nur dem Gesetz verpflichtet empor. Der Universal-Täter Hitler hatte ihnen in nichts hereinzureden, sein Terrorinstrument, der Volksgerichtshof, war eigentlich ein Kollegialgericht, in dem zum Richteramt befähigte Juristen nach der Wahrheit forschten. Von dieser Rechtslage war auszugehen, egal, wie die tatsächliche Lage gewesen sein mochte. Was dem Volksgerichtshof an Rechtswidrigkeiten unterlaufen sein könnte, bedurfte Punkt für Punkt des peinlichen Nachweises. Ergab es sich, daß ein Volksrichter einer anderen Stimme als der seines Gewissens gehorcht hatte, war er keinesfalls Opfer eines übermächtigen Befehlsdrucks, wie die anderen Subalterncharaktere. Ließ der Richter sich nämlich zum Werkzeug Hitlers herab, war es um ihn geschehen. Selbst der schweigsame Rehse drängelte, ganz ungeteilt für die von Freisler verfaßten und von ihm mitunterzeichneten Urteile gradezustehen. Die Herabsetzung vom Täter zum Gehilfen war das Schlimmste, was das Berliner Landgericht ihm hatte antun können. Denn der Nachweis der Beihilfe zum Mord war bereits erbracht, wenn er die niedrigen Motive seines Chefs Freisler kannte. Da er die ganze Zeit neben ihm gesessen hatte, war das schlecht zu widerlegen. Als Täter aber, versicherte ihm der BGH, könne der Angeklagte *»nur noch bestraft werden ..., wenn er selbst aus niedrigen Beweggründen für die Todesstrafe stimmte«*. Auf diesen Beweis wollte Rehse es ruhig ankommen lassen. Vorwürfe wie ›Rechtsblindheit‹ und ›Verblendung‹, ließ der BGH wissen, vermöchten den inneren Tatbestand des Justizmords nicht aufzuklären.

Der nächste Richter, der den Angeklagten untersuchte, interessierte sich nicht für das richterliche Innenleben, sondern den vom BGH trocken dahingeworfenen Satz, der Volksrichter sei von Rechts wegen als unabhängiger, gleichberechtigter, allein Gesetz und Gewissen unterworfener Mann aufzufassen. Eine Theorie, die den juristischen Verstand zu Ausführungen reizt. War doch das erste Schwurgerichtsurteil von Friedrich Geus ganz auf der 1956er Konstruktion des Dritten BGH-Senats aufgebaut, der ›Benutzung der Formen des Gerichtsverfahrens zur Erreichung von Zwecken, die mit Recht und Gerechtigkeit nichts zu tun haben ...‹ Von dieser Anklage hatte der Fünfte Strafsenat 1968 die Volksrichter-

schaft freigesprochen, ohne sich indessen auf ihre echte Natur einzulassen. Klugerweise umgingen die Bundesrichter die Feststellung, was ein Volksrichter sei. In ihrer Entscheidung steht nur, was seine Pflicht gewesen sei. Die Aufklärung der Wirklichkeit fiel an den jungen Kammergerichtsrat Dr. Oske aus Berlin, der keine Fragen offenließ.
Zunächst trifft jede Würdigung des Volksgerichtshofs auf die Figur des tobsüchtigen Roland Freisler, der einen festen Platz unter den nationalsozialistischen Schurken besetzt hält. An ihm ist nicht mehr viel zu retten. Für Rehse war jedoch schon viel gewonnen, wenn Freislers Züge sich ausgestalten ließen. *»Die Beweisführung hat eindeutig ergeben«*, heißt es in Oskes Urteil vom 6. Dezember 1968, *»daß die Verhandlungsführung eben nicht in allen Fällen gleichartig war, daß sich insbesondere seine (Freislers) Verhandlungsleitung in den Fällen des 20. Juli 1944 von seinem Verhalten in anderen Strafverfahren teilweise erheblich unterschied ...«* Unerheblich hingegen unterschieden sich die überkommenen schriftlichen Urteilsbegründungen, *»mit ihrer Fülle unsachlicher Redewendungen«*. Der als Zeuge vernommene, im Nürnberger Juristenprozeß zu zehn Jahren Gefängnis verurteilte frühere Oberreichsanwalt Lautz, *»der Freisler gegenüber kritisch eingestellt war«*, lieferte dem Gericht einen zustimmend zitierten juristischen Ausweg: *»Die Entscheidung im Falle Metzger halte ich für richtig, jedoch die Form des schriftlichen Urteils für völlig unmöglich, was die Begründung anbetrifft. Ich bin der Auffassung, daß, wäre das Urteil im Stile des früheren Reichsgerichts abgefaßt worden, es heute mit sachlicher Begründung kaum hätte beanstandet werden können.«* Und so verfehlte Freisler häufiger den rechten Ton, nicht aber die Sache. *»Die Zeugin Reimann, eine Mitarbeiterin Dr. Metzgers, hat zwar glaubhaft bekundet, daß Freisler den Priester jeweils nach zwei bis drei Sätzen unterbrochen, gedemütigt und in der mündlichen Urteilsbegründung als ›Pestbeule‹ beschimpft habe.«* Andererseits sei aber festzustellen, *»daß sich Dr. Metzger nicht einschüchtern ließ, sondern unbeirrbar mutig zu seiner Tat und ihren Beweggründen stand«*. Die Verteidigung habe entlastende Umstände vortragen dürfen, Metzger sei ein letztes Wort genehmigt worden, Zeugen waren nicht geladen, allerdings auch nicht beantragt worden. In allen Rehse zur Last gelegten Fällen habe Freisler eine Abstimmung über Schuldspruch und Strafmaß nicht vorgenommen, doch nur deshalb, weil dem Schweigen der Beisitzer Zustimmung zu entnehmen gewesen sei. Von gewissen rauhbeinigen Manieren abgesehen *»hat das Gericht nicht feststellen können, daß Freisler in den hier zu untersuchenden sieben Fällen gegen prozessuale Normen verstieß, die die Rechtsstellung der Betroffenen verschlechterten«*. Infolgedessen waren die Betroffenen formal korrekt an den Galgen befördert worden. Blieb noch die Hauptsache zu klären, ob die Opfer ihre Strafe auch verdient hatten.
Den Verdacht der Abwicklung politisch motivierter Scheinverfahren fand das Berliner Schwurgericht nicht bestätigt, denn es *»hat keine Tatsa-*

chen feststellen können, die den Schluß zulassen, daß der Angeklagte aus anderen als dem Gesetzeswerk entsprechenden rechtlichen Erwägungen urteilte und nur im Gewande des Rechts aus politischem Fanatismus oder ähnlichen niedrigen Motiven innenpolitische Gegner des Nationalsozialismus vernichten wollte«. Freisler und Rehse vernichteten ja nur Personen wie Dr. Metzger, welche die *»für die Kriegführung bereitgestellten und notwendigen Volkskräfte«* schwächten. *»Dazu gehörte auch die Überzeugung des Volkes von der Gerechtigkeit der eigenen Sache.«* Die wehrkraftzersetzenden Bemerkungen, um derentwillen die Todesstrafe verhängt wurde, *»auf deren Wahrheitsgehalt es hierbei nicht ankommt«*, hielt das Schwurgericht für geeignet, bei vielen Menschen *»Zweifel an den charakterlichen, politischen und militärischen Fähigkeiten der führenden Personen des Staates und der Wehrmacht wecken oder verstärken, die Siegeszuversicht und den Willen zum weiteren Durchhalten sinken zu lassen«*. Zwar habe Dr. Metzger den Sturz der nationalsozialistischen Herrschaft angestrebt, und damit *»aus ehrenhaften Beweggründen«* gehandelt, die Rehse allerdings nicht habe prüfen müssen. *»Auf die Beweggründe der Tat kam es nach damals herrschender Auffassung nicht an.«*
Was nach damals herrschender Auffassung für Rehse verbindlich war, zitierte das Schwurgericht nach einem Vermerk des Ministerialdirektors im Reichsjustizministerium: *»Grundsätzlich todeswürdig sind Äußerungen folgender Art: Der Krieg sei verloren, Deutschland oder der Führer hätten den Krieg sinnlos oder frivol vom Zaune gebrochen und müßten ihn verlieren, die NSDAP solle oder werde abtreten und nach italienischem Muster den Weg zum Verständigungsfrieden freimachen; der Führer sei krank, unfähig, ein Menschenschlächter usw.«* Mit seinen Urteilen sei Rehse folglich streng nach der Vorschrift verfahren, *»die Äußerungen der Täter entsprachen dem gewöhnlichen Bild der Straftat und galten deshalb als todeswürdige Regelfälle nach §5 Abs. 1 der Kriegssonderstrafrechtsverordnung«*. Die Möglichkeit der Feststellung eines ›minder schweren Falles‹, den die KSSVO einräumte und lediglich mit Freiheitsentzug bedrohte, war *»aus damaliger Sicht, auf die allein es bei der Prüfung der Schuld des Angeklagten ankommt, nicht gegeben«*. Da aus damaliger Sicht der Terror gesetzlich geregelt war, bestätigte das Schwurgericht aus heutiger Sicht, daß der Volksgerichtshof *»ein nur dem Gesetz unterworfenes Gericht«* gewesen sei, weil man *»in der Beweisaufnahme keine Tatsachen festgestellt hat, die eine andere Auffassung rechtfertigen«*. Rehse wurde am 6. Dezember 1968 freigesprochen. Die Anklage der übrigen Richter des Volksgerichtshofs entfiel daraufhin.

Die Gehilfen

Am 14. März 1978 debattierte die israelische Knesseth über Erscheinungen des Neo-Nazismus, darunter das Umfeld des Maidanek-Prozesses in Düsseldorf. *»Ich werde versuchen«*, sagte der Abgeordnete Seidel, *»Ihnen zu schildern, was sich gegenwärtig im Gerichtssaal abspielt. Vor dem Eingang des Gerichtssaals stehen Nazis und Neonazis, die von ihnen selbst verfaßtes Informationsmaterial und Bücher verteilen, die die Beweise für den Mord in Maidanek entkräften sollen, daß es angeblich überhaupt kein Vernichtungslager gab und daß dort keiner ermordet wurde. In diesem Material wird erzählt, daß die Gaskammern nach der Befreiung von den Alliierten errichtet wurden, um Kleider zu desinfizieren ... In den Gerichtsräumen befinden sich 30 pfiffige Rechtsanwälte, an ihrer Spitze der Nazi Ludwig Bock, der auch heute Mitglied einer neo-nazistischen Partei ist. Sie versuchen, die Ruhe der wenigen am Leben gebliebenen Zeugen zu erschüttern. Sie versuchen mit allen möglichen raffinierten Tricks, Widersprüche in den Zeugenaussagen zu entdecken und sogar die Zeugen selbst als unglaubwürdig hinzustellen. Und die Zeugen selbst, die heute noch unter den traumatischen Erlebnissen leiden, sind heute nicht mehr in der Lage, die psychische Katastrophe, die sie vor 30 Jahren erlebt haben, noch einmal seelisch durchzustehen. Einer der zurückgekommenen Zeugen hat über die schwere seelische Not erzählt, in die er während seiner Aussage geraten ist. Er erzählte, daß die Verteidiger zusammen mit den Angeklagten während der Verhandlungspausen in die Kantine zu gehen pflegten, während er – der jüdische Zeuge, der einzige Überlebende seiner Familie – einsam und verlassen im Gerichtssaal stehenblieb und seinen Augen nicht trauen wollte. Dabei dachte er sich: ›Meine gesamte Familie ist von diesen Menschen ermordet worden, und heute verhalten sie sich so, als sei ich der Mörder und als ob sich alles in das Gegenteil verkehrt habe – ich sei der Angeklagte und sie die Ankläger.‹«*

Die Erschütterung der gegnerischen Zeugenaussage ist das tägliche Brot des Strafverteidigers. Macht er den Zeugen nicht nach Strich und Faden unglaubwürdig, bleibt die Belastung an dem Mandanten hängen und kostet ihn im Mordprozeß vielleicht die Freiheit bis ans Ende seiner Tage. In der Verhandlung, die klären soll, ob es sich bei dem KZ-Personal um Mörder gehandelt hat, bezichtigt der Verteidiger ganz im Sinne der Unschuldsvermutung den Überlebenden von Maidanek der Leichtfertigkeit. Mein Mandant hat einem Häftling einen Knüppel quer über den Hals gelegt und sich draufgestellt, hin und her gewippt, bis er tot war? Wie haben Sie den Tod denn festgestellt? Sind Sie Arzt? Nicht jeder, der als ein lebloses, blutiges Bündel fortgeschleppt wird, ist rettungslos tot. Auch wenn er nie wieder auftauchte, ist nicht auszuschließen, daß er im Koma am darauffolgenden Tage vergast wurde, was dem Mandanten nicht vorzuwerfen ist, weil er darauf keinen Einfluß hatte. Das nur zer-

schlagene, nicht aber mit Gewißheit ausgelöschte Opfer ist ein Fall von Körperverletzung, die jedoch verjährt ist, so daß in diesem Anklagepunkt Freispruch zu erfolgen hätte.
Die KZ-Überlebenden sind schlechte Zeugen. Sie konnten sich Datum und Jahreszeit nicht merken; sie verwechseln die sowieso nicht auseinanderzuhaltenden Fratzen ihrer uniformierten Peiniger; was sie gesehen haben, was sie gehört haben, was sie gefürchtet haben, was sie geträumt haben, verschwimmt zu einer Legende, die als tatbestandsmäßige Feststellung nichts taugt. Weiß der Zeuge überraschenderweise ganz exakt, was er erfahrungsgemäß so nicht wissen kann, ist der Verdacht gegeben, daß er das Nötige hinzuerfindet, um sich am Angeklagten zu revanchieren. Dann muß man ihm erst recht auf den Zahn fühlen. Ist aber das Wachpersonal nicht nach übereinstimmenden Aussagen Mann für Mann, das Mordwerkzeug gekrallt, schäumend über die Leiche gebeugt identifiziert worden, sind keine Mörder feststellbar. Zwangsläufig gerät diese Art der Wahrheitsfindung in die Hände der Nazis und ihrer Sympathisanten, die sich nur Anwaltskittel überzustreifen brauchen, um ihre gewohnten Recherchen als gerichtliche Untersuchung fortzusetzen.
Die Wünschelrute nazistischer KZ-Forscher peilt das ungeklärte Detail an. Wenn sich der Geruch verbrannten Menschenfleisches vom Geruch verbrannter Tierkadaver nicht deutlich unterscheiden läßt, andererseits kein Zeuge greifbar ist, der die Toten in den Ofen geschoben und gleichzeitig gesehen hat, daß sie an Zyklon-B-Vergiftung und nicht an Typhus verstorben sind, dann wäre die ganze Existenz des Krematoriums ins Zwielicht zu rücken. Wo aber keine Leichenverbrennung erfolgt, sind auch keine Leichen gewesen.
Der Antrag Rechtsanwalt Dr. Hans Mundorfs, Sachverständige für Fleischbrenngerüche vorzuladen, wurde Gegenstand des Düsseldorfer Schwurgerichtsverfahrens. Es spielt keine Rolle, daß dergleichen abgelehnt wird. Das Bild des Maidanek-Prozesses wurde davon geprägt, daß der Stuß neonazistischer Privatgelehrter nach § 244 Strafprozeßordnung als Beweisantrag zu gelten hatte. Es wird nicht der Arzt bestellt, sondern eine Beratung abgehalten.
Der Erfolg ist doppelt: Brauner Blödsinn arriviert zum Stoff gerichtlicher Auseinandersetzung verstandesbegabter, angesehener Personen, und ferner wird das Gericht aufgehalten, zermürbt, provoziert. Irgendwann unterläuft ihm ein Formfehler, der das spätere Urteil kippen könnte. Außerdem bringt jeder Verhandlungstag ein Honorar um 500 DM. Eine solche Verteidigungsstrategie hat auch ihre augenzwinkernde Seite. Als juristischen Judenwitz trug Rechtsanwalt Bock am 154. Verhandlungstag den Antrag vor, die ehemalige Lagerinsassin Ostrowska wegen Beihilfe zum Mord im Saal verhaften zu lassen, denn sie habe soeben selber zugegeben, Blechdosen mit Zyklon B vom Magazin zur Gaskammer getragen zu haben. Den profilierten Auftritten von Maidanek-Verteidigern folgte

schließlich die Nominierung des Karnevalsprinzen der Saison 1978/79 aus ihrer Mitte durch die Düsseldorfer Karnevalsvereine. Wer mit soviel Schrecklichem konfrontiert werde, gestand ein anwaltlicher Teilnehmer am Lokaltermin in Lublin/Maidanek, müsse auch mal albern sein. Als gestaltgewordene Einheit von Schrecklichkeit und Albernheit hatte die Verteidigerschar soeben an der polnischen Hotelbar ein Gelage abgehalten.
Der Prozeß, der die Tat im Kleinsten rekonstruieren will, verfällt der größten Abstumpfung. Auf dem Vergrößerungsausschnitt ist kein Bild mehr zu sehen, die Justiztechniker studieren ein Raster, das nur noch ihnen selber einen Sinn vermittelt. Daneben verstreicht die Verhandlung, die den Völkermord aufklären soll, mit Anträgen, ob dieser Begriff überhaupt zulässig sei oder jüdische Propaganda, zumal der Sachverständige, der zur Endlösung gehört wird, bei einem Juden studiert habe. Das KZ-Verfahren, das durch die Erinnerung an seinen Gegenstand eine wachsbleiche Würde besitzt, verliert zuletzt auch diese und wird zur Arena ausgefuchster Hasardeure. Schrecken und Trauer zergehen zu Ekel; für die zeugnisablegenden Opfer, vorgeladen zur Stunde der Gerechtigkeit, ist der Maidanek-Prozeß zum Nachtrag ihrer Quälereien geworden. Was bezeugen sie mehr als die Irrealität ihrer Erinnerung? Die Mikroskopie der NS-Tat, der Zeitlupenmord, transparent wie ein Verkehrsunfall, ist außerhalb der Schwurgerichte nur noch das Steckenpferd der Nazi-Auftragsforschung. Wenn diese Branche Prämien aussetzt für den Nachweis einer einzigen Vergasung, stößt sie auf angewiderte Gesichter. Eine Strafverfolgung, die in einem beispiellosen Aufwand von Sachverstand und Mitteln in zwanzig Jahren eine Mörderin des Vernichtungslagers Maidanek überführt und im übrigen keine Nachweise findet, ist jedoch monströser als der neonazistische Gespensterzirkus. Daß der schließlich in den KZ-Prozeß eindringt, deckt dessen ganze Abwegigkeit auf. Die Suche nach dem Täterwillen im Schädel des Massenvernichtungsangestellten, nach dem Privatexzeß im Routinebetrieb ist eine Expedition in die historische Nacht, die sich nicht mehr aufhellt. Alle Neonazis sind unter Protest, aber mit roten Backen dabei. Man entdeckt die interessantesten Menschen, KZ-Wächterinnen, die als barmherzige Schwestern den Opfern vor dem pflichtgemäßen Stoß ins Zyklon B noch freundliche Worte statt Tritten widmen und eine hoffnungslose Zuneigung genießen. SS-Offiziere, die in den Lagerinsassen einen Auswurf sehen, den sie nicht einmal durch Zuschlagen berühren würden. Sie lassen es ihre Kreaturen besorgen, denen wiederum die eigene Initiative mangelt. Solche Schattierungen sind zu finden, denn jeder Endlöser entledigt sich des Auftrags mit einer gewissen persönlichen Note. Der eine entwickelt Sadismus, der andere Stumpfsinn, der dritte Mitleid. Auf der psychologischen Umrahmung aber liegt die ganze Aufmerksamkeit des Gerichts, das dementsprechend seine Zuordnung – Mörder, Gehilfe, Freispruch – trifft.
Wenn die deutschen Vernichtungslager dermaßen preiswert zum unange-

nehmen Dienstplatz strapazierter Mitarbeiter auf Bewährung werden, schicken unweigerlich die Nazis ihre anwaltliche Delegation. Wo sonst fände man noch eine so vorurteilsfreie Betrachtung? Welche ernstzunehmende Stelle nähme in Kauf, Auschwitz, Treblinka und Maidanek auf ein Dutzend Mörder zu reduzieren? Jeder Zeuge aber, der die obligaten Greuel auftischt, ohne sie aus dem Effeff zu belegen, wird als Geschichtenerzähler entlarvt. Das Düsseldorfer Landgericht, das der perversen Verteidigung mit zusammengebissenen Zähnen zusah, wagte nicht, ihr Einhalt zu gebieten. Selbst der idiotischste Verteidigerantrag ist nicht idiotisch genug, daß er erkennbar jenseits der verhandelten Sache läge. Um das Verfahren zu retten, wird ein Spuk ertragen, der es qualvoll aufschwemmt, entwürdigt bis auf die Knochen, die lebenden und die toten Opfer beleidigt und der Welt ein Graus ist. Der Anspruch auf Reinigung, Sühne und Wahrheit verpufft, ein trister Betrieb schleppt sich um seiner selbst willen dahin und desinformiert das Publikum: Die Wahrheit über das Vernichtungslager Maidanek sei nicht mehr aufklärbar, selbst die, die dort gewesen sind, wüßten es nicht mehr so genau. Die geschichtliche Nacht hat alles verschluckt, die nicht mehr zu ermittelnden Taten entlasten die Täter von juristisch inexistenten Vorgängen. Die Toten sind durchgezählt, die Tötungsapparaturen geprüft, die Maschinisten sitzen auf der Anklagebank, nur wer was wann wo wie gemacht hat, bleibt auf ewig ungeklärt. Die Fixierung des KZ-Prozesses auf die von niedrigem Bewußtsein zeugende, grausame und heimtückische Episode ist seine Existenzgrundlage. Ohne die Versessenheit auf die blutrünstige Bagatelle wäre das meiste aufzuklären. Die gewisse Unschärfe im szenischen Detail jedoch taucht alles in Nebel.
Zunächst hielt das Prinzip den greifbaren Täterkreis klein. Erst mit dem Maidanek-Prozeß berührte es sich seltsam mit den Interessenten der ›6-Millionen-Lüge‹. Ein Jahr nach dem Maidanek-Urteil verkündete der rechtsextreme Anwalt und Ideologe Rieger in einem Verfahren des Komplexes Warschauer Ghetto vor dem Schwurgericht Hamburg, die Ghettoisierung sei als eine durch die Unsauberkeit der Juden bedingte Seuchenbekämpfungsmaßnahme zum Schutze der polnischen Bevölkerung notwendig geworden. Ein Einspruch des Gerichts erfolgte nicht. Die Verfolgung und die Propagierung des Verbrechens verbindet sich so am nämlichen Ort.

Unter den vom Maidanek-Personal Getöteten befanden sich auch 10000 tschechoslowakische Juden, die Ende März 1942 aus dem NS-Satellitenstaat Slowakei deportiert worden waren. Die Sonderzüge, teilte das Büro Eichmann dem Legationsrat Franz Rademacher im Auswärtigen Amt mit, würden von der slowakischen Regierung gestellt. Das Auswärtige Amt hatte auf Anregung Himmlers über den Preßburger Gesandten Hanns Ludin (den späteren Gefährten Salomons im Nürnberger Internie-

rungslager, 1946 zum Tode verurteilt) die Abschiebung der ersten 20000 Personen durchgesetzt: *»junge, kräftige slowakische Juden«* waren erbeten worden, um der Regierung Tuka eine Art von Arbeitseinsatz zu signalisieren. Mit ähnlichem diplomatischen Geschick war der französischen Vichy-Regierung zunächst die Deportation staatenloser Juden schmackhaft gemacht worden. Das im Wilhelmstraßenprozeß dem Staatssekretär Weizsäcker seiner Paraphe wegen angelastete Schreiben war im Referat D III, der ›Abteilung Deutschland‹, entworfen worden. D III, ein dem RSHA-Judenreferat Eichmanns entsprechendes Amt, seine Anlaufstelle im Außenministerium, wurde von dem damals 36jährigen Rademacher geleitet, der den Spitznamen ›Judenschlächter‹ trug.
Im April 1932 hatte er das Zweite juristische Staatsexamen bestanden und war zum Hilfsrichter in Mecklenburg ernannt worden. Seine 1937 angetretene Laufbahn im Auswärtigen Amt fand im Juni 1940 ihren ersten Höhepunkt mit dem von ihm ausgearbeiteten Madagaskar-Plan. Die Ideen hatte sich Rademacher aus der antisemitischen Fachliteratur besorgt, die er zu Hause, in einer requirierten Judenwohnung, studierte. Nicht als eingefleischter Antisemit, sondern als junger Referatsleiter, der es zu etwas bringen wollte. Nach dem im zweiten Halbjahr 1941 gefaßten Beschluß der Endlösung bewährte sich Rademacher als Deportationsfachbeamter, der Eichmann die außenpolitische Feinarbeit abnahm.
Sein erster Einsatz führte ihn nach Serbien, denn aus Belgrad war ein Alarmruf des Gesandten Benzler eingetroffen, die Juden beteiligten sich am Partisanenkrieg gegen die deutsche Armee und sollten schleunigst donauabwärts auf rumänisches Gebiet geschafft werden. Das Außenministerium hatte Bedenken: *»Auf diese Weise wird eine Lösung der Judenfrage nicht erreicht.«* Rademacher konsultierte Eichmann und telegraphierte an Benzler zurück: *»Nach Auskunft Sturmbannführer Eichmann, RSHA: Aufnahme in Rußland und Generalgouvernement unmöglich ... Eichmann schlägt Erschießung vor.«*
Zur reibungslosen Abwicklung des Projekts begab sich Rademacher sechs Tage auf Dienstreise, hob 200 Reichsmark von der Kasse des Auswärtigen Amts ab zwecks *»Abschiebung von 8000 Juden«* und schrieb nach seiner Rückkehr am 25. Oktober 1941 bei einer Flasche Cognac den Bericht *»über das Ergebnis meiner Dienstreise«* in gelösterer Sprache: *»Liquidierung von Juden in Belgrad.«* Seither hieß er der Judenschlächter. *»Die männlichen Juden sind bis Ende dieser Woche erschossen«*, berechnet Rademacher im einzelnen; der Rest von 20000 Juden einschließlich Frauen und Kinder wird den Winter über in Belgrad ghettoisiert. *»Sobald dann im Rahmen der Gesamtlösung der Judenfrage die technische Möglichkeit besteht, werden die Juden auf dem Wasserwege in die Auffanglager im Osten abgeschoben.«* In Wahrheit schmückte sich Rademacher mit fremdem Lorbeer, denn es hatte sich in Belgrad herausgestellt, daß die Wehrmachtsgeneräle Eichmanns Empfehlung zuvorgekommen wa-

ren und die Exekution der Juden als militärische Vergeltungsmaßnahme durchgeführt hatten. Sie hielten sich an den Wehrlosen für die Schläge der Partisanen schadlos. (Im Nürnberger Hostage Case war den Balkangenerälen dieses Verbrechen schwer angerechnet worden, vgl. S. 79)
Rademacher sollte indessen schon zehn Monate später Erfolgszahlen melden, die nur seiner eigenen Tüchtigkeit gutzuschreiben waren. Im August 1942 verfertigte er mit seinem Abteilungsleiter, Unterstaatssekretär Martin Luther, eine vorläufige Bilanz des Judenreferats D III. Man hatte die rumänische, kroatische und slowakische Regierung breitgeschlagen, ihre auf Reichsgebiet ansässigen jüdischen Staatsangehörigen in die Deportation der deutschen Juden aufnehmen zu lassen. Nach der Abgabe der ersten 20000 slowakischen Juden waren Staatspräsident Tiso und die Regierung davon überzeugt worden, ihr Territorium gänzlich judenrein zu machen. *»Die slowakische Regierung hat außerdem zugestimmt, daß sie für jeden evakuierten Juden als Unkostenbeitrag 500 RM zuzahlt. Inzwischen sind 52000 Juden aus der Slowakei fortgeschafft.«* Ferner wurde erreicht, daß die kroatische Regierung mit der Deportation *»grundsätzlich einverstanden«* sei, daß auch *»die bulgarische Regierung in der Frage der Evakuierung grundsätzlich bereit ist, eine Absprache mit uns zu treffen«*. Mit Rumänien werde soeben verhandelt, Ungarn sei mangels Judengesetzgebung noch nicht reif genug. Italien bereite leider Schwierigkeiten, in Frankreich, Belgien und Holland hingegen *»sind die Judenmaßnahmen allgemein angewendet worden«*.
Das Referat D III saß wie die Spinne im Netz der europäischen Deportationen, traf keine Entscheidungen, formulierte sie aber, paßte sie den Realitäten an und setzte seinen ganzen Ehrgeiz in die stete Versorgung der Vernichtungslager mit menschlicher Fracht. Eichmann organisierte, und Rademacher präparierte das Terrain. Anders als die individuellen Anstrengungen von Maidanek, die in den Erinnerungslücken der Zeugen verschwunden sind, waren Rademachers laufende Bemühungen von ihm datiert, unterschrieben und abgeheftet. Aus den erstklassigen Befähigungsnachweisen war erstklassiges Belastungsmaterial geworden. Rademacher war ein unbestechlicher Zeuge in eigener Sache. Der Richter, der seinen Fall zu entscheiden hatte, brauchte nicht wie das Düsseldorfer Schwurgericht in den verkümmerten Seelen ehedem halberwachsener KZ-Megären nach dem Funken des Antisemitismus zu forschen. Wenn der Judenreferent kein Antisemit war, dann war die ganze Endlösung nicht antisemitisch und der Begriff überflüssig.
Als Rademacher am 21. Februar 1968 vor dem Bamberger Schwurgericht stand – im Maidanek-Verfahren wurde bereits seit acht Jahren ermittelt –, berief sich die Anklage auf das Massaker von Belgrad, auf die Deportation von Tausenden von rumänischen Juden aus Frankreich, Belgien und Holland, von bulgarischen Juden aus Deutschland, von kroatischen Juden aus Kroatien, rumänischen Juden aus Rumänien, sowie von 6000

staatenlosen und französischen Juden aus Frankreich, Holland und Belgien. Die Staatsanwaltschaft hatte für diese Bereiche diplomatische Initiativen von D III vorlegen können. An der Echtheit der Dokumente existierte kein Zweifel. Problematischer war der Nachweis, ob Rademacher den Inhalt der amtlich benutzten Tarnsprache durchschaut habe. Da Rademacher einer der Empfänger des Wannseeprotokolls gewesen war und *»erheblicher Verdacht«* bestand, daß er es auch gelesen hatte, da ferner die Einsatzgruppenberichte durch seine Hände gegangen waren, hegte das Gericht *»keinen Zweifel«* am Wissen des Angeklagten, daß die Juden im Osten zumindest ein grausam-gnadenloses Geschick und eine Vielzahl der Tod erwartet habe.
Schwierigkeiten bereitete dem Gericht hingegen die Frage, inwieweit die Aktionen aus D III für den Tod der von ihnen Betroffenen ursächlich gewesen sein mochten? Rademachers Schreiben vom 20. März 1942, gegengezeichnet von Woermann und Weizsäcker, das Eichmann zur Deportation von 6000 Juden aus Frankreich ermächtigte, hatte im Wilhelmstraßenprozeß zur Verurteilung Weizsäckers beigetragen. Bamberg entdeckte zwanzig Jahre später Aspekte, die den US-Richtern verschlossen geblieben waren: Eichmann hatte die Juden nicht zur Rassendiskriminierung, sondern zum Zwecke von *»Sühnemaßnahmen für die Anschläge auf deutsche Wehrmachtsangehörige«* verlangt. Außerdem arbeitete Auschwitz noch nicht als Vernichtungslager, lag auf oberschlesischem Reichsgebiet und mußte darum nicht notwendig als Ziel der im Wannseeprotokoll als Endlösung bezeichneten ›Evakuierung der Juden nach dem Osten‹ aufgefaßt werden. Schließlich waren die fraglichen 6000 Juden schon vor Eintreffen der Eichmannschen Anfrage in Frankreich interniert gewesen, so daß die Deportation auch aus dem Gesichtspunkt der *»Freiheitsberaubung im Amt«* nicht relevant erschien.
Kompliziert gestaltete sich ferner der Anklagepunkt ›Kroatien‹. Als Belastungsmaterial lag eine Notiz Luthers vor, mit dem RSHA über den schnellstmöglichen Abtransport der kroatischen Juden zu verhandeln. Es fehlten über diese Verhandlungen jedoch die Unterlagen. Rademacher hatte zwar an Eichmann ein Schreiben des deutschen Gesandten in Zagreb, SA-Gruppenführer Kasche, weitergeleitet, der das Einverständnis der kroatischen Regierung mitteilte und bat, mit dem RSHA über baldige Deportation zu verhandeln. Doch war das Gericht davon überzeugt, daß Eichmann die Mitteilung sowieso schon kannte und Rademachers Einsatz darum für den Tod der 4000 kroatischen Juden nicht ursächlich war. Heftigere Initiative hingegen hatte D III an den Tag gelegt, um die Italiener zu bedrängen, die Juden des von ihnen besetzten Teils Kroatiens auszuliefern. Allerdings war diese Initiative erfolglos geblieben. Die absolut erfolgreiche Deportation von 90000 Juden aus Frankreich, Belgien und Holland, der Luther und Rademacher am 29. Juli 1942 zustimmten, hatte wiederum Mitte Juli, schon vor Eintreffen der D III-Zusage, begonnen.

Infolgedessen nahmen die Bamberger Richter an, Rademachers verspätete Zustimmung sei als reine Formsache zu betrachten, weil sie die festen Absichten des RSHA nicht beeinflussen konnte.
Als bewiesen sah das Gericht schließlich die Teilnahme Rademachers an der Ermordung von 1300 serbischen und 1930 rumänischen Juden an. Unbewiesen blieb seine Täterschaft. Nichts deutete auf ein persönliches Interesse an seiner Amtstätigkeit hin. Rademacher war pflichtschuldig den Anweisungen seines Abteilungsleiters nachgekommen. Als beamteter Gehilfe der Staatsführung wurde der Judenschlächter am 2. Mai 1968 zu fünf Jahren Zuchthaus verurteilt. Zwei Drittel der Strafe waren durch die Untersuchungshaft verbüßt. Auf Grund seiner kriselnden Gesundheit und seines gesetzestreuen Verhaltens nach 1945 wurde Rademacher die Vollstreckung der Strafe erlassen. Im Januar 1971 hob der Bundesgerichtshof das Urteil hauptsächlich wegen des Punktes der 90000 holländischen, belgischen und französischen Juden auf. Bamberg habe einen völlig falschen Begriff vom Konstrukt der Beihilfe. Auf den Kausalzusammenhang zum Taterfolg komme es überhaupt nicht an. Ausreichend sei eine irgendwie geartete Unterstützung. Der Fall Holland, Belgien, Frankreich müsse erneut verhandelt werden. Bevor es dazu kam, erlitt Rademacher einen Herzkollaps und starb als nicht verurteilter Mann am 17. März 1973.
Der Grund seiner Verfolgung blieb ihm unverständlich. Andere Deportationshelfer hatten einige Zigtausend Personen weniger, aber immer noch genug auf den Weg verbracht und längst an ihre alte Laufbahn angeknüpft. Ein gewisser Dr. Werner von Grundherr, unter Ribbentrop Sachbearbeiter für die skandinavischen Länder, der nach der Feststellung des Nürnberger Gerichtshofes für die Judendeportationen aus Dänemark mitverantwortlich war, hatte es zum deutschen Botschafter in Athen gebracht, Ernst Günther Mohr, der früher Deportationsberichte aus Den Haag geschickt hatte, amtierte als Gesandter in Caracas, Venezuela. Ernst Heinrichsohn, Spezialist für Kinderdeportationen aus Frankreich, regierte in Bayern als Bürgermeister. Zwei weitere Frankreich-Veteranen, Hagen und Lischka, wirkten als wirtschaftliche Führungskräfte. Der Leiter des Judenreferats der Gestapo in Frankreich, Heinz Röthke, unter dessen Anleitung einige Zehntausend Juden deportiert worden waren, saß als Rechtsberater in Wolfsburg. Emil v. Rintelen, diplomatisch an Deportationen aus Rumänien beteiligt, wirkte an der Diplomatenschule Speyer. Dr. Ernst Ehlers, Leiter der Sicherheitspolizei/Sicherheitsdienst in Belgien, verantwortlich für die Deportation von 25000 belgischen Juden nach Auschwitz, war bis zu seiner Pensionierung 1975 Richter am Landesverwaltungsgericht Schleswig-Holstein. Dr. Heinrich Illers, Vize-Kommandeur der Sipo/SD von Paris, verantwortlich für die letzte Frankreich-Deportation von 1600 Personen am 18. August 1944, fungierte als Senatspräsident beim Landessozialgericht in Niedersachsen.
Hunderte auf französischem Gebiet begangene Verbrechen hatte Frank-

reich in Abwesenheit der Täter verhandelt, derer man nicht habhaft werden konnte. Nach Inkrafttreten des deutsch-alliierten Überleitungsvertrags am 5. Mai 1955 waren sie durch die Klausel, die eine Wiederaufnahme der alliierten Verfahren untersagte, im Inland amnestiert. Sie traten aus ihren Verstecken hervor, wie der SS-General Heinz-Bernhard Lammerding, der in Düsseldorf eine Baufirma gründete und französischen Journalisten gelegentlich Interviews gab. Am 10. Juni 1944 hatte die dritte Kompanie der von ihm geführten Waffen-SS-Panzerdivision ›Das Reich‹ die Bevölkerung des Dorfs Oradour vernichtet. Die Hälfte der 642 Toten waren Frauen und Kinder, die in der Dorfkirche lebendig verbrannten. Der Überleitungsvertrag beabsichtigte nicht, den Verfolgungsdrang der deutschen Justiz zu mäßigen. Sie sollte nicht in die Verlegenheit geraten, alliierte Kriegsverbrecherprozesse nach den ihr eigenen Rechtsansichten neu aufzurollen. Mit der unvermuteten Einführung des bundesdeutschen NS-Prozesses nach 1958 mußten die Franzosen mit ansehen, daß ausgerechnet die von ihren Gerichten bereits überführten Verbrecher tabu bleiben sollten. Die Täter, von Regierungsstellen gewarnt, machten um Frankreich stets einen großen Bogen. Nach zehnjährigem Drängen nötigte die französische Regierung der deutschen am 2. Februar 1971 einen Zusatzvertrag ab, der Neuanklagen der unbestraft Verurteilten gestattete. Um den Vertrag vom Bundestag bald ratifizieren zu lassen, beriet ihn der Auswärtige Ausschuß, der in dieser Angelegenheit über einen besonders informierten Berichterstatter verfügte, den Abgeordneten Dr. Ernst Achenbach (FDP).

Als Graue Eminenz der Deutschen Botschaft in Paris von Juni 1940 bis Mai 1943 war Achenbach der Dienstvorgesetzte des Judenreferenten, Legationsrat Karl-Theodor Zeitschel. Während der Judenreferent Rademacher pedantisch die Initiativen seines Chefs Luther ausführte, schoben die Chefs der Pariser Botschaft alle Schuld auf den unseligen Gehilfen Zeitschel. Botschafter Abetz schilderte ihn später als bösartigen, halbverrückten Narren, den man einzig und allein in der Botschaft beschäftigt habe, um auf dem laufenden zu sein, was die Sipo/SD Stellen an Unheil planten. *»Wir schickten ständig Greuelberichte«*, erläuterte Achenbach die von ihm unterschriebenen Akten, *»über alles, was wir gegen die Juden unternahmen, um zu verhindern, daß Goebbels jemand nach Paris schickt, um zu kontrollieren, was wir in Wirklichkeit machten.«* In Wirklichkeit verhinderte Achenbach ungezügelte Geiselerschießungen nach einem im Februar 1943 gelungenen Attentat auf zwei deutsche Offiziere. Statt dessen meldete er ›citissime‹ dem Auswärtigen Amt: *»Als einstweilige Sühnemaßnahme ist geplant, 2000 Juden zu verhaften und nach dem Osten zu verbringen.«* So geschah es am 4. und 6. März; die Vernichtung schloß sich am 6. und 8. März an. 1974 verlangte Achenbach – das Zusatzabkommen schmorte seit drei Jahren im Ausschuß, Lammerding war unterdessen verstorben –, man solle besser von der

Ratifizierung zurücktreten, da nach dreißig Jahren ohnehin keine gerechten Urteile mehr zu erwarten seien.
Die Ungerechtigkeit streckte bereits nach Achenbach selbst die Hände aus. Eine französische Gruppe, angeführt von Beate Klarsfeld, hatte im Juli 1974 sein Bundestagsbüro besetzt und ihn der Teilnahme an der Deportation von 100000 Juden beschuldigt. Die Polizei leitete eine Fahndung nach der jungen Deutsch-Französin ein, die am folgenden Tag in Gesellschaft ehemaliger Resistance-Kämpfer beim Kölner Landgericht eintraf, um sich für einen Entführungsversuch im Frühjahr 1971 zu verantworten. Als Zeuge trat ein 64jähriger Prokurist der Firma Krücken auf, dem Entführungsversuch knapp entronnen, der ihn zurück nach Frankreich holen sollte, wo er zwischen seinem 31. und 34. Lebensjahr einer der Hauptgestalter der Endlösung gewesen war: Kurt Lischka, 1938 Chef des Judendezernats der Gestapo in Berlin, 1940 Chef der Kölner Gestapo, 1940–43 verschiedene Posten bei Sipo/SD-Stellen in Frankreich, zeitweiliger Befehlshaber von Sipo/SD in Paris, 1943–45 Tätigkeit im RSHA, u. a. für die ›Sonderkommission 20. Juli 1944‹, 1950 in Paris in Abwesenheit zu lebenslänglicher Zwangsarbeit verurteilt.
Das Landgericht Köln verurteilte die Angeklagte Klarsfeld wegen versuchter Freiheitsberaubung an Lischka, der 73000 Juden in den Tod geschickt hatte, zu zwei Monaten Gefängnis ohne Bewährung. Frankreichs Staatspräsident Giscard d'Estaing setzte sich für die Anhörung französischer Lischka-Opfer als Zeugen ein und bewegte Bundeskanzler Schmidt noch im gleichen Jahr, die Ratifizierung des Zusatzabkommens durchzusetzen. Nachdem der Bundestag im Januar 1975 das Abkommen verabschiedet hatte, begann die Kölner Staatsanwaltschaft den Fall der Judendeportation aus Frankreich zu recherchieren. Botschafter Abetz, SS- und Polizeiführer Oberg und ihre Judenreferenten Dannecker, Röthke und Zeitschel lebten nicht mehr. Sipo/SD-Führer Dr. Helmut Knochen, 1954 in Frankreich zum Tode verurteilt, 1962 begnadigt, lebte unangreifbar als Versicherungsmakler in Offenburg. Im Juli 1978 wurde Anklage erhoben gegen Kurt Lischka, Herbert Hagen, Abteilungsleiter bei der Sipo/SD, 1955 in Abwesenheit zu lebenslänglicher Zwangsarbeit verurteilt, und den bayrischen Bürgermeister Ernst Heinrichsohn, Mitarbeiter Lischkas in Paris, 1956 dort in Abwesenheit zum Tode verurteilt.
Hagen und Lischka gehörten zu den jugendlichen Judenexperten in Gestapo und SD, die an ihre Aufgabe in Frankreich ideologisch wohlpräpariert herantraten. *»Von jüdischen Angelegenheiten, jüdischen Organisationen, deren Wollen, deren Zielen hatte er bis dahin noch keine Ahnung«*, erzählte Eichmann in Jerusalem über den 34jährigen Oberscharführer Hagen, der 1937 in die noch intimen Dienststellen des SD einrückte, die sich mit Judenfragen befaßten. *»Sein erstes, als er kam, war daher, daß er sich von mir einmal über mein Sachgebiet erschöpfend Auskunft geben ließ. Er frug tatsächlich so umfassend und wollte es so genau wissen, daß*

ich Mühe hatte, wirklich alles, was ich wußte, herauszukramen, er pumpte mir mein Wissen jedenfalls heraus; und das Erstaunliche: er behielt es ...«
Lischka war eher ein Mann der polizeilichen Praxis, der bereits in der Reichskristallnacht, als 29jähriger Judenchef der Gestapo, mobilgemacht hatte. Diese Männer waren in die Endlösung hineingewachsen, Laufbahn und Fachkenntnisse hingen an der Judenfrage. Sie waren nicht hinbefohlen, sondern kamen aus Interesse. Als Berufsantisemiten gehorchten sie nicht lustlos der Staatsautorität, sondern folgten strengsten Grundsätzen.
Der dritte Angeklagte, Ernst Heinrichsohn, war 1940 als Zwanzigjähriger in das Judenreferat der Gestapo in Frankreich gelangt. Augenzeugen schilderten ihn als den antisemitischen Genußmenschen. *»Jede Nacht der Deportation war Heinrichsohn anwesend; es war überraschend, diesen gut aussehenden Jüngling in seinem eleganten Reitanzug zu sehen, wie er uns schlecht behandelte und die fast widerstrebenden Kinder mit einem gewissen Genuß brutalisierte ... seine Gegenwart war völlig überflüssig, er kam zu seinem Vergnügen.«*
Der Lischka-Prozeß wurde 15 Monate nach der Anklageerhebung eröffnet und nach dreißig Verhandlungstagen am 11. Februar 1980 mit der Urteilsverkündung abgeschlossen. Die Zeitungen lobten die zügige Prozeßführung, der Tatbestand war durch die vom Dokumentationszentrum für Jüdische Zeitgeschichte Paris vorgelegten Aktenbeweise eindeutig, die Angeklagten hingegen verteidigten sich wirkungslos mit dem Argument, sie hätten nie etwas anderes als Verschickung zum Arbeitseinsatz im Sinn gehabt. Das Gericht ließ sich nicht davon überzeugen, daß die rundum beschlagenen jungen Judenreferenten ihre Wißbegier ausgerechnet auf dem Bahnsteig von Auschwitz verlassen hätte. Statt dessen wurden ihnen die zur Verurteilung erforderliche Grausamkeit und niedriges Bewußtsein zugerechnet. Das einzige, was ihnen fehlte, war der Täterwille. Auch sie waren nur Werkzeuge zu fremder Tat.
Wenn Heinrichsohn morgens um fünf mit der Reitpeitsche in Drancy durch Tausende kahlgeschorener Kinder stolzierte und für Tempo beim Abtransport sorgte, dann wollte er im Grunde Hitler und Himmler unterstützen. Auch wenn er ihre Grausamkeit teilte, fehlte ihm zur Realisierung die Tatkraft, die ihm erst in Ausführung des Führerwillens zufloß. Die viertausend Kinder, die im August 1942 nach Drancy kamen und von Heinrichsohn in die Waggons getrieben wurden, fielen der Magie des Führerbefehls zum Opfer. *»Sie waren in einem entsetzlichen Zustand«*, berichtete die Zeugin Daltoff. *»Eine Wolke von Insekten umgab sie ständig. Sie hatten alle ein Schildchen um den Hals, ein Holzstückchen, darauf stand nur ihr Name. Einige hatten es verloren, einige hatten es umgetauscht. Jeder trug ein kleines Bündelchen. Sie waren krank, verhungert, verwahrlost, mit Hautausschlägen. Sie litten an Krätze, fast alle hatten die Ruhr.«* Heinrichsohn, *»der schöne Ephebe«*, der mal schrie und mal lachte, hielt sich nicht mit Rührung über Angelegenheiten auf, die seinem

Willen ohnehin nicht entsprachen, und war vor allem immer eilig, die Transporte vollzubekommen. Das Kölner Schwurgericht verurteilte ihn im Februar 1980 zu sechs Jahren Gefängnis. Im Juni 1982 befand er sich wieder auf freiem Fuß. Eine längere Untersuchungshaft blieb ihm ebenfalls erspart, weil in seiner Gemeinde Bürgstadt 200000 DM Kaution eingesammelt wurden, damit ihr Bürgermeister, der Heinrichsohn während des Verfahrens blieb, seinen Sitz nicht in der Haftanstalt hatte. Lischka und Hagen, die Judenspezialisten, verurteilte das Schwurgericht zu 10 bzw. 12 Jahren Gefängnis wegen Beihilfe an der Ermordung von 73000 Menschen.

Ein Urteil in ähnlicher Sache fällte am 7. Juli 1981 das Landgericht Kiel gegen den Judenreferenten der Sipo/SD in Belgien, Kurt Asche, wegen Beihilfe an der Ermordung von 25000 Juden. Das Verfahren war weniger perfekt als das Kölner; die Justiz hatte 18 Jahre lang gegen den Sipo-Chef Ehlers, seinen Nachfolger Konstantin Canaris und Kurt Asche ermittelt. Ehlers, pensionierter Verwaltungsgerichtsrat, beging vor dem unverhofften Prozeßbeginn Selbstmord, Canaris wurde für verhandlungsunfähig erklärt, und Asche erhielt sieben Jahre Gefängnis. Die von ihm verhängte Strafe entschuldigte der Gerichtsvorsitzende als weder tat- noch schuldangemessen. Eine Ausschöpfung des möglichen Strafmaßes sei jedoch sinnlos, weil der 71jährige Angeklagte nun am Ende seines Lebens stehe. Der Prozeß hätte 15 Jahre früher stattfinden müssen.

Die Urteile, die 15 Jahre früher der gleichen Taten wegen gefällt wurden, waren auch nicht anders. Der Judenreferent des SD in Holland, Wilhelm Zöpf, erhielt am 13. Februar 1967 vom Schwurgericht München neun Jahre Haft für die Beihilfe zum Mord in 55000 Fällen. Sein Chef, der Befehlshaber der Sicherheitspolizei und des SD Wilhelm Harster, wurde für die Beihilfe zum Mord in mindestens 82000 Fällen zu 15 Jahren verurteilt. Den 62jährigen begnadigte man nach wenigen Jahren, weil er sich im Prozeß als geständig gezeigt hatte. Hermann Krumey und Otto Hunsche, die Gefährten Eichmanns im ungarischen Judenreferat, das 400000 Menschen auf den Transport brachte, wurden 1965 bzw. 1969 zu fünf bzw. zwölf Jahren Haft verurteilt. Wie Eichmann in Jerusalem gaben sich diese Personen vor Gericht als Transportoffiziere aus. *»Evakuierung und Transport«*, hatte Eichmann seinem Vernehmungsbeamten Less gesagt: *»... es dreht sich ja alles hier, Herr Hauptmann, um den Transport. Aber mit der Tötung hat's nichts zu tun, Herr Hauptmann. Das ist der große Unterschied, den wir gemacht haben und den ich heute auch machen muß.«*
Den Unterschied zwischen Evakuierung und Ermordung sahen die Gerichte gleichfalls. Als Mord qualifizierten sie gewöhnlich Tötungen außerhalb des Befehlswegs auf eigene Faust. Das Schwurgericht Berlin verurteilte am 23. August 1973 die SS-Angehörigen Bäcker und Quambusch zu lebenslänglicher Haft, weil sie neben den Massenerschießungen willkürlich und aus eigener Machtvollkommenheit die nicht autorisierte Er-

schießung von 25 bzw. 20 jüdischen Mädchen, Arbeitsunfähigen und festgenommenen Flüchtlingen durchgeführt hätten. Den 68jährigen Polizeioffizier Adolf Petsch, der nach eigenen Angaben 6000 Personen durch Genickschuß getötet hatte, betrachtete das Frankfurter Schwurgericht in seinem Urteil vom 7. Februar 1973 als Gehilfen Hitlers und Himmlers. Mit Sorgfalt hatte er zuerst die Kinder und danach die Mütter erschossen, damit das Geschrei nicht zu groß werde. Nach jedem Einsatz mußte er die blutige Uniform wechseln. Die Aktionen, an denen Petsch und fünf seiner Kameraden vom Polizeibataillon 306 teilgenommen hatten, trugen den Tarnnamen *»Hühnerfarm«*. Die Zahl der Ermordeten wurde gemeldet als *»gelegte Eier«*. Petsch erhielt die höchste zeitliche Strafe von 15 Jahren, sein Kollege Eckert, Schütze aus dem dritten Glied mit 2000 Erschossenen in vier Tagen, wurde mit drei Jahren Haft bestraft. Auf Grund ihrer geschwächten Gesundheit erhielten alle Verurteilten Haftverschonung.
Wachsende Vertrautheit der Gerichte mit KZ-Personal, Einsatzgruppenleuten und Deportationsbeamten festigte die ursprüngliche Auffassung, daß die vorschriftsmäßige Endlösung äußerste Milde verdiente. Die Härte des Gesetzes blieb dem privaten Mordvergnügen vorbehalten, dem unkontrollierten Blutvergießen am Rande. Massenvernichtung bis zum Umfallen, Entjudung Europas bis zum letzten Säugling geschah im Staatsauftrag und kostet vergleichsweise wenig. Die Täter von sich aus sind brav, sie haben im späteren Leben nie wieder jemanden nach Auschwitz geschickt oder mit Zyklon B traktiert. Die Extratouren aber, die Hitler gar nicht angeordnet hatte, schlagen hundertprozentig auf das Konto des Urhebers. Fünftausend Juden Genickschüsse aufzusetzen war Dienst. Zweien davon aus Jux ans Leben zu gehen war Mord. Für den Staatsauftrag werden Strafen verhängt, nur besteht zwischen drei Jahren Haft und der Tötung von 2000 Menschen kein Zusammenhang. Man kann Endlösung wie Urkundenfälschung bestrafen, dann aber charakterisiert eine solche Strafe nicht mehr die Tat, sondern das Gericht. Wenn nach 15–20 Jahren NS-Prozessen bundesrepublikanische Gerichte wie angenagelt die Unterstützung Hitlers beim Judenausrotten für ein geringfügiges und den Lustmord für ein Schwerverbrechen halten, stehen sie fortwirkend im Bann der Tat. Der Führerbefehl immunisiert den Gefolgsmann. Wer dem Staatsoberhaupt folgt, und sei es bis zum Kindermassengrab, kann nicht so schlecht sein wie der Triebmörder auf eigenes Risiko. Was aber ist der Unterschied zwischen einem Täter, der die Endlösung persönlich will, und dem Gehilfen, der sie nicht persönlich will, aber Hitler will, der sie will?
Wer Millionen ausrottet, ist auf die Teilnahme der Nicht-Kriminellen angewiesen. Gelten sie deshalb als entschuldigt, bleibt die Tat straffrei. Die mit viel Gesetzeskunst ausgeworfenen Ersatzstrafen drücken nur die Hemmung aus, sich zu der Amnestie zu bekennen. Manche Gerichte ha-

ben allerdings, insoweit aufrichtig, wegen Geringfügigkeit der Tat auf Strafen verzichtet.

Das größte einzelne Massaker der Endlösung erlitten die Juden in Kiew. Am 29. und 30. September 1941 wurden unweit der Stadt in der Schlucht von Babi-Jar 33780 Menschen erschossen, eine Vernichtungsintensität, die weder Auschwitz noch Treblinka je erreichte. *»Nach einem Kilometer sah ich eine große natürliche Schlucht«*, berichtete ein Teilnehmer der Aktion im Verhör der Staatsanwaltschaft. *»Es war sandiges Gelände. Die Schlucht war ca. 10 Meter tief, etwa 400 Meter lang, oben etwa 80 Meter breit und unten etwa 10 Meter breit... Es dauerte nicht lange, und es wurden uns schon die ersten Juden über die Schluchtabhänge zugeführt. Die Juden mußten sich mit dem Gesicht zur Erde an die Muldenwände hinlegen. In der Mulde befanden sich drei Gruppen mit insgesamt etwa 12 Schützen. Gleichzeitig sind diesen Erschießungsgruppen von obenher laufend Juden zugeführt worden. Die nachfolgenden Juden mußten sich auf die Leichen der zuvor erschossenen Juden legen. Die Schützen standen jeweils hinter den Juden und haben diese mit Genickschüssen getötet. Mir ist noch heute in Erinnerung, in welches Entsetzen die Juden kamen, die oben am Grubenrand zum ersten Mal auf die Leichen in der Grube hinuntersehen konnten. Viele Juden haben vor Schreck laut aufgeschrien. Man kann sich gar nicht vorstellen, welche Nervenkraft es kostet, da unten diese schmutzige Arbeit auszuführen.«*

Die Arbeit in der Babi-Jar-Schlucht teilten sich das Einsatzkommando 4a und zwei Abteilungen der Ordnungspolizei vom Regiment Rußland-Süd. Regimentskommandeur René Rosenbauer, im Jahre 1970 in Regensburg unter Anklage gestellt, erwies sich bei Beginn des Verfahrens als verhandlungsunfähig; eine Woche später folgte ihm Bataillonskommandeur Martin Besser. Kompaniechef Hermann Berensen beging vor Prozeßbeginn Selbstmord, und Polizeihauptmann Engelbert Kreuzer wurde zu sieben Jahren Gefängnis verurteilt. Der Kompanie-Spieß, Hauptwachtmeister der Schutzpolizei Fritz Forberg, 67, der die Züge zur Vernichtungsaktion zusammenstellte, wurde am 15. Februar 1973 der Beihilfe zum Mord in 2400 Fällen für schuldig erklärt. Nach §47 Militärstrafgesetzbuch, Absatz 2 *(»Ist die Schuld des Untergebenen gering, so kann von einer Bestrafung abgesehen werden«)* wurde Geringfügigkeit festgestellt und Forberg als zweitausendfacher Mordgehilfe in den Ruhestand entlassen. Die Geringfügigkeitsklausel nach §47 MStGB war durch Entscheidung des Bundesgerichtshofs vom September 1966 im Kulmhof-Prozeß höchstrichterlich auf Endlösungsaktionen anwendbar gemacht worden.

Andere Beiträge waren so geringfügig, daß gar kein Strafgesetz berührt worden war. Der SS-Inspekteur für Statistik Dr. Richard Korherr beispielsweise rechnete nur durch, wie viele Juden 1943 in Europa noch anwesend und wieviele *»Todesfällen«* erlegen waren. Im April 1943 legte Korherr dem Reichsführer SS eine Bilanz vor, derzufolge das Judentum

»innerhalb des erweiterten Reichsgebietes« (Altreich, Sudetenland, Ostmark, Böhmen und Mähren, Ostgebiete, Generalgouvernement) seit Kriegsbeginn um 2514789 Köpfe vermindert sei. Bis zum Kriege sei die Verminderung durch Auswanderung erfolgt, *»während im Osten der Zusammenbruch der für die Zukunft gefährlichen, fruchtbaren Judenmassen erst im Kriege und besonders seit den Evakuierungsmaßnahmen von 1942 deutlich wird«*. Dr. Korherr bedauerte, daß sich *»eine eindeutige Bilanz trotz allen vergossenen Schweißes nicht erstellen«* ließe. *»Doch geben die Zahlen an sich einen brauchbaren Anhaltspunkt. Heil Hitler.«*
Weil das Abzählen der Toten nicht strafbar ist, auch wenn es brauchbare Anhaltspunkte für den noch zu beseitigenden Rest bietet, stellte der Endlösungsstatistiker seine Kräfte bis in die siebziger Jahre in den Dienst der Bundesregierung. Der Katholik Korherr war nicht einmal als übler Nationalsozialist anzusehen, denn er hatte sich mit seinen pedantischen Recherchen bei den SS-Leuten tief verhaßt gemacht. Ihm gelang der Nachweis, daß so viele Juden, wie sie geprahlt hatten, noch gar nicht umgebracht waren.
Das kalkulierende, planerische Element, der bürokratische Sockel der Ausrottung erschien nicht vor Gericht, wo Jahrzehnte ins Land gingen, den Schindern von Maidanek die Grausamkeit und den Täterwillen nachzuweisen. Als die Staatsanwaltschaft in Düsseldorf im Jahre 1970 beim Landgericht beantragte, ein Verfahren gegen den stellvertretenden Generaldirektor der Deutschen Reichsbahn, Dr. Albert Ganzenmüller, zu eröffnen, unter der Anschuldigung, *»zu der von Hitler, Himmler und anderen NS-Staats- und Parteifunktionären im Rahmen der sogenannten ›Endlösung der Judenfrage‹ vorsätzlich und aus niedrigen Beweggründen, zum Teil auch grausam begangenen Tötung mehrerer Millionen Juden ... durch die Tat wissentlich Hilfe geleistet zu haben«*, lehnte das Gericht einen Eröffnungsbeschluß ab und setzte Ganzenmüller außer Verfolgung. Die Beweismittel reichten nicht aus, um die Reichsbahn, die pausenlos bis an die Rampen der Vernichtungslager fuhr, des Wissens vom Zweck der Transporte zu überführen.
Aus einem im Münchener Institut für Zeitgeschichte aufbewahrten Dokument spricht hingegen eine seelenruhige Vertrautheit der Ostbahnbeamten mit dem Vernichtungsvorgang. Der Unteroffizier Wilhelm Cornides hatte sich im August 1942 seine Erlebnisse auf der Bahnstrecke Lemberg–Cholm notiert. *»Im Abteil sprach ich mit der Frau eines Bahnpolizisten, die zur Zeit auf Besuch bei ihrem Mann ist. Sie sagt, daß diese Transporte jetzt täglich durchkommen, manchmal auch mit deutschen Juden. Gestern seien auf der Strecke sechs Kinderleichen gefunden worden. Die Frau meint, die Juden hätten diese Kinder selbst umgebracht, wahrscheinlich sind sie wohl auf der Reise umgekommen. Der Bahnpolizist, der als Zugbegleiter mitfährt, stieg in unser Abteil ... Ich fragte: ›Wissen denn die Juden, was mit ihnen geschieht?‹ Die Frau antwortete: ›Die, die von*

weither kommen, werden wohl nichts wissen, aber hier in der Nähe wissen sie es schon. Da versuchen die dann auch wegzulaufen, wenn sie merken, daß sie geholt werden ...‹ ›In den Bahnpapieren laufen diese Züge unter dem Namen Umsiedlungstransporte‹, bemerkte der Bahnpolizist ... Wir sind am Lager Belzec vorbeigefahren. Vorher ging es längere Zeit durch hohe Kiefernwälder. Als die Frau rief: ›Jetzt kommt es‹, sah man nur eine hohe Hecke von Tannenbäumen. Ein starker süßlicher Geruch war deutlich zu bemerken. ›Die stinken ja schon‹, sagte die Frau. ›Ach Quatsch, das ist ja das Gas‹, lachte der Bahnpolizist. Inzwischen – wir waren ungefähr 200 Meter gefahren – hatte sich der süßliche Geruch in einen scharfen Brandgeruch verwandelt. ›Das ist das Krematorium‹, sagte der Polizist. Kurz darauf hörte der Zaun auf. Man sah ein Wachhaus mit SS-Posten davor. Ein doppeltes Bahngeleis führte in das Lager hinein ...«
Neugierig und abgebrüht beobachtet die Reisegesellschaft die Stationen der Vernichtung, die überhaupt nicht uninteressant ist. Man kennt die Tarnsprache als neutrale Amtsbezeichnung eines Staatsgeheimnisses, das die Wißbegier so erst recht aufreizt. Während die Tarnung sich heute vor Gericht und bei ernsten Anlässen in der einvernehmlichen Losung ›von nichts gewußt‹ fortsetzt, lebt im vertrauten Beisammensein das Interesse an der Judenvernichtung als mündliche Überlieferung fort. Eine gewisse Nähe zum Geschehen gilt nicht unbedingt als Schande. Der Berufsstolz des Dabeigewesenen offenbarte sich dem Historiker Raul Hilberg bei einem Besuch der Bundesbahndirektion Frankfurt. Der zuständige Beamte des Archivs, der dem Endlösungsforscher aus den USA freudig alte Streckenpläne der Ostbahn fotokopierte, zeigte sich aufgeknöpft, so daß ihn dieser beiläufig fragte, ob er von einem gewissen Geitmann gehört habe. Diplomingenieur Hans Geitmann war ab 1942 Präsident der Reichsbahndirektion Oppeln, des Zuständigkeitsbezirks für Auschwitz, 1957 rückte er für zehn Jahre in den Vierervorstand der Deutschen Bundesbahn auf.

»›Können Sie mir zufällig etwas über Geitmann erzählen?‹
›Ich kenne Geitmann.‹
›Interessant – wie, wann, woher?‹
›Ich war in der Reichsbahndirektion Oppeln.‹«
Ein sachkundiges Gespräch schließt sich an, der Oppelner, ein stattlicher Sechziger, sagt nach einer Weile unvermittelt:
»Ich habe Auschwitz gesehen.«
»Ich dachte mir«, schreibt Hilberg, *»vielleicht ist das ein Deutscher, der nach dem Kriege eine Pilgerfahrt unternommen hat. Laut sagte ich:*
›Sind Sie dahin gepilgert?‹
›Oh, nein! Ich bin dagewesen, damals.‹
›Was haben Sie gemacht?‹
›Ich hab' die Signalanlage aufgebaut!‹
›Sind Sie Ingenieur?«
›Ja.‹

Er wollte, daß ich es wußte. Ihm war bekannt, wer ich war und woran ich arbeitete, obwohl das Wort ›Jude‹ nie erwähnt wurde. Er erzählte es mir und ich sah den Täter. War er soviel anders als all die Angestellten, all die Ingenieure, all die Fachleute, die auf Grund von irgend etwas, das in ihre Kompetenzen fiel, in den Vernichtungsprozeß hineingezogen wurden? Das Verwunderliche für mich, nachdem ich dreißig Jahre in dieser Forschung stecke, ist immer noch die Frage: Warum waren sie nicht uneffizient? Als Milgram in Yale sein Experiment veranstaltete, umfaßte sein Modell eine autoritative Figur und Menschen, die ausführten, was man ihnen sagte. Wie haben wir uns daran gewöhnt, in diesen Begriffen über den Verwaltungsprozeß in totalitären Systemen zu denken! Aber die Realität war viel komplexer. Die Bürokratie, die das europäische Judentum vernichtete, war bemerkenswert dezentralisiert und ihre weitreichendsten Aktionen wurden nicht immer von der Spitze ausgelöst. Beamte auf mittlerer oder sogar niedriger Verantwortungsebene waren die Schöpfer wichtiger Ideen. Von Zeit zu Zeit wurde ein bestimmtes Bündel von Vorschlägen von einem Vorgesetzten gebilligt und damit in eine Politik, eine Vollmacht oder eine Anweisung verwandelt. So verlief oft genug die Entstehung eines Befehls.«

Die Reichsbahn, mit ihrem Transportaufkommen von einem Ende Europas zum anderen ein unerläßliches Element der Vernichtungsmaschinerie, beschreibt Hilberg als exemplarisches Täterkollektiv. Die Eisenbahn wurde nicht um ihre Meinung gebeten, fällte nicht das Urteil über Tod und Leben, war überhaupt keine politische Organisation. Doch ihre einverständige, geschmeidige technische Verfügbarkeit, die nicht ohne weiteres politisch herbeizuzwingen war, die pünktliche, zuverlässige Aufrechterhaltung des Betriebsflusses exekutiert das Urteil. Es hätten unproduktive Reibereien zwischen militärischen und Judentransporten auftreten können, eine renitente Dickfelligkeit, den verabscheuten Auftrag technisch zu verzögern. Das qualifizierte Fachpersonal mußte nicht mit Leib und Seele die Deportationsleistung hochschrauben, trotz wachsender Zerstörung und schwindender Aussichten. Die Hingabe an das geschichtliche Vernichtungswerk hätte vielleicht eine Spur zaudernder ausfallen können. Die kurzfristige Ermüdung, die kleine Störung im Getriebe, die den inneren Skrupel bezeugte, trat aber weder bei der Eisenbahn noch sonstwo auf. Der vielzitierte Begriff des Totalitarismus, bemerkt Hilberg, gewinne hier eine neue Dimension. Nicht im Sinne von totaler Kontrolle des Herrschaftsapparats über die Unterworfenen, sondern von totaler Identifikation mit dem Herrschaftsziel. Dies verlangt keine glühenden Bekenntnisse politisch gleichgültiger Personen, nur fabelhafte Effizienz im Rahmen der gestellten Aufgaben.

»Die meisten Theorien über das Wesen einer Diktatur«, schreibt Hilberg, *»gehen auch heute noch von der Voraussetzung aus, daß sich solche Regierungsformen stets auf rechtswidrige Herrscher zu stützen pflegen, die ihren Willen einem hilflosen Volk aufzwingen – Soldaten, Beamte und Kleinun-*

ternehmer gelten hierbei als der breiten Masse zugehörig, die beherrscht, zum Schweigen verurteilt und unterdrückt wird. Viel zu selten stellt jemand die rein spontane Frage: wer hat denn nun tagtäglich diesen Zwang ausgeübt?« Wenn die Reichsbahner vorgäben, sie seien Werkzeuge, ihr Transportverkehr *»nur ein Mittel zum Zweck«* gewesen, so sei doch unübersehbar, daß diese Mittel den ganzen Zweck ihrer Bestrebungen, ihr eigentliches Lebensziel ausgemacht hätten. *»Eine Generation nach dem Ende des Nazi-Regimes lautet die Hauptfrage nicht, welcher alte Mann ins Gefängnis kommen oder seine Pension verlieren sollte. Es handelt sich vielmehr um das eher grundsätzliche Problem der wahren Beschaffenheit Nazi-Deutschlands und darum, welche Lehren man aus seiner Geschichte ziehen kann.«*

Genauso war auch für die bundesdeutschen Schwurgerichte das grundsätzliche Problem nicht, den alten Männern das Gefängnis zu ersparen, sondern die wahre Beschaffenheit Nazi-Deutschlands zu ergründen. Wachsfigurengleich steht das Täterquartett Hitler, Himmler, Göring, Heydrich und gängelt das hörige Ensemble der blutgesprenkelten Gehilfen. Dahinter jedoch, soweit das Auge reicht, das arglose Arbeitsvolk von Stirn und Faust, auf welches das Phantombild des NS-Täters prinzipiell nicht paßt. Die daraus zu ziehende Lehre besagt, daß ein Nazi-Deutschland nie existiert hat. Es gab Nazis und ein von diesen geknutetes Deutschland, das nach ihrem Höllensturz sich erleichtert wieder um seine eigenen Dinge kümmern konnte.

Am 10. April 1973 wurde auf Beschluß des Oberlandesgerichts Düsseldorf die Hauptverhandlung gegen den stellvertretenden Generaldirektor der Reichsbahn, Dr. Albert Ganzenmüller, eröffnet. Zwölf Jahre war ermittelt, zweimal ein Verfahren abgewiesen worden, nun waren 119 Zeugen benannt, mit deren Hilfe die Anklage der Beihilfe zum Mord in über einer Million Fällen nachgewiesen werden sollte. Bereits im Nürnberger Prozeß war ein Schreiben Karl Wolffs, Chef des Persönlichen Stabes Heinrich Himmlers, aufgetaucht: *»Mit besonderer Freude habe ich von Ihrer Mitteilung Kenntnis genommen, daß nun schon seit 14 Tagen täglich ein Zug mit je 5000 Angehörigen des auserwählten Volkes nach Treblinka fährt ...«* Ganzenmüller bestätigte die dem Düsseldorfer Gericht vorliegende Mitteilung an Himmler.

> *»5000 Juden täglich bedeutete 35 000 Juden pro Woche, im Monat rund 150 000 also!«* rechnete der Vorsitzende Richter. *»Machten Sie sich keine Gedanken darüber, was die dort wohl sollten?«*
>
> *»Ich sagte schon, den Inhalt dieses Schreibens hatte ich innerlich und geistig nicht aufgenommen ...«*
>
> *»Sie wollen behaupten, daß Sie einen Geheimbrief an den Stab des Reichsführers SS, Himmler, an den zweithöchsten Mann also im Dritten Reich, zwar unterschrieben, aber inhaltlich nicht zur Kenntnis genommen haben?«*

»Ja, so ist es. Der Brief ist sicherlich von einer Unterabteilung, der Gruppe L, aufgesetzt und dann von mir lediglich noch routinemäßig unterschrieben worden.«
»Es war aber einer Ihrer Privatbogen. Wie konnte die Gruppe L wohl an Ihr Privatbriefpapier kommen?«
»Sie werden es vielleicht aus meinem Sekretär geholt haben.«
»Und wie konnte das Schreiben, wenn es tatsächlich, wie Sie jetzt behaupten, von der Gruppe L aufgesetzt worden war, wie konnte es ohne Tagebuch-Nummer durch die Registratur gehen?«
»Also um derartige Einzelheiten habe ich mich wirklich nie gekümmert...«
Vier Tage nach diesem Verhör erlitt Ganzenmüller einen Herzinfarkt, das Verfahren wurde zunächst vorläufig und am 2. März 1977 endgültig eingestellt. Jahrzehntelanges Verschleppen, Verzögern und Verkomplizieren der Strafverfolgung rückten Mordanklagen, als sie nach 1960 zu guter Letzt kamen, an den Rand des Irrealen. Die Verurteilung zu lebenslänglicher Haft, wenn das Leben vorüber ist, erfüllt keinen rechten Strafzweck. Das Verlangen, einen friedfertigen 70jährigen sein Wüten als 35jähriger sühnen zu lassen, ist nicht sehr intensiv. Der Angeklagte zerfällt in zwei verschiedene Personen, doch nicht nur des Alters wegen. Dauernd konstatierten die Gerichte ein psychologisches Rätsel, daß der gewissenlose Mordgehilfe sich in einen gesetzesliebenden, lammfrommen Mitbürger verwandelt habe. *»Man sieht diese Leute ständig vor sich«*, bemerkte der Vorsitzende Richter im Lischka-Prozeß, Faßbinder, *»und sieht, daß sie sich von den eigenen Eltern in Lebensweise und Erscheinungsbild, von Verwandten gleichen Alters gar nicht unterscheiden. Und dann wird einem angst und bange. Man kann nämlich dann zu ihnen keinen Abstand mehr gewinnen. Von jedem anderen Täter, den wir als Schwurgericht hier hatten – sei es ein Raubmörder oder ein Sexualmörder, sei es ein Dieb oder sonst jemand –, kann man sich distanzieren, von ihnen nicht.«*
Diese Probleme sind im Nürnberger Prozeß nicht zutage getreten. Die bürgerliche Zweitnatur des Täters wurde bemerkt, allerdings als Kuriosität. Sein Entkommen hat ihm die einmalige Gelegenheit der Bewährung verschafft. Die Deportation von 76000 Juden ist zum häßlichen Intermezzo in einem mustergültigen Lebenslauf geworden. Was politisch innigst erwünscht wurde, trat ein, die Endlöser sind vollauf gelungene Rehabilitationsfälle. Die Bekehrung des Kinderdeportierers Heinrichsohn zum verdienten CSU-Bürgermeister ist irreversibel. Wie sollte die Vergangenheit, die ins Leere stößt, ihn je einholen? Er haftet für sein früheres Ich, aber er ist es nicht; die Täterperson ist selten bis zum letzten Atemzug konservierbar. Das Defilee der geläuterten Ex-Täter vor Gericht bewirkt eine Verrätselung der Tat, die an und für sich ordentlichen Menschen als konfuses Kriegserlebnis zugestoßen ist. Wer nicht dabei war, kann sich überhaupt nicht hineinversetzen, und im Maße wie die

Distanz zum Täter der Gesellschaft abhanden gekommen ist, hat sie eine Distanz zur Tat aufgebaut, die – egal, ob sie bestritten wird oder in das deutsche Sagengut eingeht – keine Narben in der politischen Physiognomie hinterläßt. Die rüstigen Pensionäre, die nach einem tadellosen Bundesbürgerdasein unversehens als leitende Angestellte beim Holocaust entlarvt werden, sind davon so perplex, daß sie den Herzinfarkt gar nicht zu simulieren brauchen. Die wegen Verhandlungsunfähigkeit eingestellten oder abgebrochenen Verfahren vernichteten meistens Ansätze, noch greifbare Haupttäter abzuurteilen. Wer in den Kriegsjahren selbst als jüngerer Mann bei guten Positionen angelangt war, zählte 1970 fünfundsechzig bis siebzig Jahre und laborierte an irgendeinem Leiden. Stabil und haftfähig waren hauptsächlich die seinerzeit 25jährigen Einsatzgruppenpolizisten und KZ-Aufseherinnen.

Als die Strafkammer des Landgerichts Limburg im Januar 1967 auf Antrag des hessischen Generalstaatsanwalts Fritz Bauer die Voruntersuchung gegen elf Oberlandesgerichtspräsidenten und Generalstaatsanwälte a. D. einleitete, stand ein außergewöhnlich folgenreiches, allerdings seit 20 Jahren wohlbekanntes Verbrechen auf dem Plan.
Die Vernichtung der Geisteskranken mitten im Land hatte eine Flut von Mordanzeigen bewirkt, die bei den Justizbehörden Ratlosigkeit hervorrief. Reichsminister Schlegelberger beraumte für den 23./24. April 1941 eine Konferenz im ›Haus des Fliegers‹ in der Berliner Prinz-Albrecht-Straße an und weihte das *»Führerkorps der beamteten Justiz«* in die laufenden Ausrottungsmaßnahmen und -methoden ein. Ähnlich wie die zwei Jahre zuvor versammelten Nervenärzte, stellten die Juristen praktische Fragen nach den Standesämtern, Vormundschaftsgerichten, Vermögensregelungen usw. und billigten das Ansinnen des Justizministers, alle Ermittlungen niederzuschlagen und das Tötungsprogramm zu vertuschen.
»Gemessen an den Anforderungen«, heißt es in Bauers Antrag, *»die in den Strafverfahren der Nachkriegszeit an kleinste Gehilfen nationalsozialistischen Unrechts gestellt wurden, war von den versammelten Spitzen der deutschen Justiz zu erwarten, daß sie widersprachen, notfalls sogar erklärten, ihr Amt zur Verfügung zu stellen, um zu verhindern, daß sie durch ihr Stillschweigen zu Gehilfen tausendfachen Mordes wurden ... Wenn die Angeschuldigten Bedenken erhoben und notfalls ihr Amt zur Verfügung gestellt hätten, wäre die ›Aktion T4‹ mit großer Wahrscheinlichkeit schon im Frühjahr 1941 beendet worden. Dieser Schluß drängt sich angesichts der Empfindlichkeit der Haupttäter hinsichtlich des Bekanntwerdens förmlich auf.«*
Nach drei Jahren untersuchungsrichterlicher Tätigkeit waren vier Beschuldigte dauerhaft verhandlungsunfähig, sechs verstorben, einer verschollen und vier weitere in den Kreis der Verdächtigen aufgenommen. Auch Fritz Bauer lebte nicht mehr. Betreffs der vier noch verfügbaren

Angeklagten stellte die Staatsanwaltschaft des Oberlandesgerichts Frankfurt am 31. März 1970 einen abschließenden Antrag: Der 69jährige Dr. Herbert David, Empfänger von Versorgungsbezügen eines ehemaligen Oberlandesgerichtspräsidenten von Leitmeritz, habe bei seiner Vernehmung angegeben, die Einladung des Reichsjustizministers sei ihm nicht bekannt. *»Ich muß annehmen, daß ich bei der Einladung übergangen worden bin.«* Der nunmehr 82jährige frühere Vizepräsident in Leitmeritz bezeuge aber, daß der Präsident die Ergebnisse seiner Berlin-Tour daheim referiert hatte. Das Erinnerungsvermögen des Zeugen reiche allerdings für eine sichere Feststellung nicht aus; David möge außer Verfolgung gesetzt werden.
Jüngster Teilnehmer der Euthanasie-Konferenz war der nunmehr 64jährige Erste Staatsanwalt a. D. Dr. Wilhelm Hirte, bis zur Eröffnung des untersuchungsrichterlichen Verfahrens Amtsgerichtsrat in Braunschweig. Hirte gab an, er sei in Vertretung des Generalstaatsanwalts nach Berlin gefahren. Die dort zu Gehör gebrachten Vorträge habe er nicht voll erfaßt, dennoch aber Bedenken gehegt. Als jüngster Teilnehmer der Runde und in diesem Kreise unbekannt, habe er sich nicht zu Wort gemeldet. Mehr als die Tagungsteilnehmer, die sich zu Wort gemeldet hätten, habe er ohnehin nicht zu sagen gewußt. *»Dem Angeschuldigten ist nicht zu widerlegen«*, beantragte die Frankfurter Staatsanwaltschaft, *»daß die Eröffnungen der Konferenz für ihn – wie für viele Tagungsteilnehmer – von bestürzender Neuheit waren. Da eine Diskussion nicht möglich war und lediglich Fragen an die Referenten zugelassen wurden, kann Schweigen nicht ohne weiteres als Zustimmung ausgelegt werden.«* Hirte möge außer Verfolgung gesetzt werden.
Der nunmehr 79jährige Empfänger der Pension eines Oberlandesgerichtspräsidenten von Breslau Dr. Friedrich Walter Jung bekannte, das auf der Konferenz geschilderte Verfahren sei für ihn glatter Mord gewesen. Seinem Nachbarn, Kammergerichtspräsident Hölscher, habe er zugeflüstert: *»Jetzt möchte ich den sehen, der vor Scham nicht rot wird.«* Den Gnadentoderlaß Hitlers vom 1. April 1939, der von Hand zu Hand gegangen sei, habe er für eine ungeheuerliche Gemeinheit gehalten. *»Ich habe nicht widersprochen, weil die Angelegenheit für mich völlig neu war und mir derart plötzlich bekanntgemacht wurde, daß ich entsetzt war und daß ich erst Überlegungen anstellen mußte. Ich dachte damals, was man sage, müsse überlegt sein.«* Einige Entlastungszeugen bekundeten, Dr. Jung habe wiederholt Kritik an der Euthanasieaktion geübt. *»Bei dieser Beweislage«*, erklärte die Staatsanwaltschaft, *»läßt sich ein Tatverdacht gegen den Angeschuldigten Dr. Jung nicht mehr aufrechterhalten.«*
Der 84jährige Stettiner Generalstaatsanwalt Dr. Otto Stäcker, Pensionsempfänger in Nordrhein-Westfalen, gab an, durch die Konferenz verwirrt, empört und bestürzt gewesen zu sein. Er habe Hitlers Erlaß zwar nicht formell, aber wegen der Machtstellung Hitlers de facto als Anord-

nung mit gesetzesähnlicher Wirkung angesehen. Innerlich habe er sich vorbehalten, seine Meinung in einem Bericht niederzulegen. *»Die wohlerwogene Zurückhaltung des Angeschuldigten* während *der Berliner Konferenz erscheint verständlich«*, schrieb die Frankfurter Staatsanwaltschaft. Späterhin hätte es seine Pflicht geboten, bei Schlegelberger Vorstellungen zu erheben, um den Vernichtungsvorgang aufzuhalten. *»Gleichwohl kann Beihilfe zu einem Tötungsverbrechen nicht nachgewiesen werden, weil die Zweifel zur inneren Tatseite nicht ausgeräumt werden können.«*
Keiner der vier Entlassenen konnte bestreiten, den Wunsch des Ministeriums auf diskretem Wege in seinem Amtsbereich weitergeleitet zu haben. Mordanzeigen gegen unbekannte Täter in Euthanasieanstalten kamen alsbald unter Verschluß. Die Empfehlung der Frankfurter Staatsanwaltschaft zur Einstellung des Verfahrens wurde fünf Jahre nach seiner Beantragung am 27. Mai 1970 von der 1. Strafkammer des Landgerichts Limburg akzeptiert. Das ›Führerkorps der beamteten Justiz‹, das den Medizinmördern Flankenschutz gewährt, den Verdacht in der Bevölkerung zerstreut hatte – die Eingeweihten und Verschworenen des Ausrottungsprogramms – verzehrten ihre R-6-Pensionen bis zu ihrem Dahinscheiden. Letzten Endes war es einerlei, ob der Kreislauf oder das Unrechtsbewußtsein defekt war, die Aussicht auf ein erbittertes Gefecht mit den Justizgreisen hatte 1970 nichts Verlockendes mehr an sich. Ein Tatbeitrag bestehend aus purer Duldung, aus bürokratischer Abdichtung einer Maßnahme, ohne Berührung mit dem legendären Inferno der Gaskammern und Genickschüsse zählt habituell nicht zu den NS-Verbrechen. Die Verfolgung grenzt an Schnüffelei in der Vergangenheit, und die Verhandlungsunfähigkeit der Angeklagten gründete nicht selten auf der Befürchtung, die Aufregung könnte sie umbringen, daß so etwas überhaupt zugelassen wird.
Die Anklage gegen die juristische Deckung der Anstaltsmorde reiht sich in eine Anzahl von Verfahren ein, mit denen die 1952 gestoppten Ermittlungen gegen das Euthanasiepersonal wiederaufgenommen wurden. Der Bundesgerichtshof hatte seinerzeit im Urteil vom 28. November die von den Ärzten entwickelte Verteidigung anerkannt, den einen Teil ihrer Patienten umgebracht zu haben, um den anderen retten zu können. *»Wenn die Angeklagten sich aber verpflichtet fühlten, möglichst viele dem Tode verfallene Kranke zu retten, läßt sich nicht ohne weiteres ausschließen, daß sie es nicht als Unrecht ansahen, wenn sie zu diesem Zweck zu der nach ihrer Überzeugung unvermeidlichen Vernichtung der übrigen Geisteskranken in entfernter Weise beitrugen.«* Da die Euthanasieärzte fortan nicht nach den Getöteten, sondern nach den am Leben Gelassenen zu beurteilen waren, erschienen weitere Anklagen überflüssig. Die primitiven Pflegerinnen verließen sich beim Töten moralisch auf die ärztliche Anweisung, der anweisende Arzt hingegen interessierte sich überhaupt nicht für die Tötung, sondern trachtete nach Rettung.
Durch diese Regel war indessen die Aufgabe derjenigen Ärzte nicht er-

faßt, die in reinen Vergasungsanstalten Dienst taten. *»Während bei den Gutachtern auch ältere, ja renommierte Mediziner mittun, sind die Ärzte in den Euthanasieanstalten im Durchschnitt um die dreißig Jahre alt«*, schreibt Ernst Klee. *»Bei den Ärzten der Tötungsanstalt Brandenburg steht als Eintrittsdatum bei dem 29jährigen Dr. Irmfried Eberl der 1.2.1940 und bei dem 26jährigen Dr. Aquilin Ullrich der 15. März ... Am 26. Mai fängt der 33jährige Dr. Georg Renno in Hartheim an, ... am 13. August wird der 26jährige Dr. Heinrich Bunke, ein Studienfreund Dr. Ullrichs, für Brandenburg angeführt. Ende November beginnt der knapp 27jährige Klaus Endruweit, Sohn eines Taubstummenlehrers, in Sonnenstein ... Am 25.11. fängt der Bonhoeffer-Schüler SS-Obersturmführer d. R. Dr. Kurt Borm an (September 1939 zur Leibstandarte-SS Adolf Hitler eingerückt und von Schumann als ›soldatischer Typ‹ bezeichnet).«*
Die Arbeit der jungen Doktoren war simpel, sie hatten die Kranken zu identifizieren, fotografieren und an einer 40-Liter-Kohlenmonoxydflasche das Ventil zu öffnen. *»Die Dauer der Gaszufuhr«*, beschrieb einer dieser Ärzte, *»war allein abhängig von der beobachteten Wirkung. Der Zufluß des Gases wurde abgestellt, sobald der beobachtende Arzt keine Bewegung mehr in dem Vergasungsraum feststellte. Ich habe nach Öffnen der Türen des Vergasungsraumes routinemäßig keine Kontrolluntersuchungen zur genauen Feststellung des Todes vorgenommen. Das war weder üblich noch notwendig, da die Einwirkung des Gases bei einer Gesamtdauer von 20 Minuten unbedingt tödlich sein mußte.«* In der eingangs abgehaltenen Untersuchung wurde keine Auswahl getroffen, aber sie war die letzte Kontrolle auf mögliche Irrtümer. *»Der Arzt fragte mich Verschiedenes«*, berichtete ein Entronnener vor der Staatsanwaltschaft Freiburg. *»Die Hauptfrage war die, ob und was ich gearbeitet hätte. Ich antwortete, ich hätte auf dem Feld nicht gearbeitet, wohl aber leichtere Hausarbeiten verrichtet. Der Arzt fragte weiter, ob ich Kriegsteilnehmer gewesen wäre, was ich bejaht habe. Ich wurde dann sofort wieder in den Raum zurückgeschickt, in dem meine Kleider noch lagen. Ein Pfleger gab mir die Weisung, ich soll mich wieder anziehen.«* Neben den Kriegsverletzten sonderte der Tötungsarzt gelegentlich auch ›mißgestaltete Idioten‹ aus, um sie für Filmaufnahmen zu reservieren, die zur Propaganda für ihre spätere Ermordung angefertigt wurden.
Sechs Ärzte der Vergasungsanstalten Bernburg, Brandenburg und Sonnenstein wurden zwischen 1967 und 1972 vor dem Frankfurter Schwurgericht des Mordes angeklagt: Dr. Aquilin Ullrich, Dr. Heinrich Bunke, Dr. Klaus Endruweit, Dr. Horst Schumann, Dr. Georg Renno, Dr. Kurt Borm. Ullrich, Bunke und Endruweit wurden 1967 freigesprochen, weil ihnen trotz objektiver Verwirklichung des Mordes das Bewußtsein der Rechtswidrigkeit ihres Tuns gefehlt hatte. Als immer noch praktizierende Ärzte waren sie nicht zu alt, um verurteilt zu werden, sondern – wie das Gericht hervorhob – zur Tatzeit noch zu jung, um ein Unrechtsbewußt-

sein zu haben. Am 23. Mai 1967 hob der Bundesgerichtshof die Entscheidung auf, zu einer Verurteilung kam es nicht, weil alle drei Angeklagten verhandlungsunfähig wurden. Zur Berufsausübung waren sie noch Jahre hindurch in der Lage. Die Verfahren gegen Renno und Schumann scheiterten im März 1970 bzw. April 1971 jeweils im siebten Prozeß-Monat an Verhandlungsunfähigkeit. Der einzige, der alle Verfahren ungebrochen durchstand, war der ehemalige SS-Obersturmführer Dr. Kurt Borm.
Nach der Feststellung des Landgerichts Frankfurt im Jahre 1970 waren unter seiner Anleitung in der Anstalt Sonnenstein bei Pirna im Mai 1941 1316, im Juni 1297 und im Juli 1941 1426 Geisteskranke vergast worden. Insgesamt wurden ihm 6652 Tötungen innerhalb von sieben Monaten nachgewiesen. Ferner hatte Borm unter Verwendung eines Decknamens die Angehörigen seiner Opfer von dem Ableben unterrichtet und Todesursachen gefälscht. Borm erklärte dem Gericht, daß die von ihm Getöteten in ihren Stammanstalten von anerkannten Psychiatern untersucht und ausgewählt worden seien. Er habe ausschließlich verblödete und abgebaute Existenzen in erbarmungswürdigem Zustand zu Gesicht bekommen. Er habe es als völlig überflüssig angesehen, sie über die Tötungsvorrichtungen zu täuschen. Die Täuschung der Angehörigen sei aus guter Absicht erfolgt, um ihnen die das Gewissen schwer belastende Zustimmung zu ersparen. Im Grunde hätten sie die Beseitigung ihrer Familienmitglieder als Erlösung empfunden, zumindest aber dem gleichgültig gegenübergestanden. Eine schriftliche Ermächtigungsgrundlage, geschweige denn einen Dienstbefehl zur Tötung hatte Borm nach eigenen Angaben nie gesehen. Er habe sich auf die mündliche Versicherung seiner Vorgesetzten verlassen, das betreffende Gesetz *»liege in der Schublade«*, könne jedoch wegen kriegsbedingter Geheimhaltung nicht veröffentlicht werden.
Das Frankfurter Schwurgericht kennzeichnete die Vernichtung der Geisteskranken als heimtückisch und niederträchtig. Zu diesem Verbrechen der üblichen Haupttäter leistete Dr. Kurt Borm objektiv Beihilfe. Kannte er aber deren heimtückische, niedrige Motive? Nach seinen Worten hatte er den Kranken einen *»Gnadentod«* und *»Erlösung«* spenden wollen, das Gegenteil ließ sich nicht nachweisen. Blieb noch das in der täuschenden Tatausführung beschlossen liegende Mordmerkmal der Heimtücke. Bei den arglistig Irregeführten hatte es sich jedoch um Irre gehandelt. Das Gericht fragte sich, ob Täuschung unter diesen Umständen denkbar sei? Beschlossen wurde, daß sowohl täuschbare als auch nicht täuschbare Wesen Dr. Borm gegenübergetreten seien. Möglicherweise sei er sich des Unterschieds nicht bewußt geworden. Da Dr. Borm, während er sechstausend Menschen vergaste, die Niedrigkeit und Heimtücke Hitlers vielleicht nicht bemerkt hatte, wurde er mangels Beweisen freigesprochen. Die Staatsanwaltschaft legte Revision ein, und am 20. März 1974 fällte der Bundesgerichtshof das abschließende Urteil. Er schickte seiner

Betrachtung voraus, daß es für den Bestand eines Richterspruchs ausreiche, wenn er in der Beweiswürdigung zu möglichen Ergebnissen komme; sie müßten nicht unbedingt wahrscheinlich sein. (Die Beweiswürdigung des Tatrichters kann das Revisionsgericht dann aufheben, wenn sie zur allgemeinen Lebenserfahrung im Widerstreit steht.) Es lasse sich mit dem Beweisergebnis vereinbaren, beschied der BGH, *»daß der Angeklagte hauptsächlich an einen Akt der Barmherzigkeit gedacht haben will. Insbesondere ist die dem Angeklagten bekannte Anweisung, Kriegsbeschädigte vor der Tötung auszusondern, damit nicht unvereinbar. Für diese Ausnahme sind mehrere Gründe denkbar ... Ein Widerspruch zwischen dem Gedanken an eine Erlösung für die Opfer und der Feststellung, daß diese, die der Angeklagte für keiner geistiger Regung mehr fähig hielt, nicht sichtbar Schmerzen litten, besteht ebenfalls nicht.«* Die Erkenntnis der Heimtücke des Tötungsablaufs und der Täuschungsfähigkeit der Kranken müsse Dr. Borm nicht notwendigerweise besessen haben. *»Daß einzelne Kranke ihren Namen angeben konnten, braucht ihm nicht die Vorstellung vermittelt zu haben, bei diesen Kranken sei geistiges Leben noch in einem solchen Maß vorhanden, daß sie zu Empfindungen der Arglosigkeit und des Vertrauens fähig seien.«* Das Frankfurter Schwurgericht habe bereits geprüft, welche Beobachtungsmöglichkeiten dem Angeklagten zur Verfügung standen, um geistige Regungen bei den vorgeführten Opfern zu erkennen, insbesondere, *»welchen Eindruck die Geisteskranken auf einen Beobachter wie den Angeklagten machen mußten«*. (Als SS-Obersturmführer hatte Borm seine eigene Betrachtungsweise.) Bei den Nachforschungen habe Frankfurt *»keine sichere Überzeugung der Erkennbarkeit von geistigem Leben erlangen können. Dieses Beweisergebnis ist möglich und widerspricht nicht der Lebenserfahrung.«* Ferner sei es nicht undenkbar, daß der Angeklagte an die gute Absicht bei der Täuschung der Hinterbliebenen geglaubt habe, *»nämlich um ihnen die Gewissensentscheidung der Zustimmung zu der ihnen erwünschten oder gleichgültigen Tötung zu ersparen ... Die über den vom Angeklagten vermuteten Zweck weit hinausgehende Tarnung der Tötungsaktion läßt sich, worauf sich der Angeklagte ebenfalls berufen hat, mit kriegsbedingter Geheimhaltung erklären.«*
Der Bundesgerichtshof bestätigte den Freispruch. So wie er 1952 die Euthanasieärzte freigesprochen hatte, die am Mord der einen teilnahmen, um die anderen zu retten, sprach er Borm frei, der die rettungslos Verlorenen aus Gnade umbrachte. Ob gerettet oder getötet wurde, die Ausrottung der Geisteskranken war das Werk der Menschenfreunde. War die Tat auch fraglos Mord, konnte sie nach bundesrichterlicher Lebenserfahrung von den mitleidigsten Seelen vollstreckt werden. Wenn die Nazi-Justiz 30000 Menschen aus Rechtsliebe tötete, warum sollten die Nazi-Ärzte nicht aus Mildtätigkeit 70000 beiseite räumen? Die Gerichte betrachteten nicht nur ärztliche Massenvernichtung mit Nachsicht, sondern auch die im Interesse der Wissenschaft organisierte. Nach halbjähriger

Verhandlung sprach das Schwurgericht Frankfurt am 5. März und 6. April 1971 das Urteil über die Ermordung von 86 Juden im Konzentrationslager Natzweiler zum Zweck der Ausstellung ihrer Skelette an der Reichsuniversität Straßburg. Die dort projektierte Sammlung der Knochengerüste jüdisch-bolschewistischer Untermenschen war ein Anklagepunkt im Nürnberger Ärzteprozeß gewesen und hatte zum Todesurteil gegen den Geschäftsführer des SS-Forschungsamtes ›Ahnenerbe‹, Wolfram Sievers, geführt. Auf der Grundlage zehnjähriger Ermittlungen verhandelte das Frankfurter Schwurgericht gegen Sievers' Referenten Wolf-Dieter Wolff und die beiden Anthropologen Dr. Bruno Beger und Dr. Hans Fleischhacker. Wolff hatte nach den Urteilsfeststellungen für den *»reibungslosen Ablauf der Skelettaktion«* gesorgt. Beger und Fleischhacker waren im Juni 1943 nach Auschwitz gefahren, um dort Vermessungen am Typus *»jüdisch-bolschewistischer Kommissare«* vorzunehmen. Sie wählten 115 Personen aus, die *»zur weiteren Bearbeitung«* nach Natzweiler nahe Straßburg überstellt wurden. Dort röntgte Beger ihre Schädel und bestimmte die Blutgruppen, bevor Kommandant Kramer (1946 im englischen Bergen-Belsen-Prozeß zum Tode verurteilt) zur Vergasung schritt.
Dr. Hans Fleischhacker, bis zum Beginn des Verfahrens Dozent an der Universität Frankfurt, wurde freigesprochen, weil ihm nicht widerlegt werden konnte, nach Auschwitz nur gefahren zu sein, um neue Vermessungsmethoden auszuprobieren. Wolff wurde mit der Begründung freigesprochen, auch wenn er in größerem Umfang Beihilfe zur Vorbereitung der Morde geleistet habe, seien keine niedrigen Beweggründe bei ihm festzustellen, zumal er irrtümlich, wenn auch schuldhaft angenommen habe, die bereits allgemein zum Tode ausersehenen Juden hätten für einen *»wissenschaftlichen Zweck«* unter Aufsicht von Akademikern getötet werden dürfen. Beger, der dem Gesamtprojekt seinen Namen lieh – *»Auftrag Beger«* –, wurde wegen Beihilfe zum Mord zur Mindeststrafe von drei Jahren Haft verurteilt. Die Strafe, die einem 30jährigen gelte, erläuterte der Vorsitzende, treffe nun einen 60jährigen, der obendrein ohne Verschulden eine zehnjährige Ermittlungszeit hindurch auf sein Verfahren habe warten müssen.
Trotz der Nennung im Nürnberger Ärzteprozeß war die jüdische Skelettsammlung an der Reichsuniversität Straßburg ein abseitiges Projekt. Ein für die Strafverfolgungsbehörden lohnenderer Hinweis kam von dem in Nürnberg angeklagten Leiter des Hauptamtes II der Kanzlei des Führers in der Berliner Tiergartenstraße Nr. 4, Oberdienstleiter Victor Brack. In seiner eidesstattlichen Erklärung gab er jene für die Organisationsgeschichte der Endlösung bezeichnende Information preis: die Überführung von Technologie und Personal der Euthanasieaktion in den Aufbau der ersten Vernichtungslager Treblinka, Belzec und Sobibor im Generalgouvernement. Die Verwendung von Kohlenmonoxyd und die Tarnung der Gaskammern als Duschen war eine mittlerweile ausgereifte Me-

thode, die ein routinierter Mitarbeiterstamm zuverlässig beherrschte. Gesteuert wurden die rund 400 Kräfte von einer ›T4‹ benannten Dienststelle der Führerkanzlei, die eine Medizinische Abteilung, eine Verwaltungsabteilung, eine Transportabteilung, eine Hauptwirtschaftsabteilung, eine Personalabteilung und eine Inspektionsabteilung enthielt. Geschäftsführer dieser Tötungsfirma war der 30jährige Regierungsrat Dietrich Allers.

Nachdem die Betriebskapazitäten mit dem erzwungenen Stopp der ersten Euthanasiephase im August 1941 brachlagen, kam eine noch anspruchsvollere Aufgabe auf Allers zu: die Vernichtung der Juden des Generalgouvernements Polen, Deckname ›Aktion Reinhard‹. T4 teilte sich die Verantwortung mit dem SS- und Polizeiführer Lublin, Odilo Globocnik. Neben den knapp hundert Fachleuten exportierte Berlin Ausrüstung und Organisation. Die drei Lager der ›Aktion Reinhard‹ sind dem Prinzip der Euthanasieanstalten nachgebildet: keine Arbeits- und Verwahrungsstätten, sondern Schnelltötungsanlagen. *»Fast das gesamte deutsche Personal der Vernichtungslager«*, schrieb Oberstaatsanwalt Rückerl von der Zentralstelle Ludwigsburg, *»einschließlich des Inspekteurs Wirth, der Lagerkommandanten und ihrer Stellvertreter kam von T4. Am Aufbau der Lager waren Baufachleute von T4 maßgeblich beteiligt. Es fanden häufig Inspektionen der Vernichtungslager durch führende Funktionäre von T4 (Bouhler, Blankenburg, Allers) statt ... Mit Gesuchen um Beurlaubungen oder Abberufungen wandten sich die Angehörigen der Lagermannschaften an die Dienststelle T4 in Berlin. Wöchentlich einmal brachte ein Kurier von T4 aus Berlin Zusatzlöhnung und Post nach Lublin zur Dienststelle Wirths und in die Lager. T4 lieferte aus Berlin Zusatzverpflegung und Genußmittel. Angehörige des Lagerpersonals erklärten – soweit sie zu dieser Frage gehört wurden – bei ihren Vernehmungen außerdem, ihrer Meinung nach sei die ganze Vernichtungsaktion von T4 geleitet worden.«*

Die Zentralstelle Ludwigsburg, die den Komplex ›Aktion Reinhard‹ und ihre Lenkung durch T4 (im Unterschied zu den Oswald Pohls SS-Wirtschafts- und Verwaltungshauptamt unterstehenden Lagern Auschwitz und Maidanek) frühzeitig aufgedeckt hatte, gab an die Staatsanwaltschaft Hamburg im Jahre 1961 ein Ermittlungsverfahren gegen den dort lebenden Syndikus der Deutschen Werft, Allers, ab. Nach fünfjähriger Untersuchung wurde das Verfahren vorläufig eingestellt mit der Begründung, das Landgericht Frankfurt wolle Allers für seine Teilnahme an der Euthanasieaktion zur Rechenschaft ziehen. In dem in Frankfurt am 20. Dezember 1968 ergangenen Urteil gegen Allers heißt es, daß der Tötungsorganisation vor seinem Eintritt der für ihren reibungslosen Ablauf erforderliche Jurist und erfahrene Verwaltungsfachmann gefehlt habe. *»Mängel in der Zusammenarbeit zwischen der Berliner Tötungszentrale und den Tötungsanstalten sowie zwischen den Tötungsanstalten untereinander, die nach einem umfangreichen Geheimhaltungssystem wie Absteckverfahren,*

Aktenaustausch, Todesort-und-zeit-Beurkundungen, Trostbriefversand und anderes miteinander in Verbindung standen, bildeten zahlreiche Quellen für eine Gefährdung der Geheimhaltung. Es bestand das Bedürfnis nach sachgerechter Aufarbeitung vorhandener Aktenrückstände, nach einer Verbesserung des Geheimhaltungssystems, nach einer einwandfreien, bürotechnischen Durchführung der Aktion sowie nach einer umfassenden Führung des Geschäftsverkehrs mit allen verwaltungsmäßig an der Aktion beteiligten oder zu beteiligenden Stellen, überhaupt nach einer koordinierten und rationellen Abwicklung der Tötungsaktion.«

Für die derart beschaffene ›Beihilfe‹ zum Mord an 38195 Geisteskranken wurde Allers zu acht Jahren Haft verurteilt. Die eineinhalb Millionen Morde der ›Aktion Reinhard‹ blieben ungesühnt, weil nach § 154 Strafprozeßordnung (›Unwesentliche Nebenstraftaten‹) die Verfolgung einer Tat unterbleiben kann, wenn eine aus anderen Gründen verhängte Strafe *»zur Einwirkung auf den Täter und zur Verteidigung der Rechtsordnung ausreichend erscheint«*. Als die englische Journalistin Sereny 1972 Angehörige der ›Aktion Reinhard‹ aufsuchte, befand sich der T4-Chef wieder auf freiem Fuß. Das Gehilfenbewußtsein war ihm abhanden gekommen, er wollte seine verflossenen Taten wieder als eigene, jedoch ohne niedrige Beweggründe. Er bezweifelte, daß die Täter überhaupt je solche besessen hätten, und beklagte die vielen *»nachträglichen Entstellungen«*. Denn *»was unternommen wurde, war ja schließlich nur der Anfang eines sehr umfangreichen und langfristigen Forschungsprogramms, welches der Verbesserung der Volksgesundheit dienen sollte«*.

Der Grund ihrer unfaßlichen Taten ist für die Täter regelmäßig die Hochherzigkeit ihrer Motive, darin gleichen sie den über sie gefällten Schwurgerichtsurteilen. Am Tage vor ihrer Rekrutierung haben sie obendrein an alles andere gedacht als an das, was ihnen zu tun bevorstand. *»Ich arbeitete vorher in einem Modegeschäft«*, erzählt Frau Allers, ehemalige Sekretärin der Tötungsfirma T4, *»und wollte verzweifelt etwas Nützlicheres für mein Vaterland tun. Eine Freundin erzählte mir, sie könne mir eventuell dabei behilflich sein, einen Posten in der Führerkanzlei zu bekommen ... ›Geheimaufgaben‹ sagte sie. Na ja, das klang sehr aufregend, also bin ich hingegangen ... Ich hatte keine Ahnung, um was es sich handelte, bis ich drin war.«* Allers war zum Generalsekretär der Euthanasie und der ›Aktion Reinhard‹ geworden, weil seine Mutter Victor Brack von der Führerkanzlei auf der Straße getroffen und gewehklagt hatte, daß sie ihren Dieter im zweiten Kriege verlieren könnte wie seinen Vater im ersten. Am ersten Montag des Januars 1941 trat Allers bei T4 ein, drei Monate später war er Geschäftsführer. Nicht aus Mordlust oder Sorge um die Volksgesundheit, sondern als das zufällig benötigte Organisationstalent. Seine sechsstelligen Opferzahlen aus der ›Aktion Reinhard‹ bedauerte er dreißig Jahre später wie jedermann – *»Schrecklich! Das versteht sich ja von selbst. Aber was sollten wir tun?«* Etwas anderes als Ausrottung mit

Stumpf und Stiel blieb einem in T4 nicht übrig, erst recht nicht, *»wenn man sich andererseits die Situation im Deutschland der frühen dreißiger Jahre in Erinnerung ruft: Ich erinnere mich noch, wie mich ein Verwandter mit ins Justizministerium nahm, als ich gesagt hatte, ich wollte Jura studieren. Wir gingen die Korridore entlang, und er sagte mir, ich sollte mal die Namen an den Türen lesen, an denen er vorbeikam. Fast alle von ihnen waren Juden. Und genauso war es in der Presse, in den Banken, in der Geschäftswelt. In Berlin war alles in den Händen der Juden.«*
Zwischen dem kleinen Vorurteil und der Geschäftsführung von Treblinka existiert kein Übergang, keine gefährliche Genozidneigung. Die Türschilder sind Anlaß genug, das übrige tut die leere Betriebsbesessenheit. Ist die Position erklommen, wird das Firmeninteresse diskussionslos durchgezogen. Die phantastische Wirksamkeit eines solchen Naturells, das durch keinerlei persönliche Obsession aufgehalten die pure Destruktivität arrangiert, erscheint vor dem juristischen Fernrohr als eindeutige Abwesenheit von Tätermerkmalen. Auch wenn man vom T4-Büro aus mehr Tote organisieren kann als der blutige Außendienst, der mit den ihm von Allers zugeteilten Menschenlawinen Körper für Körper fertigwerden muß, fehlt einem solchen Vernichtungsstrategen jede Möglichkeit zum gemeinen Privatmord. Er vermittelt nur Betriebsgrößen: die Zielvorgaben der politischen Führung und die Vernichtungskapazität der Anlagen. Nach allem, was die Judikatur an Modellen für NS-Verbrechen entwickelt hatte, konnte auch der Prokurist von T4, Entwicklungsgesellschaft des Gasverfahrens und des Vernichtungslagers, nichts anderes als Gehilfe im mittleren Strafrahmen sein.
Wann immer das Charakterbild des nationalsozialstischen Massenvernichtungsangestellten vor Gericht erschien – sei es der Deportationsexperte in Berlin und den europäischen Hauptstädten, sei es der Transporteur im Reichsbahndienst, sei es der menschliche Schießautomat im Einsatzkommando, sei es der Vergasungsarzt, sei es der Justizbeistand, sei es der Verwaltungschef –, wurde dem Angeklagten die Verständigungshand entgegengereicht. Maßgeblich ist nicht die Zubilligung von Gehilfenstatt Täterschaft. Eine Schablone ist so gut wie die andere, man könnte ebensogut ›halbzurechnungsfähiger Verstrickungstäter‹ oder ›Staatsbeauftragter mit beschränkter Haftpflicht‹ sagen. Nach dem Strafgesetzbuch ist Beihilfe die eleganteste Schleife um den Mordvorwurf herum. Sie drückt allgemeinverständlich das Wesentliche aus: die Nicht-Identität des Täters mit der Tat. Sie ist ihm im Zustand epidemischer Selbstentfremdung unterlaufen. Äußerste Energieentfaltung und bestialische Tatumstände täuschen nicht darüber hinweg, daß die verbrecherischen Handlungen unter hartnäckiger Verdrängung der wahren Natur des nunmehrigen Angeklagten erfolgten. Nicht die nazistische Vergangenheit wird verdrängt, vielmehr verdrängte die Vergangenheit mit Zwang und Magie die mittlerweile durchgebrochene Veranlagung der Täter zu

Kulturmenschen. Die zeitweilige Indienstnahme durch verbrecherische Gewalten ist nur dann nicht persönlichkeitsfremd, wenn die Person von selber kriminell ist. Sie offenbart dies durch Extras bei der Befehlsausführung. Der Schütze schießt das Opfer nicht nur tot, sondern quält es mit höhnischen Redensarten; der KZ-Aufseher reguliert nicht nur den friedlichen Vernichtungsablauf, er teilt grundlos Faustschläge und Peitschenhiebe aus; der Bürokrat unterschreibt nicht nur die Deportationsempfehlung, sondern bekundet Genugtuung, flucht, lacht, tanzt. Dies wären deutliche Indizien für eine ganz entbehrliche Begeisterung über seine traurige Pflicht. Die Brutstätte solcher Exaltationen, das Konzentrationslager, liefert darum regelmäßig die Hauptdarsteller der strafrechtlichen Vergangenheitsbewältigung. Selbst an diesem Ort aber sind sie dünn gesät und gelangen darum zu besonderer Berühmtheit. Da im Düsseldorfer Maidanek-Prozeß die spektakulärsten Untaten von weiblichem Wachpersonal bekundet waren, gingen sie als die letzten Inkarnationen des NS-Verbrechens in das öffentliche Bewußtsein ein: Infernalische Sadistinnen, schlimmer als die legendäre Ilse Koch, die Umkehrung aller Weiblichkeit, so als handelte es sich um Verirrungen der Natur. Die Distanz zum Normalmenschen war so sensationell wie noch nie.
Parallel zu allen im vorliegenden Abschnitt dargestellten Prozessen erstreckte sich das Maidanek-Verfahren. Es überwölbt fast die ganze zweite Phase der NS-Gewaltverbrecherprozesse. 1960 hatte die Zentrale Stelle in Ludwigsburg die Vorermittlungen aufgenommen. Nach Feststellungen der ersten Tatverdächtigen wurde im Februar 1962 das staatsanwaltliche Ermittlungsverfahren eröffnet, im November 1975 begann die Hauptverhandlung gegen 15 Angeklagte, im April 1979 erfolgten vier Freisprüche, am 30. Juni 1981 wurden ein weiterer Freispruch und die Verurteilung der verbliebenen acht Angeklagten ausgesprochen, im Mai 1984 trat durch BGH-Beschluß die Rechtskraft ein.
Hauptanklagepunkte gegen die Aufseherinnen Hermine Braunsteiner, verheiratete Ryan, und Hildegard Lächert waren eine Selektion Warschauer Frauen und Mädchen sowie die sogenannte ›erste Kinderaktion‹, beides im Mai 1943. Dreihundert aus dem Warschauer Ghetto in das Lager eingewiesene Frauen wurden an einem nicht mehr genau feststellbaren Tage in den Nachmittagsstunden aus ihrer Baracke auf den Appellplatz getrieben. *»Dort mußten sie sich in mehreren Reihen aufstellen und ihre Kleidungsstücke so weit hochziehen, daß ihre Beine entblößt waren ... Der Zweck dieser Selektion bestand darin, diejenigen Frauen und Mädchen herauszusuchen und durch Vergasung zu töten, deren Beine Schwellungen, Verletzungen oder sonstige, möglicherweise krankheitsbedingte Veränderungen aufwiesen.«* Zur störungsfreien Durchführung dieser Maßnahme wurde eine ›Feld- und Blocksperre‹ angeordnet. Kein Häftling durfte das betreffende Areal betreten oder verlassen. Alles, bis auf die Betroffenen, saß in den Baracken. Ein Arzt, begleitet von seinem

Gefolge, darunter Ryan und Lächert, schritt durch die Reihen und betrachtete die Beine der Angetretenen. Die ausgesonderten Frauen und Mädchen erkannten sogleich, welches Schicksal ihnen zugedacht war. *»Sie begannen, zu weinen und zu schreien und versuchten wegzulaufen, um sich zwischen den nicht ausgesonderten Häftlingen zu verbergen oder sonst irgendwo im Feld zu verstecken. Die Oberaufseherin und die Angeklagten Ryan und Lächert sowie andere Aufseherinnen und männliche SS-Angehörige verhinderten diese Versuche, indem sie die flüchtenden Opfer verfolgten, mit Peitschen auf sie einschlugen und sie auf diese Weise zurücktrieben. Anschließend suchten die Oberaufseherin und die Angeklagte Ryan noch einige weitere, ihnen ›aussonderungswürdig‹ erscheinende Häftlinge heraus und stellten sie ebenfalls zu der Gruppe der für die Vergasung vorgesehenen Opfer. Insgesamt wurden bei der Selektion mindestens 50 weibliche Häftlinge ausgesondert ...«*
Unter den aus dem Ghetto von Warschau Deportierten befanden sich auch zahlreiche Kinder. Personen, die sich zum Arbeitseinsatz nicht eigneten, wurden unmittelbar nach Eintreffen vernichtet; dazu zählten auch Mütter mit Kindern unter 14 Jahren. Bei Überlastung der Tötungs- und Verbrennungsanlagen mußten diese Mütter und Kinder im ›Schutzhaftlager‹ verwahrt werden, bis Tötungskapazitäten verfügbar waren. Ende Mai 1943 erhielt die Oberaufseherin Ehrich den Auftrag, die Beseitigung einer Anzahl vorübergehend in Feld V einquartierter Kinder und Frauen herbeizuführen. *»Die Aktion begann damit, daß der LKW bzw. eine Zugmaschine mit Anhänger auf den Appellplatz des Feldes V vor dem ›Kinderbereich‹ vorfuhr und daß die männlichen SS-Angehörigen diesen Bereich durch eine Postenkette gegenüber dem übrigen Teil des Feldes abriegelten. Sodann wurden die Kinder und die mit ihnen zusammen untergebrachten jüdischen Frauen von den Aufseherinnen sowie einigen zur Mitwirkung herangezogenen nicht-jüdischen weiblichen Funktionshäftlingen des sogenannten Ordnungsdienstes aus ihrer Baracke herausgeholt und auf den LKW bzw. den Anhänger verladen.«* Die Kinder, die in Angst gerieten, mußten teilweise mit Gewalt aus den Baracken gejagt werden. Trotz der angeordneten Blocksperre versuchten die Mütter in der geleerten wie auch in den umliegenden Baracken, zu ihren Kindern zu gelangen und sie vor dem Abtransport zu bewahren. *»Die Aufseherinnen und die männlichen SS-Angehörigen hinderten sie daran und hielten sie mit Schlägen, Fußtritten und Peitschenhieben auf ›Distanz‹. Die Angeklagten Ryan und Lächert wirkten an all diesen Maßnahmen mit. Die Angeklagte Ryan zeigte sich dabei besonders erbarmungslos; sie ergriff von sich aus mindestens eines der aus der Baracke herausgeführten Kleinkinder an den Beinen und schleuderte es wie einen leblosen Gegenstand ohne jede Rücksicht auf mögliche Verletzungen auf die Ladefläche des Fahrzeugs. Die beim Verladen eng zusammengedrängten Kinder und Frauen füllten nach Beendigung des Aufladens die gesamte Ladefläche des Fahrzeugs aus. Anschließend wur-*

den die wenigstens 50 Opfer über die Lagerstraße direkt zur ›Badebaracke‹ transportiert. Dort wurden sie kurz darauf in einer der Gaskammern durch Einwirkung von Zyklon B getötet; ihre Leichen wurden später verbrannt.«
Die Tatbeiträge der Angeklagten Ryan und Lächert bewertete das Gericht verschieden. Zunächst hatte die Beweisaufnahme *»keine eindeutigen Anhaltspunkte dafür erbracht, daß sich die beiden Angeklagten das von der Führung des NS-Regimes mit der Tötung auch und gerade der jüdischen Kinder verfolgte Ziel der totalen Ausrottung des ›Judentums‹ zu eigen gemacht und innerlich bejaht haben«*. Bei Ryan ließ sich allerdings Bereitwilligkeit und besonderer Pflichteifer feststellen, insbesondere durch *»das nicht befohlene Schleudern eines von ihr an den Beinen ergriffenen Kleinkindes«*, während bei Lächert nicht auszuschließen war, daß sie *»nicht aus eigener Gefühlskälte, sondern lediglich in Befolgung der ihr erteilten Befehle mitgewirkt hat«*. Während der Aussortierung der beinverletzten Frauen und Mädchen war gleichfalls ein Extra-Einsatz der Ryan aufgefallen; vermutlich *»um ihrer Karriere willen«*. Für Lächerts Mitwirkung ließ sich ein Motiv wiederum nicht identifizieren, so daß zu ihren Gunsten anzunehmen war, daß sie nicht aus Gefühllosigkeit, sondern im Befehlsrahmen gehandelt hatte.
In der zur Tatzeit 23jährigen Hermine Ryan sah das Düsseldorfer Schwurgericht eine der im Nationalsozialismus selten ausfindig zu machenden Täterpersönlichkeiten vor sich. *»Der auffälligste Charakterzug der Angeklagten«*, lautete das Beweisergebnis, bestand *»in ihrem persönlichen und beruflichen Ehrgeiz«*. Sie habe erkannt, *»welche Aufstiegsmöglichkeiten hier als Lohn einer ebenso tatkräftigen wie skrupellosen Einsatzbereitschaft für die Pläne des Regimes winkten«*. Innerhalb weniger Monate habe sie zum Zwecke ihres Aufstiegs in der SS-Aufseherinnenhierarchie alle Hemmungen abgelegt und sich dadurch *»den Aufgabenbereich einer Vertreterin der Oberaufseherin«* verdient. Darum könne sie nicht glaubhaft machen, *»nur das kleine Rad im Getriebe des übermächtigen staatlichen Mordauftrags gewesen zu sein«*. Sie habe bei der Vernichtung der je 50 Menschen durch die Beinbeschau und die Kinderaktion grausam und niederträchtig, *»in bewußtem und gewolltem Zusammenwirken mit den Taturhebern«* – Hitler, Himmler, Göring, Heydrich u. a. – *»und deshalb gemeinschaftlich mit ihnen«* gehandelt. *»Daß sie selbst Rassenhaß empfand, steht zwar nicht fest«*, das Verlangen nach *»persönlichem Vorwärtskommen«*, gepaart mit ihrer Extra-Roheit und einem Eifer, *»der das Maß der angeordneten Mitwirkung weit überschritt«*, reichte aus, um sie als Mörderin zu überführen. Entscheidendes Indiz für ihren zusätzlichen Eifer war der geschleuderte Säugling.
Lächert, die an denselben Taten wie Ryan beteiligt war, ließ in ihrem Verhalten *»keine innere Übereinstimmung mit den Mordplänen der Taturheber«* erkennen. Den Rahmen der ihr erteilten Befehle hatte sie nirgends überschritten. *»In ideologischer Hinsicht zeigte sie sich vom*

Nationalsozialismus wenig beeindruckt, Antisemitismus oder sonstige rassische Überheblichkeit sind ihr ebensowenig nachzuweisen wie ein anderes eigenes Interesse.« Nach den unmittelbaren Eindrücken des Gerichts lag ihre negative Einstellung zu den KZ-Insassen möglicherweise an ihrer *»völligen Unfähigkeit zu einigermaßen menschlichem Umgang mit den Häftlingen«.*
Lächert wurde mit 12 Jahren Freiheitsentzug, Ryan mit lebenslänglichem bestraft. Sie befand sich als einzige Täterin unter sieben Gehilfen, die nur beteiligt gewesen waren, *»weil die Autorität einer verbrecherischen Staatsführung es verstanden hatte, sie zu ergebenen Ausführenden der verwerflichen Absichten des Regimes zu machen«.*
Der Angeklagte Villain, der Teilnahme am Mord von 17000 Menschen überführt, die sich zu ihrer Erschießung *»›dachziegelförmig‹ in der Laufrichtung der Gräben mit dem Gesicht nach unten so hinlegen (mußten), daß sich jeweils das erste Opfer auf dem Boden und jedes nachfolgende mit dem Kopf auf dem Rücken des unter ihm liegenden Opfers befand«*, wurde zu sechs Jahren Haft verurteilt, weil nicht auszuschließen war, daß er nur in *»falsch verstandener Pflichterfüllung«* gehandelt hatte.
Der Angeklagte Laurich, der Teilnahme am Mord von 195 Menschen überführt, ein Verhörspezialist in der Methode, *»vorgeführte Häftlinge dadurch zu ›Geständnissen‹ zu erpressen, daß er sie mit einer Peitsche in das Gesicht schlug«*, wurde zu acht Jahren Haft verurteilt, weil zu seinen Gunsten sprach, *»daß er als im ehemaligen Sudetenland aufgewachsener Deutscher aus falsch verstandenem Nationalbewußtsein heraus den Weg in die SS gewählt hat«.*
Der Angeklagte Ellwanger, der Teilnahme an der Erschießung von mindestens 100 fleckfieberkranken Häftlingen überführt, wurde mit drei Jahren Haft bestraft. Das Gericht fand keinen Anhaltspunkt, daß der Schütze *»die ›Entseuchungs-Maßnahme‹ innerlich für ›richtig‹ gehalten«* hatte.
Keinem der Gehilfen hat das Düsseldorfer Schwurgericht *»angesichts der Ungeheuerlichkeiten der abzuurteilenden Straftaten«* das volle Gehilfenstrafmaß von 15 Jahren zuerkannt. Dem Angeklagten Petrick, für die Teilnahme am Mord von 41 Menschen zu vier Jahren Haft verurteilt, wurde zugute gehalten, daß *»maßgeblich für seinen Entschluß zum Eintritt in die SS seine Arbeitslosigkeit und nicht die innerliche Identifizierung mit den Zielen des NS-Regimes gewesen ist«.*
Der Angeklagte Strippel war 1934 aus *»Interesse für das Berufssoldatentum«* in die SS gegangen. Dies wirkte sich 1981 als Milderungsgrund für die Teilnahme an der Ermordung von 41 KZ-Häftlingen im Juli 1942 aus. Dem Hauptangeklagten Hackmann, Leiter des Schutzhaftlagers, wegen 141facher Beihilfe zum Mord zu zehn Jahren Haft verurteilt, wurde mildernd angerechnet, daß er sich *»von soldatischer Disziplin und militärischem Gehorsam«* habe leiten lassen. Seine Verachtung der Häft-

linge sei so grenzenlos gewesen, daß er sich nur aus Befehlsgläubigkeit ihnen gegenüber zu Handlungen habe hinreißen lassen.
Die Menschenvernichtungstätigkeit des Konzentrationslager Maidanek sei nicht als kriegsrechtlich gedeckte Handlung zu betrachten, entschied das Gericht. Als Angehörigen der SS- und Polizeikräfte gewährte es den Angeklagten gleichwohl den Schutz des Hitlerschen Militärstrafgesetzbuches bei Handeln auf Befehl. Jeder von ihnen war Angehöriger des Lagerkommandanturstabes. *»Alle waren auf dem Platz, auf den sie gestellt waren, notwendig, um als tatnahe Mitwirkende des betreffenden Geschehens das Funktionieren der ›Mordmaschinerie‹ zu gewährleisten.«*
Im Lager Maidanek wurden zwischen dem Winter 1941 und dem Sommer 1944 mindestens 200 000 Personen getötet. Das Schwurgericht Düsseldorf verhängte in dem umfangreichsten NS-Gewaltverbrecherprozeß gegen acht Angeklagte wegen nachgewiesener Teilnahme an 17 438 Morden eine lebenslange sowie 46 Jahre und 6 Monate Freiheitsstrafe.

Die Anklage gegen das Reichssicherheitshauptamt

»Der deutsche Rechtsstaat hat den Angeklagten den Kopf geschenkt«, rief erbittert Staatsanwalt Nagel am 28. Mai 1969 in den Moabiter Schwurgerichtssaal. *»Denn wären sie unmittelbar nach dem Untergang des Regimes, dem sie gedient haben, vor Gericht gestellt worden, hätte ihnen die Todesstrafe gedroht. Jetzt schenkt der Staat ihnen durch die nicht ausreichend durchdachte Gesetzesänderung auch noch die Freiheit. Hier ist in der Konsequenz eine Amnestie durch die Hintertür erlassen worden. Das wenigste, was man hätte erwarten dürfen ist, daß der Gesetzgeber eine so schwerwiegende Entscheidung wie die Amnestierung einer großen Gruppe von NS-Tätern offen und ausdrücklich trifft und dafür auch die volle politische Verantwortung übernimmt.«*
Die nicht ausreichend durchdachte Gesetzesänderung verantwortete Justizminister Gustav Heinemann, ein Anti-Nazist reinsten Wassers. *»Ich bin auf solche Tücken nicht gekommen«*, klagte er entgeistert. Die tückische Amnestie durch die Hintertür hatte sich im schieren Nichts vollzogen, durch die blinde Hand des Zufalls. Die sieben Angeklagten, deren Verfahren Staatsanwalt Nagel einzustellen beantragte, gehörten zu den Auserwählten, die Dutzende von NS-Urteilen in einem Atem mit den Hitler, Himmler und Heydrich nannten. Jene und gewisse ›leitende Beamte des Reichssicherheitshauptamts‹ waren die notorischen Täter. Die leitenden Beamten des Reichssicherheitshauptamts blieben allerdings Scheinadressen. Der Erdboden hatte sie verschluckt. Irgendwie waren sie die Schaltzentrale der ›Endlösung‹ gewesen. Hier leitete Eichmann sein unscheinbares Referat IV b4, rekrutierten die Amtschefs Werner Best und Bruno Streckenbach die Einsatzgruppen. Später waren sie in alle

Winde zerstreut. Best, Heydrichs Stellvertreter, saß im Mülheimer Stinnes-Konzern, Streckenbach kam aus russischer Kriegsgefangenschaft und ließ sich im heimatlichen Hamburg nieder. Ferner waren noch rund 70000 RSHA-Leute über das Land verteilt.

Eine der dringlichsten Aufgaben der Ludwigsburger Zentralstelle war, dies Spinnennetz des Terrors bloßzulegen. Schüle hatte unter den in USA lagernden Akten RSHA-Material in Hülle und Fülle entdeckt.

Der Berliner Generalstaatsanwalt Günther bildete 1963 zur Untersuchung und Verfolgung der Spinne eine Gruppe aus elf Staatsanwälten und dreiundzwanzig Polizisten. Ausgangspunkt waren ein Geschäftsverteilungsplan des RSHA von 8000 Namen und Dienstgraden, 150000 Aktenordner und ein Arsenal von 2700 Zeugen. Die Verdächtigten wurden auf drei Tatgruppen verteilt: 1.) Beteiligung an der Endlösung, 2.) Einwirkung auf Einsatzgruppen, 3.) Beteiligung an Massenexekutionen. Im Jahre 1967 waren 18 Verfahren gegen rund 300 Beschuldigte anklagereif, der sinngemäße Mittelpunkt der 2. Verfolgungsphase gegen die Tötungsarbeiter und -angestellten im Osten. Von den Schreibtischen des RSHA waren die Anweisungen ausgegangen und die Opfer den Tötungsfabriken zugeleitet worden. Die Befehlskette, formal von Hitler angeführt, gelangte auf der RSHA-Ebene in die operative Zone. Der Führerbefehl hieß ›umbringen‹ und war nicht mehr als eine Parole. Die Handlungsstrategie entwirft die mittlere Ebene. Sie gestaltet mit vielerlei Spezialkönnern aus der Parole den Verwaltungsmassenmord. Sie stiftet die Technik, die Rechtsform, den bürokratischen Ablauf und die Koordination. Sie forciert die Verhandlungen mit der Wehrmacht, dem Auswärtigen Amt, lenkt die Abzweigung von Industriesklaven, konzipiert die Tarnung und den Personalplan, der die Täter zu Marionetten und die Marionetten zur Tätergemeinschaft macht. Die Prozesse gegen das RSHA hätten die historische Begegnung der Beamtenseele mit dem Staatsverbrechen aufgedeckt. Die nationale Selbsteinschläferung, die Endlösung habe an der Rampe von Auschwitz begonnen, wo der Arm der getäuschten Idealisten aufhörte und die Peitschen der SS knallten, hätte eine harte Herausforderung erlitten. Die das Schlimmste verhindern wollten, wären seiner tagtäglichen Planung überführt worden. Der Koordinator, das Reichssicherheitshauptamt, hätte Komplizen und Nebenstellen mit hineingerissen. Am Ende hätte die Auskunft gestanden: Täter war der normale, mausgraue Staatsapparat. Die in zwanzig Jahren NS-Prozessen stabilisierte Achse: Hitler oben und die Berserker unten, wäre auseinandergebrochen. So war letzten Endes die Anklage des Reichssicherheitshauptamts das Kernstück der Verfolgung, so wie das Amt der Kern des Verbrechens war. Die Korrumpierung der Wehrmacht war der Erfolg des RSHA. Die Industriesklaven waren mit den SS-Ämtern verrechnet. Auschwitz und die Einsatzgruppen waren RSHA-Geschöpfe. Die Lagerprozesse entbehren ohne einen großen Behördenprozeß jeden historischen Sinnes.

Die Verurteilung des Lagerpersonals ist ohne die Verurteilung des Behördenpersonals ein falsches Alibi. Die öffentliche Anprangerung der schwachköpfigen Rohlinge entpuppt sich als Absetzbewegung der Intelligenztäter. Da keinem der Glaube zuzumuten ist, die Kretins hätten Europa judenrein gefegt, der Koch Franz und Barry, sein Hund, hätten mit Marschall Pétain und Horthy verhandelt, Fischer-Schweder aus Memel hätte dem Oberkommando des Heeres die Einsatzgruppen in den Nacken gesetzt, Boger von der Boger-Schaukel das Transportnetz aufgestellt und der Treblinka-Fanatiker Suchomel die Ausrottungstechnologie ersonnen, bleibt nur noch eine andere Zumutung zu glauben übrig. Wenn dies die Verurteilten sind, muß denen, die das Entscheidende vollbracht haben, die Amnestie durch die Hintertür zugeschoben worden sein. Wie das nach Landesbrauch zugegangen ist, beschreibt eine Anekdote, in der sich die ganze Vergangenheitsbewältigung sammelt.
Anfang der 60er Jahre hatte die Rechtsprechung die Beihilfe zur generellen Tatform der Endlösung entwickelt. Wer keine ausgesuchten Quälereien veranstaltet hatte, kam als Täter nicht mehr in Frage. Einer der höchsten Einsatzgruppenkommandeure, Dr. Otto Bradfisch, war 1961 für 15000 Morde vom Landgericht München als Gehilfe abgefertigt worden, und selbst die rechte Hand Heinrich Himmlers, SS-General Karl Friedrich Wolff, erhielt vom BGH im Oktober 1965 bestätigt, es habe ihm am Täterwillen gefehlt. Die 300000 Juden aus Warschau, denen er Transportraum nach Treblinka verschafft hatte, habe er befördert, weil er *»Himmler helfen wollte«*. Infolgedessen blieben unterhalb Hitlers und oberhalb des Lager-Bestiariums keine Personen übrig, die mit niederträchtigem Täterwillen geschlagen waren. Die Täterqualität der Schreibtischmörder, die nach der subjektiven Theorie gut möglich, aber nach herrschendem Geschmack kaum nachzuweisen war, schied aus der realistischen Perspektive aus. Entscheidend für einen Behördenprozeß war folglich die Gehilfenqualität. Die unersetzliche Beweislücke im Beamten, die Niedertracht, hatte der Mordgehilfe nicht nötig. Es reichte, wenn er die Niederträchtigkeit der Haupttäter kannte; er mußte sie nicht persönlich besitzen. Wer einem als Mörder erkennbaren Täter diente, war dessen Gehilfe, egal, was er sich dabei dachte. Dies war althergebrachte ständige Rechtsprechung. Der Gehilfe konnte – bei schwerer Schuld – mit gleicher Strafe wie sein Anführer rechnen, der Höchststrafe.
Nach einhelliger Fachmeinung war diese Regelung überholt. Der neutrale Gehilfe mußte milder bestraft werden als derjenige, der die bösartigen Motive des Täters teilt. Dies war ein Gebot der Billigkeit, entsprach der natürlichen Betrachtungsweise und wurde im Zuge der Strafrechtsreform von der Großen Koalition so beschlossen. Ein halbes Jahr später, das erste Verfahren des 18teiligen RSHA-Komplexes hatte soeben begonnen, zündete der Fünfte Strafsenat des Bundesgerichtshofs eine juristische Bombe. Er kassierte ein Urteil des Schwurgerichts Kiel vom März

1968. *»Nach den Feststellungen des Landgerichts leistete der Angeklagte in den Jahren 1942 und 1943 als Kriminalassistent und Angehöriger des ›Judenreferats‹ des SD in Krakau Beihilfe zu Vernichtungsmaßnahmen gegen zahlreiche Juden. Wie das Schwurgericht weiter feststellt, wußte er, daß die Opfer allein aus Rassenhaß umgebracht wurden. Er hatte jedoch selbst nicht diesen niedrigen Beweggrund, sondern gehorchte als Polizeibeamter und SS-Angehöriger nur den Befehlen, obwohl er sie als verbrecherisch erkannt hatte. Solche Beihilfe zum Mord ist nach der neuen Fassung des §50 Abs. 2 StGB, die am 1. Oktober 1968 in Kraft getreten ist, nur noch mit Zuchthaus von drei bis fünfzehn Jahren bedroht. Ihre Verfolgung verjährt daher nach §67 Abs. 1 StGB in fünfzehn Jahren. Diese Frist war schon verstrichen, ehe es wegen dieser Taten zu einer richterlichen Handlung gegen den Angeklagten kam.«*
Als der Bundestag im Oktober 1968 die Neufassung des §50,2 (heute §28) verabschiedete, beschloß er damit gleichzeitig, daß alle ohne niedriges Bewußtsein ausgeführten NS-Taten rückwirkend seit 1960 verjährt waren. Er beschloß, ohne es zu wollen, vollkommen unbewußt. Die Amnestie der Schreibtischtäter war ein unbeabsichtigter Nebeneffekt. Der Mechanismus, den keiner vorhergesehen hatte, war unkompliziert. Am 8. Mai 1960 waren alle Taten verjährt, die mit einer Haftzeit bis zu 15 Jahren bedroht waren – praktisch der Totschlag und seine Beihilfe. Alle mit lebenslänglicher Haft bedrohten Taten, Mord und seine Beihilfe, waren weiter zu verfolgen. Das Gebot des reformierten §50,2, die Strafe des Gehilfen ohne niedriges Bewußtsein zu mildern, schob diesen in den bereits verjährten 15-Jahres-Strafrahmen. Jeder Schreibtischtäter, der Hitlers Niedertracht kannte, aber nicht teilte, war mit einer Rückwirkung von acht Jahren außer Verfolgung gesetzt.
Der RSHA-Komplex stürzte ein wie ein Kartenhaus. Alle bisher der Täterschaft vorbehaltene Beweislast – Grausamkeit, Heimtücke, Niedrigkeit usw. – übertrug sich nun auf die Bürovorsteher. Hatten sie die Judenkarteien grausam geführt, die Deportationen heimtückisch angeordnet? Sie hätten vor Rassenhaß in den Teppich beißen müssen, um etwas nachweisbar zu machen. Die Staatsanwaltschaft versuchte, einige Fälle abzutrennen, bei denen ein solcher Beweis möglich schien. Sie erzielte vier Verurteilungen mit Strafen unter sechs Jahren Zuchthaus. Ein Mörder hatte sich in der ungeheuren Mordzentrale nicht befunden. Die dafür in Frage Gekommenen, Otto Bovensiepen, der Chef der größten Gestapoleitstelle im Reich, Verantwortlicher für die Deportation von 35000 Berliner Juden, Werner Best, Organisator der Einsatzgruppen für Polen, Streckenbach, Organisator der Einsatzgruppen für Rußland, erkrankten gleichzeitig und wurden verhandlungsunfähig. Streckenbach, angeklagt, *»den Tod von mindestens einer Million Menschen verursacht zu haben«*, verschied 1977 friedlich in Hamburg. Das Verfahren gegen Best wurde im April 1982 eingestellt. Heydrichs Stellvertreter, angeklagt des 8000fachen

Mordes, verbrachte nach der Aussetzung seines Verfahrens 1972 elf geruhsame Jahre nicht eben in Siechtum, doch fühlte er sich den Strapazen eines Mammutprozesses nicht mehr gewachsen. Der geplatzte Best-Prozeß hinterläßt eine tausendseitige Anklageschrift und achthundert Kilo Akten.

Auf die Nachricht von der zufälligen Amnestierung des Mörderhauptquartiers fuhr ein Stöhnen durch das Land. Der Bundesgerichtshof bedauerte: *»Der Gesetzestext ist klar und eindeutig.«* Jürgen Baumann erwiderte, das Problem sei ein scheinbares. Die ständige Rechtsprechung müsse sich nur von einigen längst überfälligen Dogmatismen im inneren Verhältnis des Mordes zum Totschlag trennen, und der Skandal sei aus der Welt. Niemand zog eine Korrektur in Betracht, die Architekten der Endlösung waren frei. Es gibt Zufälle, die ein jeder als Zeichen versteht. Die Regierung sagte tonlos, *»eine Panne«*.

Quellenverzeichnis

Morgenthaus Plan der nationalen Haftung

Die Äußerung Hans Franks ist in seinem Diensttagebuch enthalten, wiedergegeben in *Trial of the Major War Criminals*, Nürnberg 1948, vol. 29, Doc. PS2233, S. 656.
Die Beispiele für Denunziation hat Bernt Richter in einer Hörfunksendung für den SFB vom 2.7.1981 angeführt *»möchte höflich bitten, die Familie zu verfolgen«*.
Henry Morgenthaus Auffassung der deutschen Situation im Jahre 1933 ist seinem Buch *Germany is our problem*, New York–London 1945, Chapter 10 entnommen.
Die Rundfunkreden Thomas Manns finden sich in ders., *Essays Bd. 2*, Frankfurt 1977, S. 262ff.
Sämtliche in Kapitel 1 angeführten Zitate amerikanischer Regierungsmitglieder und -beamter sind den von John Morton Blum edierten Morgenthau-Tagebüchern, vol. 3, deutsch J. M. B. *Deutschland ein Ackerland?* Düsseldorf 1968, entnommen.
Berichte über die Berliner Bombennächte hat Jochen Köhler in *Klettern in der Großstadt*, Berlin 1979 gesammelt.
Die Reportagen Margaret Bourke-Whites sind unter dem Titel *Deutschland, April 1945*, München 1979 publiziert.
Über die Tätigkeit Ludwig Erhards im ›Kleinen Arbeitskreis‹ finden sich ausführliche Darstellungen bei Ludolf Herbst, *VjZG* 1977, S. 305ff. sowie bei Bernt Engelmann, *Wie wir wurden, was wir wurden*, München 1980, Kap. 13.
Die Beratungen Churchills, Stalins und Roosevelts zur Kriegsverbrecherfrage behandeln Werner Maser, *Nürnberg*, Düsseldorf 1977, Teil 1, Bradley F. Smith, *Der Jahrhundertprozeß*, Frankfurt 1979, Kapitel 2 sowie Tom Bower, *Blind Eye to Murder*, London 1981.

Städte im Feuersturm

Die Tätigkeit des Kommando Streibl auf dem Dresdner Altmarkt ist durch Forschungen des Berliner Historikers Wolfgang Scheffler ermittelt.
Die in Kapitel 2 angeführten Zitate aus Berichten des SD sind der Sammlung Heinz Boberach (Hrsg.), *Meldungen aus dem Reich*, Neuwied–Berlin 1965 entnommen.
Die Zeugnisse vom Luftbombardement deutscher Städte sind nach folgenden Arbeiten zitiert: Dresden: Götz Bergander, *Dresden im Luftkrieg*, Köln 1979 (vor allem in den Zahlenangaben). David Irving, *Der Untergang Dresdens*, München–Gütersloh–Wien 1977. Hamburg: Hans Erich Nossack, *Der Untergang*, Frankfurt 1976, Martin Middlebrook, *Hamburg, Juli '43*, Berlin–Frankfurt 1983 (auch in der Darstellung der englischen Seite) Kassel: Werner Dettmar, *Die Zerstörung Kassels im Oktober 1943*, Kassel 1983. Bremen: C. U. Schminck-Gustavus, *Bremen Kaputt*, Bremen 1983

Psychologie der Stunde Null

Das einleitende Zitat findet sich bei Margaret Bourke-White, a. a. O., S. 79, die Buchenwaldszene ebd. S. 90f.
Die Demontage von Auschwitz beschreibt Raul Hilberg in *Die Vernichtung der europäischen Juden*, Berlin 1983, S. 665f.
Über Absicht und Herstellung des KZ-Films ›Todesmühlen‹ hat Brewster S. Chamberlin die Untersuchung *Ein früher Versuch zur Massenumerziehung im besetzten Deutschland*, in *VjZG* 1981, S. 420ff veröffentlicht. Billy Wilders Erinnerung an die Testvorführung ist in der *Filmkritik* Nr. 278, Februar 1980, S. 92ff. wiedergegeben.
Die frühen Beobachtungen des US-Nachrichtenoffiziers David Lerner sind dokumentiert in Ulrich Borsdorf, Lutz Niethammer, *Zwischen Befreiung und Besatzung. Analysen des US-Geheimdienstes über Positionen und Strukturen deutscher Politik 1945*, Wuppertal 1976, S. 27ff.
Das Gesprächsprotokoll Alfred Döblins ›Er–Sie‹ ist enthalten in ders. *Autobiografische Schriften*, Olten 1977, S. 383ff.
Die Direktive JCS 1067 findet sich in der Sammlung *Ursachen und Folgen*, von H. Michaelis und E. Schraepler (Hrsg.), Berlin o. J. Bd. 24, S. 25ff.
Lutz Niethammer und Theo Pirker haben sich auf die in Kap. 3 angeführte Weise geäußert in L. N., *Entnazifizierung in Bayern*, Frankfurt 1972. Th. P. *Die verordnete Demokratie*, Berlin 1977.
Die Aufzeichnungen Walter L. Dorns sind von L. Niethammer publiziert in Walter L. Dorn, *Inspektionsreisen in der US-Zone*, Stuttgart 1973.
Alfred Anderschs Erlebnisse in Fort Getty erschienen in den *Frankfurter Heften*, 1947, Heft 11, S. 1097ff.
Länderberichte und Zahlenangaben über die europäische Selbstreinigung von Faschismus und NS-Kollaboration gibt Paul Sérant, *Die politische Säuberung in Westeuropa*, Oldenburg–Hamburg 1966.
Das abschließende Zitat John Gimbels ist seiner Untersuchung, *Eine deutsche Stadt unter amerikanischer Besatzung*, Köln–Berlin 1964, S. 77 entnommen.

Automatical Arrest und Berufsverbot. Die politische Säuberung

Alfred Döblins Schilderung der Ausgebombten findet sich in ders., *Autobiografische Schriften*, a. a. O. S. 376.
Die Marburger Entnazifizierungsepisode überliefert John Gimbel, *Eine deutsche Stadt* ..., a. a. O.
Ernst von Salomon beschreibt seine Internierungshaft in *Der Fragebogen*, Hamburg 1951, S. 672ff.
Der Abschnitt aus Wolfgang Koeppen, *Tauben im Gras*, findet sich in der einbändigen Werkausgabe, Stuttgart 1969, S. 79f.
Angaben und Zitate über die Entnazifizierung in amerikanischer Regie sind der Arbeit Lutz Niethammers entnommen, *Entnazifizierung in Bayern*, Frankfurt 1972
Die Zitate von Wolfgang Borchert sind Teile aus *Das ist unser Manifest*, in *Das Gesamtwerk*, Hamburg 1949, S. 308f.
Das Zitat aus Ernst v. Salomons *Die Geächteten* findet sich in der Taschenbuchausgabe, Reinbek 1962, S. 20.

Werner Hartmanns Skizze *Der Heimkehrer* ist wiedergegeben in Klaus Scherpe (Hrsg.), *In Deutschland unterwegs*, Stuttgart 1982.

Aufbaupolitiker

Das Flugblatt aus der US-Zone vom Septb. 1945 ist enthalten in der Sammlung, *Ursachen und Folgen*, a. a. O. Bd. 24, S. 18f.
Zur Charakteristik des deutschen Widerstands vergl. Hans Mommsen, *Gesellschaftsbild und Verfassungspläne des deutschen Widerstands* in Schmitthenner-Buchheim (Hrsg.), *Der deutsche Widerstand gegen Hitler*, Köln–Bonn 1966, S. 73ff.
Konrad Adenauers Schilderung der Kölner Gestapozentrale findet sich in ders., *Erinnerungen 1945–1953*, Stuttgart 1965, S. 15f.
Die Bemerkung des ›Wahlbürgers‹ über die zu Verbrechern gestempelten Deutschen überliefert Walter Dirks in *Folgen der Entnazifizierung*, *Frankfurter Beiträge zur Soziologie* 1 (1953), S. 445ff.
Das Gesetz Nr. 8 der US-Zone ist in der Sammlung enthalten, *Ursache und Folgen*, a. a. O., S. 48ff. Die Reaktion auf das Gesetz ist wiedergegeben nach John H. Bakker, *Die deutschen Jahre des General Clay*, München 1983, S. 91
Der Aufsatz Isaac Deutschers im *Observer* ist enthalten in I. D., *Reportagen aus Nachkriegsdeutschland*, Hamburg 1980.
Quellen zur Potsdamer Konferenz hat Ernst Deuerlein publiziert in *Potsdam 1945*, München 1963 (Churchill-Zitat auf S. 382).
Die Rundfunkrede Reinhold Maiers referiert L. Niethammer in *Entnazifizierung* ..., a. a. O. S. 287f.

Chefs einer Verschwörung

Die Szenen auf der Burg Kransberg schildert Albert Speer in seinen *Erinnerungen*, Berlin 1969, S. 507f.
Äußerungen der Angeklagten in Kap. 6, soweit nicht als Teile der Kreuzverhöre und Schlußworte ausgewiesen, sind nach den Aufzeichnungen Gustave M. Gilberts wiedergegeben in ders., *Nürnberger Tagebuch*, Frankfurt 1962. Die Kreuzverhöre der Angeklagten vor dem Internationalen Militärgerichtshof sind protokolliert in *Trial of the Major War Criminals before the International Military Tribunal* (dtsch. *Der Prozeß gegen die Hauptkriegsverbrecher* ...) Nürnberg 1949: Speer Bd. 16, Dönitz Bd. 13, Streicher Bd. 12, Kaltenbrunner Bd. 11, Schacht Bd. 13, Göring Bd. 9. Die Schlußworte aller Angeklagten enthält Bd. 22. Die Vernehmung des Zeugen Bach-Zelewski ist in Bd. 4 protokolliert.

Das Verbrechen unter staatlicher Hoheit

Das Urteil des Hauptkriegsverbrecherprozesses ist in Bd. 22 des Protokolls enthalten (Taschenbuchausgabe *Das Urteil von Nürnberg*, München 1961) Anklage und Eröffnungsrede von Robert H. Jackson finden sich in *Trial* ... Bd. 2.
Die bilanzierenden Ausführungen Telford Taylors sind in dessen Überblick, *Die Nürnberger Prozesse*, Zürich 1950, S. 136ff. getan.

Das in Kap. 7 angeführte Zitat von Robert M. Kempner entstammt einer am 18. 10. 1979 vom SFB ausgestrahlten Sendung von Jörg Friedrich, *Der Ankläger*.

Das Medizinverbrechen

Die Protokolle und Dokumente des Nürnberger Ärzteprozesses sind wiedergegeben in *Trial of War Criminals* (The Medicine Case) vol. 2, Washington 1949. Eine deutschsprachige Auswahl bieten Alexander Mitscherlich und Fred Mielke in *Medizin ohne Menschlichkeit*, Frankfurt 1960. Dort ist der Komplex ›Höhenforschung‹ (Dr. Rascher, Dr. Romberg) auf S. 20ff., die Skelettsammlung für die Reichsuniversität Straßburg auf S. 174ff. und die Kindereuthanasie auf S. 193 (Dr. Pfannmüller) dargestellt.

Das Justizverbrechen

Zeugenaussagen, Kreuzverhöre, Anklagen und Urteil des Juristenprozesses sind publiziert in *Trials of War Criminals Before The Nuremberg Military Tribunal* (The Justice Case) vol. 3, Washington 1951. Eine deutsche Auswahl bieten P. A. Steiniger und K. Leszcynski (Hrsg.) in *Fall 3, Das Urteil im Juristenprozeß*, Berlin/DDR 1969. (Die in Kapitel 9 angeführten Kreuzverhöre Jahrreiss und Schlegelberger sind zitiert nach *Trials* ... und aus dem Englischen rückübersetzt.)

Das Kriegsverbrechen

Materialien des Prozesses gegen die Generäle der Süd-Ostfront sind publiziert in *Trials of War Criminals* (The Hostage Case), vol. 10, Washington 1950. (In Kapitel 10 angeführte Kreuzverhöre sind aus dem Englischen rückübersetzt.) Deutsche Auszüge sind enthalten in Martin Zöller, Kazimierz Leszycinski (Hrsg.), *Fall 7, Das Urteil im Geiselmordprozeß*. Berlin/DDR 1965. Der Bericht des Oberleutnants Walter, Nürnberger Dokument NOKW 905, ist ebd. wiedergegeben auf S. 180f. Im Vorwort zu diesem Band ist auf S. 15 die Berechnung von Pero Morača über die Opfer deutscher Kriegsverbrechen auf dem Balkan angeführt.
Materialien des Prozesses gegen die Heeresführer der Ostfront sind publiziert in *Trials of War Criminals* (The High Command Case), Wash. 1951, vol. 10, 11. (Die in Kapitel 11 zitierten Kreuzverhöre sind rückübersetzt aus dem Englischen.) Das Urteil in deutscher Sprache bietet *Fall 12, Das Urteil gegen das OKW*, Berlin/DDR 1960.
Das Verhältnis des Heeres zu den Einsatzgruppen ist gründlich dokumentiert in Helmut Krausnick, Hans-Heinrich Wilhelm, *Die Truppe des Weltanschauungskriegs*, Stuttgart 1981 (Polenfeldzug S. 80ff., Rußlandfeldzug S. 107ff., 205ff.)
Die Gedanken Curzio Malapartes zur Psychologie des Vernichtungspersonals finden sich in *Kaputt*, Frankfurt 1982, S. 118.
Raul Hilbergs Charakterisierung der Generäle im Osten ist enthalten in ders., *Die Vernichtung der europäischen Juden*, a. a. O. S. 218.
Die Darstellung des Schicksals der russischen Kriegsgefangenen folgt den Arbeiten von Christian Streit, *Keine Kameraden*, Stuttgart 1978 und Alfred Streim, *Sowjetische Gefangene in Hitlers Vernichtungskrieg*, Heidelberg 1982.

Die von Gerald Reitlinger getroffene Bewertung des Generalfeldmarschalls v. Manstein stammt aus G.R., *Ein Haus auf Sand gebaut*, Hamburg 1962, S. 131.

Die SS-Intellektuellen

Materialien des Einsatzgruppenprozesses sind publiziert in *Trials of War Criminals* (Case 9) vol. 4 Washington 1949. (Die Kreuzverhöre Blobel und Ohlendorf sind rückübersetzt aus dem Englischen.) Das deutsche Urteil bietet Kazimierz Leszcynski in *Fall 9*, Berlin/DDR 1963.
Der Major-Rösler-Bericht entspricht dem Nürnberger Dok. USSR 293 in *Trials of Major War Criminals*, a.a.O. vol. VII, S. 534, 562. Der Bericht Hermann Friedrich Gräbes entspricht dem Nürnberger Dok. 2992 PS, *Trials of Major War Criminals*, a.a.O. Bd. 31, S. 441 ff.
Das Zitat aus Raul Hilbergs *Die Vernichtung* ... steht im Zusammenhang des maßstäblichen Kapitels *Psychologische Probleme*, S. 683 ff. Die Materialien des Prozesses gegen das WVHA der SS sind publiziert in *Trials of War Criminals* (Case 4) vol. 5 Washington 1949

IG Farben

Materialien des Prozesses gegen die IG-Farben-Direktoren sind veröffentlicht in *Trials of War Criminals* (Case 6) Washington 1952, vol. 7, 8. (Der in Kap. 13 zitierte Ausschnitt aus den Kreuzverhören Dürrfeld und ter Meer ist rückübersetzt aus dem Englischen.) Eine deutsche Auswahl hat Hans Radand herausgegeben, *Fall 6, Ausgewählte Dokumente und Urteil des IG-Farben-Prozesses*. Berlin/DDR 1970.
Die Darstellung der US-Kontakte von IG Farben stützt sich auf die Arbeit von Joseph Borkin, *Die Unheilige Allianz der IG Farben*, Frankf. 1979 sowie Tom Bower *Blind Eye to Murder*, London 1981, S. 347 ff., 394 ff., 75 ff., 119 ff.
Die Kritik Telford Taylors am IG-Farben-Urteil findet sich in ders. *Die Nürnberger Prozesse*. a.a.O. S. 90 ff.
James Martins Denkschrift an Clay ist wiedergegeben nach Tom Bower, *Blind Eye* ... a.a.O. S. 352 f.

Krupp

Materialien des Krupp-Prozesses sind publiziert in *Trials of War Criminals* (Case 10) Vol. 9, Washington 1950. (Zitate sind rückübersetzt aus dem Englischen.)
Margaret Bourke-Whites Krupp-Porträt findet sich in *Deutschland, April 1945*, a.a.O. S. 116.

Flick

Materialien des Flick-Prozesses sind publiziert in *Trials of War Criminals* (Case 5) Washington 1950, vol. 6. Eine deutsche Auswahl hat Karl Heinz Thielicke heraus-

gegeben, *Fall 5, der Prozeß gegen den Flick-Konzern*, Berlin/DDR, 1965.
Die Arisierungsgeschichte des Petschek-Konzerns ist in der Flick-Biografie Günter Oggers, *Friedrich Flick der Große*, Bern–München 1971 enthalten.
Das Anklageplädoyer General Taylors findet sich bei Thielicke, *Fall 5* S. 24ff.
Taylors nachträgliche Betrachtungen zur Verteidigung Flicks sind erschienen in Benjamin Ferencz, *Lohn des Grauens*, Frankfurt 1981, S. 10f.

Die Diplomaten

Materialien des Wilhelmstraßenprozesses sind publiziert in *Trials of War Criminals* (Case 11) Washington 1952, vol. 12–14. (In Kapitel 16 angeführte Zitate aus Kreuzverhören sind aus dem Englischen rückübersetzt.) Das deutsche Urteil haben Robert M. Kempner und Carl Haensel herausgegeben, *Das Urteil im Wilhelmstraßenprozeß*, Schwäbisch-Gmünd 1950. Dokumente zur Wannseekonferenz enthält Robert M. Kempner, *Eichmann und Komplizen*, Zürich 1961, S. 126ff. Das Verhör W. Stuckarts ebd., S. 152. Der Band enthält auch den Schriftverkehr Eichmanns mit dem Auswärtigen Amt über Judendeportationen aus Frankreich, S. 345ff.
Das Kreuzverhör Fabian v. Schlabrendorff findet sich in Robert M. Kempner, *Ankläger einer Epoche*, Berlin 1983, S. 193ff.
Margret Boveri stellt ihre Beobachtungen beim Wilhelmstraßenprozeß dar in dies. *Der Diplomat vor Gericht*, Berlin–Hannover 1948, S. 44.
Dokumente zur Judendeportation aus Ungarn veröffentlichte Robert M. Kempner in *Eichmann und Komplizen*, a. a. O. S. 406ff. Das Verhör Veesenmayers ist wiedergegeben in Robert M. Kempner, *SS im Kreuzverhör*, München 1964.

Vollstreckungspersonal vor dem Militärgericht

Auszüge und Kommentare vom Bergen-Belsen-Prozeß sind einer am 23.10.1980 im Hörfunkprogramm des SFB ausgestrahlten Sendung von Rainer K. G. Ott *Ausblick in die Vergangenheit* entnommen. Vgl. auch *Trial of Josef Kramer*, London 1949.
Zahlenangaben zu US-Militärgerichten sind wiedergegeben nach Robert M. Kempner, *Amerikanische Militärgerichte in Deutschland*, in *Festschrift für Martin Hirsch*, Baden-Baden 1981. Zahlenangaben zu NS-Prozessen in Polen sind entnommen aus Adalbert Rückerl, *NS-Verbrechen vor Gericht*, Heidelberg 1982, S. 101. Vgl. auch *Auschwitz*, Reinbek 1980, S. 191ff.
Die in Kap. 17 wiedergegebenen Zitate aus den Aufzeichnungen von Rudolf Höß finden sich in Martin Broszat (Hrsg.) *Kommandant in Auschwitz*, München 1963, S. 132, 133, 156.
Hannah Arendts Thesen über den NS-Täter sind wiederveröffentlicht in dies., *Die verborgene Tradition*, Frankfurt 1976, S. 36ff.
Über die US-Militärgerichtsverfahren gegen Ilse Koch und die Malmedy-Täter informiert Tom Bower, *Blind Eye to Murder*, a. a. O. S. 302ff. Dort sind auch die näheren Umstände der englischen Verfahren gegen die Generäle v. Manstein, Kesselring u. a. dargestellt. (S. 249ff.)
Das Manstein-Verfahren aus der Perspektive der Verteidigung schildert Reginald T. Paget, *Manstein, seine Feldzüge und sein Prozeß*, Wiesbaden 1952.

George Orwells Reportage, *Rache ist sauer,* ist enthalten in der gleichnamigen Sammlung, Zürich 1975, S. 71 ff.

Entnazifizierung in deutscher Regie. Der Abbruch der politischen Säuberung

Die Untersuchung von Walter Dirks, *Folgen der Entnazifizierung*, findet sich in Frankfurter Beiträge zur Soziologie, 1953, S. 445 ff.
Die Württembergische Denkschrift zur Entnazifizierung aus der Heuss-Umgebung zitiert Lutz Niethammer in *Entnazifizierung* ..., a. a. O. S. 289.
Neben dem maßstäblichen Werk Niethammers sind in Kapitel 18 die Arbeiten von Justus Fürstenau, *Entnazifizierung, ein Kapitel deutscher Nachkriegspolitik*, Neuwied–Berlin 1969 sowie die Aufzeichnungen Walter L. Dorns, *Inspektionsreise in der US-Zone*, a. a. O. eingegangen.
Die Auseinandersetzung Adolf Arndts mit den Bischöfen findet sich in ders., *Die evangelische Kirche in Deutschland und das Befreiungsgesetz*, Frankfurter Hefte, 1946, Heft 5, S. 35.

Denunziation, politischer Mord, Folterung

Das Urteil des Landgerichts Hamburg vom 11. 5. 1948 ist – wie die meisten Urteile in den folgenden Abschnitten dieser Arbeit – in der Sammlung *Justiz und NS-Verbrechen*, herausgegeben von Christian Frederic Rüter, Amsterdam 1968–1981, Bde. 1–22 enthalten. Der Verfasser schuldet ihm Dank.
Das Kontrollratsgesetz Nr. 10 findet sich in der Sammlung *Ursachen und Folgen*, a. a. O. Bd. 23, S. 347 ff.

Richter vor Gericht

Die Entnazifizierung der Justiz ist dargestellt in Martin Broszat, *Siegerjustiz oder strafrechtliche Selbstreinigung*, in *VjZG*, 29. Jg., S. 508 ff. sowie in Joachim Reinhold Wenzlau, *Der Wiederaufbau der Justiz in Nordwestdeutschland 1945–49*, Königstein 1979.
Hermann Weinkauffs Ausführungen über ›*Die deutsche Justiz im Nationalsozialismus*‹ erschienen 1968 in Stuttgart (Zitat auf S. 37).
Das Urteil des Oberlandesgerichts Bamberg ist wiedergegeben in *NJW*, 1950, S. 35 ff.

Euthanasiepersonal

Die Briefe Dr. Menneckes an seine Ehefrau sind wiedergegeben in Hermann Langbein, *Wir haben es getan, Selbstporträts in Tagebüchern und Briefen 1939–1945*, Wien–Köln 1964.

Der 49er Gesellschaftskompromiß

Das Eingangszitat von Eugen Kogon ist seinem Aufsatz *Der Politische Untergang des europäischen Widerstands* entnommen, *Frankfurter Hefte*, Jg. 1949, S. 405 ff.
Die Ausführungen Caspar v. Schrenck Notzings zu den DPs finden sich in ders. *Charakterwäsche*, Stuttgart 1965 (2. Aufl.).
Die Darstellung des rechtsradikalen Milieus ab 1945 folgt dem Werk von Kurt P. Tauber, *Beyond Eagle and Swastika,* Middletown, Conn. 1967.
Das Re-education = Programm schildert John Gimbel, *Eine Stadt unter amerikanischer Besatzung*, a. a. O., Kap. 10–11.
Die Zahlenbilanz der Entnazifizierung fußt auf den Forschungen von Lutz Niethammer und Justus Fürstenau, op. cit.

Der Zyklon-B = Prozeß

Das Jud-Süß Urteil des OGHBZ gibt Broszat wieder in ders., *Siegerjustiz* a. a. O. vollständig in OGHBZ, Strafsachen II, Berlin 1950, S. 291 ff.
Materialien zum Jud-Süß = Film hat Dorothea Hollstein gesammelt in *›Jud Süß‹ und die Deutschen*, Berlin 1983.
Die Urteile im Verfahren gegen Peters sind publiziert in C. F. Rüter, *Justiz und NS-Verbrechen*, Bd. 13, Amsterdam 1975, S. 105 ff.

Die Untergetauchten

Das Thema der ›Verschwundenen‹ behandelte K. W. Boettcher, *Menschen unter falschem Namen, Frankfurter Hefte*, Jg. 1949, S. 492 ff.
Die Nazi-Kolonie in Lateinamerika und Nahost behandeln Victor Alexandrov, *La Mafia des SS*, Editions Stock, 1978, Moshe Pearlman, *Die Festnahme des Adolf Eichmann*, Frankfurt 1961, und Kurt P. Tauber, *Beyond Eagle ...*, a. a. O. S. 239 ff.
Die Wiederkehr Reinhard Gehlens ist dargestellt in Sefton Delmer, *Die Deutschen und Ich*, Hamburg 1962, S. 670 ff.

Die Haupttäter Hitler, Himmler, Heydrich

Die Zahlenangaben über die Justiztätigkeit in den 50er Jahren sind entnommen aus Adalbert Rückerl, *Die Strafverfolgung von NS-Verbrechen 1945–1978*, Heidelberg 1979, S. 125.
Die Argumentation des Landgericht Hamburgs vom 19. 4. 1949 und die Entschließung der Hamburger Gesundheitsbehörden zu Euthanasie-Ärzten sind angeführt bei Ernst Klee, *Euthanasie im NS-Staat*, Frankfurt 1983, S. 385 f.

Die Rechtsblindheit

Das Verhör des Richters Kessler durch das Kasseler Schwurgericht ist wiedergegeben in Klaus Moritz, Ernst Noam, *Justiz und Judenverfolgung* Bd. II, Wiesbaden 1978, S. 318 ff.

Das Todesurteil gegen Werner Holländer sowie die Verhandlungen gegen seine Richter sind dokumentiert in Jörg Friedrich, *Freispruch für die Nazi-Justiz*, S. 302 ff. Reinbek 1983.
Die Entscheidung des Berliner Kammergerichts zu den sog. Waldheimer Urteilen findet sich in *NJW*, 1954, S. 1901.

Deutschlandfrage und Kriegsverbrecher

Das Eingangszitat findet sich in Wolfgang Koeppen, *Das Treibhaus*, einbändige Werkausgabe a. a. O. S. 313 f.
Die Verhandlungen des Parlamentarischen Rates zur Wählbarkeit von Nationalsozialisten enthält das gedruckte Protokoll S. 371 ff. und S. 771 ff.
Das Urteil Paul Sethes über Konrad Adenauer ist entnommen aus P. S., *Öffnung nach Osten*, Frankfurt 1966, S. 36.
Konrad Adenauers Überlegungen zu Stalins Strategie sind enthalten in ders., *Erinnerungen 1945–53*, a. a. O. S. 352. Die Möglichkeit eines deutsch-deutschen Waffengangs ist auf S. 357 skizziert. Adenauers Londoner Besuch und die Verbindung von Deutschlandvertrag und Kriegsverbrecherfrage sind ebd. S. 533 ff. dargestellt.
Das Thema ›*Organisierte Kriegsveteranen und Wiederbewaffnung*‹ behandelt Kurt P. Tauber in *Beyond Eagle and Swastika*, a. a. O., Chapter 8, S. 254 ff.

Der Gnadenausschuß

Entlassung und Publikumsdruck auf die Entlassung von Kriegsverbrechern beschreiben Tom Bower, *Blind Eye* ... a. a. O. Chapter 17, S. 411 ff., sowie Robert M. Kempner, *Ankläger einer Epoche*, a. a. O. S. 386 ff.
Das UNO-Völkermordabkommen und die Römischen Verträge sind wiedergegeben in Herbert Kraus, Kurt Heinze, *Völkerrechtliche Urkunden zur europäischen Friedensordnung seit 1945*, Bonn 1953. Die Rede des MdB Merten findet sich im Protokoll der BT-Sitzung vom 4. 7. 1956, S. 8609.

Wiedergutgemacht

Erich Kubys Schilderung des VW-Werks findet sich in ders., *Das ist der Deutschen Vaterland*, Stuttgart 1957, S. 408 ff.
Die Darstellung der Verhandlungen zwischen Industriellen und ehemaligen Sklavenarbeitern um Entschädigungszahlungen stützt sich auf Benjamin B. Ferencz, *Lohn des Grauens*, Frankfurt 1981.
Der Briefwechsel John McCloys mit dem Flickkonzern findet sich ebd., S. 209 f.

Reichskanzler Hitler, ein Staatsrechtsproblem

Verhandlungsprotokoll, Schriftsätze und Urteil des Konkordatsprozesses sind dokumentiert in F. Giese, F. A. v. d. Heydte, *Der Konkordatsprozeß*, München 1956–59. Die Rede A. Arndts findet sich auf S. 1296.

Der Artikel 131 GG

Das Urteil des Bundesverfassungsgerichts vom 17. 12. 1953 findet sich in Bd. 3 der amtlichen Sammlung, S. 75 ff. Das Urteil des Bundesverfassungsgerichts vom 19. 2. 1957 ist enthalten in Bd. 7, ebd. S. 132 ff. Das Urteil des Bundesgerichtshofs vom 20. Mai 1954 ist wiedergegeben in der amtlichen Sammlung, Zivilsachen Bd. 13 S. 265 ff. Die angeführten Zitate aus dem Deutschen Bundestag entstammen den gedruckten Protokollen der 84., 130. und 132. Sitzung der ersten Legislaturperiode. Die Zitate aus dem Parlamentarischen Rat sind wiedergegeben nach dem gedruckten Protokoll der 40. Sitzung des Hauptausschusses und den im ›Bonner Kommentar‹ des Grundgesetzes angeführten Materialien (Art. 131).

Die Henker des Widerstands

Adenauers Ausführungen zur Waffen-SS gibt Kurt Hirsch wieder in *Die heimatlose Rechte*, München 1979, S. 175 f.
Die Rede Theodor Heuss' zur 10. Wiederkehr des 20. Juli ist enthalten in *Vollmacht des Gewissens*, herausgegeben von der Europäischen Publikation, Bd. I, Frankfurt–Berlin 1960, S. 533 ff. Dort findet sich auch das Gutachten Hermann Weinkauffs, *Die Militäropposition gegen Hitler und das Widerstandsrecht*, S. 139 ff.
Die Urteile des Berliner Land- und Kammergerichts in der Sache Maurice Bavaud sind zitiert nach Niklaus Meienberg, *Es ist kalt in Brandenburg*, Zürich 1980, S. 164 ff.

Bekehrungen

Die Schriften der NS-Rechtslehrer sind zitiert nach Ilse Staff, *Justiz im Dritten Reich*, Frankfurt 1978, S. 147 ff.
Die Ausführungen von Theodor Maunz zur Gestapo sind zitiert nach ders. *Gestalt und Recht der Polizei*, Hamburg 1943 S. 27, 31, 48 ff. Maunz' Auslegung des Art. 131 GG findet sich in Maunz–Dürig–Herzog, *Grundgesetzkommentar*, München.
Hans Globkes Richtlinien zur Namensänderung sind dokumentiert in Reinhard M. Strecker, *Dr. Hans Globke*, Hamburg 1961, S. 24. Die Rezension Freislers zum Globkeschen Kommentar findet sich ebd. S. 98, Globkes Selbstverteidigung ebd. S. 109, seine dienstliche Beurteilung durch Innenminister Frick ebd. S. 84, seine Belobigung durch Kardinal Preysing ebd. S. 7

Nicht Integrierbare

Das ›Wiedergutmachungsabkommen‹ der Bundesrepublik mit Israel ist publiziert in Kraus u. Heinze, *Völkerrechtliche Urkunden*, a. a. O. Das in Kapitel 36 angeführte Zitat Raul Hilbergs findet sich in *Die Vernichtung* ... a. a. O. S. 784
Das zitierte Schreiben F. K. Vialons vom 16. 7. 1943 ist photomechanisch reproduziert in *Braunbuch* Berlin/DDR 1968, Tafel 15.
Die Zigeunerdiskriminierung in der Bundesrepublik ist dokumentiert in Tilman Zülch, *In Auschwitz vergast, bis heute verfolgt*, Reinbek 1979. Der Fall Gelsenkir-

chen findet sich auf S. 241 ff., der Fall Bad Hersfeld auf S. 203 ff. Die dortigen Probleme mit der »Leibstandarte Adolf Hitler« behandelt Klaus Sochatzy in *Die Zeit*, 10. Juni 1983. Das Urteil des BGH vom 7. 1. 1956 ist publiziert in Zülch, *In Auschwitz vergast* ..., a. a. O. S. 168
Das Verhör Otto Ohlendorfs ist enthalten in *Trials of War Criminals*, Fall 9, Einsatzgruppenprozeß a. a. O.

Die Gauleiterverschwörung

Dokumente und Stimmen zur Naumannaffäre sind publiziert in Friedrich Grimm, *Unrecht im Rechtsstaat*, Tübingen 1957. Das Eingangszitat findet sich dort auf S. 239 ff. Naumanns Auseinandersetzung mit den NS-Sekten auf S. 248 ff., die Achenbachnotiz auf S. 256 ff.
Die nazistische Unterwanderung der FDP in Nordrhein-Westfalen und Niedersachsen behandeln Manfred Jenke, *Verschwörung von rechts?* Berlin 1961, S. 155 ff., sowie Kurt P. Tauber, *Beyond Eagle* ... a. a. O. S. 132 ff., 891 ff.
Die vom englischen Geheimdienst mitgeschnittenen Telefongespräche Naumanns sind von Fried Wesemann in der *Frankfurter Rundschau* publiziert worden am 9., 10., 11., 12., 13. Juni 1953
Das Presseecho auf Naumanns Verhaftung und Aktivitäten hat F. Grimm gesammelt in *Unrecht* ..., a. a. O. S. 178 ff.
Die Studie des US-Hochkommissars (sog. Reber-Bericht) findet sich ebd. S. 183 f., der Dehler-Untersuchungsbericht ebd. auf S. 210, der sog. Gauleiterbericht der englischen Militärverwaltung ebd. S. 205 ff.; Naumanns Verteidigungsrede vor dem BGH ebd. S. 108 ff., die Entscheidungen des BGH ebd. S. 126 f.
Der Aufsatz Fritz-René Allemanns, *Das deutsche Parteiensystem* wurde veröffentlicht in *Der Monat*, Januar 1953.
Die Untersuchung Lewis Edingers, *Post-Totalitarian Leadership* findet sich in *American Political Science Review*, Jhg. 1960, S. 58 ff.
Die angeführte Meinungsumfrage zu Juden und Emigranten publizierte Manfred Jenke, *Verschwörung* ..., a. a. O. S. 409

Die vergessene Endlösung

Die zitierten KZ-Szenen sind der Arbeit Adalbert Rückerls entnommen, *NS-Vernichtungslager*, München 1977

Die Exzeß-Tat

Die Beschreibung des haftentlassenen Horst Münzberger findet sich bei Gitta Sereny, *Am Abgrund*, Berlin 1980, S. 247 ff.

Das Gesetzesinstrument

Das Staschynski-Urteil des Bundesgerichtshofs ist enthalten in BGH Strafsachen, Bd. 18, S. 87 ff.

Das in Kapitel 39 angeführte Zitat Hans Hofmeyers findet sich in ders., *Probleme der Verfolgung und Ahndung von nationalsozialistischen Gewaltverbrechen*, Verlag C. H. Beck, München 1967
Fritz Bauers Vorschlag zur rechtlichen Einstufung von KZ-Tätern ist ausgeführt in ders., *Ideal- oder Realkonkurrenz bei nationalsozialistischen Gewaltverbrechen?* in *Juristenzeitung*, Jhg. 22 (1967) S. 625 ff.
Die Ausführungen Jürgen Baumanns, *Die strafrechtliche Problematik der nationalsozialistischen Gewaltverbrechen*, sind enthalten in Reinhard Henkys, *Die nationalsozialistischen Gewaltverbrechen,* Stuttgart–Berlin 1965.
Die Gedanken Karl Jaspers' sind seinem Buch *Wohin treibt die Bundesrepublik?* München 1966, S. 58 ff. entnommen. Vergl. zu diesem Thema auch: Herbert Jäger, *Verbrechen unter totalitärer Herrschaft*, Olten/Freiburg 1967. Ulrich Dieter Oppitz, *Strafverfahren und Strafvollstreckung bei NS-Gewaltverbrechen*, Ulm 1979.

Die richterliche Selbstamnestie

Die in diesem Kapitel wiedergegebenen Fälle sowie die Darstellung der Ereignisse um die Ausstellung Ungesühnte Nazijustiz sind entnommen aus Wolfgang Koppel, *Ungesühnte Nazi-Justiz*, Karlsruhe 1960. Das Urteil des BGH im Fall Öhme ist wiedergegeben in *NJW*, 1960, S. 974

Rückblick auf den Volksgerichtshof

Die Ablehnung der Klageerzwingung gegen den Volksrichter Rehse durch das Oberlandesgericht München vom 26. 5. 1963 ist zitiert nach Jörg Friedrich, *Freispruch für die Nazi-Justiz*, a. a. O. S. 453 ff. Dort finden sich auch die zwei Urteile des Berliner Landgerichts in der Sache Rehse sowie das Revisionsurteil des BGH. Szenen aus dem ersten Rehse-Prozeß gibt Gerhard Mauz wieder in *Der Spiegel*, *Nr. 28*, 3. 7. 1967

Die Gehilfen

Die Debatte der israelischen Knesseth ist dokumentiert in *Neo-Nazismus und Maidanek-Prozeß*, Warburg 1978. Die Rede Hillel Seidels findet sich auf S. 20 ff.
Die Darstellung der Verhandlungen des Maidanek-Prozesses fußt auf Heiner Lichtenstein, *Maidanek, Reportage eines Prozesses*. Frankfurt 1979, Ingrid Müller-Münch, *Die Frauen von Maidanek*, Hamburg 1982 und Günther Schwarberg, *Der Juwelier von Maidanek*, Hamburg 1981.
Tätigkeit und Strafverfolgung Franz Rademachers sind dargestellt in Christopher Browning, *The Final Solution and the German Foreign Office*, New York 1978, S. 187 ff.
Die Nachkriegslaufbahn von Beamten des Reichsaußenministeriums dokumentierte Michael Mansfeld in der *Frankfurter Rundschau*, *›Ich sehe diese würd'gen Peers‹*, 16.–24. November 1951 und *›Ihr naht euch wieder, schwankende Gestalten‹*, 1.–6. September 1951.
Angaben zur Tätigkeit Ernst Achenbachs in Paris stützen sich auf Serge Klarsfeld, *Die Endlösung der Judenfrage in Frankreich*, Paris 1977, S. 176 und Joseph Billig, *Die Endlösung der Judenfrage in Frankreich*, New York–Frankfurt 1979, S. 119 ff.

Achenbachs Selbstverteidigung findet sich in *Die Welt*, 9. Juli 1974. Die Initiative Heinrich Illers bei der letzten Deportation aus Frankreich behandelt Klarsfeld a. a. O., S. 235. Dossiers über Lischka und Hagen ebd., S. 234–236. Die Aussagen Adolf Eichmanns sind zitiert nach Jochen v. Lang, *Das Eichmann-Protokoll*, Berlin 1982.
Zum Verfahren gegen Kurt Asche siehe Serge Klarsfeld, Maxime Steinberg (Hrsg.) *Die Endlösung der Judenfrage in Belgien*, Paris o. J., Einleitung sowie Heiner Lichtenstein, *Im Namen des Volkes?*, Köln 1984, S. 123ff.
Die Schilderung der Massenerschießung in Babi-Yar ist enthalten in Adalbert Rückerl, *NS-Verbrechen*, Heidelberg 1982, S. 43f.
Der ›Statistische Bericht‹ Richard Korherrs über die ›Endlösung der Europäischen Judenfrage‹ ist wiedergegeben in Jochen v. Lang, *Das Eichmann Protokoll*, a. a. O., Dokumentarteil. Ausführlich ist dieses Dokument abgehandelt bei George Wellers, *The Number of Victims and the Korherr Report* in Serge Klarsfeld (Hrsg.), *The Holocaust and the Neo Nazi Mythomania*, Edition Serge Klarsfeld, New York 1978
Der von Raul Hilberg wiedergegebene Dialog in der Bundesbahndirektion Frankfurt findet sich in ders., *The significance of Holocaust* in Henry Friedlander, Sybil Milton, *The Holocaust, Ideology, Bureaucracy and Genocide* New York 1980, S. 95ff. Weitere Zitate Hilbergs in diesem Kapitel sind dem genannten Aufsatz sowie seinem Buch *Sonderzüge nach Auschwitz*, Mainz 1981, S. 17f., 112f. entnommen.
Die Vernehmung Ganzenmüllers ist in der *Stuttgarter Zeitung* v. 26. April 1973 wiedergegeben.
Die Bemerkung Richter Faßbinders im Lischka-Prozeß ist zitiert nach Rudolf Hirsch, *Um die Endlösung*, Rudolstadt 1982, S. 90
Die Einstellung des Verfahrens gegen vier Juristen durch die Staatsanwaltschaft Frankfurt behandelt Helmut Kramer in *Kritische Justiz*, 2, 1981. Vergl. auch *Frankfurter Rundschau*, 26. April und 20. Juli 1984, *›FR-Dokumentation‹*.
Die angeführten Urteile gegen Dr. Borm sind wiedergegeben in *Juristische Rundschau*, 3, 1975, S. 119f. und 102f. Das einschneidende freisprechende Urteil des BGH zur Euthanasie vom 28. 11. 1952 ist dokumentiert in NJW 1953, S. 513 und ausführlich in Rüter, *Justiz und NS-Verbrechen*, a. a. O. Bd. 11, S. 723
Die Ausführungen Adalbert Rückerls zum Amt T4 finden sich in ders. *Vernichtungslager*, a. a. O. S. 72f.
Über den haftentlassenen Dietrich Allers berichtet Gitta Sereny, *Am Abgrund*, a. a. O. S. 83, 94.

Namensregister